PONS

Bildwörterbuch

Deutsch
Französisch

von

Jean-Claude **Corbeil**
Ariane **Archambault**

Ernst Klett Sprachen
Barcelona · Budapest · Ljubljana · London
Posen · Prag · Sofia · Stuttgart

DANKSAGUNGEN (QA INTERNATIONAL)

Unser besonderer Dank gilt folgenden Personen, Organisationen und Firmen, die uns bei der Erstellung des neuen *Bildwörterbuches* die aktuellsten technischen Informationen zur Verfügung gestellt haben.

Arcand, Denys (réalisateur); Association Internationale de Signalisation Maritime; Association canadienne des paiements (Charlie Clarke); Association des banquiers canadiens (Lise Provost); Automobiles Citroën; Automobiles Peugeot; Banque du Canada (Lyse Brousseau); Banque Royale du Canada (Raymond Chouinard, Francine Morel, Carole Trottier); Barrett Xplore inc.; Bazarin, Christine;Bibliothèque du Parlement canadien (Service de renseignements); Bibliothèque nationale du Québec (Jean-François Palomino); Bluechip Kennels (Olga Gagne); Bombardier Aéronautique; Bridgestone-Firestone; Brother (Canada); Canadien National; Casavant Frères ltée; C.O.J.O. ATHENES 2004 (Bureau des Médias Internationaux); Centre Eaton de Montréal; Centre national du Costume (Recherche et de Diffusion); Cetacean Society International (William R. Rossiter); Chagnon, Daniel (architecte D.E.S. – M.E.Q.); Cohen et Rubin Architectes (Maggy Cohen); Commission Scolaire de Montréal (École St-Henri); Compagnie de la Baie d'Hudson (Nunzia Iavarone, Ron Oyama); Corporation d'hébergement du Québec (Céline Drolet); École nationale de théâtre du Canada (Bibliothèque); Élevage Le Grand Saphir (Stéphane Ayotte); Énergie atomique du Canada ltée; Eurocopter; Famous Players; Fédération bancaire française (Védi Hékiman); Fontaine, PierreHenry (biologiste); Future Shop; Garaga; Groupe Jean Coutu; Hôpital du Sacré-Cœur de Montréal; Hôtel Inter-Continental; Hydro-Québec; I.P.I.Q. (Serge Bouchard); IGA Barcelo; International Entomological Society (Dr. Michael Geisthardt); Irisbus; Jérôme, Danielle (O.D.); La Poste (Colette Gouts); Le Groupe Canam Manac inc.; Lévesque, Georges (urgentologue); Lévesque, Robert (chef machiniste); Manutan; Marriot Spring Hill suites; MATRA S.A.; Métro inc.; ministère canadien de la Défense nationale (Affaires publiques); ministère de la Défense, République Française; ministère de la Justice du Québec (Service de la gestion immobilière – Carol Sirois); ministère de l'Éducation du Québec (Direction de l'équipement scolaire-Daniel Chagnon); Muse Productions (Annick Barbery); National Aeronautics and Space Administration; National Oceanic and Atmospheric Administration; Nikon Canada inc.; Normand, Denis (consultant en télécommunications); Office de la langue française du Québec (Chantal Robinson); Paul Demers & Fils inc.; Phillips (France); Pratt & Whitney Canada inc.; Prévost Car inc.; Radio Shack Canada ltée; Réno-Dépôt inc.; Robitaille, Jean-François (Département de biologie, Université Laurentienne); Rocking T Ranch and Poultry Farm (Pete and Justine Theer); RONA inc.; Sears Canada inc.; Secrétariat d'État du Canada : Bureau de la traduction ; Service correctionnel du Canada; Société d'Entomologie Africaine (Alain Drumont); Société des musées québécois (Michel Perron); Société Radio-Canada; Sony du Canada ltée; Sûreté du Québec; Théâtre du Nouveau Monde; Transports Canada (Julie Poirier); Urgences-Santé (Éric Berry); Ville de Longueuil (Direction de la Police); Ville de Montréal (Service de la prévention des incendies); Vimont Lexus Toyota; Volvo Bus Corporation; Yamaha Motor Canada Ltd.

The Visual Bilingual Dictionary wurde von
QA International, einem Unternehmen der
Les Éditions Québec Amérique inc. entwickelt und hergestellt
329, rue de la Commune Ouest, 3e étage
Montréal (Québec) H2Y 2E1 Canada
T 514.499.3000 F 514.499.3010

ISBN 10: 3-12-517839-8
ISBN 13: 978-3-12-517839-7

Gedruckt in Singapur.
www.qa-international.com

QA International

REDAKTION

Verleger: Jacques Fortin
Autoren: Jean-Claude Corbeil et Ariane Archambault
Redaktionsleiter: François Fortin
Leitender Redakteur: Serge D'Amico
Grafik Design: Anne Tremblay

HERSTELLUNG

Mac Thien Nguyen Hoang
Guylaine Houle

TERMINOLOGIE

Jean Beaumont
Catherine Briand
Nathalie Guillo

ILLUSTRATIONEN

Art Direction: Jocelyn Gardner
Jean-Yves Ahern
Rielle Lévesque
Alain Lemire
Mélanie Boivin
Yan Bohler
Claude Thivierge
Pascal Bilodeau
Michel Rouleau
Anouk Noël
Carl Pelletier

LAYOUT

Pascal Goyette
Janou-Ève LeGuerrier
Véronique Boisvert
Karine Raymond
Geneviève Théroux Béliveau

DOKUMENTATION

Gilles Vézina
Kathleen Wynd
Stéphane Batigne
Sylvain Robichaud
Jessie Daigle

DATENVERARBEITUNG

Programmierer : Daniel Beaulieu, Éric Gagnon
Josée Gagnon
Anne Rouleau

REVISION

Marie-Nicole Cimon

PREPRESS

Sophie Pellerin
Kien Tang
Karine Lévesque

MITARBEIT

QA International möchte folgenden Personen für ihre Mitarbeit am *Bildwörterbuch* danken:

Jean-Louis Martin, Marc Lalumière, Jacques Perrault, Stéphane Roy, Alice Comtois, Michel Blais, Christiane Beauregard, Mamadou Togola, Annie Maurice, Charles Campeau, Mivil Deschênes, Jonathan Jacques, Martin Lortie, Raymond Martin, Frédérick Simard, Yan Tremblay, Mathieu Blouin, Sébastien Dallaire, Hoang Khanh Le, Martin Desrosiers, Nicolas Oroc, François Escalmel, Danièle Lemay, Pierre Savoie, Benoit Bourdeau, Marie-Andrée Lemieux, Caroline Soucy, Yves Chabot, Anne-Marie Ouellette, Anne-Marie Villeneuve, Anne-Marie Brault, Nancy Lepage, Daniel Provost, François Vézina.

Einführung in das *Bildwörterbuch*

Mit über 3.600 Abbildungen in Verbindung mit Tausenden von allgemeinen und fachlichen Begriffen, bietet das *Bildwörterbuch* ein reichhaltiges Wissen, das klar und leicht zu erschließen ist.

INTENTION DES BUCHES

Das *Bildwörterbuch* ist eine Art Bestandsaufnahme aus dem Lebensumfeld des Menschen in der heutigen technisierten Welt, in der alltäglich viele spezielle Begriffe aus den verschiedensten Gebieten Verwendung finden. Speziell entwickelt für den Laien, der aus privaten oder beruflichen Gründen nach der genauen und korrekten Bedeutung von Begriffen sucht, oder anhand der Abbildungen überhaupt erst einen Begriff finden will, verfolgt es das Ziel, viele Fachausdrücke aus den verschiedensten Bereichen, die unsere tägliche Erfahrung ausmachen, in einem Band zu vereinen.

AUFBAU DES *BILDWÖRTERBUCHS*

Das Buch besteht aus drei Teilen: Aus der Einführung zusammen mit dem Inhaltsverzeichnis und der Liste der Kapitel, aus dem eigentlichen Bild- und Textteil sowie aus dem Register.
Die Darstellung schreitet vom Allgemeinen zum immer Spezielleren fort: Kapitel, Thema, Titel, Untertitel, Abbildung, Terminologie.
Der Inhalt des *Bildwörterbuchs* ist, von Astronomie bis Sport, in 17 Kapitel gegliedert. Komplexe Kapitel sind weiter in Unterthemen aufgeteilt.
Das Kapitel Erde ist z.B. unterteilt in die Themen Geografie, Geologie, Meteorologie und Umwelt.
Die Titel haben verschiedene Bedeutung: Sie benennen die Abbildung eines einzelnen Objekts von dem die wesentlichen Teile erklärt sind (z.B. *Gletscher, Fenster*), oder sie bezeichnen die Gesamtheit von Abbildungen, die zur selben Begriffssphäre gehören obwohl sie verschiedenen Objekten angehören (z.B. *Sonnensystem, Blattgemüse*).
Gelegentlich werden nur die wichtigsten Vertreter einer Gattung gezeigt.
Die Abbildungen zeigen in realistischer Darstellung Gegenstände, Vorgänge oder Phänomene mit ihren wichtigsten Einzelheiten. Sie dienen als anschauliche Definitionen der angegebenen Begriffe.

TERMINOLOGIE

Jeder Begriff im *Bildwörterbuch* wurde unter Verwendung authentischer Quellen sorgfältig auf dem jeweils angemessenen Niveau ausgewählt.
In den Fällen, in denen mehrere verschiedene Begriffe den selben Gegenstand bezeichnen können, wurde der von den angesehensten Autoren am häufigsten verwendete Begriff gewählt.
Das *Bildwörterbuch* enthält 13.750 Registereinträge, bzw. über 20.000 Begriffe in jeder Sprache.
Das Register listet alle Begriffe des *Bildwörterbuches* in alphabetischer Reihenfolge auf.

BENUTZUNGSVARIANTEN

Auf das *Bildwörterbuch* kann in ganz verschiedener Weise zugegriffen werden:
Ausgehend von der Liste der Kapitel am Ende des Einführungsteils.
Mit Hilfe des Registers kann der Benutzer, direkt von einem Begriff ausgehend, dessen Bedeutung nachschlagen oder seine genauere Bedeutung anhand der Abbildung überprüfen.
Die Besonderheit des *Bildwörterbuches* besteht darin, dass die Abbildungen es ermöglichen, einen Begriff zu finden, auch wenn man nur eine ungefähre Vorstellung davon hat. Außerdem erkennt der Benutzer auf einen Blick viele weitere Begriffe, die zu dem gesuchten Begriff gehören.

FARBREGISTER

Am Rand jeder Seite ist jedem Kapitel eine bestimmte Farbe zugeordnet, so dass ein schneller Zugriff auf den entsprechenden Abschnitt im Buch möglich ist.

TITEL

Der Titel wird auf Deutsch angegeben und darunter, in kleinerer Schrift, folgt der Titel auf Französisch.

UNTERTHEMA

Die meisten Kapitel sind in Unterthemen eingeteilt. Sie werden auf Deutsch und Französisch angegeben.

LINIE

Sie verbindet den Begriff mit dem dazugehörigen Teil der Abbildung. Wo zu viele Linien unübersichtlich wären, treten an ihre Stelle farbige Codes mit einer Legende oder Nummern.

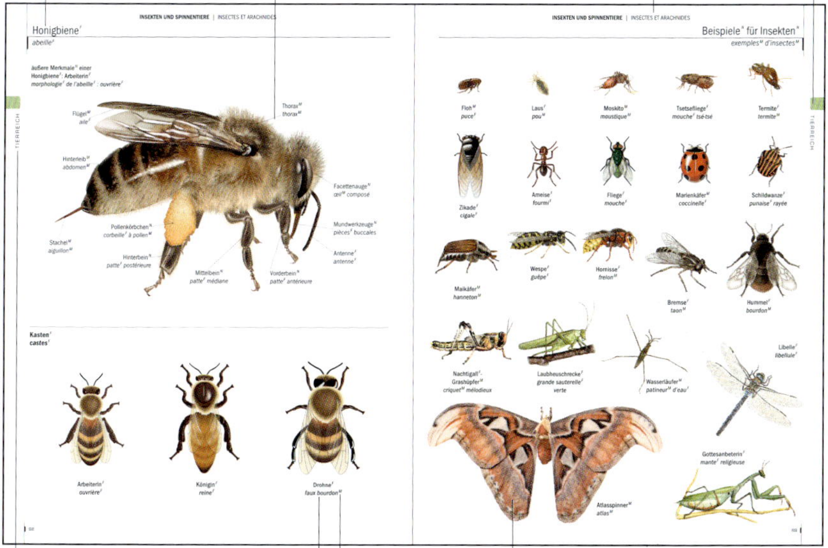

KAPITEL

Die Kapitel werden immer auf Deutsch angegeben.

ABBILDUNG

Sie dient als anschauliche Definition der Begriffe.

ANGABE DES GESCHLECHTS

Das Geschlecht jedes Substantivs wird angegeben.
F: Femininum; M: Maskulinum; N: Neutrum

BEGRIFF

Jeder Begriff erscheint im Register mit der Angabe der Seite auf der er steht. Er wird auch auf Französisch angegeben.

Inhaltsverzeichnis

ASTRONOMIE 2

Himmelskörper 2
Beobachtung des Weltraums 7
Raumfahrt 10

ERDE 14

Geographie 14
Geologie 26
Meteorologie 37
Umwelt 44

PFLANZENREICH 50

TIERREICH 66

Einfache Organismen und Echinodermen 66
Insekten und Spinnentiere 67
Krebse 71
Weichtiere 72
Fische 74
Amphibien 75
Reptilien 76
Vögel 78
Nagetiere und Hasentiere 82
Huftiere 83
Raubtiere 86
Meeressäugetiere 90
Primaten 91

MENSCH 92

Menschlicher Körper 92
Anatomie 96
Sinnesorgane 114

NAHRUNGSMITTEL UND KÜCHE 120

Nahrungsmittel 120
Küche 162

HAUS 182

Anlage 182
Teile eines Hauses 185
Konstruktion eines Hauses 187
Heizung 192
Sanitärinstallation 194
Elektrizität 198
Hauseinrichtung 200

HEIMWERKEN UND GARTENARBEIT 216

Heimwerken 216
Gartenarbeit 230

KLEIDUNG 238

PERSÖNLICHE AUSSTATTUNG 264

Schmuck und Schönheitspflege 264
Persönliche Artikel 271

KUNST UND ARCHITEKTUR 278

Architektur 278
Darstellende Künste 290
Musik 295

KOMMUNIKATION UND BÜROTECHNIK 312

Kommunikation 312
Bürotechnik 329

TRANSPORT UND FAHRZEUGE 342

Straßenverkehr 342
Schienenverkehr 374
Schifffahrt 381
Luftverkehr 388
Handhabung 396
Schwermaschinen 398

ENERGIE 402

Geothermische und fossile Energie 402
Elektrizität aus Wasserkraft 406
Kernenergie 408
Sonnenenergie 410
Windenergie 412

WISSENSCHAFT 414

Chemie 414
Physik: Elektrizität und Magnetismus 416
Physik: Optik 418
Messinstrumente 422
Wissenschaftliche Symbole 426

GESELLSCHAFT 430

Stadt 430
Justiz 440
Wirtschaft und Finanzwesen 441
Bildung 444
Religion 446
Politik 448
Sicherheit 454
Gesundheit 460

SPORT UND SPIELE 468

Spiele 468
Leichtathletik 472
Ballsportarten 474
Spiele mit Schlägern 490
Kunstturnen 496
Kampfsportarten 498
Kraftsport 500
Präzisionssport 502
Wintersport 506
Wassersport 516
Radsport 522
Motorsport 523
Rollsport 526
Freizeit in der Natur 528

REGISTER 539

Sonnensystem[N]

système[M] solaire

äußere Planeten[M]
planètes[F] externes

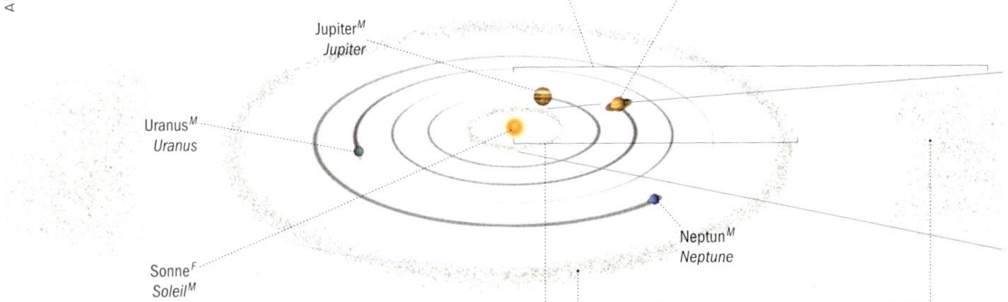

Planeten[M] und Monde[M]

planètes[F] et satellites[M]

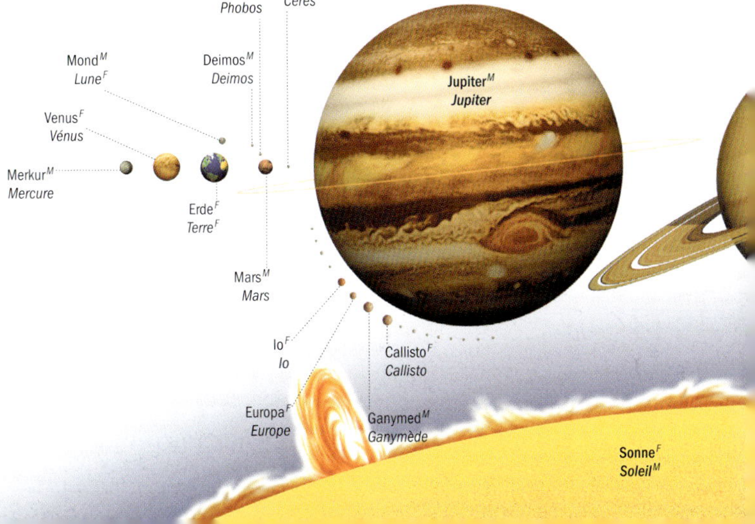

Kapitelregister

2 ASTRONOMIE
14 ERDE
50 PFLANZENREICH
66 TIERREICH
92 MENSCH
120 NAHRUNGSMITTEL UND KÜCHE
182 HAUS
216 HEIMWERKEN UND GARTENARBEIT
238 KLEIDUNG
264 PERSÖNLICHE AUSSTATTUNG
278 KUNST UND ARCHITEKTUR
312 KOMMUNIKATION UND BÜROTECHNIK
342 TRANSPORT UND FAHRZEUGE
402 ENERGIE
414 WISSENSCHAFT
430 GESELLSCHAFT
468 SPORT UND SPIELE
539 REGISTER

innere Planeten[M]
planètes**[F] **internes

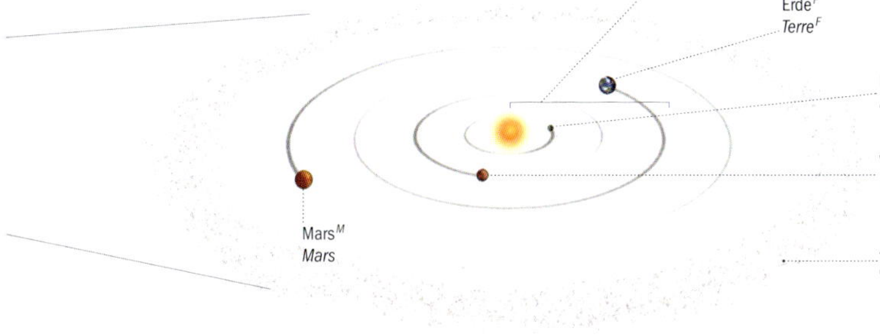

Planeten[M] und Monde[M]

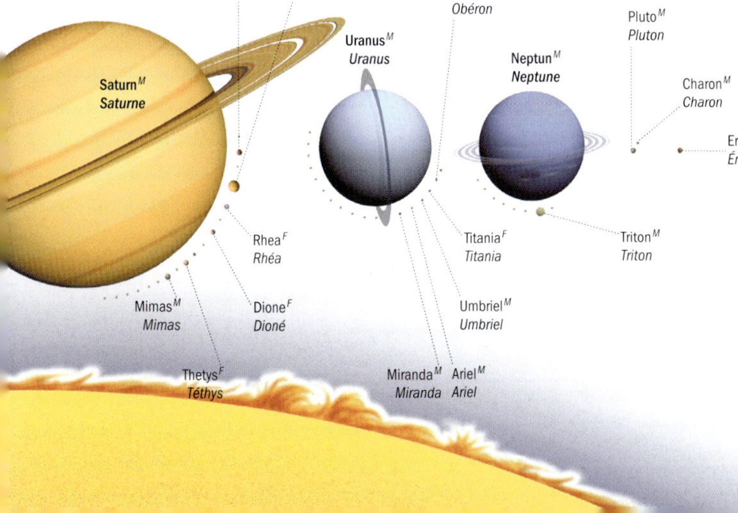

Sonne[F]
Soleil[M]

Aufbau[M] der Sonne[F]
structure[F] du Soleil[M]

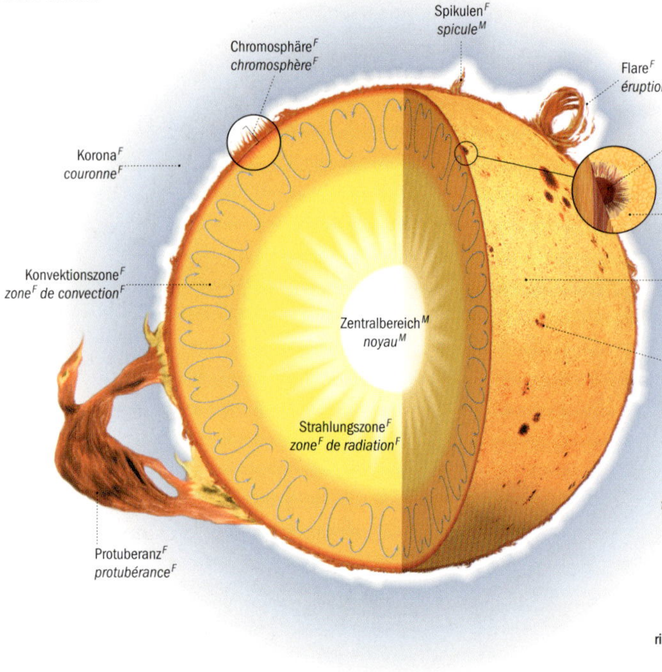

Finsternisarten[F]
types[M] d'éclipses[F]

ringförmige Finsternis[F]
éclipse[F] annulaire

partielle Finsternis[F]
éclipse[F] partielle

totale Finsternis[F]
éclipse[F] totale

Sonnenfinsternis[F]
éclipse[F] de Soleil[M]

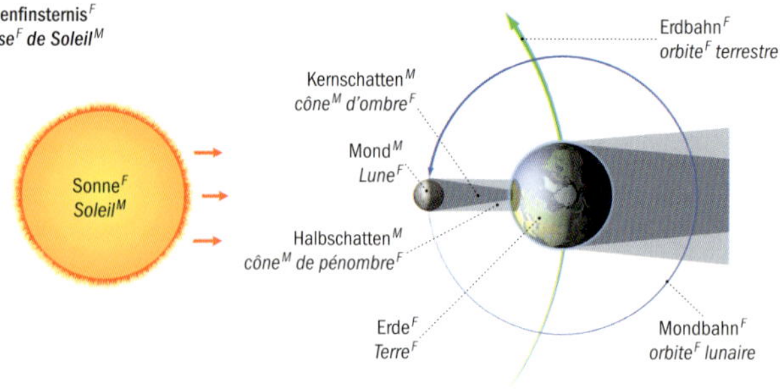

Mond[M]
Lune[F]

Finsternisarten[F]
types[M] d'éclipses[F]

partielle Finsternis[F]
éclipse[F] partielle

totale Finsternis[F]
éclipse[F] totale

Oberflächenformationen[F] des Mondes[M]
relief[M] lunaire

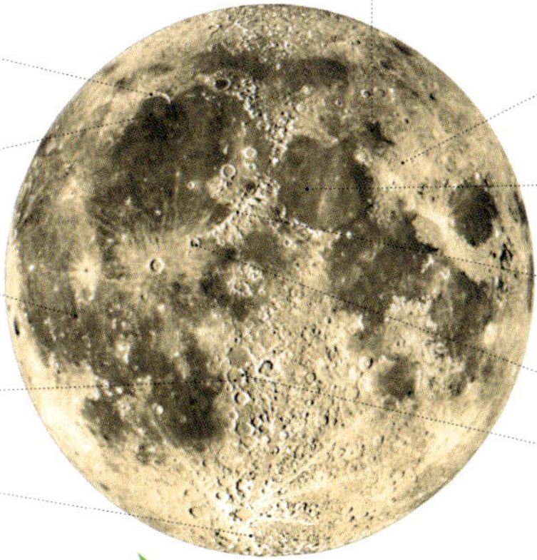

Mondfinsternis[F]
éclipse[F] de Lune[F]

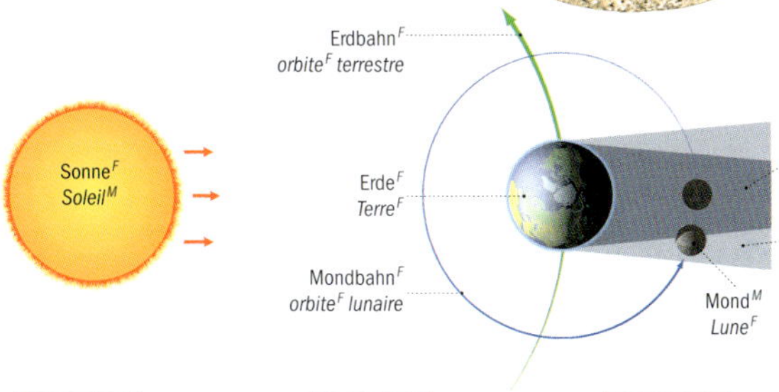

Mondphasen[F]
phases[F] de la Lune[F]

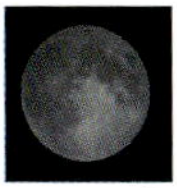

Neumond[M]
nouvelle Lune[F]

Mondsichel[F] (zunehmender Mond[M])
premier croissant[M]

Halbmond[M] (erstes Viertel[N])
premier quartier[M]

zunehmender Mond[M]
gibbeuse[F] croissante

Vollmond[M]
pleine Lune[F]

abnehmender Mond[M]
gibbeuse[F] décroissante

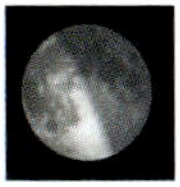

Halbmond[M] (letztes Viertel[N])
dernier quartier[M]

Mondsichel[F] (abnehmender Mond[M])
dernier croissant[M]

Galaxie^{F}

galaxie^{F}

Milchstraße^{F}
Voie^{F} lactée

Milchstraße^{F} (Ansicht^{F} von oben)
Voie^{F} lactée (vue^{F} de dessus^{M})

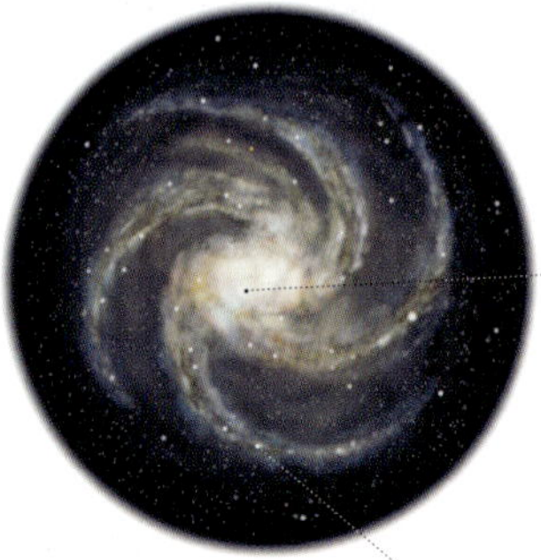

Milchstraße^{F} (Seitenansicht^{F})
Voie^{F} lactée (vue^{F} de profil^{M})

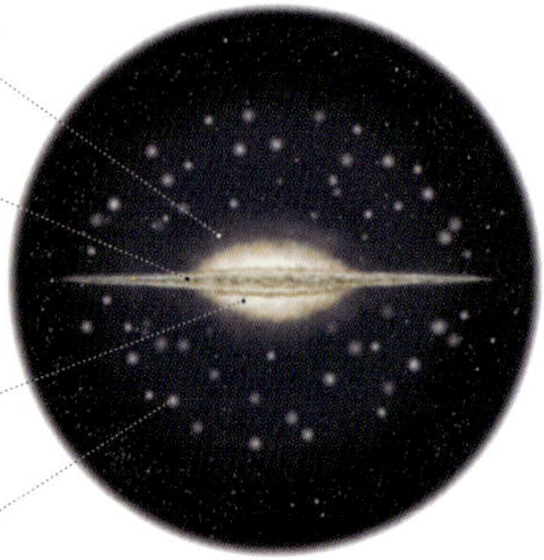

Komet^{M}

comète^{F}

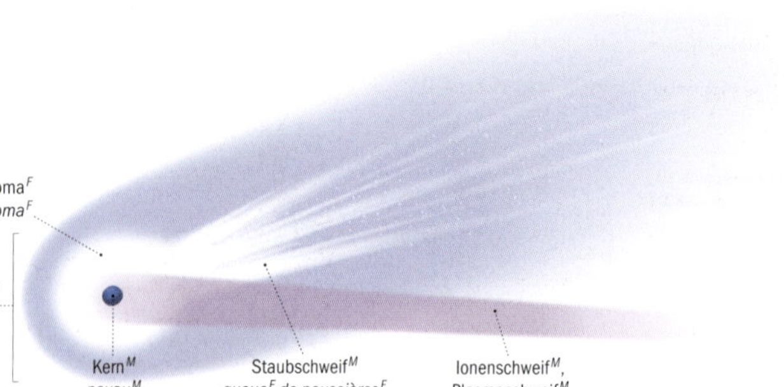

Hubble-Weltraumteleskop^N

télescope^M spatial Hubble

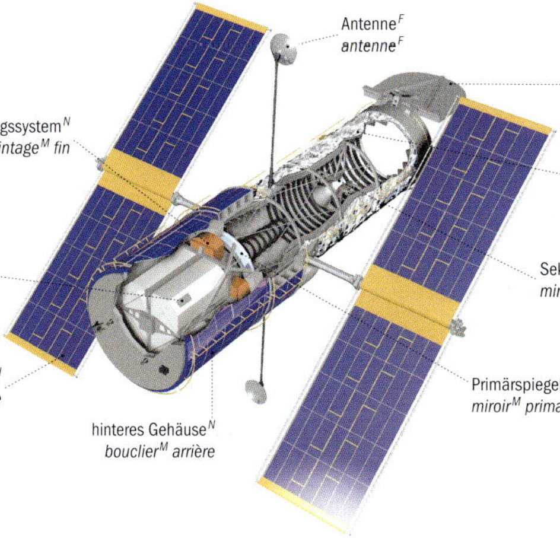

Sternwarte^F

observatoire^M astronomique

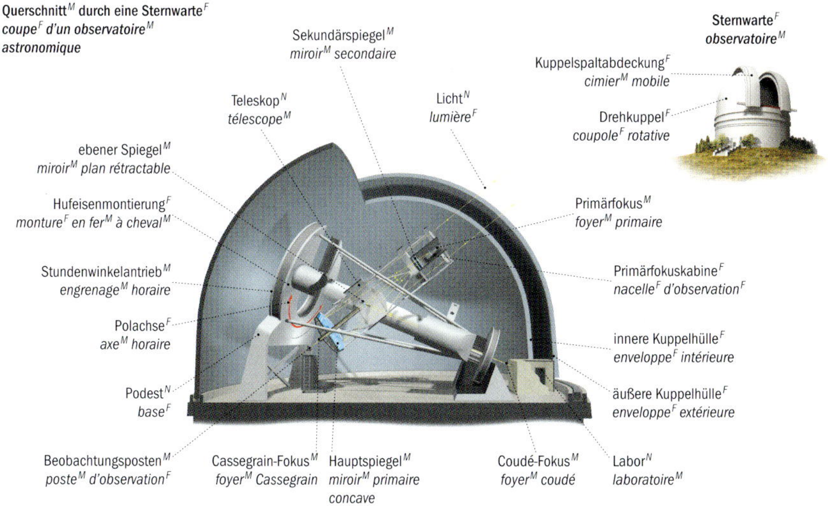

Linsenfernrohr^{N}

lunette^{F} astronomique

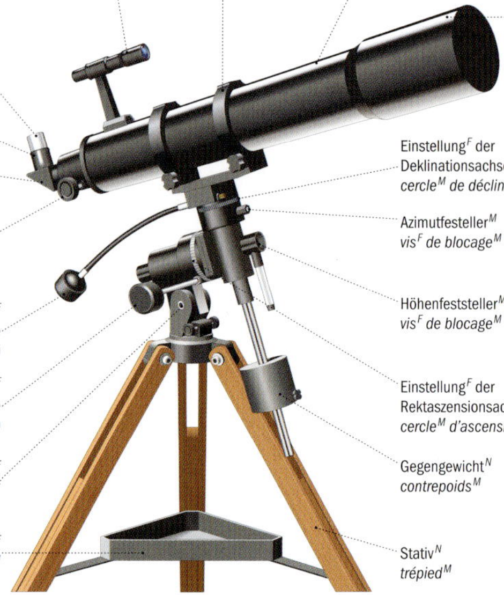

Linsenfernrohr^{N} im Querschnitt^{M}
coupe^{F} d'une lunette^{F} astronomique

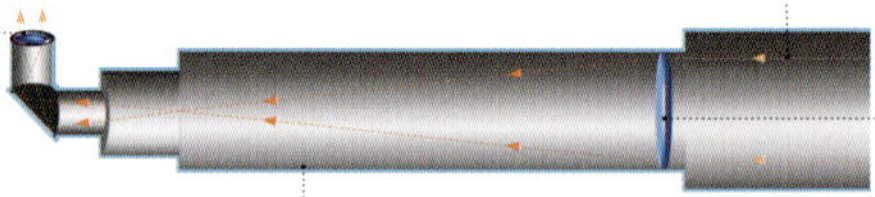

Spiegelteleskop^N

télescope^M

Spiegelteleskop^N im Querschnitt^M
coupe^F d'un télescope^M

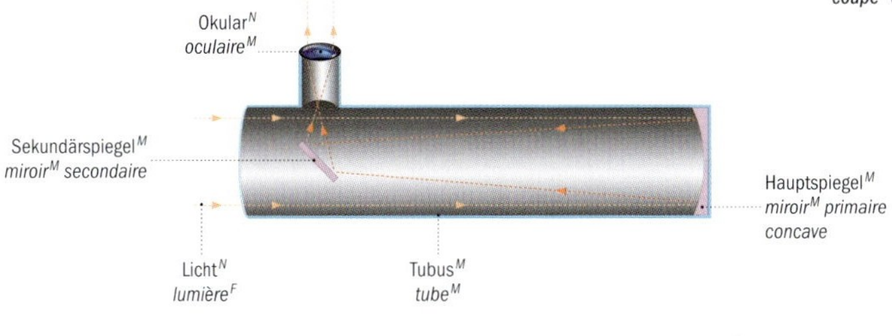

Raumanzug^M

scaphandre^M spatial

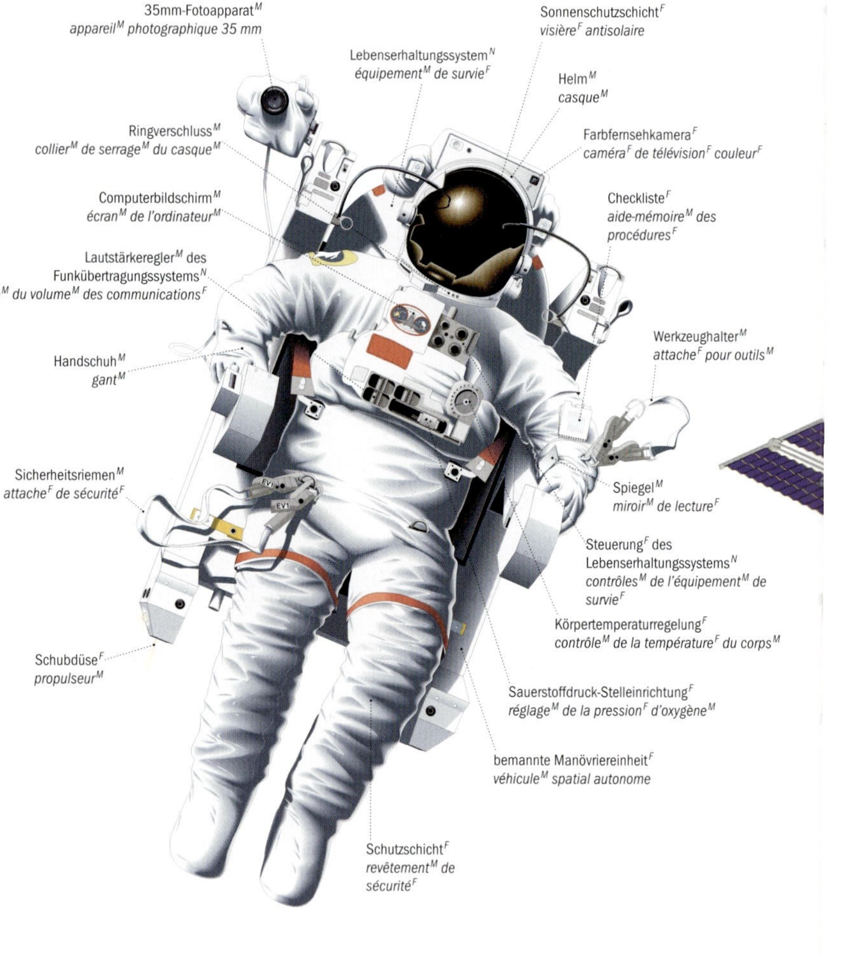
35mm-Fotoapparat^M
appareil^M photographique 35 mm
Lebenserhaltungssystem^N
équipement^M de survie^F
Sonnenschutzschicht^F
visière^F antisolaire
Helm^M
casque^M
Farbfernsehkamera^F
caméra^F de télévision^F couleur^F
Ringverschluss^M
collier^M de serrage^M du casque^M
Computerbildschirm^M
écran^M de l'ordinateur^M
Checkliste^F
aide-mémoire^M des procédures^F
Lautstärkeregler^M des Funkübertragungssystems^N
réglage^M du volume^M des communications^F
Werkzeughalter^M
attache^F pour outils^M
Handschuh^M
gant^M
Sicherheitsriemen^M
attache^F de sécurité^F
Spiegel^M
miroir^M de lecture^F
Steuerung^F des Lebenserhaltungssystems^N
contrôles^M de l'équipement^M de survie^F
Körpertemperaturregelung^F
contrôle^M de la température^F du corps^M
Schubdüse^F
propulseur^M
Sauerstoffdruck-Stelleinrichtung^F
réglage^M de la pression^F d'oxygène^M
bemannte Manövriereinheit^F
véhicule^M spatial autonome
Schutzschicht^F
revêtement^M de sécurité^F
EV1

internationale Raumstation^{F}

station^{F} spatiale internationale

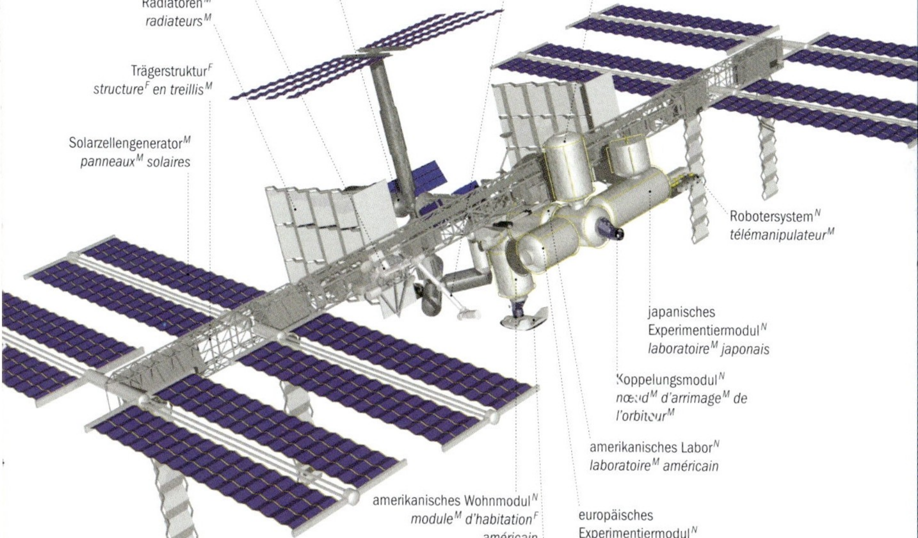

Raumfähre[F]

navette[F] spatiale

Raumfähre[F] beim Start[M]
navette[F] spatiale au décollage[M]

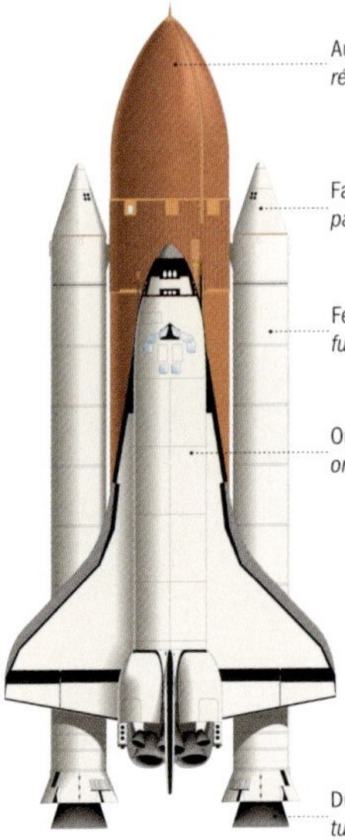

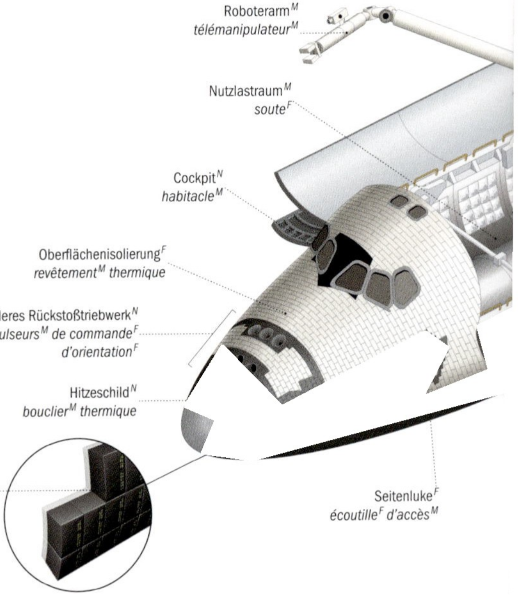

Orbiter^M
orbiteur^M

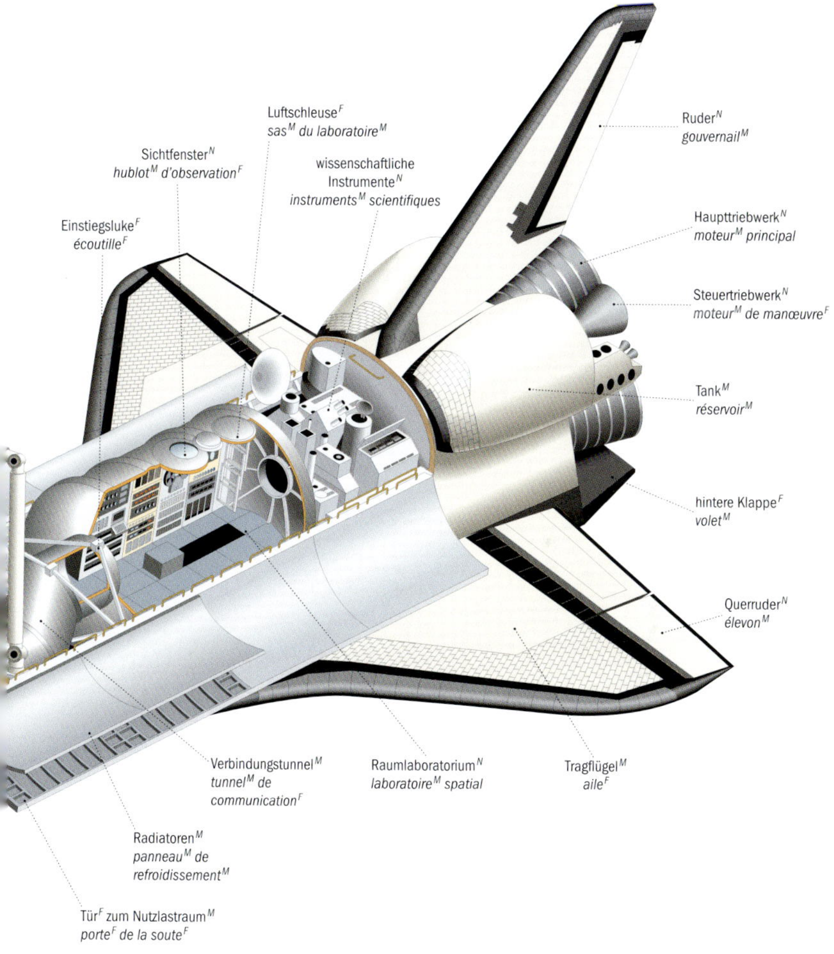
Luftschleuse^F
sas^M du laboratoire^M
Sichtfenster^N
hublot^M d'observation^F
wissenschaftliche Instrumente^N
instruments^M scientifiques
Einstiegsluke^F
écoutille^F
Ruder^N
gouvernail^M
Haupttriebwerk^N
moteur^M principal
Steuertriebwerk^N
moteur^M de manœuvre^F
Tank^M
réservoir^M
hintere Klappe^F
volet^M
Querruder^N
élevon^M
Verbindungstunnel^M
tunnel^M de communication^F
Raumlaboratorium^N
laboratoire^M spatial
Tragflügel^M
aile^F
Radiatoren^M
panneau^M de refroidissement^M
Tür^F zum Nutzlastraum^M
porte^F de la soute^F

Lage[F] der Kontinente[M]

configuration[F] des continents[M]

Erdoberfläche[F]
planisphère[M]

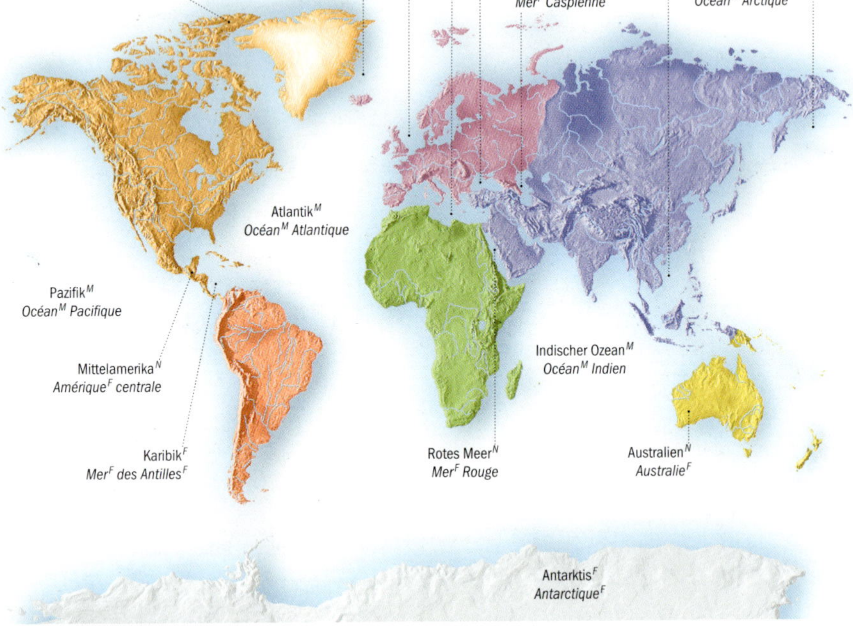

Nordamerika[N]
Amérique[F] du Nord[M]

Südamerika[N]
Amérique[F] du Sud[M]

Ozeanien[N]
Océanie[F]

Europa[N]
Europe[F]

Asien[N]
Asie[F]

Afrika[N]
Afrique[F]

Eurasien[N]
Eurasie[F]

Antarktis^{F}
Antarctique^{F}

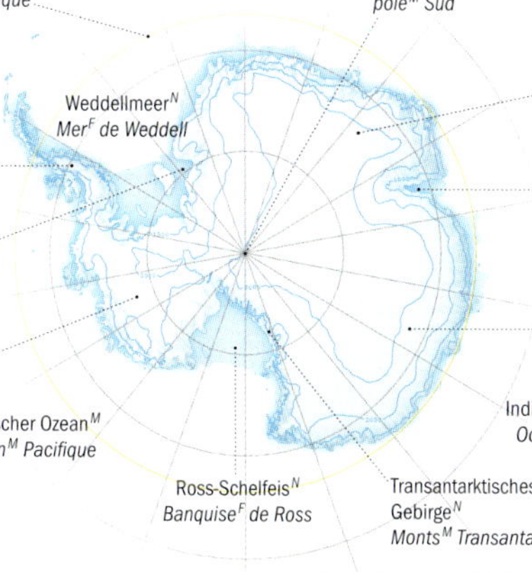
südlicher Polarkreis^{M}
cercle^{M} polaire antarctique
Atlantischer Ozean^{M}
Océan^{M} Atlantique
Südpol^{M}
pôle^{M} Sud
Drakestraße^{F}
Détroit^{M} de Drake
Weddellmeer^{N}
Mer^{F} de Weddell
Königin^{F}-Maud-Land^{N}
Terre^{F} de la Reine^{F}-Maud
Antarktische Halbinsel^{F}
Péninsule^{F} Antarctique
Amery-Eisschelf$^{M/N}$
Banquise^{F} d'Amery
Filchner-Schelfeis^{N}
Banquise^{F} de Filchner
Wilkesland^{N}
Terre^{F} de Wilkes
Marie-Byrd-Land^{N}
Terre^{F} Marie-Byrd
Indischer Ozean^{M}
Océan^{M} Indien
Pazifischer Ozean^{M}
Océan^{M} Pacifique
Ross-Schelfeis^{N}
Banquise^{F} de Ross
Transantarktisches Gebirge^{N}
Monts^{M} Transantarctiques

Ozeanien^{N}
Océanie^{F}

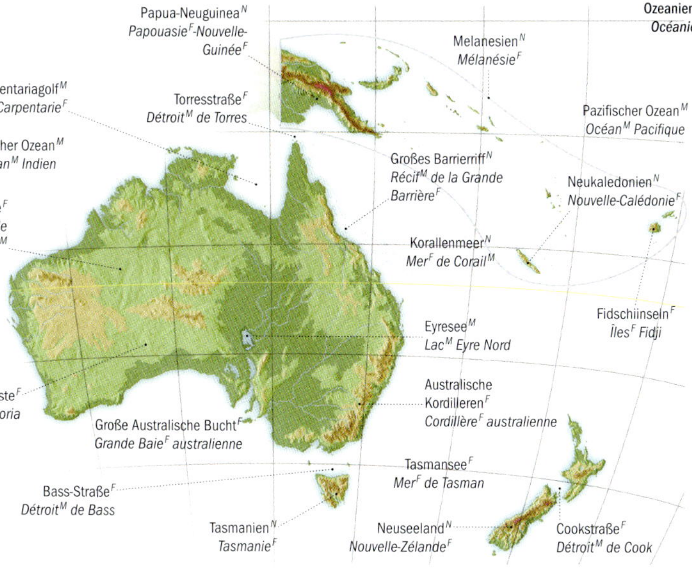
Papua-Neuguinea^{N}
Papouasie^{F}-Nouvelle-Guinée^{F}
Melanesien^{N}
Mélanésie^{F}
Carpentariagolf^{M}
Golfe^{M} de Carpentarie^{F}
Torresstraße^{F}
Détroit^{M} de Torres
Pazifischer Ozean^{M}
Océan^{M} Pacifique
Indischer Ozean^{M}
Océan^{M} Indien
Großes Barrierriff^{N}
Récif^{M} de la Grande Barrière^{F}
Neukaledonien^{N}
Nouvelle-Calédonie^{F}
Große Sandwüste^{F}
Grand Désert^{M} de Sable^{M}
Korallenmeer^{N}
Mer^{F} de Corail^{M}
Fidschiinseln^{F}
Îles^{F} Fidji
Eyresee^{M}
Lac^{M} Eyre Nord
Große Victoriawüste^{F}
Grand Désert^{M} Victoria
Australische Kordilleren^{F}
Cordillère^{F} australienne
Große Australische Bucht^{F}
Grande Baie^{F} australienne
Tasmansee^{F}
Mer^{F} de Tasman
Bass-Straße^{F}
Détroit^{M} de Bass
Tasmanien^{N}
Tasmanie^{F}
Neuseeland^{N}
Nouvelle-Zélande^{F}
Cookstraße^{F}
Détroit^{M} de Cook

Nordamerika[N]
Amérique[F] du Nord[M]

Beaufortsee[F]
Mer[F] de Beaufort
Mackenzie[M]
Mackenzie[M]
Hudson Bay[F]
Baie[F] d'Hudson
Baffinland[N]
Terre[F] de Baffin
Beringstraße[F]
Détroit[M] de Béring
Grönland[N]
Groenland[M]
Große Seen[M]
Grands Lacs[M]
Golf[M] von Alaska[N]
Golfe[M] d'Alaska
Neufundland[N]
Île[F] de Terre-Neuve
Aleuten
Îles[F] Aléoutiennes
Rocky Mountains
Montagnes[F] Rocheuses
Sankt-Lorenz-Strom[M]
Saint-Laurent[M]
Grand Canyon[M]
Grand Canyon[M]
Appalachen
Appalaches[F]
Mississippi[M]
Mississippi[M]
Golf[M] von Kalifornien[N]
Golfe[M] de Californie[F]
Golf[M] von Mexiko[N]
Golfe[M] du Mexique[M]
Westindien[N]
Antilles[F]
Yucatan[N]-Halbinsel[F]
Péninsule[F] du Yucatan[M]
Karibik[F]
Mer[F] des Antilles[F]
Mittelamerika[N]
Amérique[F] centrale
Landenge[F] von Panama[N]
Isthme[M] de Panama[M]

Südamerika[N]
Amérique[F] du Sud[M]

Orinoko[M]
Orénoque[M]
Amazonas[M]
Amazone[F]
Golf[M] von Panama[N]
Golfe[M] de Panama[M]
Äquator[M]
équateur[M]
Anden
Cordillère[F] des Andes
Titicacasee[M]
Lac[M] Titicaca
Atacama-Wüste[F]
Désert[M] d'Atacama
Paraná[M]
Paraná[M]
Patagonien[N]
Patagonie[F]
Falkland-Inseln[F]
Îles[F] Falkland
Feuerland[N]
Terre[F] de Feu[M]
Kap[N] Horn
Cap[M] Horn
Drakestraße[F]
Détroit[M] de Drake

Europa[N]
Europe[F]

Barentssee[F]
Mer[F] de Barents
Ural[M]
Monts[M] Oural[M]
Ladogasee[M]
Lac[M] Ladoga
Kola-Halbinsel[F]
Presqu'île[F] de Kola
Wolga[F]
Volga[F]
Bottnischer Meerbusen[M]
Golfe[M] de Botnie[F]
Nordmeer[N]
Mer[F] de Norvège[F]
Dnjepr[M]
Dniepr[M]
Island[N]
Islande[F]
Skandinavische Halbinsel[F]
Péninsule[F] Scandinave
Ostsee[F]
Mer[F] Baltique[F]
Nordsee[F]
Mer[F] du Nord[M]
Irische See[F]
Mer[F] d'Irlande[F]
Atlantischer Ozean[M]
Océan[M] Atlantique
Ärmelkanal[M]
Manche[F]
Weichsel[F]
Vistule[F]
Alpen
Alpes[F]
Schwarzes Meer[N]
Mer[F] Noire
Iberische Halbinsel[F]
Péninsule[F] Ibérique
Straße[F] von Gibraltar[N]
Détroit[M] de Gibraltar
Pyrenäen
Pyrénées[F]
Donau[F]
Danube[M]
Balkanhalbinsel[F]
Péninsule[F] des Balkans[M]
Karpaten
Carpates[F]
Mittelmeer[N]
Mer[F] Méditerranée[F]
Adria[F]
Mer[F] Adriatique
Ägäis[F]
Mer[F] Égée

Asien^{N}
Asie^{F}

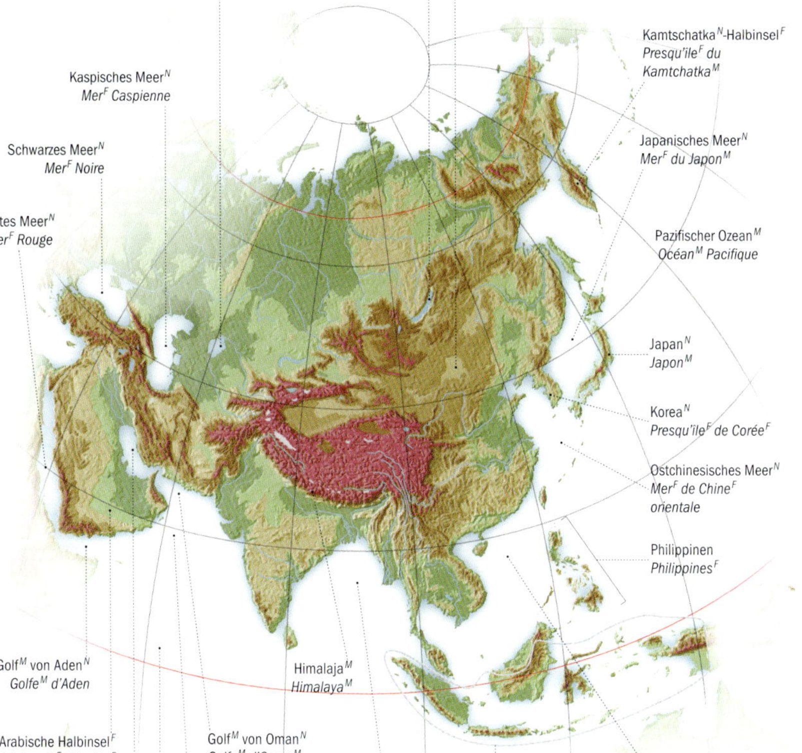
Aralsee^{M} *Mer^{F} d'Aral*
Baikalsee^{M} *Lac^{M} Baïkal*
Wüste Gobi^{F} *Désert^{M} de Gobi^{M}*
Kamtschatka^{N}-Halbinsel^{F} *Presqu'île^{F} du Kamtchatka^{M}*
Kaspisches Meer^{N} *Mer^{F} Caspienne*
Schwarzes Meer^{N} *Mer^{F} Noire*
Japanisches Meer^{N} *Mer^{F} du Japon^{M}*
Rotes Meer^{N} *Mer^{F} Rouge*
Pazifischer Ozean^{M} *Océan^{M} Pacifique*
Japan^{N} *Japon^{M}*
Korea^{N} *Presqu'île^{F} de Corée^{F}*
Ostchinesisches Meer^{N} *Mer^{F} de Chine^{F} orientale*
Philippinen *Philippines^{F}*
Golf^{M} von Aden^{N} *Golfe^{M} d'Aden*
Himalaja^{M} *Himalaya^{M}*
Arabische Halbinsel^{F} *Péninsule^{F} d'Arabie^{F}*
Golf^{M} von Oman^{N} *Golfe^{M} d'Oman^{M}*
Südchinesisches Meer^{N} *Mer^{F} de Chine^{F} méridionale*
Persischer Golf^{M} *Golfe^{M} Persique*
Arabisches Meer^{N} *Mer^{F} d'Oman^{M}*
Indonesien^{N} *Indonésie^{F}*
Indischer Ozean^{M} *Océan^{M} Indien*
Golf^{M} von Bengalen^{N} *Golfe^{M} du Bengale^{M}*

Afrika^{N}
Afrique^{F}

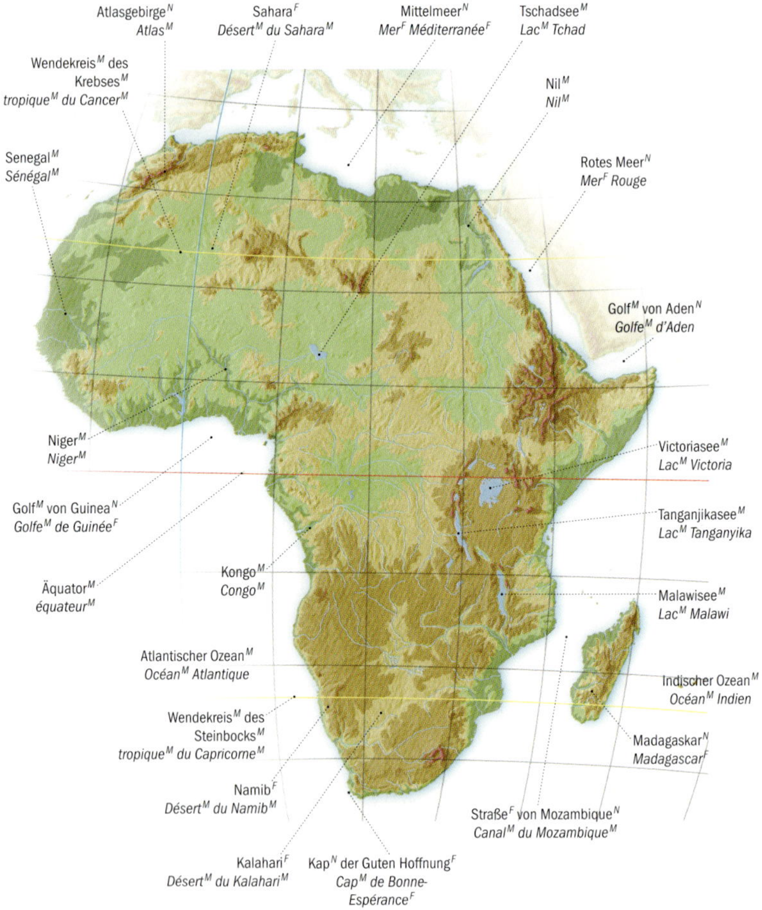
Atlasgebirge^{N} *Atlas^{M}*
Sahara^{F} *Désert^{M} du Sahara^{M}*
Mittelmeer^{N} *Mer^{F} Méditerranée^{F}*
Tschadsee^{M} *Lac^{M} Tchad*
Wendekreis^{M} des Krebses^{M} *tropique^{M} du Cancer^{M}*
Nil^{M} *Nil^{M}*
Senegal^{M} *Sénégal^{M}*
Rotes Meer^{N} *Mer^{F} Rouge*
Golf^{M} von Aden^{N} *Golfe^{M} d'Aden*
Niger^{M} *Niger^{M}*
Victoriasee^{M} *Lac^{M} Victoria*
Golf^{M} von Guinea^{N} *Golfe^{M} de Guinée^{F}*
Tanganjikasee^{M} *Lac^{M} Tanganyika*
Kongo^{M} *Congo^{M}*
Äquator^{M} *équateur^{M}*
Malawisee^{M} *Lac^{M} Malawi*
Atlantischer Ozean^{M} *Océan^{M} Atlantique*
Indischer Ozean^{M} *Océan^{M} Indien*
Wendekreis^{M} des Steinbocks^{M} *tropique^{M} du Capricorne^{M}*
Madagaskar^{N} *Madagascar^{F}*
Namib^{F} *Désert^{M} du Namib^{M}*
Straße^{F} von Mozambique^{N} *Canal^{M} du Mozambique^{M}*
Kalahari^{F} *Désert^{M} du Kalahari^{M}*
Kap^{N} der Guten Hoffnung^{F} *Cap^{M} de Bonne-Espérance^{F}*

Kartographie[F]
cartographie[F]

Koordinatensystem[N] der Erdkugel[F]
coordonnées[F] terrestres

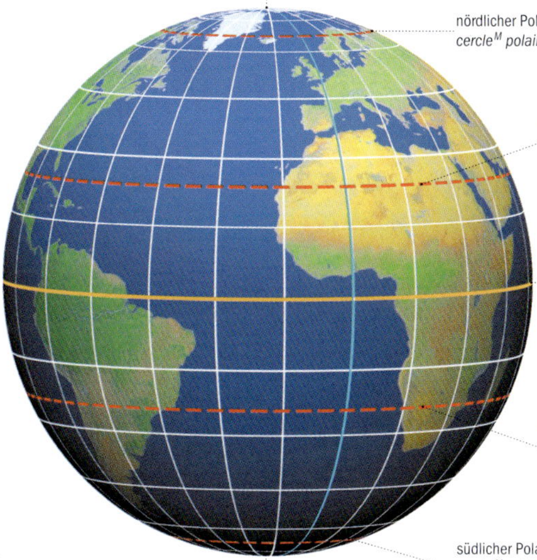

Hemisphären[F]
hémisphères[M]

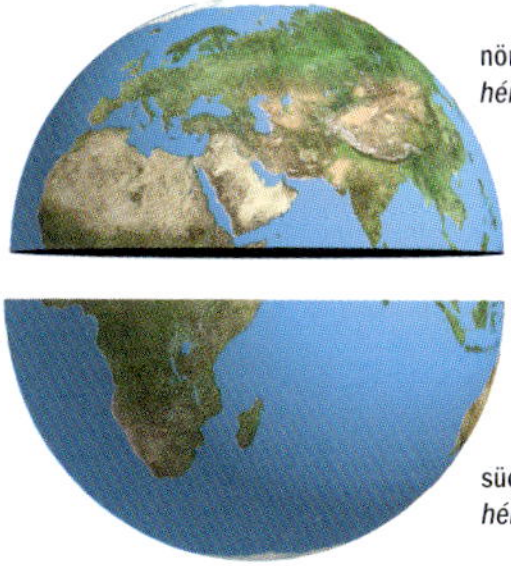

Gradnetz[N]
divisions[F] cartographiques

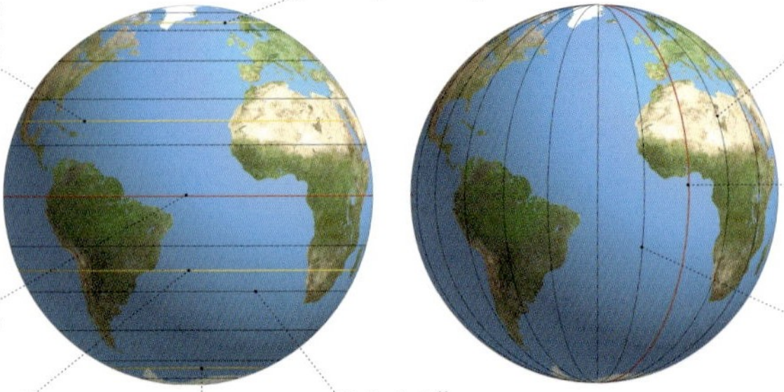

Kartendarstellungen[F]
projections[F] cartographiques

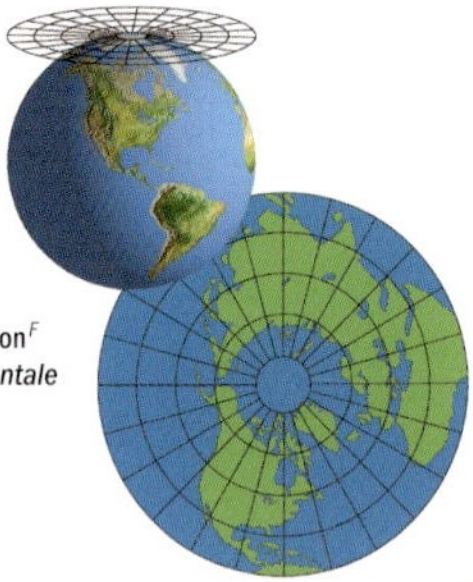

Azimutalprojektion[F]
projection[F] horizontale

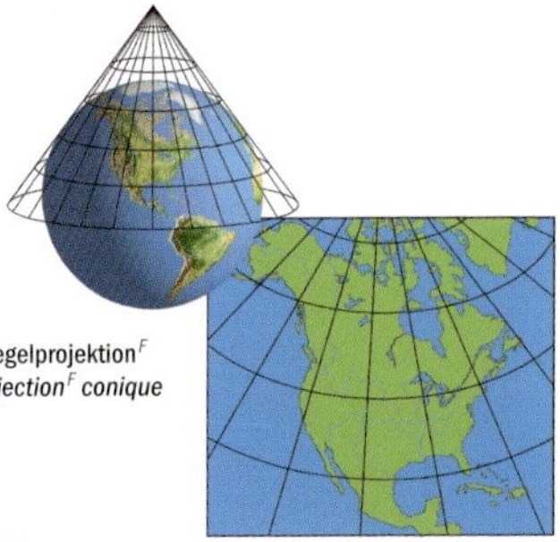

Kegelprojektion[F]
projection[F] conique

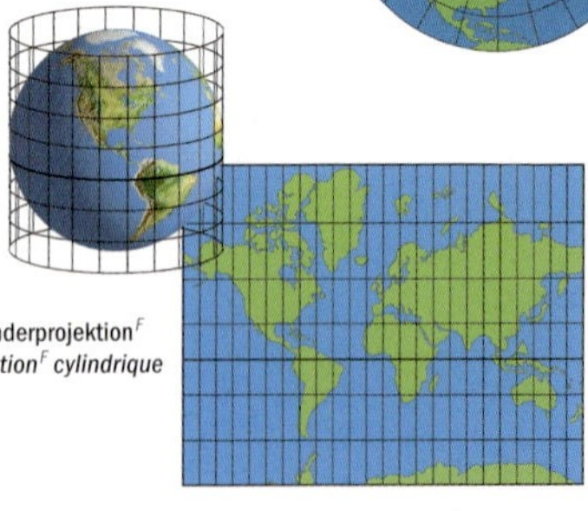

Zylinderprojektion[F]
projection[F] cylindrique

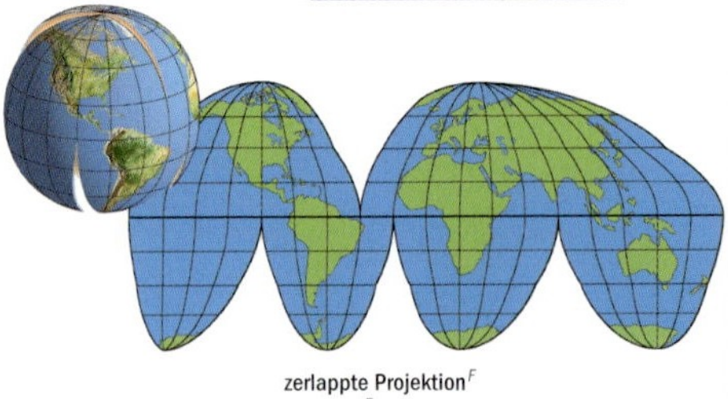

zerlappte Projektion[F]
projection[F] interrompue

Windrose^{F}
rose^{F} des vents^{M}

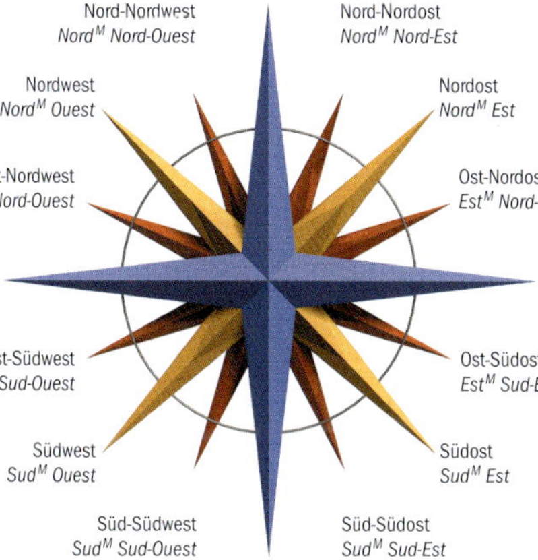

politische Karte^{F}
carte^{F} politique

physische Karte^F
carte^F physique

Meer^N
mer^F
Bucht^F
baie^F
Meerenge^F
détroit^M
Gebirgskette^F
chaîne^F de montagnes^F
Insel^F
île^F
Ozean^M
océan^M
Prärie^F
prairie^F
Gebirgsmassiv^N
massif^M montagneux
Flussmündung^F
estuaire^M
See^M
lac^M
Fluss^M
rivière^F
Archipel^M
archipel^M
Plateau^N, Hochebene^F
plateau^M
Golf^M
golfe^M
Halbinsel^F
péninsule^F
Kap^N
cap^M
Ebene^F
plaine^F
Landenge^F
isthme^M
Fluss^M
fleuve^M

Stadtplan^{M}
plan^{M} urbain

Eisenbahn^{F} / *chemin^{M} de fer^{M}*

Bahnhof^{M} / *gare^{F}*

Brücke^{F} / *pont^{M}*

Vororte^{M} / *banlieue^{F}*

Fluss^{M} / *fleuve^{M}*

Wald^{M} / *bois^{M}*

Umgehungsstraße^{F} / *boulevard^{M} périphérique*

Kreisverkehr^{M} / *rond-point^{M}*

Straße^{F} / *rue^{F}*

Park^{M} / *parc^{M}*

Friedhof^{M} / *cimetière^{M}*

Denkmal^{N} / *monument^{M}*

Autobahn^{F} / *autoroute^{F}*

Stadtteil^{M} / *arrondissement^{M}*

Allee^{F} / *avenue^{F}*

öffentliches Gebäude^{N} / *édifice^{M} public*

Boulevard^{M} / *boulevard^{M}*

Straßenkarte^{F}
carte^{F} routière

Autobahnnummer^{F} / *numéro^{M} d'autoroute^{F}*

Straße^{F} / *route^{F}*

Autobahn^{F} / *autoroute^{F}*

Rastplatz^{M} / *aire^{F} de repos^{M}*

Raststätte^{F} / *aire^{F} de service^{M}*

Umgehungsstraße^{F} / *autoroute^{F} de ceinture^{F}*

Straßennummer^{F} / *numéro^{M} de route^{F}*

Flughafen^{M} / *aéroport^{M}*

Nationalpark^{M} / *parc^{M} national*

landschaftlich schöne Strecke^{F} / *parcours^{M} pittoresque*

Nebenstraße^{F} / *route^{F} secondaire*

Sehenswürdigkeit^{F} / *curiosité^{F}*

Erdkruste^F im Querschnitt^M

coupe^F de la croûte^F terrestre

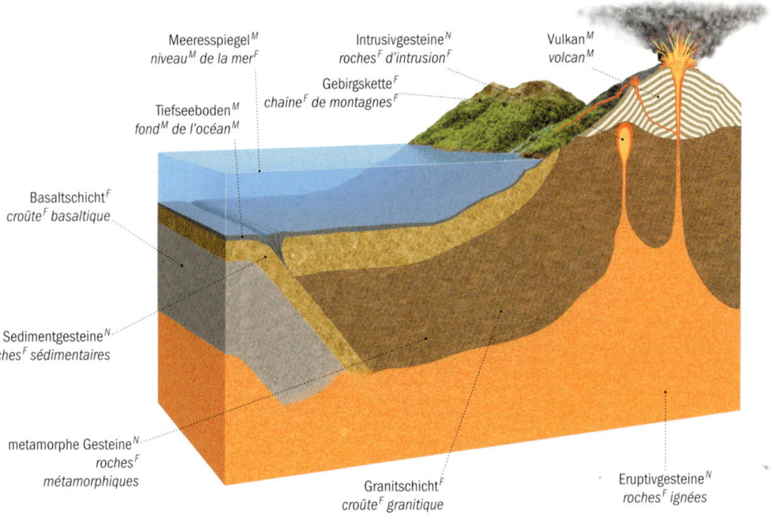

Erdaufbau^M

structure^F de la Terre^F

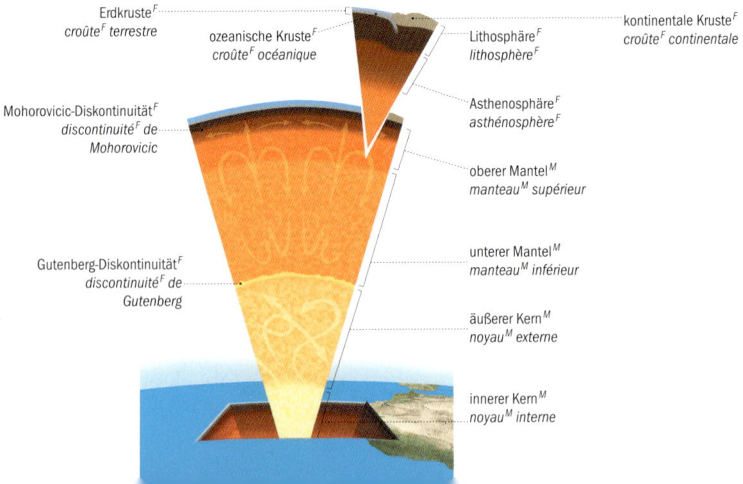

tektonische Platten^{F}
plaques^{F} tectoniques

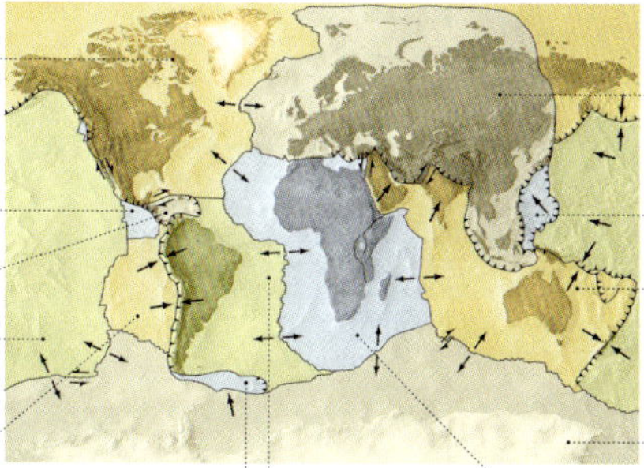

Erdbeben^{N}
séisme^{M}

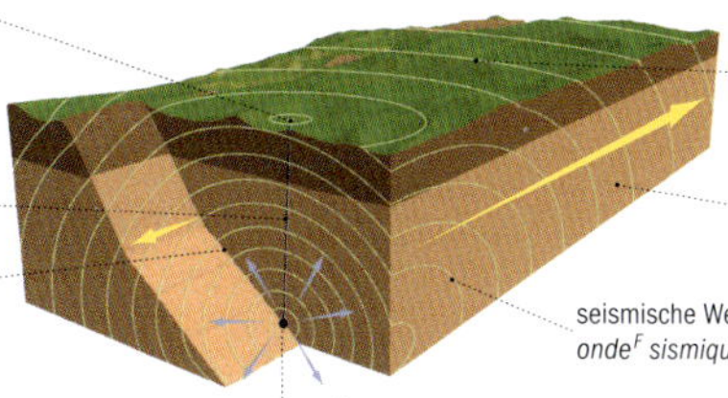

Seismographen^{M}
sismographes^{M}

Vertikalseismograph^{M}
sismographe^{M} vertical

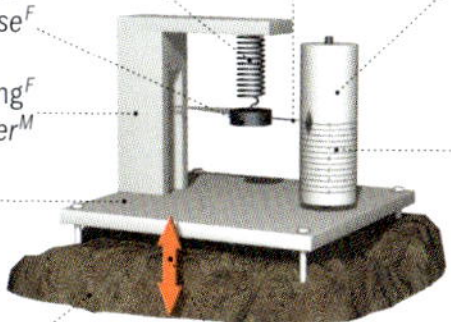

Horizontalseismograph^{M}
sismographe^{M} horizontal

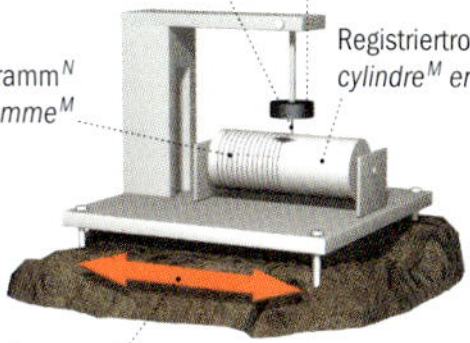

Vulkan^{M}

volcan^{M}

Vulkan^{M} mit Ausbruchstätigkeit^{F}
volcan^{M} en éruption^{F}

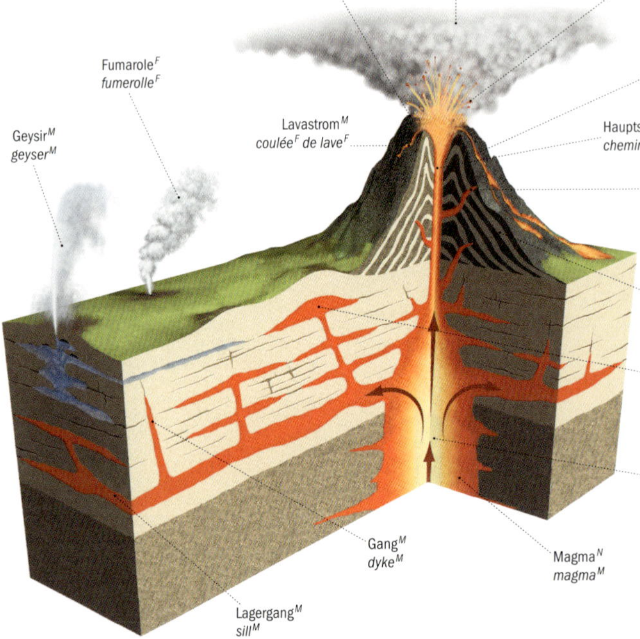

Vulkantypen^{M}
exemples^{M} de volcans^{M}

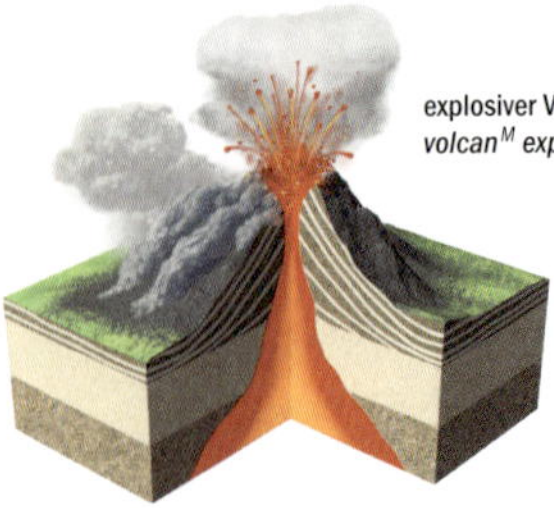

explosiver Vulkan^{M}
volcan^{M} explosif

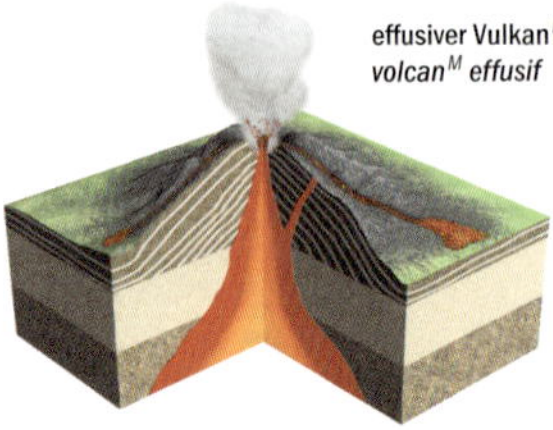

effusiver Vulkan^{M}
volcan^{M} effusif

Berg^{M}

montagne^{F}

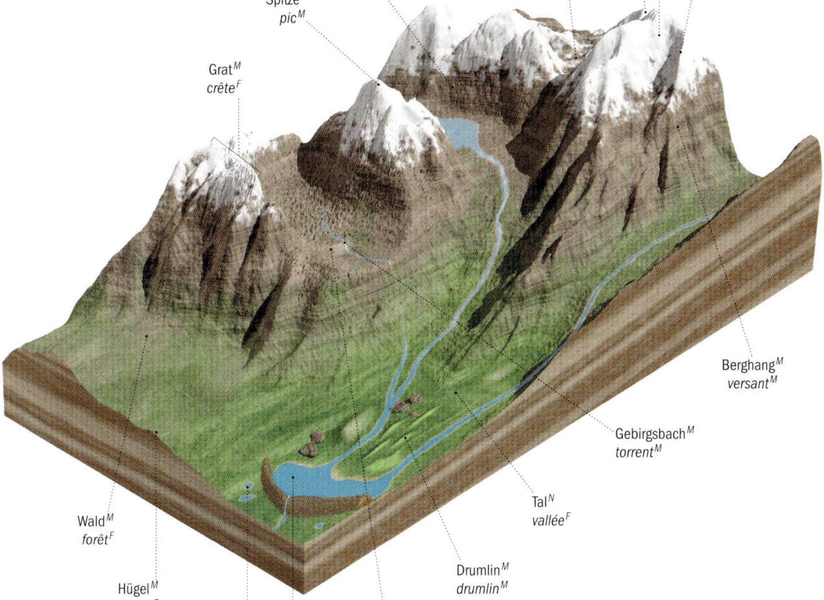
Gipfel^{M}
sommet^{M}
Pass^{M}
col^{M}
ewiger Schnee^{M}
neiges^{F} éternelles
Steilhang^{M}
falaise^{F}
Vorsprung^{M}
contrefort^{M}
Kamm^{M}
arête^{F}
Spitze^{F}
pic^{M}
Grat^{M}
crête^{F}
Berghang^{M}
versant^{M}
Gebirgsbach^{M}
torrent^{M}
Tal^{N}
vallée^{F}
Wald^{M}
forêt^{F}
Drumlin^{M}
drumlin^{M}
Hügel^{M}
colline^{F}
Hochebene^{F}
plateau^{M}
Kessel^{M}
kettle^{M}
See^{M}
lac^{M}

Gletscher^M

glacier^M

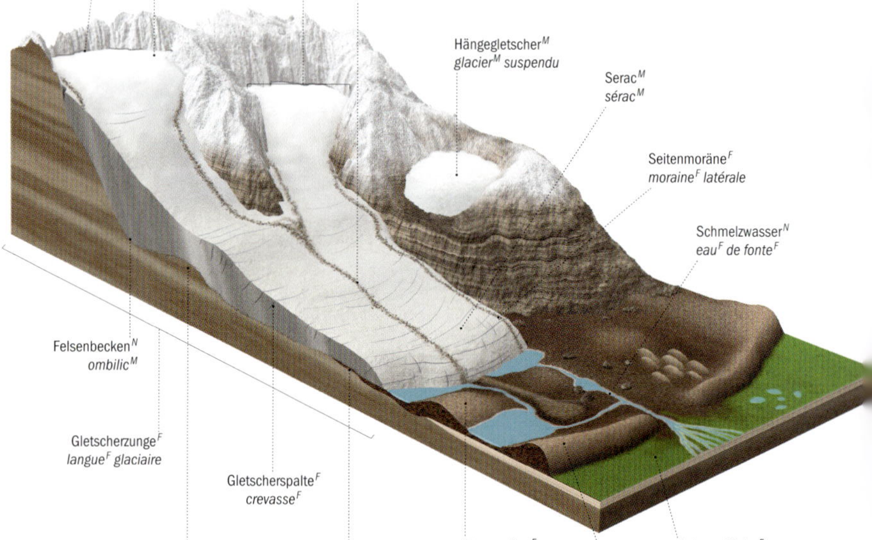
Bergschrund^M
rimaye^F
Firn^M
névé^M
Kar^N
cirque^M glaciaire
Mittelmoräne^F
moraine^F médiane
Hängegletscher^M
glacier^M suspendu
Serac^M
sérac^M
Seitenmoräne^F
moraine^F latérale
Schmelzwasser^N
eau^F de fonte^F
Felsenbecken^N
ombilic^M
Gletscherzunge^F
langue^F glaciaire
Gletscherspalte^F
crevasse^F
Riegel^M
verrou^M
Grundmoräne^F
moraine^F de fond^M
Staumoräne^F
moraine^F frontale
Schotterfläche^F
plaine^F fluvio-glaciaire
Endmoräne^F
moraine^F terminale

Höhle[F]

grotte[F]

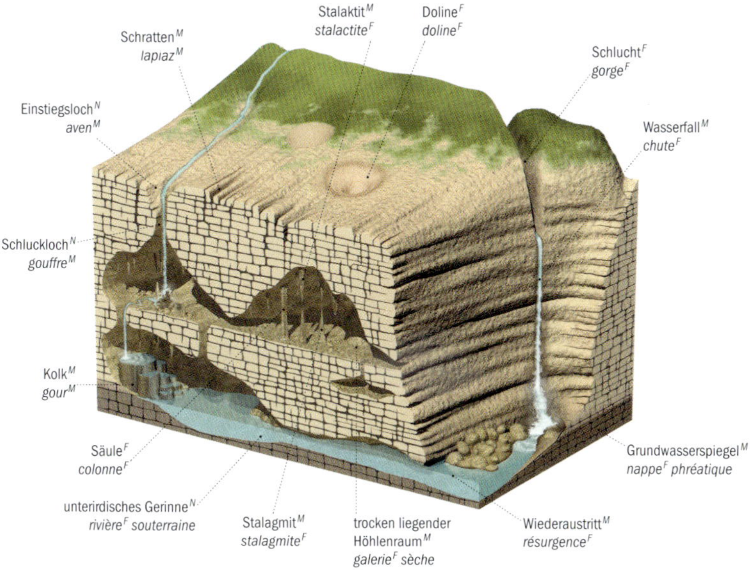

Bodenbewegungen[F]

mouvements[M] de terrain[M]

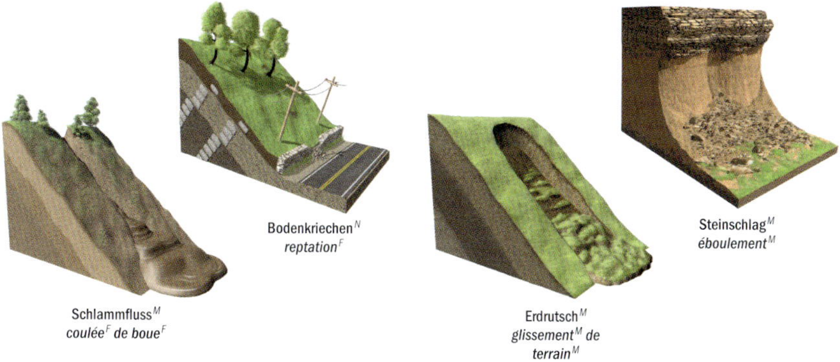

Flusslandschaft[F]

cours[M] d'eau[F]

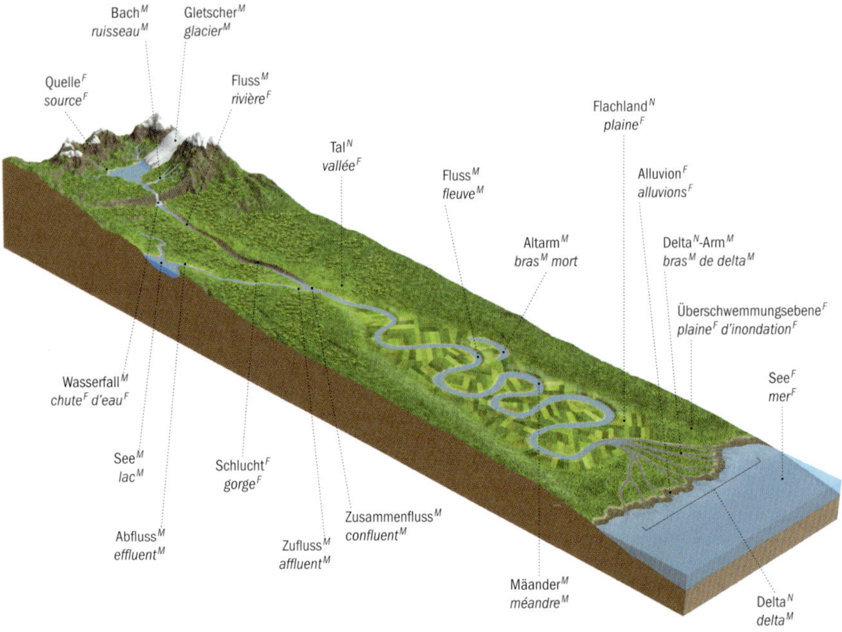

Seen[M]

lacs[M]

Gletschersee[M]
lac[M] d'origine[F] glaciaire

vulkanischer See[M]
lac[M] d'origine[F] volcanique

tektonischer See[M]
lac[M] d'origine[F] tectonique

Altarm[M]
lac[M] en croissant[M]

Oase[F]
oasis[F]

künstlicher See[M]
lac[M] artificiel

Welle[F]
vague[F]

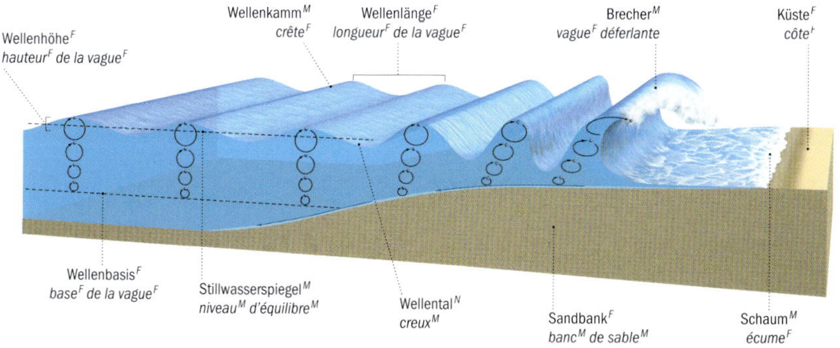

Wellenhöhe F
hauteur F de la vague F
Wellenkamm M
crête F
Wellenlänge F
longueur F de la vague F
Brecher M
vague F déferlante
Küste F
côte F
Wellenbasis F
base F de la vague F
Stillwasserspiegel M
niveau M d'équilibre M
Wellental N
creux M
Sandbank F
banc M de sable M
Schaum M
écume F

Meeresboden[M]
fond[M] de l'océan[M]

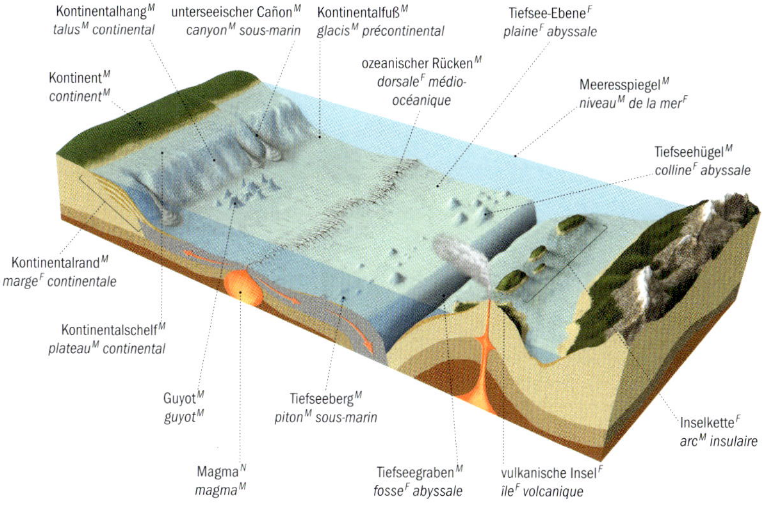

Kontinentalhang M
talus M continental
unterseeischer Cañon M
canyon M sous-marin
Kontinentalfuß M
glacis M précontinental
Tiefsee-Ebene F
plaine F abyssale
Kontinent M
continent M
ozeanischer Rücken M
dorsale F médio-océanique
Meeresspiegel M
niveau M de la mer F
Tiefseehügel M
colline F abyssale
Kontinentalrand M
marge F continentale
Kontinentalschelf M
plateau M continental
Guyot M
guyot M
Tiefseeberg M
piton M sous-marin
Inselkette F
arc M insulaire
Magma N
magma M
Tiefseegraben M
fosse F abyssale
vulkanische Insel F
île F volcanique

ozeanische Rücken^{M} und Gräben^{M}

fosses^{F} et dorsales^{F} océaniques

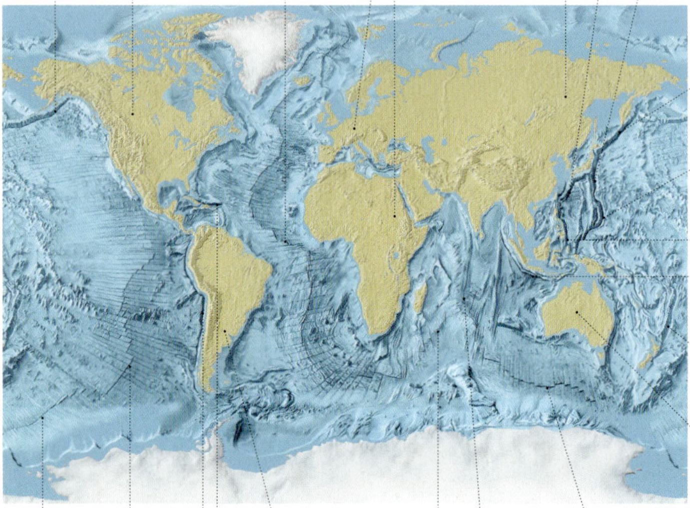

typische Küstenformen^F
configuration^F du littoral^M

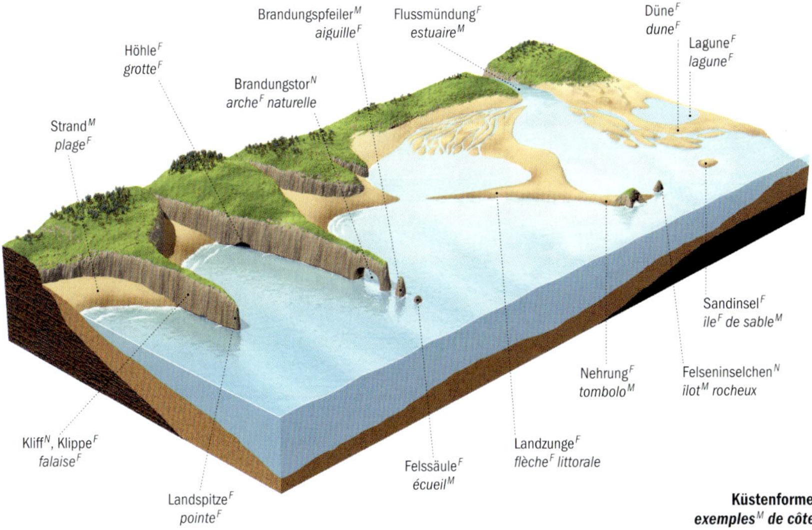

Küstenformen^F
exemples^M de côtes^F

Riffküste^F
cordon^M littoral

Fjordküste^F
fjords^M

Steilküste^F
falaise^F côtière

Delta^N
delta^M

Atoll^N
atoll^M

Riasküste^F
rias^F

Wüste[F]

désert[M]

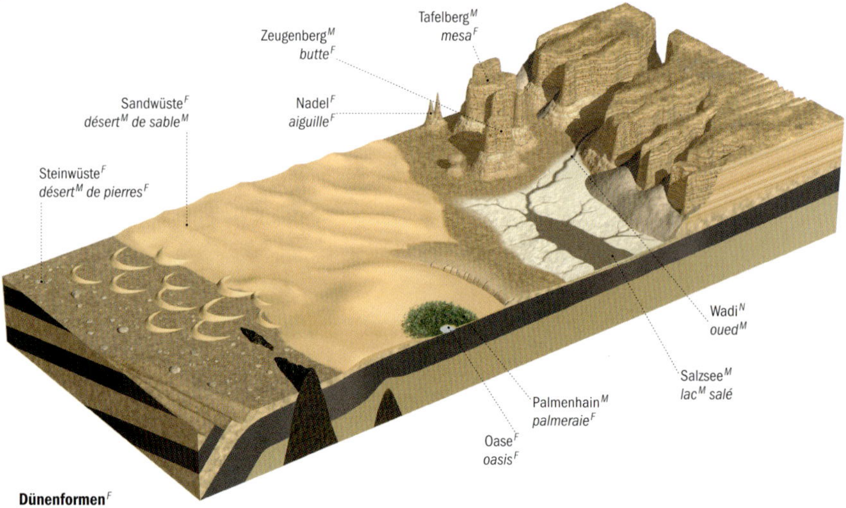

Dünenformen[F]
exemples[M] de dunes[F]

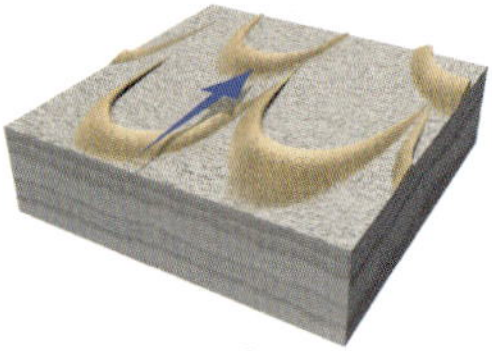

Sicheldüne[F]
dune[F] en croissant[M]

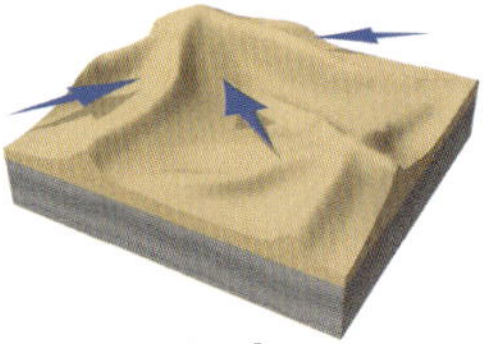

komplexe Düne[F]
dune[F] complexe

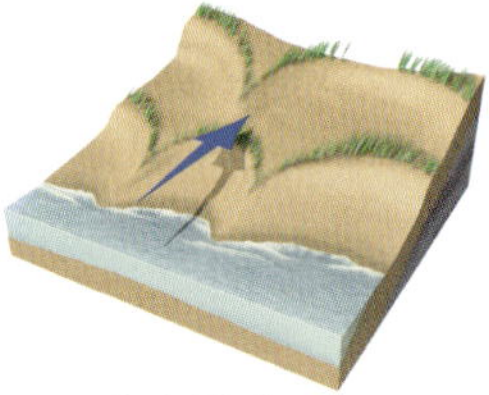

Parabeldüne[F]
dune[F] parabolique

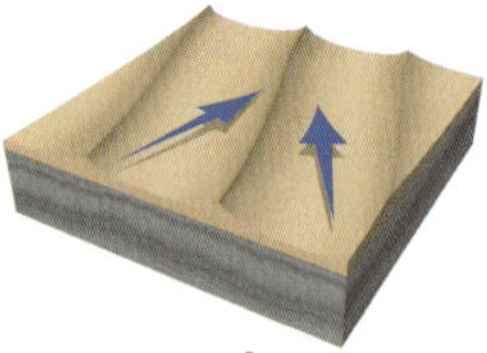

Längsdünen[F]
dunes[F] longitudinales

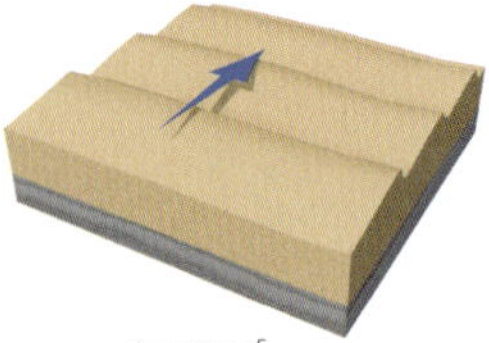

Querdünen[F]
dunes[F] transversales

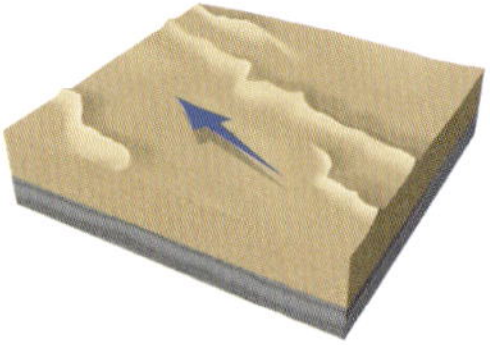

Dünenzug[M]
cordon[M] de dunes[F]

Erdatmosphäre^F im Querschnitt^M

coupe^F de l'atmosphère^F terrestre

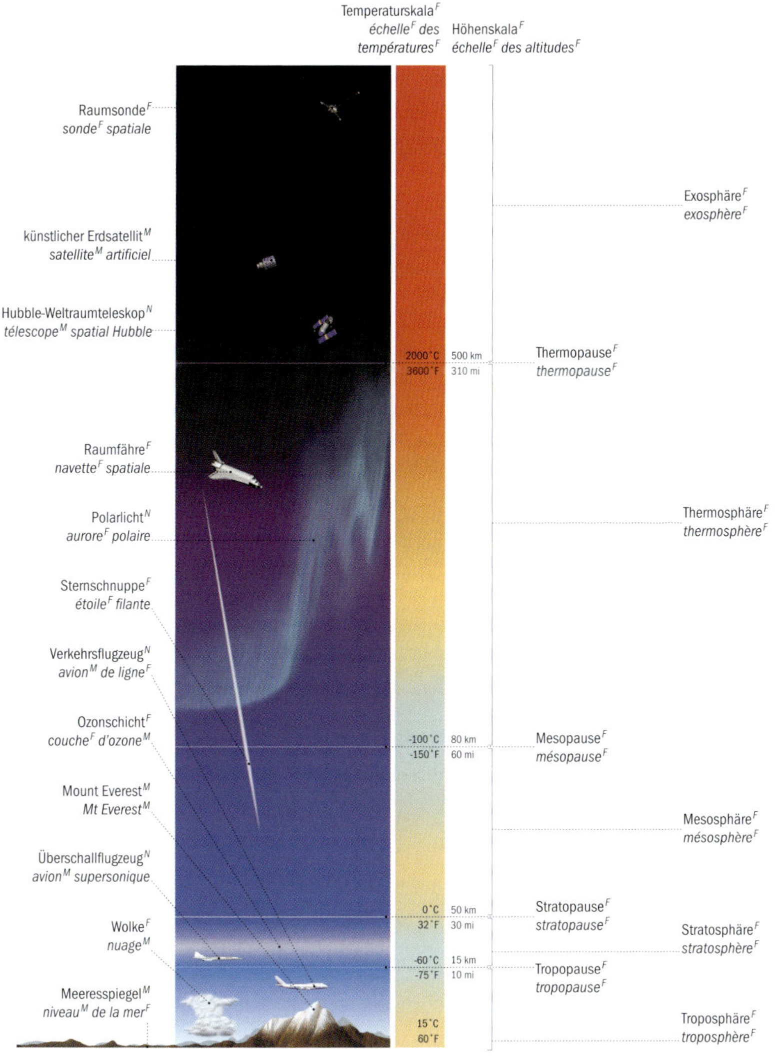

Jahreszeiten^F

cycle^M des saisons^F

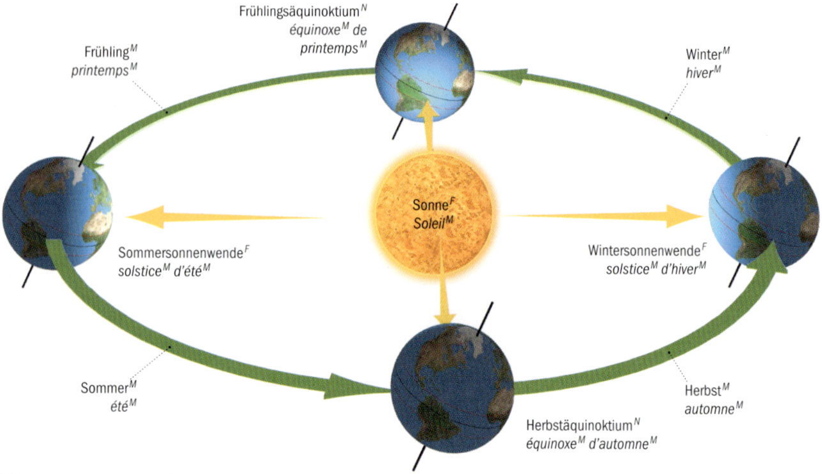

Wettervorhersage^F

prévision^F météorologique

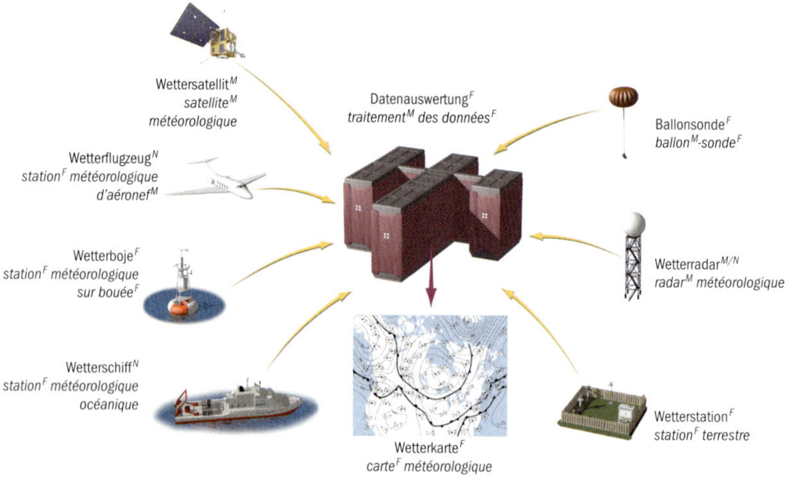

Wetterkarte^{F}

carte^{F} météorologique

Windrichtung^{F} und Windgeschwindikeit^{F}
direction^{F} et force^{F} du vent^{M}

Luftdruck^{M}
pression^{F} barométrique

Isobare^{F}
isobare^{F}

Tiefdruckgebiet^{N}
dépression^{F}

Niederschlagsgebiet^{N}
zone^{F} de précipitation^{F}

Trog^{M}
creux^{M} barométrique

Luftmasse^{F}
type^{M} de la masse^{F} d'air^{M}

Hochdruckgebiet^{N}
anticyclone^{M}

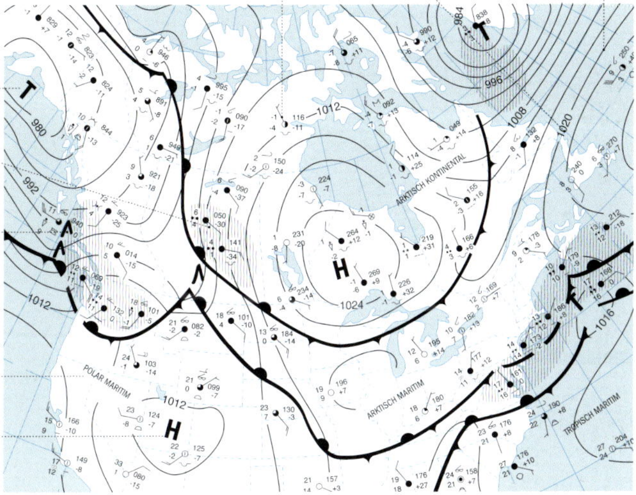

Stationsmodell^{N}

disposition^{F} des informations^{F} d'une station^{F}

Art der hohen Wolken^{F}
type^{M} de nuage^{M} élevé

Art der mittelhohen Wolken^{F}
type^{M} de nuage^{M} moyen

Windgeschwindigkeit^{F}
force^{F} du vent^{M}

Stationskreis^{M}
cercle^{M} de la station^{F}

Lufttemperatur^{F}
température^{F} de l'air^{M}

Luftdruck^{M} in Meereshöhe^{F}
pression^{F} au niveau^{M} de la mer^{F}

Himmelsbedeckung^{F}
nébulosité^{F}

Windrichtung^{F}
direction^{F} du vent^{M}

Drucktendenz^{F}
tendance^{F} barométrique

gegenwärtige Wetterlage^{F}
état^{M} présent du temps^{M}

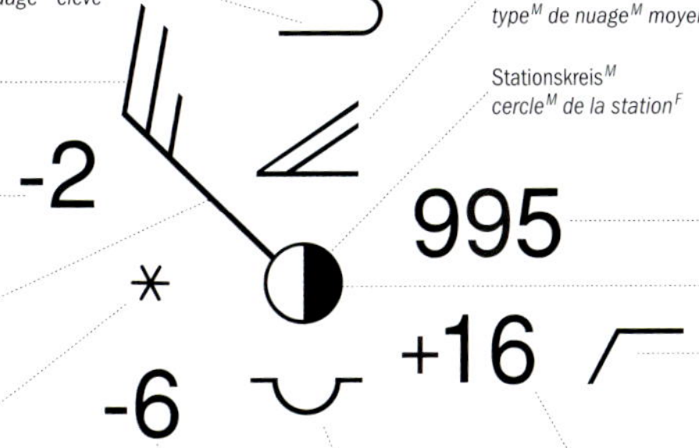

Taupunkttemperatur^{F}
température^{F} du point^{M} de rosée^{F}

Art der tiefen Wolken^{F}
type^{M} de nuage^{M} bas

Luftdruckänderung^{F}
évolution^{F} de la pression^{F}

Klimate[N] der Welt[F]

climats[M] du monde[M]

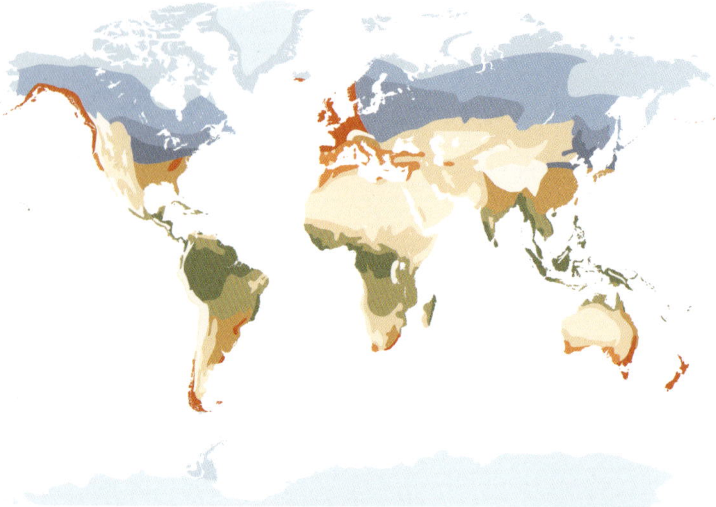

tropische Klimate[N]
climats[M] tropicaux

tropischer Regenwald[M]
tropical humide

tropisch feucht und trocken (Savanne[F])
tropical humide et sec (savane[F])

Trockenklimate[N]
climats[M] arides

Steppe[F]
steppe[F]

Wüste[F]
désert[M]

kaltgemäßigte Klimate[N]
climats[M] tempérés froids

feucht-kontinental - heißer Sommer[M]
continental humide, à été[M] chaud

feucht-kontinental - warmer Sommer[M]
continental humide, à été[M] frais

subarktisch
subarctique

warmgemäßigte Klimate[N]
climats[M] tempérés chauds

feuchte Subtropen
subtropical humide

mediterrane Subtropen
méditerranéen

maritim
océanique

Polarklimate[N]
climats[M] polaires

Polartundra[F]
toundra[F]

Eiskappe[F]
calotte[F] glaciaire

Hochlandklimate[N]
climats[M] de montagne[F]

Hochgebirge[N]
climats[M] de montagne[F]

Niederschläge^M
précipitations^F

Winterniederschläge^M
précipitations^F hivernales

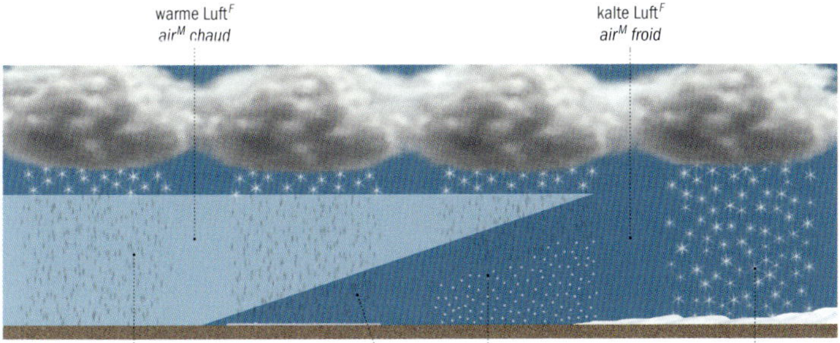

stürmischer Himmel^M
ciel^M d'orage^M

Tau^M
rosée^F

Dunst^M
brume^F

Nebel^M
brouillard^M

Reif^M
givre^M

Raureif^M
verglas^M

Wolken[F]

nuages[M]

hohe Wolken[F]
nuages[M] de haute altitude[F]

Zirrostratus[M]
cirro-stratus[M]

Zirrokumulus[M]
cirro-cumulus[M]

Zirrus[M]
cirrus[M]

mittelhohe Wolken[F]
nuages[M] de moyenne altitude[F]

Altostratus[M]
alto-stratus[M]

Altokumulus[M]
alto-cumulus[M]

tiefe Wolken[F]
nuages[M] de basse altitude[F]

Stratokumulus[M]
strato-cumulus[M]

Nimbostratus[M]
nimbo-stratus[M]

Kumulus[M]
cumulus[M]

Stratus[M]
stratus[M]

Quellwolken[F]
nuages[M] à développement[M] vertical

Kumulonimbus[M]
cumulo-nimbus[M]

Tornado[M] und Wasserhose[F]

tornade[F] et trombe[F] marine

Wasserhose[F]
trombe[F] marine

Tornado[M]
tornade[F]

tropischer Wirbelsturm[M]

cyclone[M] tropical

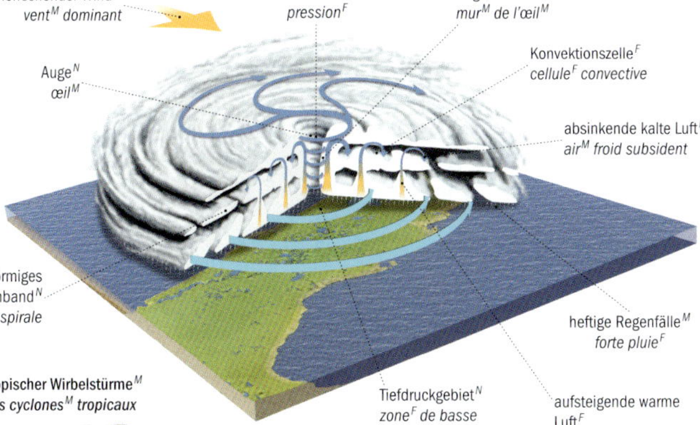

Bezeichnungen[F] tropischer Wirbelstürme[M]
dénominations[F] des cyclones[M] tropicaux

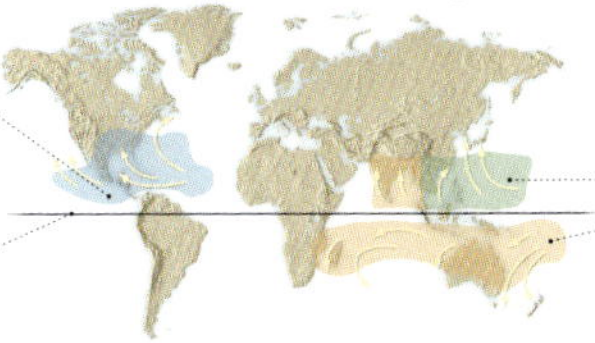

Vegetation^{F} und Biosphäre^{F}

végétation^{F} et biosphère^{F}

Vegetationszonen^{F}
distribution^{F} de la végétation^{F}

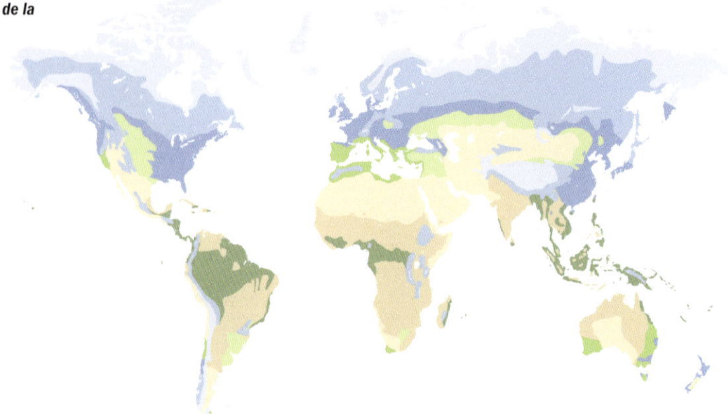

Tundra^{F}
toundra^{F}

gemäßigter Wald^{M}
forêt^{F} tempérée

tropischer Regenwald^{M}
forêt^{F} tropicale humide

Wüste^{F}
désert^{M}

borealer Wald^{M}
forêt^{F} boréale

Grasland^{N}
prairie^{F} tempérée

Savanne^{F}
savane^{F}

Macchie^{F}
maquis^{M}

Vegetationsbild^{N} nach Höhenlagen^{F}
paysage^{M} végétal selon l'altitude^{F}

Aufbau^{M} der Biosphäre^{F}
structure^{F} de la biosphère^{F}

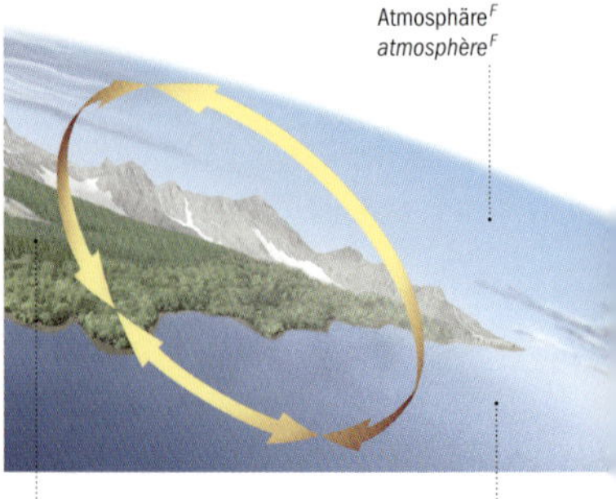

Nahrungskette^F
chaîne^F alimentaire

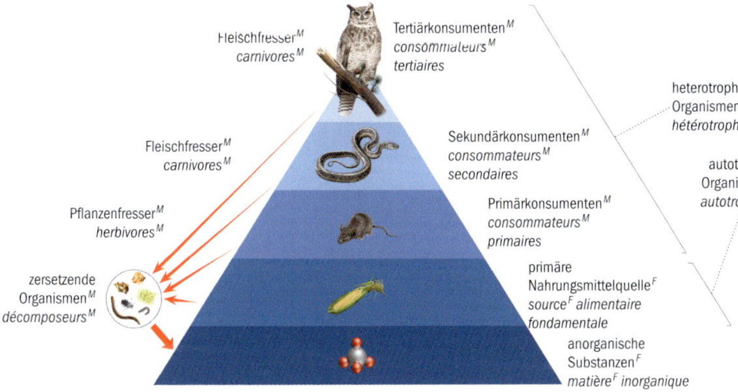

Wasserkreislauf^M
cycle^M de l'eau^F

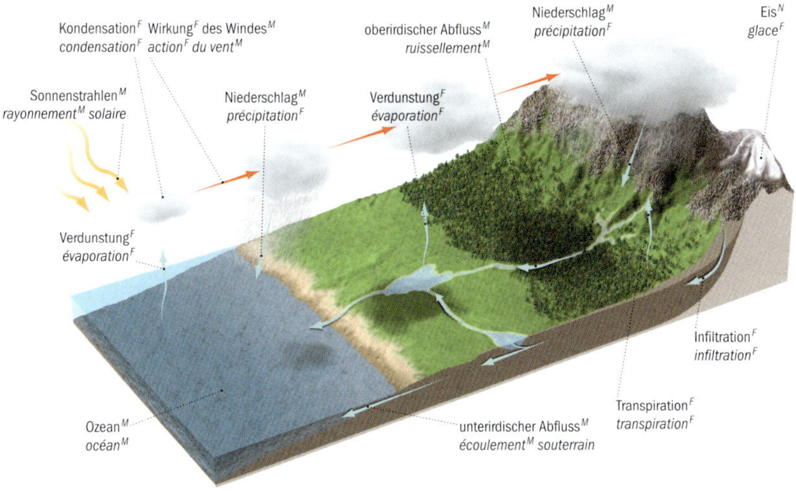

Treibhauseffekt^{M}

effet^{M} de serre^{F}

natürlicher Treibhauseffekt^{M}
effet^{M} de serre^{F} naturel

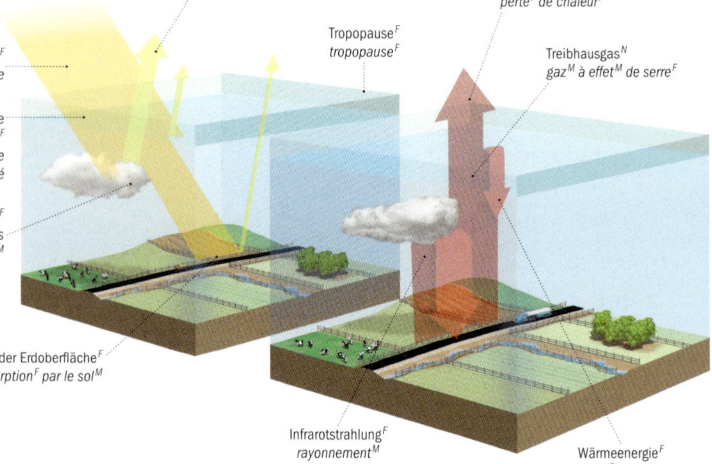

anthropogener Treibhauseffekt^{M}
augmentation^{F} de l'effet^{M} de serre^{F}

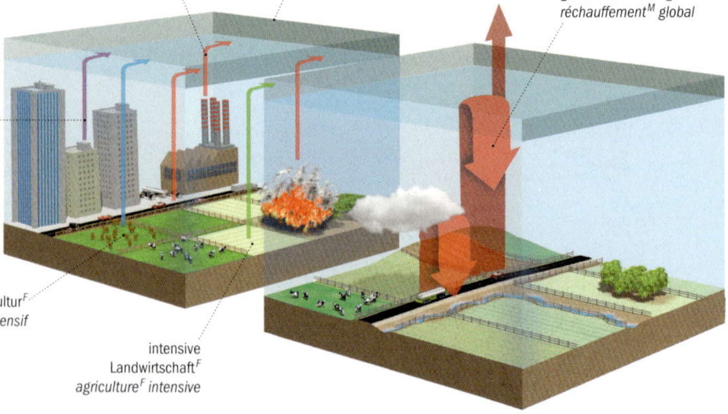

Luftverschmutzung[F]

pollution[F] de l'air[M]

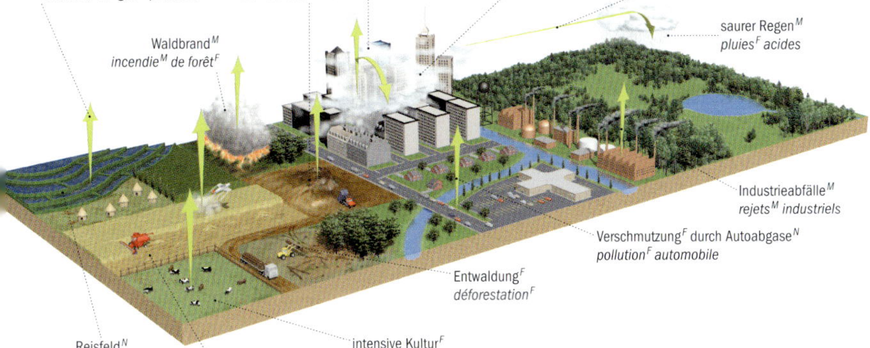

Bodenverschmutzung[F]

pollution[F] du sol[M]

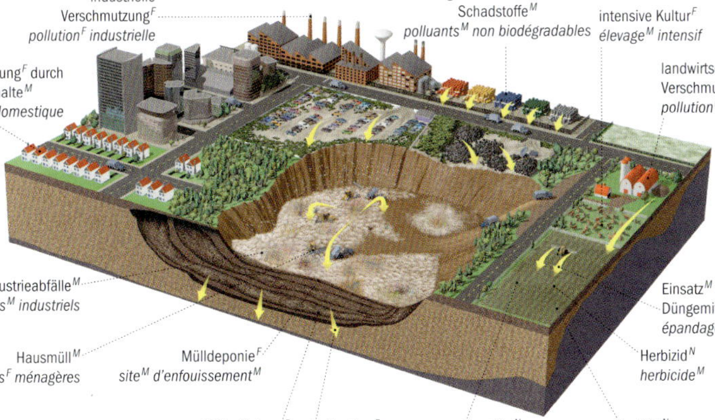

Wasserverschmutzung[F]

pollution[F] de l'eau[F]

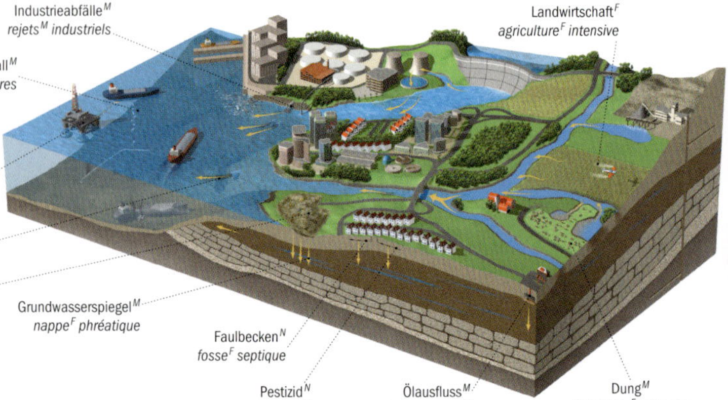

saurer Regen[M]

pluies[F] acides

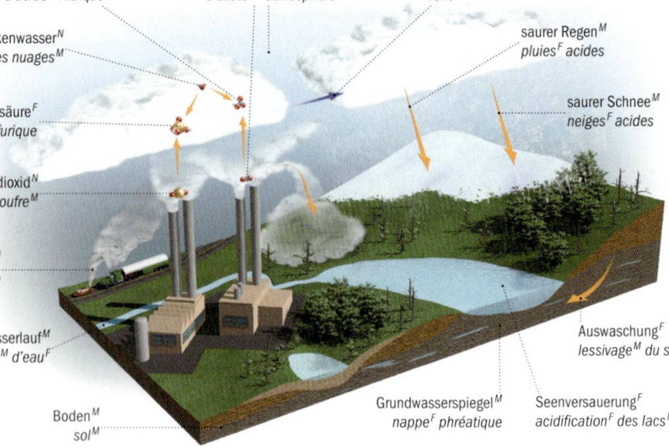

Mülltrennung[F]

tri[M] sélectif des déchets[M]

Sortieranlage[F]
centre[M] de tri[M]

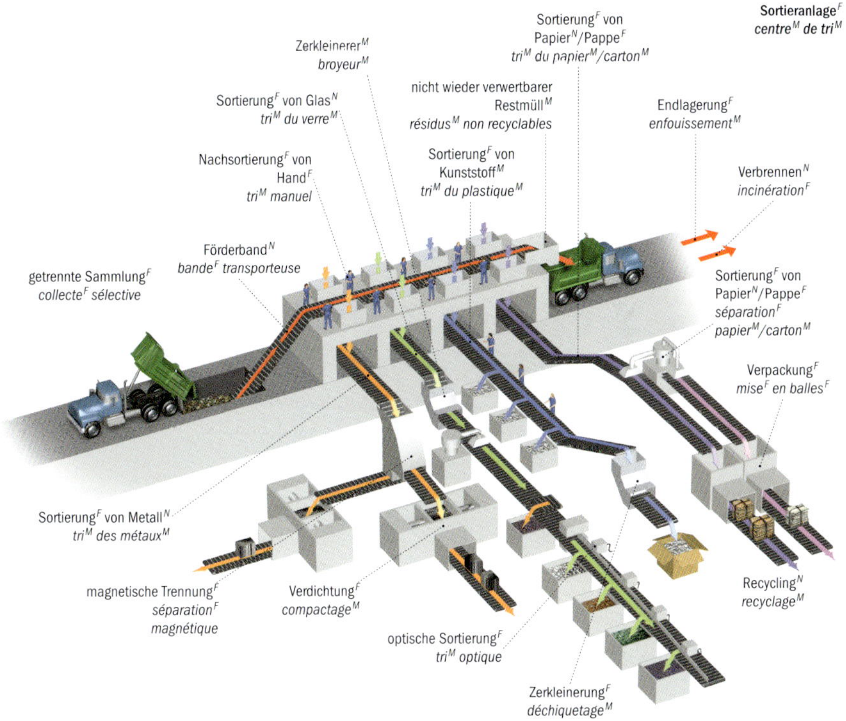

Wertstoff[M]-Sammelbehälter[M]
conteneurs[M] de collecte[F] sélective

Altpapier[N]-Sammelbehälter[M]
conteneur[M] à papier[M]

Altglas[N]-Sammelbehälter[M]
conteneur[M] à verre[M]

Altaluminium[N]-Sammelbehälter[M]
conteneur[M] à boîtes[F] métalliques

Altpapier[N]-Container[M]
colonne[F] de collecte[F] du papier[M]

Altglas[N]-Container[M]
colonne[F] de collecte[F] du verre[M]

Bioabfallbehälter[M]
bac[M] de recyclage[M]

Pflanzenzelle[F]

cellule[F] végétale

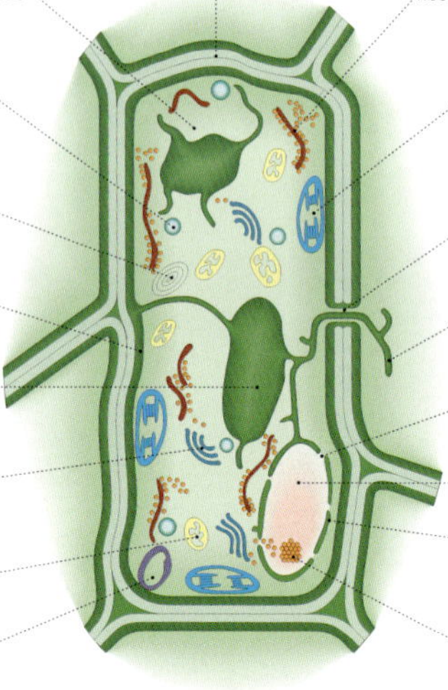

Flechte[F]

lichen[M]

Aufbau[M] einer Flechte[F]
structure[F] d'un lichen[M]

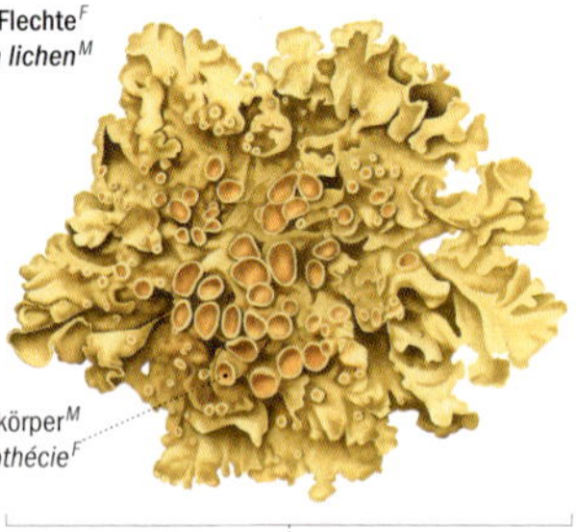

Beispiele[N] für Flechten[F]
exemples[M] de lichens[M]

Strauchflechte[F]
lichen[M] fruticuleux

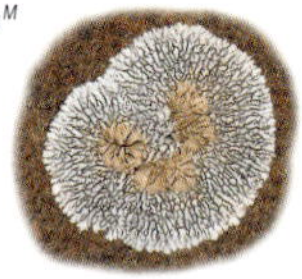

Krustenflechte[F]
lichen[M] crustacé

Laubflechte[F]
lichen[M] foliacé

Moos[N]

mousse[F]

Aufbau[M] eines Mooses[N]
structure[F] d'une mousse[F]

Beispiele[N] für Moose[N]
exemples[M] de mousses[F]

sparriges Torfmoos[N]
sphaigne[F] squarreuse

gemeines Widertonmoos[N]
polytric[M] commun

Alge[F]

algue[F]

Aufbau[M] einer Alge[F]
structure[F] d'une algue[F]

Beispiele[N] für Algen[F]
exemples[M] d'algues[F]

Rotalge[F]
algue[F] rouge

Grünalge[F]
algue[F] verte

Braunalge[F]
algue[F] brune

Pilz^{M}

champignon^{M}

Aufbau^{M} eines Pilzes^{M}
structure^{F} d'un champignon^{M}

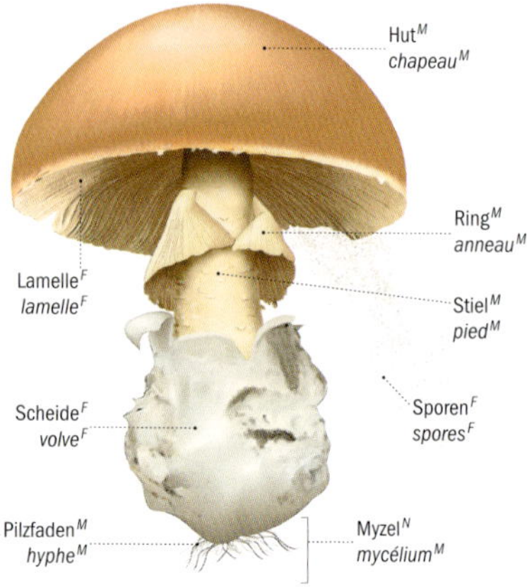

tödlich giftiger Pilz^{M}
champignon^{M} mortel

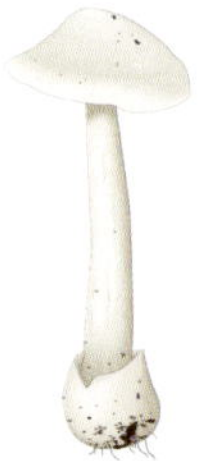

Knollenblätterpilz^{M}
amanite^{F} vireuse

Giftpilz^{M}
champignon^{M} vénéneux

Fliegenpilz^{M}
fausse oronge^{F}

Farn^{M}

fougère^{F}

Aufbau^{M} eines Farns^{M}
structure^{F} d'une fougère^{F}

Beispiele^{N} für Farne^{M}
exemples^{M} de fougères^{F}

Baumfarn^{M}
fougère^{F} arborescente

gemeiner Tüpfelfarn^{M}
polypode^{M} commun

Nestfarn^{M}
fougère^{F} nid^{M} d'oiseau^{M}

Pflanze[F]

plante[F]

Aufbau[M] einer Pflanze[F]
structure[F] d'une plante[F]

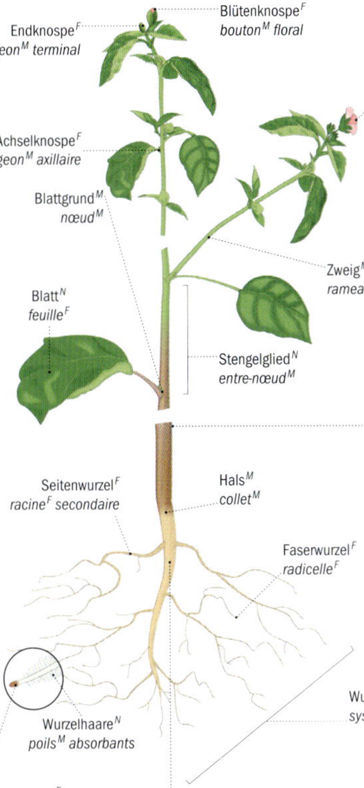

Keimung[F]
germination[F]

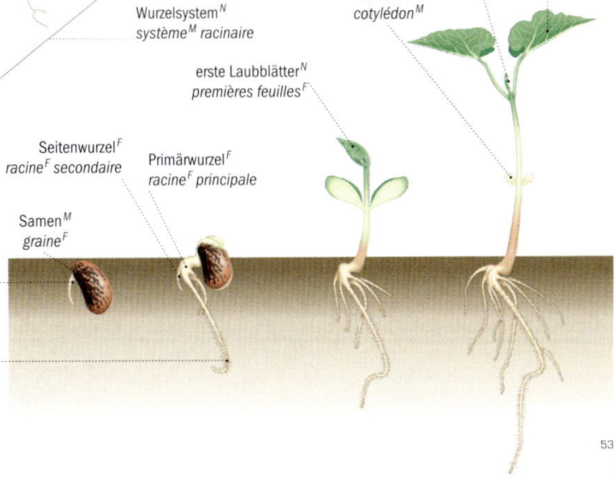

Photosynthese^{F}
photosynthèse^{F}

Bodenprofil^{N}
profil^{M} du sol^{M}

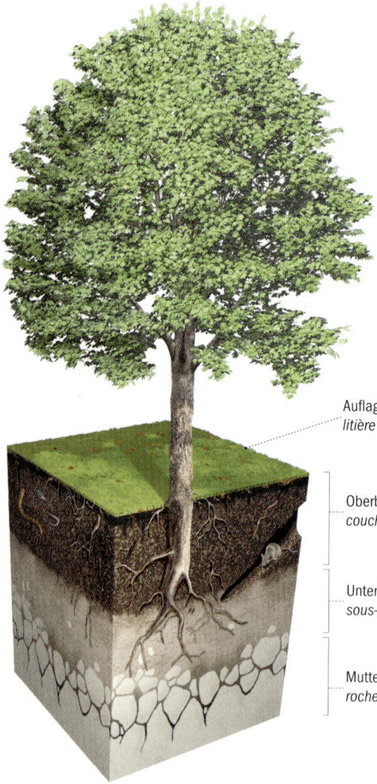

Zwiebel^{F} im Querschnitt^{M}
coupe^{F} d'un bulbe^{M}

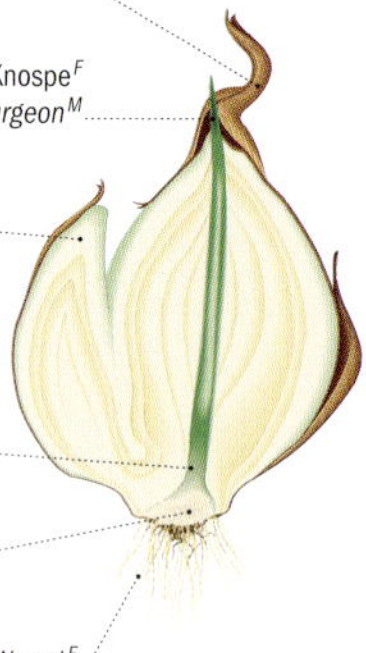

einfache Blätter[N]
feuilles[F] *simples*

Herzförmig
cordée

nierenförmig
réniforme

rund
arrondie

spatelförmig
spatulée

linealisch
linéaire

Pfeilförmig
hastée

eiförmig
ovoïde

lanzettförmig
lancéolée

schildförmig
peltée

Aufbau[M] eines Blatts[N]
structure[F] *d'une feuille*[F]

zusammengesetzte Blätter[N]
feuilles[F] *composées*

dreizählig
trifoliée

fiederteilig
pennée

handförmig
palmée

paarig gefiedert
paripennée

unpaarig gefiedert
imparipennée

Blattrand[M]
bord[M] *d'une feuille*[F]

gesägt
denté

doppelt gesägt
doublement denté

gekerbt
crénelé

gewimpert
cilié

ganzrandig
entier

gebuchtet
lobé

Blüte^F
fleur^F

Aufbau^M einer Blume^F
structure^F d'une fleur^F

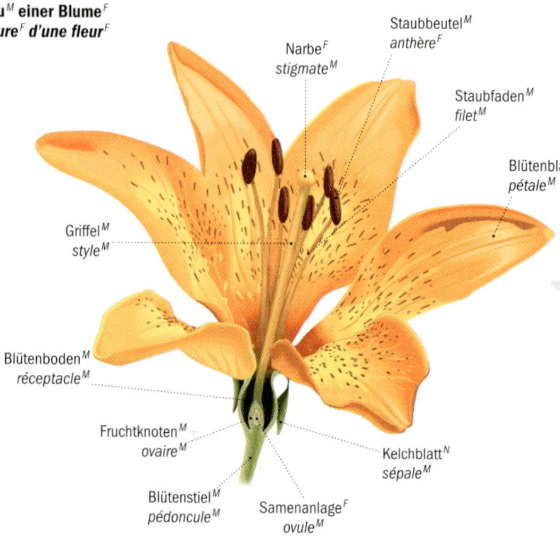

Stempel^M
pistil^M

Blumenkrone^F
corolle^F

Staubblatt^N
étamine^F

Blütenkelch^M
calice^M

Beispiele^N für Blumen^F
exemples^M de fleurs^F

Orchidee^F
orchidée^F

Narzisse^F
jonquille^F

Mohn^M
coquelicot^M

Tulpe^F
tulipe^F

Maiglöckchen^N
muguet^M

Nelke^F
œillet^M

Rose^F
rose^F

Begonie^F
bégonia^M

Lilie^F
lis^M

Veilchen^N
violette^F

Krokus^M
crocus^M

Sonnenblume^F
tournesol^M

Arten^{F} von Blütenständen^{M}
modes^{M} d'inflorescence^{F}

geschlossene Traube^{F}
grappe^{F}

eingliedrige Trugdolde^{F}
cyme^{F} unipare

Dolde^{F}
ombelle^{F}

Körbchen^{N}
capitule^{M}

Ähre^{F}
épi^{M}

zweigliedrige Trugdolde^{F}
cyme^{F} bipare

Doldentraube^{F}
corymbe^{M}

Kolben^{M}
spadice^{M}

Früchte^{F}
fruits^{M}

fleischige Steinfrucht^{F}
fruit^{M} charnu à noyau^{M}

wissenschaftliche Bezeichnungen^{F}
termes^{M} techniques

Pfirsich^{M} im Querschnitt^{M}
coupe^{F} d'une pêche^{F}

gebräuchliche Bezeichnungen^{F}
termes^{M} familiers

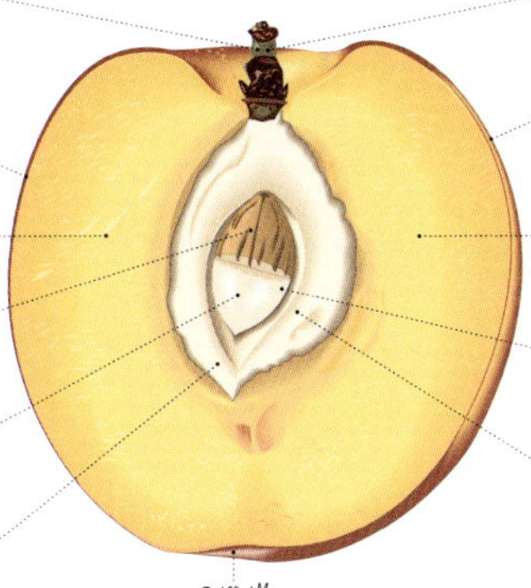

fleischige Apfelfrucht[F]
fruit[M] charnu à pépins[M]

fleischige Frucht[F]: Zitrusfrucht[F]
fruit[M] charnu : agrume[M]

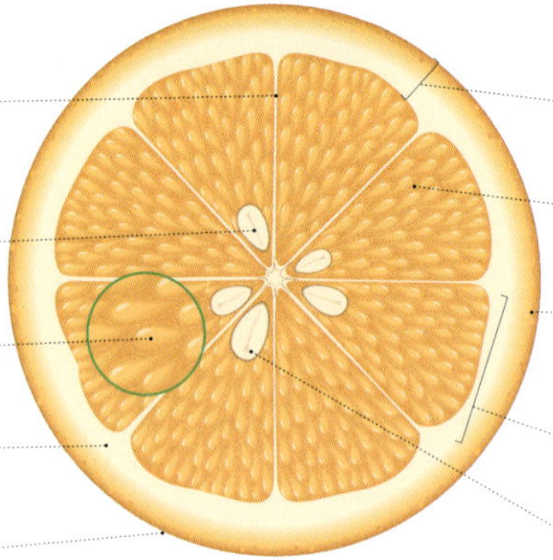

fleischige Frucht[F]: Beere[F]
fruit[M] charnu : baie[F]

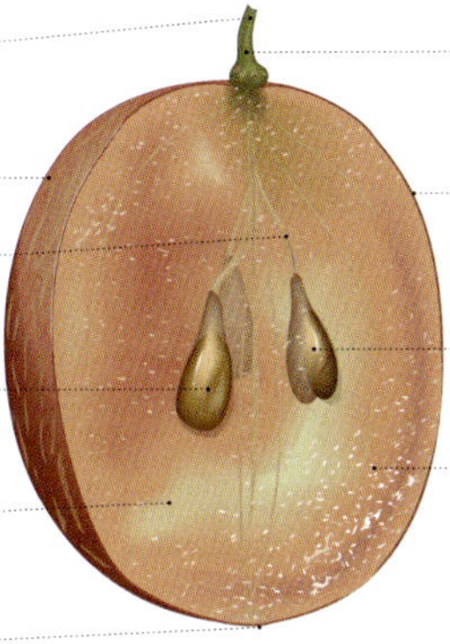
wissenschaftliche Bezeichnungen[F]
termes[M] techniques
Weintraube[F] im Querschnitt[M]
coupe[F] d'un raisin[M]
gebräuchliche Bezeichnungen[F]
termes[M] familiers
Stiel[M] *pédicelle[M]*
Stiel[M] *queue[F]*
Exokarp[N] *épicarpe[M]*
Haut[F] *peau[F]*
Nabelstrang[M] *funicule[M]*
Kern[M] *pépin[M]*
Samen[M] *graine[F]*
Fruchtfleisch[N] *pulpe[F]*
Mesokarp[N] *mésocarpe[M]*
Stylus[M] *style[M]*

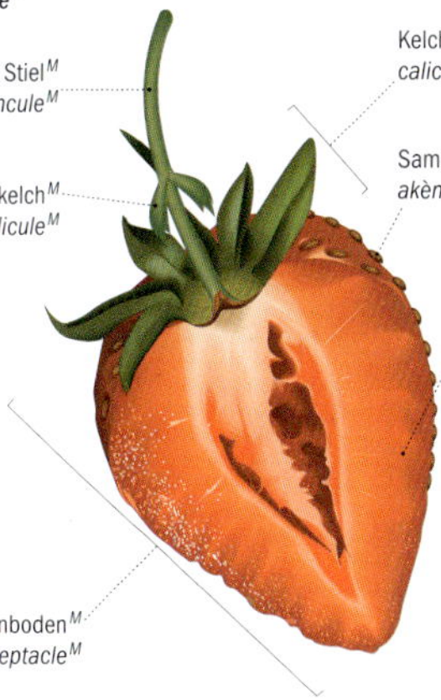
Erdbeere[F] im Querschnitt[M]
coupe[F] d'une fraise[F]
Stiel[M] *pédoncule[M]*
Kelch[M] *calice[M]*
Samen[M] *akène[M]*
Außenkelch[M] *calicule[M]*
Fruchtfleisch[N] *pulpe[F]*
Blütenboden[M] *réceptacle[M]*

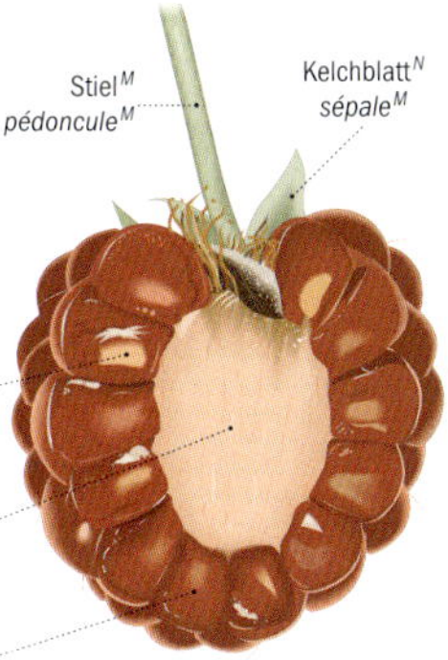
Himbeere[F] im Querschnitt[M]
coupe[F] d'une framboise[F]
Stiel[M] *pédoncule[M]*
Kelchblatt[N] *sépale[M]*
Samen[M] *graine[F]*
Blütenboden[M] *réceptacle[M]*
Steinfrüchtchen[N] *drupéole[F]*

Trockenfrüchte[F]
fruits[M] secs

Balg[M] im Querschnitt[M]: Sternanis[M]
coupe[F] d'un follicule[M] : anis[M] étoilé

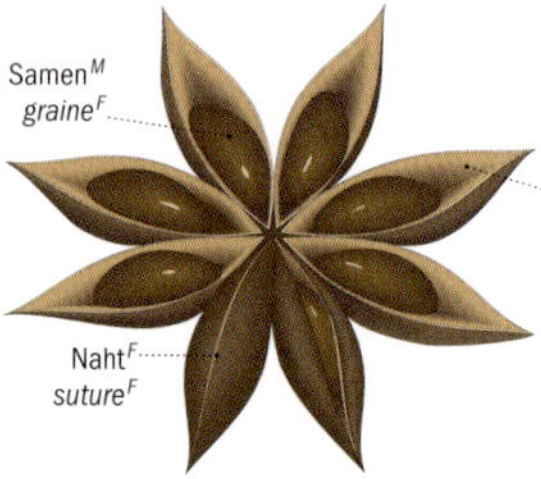

Schote[F] im Querschnitt[M]: Senf[M]
coupe[F] d'une silique[F] : moutarde[F]

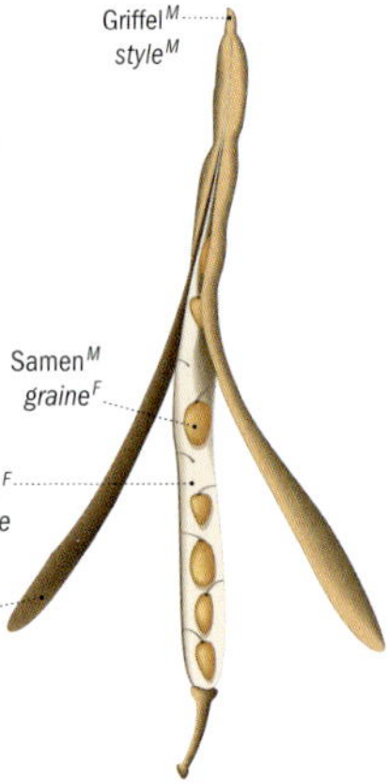

Längsschnitt[M] durch eine Haselnuss[F]
coupe[F] d'une noisette[F]

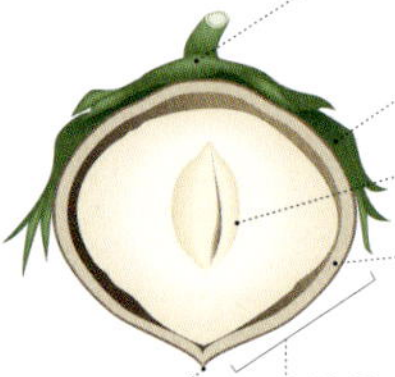

Hülsenfrucht[F] im Querschnitt[M]: Erbse[F]
coupe[F] d'une gousse[F] : pois[M]

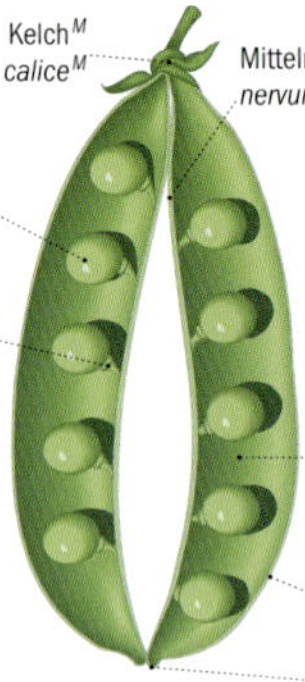

Fruchtkapsel[F] im Querschnitt[M]: Mohn[M]
coupe[F] d'une capsule[F] : pavot[M]

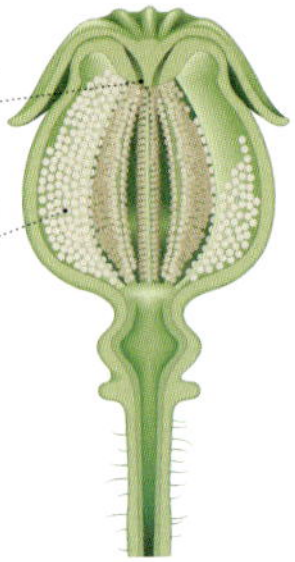

Längsschnitt[M] durch eine Walnuss[F]
coupe[F] d'une noix[F]

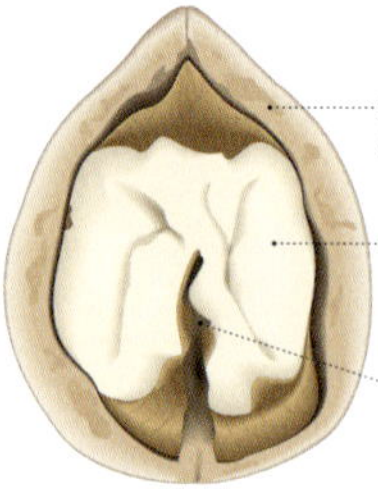

Getreide^{N}

céréales^{F}

Buchweizen^{M}
sarrasin^{M}

Buchweizen^{M}: Doldenrispe^{F}
sarrasin^{M} : grappe^{F}

Weizen^{M}
blé^{M}

Weizen^{M}: Ähre^{F}
blé^{M} : épi^{M}

Längsschnitt^{M} durch ein Weizenkorn^{N}
coupe^{F} d'un grain^{M} de blé^{M}

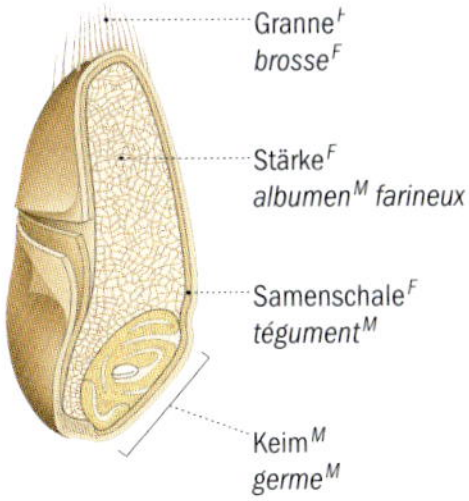

Gerste^{F}
orge^{F}

Gerste^{F}: Ähre^{F}
orge^{F} : épi^{M}

Reis^{M}
riz^{M}

Reis^{M}: Rispe^{F}
riz^{M} : panicule^{F}

Hafer^{M}
avoine^{F}

Hafer^{M}: Ährchen^{N}
avoine^{F} : panicule^{F}

Roggen^{M}
seigle^{M}

Roggen^{M}: Ähre^{F}
seigle^{M} : épi^{M}

Mohrenhirse^{F}
sorgho^{M}

Mohrenhirse^{F}: Rispe^{F}
sorgho^{M} : panicule^{F}

Hirse^{F}
millet^{M}

Hirse^{F}: Ährenrispe^{F}
millet^{M} : épi^{M}

Mais^{M}
maïs^{M}

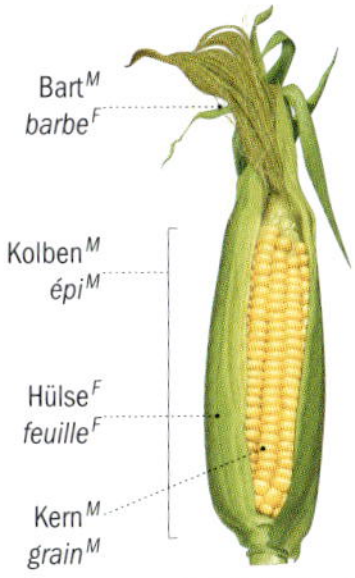

Mais^{M}: Kolben^{M}
maïs^{M} : épi^{M}

Rebe[F]

vigne[F]

Traubenhenkel[M]
grappe[F] de raisin[M]

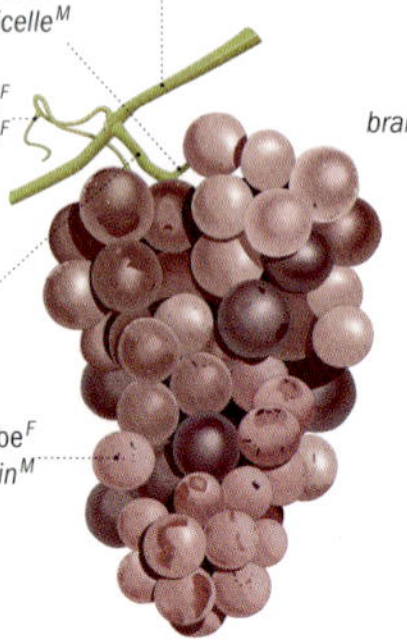

Rebstock[M]
cep[M] de vigne[F]

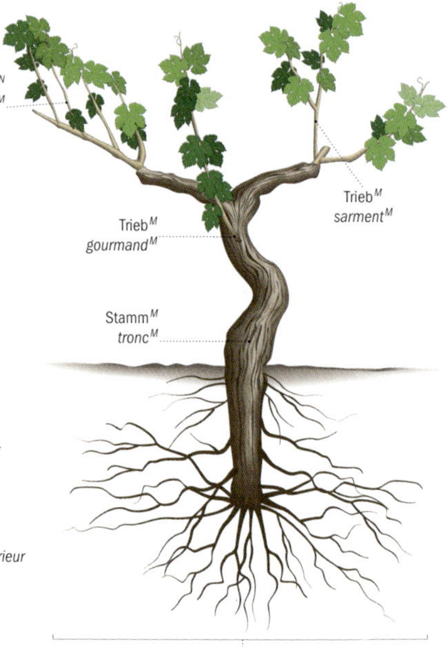

Weinblatt[N]
feuille[F] de vigne[F]

Stufen[F] der Reife[F]
étapes[F] de maturation[F]

Blüte[F]
floraison[F]

Fruchtbildung[F]
nouaison[F]

Reifeprozess[M]
véraison[F]

Vollreife[F]
maturité[F]

Baum[M]

arbre[M]

Aufbau[M] eines Baumes[M]
structure[F] d'un arbre[M]

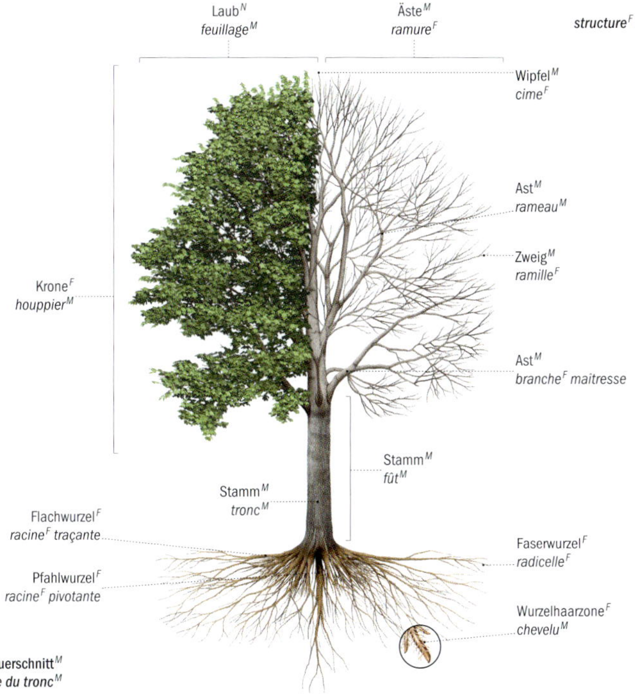

Baumstamm[M] im Querschnitt[M]
coupe[F] transversale du tronc[M]

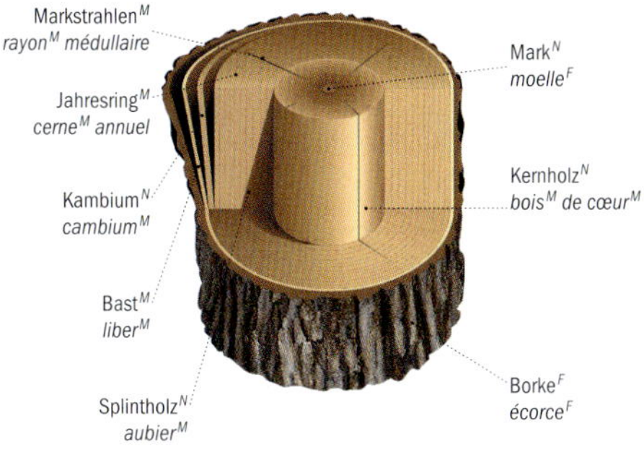

Stumpf[M]
souche[F]

Beispiele[N] für Laubhölzer[N]
exemples[M] d'arbres[M] feuillus

Eiche[F]
chêne[M]

Birke[F]
bouleau[M]

Trauerweide[F]
saule[M] pleureur

Pappel[F]
peuplier[M]

Palme[F]
palmier[M]

Ahorn[M]
érable[M]

Buche[F]
hêtre[M]

Walnuss[F]
noyer[M]

Nadelbaum^{M}
conifère^{M}

Zapfen^{M}
cône^{M}

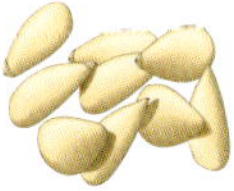

Pinienkern^{M}
pignon^{M}

Ast^{M}
rameau^{M}

Beispiele^{N} für Nadelblätter^{N}
exemples^{M} de feuilles^{F}

Tannennadeln^{F}
aiguilles^{F} de sapin^{M}

Kiefernnadeln^{F}
aiguilles^{F} de pin^{M}

Zypressennadeln^{F}
écailles^{F} de cyprès^{M}

Beispiele^{N} für Nadelhölzer^{N}
exemples^{M} de conifères^{M}

Pinie^{F}
pin^{M} parasol^{M}

Libanonzeder^{F}
cèdre^{M} du Liban^{M}

Fichte^{F}
épicéa^{M}

Lärche^{F}
mélèze^{M}

Tanne^{F}
sapin^{M}

tierische Zelle^F

cellule^F animale

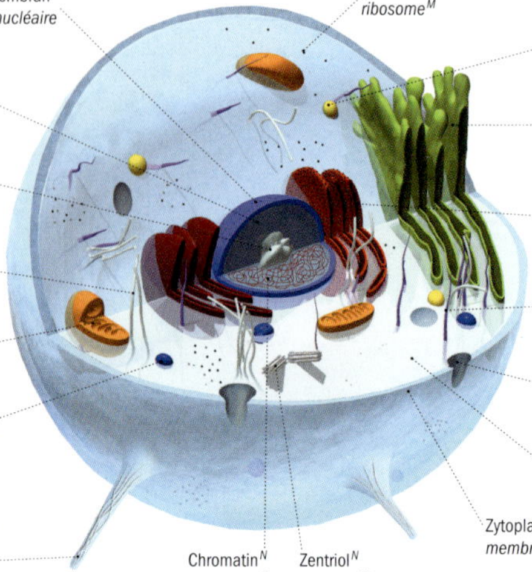

Einzeller^M

unicellulaires^M

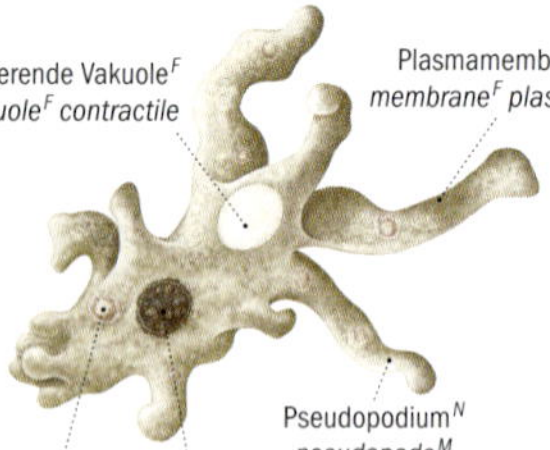

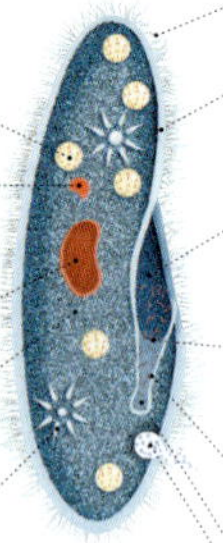

Schmetterling^{M}
papillon^{M}

äußere Merkmale^{N} eines Schmetterlings^{M}
morphologie^{F} du papillon^{M}

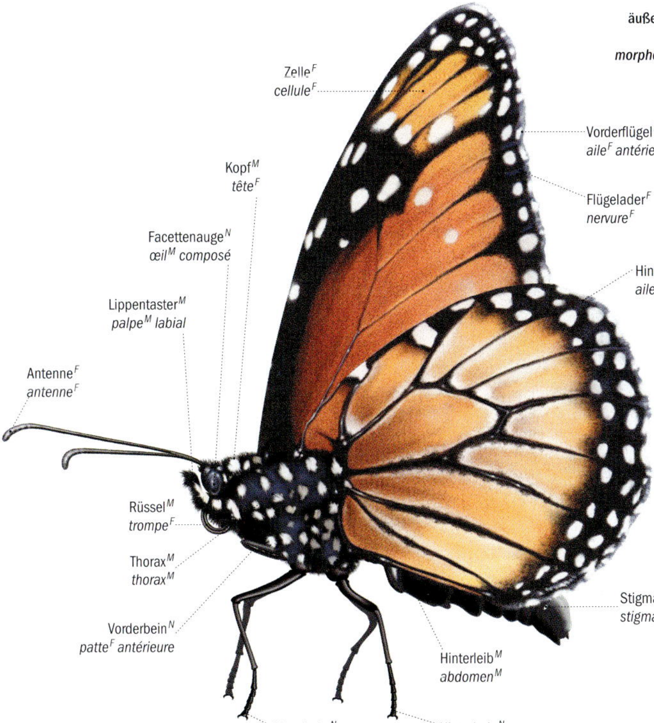

Raupe^{F}
chenille^{F}

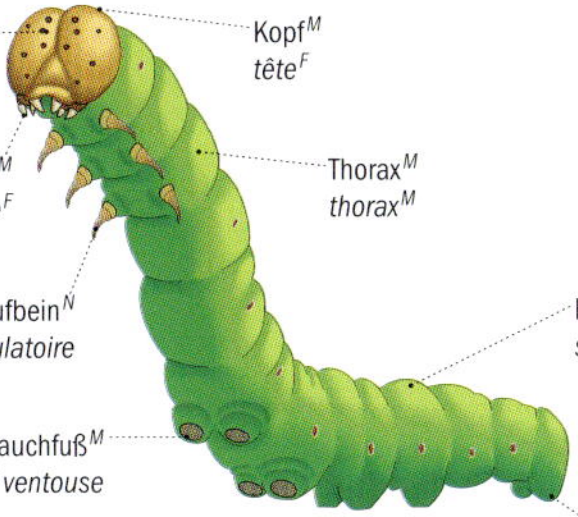

Puppe^{F}
chrysalide^{F}

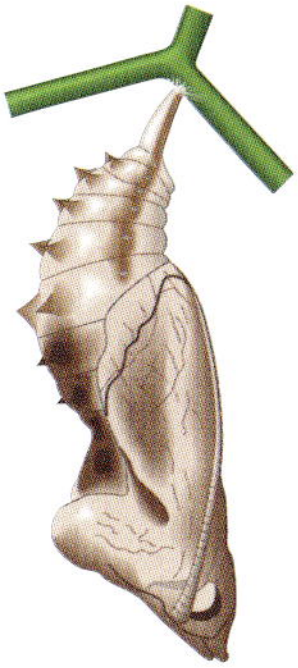

Honigbiene^{F}

abeille^{F}

äußere Merkmale^{N} einer Honigbiene^{F}: Arbeiterin^{F}
morphologie^{F} de l'abeille^{F} : ouvrière^{F}

Kasten^{F}
castes^{F}

Arbeiterin^{F}
ouvrière^{F}

Königin^{F}
reine^{F}

Drohne^{F}
faux bourdon^{M}

Beispiele^N für Insekten^N

exemples^M d'insectes^M

Floh^M
puce^F

Laus^F
pou^M

Moskito^M
moustique^M

Tsetsefliege^F
mouche^F tsé-tsé

Termite^F
termite^M

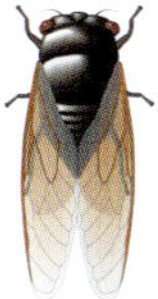

Zikade^F
cigale^F

Ameise^F
fourmi^F

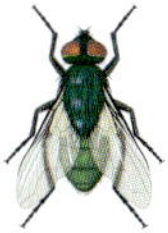

Fliege^F
mouche^F

Marienkäfer^M
coccinelle^F

Schildwanze^F
punaise^F rayée

Maikäfer^M
hanneton^M

Wespe^F
guêpe^F

Hornisse^F
frelon^M

Bremse^F
taon^M

Hummel^F
bourdon^M

Nachtigall^F-Grashüpfer^M
criquet^M mélodieux

Laubheuschrecke^F
grande sauterelle^F verte

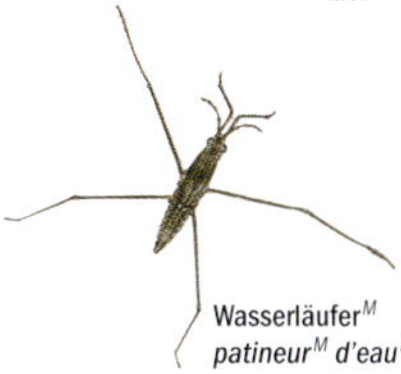

Wasserläufer^M
patineur^M d'eau^F

Libelle^F
libellule^F

Atlasspinner^M
atlas^M

Gottesanbeterin^F
mante^F religieuse

Spinne^{F}

araignée^{F}

Spinnennetz^{N}
toile^{F} d'araignée^{F}

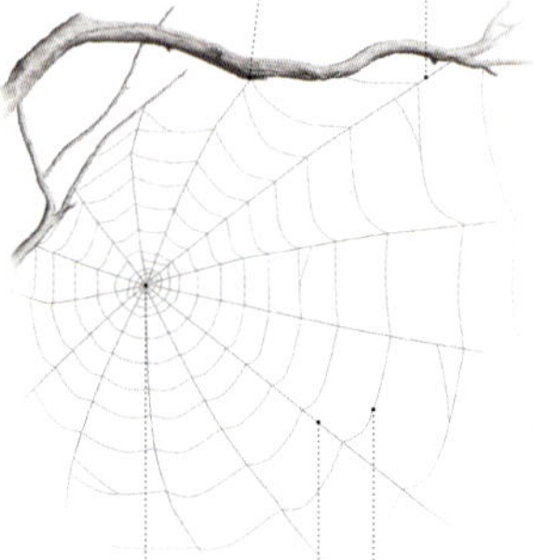

äußere Merkmale^{N} einer Spinne^{F}
morphologie^{F} de l'araignée^{F}

Beispiele^{N} für Spinnentiere^{N}

exemples^{M} d'arachnides^{M}

Zecke^{F}
tique^{F}

Krabbenspinne^{F}
araignée^{F}-crabe^{M}

Wasserspinne^{F}
argyronète^{F}

Gartenkreuzspinne^{M}
épeire^{F}

Mexikanische Rotknievogelspinne^{F}
mygale^{F} du Mexique^{M}

Skorpion^{M}
scorpion^{M}

Hummer[M]
homard[M]

äußere Merkmale[N] eines Hummers[M]
morphologie[F] du homard[M]

Brustbeine[N]
pattes[F] thoraciques

Kopfbruststück[N]
céphalothorax[M]

Hinterleib[N]
abdomen[M]

Schwanz[M]
nageoire[F] caudale

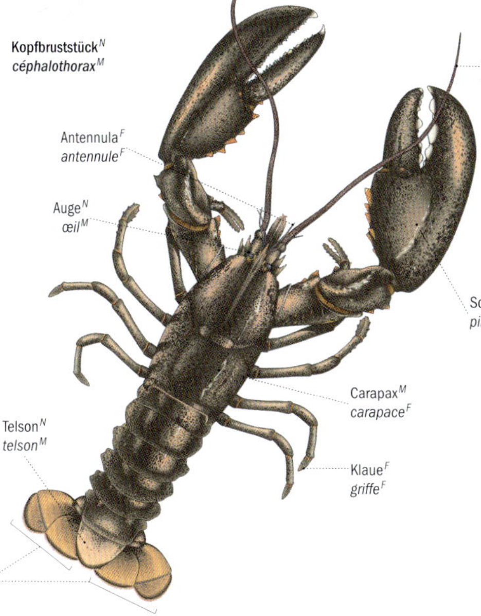

Anatomie[F] eines Hummers[M]
anatomie[F] du homard[M]

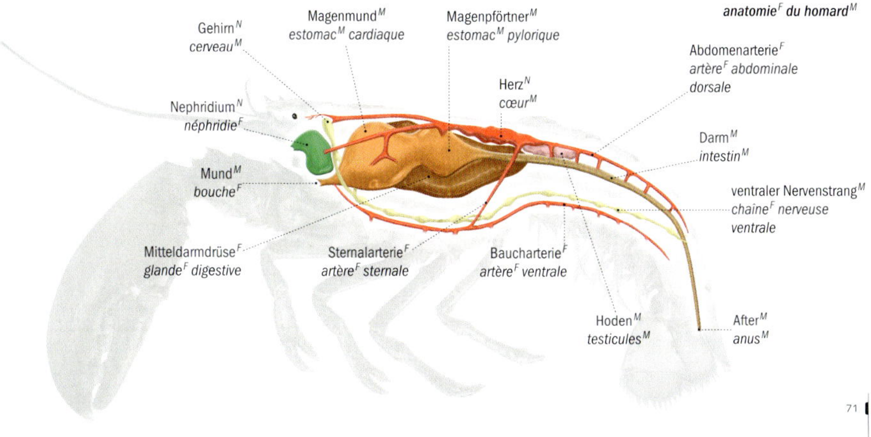

Schnecke[F]

escargot[M]

äußere Merkmale[N] einer Schnecke[F]
morphologie[F] de l'escargot[M]

Tintenfisch[M]

pieuvre[F]

äußere Merkmale[N] eines Tintenfischs[M]
morphologie[F] de la pieuvre[F]

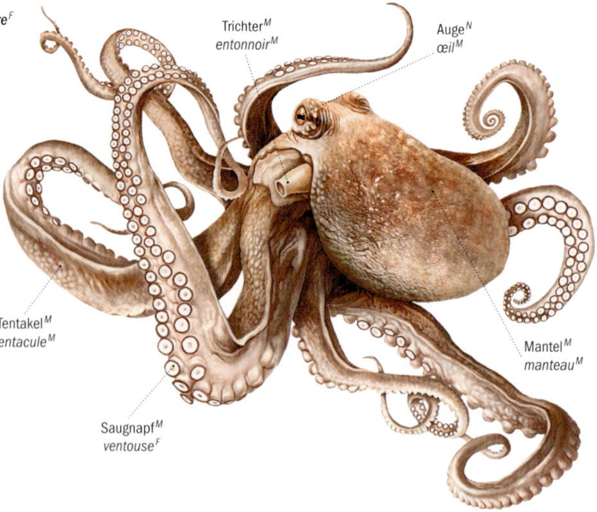

TIERREICH

einschalige Muschel[F]

coquillage[M] univalve

äußere Merkmale[N] einer einschaligen Muschel[F]
morphologie[F] du coquillage[M] univalve

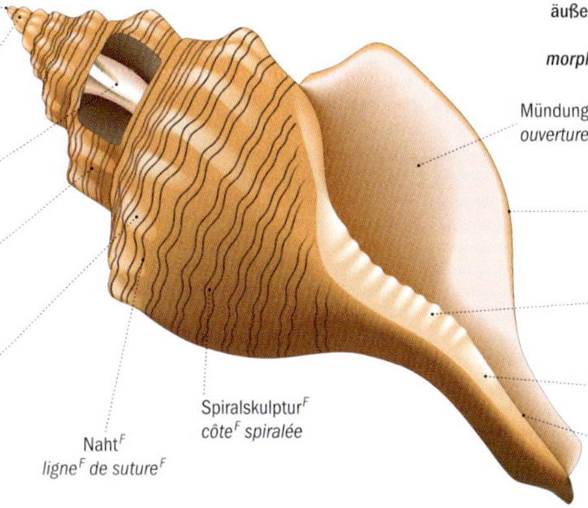

zweischalige Muschel[F]

coquillage[M] bivalve

Anatomie[F] einer zweischaligen Muschel[F]
anatomie[F] du coquillage[M] bivalve

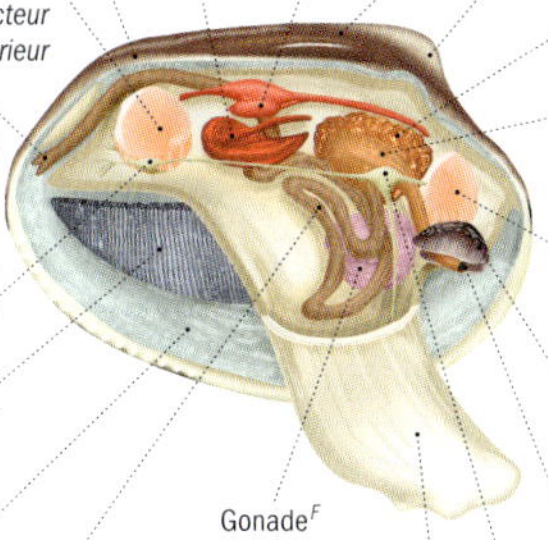

äußere Merkmale[N] einer zweischaligen Muschel[F]
morphologie[F] du coquillage[M] bivalve

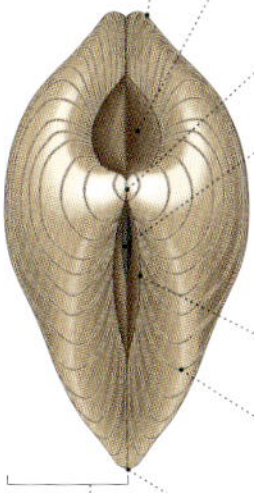

Knorpelfisch[M]

poisson[M] cartilagineux

äußere Merkmale[N] eines Hais[M]
morphologie[F] du requin[M]

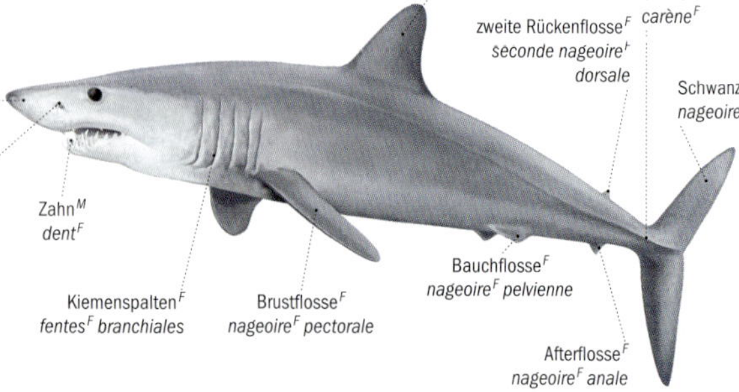

Knochenfisch[M]

poisson[M] osseux

äußere Merkmale[N] eines Flußbarschs[M]
morphologie[F] de la perche[F]

Frosch[M]

grenouille[F]

äußere Merkmale[N] eines Froschs[M]

morphologie[F] de la grenouille[F]

Beispiele[N] für Amphibien[F]

exemples[M] d'amphibiens[M]

Salamander[M]
salamandre[F]

Waldfrosch[M]
grenouille[F] des bois[M]

Wasserfrosch[M]
grenouille[F] rousse

Laubfrosch[M]
rainette[F]

Molch[M]
triton[M]

gemeine Erdkröte[F]
crapaud[M] commun

Leopardfrosch[M]
grenouille[F] léopard[M]

Schlange[F]

serpent[M]

äußere Merkmale[N] einer Giftschlange[F]: Kopf[M]
morphologie[F] du serpent[M] venimeux : tête[F]

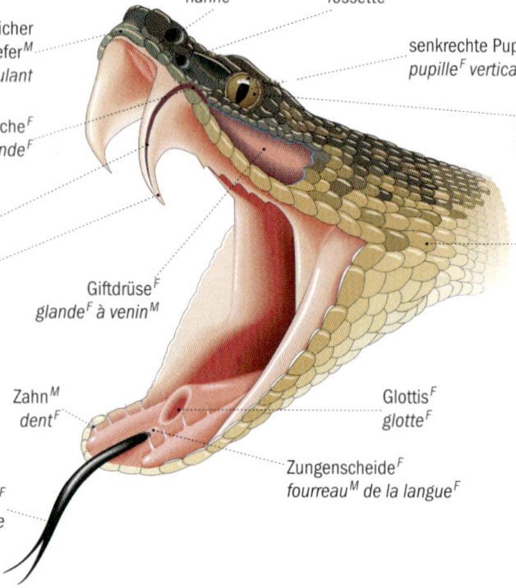

Schildkröte[F]

tortue[F]

äußere Merkmale[N] einer Schildkröte[F]
morphologie[F] de la tortue[F]

Beispiele^{N} für Reptilien^{N}

exemples^{M} de reptiles^{M}

Viper^{F}
vipère^{F}

Ringelnatter^{F}
couleuvre^{F} rayée

Chamäleon^{N}
caméléon^{M}

Eidechse^{F}
lézard^{M}

Klapperschlange^{F}
serpent^{M} à sonnette^{F}

Kobra^{F}
cobra^{M}

Korallennatter^{F}
serpent^{M} corail^{M}

Python^{M}
python^{M}

Waran^{M}
varan^{M}

Leguan^{M}
iguane^{M}

Boa^{F}
boa^{M}

Alligator^{M}
alligator^{M}

Krokodil^{N}
crocodile^{M}

Kaiman^{M}
caïman^{M}

Vogel[M]

oiseau[M]

äußere Merkmale[N] eines Vogels[M]
morphologie[F] de l'oiseau[M]

Kopf[M]
tête[F]

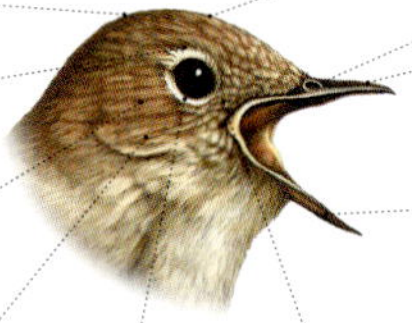

Flügel[M]
aile[F]

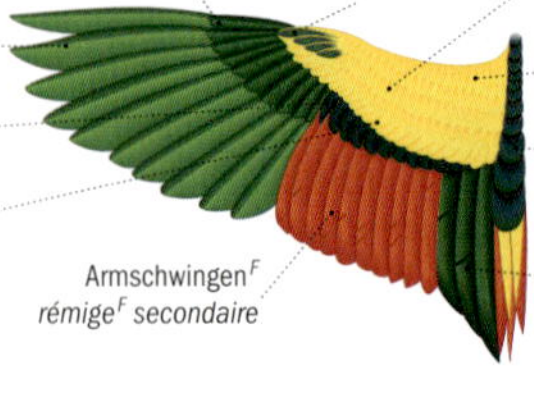

Ei^{N}
œuf^{M}

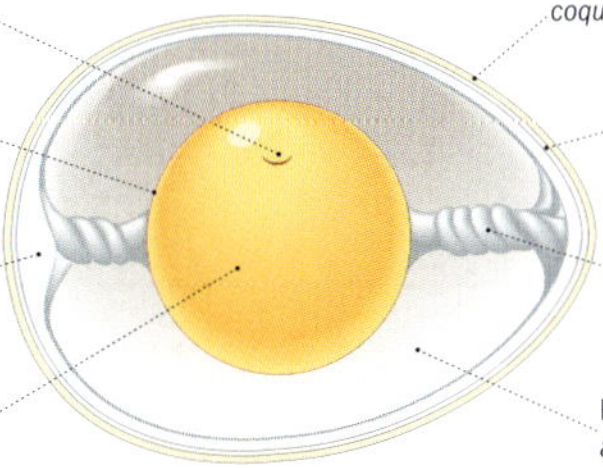

Beispiele^{N} für Vogelschnäbel^{M}
exemples^{M} de becs^{M}

Wasservogel^{M}
oiseau^{M} aquatique

Körnerfresser^{M}
oiseau^{M} granivore

Raubvogel^{M}
oiseau^{M} de proie^{F}

Insektenfresser^{M}
oiseau^{M} insectivore

Watvogel^{M}
oiseau^{M} échassier

Beispiele^{N} für Vogelfüße^{M}
exemples^{M} de pattes^{F}

Baumvogel^{M}
oiseau^{M} percheur

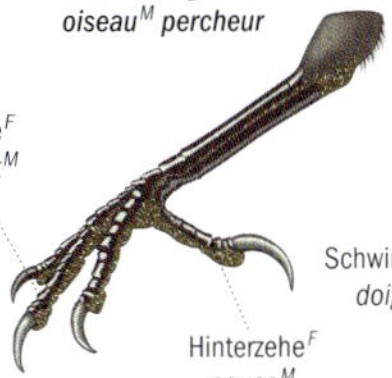

Raubvogel^{M}
oiseau^{M} de proie^{F}

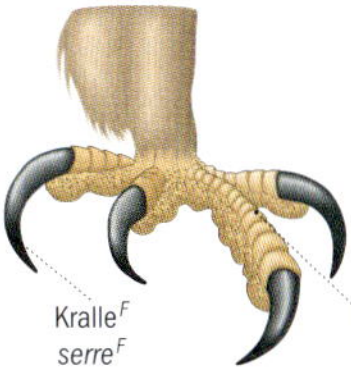

Wasservogel^{M}
oiseau^{M} aquatique

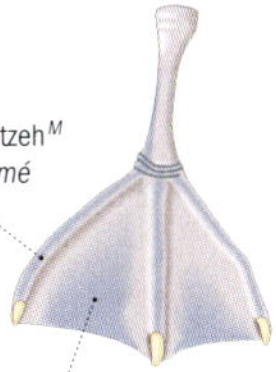

Wasservogel^{M}
oiseau^{M} aquatique

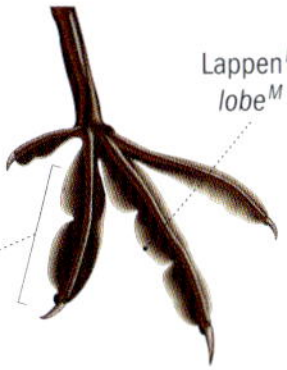

unterschiedliche Vogeltypen^{M}

exemples^{M} d'oiseaux^{M}

Kolibri^{M}
colibri^{M}

Rotkehlchen^{N}
rouge-gorge^{M}

Fink^{M}
pinson^{M}

Eisvogel^{M}
martin-pêcheur^{M}

Nachtigall^{F}
rossignol^{M}

Sperling^{M}
moineau^{M}

Schwalbe^{F}
hirondelle^{F}

Star^{M}
étourneau^{M}

Eichelhäher^{M}
geai^{M}

Kardinal^{M}
cardinal^{M}

Mauersegler^{M}
martinet^{M}

Rebhuhn^{N}
perdrix^{F}

Kondor^{M}
condor^{M}

Ara^{M}
ara^{M}

Specht^{M}
pic^{M}

Rabe^{M}
corbeau^{M}

Tukan^{M}
toucan^{M}

Geier^{M}
vautour^{M}

Pinguin^{M}
manchot^{M}

Albatros^{M}
albatros^{M}

Reiher^{M}
héron^{M}

Pelikan^{M}
pélican^{M}

Storch^{M}
cigogne^{F}

unterschiedliche Vogeltypen^{M}

Fasan^{M}
faisan^{M}

Uhu^{M}
grand duc^{M} *d'Amérique*^{F}

Falke^{M}
faucon^{M}

Wachtel^{F}
caille^{F}

Adler^{M}
aigle^{M}

Ente^{F}
canard^{M}

Huhn^{N}
poule^{F}

Taube^{F}
pigeon^{M}

Truthahn^{M}
dindon^{M}

Perlhuhn^{N}
pintade^{F}

Gans^{F}
oie^{F}

Hahn^{M}
coq^{M}

Strauß^{M}
autruche^{F}

Pfau^{M}
paon^{M}

Flamingo^{M}
flamant^{M}

Nagetier^{N}

rongeur^{M}

äußere Merkmale^{N} einer Ratte^{F}
morphologie^{F} du rat^{M}

Beispiele^{N} für Nagetiere^{N}

exemples^{M} de mammifères^{M} rongeurs^{M}

Feldmaus^{F}
mulot^{M}

Backenhörnchen^{N}
tamia^{M}

Wüstenspringmaus^{F}
gerboise^{F}

Hamster^{M}
hamster^{M}

Eichhörnchen^{N}
écureuil^{M}

Ratte^{F}
rat^{M}

Meerschweinchen^{N}
cobaye^{M}

Stachelschwein^{N}
porc-épic^{M}

Waldmurmeltier^{N}
marmotte^{F}

Biber^{M}
castor^{M}

Beispiele^{N} für Hasentiere^{N}

exemples^{M} de mammifères^{M} lagomorphes^{M}

Pfeifhase^{M}
pika^{M}

Kaninchen^{N}
lapin^{M}

Hase^{M}
lièvre^{M}

Pferd[N]
cheval[M]

äußere Merkmale[N] eines Pferdes[N]
morphologie[F] du cheval[M]

Gangarten[F]
allures[F]

Schritt[M]
pas[M]

Paßgang[M]
amble[M]

Trab[M]
trot[M]

Galopp[M]
galop[M]

Beispiele[N] für Huftiere[N]

exemples[M] de mammifères[M] ongulés

Nabelschwein[N]
pécari[M]

Wildschwein[N]
sanglier[M]

Schwein[N]
porc[M]

Ziege[F]
chèvre[F]

Antilope[F]
antilope[F]

Schaf[N]
mouton[M]

Kalb[N]
veau[M]

Reh[N]
cerf[M] de Virginie

Mufflon[M]
mouflon[M]

Rentier[N]
renne[M]

Wapitihirsch[M]
cerf[M] du Canada

Okapi[N]
okapi[M]

Esel[M]
âne[M]

Maultier[N]
mulet[M]

Kuh[F]
vache[F]

Zebra[N]
zèbre[M]

Lama[N]
lama[M]

Bison[M]
bison[M]

Büffel[M]
buffle[M]

Beispiele^{N} für Huftiere^{N}

Ochse^{M}
bœuf^{M}

Yak^{M}
yack^{M}

Pferd^{N}
cheval^{M}

Elch^{M}
élan^{M}

Kamel^{N}
chameau^{M}

Dromedar^{N}
dromadaire^{M}

Nashorn^{N}
rhinocéros^{M}

Nilpferd^{N}
hippopotame^{M}

Giraffe^{F}
girafe^{F}

Elefant^{M}
éléphant^{M}

Hund^{M}

chien^{M}

äußere Merkmale^{N} eines Hundes^{M}
morphologie^{F} du chien^{M}

Hunderassen^{F}

races^{F} de chiens^{M}

Bulldogge^{F}
bouledogue^{M}

Collie^{M}
colley^{M}

Dalmatiner^{M}
dalmatien^{M}

Pudel^{M}
caniche^{M}

Schnauzer^{M}
schnauzer^{M}

Dänische Dogge^{F}
danois^{M}

Deutscher Schäferhund^{M}
berger^{M} allemand

Bernhardiner^{M}
saint-bernard^{M}

Katze^{F}
chat^{M}

Kopf^{M} der Katze^{F}
tête^{F}

Katzenrassen^{F}
races^{F} de chats^{M}

Siamkatze^{F}
siamois^{M}

Abessinierkatze^{F}
abyssin^{M}

Perserkatze^{F}
persan^{M}

Maine Coon^{F}
Maine coon^{M}

Manxkatze^{F}
chat^{M} de l'île^{F} de Man

Beispiele[N] für Raubtiere[N]

exemples[M] de mammifères[M] carnivores

Wiesel[N]
belette[F]

Nerz[M]
vison[M]

Steinmarder[M]
fouine[F]

Marder[M]
martre[F]

Fuchs[M]
renard[M]

Waschbär[M]
raton[M] laveur

Mungo[M]
mangouste[F]

Wüstenfuchs[M]
fennec[M]

Seeotter[M]
loutre[F] de rivière[F]

Stinktier[N]
moufette[F]

Dachs[M]
blaireau[M]

Hyäne[F]
hyène[F]

Luchs[M]
lynx[M]

Wolf[M]
loup[M]

Puma[M]
puma[M]

Gepard^{M}
guépard^{M}

Leopard^{M}
léopard^{M}

Löwe^{M}
lion^{M}

Jaguar^{M}
jaguar^{M}

Tiger^{M}
tigre^{M}

Schwarzbär^{M}
ours^{M} *noir*

Eisbär^{M}
ours^{M} *polaire*

Delphin^{M}

dauphin^{M}

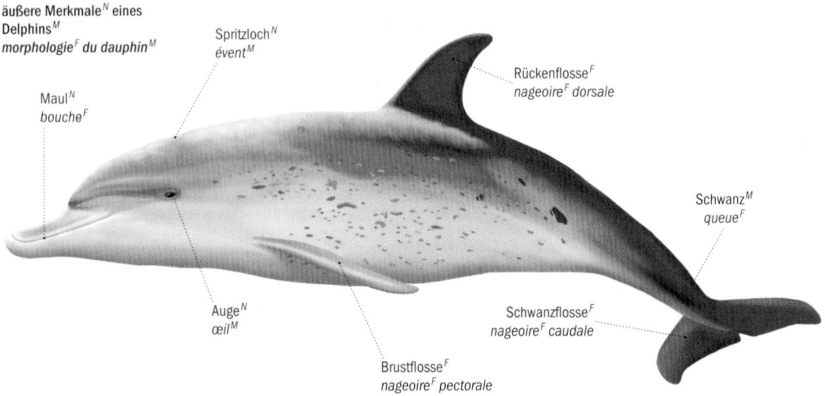

Beispiele^{N} für Meeressäugetiere^{N}

exemples^{M} de mammifères^{M} marins

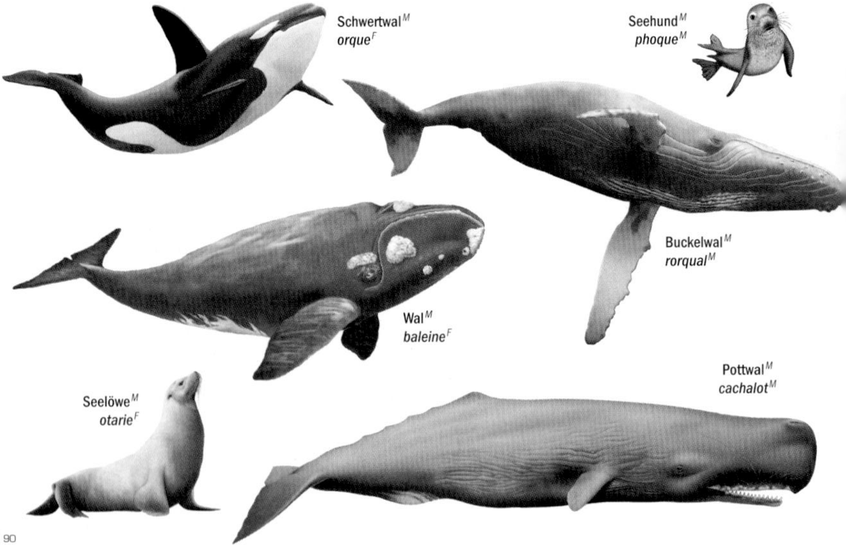

Gorilla^M
gorille^M

äußere Merkmale^N eines Gorillas^M
morphologie^F du gorille^M

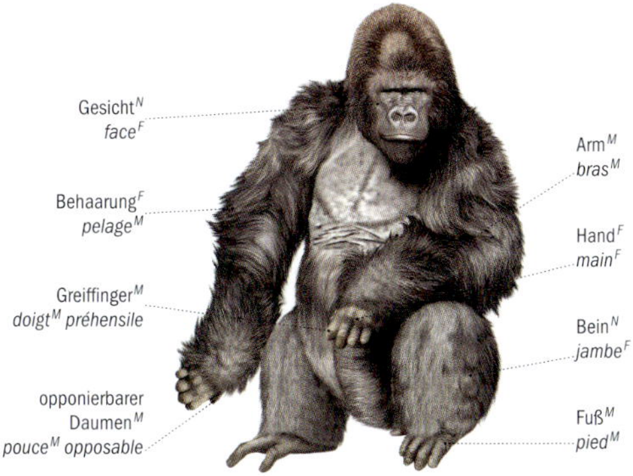

Beispiele^N für Primaten^M
exemples^M de mammifères^M primates

Tamarin^M
tamarin^M

Pinseläffchen^N
ouistiti^M

Pavian^M
babouin^M

Makak^M
macaque^M

Orang-Utan^M
orang-outan^M

Schimpanse^M
chimpanzé^M

Lemure^M
lémurien^M

Gibbon^M
gibbon^M

Mann^{M}

homme^{M}

Vorderansicht^{F}
face^{F} antérieure

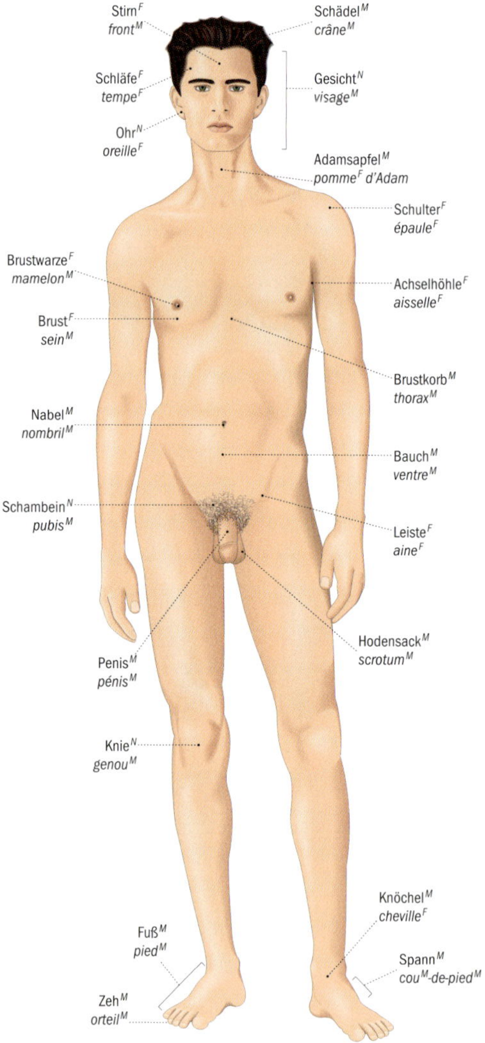

Stirn^{F} *front^{M}*
Schädel^{M} *crâne^{M}*
Schläfe^{F} *tempe^{F}*
Gesicht^{N} *visage^{M}*
Ohr^{N} *oreille^{F}*
Adamsapfel^{M} *pomme^{F} d'Adam*
Schulter^{F} *épaule^{F}*
Brustwarze^{F} *mamelon^{M}*
Achselhöhle^{F} *aisselle^{F}*
Brust^{F} *sein^{M}*
Brustkorb^{M} *thorax^{M}*
Nabel^{M} *nombril^{M}*
Bauch^{M} *ventre^{M}*
Schambein^{N} *pubis^{M}*
Leiste^{F} *aine^{F}*
Hodensack^{M} *scrotum^{M}*
Penis^{M} *pénis^{M}*
Knie^{N} *genou^{M}*
Knöchel^{M} *cheville^{F}*
Fuß^{M} *pied^{M}*
Spann^{M} *cou^{M}-de-pied^{M}*
Zeh^{M} *orteil^{M}*

Rückenansicht^{F}
face^{F} postérieure

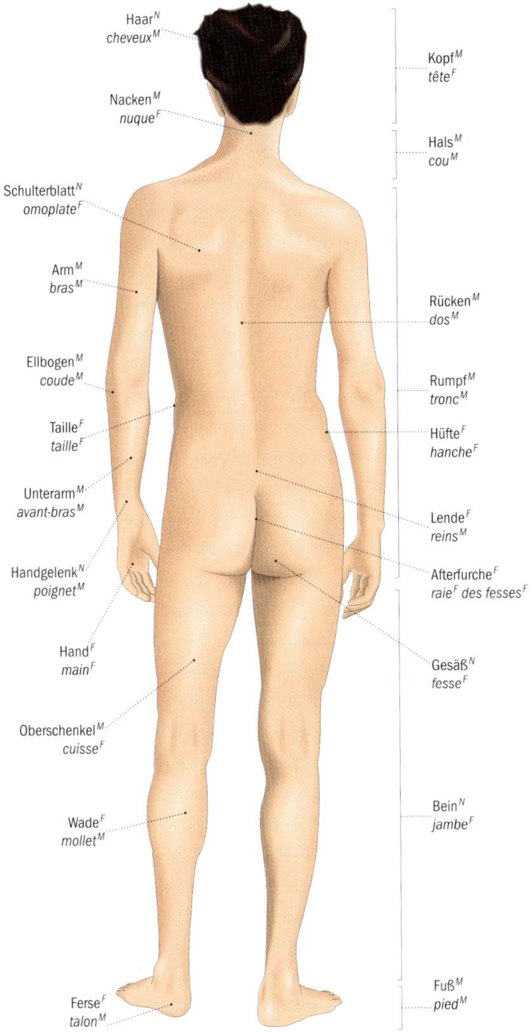
Haar^{N} *cheveux^{M}*
Nacken^{M} *nuque^{F}*
Schulterblatt^{N} *omoplate^{F}*
Arm^{M} *bras^{M}*
Ellbogen^{M} *coude^{M}*
Taille^{F} *taille^{F}*
Unterarm^{M} *avant-bras^{M}*
Handgelenk^{N} *poignet^{M}*
Hand^{F} *main^{F}*
Oberschenkel^{M} *cuisse^{F}*
Wade^{F} *mollet^{M}*
Ferse^{F} *talon^{M}*
Kopf^{M} *tête^{F}*
Hals^{M} *cou^{M}*
Rücken^{M} *dos^{M}*
Rumpf^{M} *tronc^{M}*
Hüfte^{F} *hanche^{F}*
Lende^{F} *reins^{M}*
Afterfurche^{F} *raie^{F} des fesses^{F}*
Gesäß^{N} *fesse^{F}*
Bein^{N} *jambe^{F}*
Fuß^{M} *pied^{M}*

Frau[F]

femme[F]

Vorderansicht[F]
face[F] ***antérieure***

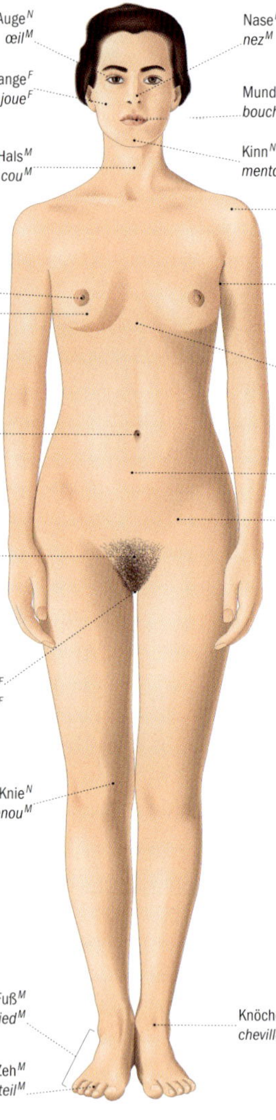

Auge[N]
œil[M]
Nase[F]
nez[M]
Wange[F]
joue[F]
Mund[M]
bouche[F]
Hals[M]
cou[M]
Kinn[N]
menton[M]
Schulter[F]
épaule[F]
Brustwarze[F]
mamelon[M]
Achselhöhle[F]
aisselle[F]
Brust[F]
sein[M]
Brustkorb[M]
thorax[M]
Nabel[M]
nombril[M]
Bauch[M]
ventre[M]
Leiste[F]
aine[F]
Schambein[N]
pubis[M]
Scham[F]
vulve[F]
Knie[N]
genou[M]
Fuß[M]
pied[M]
Knöchel[M]
cheville[F]
Zeh[M]
orteil[M]

Rückenansicht^F
face^F postérieure

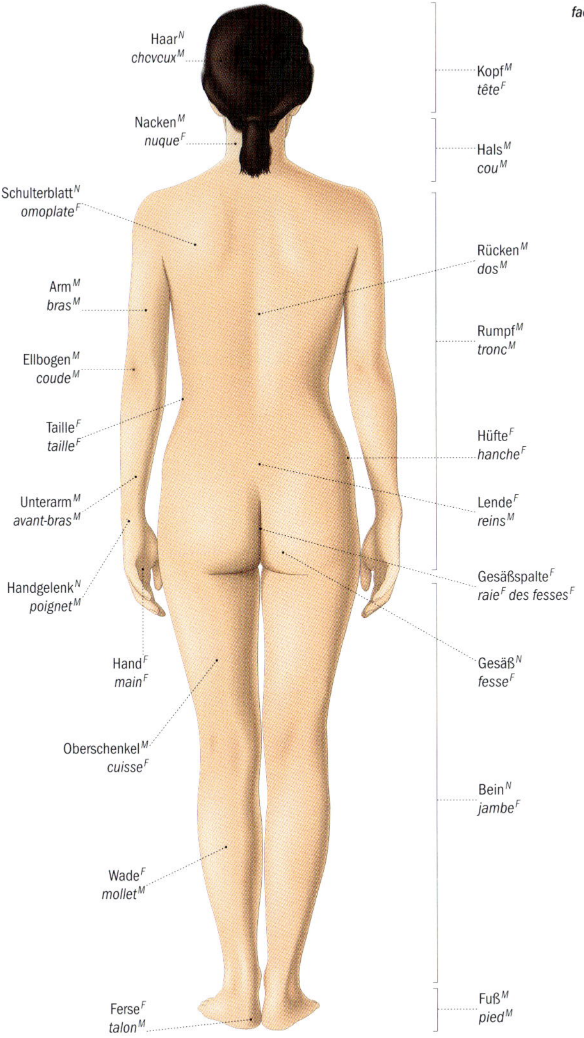

Muskeln^M^

*muscles^M^*

Vorderansicht^F^
face^F^ antérieure

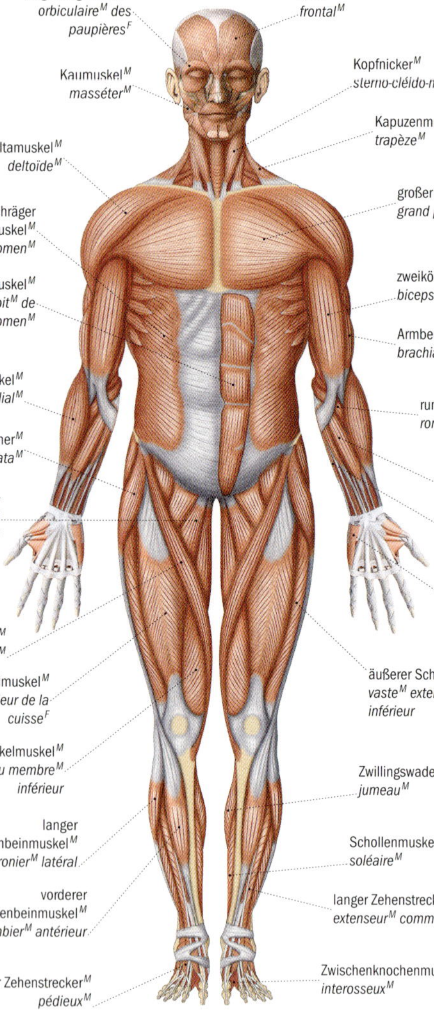

Rückansicht^F^
face^F^ postérieure

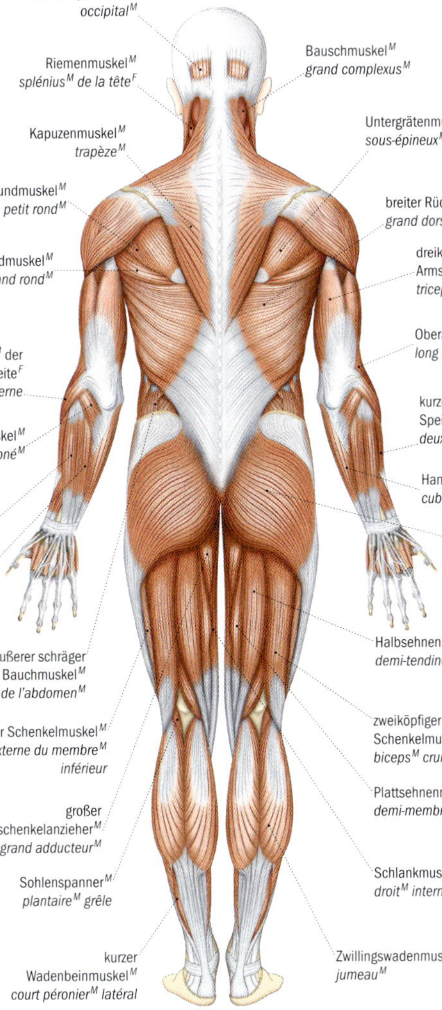
Hinterhauptmuskel^M^
*occipital^M^*
Riemenmuskel^M^
*splénius^M^ de la tête^F^*
Kapuzenmuskel^M^
*trapèze^M^*
kleiner Rundmuskel^M^
*petit rond^M^*
großer Rundmuskel^M^
*grand rond^M^*
langer Handstrecker^M^ der Speichenseite^F^
premier radial^M^ externe
Knorrenmuskel^M^
*anconé^M^*
gemeinsamer Fingerstrecker^M^
*extenseur^M^ commun des doigts^M^*
Handstrecker^M^ der Ellenseite^F^
cubital^M^ postérieur
äußerer schräger Bauchmuskel^M^
*grand oblique^M^ de l'abdomen^M^*
äußerer Schenkelmuskel^M^
vaste^M^ externe du membre^M^ inférieur
großer Oberschenkelanzieher^M^
*grand adducteur^M^*
Sohlenspanner^M^
plantaire^M^ grêle
kurzer Wadenbeinmuskel^M^
court péronier^M^ latéral
Bauschmuskel^M^
*grand complexus^M^*
Untergrätenmuskel^M^
*sous-épineux^M^*
breiter Rückenmuskel^M^
*grand dorsal^M^*
dreiköpfiger Armstrecker^M^
triceps^M^ brachial
Oberarmspeichenmuskel^M^
*long supinateur^M^*
kurzer Handstrecker^M^ der Speichenseite^F^
deuxième radial^M^ externe
Handbeuger^M^ der Ellenseite^F^
cubital^M^ antérieur
großer Gesäßmuskel^M^
*grand fessier^M^*
Halbsehnenmuskel^M^
*demi-tendineux^M^*
zweiköpfiger Schenkelmuskel^M^
biceps^M^ crural
Plattsehnenmuskel^M^
*demi-membraneux^M^*
Schlankmuskel^M^
droit^M^ interne
Zwillingswadenmuskel^M^
*jumeau^M^*

MENSCH

Skelett[N]

squelette[M]

Vorderansicht[F]
vue**[F] **antérieure

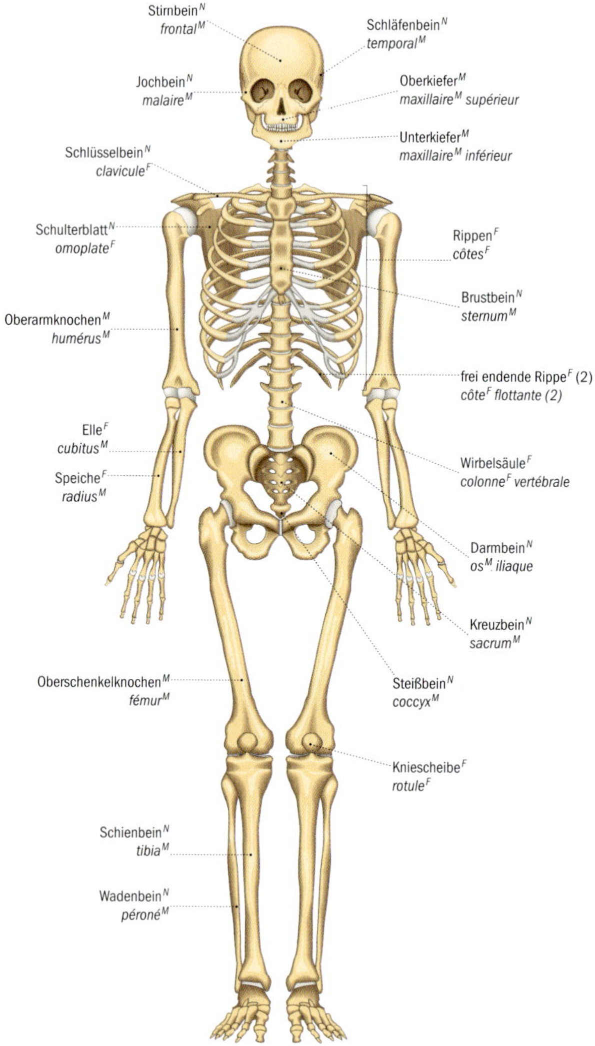

Rückansicht^{F}
vue^{F} postérieure

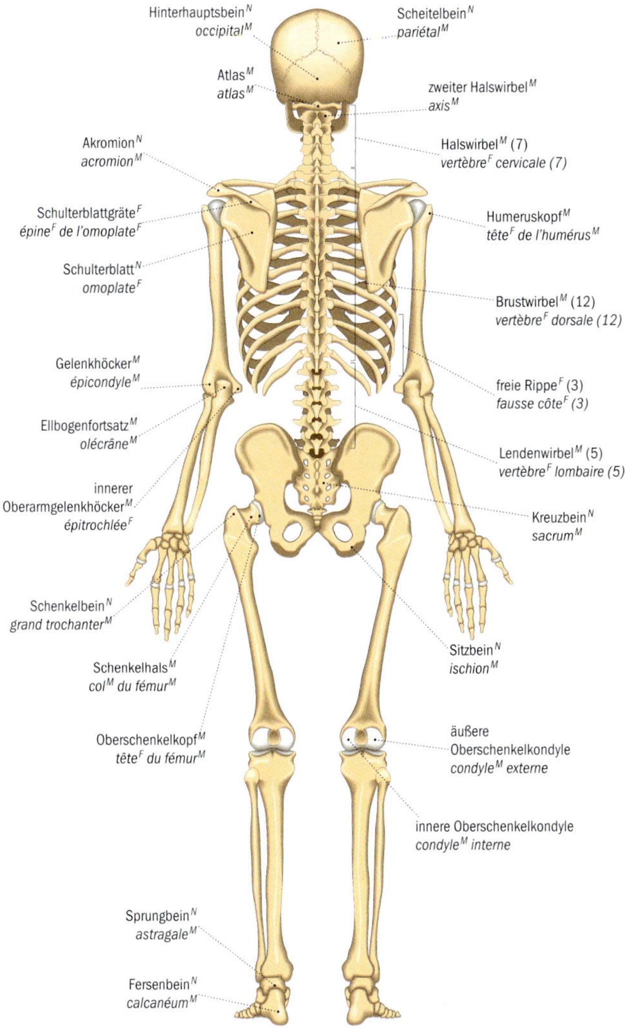
Hinterhauptsbein^{N}
occipital^{M}
Scheitelbein^{N}
pariétal^{M}
Atlas^{M}
atlas^{M}
zweiter Halswirbel^{M}
axis^{M}
Akromion^{N}
acromion^{M}
Halswirbel^{M} (7)
vertèbre^{F} cervicale (7)
Schulterblattgräte^{F}
épine^{F} de l'omoplate^{F}
Humeruskopf^{M}
tête^{F} de l'humérus^{M}
Schulterblatt^{N}
omoplate^{F}
Brustwirbel^{M} (12)
vertèbre^{F} dorsale (12)
Gelenkhöcker^{M}
épicondyle^{M}
freie Rippe^{F} (3)
fausse côte^{F} (3)
Ellbogenfortsatz^{M}
olécrâne^{M}
Lendenwirbel^{M} (5)
vertèbre^{F} lombaire (5)
innerer Oberarmgelenkhöcker^{M}
épitrochlée^{F}
Kreuzbein^{N}
sacrum^{M}
Schenkelbein^{N}
grand trochanter^{M}
Sitzbein^{N}
ischion^{M}
Schenkelhals^{M}
col^{M} du fémur^{M}
Oberschenkelkopf^{M}
tête^{F} du fémur^{M}
äußere Oberschenkelkondyle
condyle^{M} externe
innere Oberschenkelkondyle
condyle^{M} interne
Sprungbein^{N}
astragale^{M}
Fersenbein^{N}
calcanéum^{M}

Seitenansicht[F] eines Schädels[M]
vue[F] latérale du crâne[M]

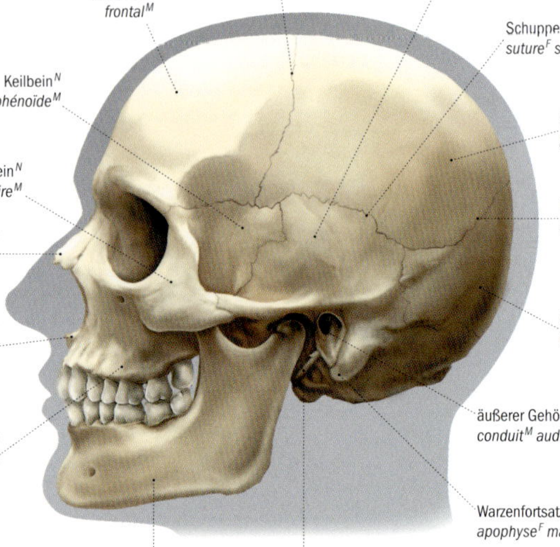

Schädel[M] eines Kleinkindes[N]
crâne[M] d'enfant[M]

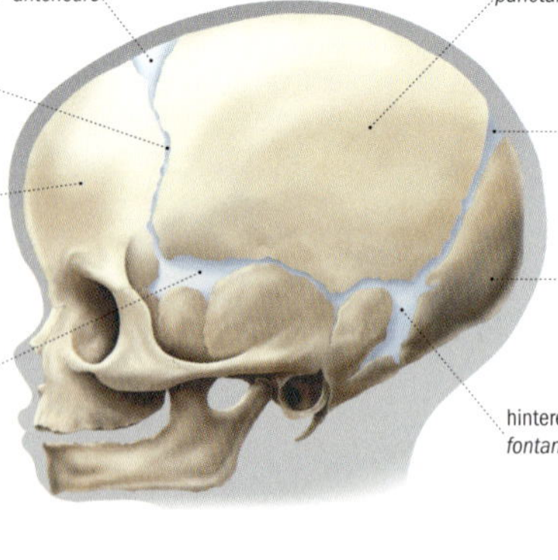

Zähne[M]

dents[F]

menschliches Gebiss[N]
denture[F] humaine

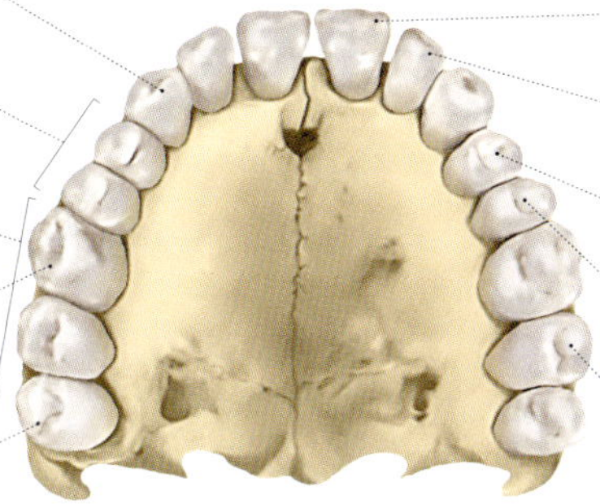

Backenzahn[M] im Längsschnitt[M]
coupe[F] d'une molaire[F]

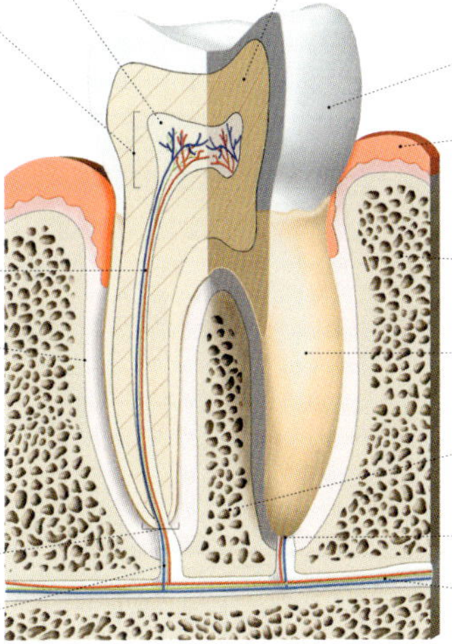

Blutkreislauf[M]

circulation[F] sanguine

die wichtigsten Venen[F] und Arterien[F]
principales veines[F] et artères[F]

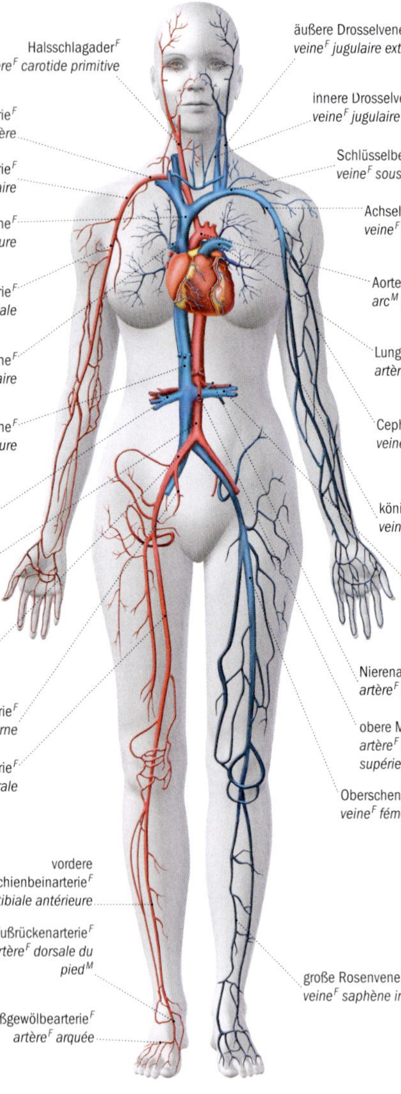

Schema^N des Blutkreislaufs^M
schéma^M de la circulation^F

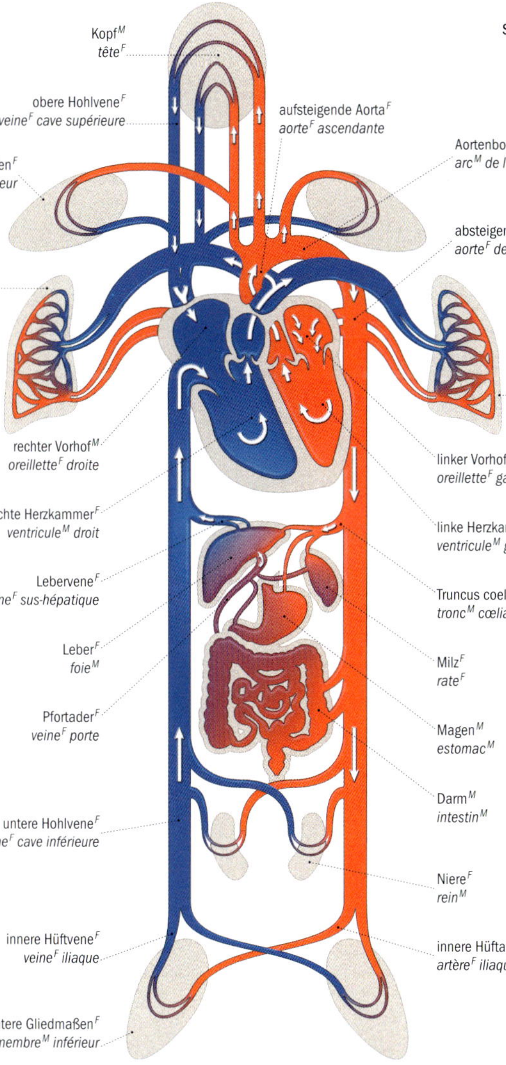

Blutkreislauf[M]

Blutbestandteile[M]
composition[F] du sang[M]

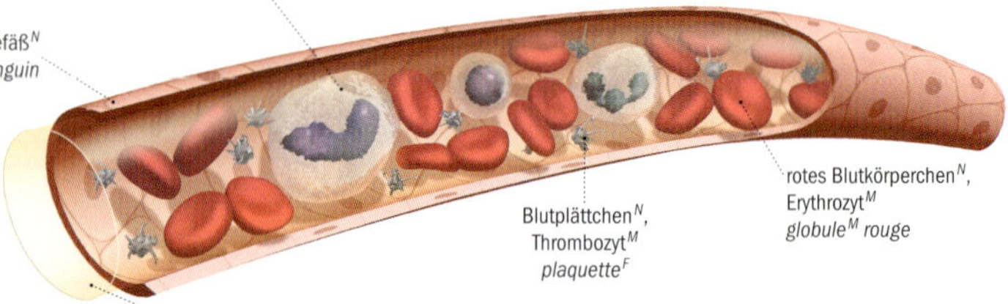

Herz[N]
cœur[M]

sauerstoffreiches Blut[N]
sang[M] oxygéné

sauerstoffarmes Blut[N]
sang[M] désoxygéné

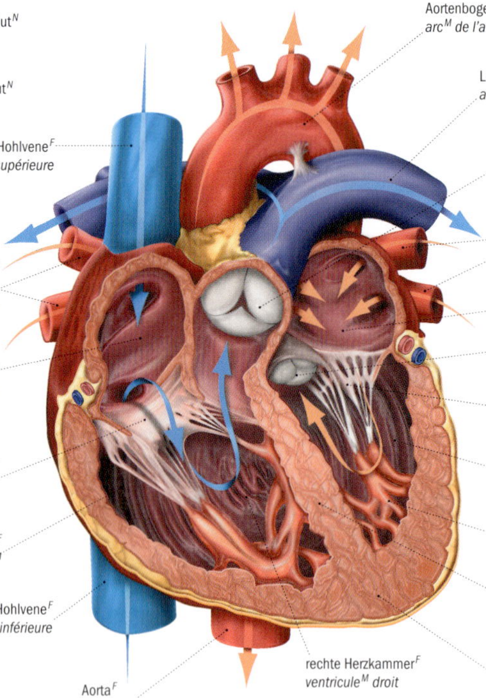

Luftwege[M]

appareil[M] respiratoire

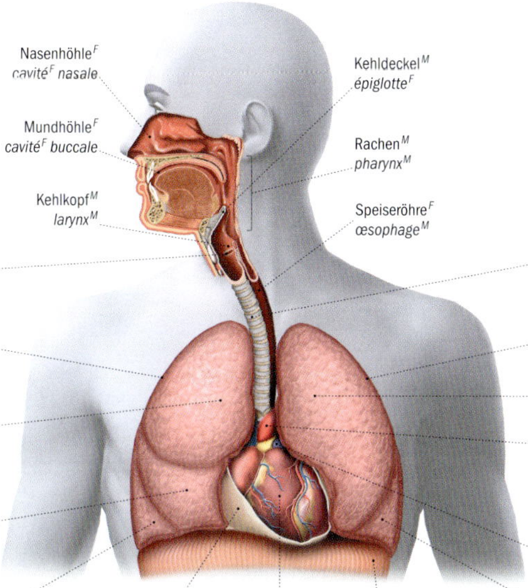

Lungen[F]
poumons[M]

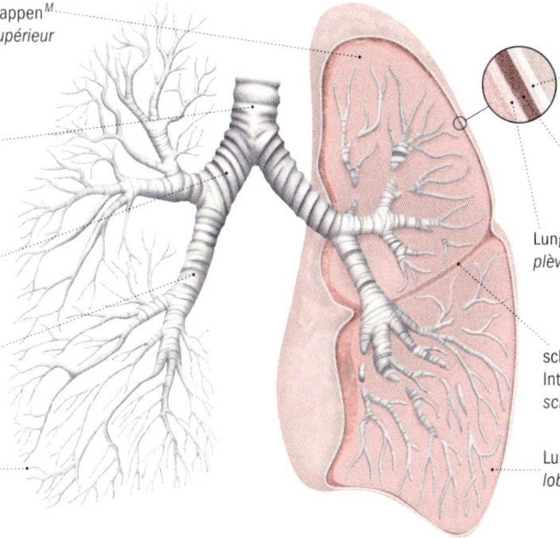

Verdauungsapparat^{M}

appareil^{M} digestif

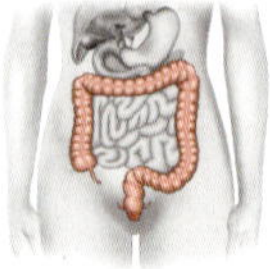

Dickdarm^{M}
gros intestin^{M}

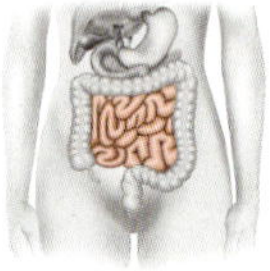

Dünndarm^{M}
intestin^{M} grêle

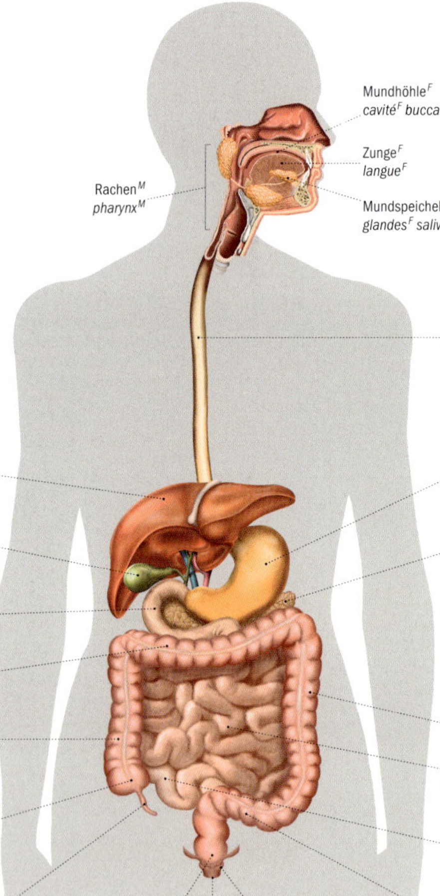

Harnapparat^M
appareil^M urinaire

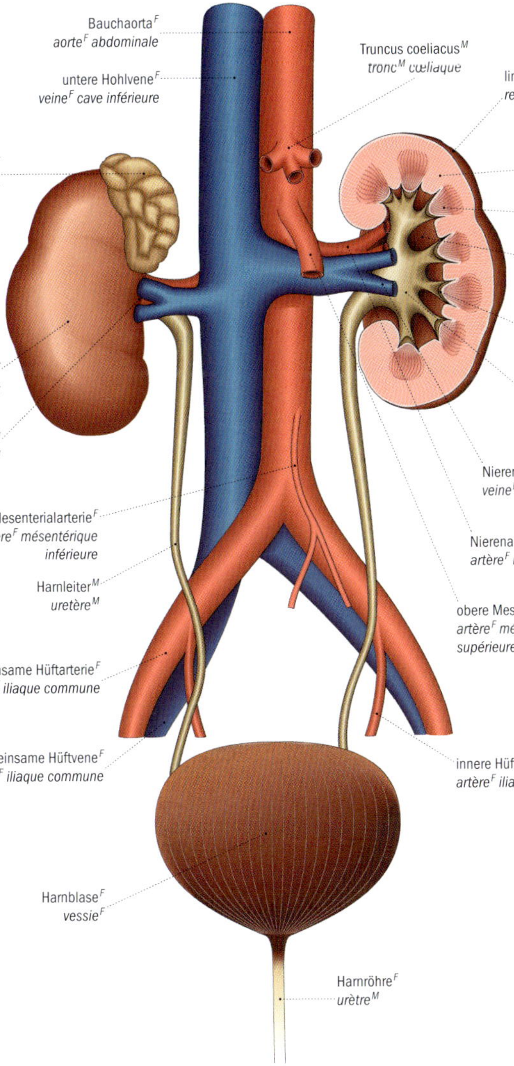

Bauchaorta^F
aorte^F abdominale
untere Hohlvene^F
veine^F cave inférieure
Truncus coeliacus^M
tronc^M cœliaque
linke Niere^F
rein^M gauche
Nebenniere^F
glande^F surrénale
Rinde^F
substance^F corticale
Mark^N
substance^F médullaire
Nierenpapille^F
papille^F rénale
Nierenkelch^M
calice^M
rechte Niere^F
rein^M droit
Nierenbecken^N
bassinet^M
Nierenhilus^M
hile^M du rein^M
Nierenvene^F
veine^F rénale
untere Mesenterialarterie^F
artère^F mésentérique inférieure
Nierenarterie^F
artère^F rénale
Harnleiter^M
uretère^M
obere Mesenterialarterie^F
artère^F mésentérique supérieure
gemeinsame Hüftarterie^F
artère^F iliaque commune
gemeinsame Hüftvene^F
veine^F iliaque commune
innere Hüftarterie^F
artère^F iliaque interne
Harnblase^F
vessie^F
Harnröhre^F
urètre^M

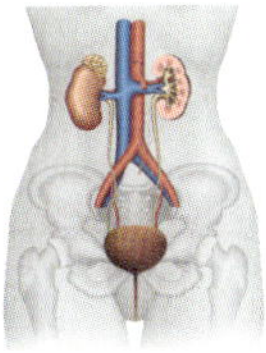

Nervensystem[N]

système[M] nerveux

peripheres Nervensystem[N]
système[M] nerveux périphérique

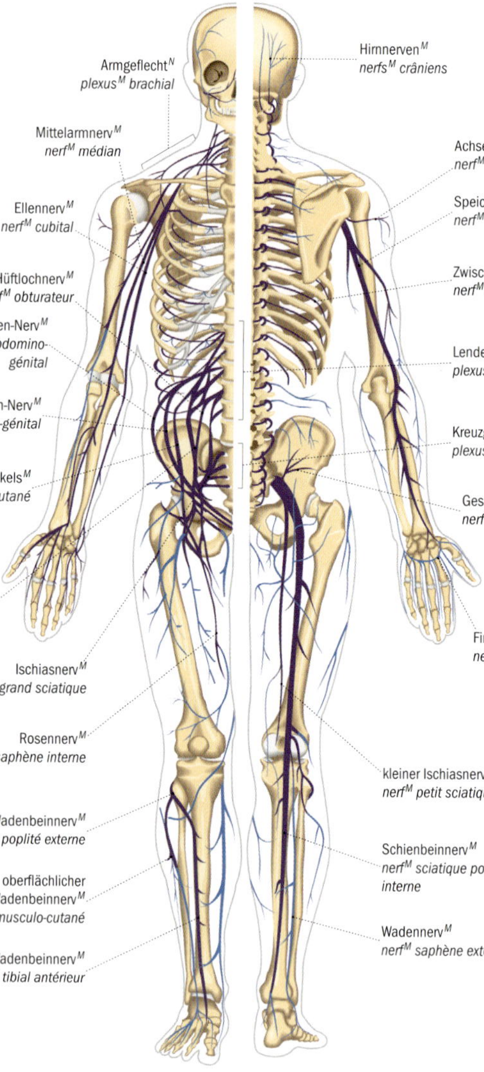

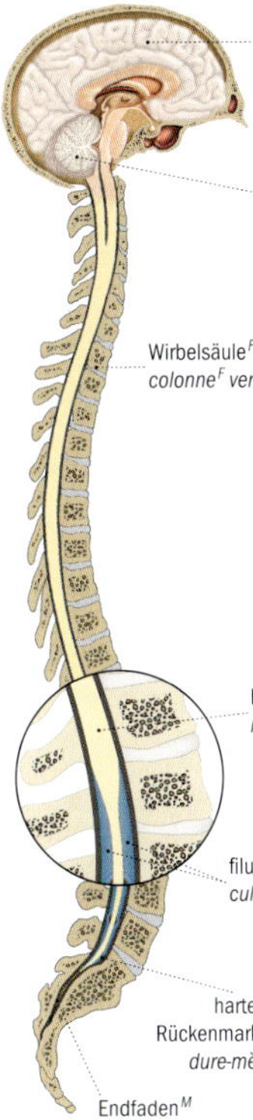

Zentralnervensystem^{N}
système^{M} nerveux central

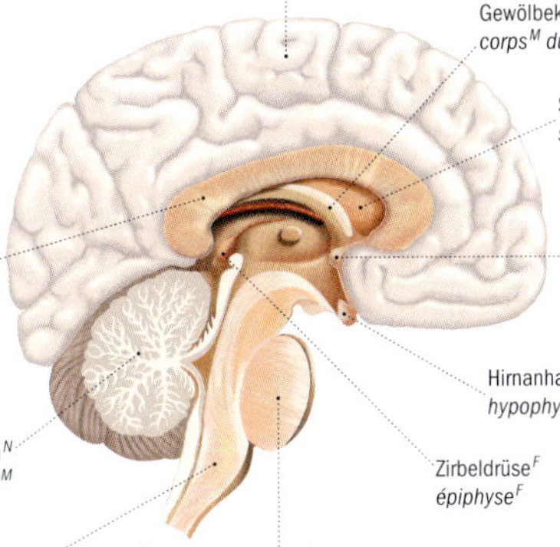

Aufbau^{M} des Rückenmarks^{N}
structure^{F} de la moelle^{F} épinière

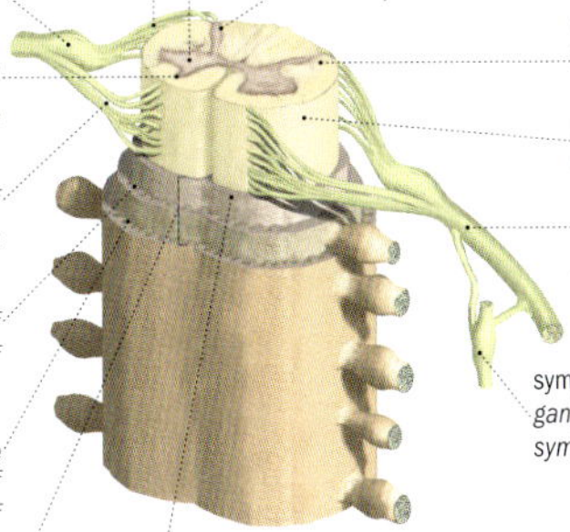

Neuronenkette[F]
chaîne[F] de neurones[M]

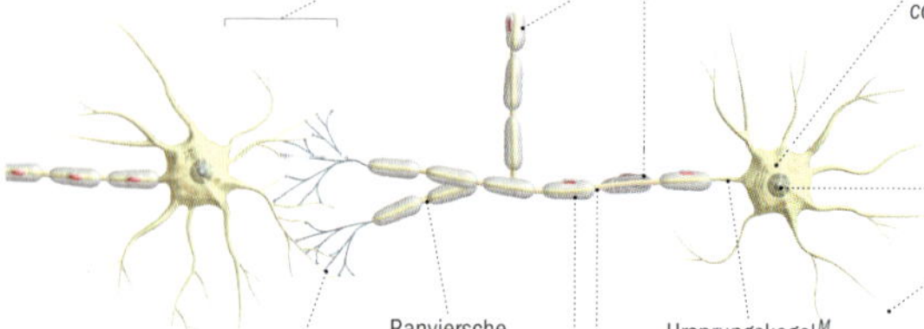

Nervenimpuls[M]
influx[M] nerveux

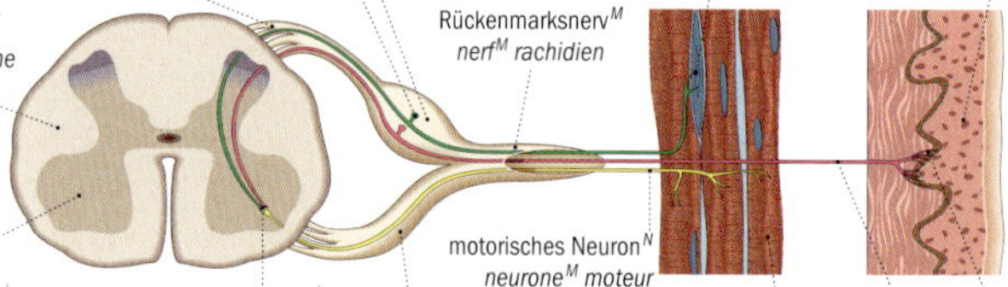

Lendenwirbel[M]
vertèbre[F] lombaire

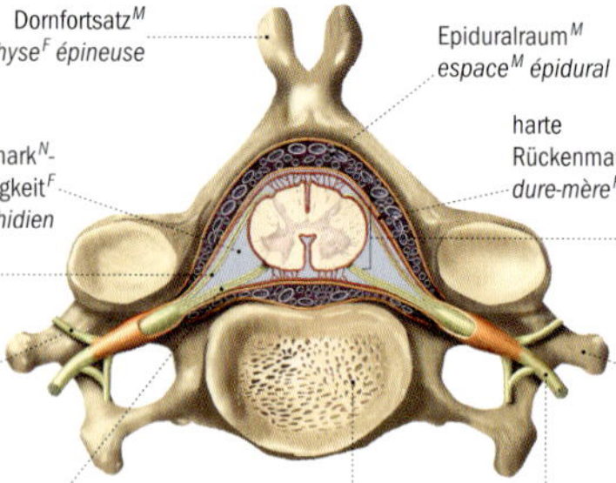

männliche Geschlechtsorgane^N

organes^M génitaux masculins

Sagittalschnitt^M
coupe^F sagittale

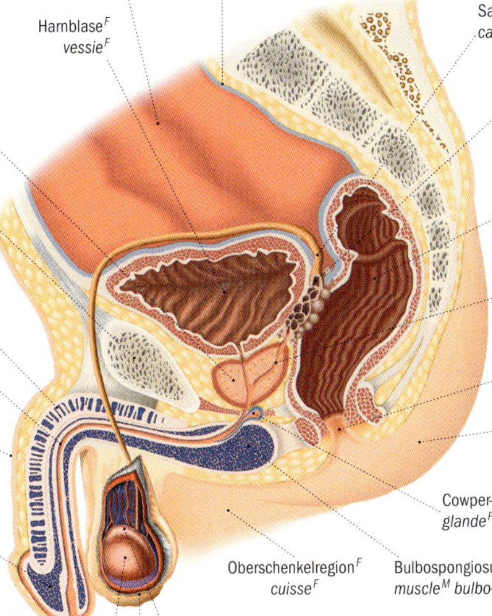

Spermium^N
spermatozoïde^M

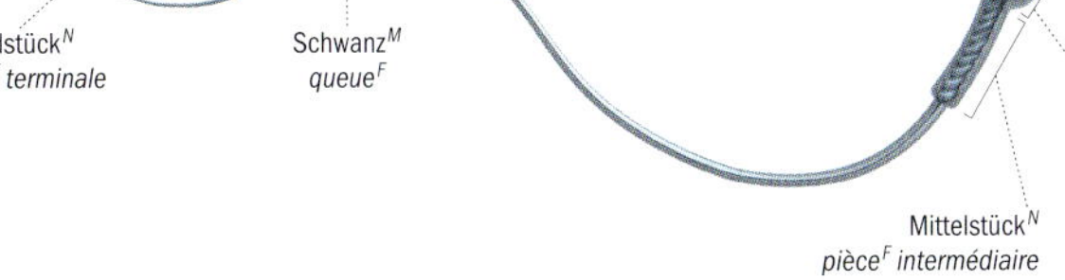

weibliche Geschlechtsorgane^N

organes^M génitaux féminins

Sagittalschnitt^M
coupe^F sagittale

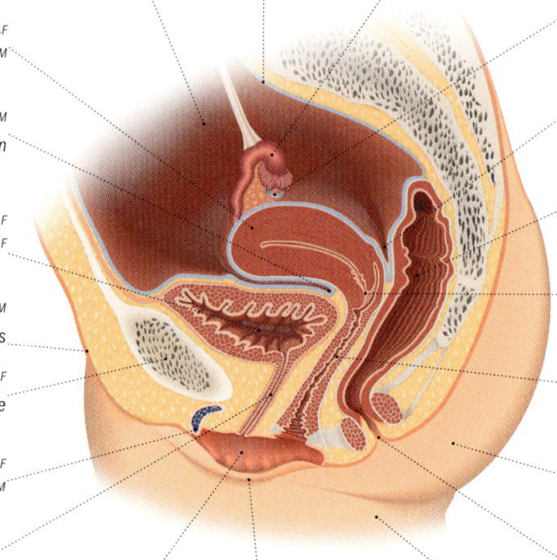

Eizelle^F
ovule^M

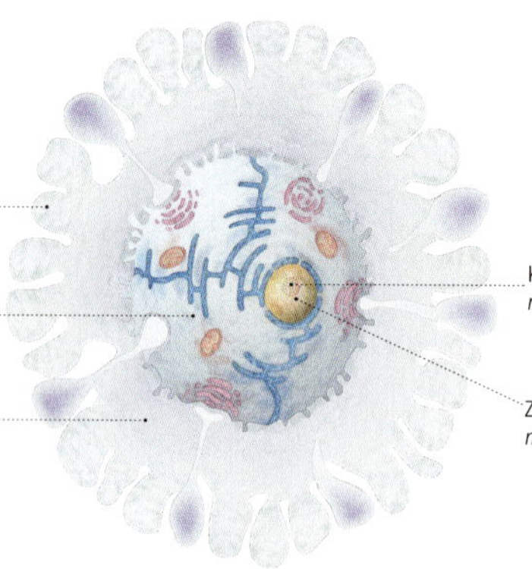

weibliche Geschlechtsorgane[N]

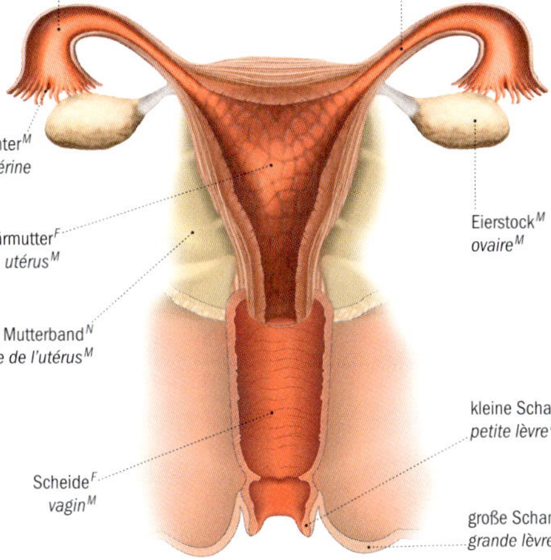

Rückansicht[F]
vue[F] postérieure

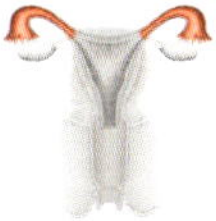

Eileiter[M]
trompes[F] de Fallope

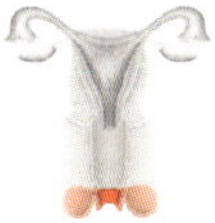

Scham[F]
vulve[F]

Brust[F]
sein[M]

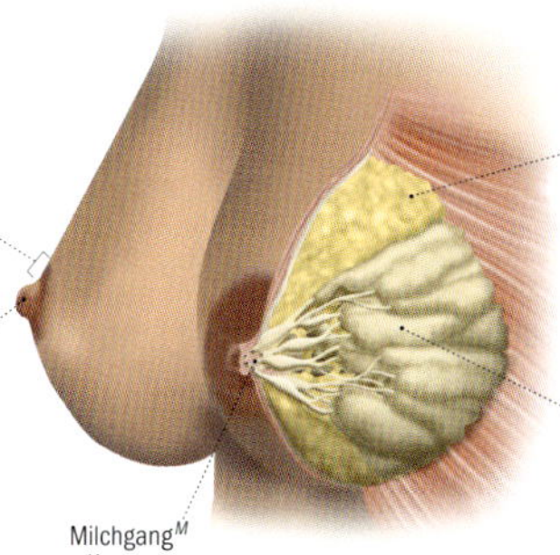

Tastsinn[M]

toucher[M]

Haut[F]
peau[F]

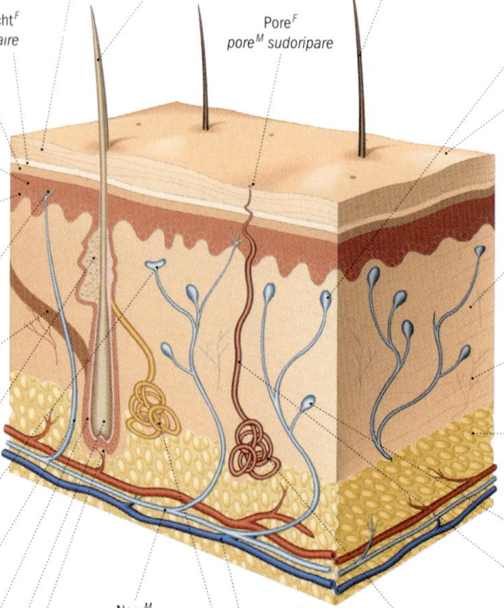
Hornschicht[F]
couche[F] cornée
Haarschaft[M]
tige[F] du poil[M]
Haar[N]
poil[M]
Meissnersches Tast-Körperchen[N]
corpuscule[M] de Meissner
Glanzschicht[F]
couche[F] claire
Pore[F]
pore[M] sudoripare
Hautoberfläche[F]
surface[F] de la peau[F]
Körnerschicht[F]
couche[F] granuleuse
Oberhaut[F]
épiderme[M]
Stachelzellenschicht[F]
couche[F] de Malpighi
Bindegewebe[N]
tissu[M] conjonctif
Basalschicht[F]
couche[F] basale
Lederhaut[F]
derme[M]
Nervenendung[F]
terminaison[F] nerveuse
Kapillargefäß[N]
vaisseau[M] capillaire
Haaraufrichter[M]
muscle[M] arrecteur
Fettgewebe[N]
tissu[M] adipeux
Talgdrüse[F]
glande[F] sébacée
Unterhautbindegewebe[N]
hypoderme[M]
Ruffinisches Körperchen[N]
corpuscule[M] de Ruffini
Vater-Pacinisches Körperchen[N]
corpuscule[M] de Pacini
Nervenfaser[F]
fibre[F] nerveuse
Nerv[M]
nerf[M]
Blutgefäß[N]
vaisseau[M] sanguin
ekkrine Schweißdrüse[F]
glande[F] sudoripare eccrine
Ausführungsgang[M] der Schweißdrüse[F]
canal[M] sudoripare
Haarbalg[M]
follicule[M]
Papille[F]
papille[F]
apokrine Schweißdrüse[F]
glande[F] sudoripare apocrine
Haarzwiebel[F]
bulbe[M]

Finger[M]
doigt[M]

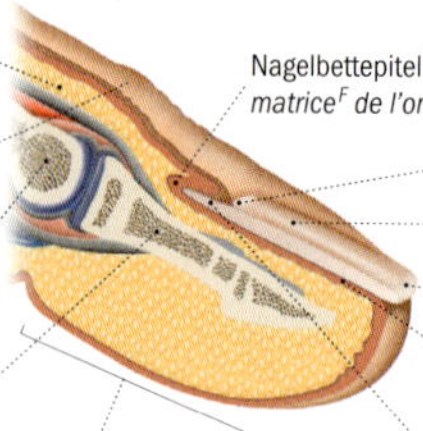
Lederhaut[F]
derme[M]
Nagelbettepitel[N]
matrice[F] de l'ongle[M]
Nagelhalbmond[M]
lunule[F]
Oberhaut[F]
épiderme[M]
Nagelkörper[M]
corps[M] de l'ongle[M]
Fingermittelglied[N]
phalange[F] médiane
freier Nagelrand[M]
bord[M] libre
Fingerendglied[N]
phalange[F] distale
Fingerbeere[F]
pulpe[F]
Nagelwurzel[F]
racine[F] de l'ongle[M]
Nagelbett[N]
lit[M] de l'ongle[M]

Hand^F
main^F

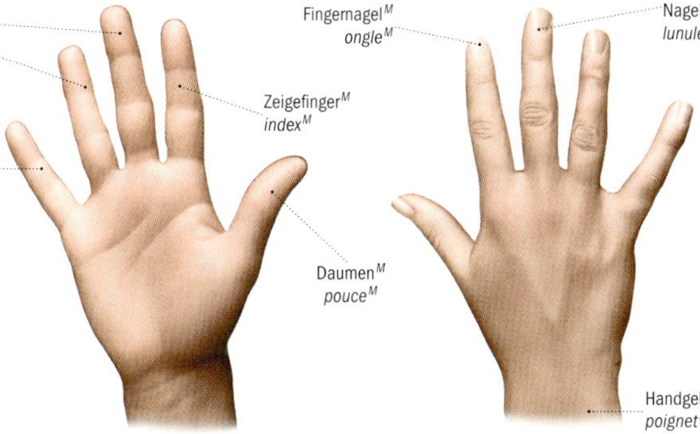

Gehör^N
ouïe^F

Ohrmuschel^F
pavillon^M

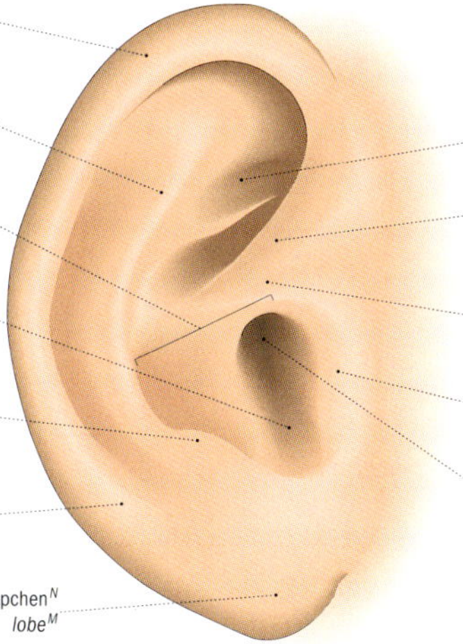

Gehör^{N}

Aufbau^{M} des Ohres^{N}
structure^{F} de l'oreille^{F}

äußeres Ohr^{N}
oreille^{F} externe

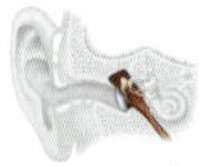

Mittelohr^{N}
oreille^{F} moyenne

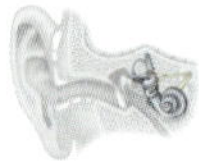

Innenohr^{N}
oreille^{F} interne

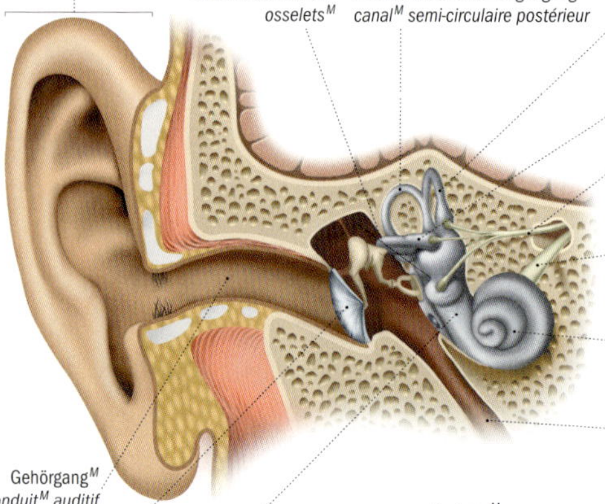

Gehörknöchelchen^{N}
osselets^{M}

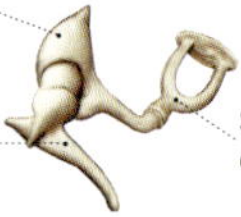

Geruchs-^{M} und Geschmackssinn^{M}

odorat^{M} et goût^{M}

Mund^{M}
bouche^{F}

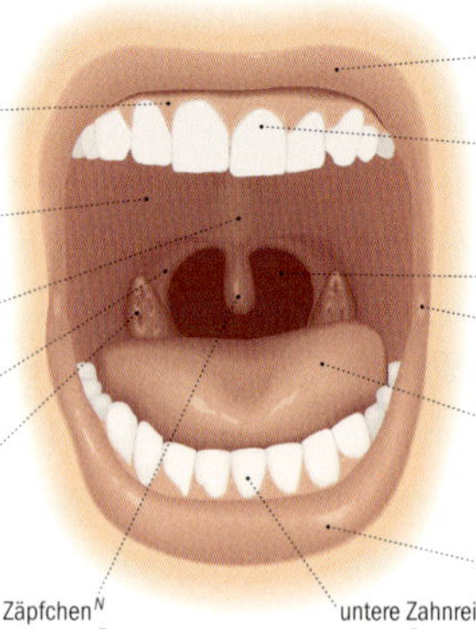

äußere Nase F
***parties** F **externes du nez** M*

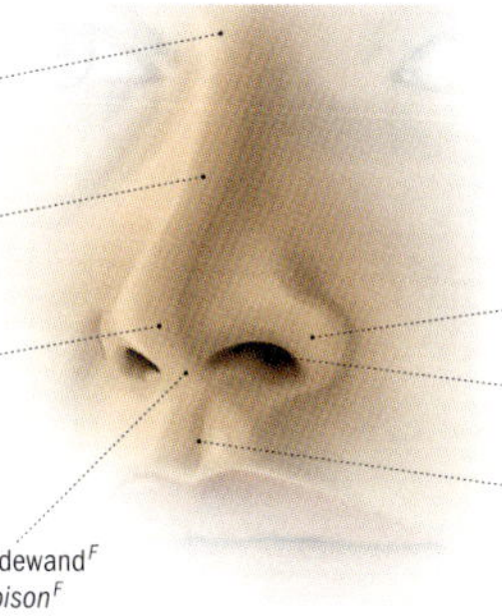

Nasenhöhle F
fosses** F **nasales

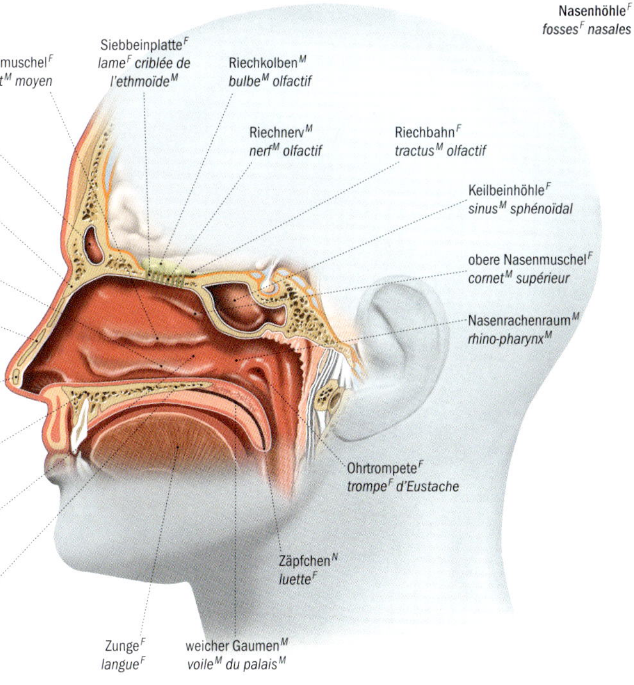

Zungenrücken[M]
dos[M] de la langue[F]

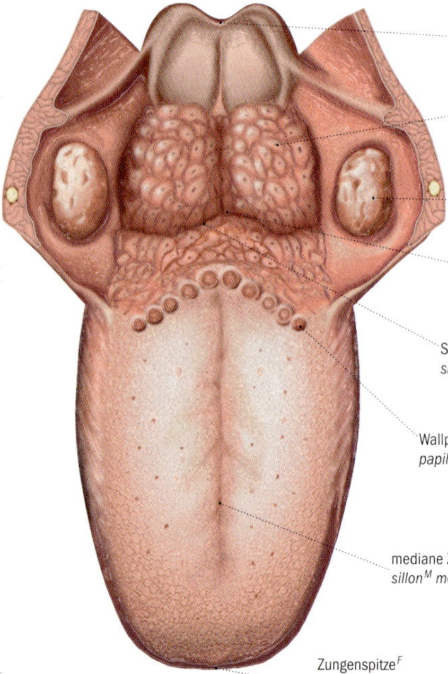

Geschmacksrezeptoren[M]
récepteurs[M] du goût[M]

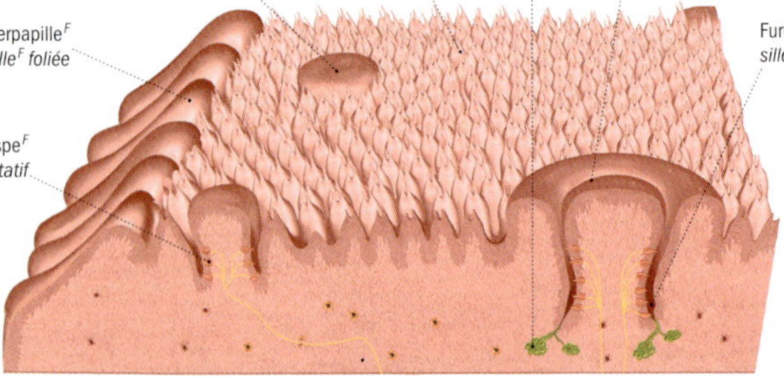

Sehsinn[N]

vue[F]

Auge[N]
œil[M]

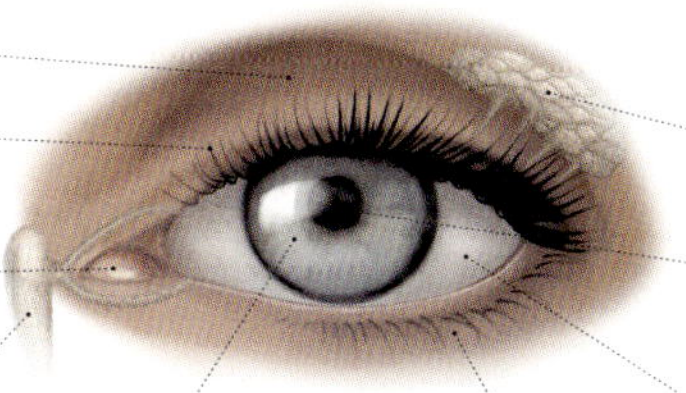

Augapfel[M]
globe[M] oculaire

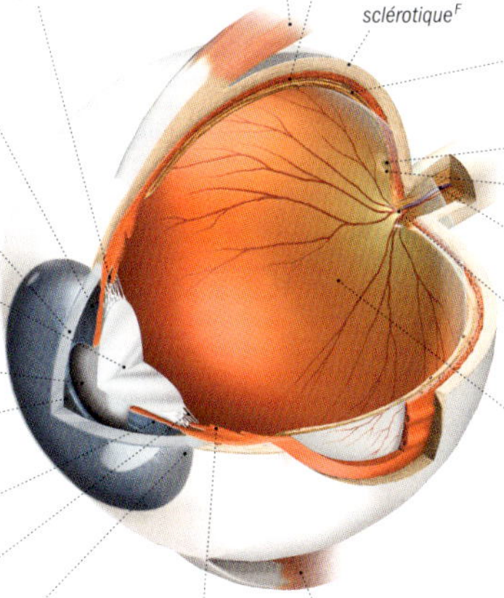

Lichtrezeptoren[M]
photorécepteurs[M]

Zapfen[M]
cône[M]

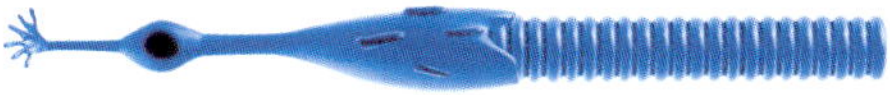

Stäbchen[N]
bâtonnet[M]

Supermarkt^{M}

supermarché^{M}

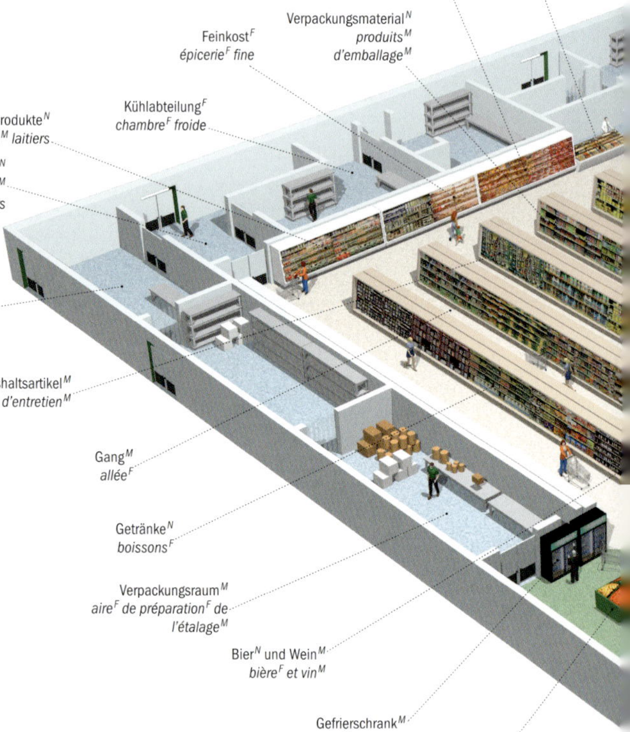
Fleisch-Selbstbedienungstheke^{F}
comptoir^{M} des viandes^{F} libre-service
Fleischtheke^{F}
boucherie^{F}
Verpackungsmaterial^{N}
produits^{M} d'emballage^{M}
Feinkost^{F}
épicerie^{F} fine
Kühlabteilung^{F}
chambre^{F} froide
Milchprodukte^{N}
produits^{M} laitiers
Wareneingang^{M} für Milchprodukte^{N}
aire^{F} de réception^{F} des produits^{M} laitiers
Wareneingang^{M}
aire^{F} de réception^{F}
Haushaltsartikel^{M}
produits^{M} d'entretien^{M}
Gang^{M}
allée^{F}
Getränke^{N}
boissons^{F}
Verpackungsraum^{M}
aire^{F} de préparation^{F} de l'étalage^{M}
Bier^{N} und Wein^{M}
bière^{F} et vin^{M}
Gefrierschrank^{M}
armoire^{F} réfrigérée
Obst^{N} und Gemüse^{N}
fruits^{M} et légumes^{M}

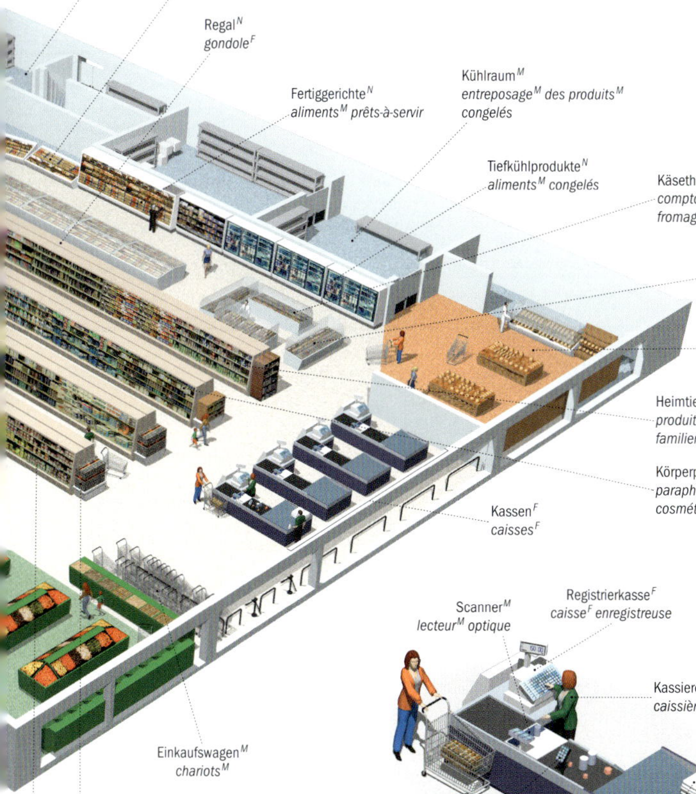
Kühlabteilung[F]
chambre[F] froide
Fisch[M]
poissonnerie[F]
Regal[N]
gondole[F]
Fertiggerichte[N]
aliments[M] prêts-à-servir
Kühlraum[M]
entreposage[M] des produits[M] congelés
Tiefkühlprodukte[N]
aliments[M] congelés
Käsetheke[F]
comptoir[M] des fromages[M]
Fertiggerichte[N]
produits[M] de traiteur[M]
Backwaren[F]
boulangerie[F]
Heimtierbedarf[M]
produits[M] pour animaux[M] familiers
Körperpflege[F]
parapharmacie[F] et cosmétiques[M]
Kassen[F]
caisses[F]
Einkaufswagen[M]
chariots[M]
Kopfregal[N]
tête[F] de gondole[F]
Konserven[F]
conserves[F]

Kasse[F]
caisse[F]

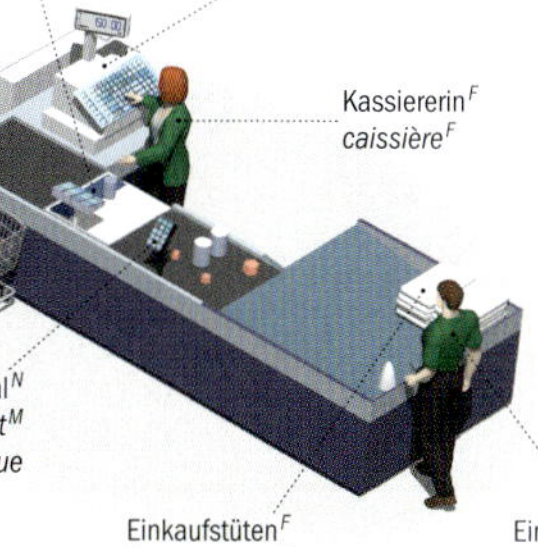
Scanner[M]
lecteur[M] optique
Registrierkasse[F]
caisse[F] enregistreuse
Kassiererin[F]
caissière[F]
elektronisches Zahlungsterminal[N]
terminal[M] de paiement[M] électronique
Einkaufstüten[F]
sacs[M] à provisions[F]
Einpackhilfe[F]
aide[M] de caisse[F]

Bauernhof^M

ferme^F

Weideland^N
pâturage^M
Brachacker^M
jachère^F
Heuboden^M
fenil^M
Futtergetreide^N
maïs^M fourrager
Milchkammer^F
laiterie^F
Zaun^M
clôture^F
Wiese^F
prairie^F
Kuhstall^M
étable^F
Scheune^F
grange^F
Hochsilo^M
silo^M-tour^F
Flachsilo^M
silo^M-couloir^M
Geräteschuppen^M
hangar^M
Schweinestall^M
porcherie^F
Hühnerstall^M
poulailler^M
Zierbaum^M
arbre^M d'ornement^M
Schafstall^M
bergerie^F
Bienenstock^M
ruche^F
Gemüsegarten^M
jardin^M potager
Treibhaus^N
serre^F
Auslauf^M
enclos^M
Hof^M
cour^F
Wohnhaus^N
habitation^F
Obstbaum^M
arbre^M fruitier
Obstgarten^M
verger^M

Pilze[M]
champignons[M]

Trüffel[F]
truffe[F]

Holzohr[N]
oreille-de-Judas[F]

Kaiserling[M]
oronge[F] vraie

echter Reizker[M]
lactaire[M] délicieux

Enoki[M]
collybie[F] à pied[M] velouté

Austernseitling[M]
pleurote[M] en forme[F] d'huître[F]

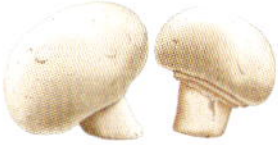
Zuchtchampignon[M]
champignon[M] de couche[F]

grasgrüner Täubling[M]
russule[F] verdoyante

Morchel[F]
morille[F]

Steinpilz[M]
cèpe[M]

Schiitakepilz[M]
shiitake[M]

Pfifferling[M]
chanterelle[F] commune

Meeresalgen[F]
algues[F]

Arame[F]
aramé[M]

Wakame[F]
wakamé[M]

Kombu[F]
kombu[M]

Spirulina[F]
spiruline[F]

Irisch Moos[N]
mousse[F] d'Irlande[F]

Hijiki[F]
hijiki[M]

Meersalat[M]
laitue[F] de mer[F]

Agar-Agar[M/N]
agar-agar[M]

Nori[N]
nori[M]

Dulse[F]
rhodyménie[M] palmé

Gemüse^N
légumes^M

Zwiebelgemüse^N
légumes^M bulbes^M

Lauch^M
poireau^M

Frühlingszwiebel^F
oignon^M vert

Frühlingszwiebel^F
ciboule^F

Schalotte^F
échalote^F

Wassernuss^F
châtaigne^F d'eau^F

Knoblauch^M
ail^M

Schnittlauch^M
ciboulette^F

Gemüsezwiebel^F
oignon^M jaune

rote Zwiebel^F
oignon^M rouge

weiße Zwiebel^F
oignon^M blanc

Perlzwiebel^F
oignon^M à mariner

Knollengemüse^N
légumes^M tubercules^M

Maniok^M
manioc^M

Knollenziest^M
crosne^M

Taro^M
taro^M

Jicama^F
jicama^M

Süßkartoffel^F
igname^F

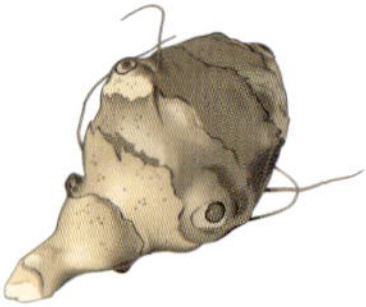

Topinambur^M/F
topinambour^M

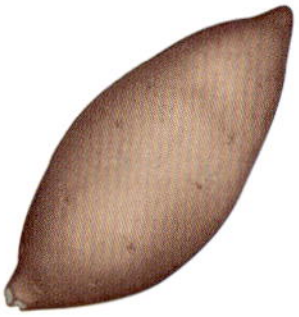

Süßkartoffel^F
patate^F

Kartoffel^F
pomme^F de terre^F

Stengel- und Sprossengemüse[N]
légumes[M] tiges[F]

Spargel[M]
asperge[F]

Mangold[M]
bette[F] à carde[F]

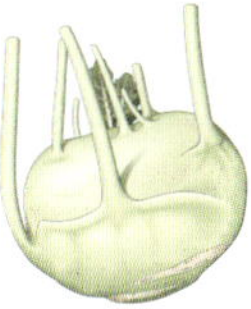

Kohlrabi[M]
chou[M]-rave[F]

Kardone[F]
cardon[M]

Fenchel[M]
fenouil[M]

Bambussprosse[F]
pousse[F] de bambou[M]

Farnspitze[F]
crosse[F] de fougère[F]

Stangensellerie[M/F]
céleri[M]

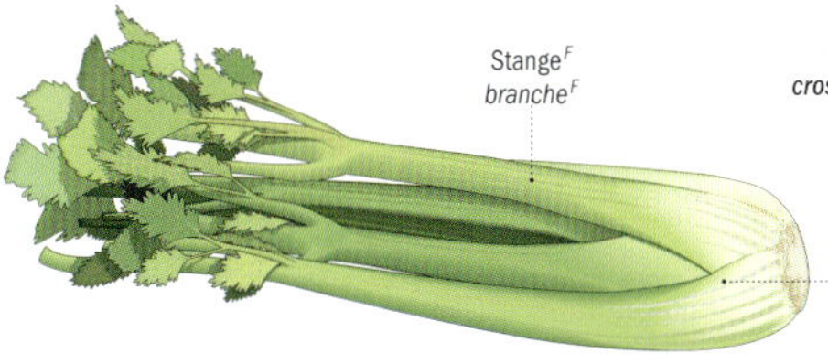

Rhabarber[M]
rhubarbe[F]

Blattgemüse[N]
légumes[M] feuilles[F]

Friséesalat[M]
laitue[F] frisée

Romagna-Salat[M]
romaine[F]

Spargelsalat[M]
laitue[F] asperge[F]

Meerkohl[M]
chou[M] marin

Riesenkohl[M]
chou[M] cavalier[M]

Eskariol[M]
scarole[F]

Kopfsalat[M]
laitue[F] pommée

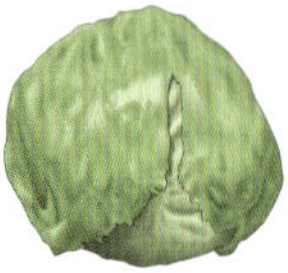

Eisbergsalat[M]
laitue[F] iceberg[M]

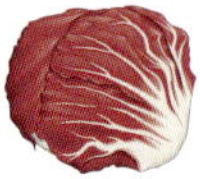

Radicchio[M]
chicorée[F] de Trévise

Zierkohl[M]
chou[M] laitue[F]

Grünkohl[M]
chou[M] frisé

Weinblatt[N]
feuille[F] de vigne[F]

Rosenkohl[M]
choux[M] de Bruxelles

Rotkohl[M]
chou[M] pommé rouge

Weißkohl[M]
chou[M] pommé blanc

Wirsing[M]
chou[M] de Milan

Kohl[M]
chou[M] pommé vert

Chinakohl[M]
pe-tsaï[M]

Pak-Choi[M]
pak-choï[M]

Portulak^{M}
pourpier^{M}

Nessel^{F}
ortie^{F}

Brunnenkresse^{F}
cresson^{M} de fontaine^{F}

Löwenzahn^{M}
pissenlit^{M}

Feldsalat^{M}
mâche^{F}

Rauke^{F}
roquette^{F}

Spinat^{M}
épinard^{M}

Gartenkresse^{F}
cresson^{M} alénois

Garten-Sauerampfer^{M}
oseille^{F}

krause Endivie^{F}
chicorée^{F} frisée

Chicorée$^{M/F}$
endive^{F}

Blütengemüse^{N}
légumes^{M} fleurs^{F}

Blumenkohl^{M}
chou^{M}-fleur^{F}

Broccoli^{M}
brocoli^{M}

China-Broccoli^{M}
Gai lon^{M}

Rübenspross^{M}
brocoli^{M} italien

Artischocke^{F}
artichaut^{M}

Fruchtgemüse[N]
légumes[M] fruits[M]

Avocado[F]
avocat[M]

Tomate[F]
tomate[F]

Kirschtomate[F]
tomate[F] en grappe[F]

Tomatillo[F]
tomatille[F]

Olive[F]
olive[F]

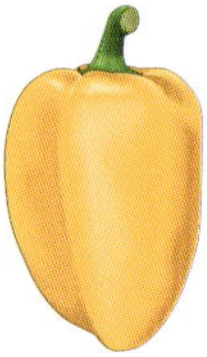

gelber Paprika[M]
poivron[M] jaune

grüner Paprika[M]
poivron[M] vert

roter Paprika[M]
poivron[M] rouge

Pfefferschote[F]
piment[M]

Okraschote[F]
gombo[M]

Einlegegurke[F]
cornichon[M]

Gurke[F]
concombre[M]

Wachskürbis[M]
melon[M] d'hiver[M] chinois

Aubergine[F]
aubergine[F]

kernlose Salatgurke[F]
concombre[M] sans pépins[M]

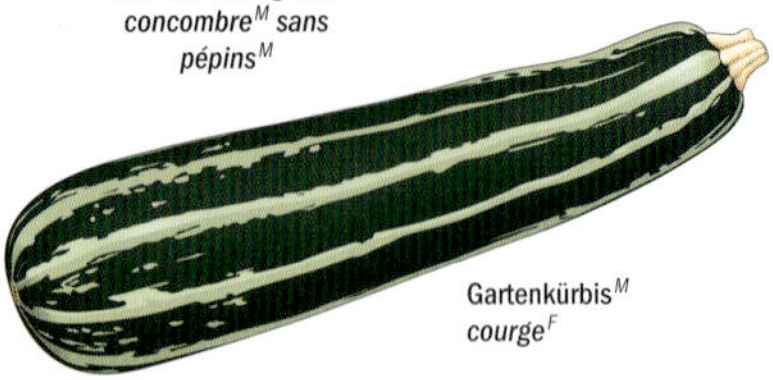

Gartenkürbis[M]
courge[F]

Zucchini[F]
courgette[F]

Bittermelone[F]
margose[F]

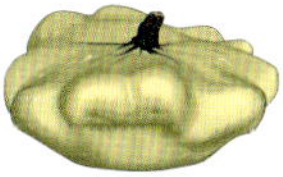

Patisson^{M}
pâtisson^{M}

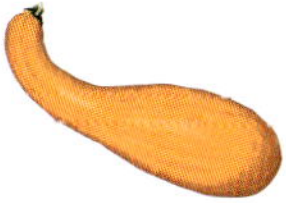

Krummhalskürbis^{M}
courge^{F} à cou^{M} tors

gelbe Zucchini^{F}
courge^{F} à cou^{M} droit

Chayote^{F}
chayote^{F}

Kürbis^{M}
citrouille^{F}

Spaghettikürbis^{M}
courge^{F} spaghetti^{M}

Eichelkürbis^{M}
courgeron^{M}

Patisson-Kürbis^{M}
potiron^{M}

Wurzelgemüse^{N}
légumes^{M} racines^{F}

Meerrettich^{M}
raifort^{M}

Schwarzrettich^{M}
radis^{M} noir

Radieschen^{N}
radis^{M}

Haferwurz^{F}
salsifis^{M}

Karotte^{F}
carotte^{F}

Schwarzwurzel^{F}
scorsonère^{F}

Pastinake^{F}
panais^{M}

Rettich^{M}
radis^{M} oriental

Klettenwurzel^{F}
bardane^{F}

rote Beete^{F}
betterave^{F}

Rübe^{F}
navet^{M}

Knollensellerie^{F}
céleri^{M}-rave^{F}

Kohlrübe^{F}
rutabaga^{M}

japanischer Rettich^{M}
malanga^{M}

Hülsenfrüchte[F]

légumineuses[F]

blaue Luzerne[F]
luzerne[F]

Lupine[F]
lupin[M]

Linsen[F]
lentilles[F]

Erdnuss[F]
arachide[F]

dicke Bohnen[F]
fèves[F]

Erbsen[F]
pois[M]

Kichererbsen[F]
pois[M] chiches

gespaltene Erbsen[F]
pois[M] cassés

grüne Erbsen[F]
petits pois[M]

Zuckererbsen[F]
pois[M] mange-tout[M]

Bohnen[F]
doliques[M]

schwarzäugige Bohne[F]
dolique[M] à œil[M] noir

Helmbohne[F]
dolique[M] d'Égypte[F]

Spargelbohne[F]
dolique[M] asperge[F]

Bohnen[F]
haricots[M]

grüne Bohne[F]
haricot[M] vert

Wachsbohne[F]
haricot[M] jaune

römische Bohne[F]
haricot[M] romain

Asukibohne[F]
haricot[M] adzuki

Feuerbohne[F]
haricot[M] d'Espagne[F]

Mungobohne[F]
haricot[M] mungo

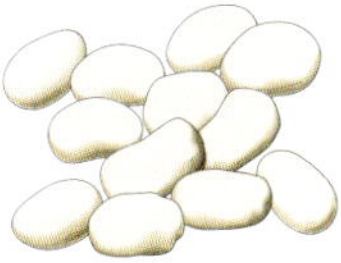

Limabohne[F]
haricot[M] de Lima

Pintobohne[F]
haricot[M] pinto

rote Kidneybohne[F]
haricot[M] rouge

schwarze Mungobohne[F]
haricot[M] mungo à grain[M] noir

schwarze Bohne[F]
haricot[M] noir

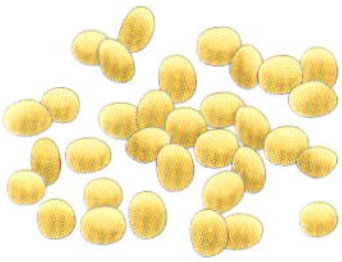

Sojabohnen[F]
graine[F] de soja[M]

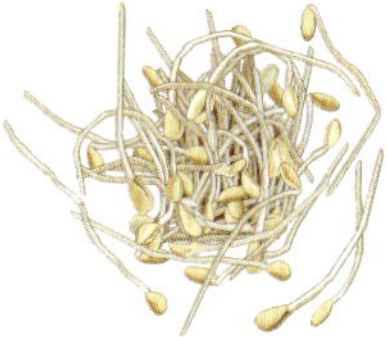

Sojasprossen[F]
germes[M] de soja[M]

Flageolet-Bohne[F]
flageolet[M]

Obst[N]
fruits[M]

Beeren[F]
baies[F]

Johannisbeere[F]
groseille[F] *à grappes*[F]

schwarze Johannisbeere[F]
cassis[M]

Stachelbeere[F]
groseille[F] *à maquereau*[M]

Weintraube[F]
raisin[M]

Heidelbeere[F]
bleuet[M]

Heidelbeere[F]
myrtille[F]

rote Heidelbeere[F]
airelle[F]

Physalis[F]
alkékenge[M]

Preiselbeere[F]
canneberge[F]

Himbeere[F]
framboise[F]

Brombeere[F]
mûre[F]

Erdbeere[F]
fraise[F]

Steinfrüchte[F]
fruits[M] ***à noyau***[M]

Pflaume[F]
prune[F]

Pfirsich[M]
pêche[F]

Nektarine[F]
nectarine[F]

Aprikose[F]
abricot[M]

Kirsche[F]
cerise[F]

Dattel[F]
datte[F]

Trockenfrüchte[F]
fruits[M] secs

Macadamianuss[F]
noix[F] de macadamia[M]

Ginkgonuss[F]
noix[F] de ginkgo[M]

Pistazie[F]
pistache[F]

Pinienkern[M]
pignon[M]

Kolanuss[F]
noix[F] de cola[M]

Pecannuss[F]
noix[F] de pacane[F]

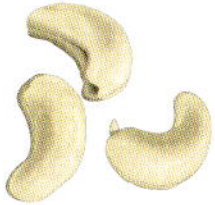
Cashewkern[M]
noix[F] de cajou[M]

Mandel[F]
amande[F]

Haselnuss[F]
noisette[F]

Walnuss[F]
noix[F]

Kokosnuss[F]
noix[F] de coco[M]

Esskastanie[F]
marron[M]

Buchecker[F]
faîne[F]

Paranuss[F]
noix[F] du Brésil[M]

Apfelfrüchte[F]
fruits[M] à pépins[M]

Birne[F]
poire[F]

Quitte[F]
coing[M]

Apfel[M]
pomme[F]

Mispel[F]
nèfle[F] du Japon[M]

Zitrusfrüchte[F]
agrumes[M]

Zitrone[F]
citron[M]

Kumquat[F]
kumquat[M]

Limette[F]
lime[F]

Orange[F]
orange[F]

Mandarine[F]
mandarine[F]

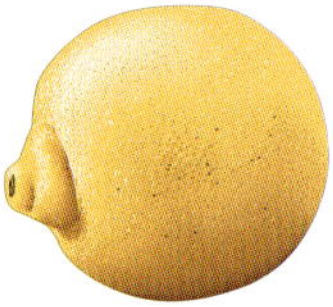

Bergamotte[F]
bergamote[F]

Grapefruit[F]
pomelo[M]

Pampelmuse[F]
pamplemousse[M]

Zitronatzitrone[F]
cédrat[M]

Melonen^{F}
melons^{M}

Honigmelone^{F}
cantaloup^{M}

Casabamelone^{F}
melon^{M} Casaba

Honigmelone^{F}
melon^{M} miel^{M}

Zuckermelone^{F}
melon^{M} brodé

kanarische Melone^{F}
melon^{M} brésilien

Wassermelone^{F}
pastèque^{F}

Ogenmelone^{F}
melon^{M} d'Ogen

Südfrüchte[F]
fruits[M] tropicaux

Plantainbanane[F]
banane[F] plantain[M]

Banane[F]
banane[F]

Longanfrucht[F]
longane[M]

Baumtomate[F]
tamarillo[M]

Passionsfrucht[F]
fruit[M] de la Passion[F]

Kiwano[F]
melon[M] à cornes[F]

Mangostane[F]
mangoustan[M]

Kiwi[F]
kiwi[M]

Granatapfel[M]
grenade[F]

Chirimoya[F]
chérimole[F]

Jackfrucht[F]
jaque[M]

Ananas[F]
ananas[M]

Jaboticaba[F]
jaboticaba[M]

Litchi[F]
litchi[M]

Feige[F]
figue[F]

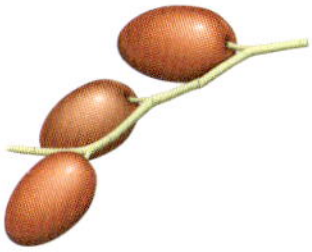

chinesische Dattel[F]
jujube[M]

Breiapfel[M]
sapotille[F]

Guave[F]
goyave[F]

Rambutan[F]
ramboutan[M]

Kaki[F]
kaki[M]

Kaktusfeige[F]
figue[F] *de Barbarie*

Sternfrucht[F]
carambole[F]

asiatische Birne[F]
pomme[F] *poire*[F]

Mango[F]
mangue[F]

Durianfrucht[F]
durian[M]

Papaya[F]
papaye[F]

Birnenmelone[F]
pepino[M]

Ananasguave[F]
feijoa[M]

Gewürze^{N}

épices^{F}

Wacholderbeere^{F}
baie^{F} de genièvre^{M}

Gewürznelke^{F}
clou^{M} de girofle^{M}

Jamaikapfeffer^{M}
piment^{M} de la Jamaïque^{F}

weiße Senfkörner^{N}
moutarde^{F} blanche

schwarze Senfkörner^{N}
moutarde^{F} noire

schwarzer Pfeffer^{M}
poivre^{M} noir

weißer Pfeffer^{M}
poivre^{M} blanc

rosa Pfeffer^{M}
poivre^{M} rose

grüner Pfeffer^{M}
poivre^{M} vert

Muskatnuss^{F}
noix^{F} de muscade^{F}

Kümmel^{M}
carvi^{M}

Kardamom$^{M/N}$
cardamome^{F}

Zimtstangen^{M}
cannelle^{F}

Safran^{M}
safran^{M}

Kreuzkümmel^{M}
cumin^{M}

Curry^{N}
curry^{M}

Kurkuma^{N}
curcuma^{M}

Bockshornkleesamen^{M}
fenugrec^{M}

Jalapeño-Chili[M]
piment[M] Jalapeño

Vogelaugenchili[M]
piment[M] oiseau[M]

zerstoßene Chilis[M]
piments[M] broyés

getrocknete Chilis[M]
piments[M] séchés

Cayennepfeffer[M]
piment[M] de Cayenne

Paprika[M]
paprika[M]

Ajowan[N]
ajowan[M]

Teufelsdreck[M]
asa-fœtida[F]

Garam Masala[N]
garam masala[M]

Cajun-Gewürzmischung[F]
mélange[M] d'épices[F] cajun

Mariniergewürze[N]
épices[F] à marinade[F]

Fünf-Kräuter[N]-Gewürz[N]
cinq-épices[M] chinois

Chilipulver[N]
assaisonnement[M] au chili[M]

gemahlener Pfeffer[M]
poivre[M] moulu

Ras-El-Hanout[N]
ras-el-hanout[M]

Sumach[M]
sumac[M]

Mohnsamen[M]
graines[F] de pavot[M]

Ingwer[M]
gingembre[M]

Würzen[F]

condiments[M]

Tabasco™-Soße[F]
sauce[F] Tabasco®

Worcestershire-Soße[F]
sauce[F] Worcestershire

Tamarindenmark[N]
pâte[F] de tamarin[M]

Vanille-Extrakt[M]
extrait[M] de vanille[F]

Tomatenmark[N]
concentré[M] de tomate[F]

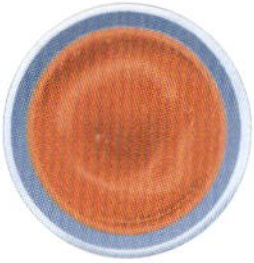

Passierte Tomaten[F]
coulis[M] de tomate[F]

Hummus[M]
hoummos[M]

Tahinisoße[F]
tahini[M]

Hoisinsoße[F]
sauce[F] hoisin

Sojasoße[F]
sauce[F] soja[M]

Senfpulver[N]
moutarde[F] en poudre[F]

Senfkörner[N]
moutarde[F] à l'ancienne[F]

Dijon-Senf[M]
moutarde[F] de Dijon

deutscher Senf[M]
moutarde[F] allemande

englischer Senf[M]
moutarde[F] anglaise

amerikanischer Senf[M]
moutarde[F] américaine

Pflaumensoße^{F}
sauce^{F} aux prunes^{F}

Mangochutney^{N}
chutney^{M} à la mangue^{F}

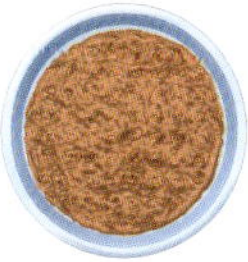

Harissasoße^{F}
harissa^{F}

Sambal Oelek^{M}
sambal oelek^{M}

Ketchup^{M}
ketchup^{M}

Wasabipaste^{F}
wasabi^{M}

Tafelsalz^{N}
sel^{M} fin

grobes Salz^{N}
gros sel^{M}

Meersalz^{N}
sel^{M} marin

Balsamessig^{M}
vinaigre^{M} balsamique

Reisessig^{M}
vinaigre^{M} de riz^{M}

Apfelessig^{M}
vinaigre^{M} de cidre^{M}

Malzessig^{M}
vinaigre^{M} de malt^{M}

Weinessig^{M}
vinaigre^{M} de vin^{M}

Kräuter[N]

fines herbes[F]

Dill[M]
aneth[M]

Anis[M]
anis[M]

Lorbeer[M]
laurier[M]

Origano[M]
origan[M]

Estragon[M]
estragon[M]

Basilikum[N]
basilic[M]

Salbei[M]
sauge[F]

Thymian[M]
thym[M]

Minze[F]
menthe[F]

Petersilie[F]
persil[M]

Kerbel[M]
cerfeuil[M]

Koriander[M]
coriandre[F]

Rosmarin[M]
romarin[M]

Ysop[M]
hysope[F]

Boretsch[M]
bourrache[F]

Liebstöckel[M/N]
livèche[F]

Bohnenkraut[N]
sarriette[F]

Zitronenmelisse[F]
mélisse[F]

Getreide[N]

céréales[F]

Reis[M]
riz[M]

Wildreis[M]
riz[M] *sauvage*

Dinkel[M]
épeautre[M]

Weizen[M]
blé[M]

Hafer[M]
avoine[F]

Roggen[M]
seigle[M]

Hirse[F]
millet[M]

Mais[M]
maïs[M]

Gerste[F]
orge[F]

Buchweizen[M]
sarrasin[M]

Reismelde[F]
quinoa[M]

Amarant[M]
amarante[F]

Triticale[M]
triticale[M]

Getreideprodukte[N]
produits[M] céréaliers

Mehl[N] und Grieß[M]
farine[F] et semoule[F]

Grieß[M]
semoule[F]

Vollkornmehl[N]
farine[F] de blé[M] complet

Couscous[N]
couscous[M]

Haushaltsmehl[N]
farine[F] tout usage[M]

ungebleichtes Mehl[N]
farine[F] non blanchie

Hafermehl[N]
farine[F] d'avoine[F]

Maismehl[N]
farine[F] de maïs[M]

Brot[N]
pain[M]

Croissant[N]
croissant[M]

dunkles Roggenbrot[N]
pain[M] de seigle[M] noir

Kringel[M]
bagel[M]

griechisches Brot[N]
pain[M] grec

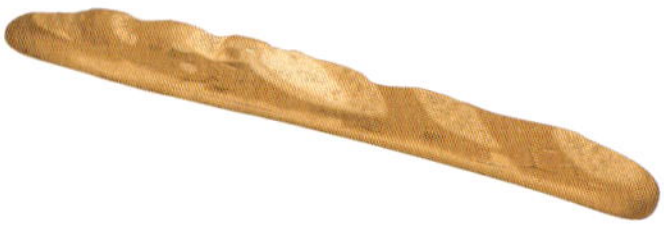

französisches Weißbrot[N]
baguette[F] parisienne

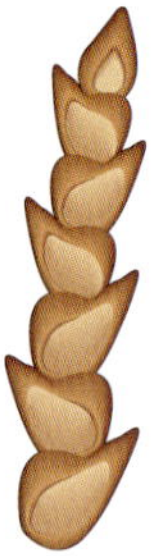

Ährenbrot[N]
baguette[F] épi[M]

Baguette[N]
pain[M] parisien

indisches Fladenbrot[N]
pain[M] chapati indien

Tortilla[F]
tortilla[F]

Pittabrot[N]
pain[M] pita

indisches Naanbrot[N]
pain[M] naan indien

Roggenknäckebrot[N]
cracker[M] de seigle[M]

Blätterteig[M]
pâte[F] phyllo[F]

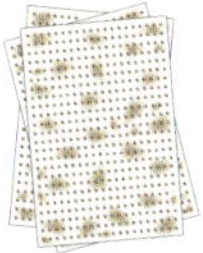
ungesäuertes Brot[N]
pain[M] azyme

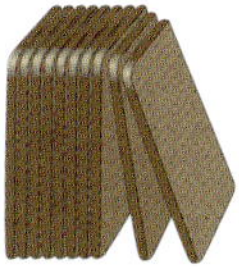
dänisches Roggenbrot[N]
pain[M] de seigle[M] danois

Weißbrot[N]
pain[M] blanc

Mehrkornbrot[N]
pain[M] multicéréales

skandinavisches Knäckebrot[N]
cracker[M] scandinave

jüdisches Weißbrot[N]
pain[M] tchallah juif

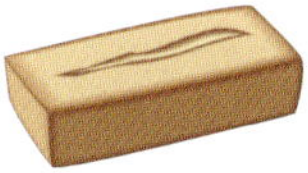
amerikanisches Maisbrot[N]
pain[M] de maïs[M] américain

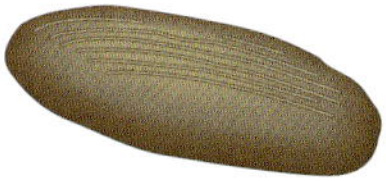
deutsches Roggenbrot[N]
pain[M] de seigle[M] allemand

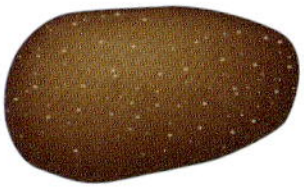
russischer Pumpernickel[M]
pain[M] noir russe

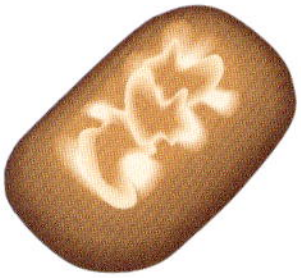
Bauernbrot[N]
pain[M] de campagne[F]

Vollkornbrot[N]
pain[M] complet

irisches Brot[N]
pain[M] irlandais

englisches Weißbrot[N]
pain[M] de mie[F]

Teigwaren^{F}
pâtes**^{F} **alimentaires

Rigatoni^{M}
rigatoni^{M}

Rotini^{M}
rotini^{M}

Conchiglie^{F}
conchiglie^{F}

Fusilli^{M}
fusilli^{M}

Spaghetti^{M}
spaghetti^{M}

Ditali^{M}
ditali^{M}

Gnocchi^{M}
gnocchi^{M}

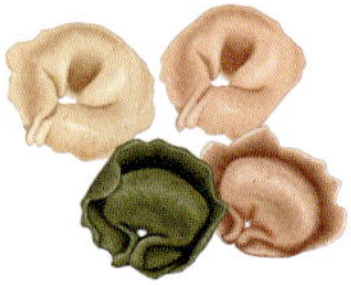

Tortellini^{M}
tortellini^{M}

Spaghettini^{M}
spaghettini^{M}

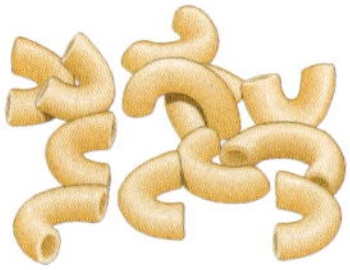

Hörnchennudeln^{F}
coudes^{M}

Penne^{F}
penne^{M}

Cannelloni^{M}
cannelloni^{M}

Lasagne^{F}
lasagne^{F}

Ravioli^{M}
ravioli^{M}

grüne Tagliatelle^{F}
tagliatelle^{M} *aux épinards*^{M}

Fettuccine^{F}
fettucine^{M}

asiatische Teigwaren^{F}
nouilles^{F} asiatiques

Sobanudeln^{F}
nouilles^{F} soba

Somennudeln^{F}
nouilles^{F} somen

Udonnudeln^{F}
nouilles^{F} udon

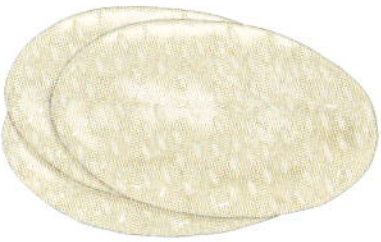

Reispapier^{N}
galettes^{F} de riz^{M}

Reisnudeln^{F}
nouilles^{F} de riz^{M}

Glasnudeln^{F}
nouilles^{F} de haricots^{M} mungo

asiatische Eiernudeln^{F}
nouilles^{F} aux œufs^{M}

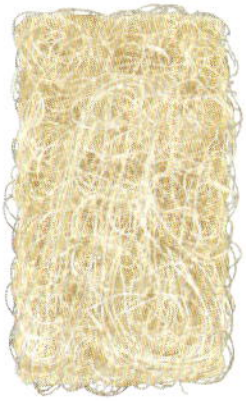

Reisfadennudeln^{F}
vermicelles^{M} de riz^{M}

Wan-tan-Teigblätter^{N}
pâtes^{F} won-ton

Reis^{M}
riz^{M}

weißer Reis^{M}
riz^{M} blanc

Braunreis^{M}
riz^{M} complet

Parboiled Reis^{M}
riz^{M} étuvé

Basmatireis^{M}
riz^{M} basmati

Kaffee[M] und Tee[M]

café[M] et infusions[F]

Kaffee[M]
café[M]

Rohkaffee[F]
grains[M] de café[M] verts

geröstete Kaffeebohnen[F]
grains[M] de café[M] torréfiés

Kräutertees[M]
tisanes[F]

Linde[F]
tilleul[M]

Kamille[F]
camomille[F]

Verbene[F]
verveine[F]

Tee[M]
thé[M]

grüner Tee[M]
thé[M] vert

schwarzer Tee[M]
thé[M] noir

Oolong-Tee[M]
thé[M] oolong

Teebeutel[M]
thé[M] en sachet[M]

Schokolade[F]

chocolat[M]

Bitterschokolade[F]
chocolat[M] noir

Milchschokolade[F]
chocolat[M] au lait[M]

Kakao[M]
cacao[M]

weiße Schokolade[F]
chocolat[M] blanc

Zucker^{M}
sucre^{M}

Kristallzucker^{M}
sucre^{M} granulé

Puderzucker^{M}
sucre^{M} glace^{F}

brauner Zucker^{M}
cassonade^{F}

Kandiszucker^{M}
sucre^{M} candi

Melasse^{F}
mélasse^{F}

Maissirup^{M}
sirop^{M} de maïs^{M}

Ahornsirup^{M}
sirop^{M} d'érable^{M}

Honig^{M}
miel^{M}

Fette^{N} und Öle^{N}
huiles^{F} et matières^{F} grasses

Maisöl^{N}
huile^{F} de maïs^{M}

Olivenöl^{N}
huile^{F} d'olive^{F}

Sonnenblumenöl^{N}
huile^{F} de tournesol^{M}

Erdnussöl^{N}
huile^{F} d'arachide^{F}

Sesamöl^{N}
huile^{F} de sésame^{M}

Backfett^{N}
saindoux^{M}

Schweinespeck^{M}
lard^{M}

Margarine^{F}
margarine^{F}

Milchprodukte^{N}
produits^{M} laitiers

Joghurt^{M}
yaourt^{M}

Ghee^{N}
ghee^{M}

Butter^{F}
beurre^{M}

Sahne^{F}
crème^{F}

Schlagsahne^{F}
crème^{F} épaisse

saure Sahne^{F}
crème^{F} aigre

Milch^{F}
lait^{M}

homogenisierte Milch^{F}
lait^{M} homogénéisé

Ziegenmilch^{F}
lait^{M} de chèvre^{F}

Kondensmilch^{F}
lait^{M} concentré

Buttermilch^{F}
babeurre^{M}

Milchpulver^{N}
lait^{M} en poudre^{F}

Frischkäse^{M}
fromages^{M} frais

Hüttenkäse^{M}
cottage^{M}

Mozzarella^{M}
mozzarella^{F}

Ricotta^{M}
ricotta^{F}

Streichkäse^{M}
fromage^{M} à la crème^{F}

Ziegenkäse^{M}
fromages^{M} de chèvre^{F}

Ziegenfrischkäse^{M}
chèvre^{M} frais

Crottin de Chavignol^{M}
crottin^{M} de Chavignol

Hartkäse^M
fromages^M à pâte^F pressée

Jarlsberg^M
jarlsberg^M

Emmentaler^M
emmenthal^M

Raclette^M
raclette^F

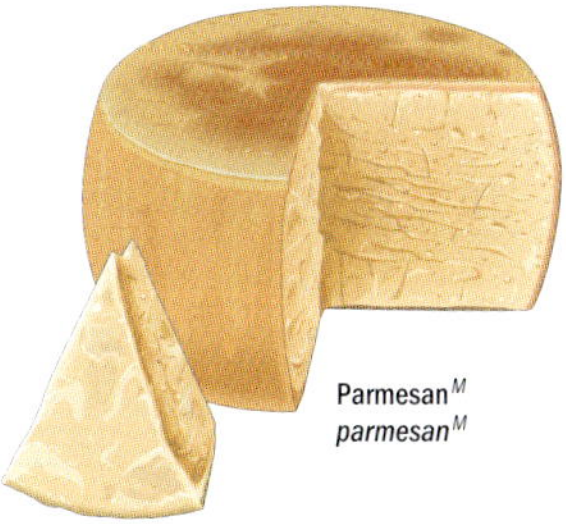

Parmesan^M
parmesan^M

Gruyèrekäse^M
gruyère^M

Pecorino Romano^M
romano^M

Edelpilzkäse^M
fromages^M à pâte^F persillée

Roquefort^M
roquefort^M

Stilton^M
stilton^M

Gorgonzola^M
gorgonzola^M

Danish Blue^M
bleu^M danois

Weichkäse^M
fromages^M à pâte^F molle

Pont-l'Évêque^M
pont-l'évêque^M

Coulommiers^M
coulommiers^M

Camembert^M
camembert^M

Brie^M
brie^M

Munster^M
munster^M

Fleisch^{N}

viande^{F}

Rindfleisch^{N}
découpes^{F} de bœuf^{M}

Steak^{N}
bifteck^{M}

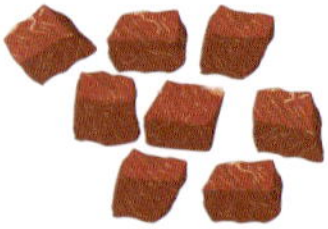

Rindfleischwürfel^{M}
cubes^{M} de bœuf^{M}

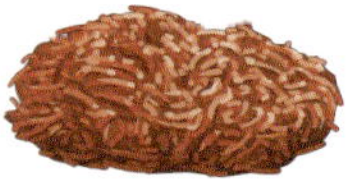

Rinderhackfleisch^{N}
bœuf^{M} haché

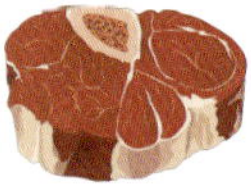

Hachse^{F}
jarret^{M}

Rinderfilet^{N}
filet^{M} de bœuf^{M}

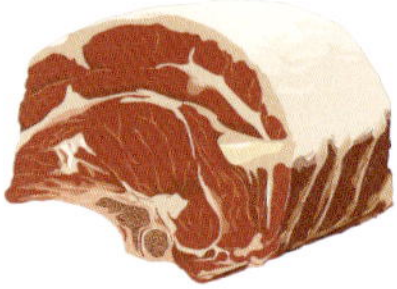

hohe Rippe^{F}
rôti^{M} de côtes^{F}

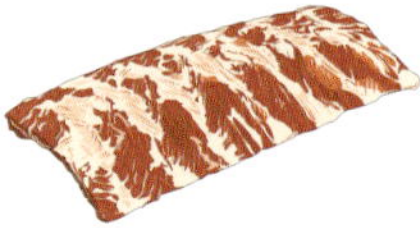

Querrippe^{F}
côtes^{F} levées de dos^{M}

Kalbfleisch^{N}
découpes^{F} de veau^{M}

Kalbfleischwürfel^{M}
cubes^{M} de veau^{M}

Kalbshackfleisch^{N}
veau^{M} haché

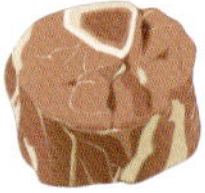

Hachse^{F}
jarret^{M}

Rollbraten^{M}
rôti^{M}

Schnitzel^{N}
bifteck^{M}

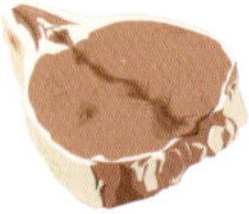

Kotelett^{N}
côte^{F}

Lammfleisch[N]
découpes[F] d'agneau[M]

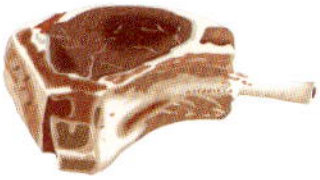

Kotelett[N]
côte[F]

Lammhackfleisch[N]
agneau[M] haché

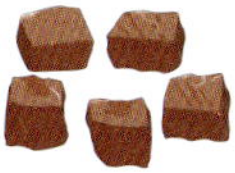

Lammfleischwürfel[M]
cubes[M] d'agneau[M]

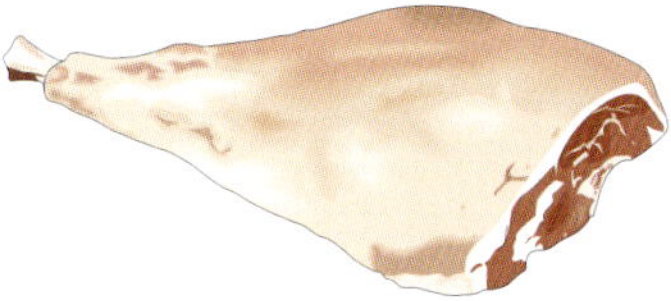

Braten[M]
rôti[M]

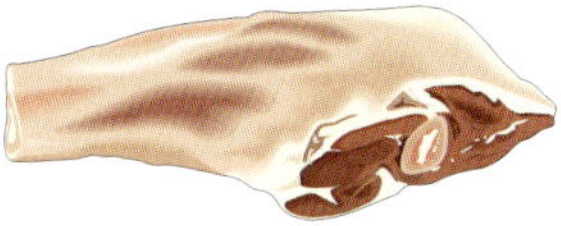

Hachse[F]
jarret[M]

Schweinefleisch[N]
découpes[F] de porc[M]

Spareribs/Schälrippchen[N]
travers[M]

Schweinehackfleisch[N]
porc[M] haché

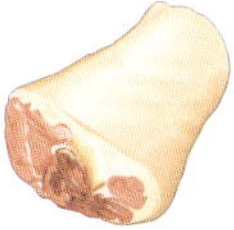

Eisbein[N]
jarret[M]

Kotelett[N]
côtelette[F]

Räucherschinken[M]
jambon[M] fumé

Braten[M]
rôti[M]

Innereien[F]
abats[M]

Gekröse[N]
ris[M]

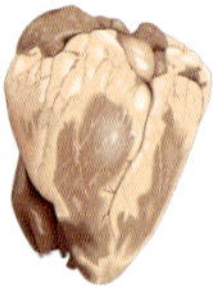

Herz[N]
cœur[M]

Leber[F]
foie[M]

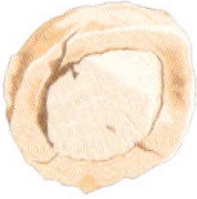

Mark[N]
moelle[F]

Zunge[F]
langue[F]

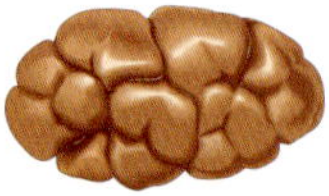

Niere[F]
rognons[M]

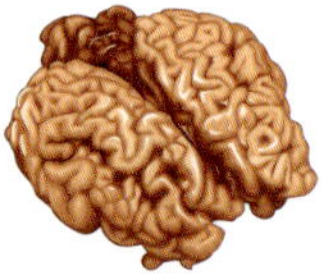

Hirn[N]
cervelle[F]

Kaldaune[F]
tripes[F]

Wild[N]
gibier[M]

Wachtel[F]
caille[F]

Taube[F]
pigeon[M]

Perlhuhn[N]
pintade[F]

Fasan[M]
faisan[M]

Hase[M]
lièvre[M]

Kaninchen[N]
lapin[M]

Geflügel^{N}
volaille^{F}

Huhn^{N}
poulet^{M}

Ente^{F}
canard^{M}

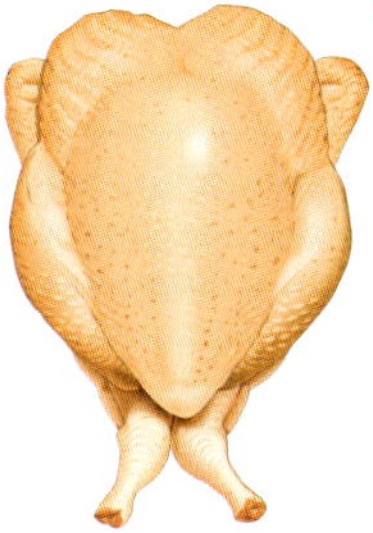

Kapaun^{M}
chapon^{M}

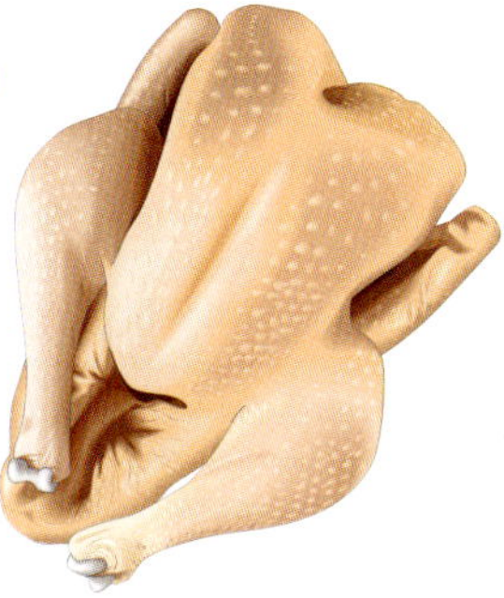

Puter^{M}
dinde^{F}

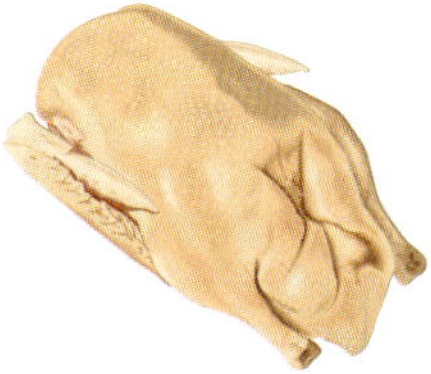

Gans^{F}
oie^{F}

Eier^{N}
œufs^{M}

Straußenei^{N}
œuf^{M} d'autruche^{F}

Gänseei^{N}
œuf^{M} d'oie^{F}

Wachtelei^{N}
œuf^{M} de caille^{F}

Fasanenei^{N}
œuf^{M} de faisane^{F}

Entenei^{N}
œuf^{M} de cane^{F}

Hühnerei^{N}
œuf^{M} de poule^{F}

Spezialitäten^{F}

charcuterie^{F}

Rillettes^{F}
rillettes^{F}

Stopfleber^{F}
foie^{M} gras

roher Schinken^{M}
prosciutto^{M}

Kielbasa-Wurst^{F}
saucisson^{M} kielbasa

Mortadella^{F}
mortadelle^{F}

Blutwurst^{F}
boudin^{M}

Chorizo-Wurst^{F}
chorizo^{M}

Pepperoniwurst^{F}
pepperoni^{M}

grobe Salami^{F}
salami^{M} de Gênes

feine Salami^{F}
salami^{M} allemand

Toulouser Wurst^{F}
saucisse^{F} de Toulouse

Merguez-Wurst^{F}
merguez^{F}

Kuttelwurst^{F}
andouillette^{F}

Bratwurst^{F}
chipolata^{F}

Frankfurter Würstchen^{N}
saucisse^{F} de Francfort

Bauchspeck^{M}
pancetta^{F}

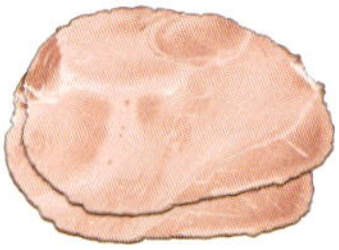

gekochter Schinken^{M}
jambon^{M} cuit

amerikanischer Bacon^{M}
bacon^{M} américain

kanadischer Bacon^{M}
bacon^{M} canadien

Mollusken^{F}
mollusques^{M}

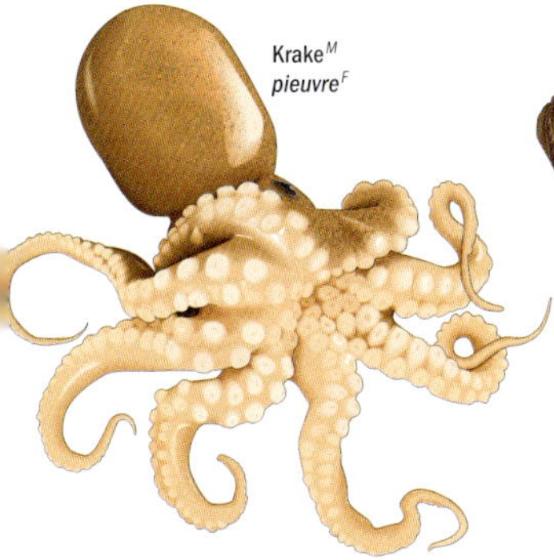

Krake^{M}
pieuvre^{F}

Tintenfisch^{M}
seiche^{F}

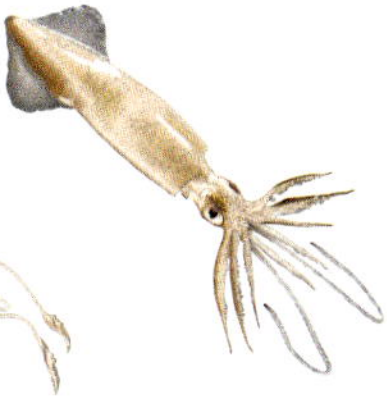

Kalmar^{M}
calmar^{M}

Kammmuschel^{F}
pétoncle^{M}

Kreuzmuster^{N}-Teppichmuschel^{F}
palourde^{F}

Klaffmuschel^{F}
mye^{F}

Meerohr^{N}
ormeau^{M}

Jakobsmuschel^{F}
coquille^{F} Saint-Jacques

Schnecke^{F}
escargot^{M}

Napfschnecke^{F}
patelle^{F}

Strandschnecke^{F}
bigorneau^{M}

Venusmuschel^{F}
praire^{F}

Herzmuschel^{F}
coque^{F}

Messermuschel^{F}
couteau^{M}

Auster^{F}
huître^{F} plate

Auster^{F}
huître^{F} creuse du Pacifique^{M}

Miesmuschel^{F}
moule^{F}

Wellhornschnecke^{F}
buccin^{M}

Krebstiere[N]
crustacés[M]

Flusskrebs[M]
écrevisse[F]

Languste[F]
langouste[F]

Hummer[M]
homard[M]

Garnele[F]
crevette[F]

Langustine[F]
langoustine[F]

Krabbe[F]
crabe[M]

Knorpelfische[M]
poissons[M] cartilagineux

groß gefleckter Katzenhai[M]
grande roussette[F]

Rochen[M]
raie[F]

Hundshai[M]
émissole[F]

Stör[M]
esturgeon[M]

Knochenfische^{M}

poissons^{M} osseux

Sardelle^{F}
anchois^{M}

Sardine^{F}
sardine^{F}

Hering^{M}
hareng^{M}

Stint^{M}
éperlan^{M}

Goldbrasse^{F}
dorade^{F}

rote Meerbarbe^{F}
rouget^{M} barbet^{M}

Aal^{M}
anguille^{F}

Makrele^{F}
maquereau^{M}

Knurrhahn^{M}
grondin^{M}

Meerneunauge^{N}
lamproie^{F}

Schwertfisch^{M}
espadon^{M}

Barsch[M]
perche[F] truitée

Meeräsche[F]
mulet[M]

Karpfen[M]
carpe[F]

Flussbarsch[M]
perche[F]

Alse[F]
alose[F]

Hecht[M]
brochet[M]

Zander[M]
sandre[M]

Blaufisch[M]
tassergal[M]

Seebarsch[M]
bar[M] commun

Seeteufel[M]
baudroie[F]

Thunfisch[M]
thon[M]

Rotbarsch^{M}
sébaste^{M}

Weißfisch^{M}
merlan^{M}

Schellfisch^{M}
églefin^{M}

Seelachs^{M}
lieu^{M} noir

atlantischer Kabeljau^{M}
morue^{F} de l'Atlantique^{M}

Forelle^{F}
truite^{F}

pazifischer Lachs^{M}
saumon^{M} du Pacifique^{M}

atlantischer Lachs^{M}
saumon^{M} de l'Atlantique^{M}

Bachsaibling^{M}
omble^{M} de fontaine^{F}

Heringskönig^{M}
saint-pierre^{M}

Heilbutt^{M}
flétan^{M}

Steinbutt^{M}
turbot^{M}

Flunder^{F}
plie^{F} commune

Scholle^{F}
sole^{F}

Verpackungen^F
emballage^M

Beutel^M
sachet^M

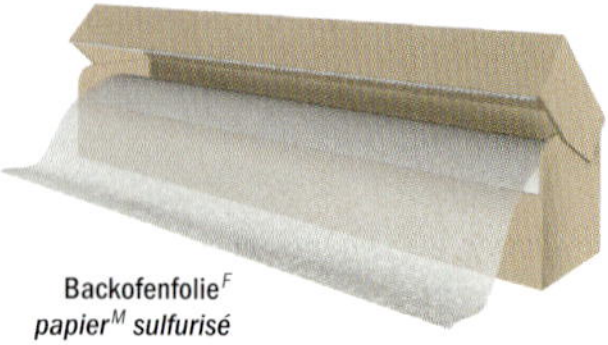

Backofenfolie^F
papier^M sulfurisé

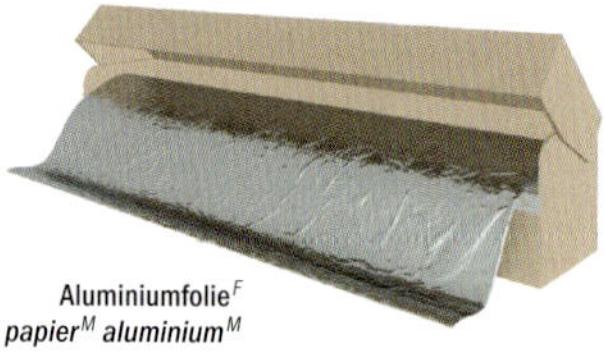

Aluminiumfolie^F
papier^M aluminium^M

Gefrierbeutel^M
sac^M de congélation^F

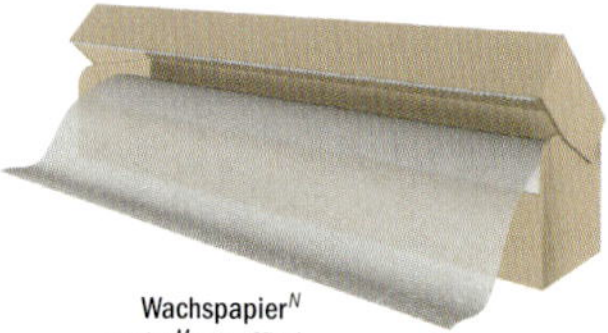

Wachspapier^N
papier^M paraffiné

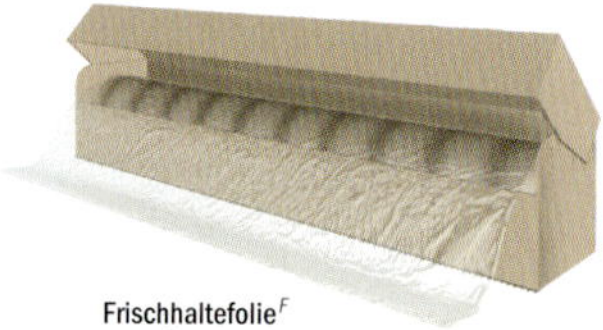

Frischhaltefolie^F
pellicule^F plastique

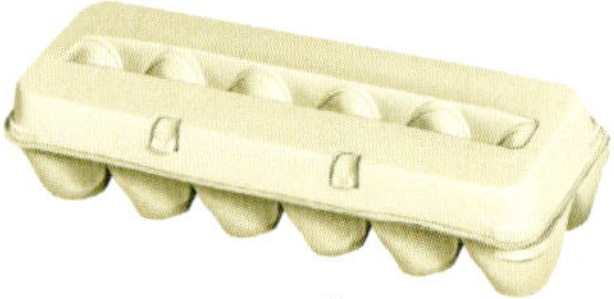

Eierkarton^M
boîte^F à œufs^M

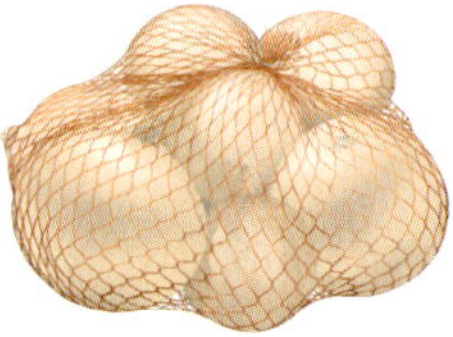

Netz^N
sac^M-filet^M

Vorratsdosen^F
boîtes^F alimentaires

Schale^F
barquette^F

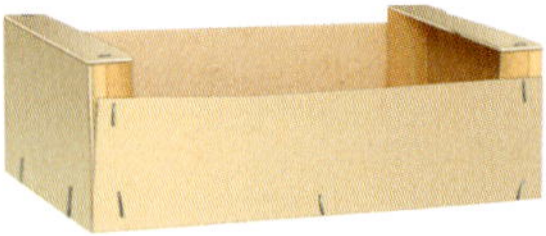

Kiste^F
caissette^F

Holzkiste^F
cageot^M

Schraubverschluss^{M}
capsule^{F} à vis^{F}

Glasflasche^{F}
bouteille^{F} en verre^{M}

Konservendose^{F}
boîte^{F} de conserve^{F}

Dosenöffner^{M}
onglet^{M}

Getränkedose^{F}
cannette^{F}

Multipack^{N}
pack^{M}

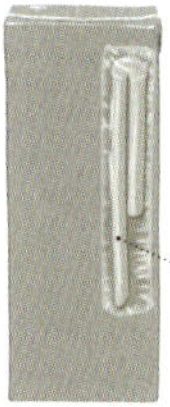

Strohhalm^{M}
paille^{F}

Trinkpackung^{F}
briquette^{F}

Packung^{F}
paquet^{M}

heißversiegelte Folie^{F}
opercule^{M} thermoscellé

Becher^{M}
pot^{M}

Tube^{F}
tube^{M}

Milch-/Sahnebecher^{M}
godet^{M} de lait^{M}/crème^{F}

Butterdose^{F}
godet^{M} de beurre^{M}

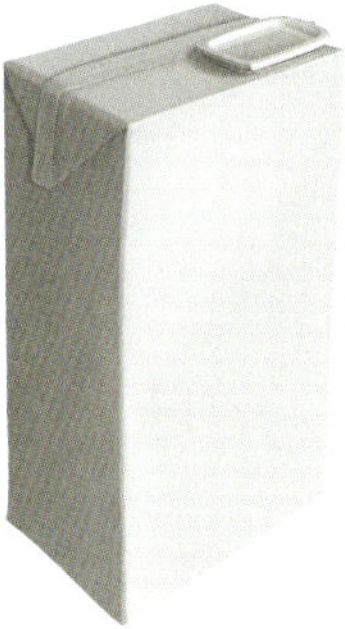

Getränkekarton^{M}
brique^{F}

Käseschachtel^{F}
boîte^{F} à fromage^{M}

Kleiner Getränkekarton^{M}
berlingot^{M}

Giebel^{M}
pignon^{M}

Getränkekarton^{M}
carton^{M}

Küche[F]

cuisine[F]

Dunstabzugshaube[F]
hotte[F]
Schublade[F]
tiroir[M]
Kochmulde[F]
table[F] *de cuisson*[F]
Oberschrank[M]
armoire[F] *supérieure*
Eiswürfelspender[M]
distributeur[M] *de glaçons*[M]
Backofen[M]
four[M]
Gefrierschrank[M]
congélateur[M]
Arbeitsplatte[F]
plan[M] *de travail*[M]
Kühlschrank[M]
réfrigérateur[M]
Spüle[F]
évier[M]
Hochschrank[M]
garde-manger[M]
Verandatür[F]
porte[F]*-fenêtre*[F]
Kücheninsel[F]
îlot[M]
Essecke[F]
coin[M]*-repas*[M]
Mikrowellenherd[M]
four[M] *à micro-ondes*[F]
Geschirrspüler[F]
lave-vaisselle[M]
Unterschrank[M]
armoire[F] *inférieure*
Hocker[M]
tabouret[M]

Gläser^{N}
verres^{M}

Likörglas^{N}
verre^{M} à liqueur^{F}

Portweinglas^{N}
verre^{M} à porto^{M}

Sektschale^{F}
coupe^{F} à mousseux^{M}

Kognakschwenker^{M}
verre^{M} à cognac^{M}

Elsassglas^{N}
verre^{M} à vin^{M} d'Alsace^{F}

Rotweinglas^{N}
verre^{M} à bourgogne^{M}

Bordeauxglas^{N}
verre^{M} à bordeaux^{M}

Weißweinglas^{N}
verre^{M} à vin^{M} blanc

Wasserglas^{N}
verre^{M} à eau^{F}

Cocktailglas^{N}
verre^{M} à cocktail^{M}

Longdrinkglas^{N}
verre^{M} à gin^{M}

Whiskyglas^{M}
verre^{M} à whisky^{M}

Bierkrug^{M}
chope^{F} à bière^{F}

Sektkelch^{M}
flûte^{F} à champagne^{M}

kleine Karaffe^{F}
carafon^{M}

Karaffe^{F}
carafe^{F}

Geschirr^{N}

vaisselle^{F}

Mokkatasse^{F}
tasse^{F} à café^{M}

Tasse^{F}
tasse^{F} à thé^{M}

Becher^{M}
chope^{F} à café^{M}

Milchkännchen^{N}
crémier^{M}

Zuckerdose^{F}
sucrier^{M}

Salzstreuer^{M}
salière^{F}

Pfefferstreuer^{M}
poivrière^{F}

Sauciere^{F}
saucière^{F}

Butterdose^{F}
beurrier^{M}

Auflaufförmchen^{N}
ramequin^{M}

Suppenschale^{F}
bol^{M}

Suppenteller^{M}
assiette^{F} creuse

flacher Teller^{M}
assiette^{F} plate

Salatteller^{M}
assiette^{F} à salade^{F}

kleiner Teller^{M}
assiette^{F} à dessert^{M}

Teekanne^{F}
théière^{F}

Servierplatte^{F}
plat^{M} ovale

Gemüseterrine^{F}
légumier^{M}

Fischplatte^{F}
plat^{M} à poisson^{M}

Hors-d'Oeuvre-Schale^{F}
ravier^{M}

Wasserkrug^{M}
pichet^{M}

Salatschüssel^{F}
saladier^{M}

Salatschale^{F}
bol^{M} à salade^{F}

Suppenterrine^{F}
soupière^{F}

Silberbesteck^{N}

couvert^{M}

Messer^{N}
couteau^{M}

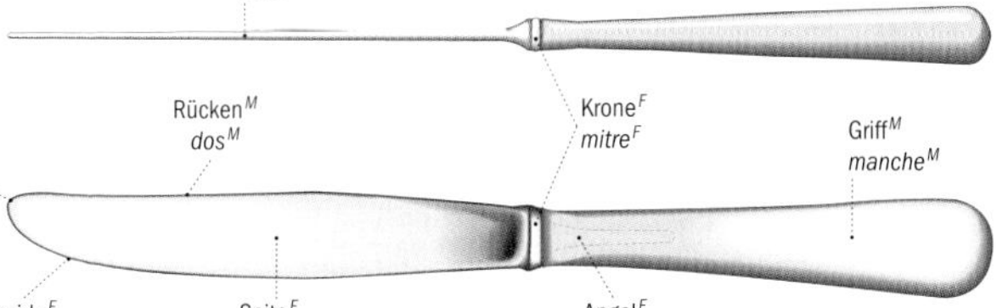

Gabel^{F}
fourchette^{F}

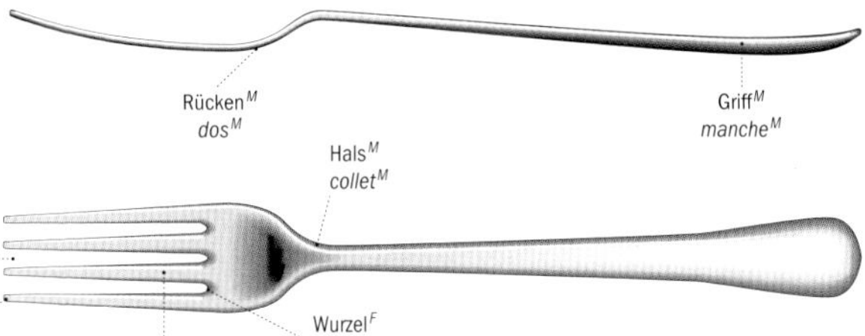

Löffel^{M}
cuiller^{F}

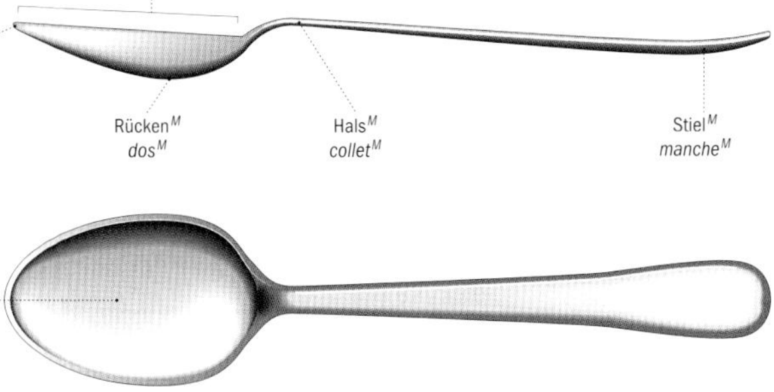

Silberbesteck[N]

Beispiele[N] für Gabeln[F]
exemples[M] de fourchettes[F]

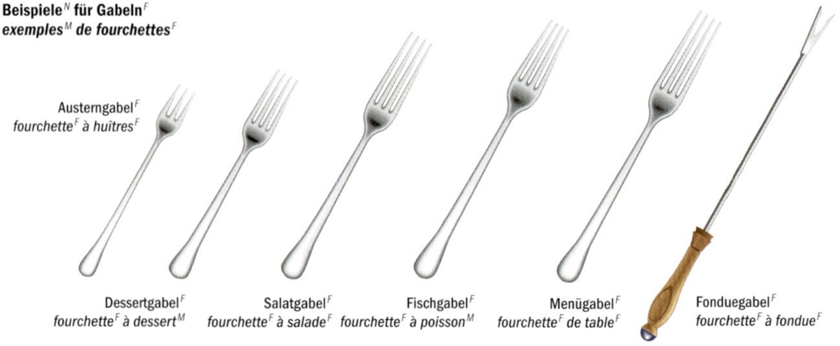

Beispiele[N] für Messer[N]
exemples[M] de couteaux[M]

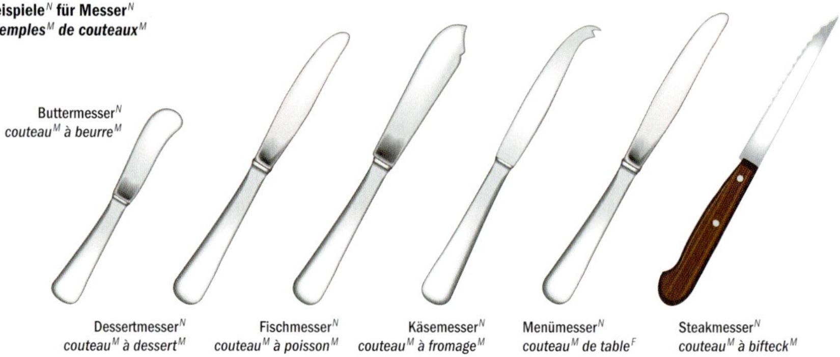

Beispiele[N] für Löffel[M]
exemples[M] de cuillers[F]

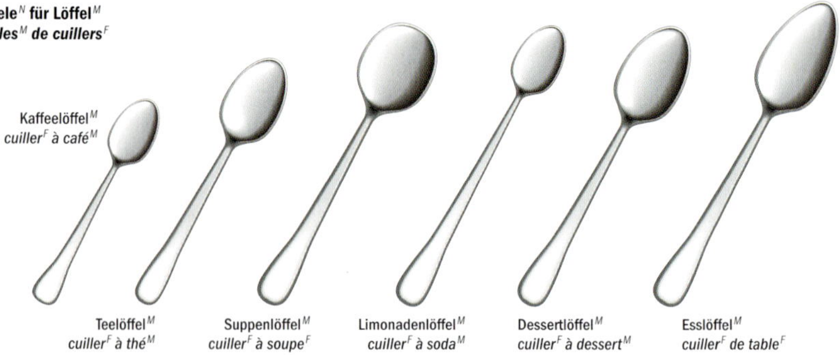

Küchenutensilien^{N}

ustensiles^{M} de cuisine^{F}

Küchenmesser^{N}
couteau^{M} de cuisine^{F}

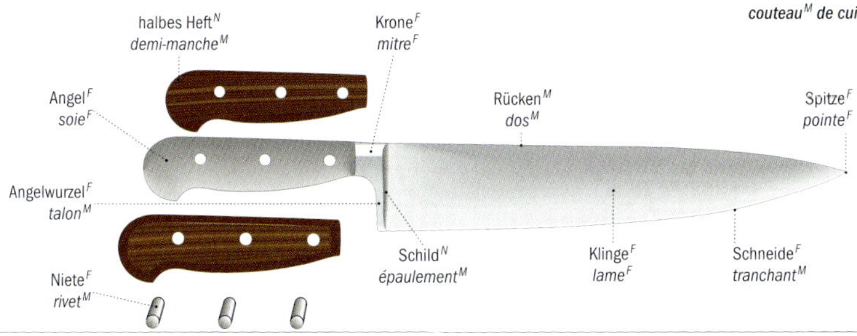

Beispiele^{N} für Küchenmesser^{N}
exemples^{M} de couteaux^{M} de cuisine^{F}

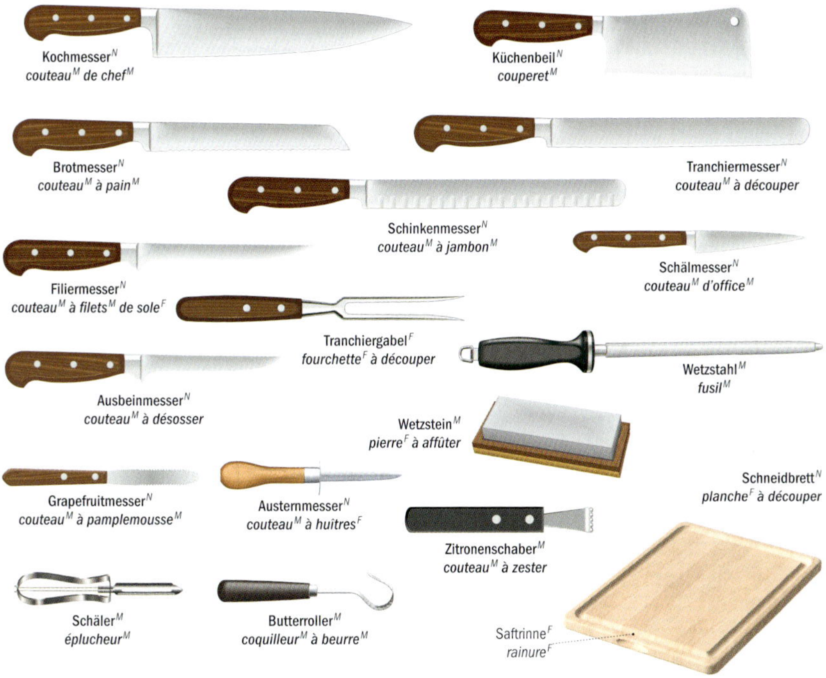

zum Öffnen^{N}
pour ouvrir

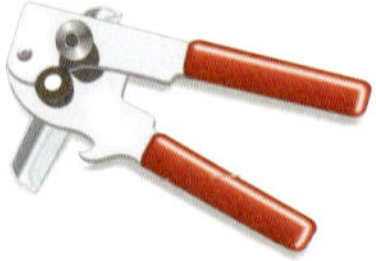

Büchsenöffner^{M}
ouvre-boîtes^{M}

Flaschenöffner^{M}
décapsuleur^{M}

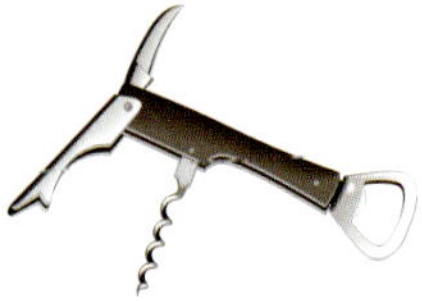

Kellnerbesteck^{N}
tire-bouchon^{M} de sommelier^{M}

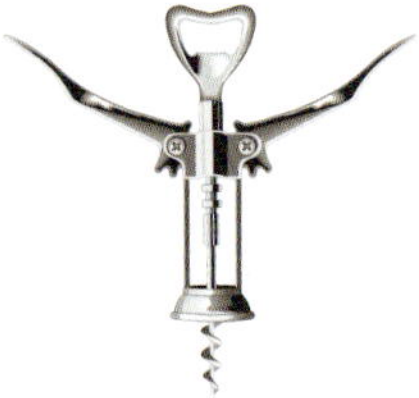

Hebel-Korkenzieher^{M}
tire-bouchon^{M} à levier^{M}

zum Zerkleinern^{N} und Zerreiben^{N}
pour broyer et râper

Nussknacker^{M}
casse-noix^{M}

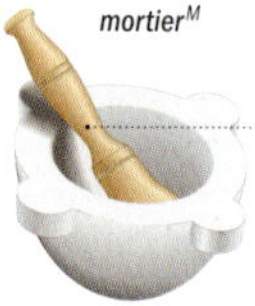

Mörser^{M}
mortier^{M}

Fleischwolf^{M}
hachoir^{M}

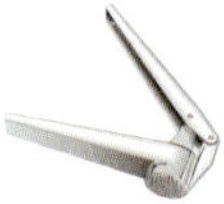

Knoblauchpresse^{F}
presse-ail^{M}

Zitronenpresse^{F}
presse-agrumes^{M}

Muskatnussreibe^{F}
râpe^{F} à muscade^{F}

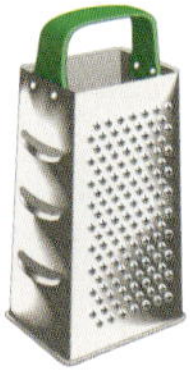

Reibe^{F}
râpe^{F}

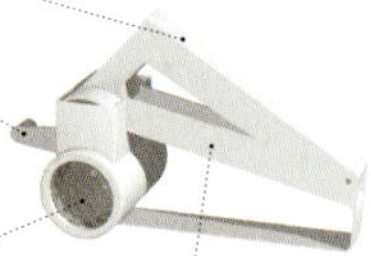

Käsereibe^{F}
râpe^{F} à fromage^{M} cylindrique

Nudelmaschine^{F}
machine^{F} à faire les pâtes^{F}

Passiergerät^{N}
moulin^{M} à légumes^{M}

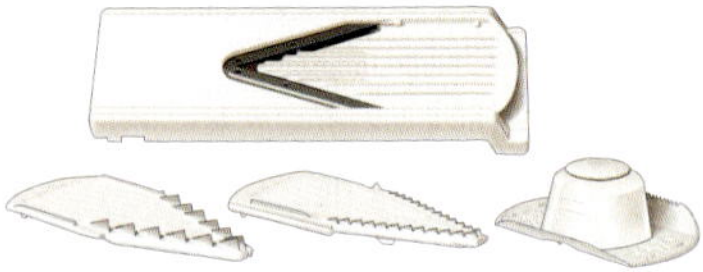

Küchenreibe^{F}
mandoline^{F}

zum Messen^{N}
pour mesurer

Messlöffel^{M}
cuillers^{F} doseuses

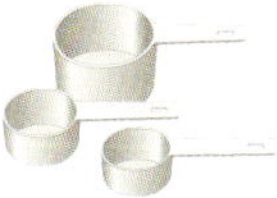

Messbecher^{M}
mesures^{F}

Einmachthermometer^{N}
thermomètre^{M} à sucre^{M}

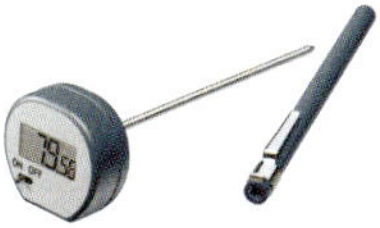

digitales Bratenthermometer^{N}
thermomètre^{M} à mesure^{F} instantanée

Maß^{N}
tasse^{F} à mesurer

Fleischthermometer^{N}
thermomètre^{M} à viande^{F}

Backofenthermometer^{N}
thermomètre^{M} de four^{M}

Messbecher^{M}
verre^{M} à mesurer

Küchenuhr^{F}
minuteur^{M}

Eieruhr^{F}
sablier^{M}

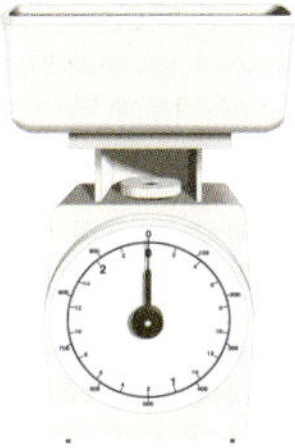

Küchenwaage^{F}
balance^{F} de cuisine^{F}

zum Sieben^{N} und Abtropfen^{N}
pour passer et égoutter

Passiersieb^{N}
passoire^{F} fine

Musselin^{M}
mousseline^{F}

Spitzsieb^{N}
chinois^{M}

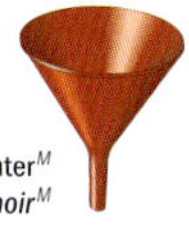

Trichter^{M}
entonnoir^{M}

Seiher^{M}
passoire^{F}

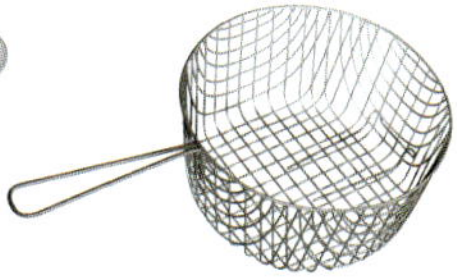

Frittierkorb^{M}
panier^{M} à friture^{F}

Mehlsieb^{N}
tamis^{M}

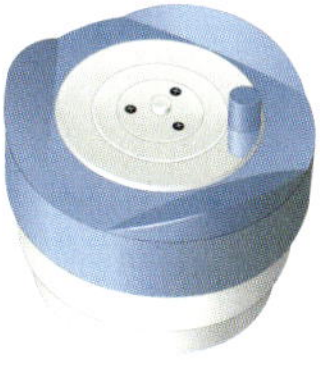

Salatschleuder^{F}
essoreuse^{F} à salade^{F}

Backgerät^{N}
pour la pâtisserie^{F}

Garnierspritze^{F}
piston^{M} à décorer

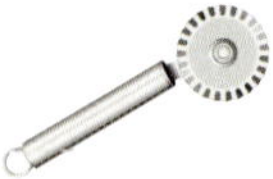

Kuchenrad^{N}
roulette^{F} de pâtissier^{M}

Kuchenpinsel^{M}
pinceau^{M} à pâtisserie^{F}

Rad-Schneeschläger^{M}
batteur^{M} à œufs^{M}

Schneebesen^{M}
fouet^{M}

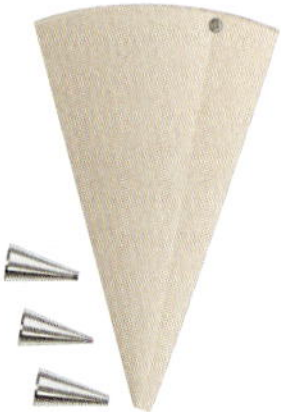

Spritzbeutel^{M} mit Tüllen^{F}
poche^{F} à douilles^{F}

Mehlsieb^{N}
tamis^{M} à farine^{F}

Ausstechformen^{F}
emporte-pièces^{M}

Streuer^{M}
saupoudreuse^{F}

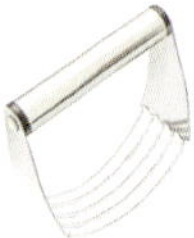

Teigmischer^{M}
mélangeur^{M} à pâtisserie^{F}

Rührschüsseln^{F}
bols^{M} à mélanger

Nudelholz^{N}
rouleau^{M} à pâtisserie^{F}

Backblech^{N}
plaque^{F} à pâtisserie^{F}

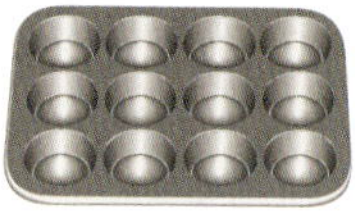

Muffinform^{F}
moule^{M} à muffins^{M}

Souffléform^{F}
moule^{M} à soufflé^{M}

Charlottenform^{F}
moule^{M} à charlotte^{F}

Springform^{F}
moule^{M} à fond^{M} amovible

flache Kuchenform^{F}
moule^{M} à tarte^{F}

Quicheform^{F}
moule^{M} à quiche^{F}

Kuchenform^{F}
moule^{M} à gâteau^{M}

Küchenset^N
jeu^M d'ustensiles^M

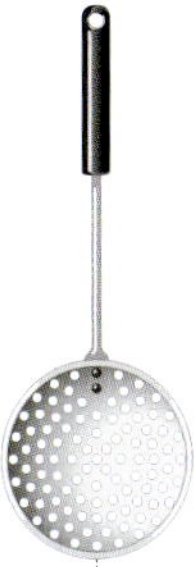

Abseihkelle^F
écumoire^F

Abseihlöffel^M
cuiller^F à égoutter

Palette^F
spatule^F

Pfannenwender^M
pelle^F

Schöpflöffel^M
louche^F

Kartoffelstampfer^M
pilon^M

verschiedene Utensilien^N
ustensiles^M divers

Entsteiner^M
dénoyauteur^M

Spicknadel^F
aiguille^F à piquer

Kerngehäuseausstecher^M
vide-pomme^M

Melonenlöffel^M
cuiller^F parisienne

Dressiernadel^F
aiguille^F à brider

Küchenschere^F
ciseaux^M de cuisine^F

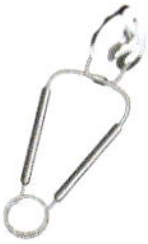

Schneckenzange^F
pince^F à escargots^M

Schneckenpfännchen^N
plat^M à escargots^M

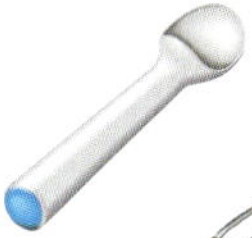

Eisportionierer^M
cuiller^F à glace^F

Zange^F
pince^F

Geflügelschere^F
cisaille^F à volaille^F

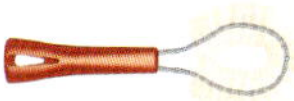

Gemüsebürste^F
brosse^F à légumes^M

Eierschneider^M
coupe-œuf^M

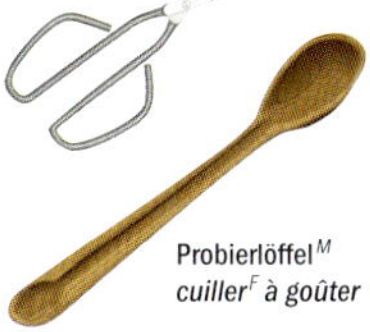

Probierlöffel^M
cuiller^F à goûter

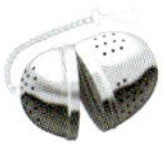

Tee-Ei^N
boule^F à thé^M

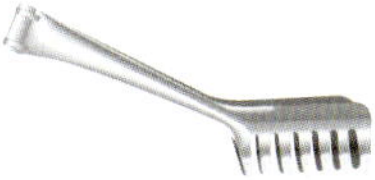

Spaghettizange^F
pince^F à spaghettis^M

Fettgießer^M
poire^F à jus^M

Kochgeräte[N]

batterie[F] de cuisine[F]

Wok-Set[N]
wok[M]

Tajine[F]
tajine[M]

Fondue-Set[N]
service[M] à fondue[F]

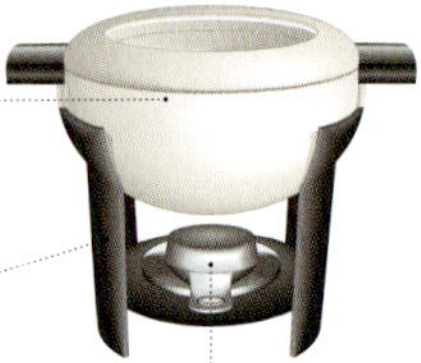

Fischkochtopf[M]
poissonnière[F]

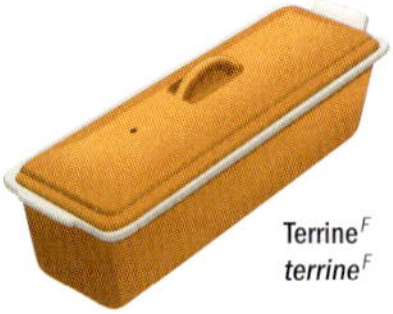

Terrine[F]
terrine[F]

Fettpfanne[F]
lèchefrite[F]

Schnellkochtopf[M]
autocuiseur[M]

Bräter[M]
plats[M] à rôtir

flacher Bratentopf^M^
*faitout^M^*

Suppentopf^M^
*marmite^F^*

Couscoustopf^M^
*couscoussier^M^*

Bratpfanne^F^
poêle^F^ à frire

Dampfkochtopf^M^
*cuit-vapeur^M^*

Eipochierer^M^
*pocheuse^F^*

Schmorpfanne^F^
*sauteuse^F^*

Pfanne^F^
*poêlon^M^*

Römertopf^M^
*diable^M^*

Crêpe-Pfanne^F^
*poêle^F^ à crêpes^F^*

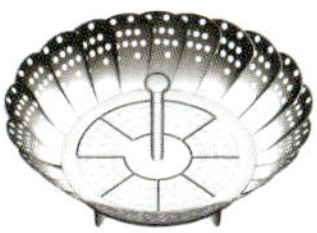

Dämpfeinsatz^M^
*panier^M^ cuit-vapeur^M^*

Wasserbadtopf^M^
*bain-marie^M^*

Stielkasserolle^F^
*casserole^F^*

Haushaltsgeräte[N]

appareils[M] électroménagers

zum Mixen[N] und Kneten[N]
pour mélanger et battre

Mixer[M]
mélangeur[M]

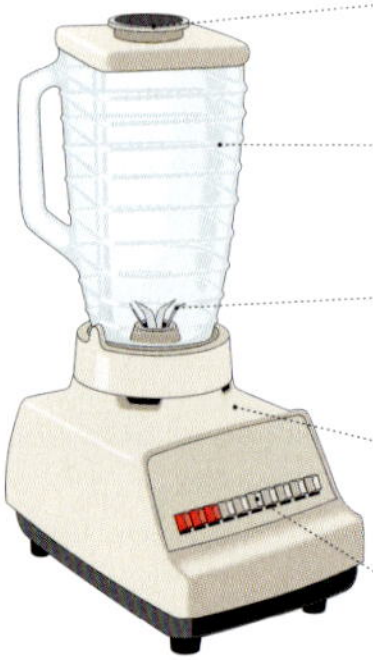

Handrührgerät[N]
batteur[M] à main[F]

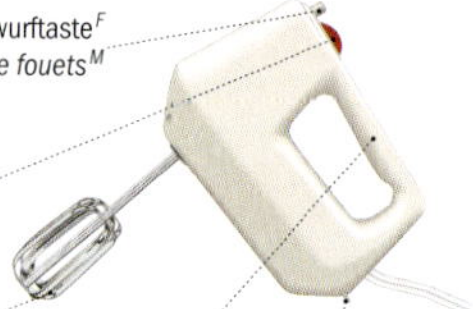

Stabmixer[M]
mélangeur[M] à main[F]

Tischrührgerät[N]
batteur[M] sur socle[M]

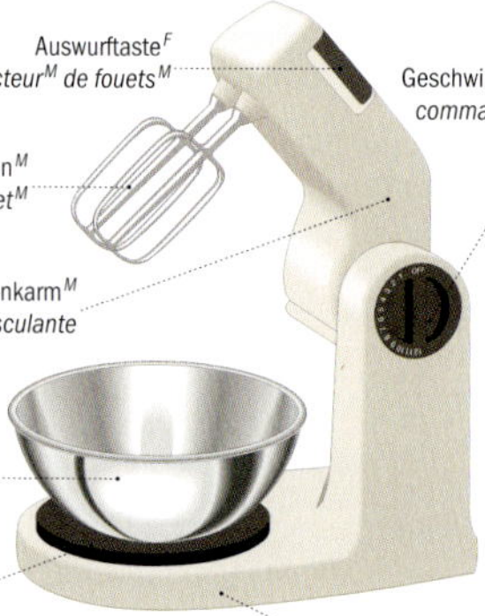

Rührbesen[M]
fouets[M]

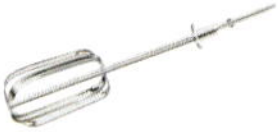

Rührbesen[M]
fouet[M] quatre pales[F]

Spiralkneter[M]
fouet[M] en spirale[F]

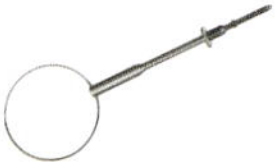

Drahtbesen[M]
fouet[M] à fil[M]

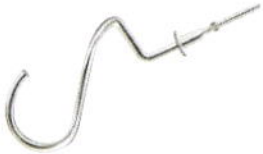

Knethaken[M]
crochet[M] pétrisseur

Küchenmaschine[F]
robot[M] de cuisine[F]

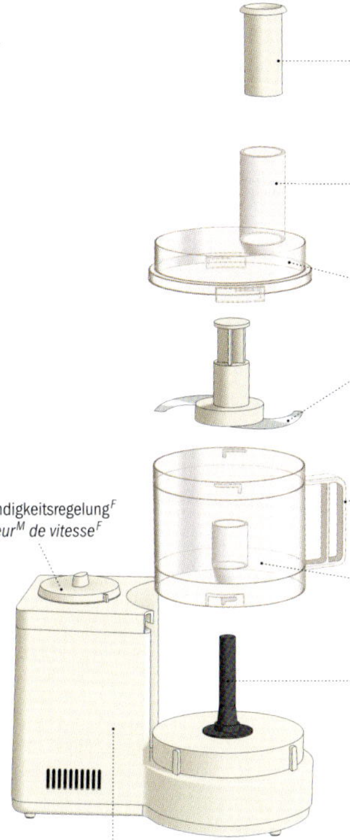

zum Schneiden[N]
pour couper

Scheiben[F]
disques[M]

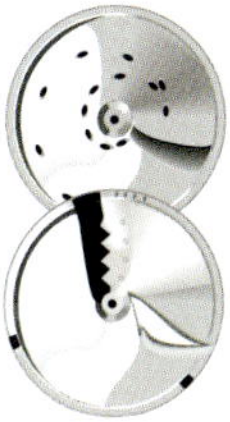

Elektromesser[N]
couteau[M] électrique

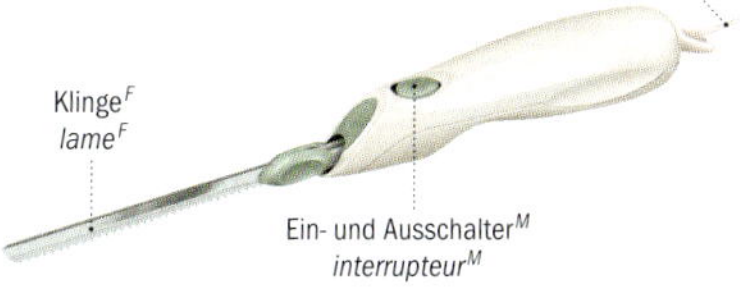

zum Auspressen[N]
pour presser

Zitruspresse[F]
presse-agrumes[M]

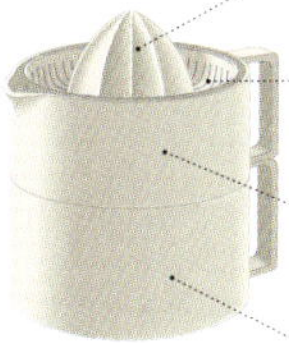

zum Kochen[N]
pour cuire

Mikrowellengerät[N]
four[M] à micro-ondes[F]

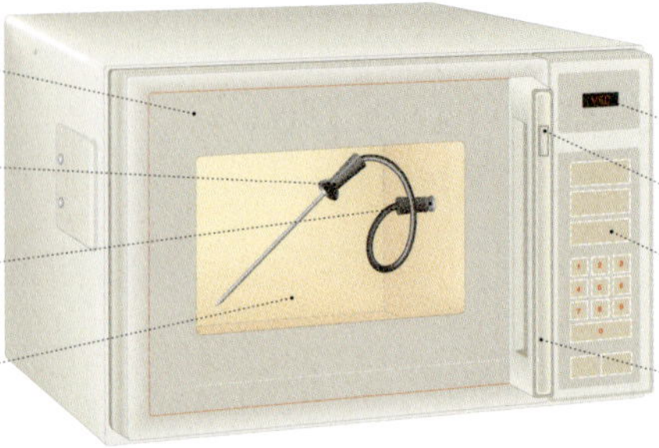

Waffeleisen[N]
gaufrier[M]-gril[M]

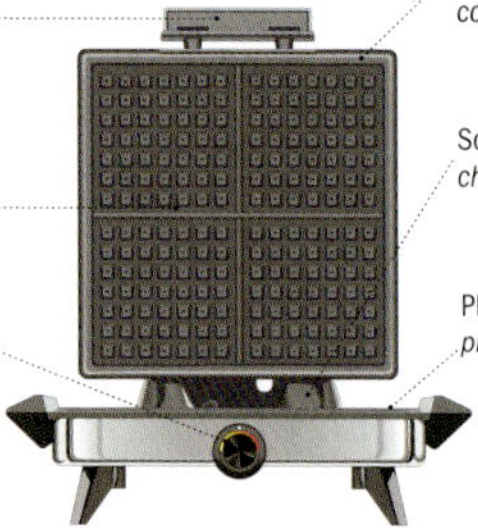

Toaster[M]
grille-pain[M]

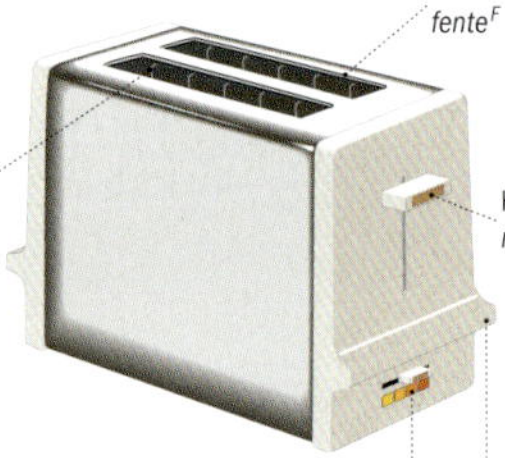

Fritteuse[F]
friteuse[F]

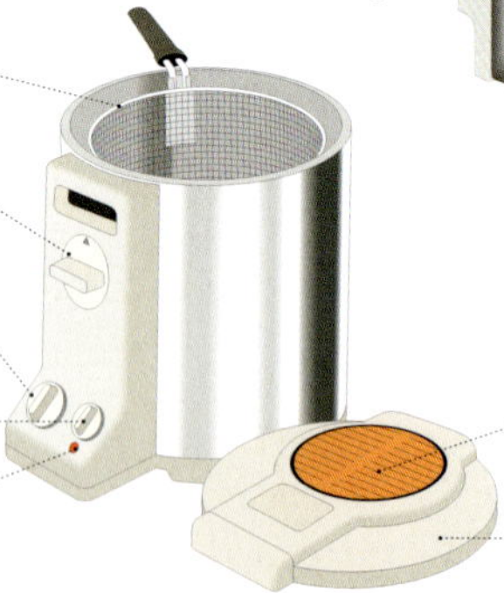

Raclette[F]-Grill[M]
raclette[F]-gril[M]

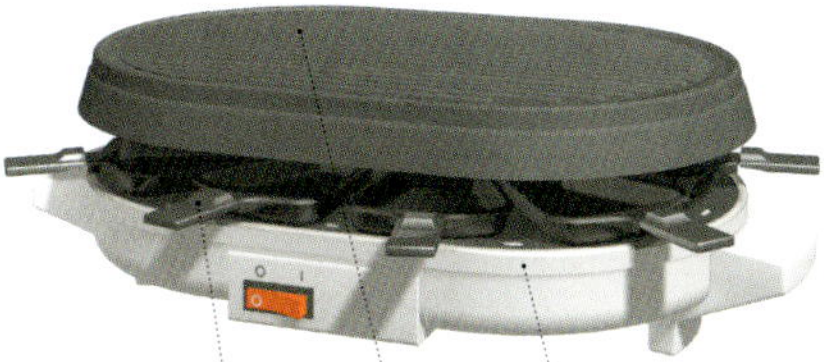

elektrischer Schnellkocher[M]
cuit-vapeur[M] électrique

Elektrischer Tischgrill[M]
gril[M] barbecue[M]

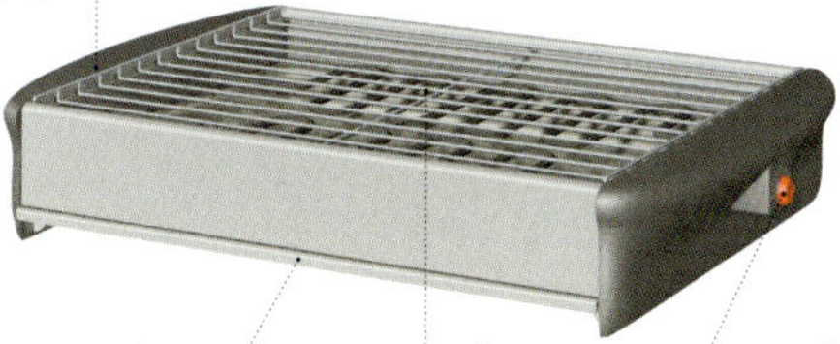

Brotbackautomat[M]
robot[M] boulanger[M]

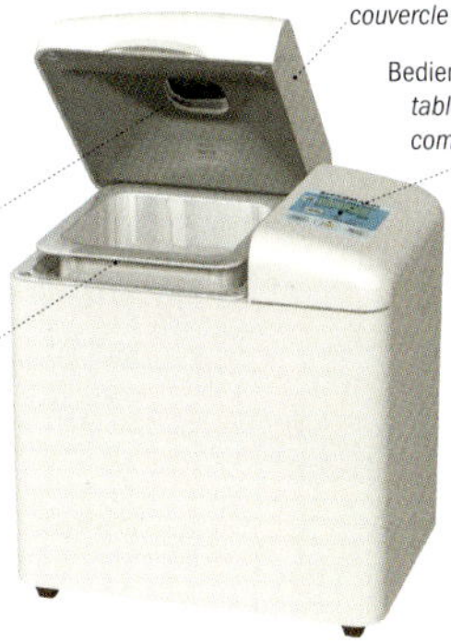

Grillplatte[F]
gril[M] électrique

verschiedene Haushaltsgeräte[N]
appareils[M] électroménagers divers

Dosenöffner[M]
ouvre-boîtes[M]

Kaffeemühle[F]
moulin[M] à café[M]

Wasserkessel[M]
bouilloire[F]

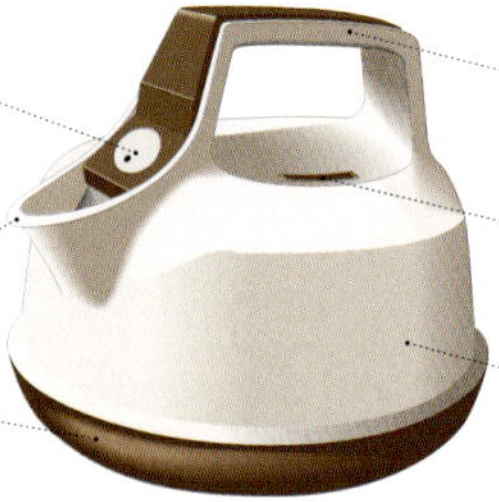

Entsafter[M]
centrifugeuse[F]

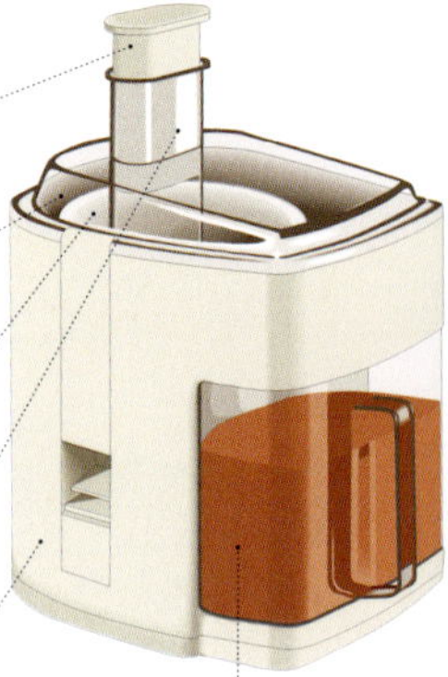

Eismaschine[F]
sorbetière[F]

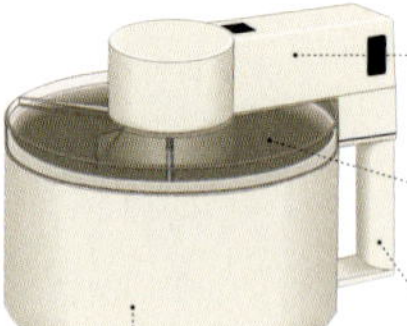

Kaffeemaschinen^{F}
cafetières^{F}

Kaffeemaschine^{F}
cafetière^{F} filtre^{M}

Neapolitanische Tropfkanne^{F}
cafetière^{F} napolitaine

Espressomaschine^{F}
machine^{F} à espresso^{M}

Vakuum-Kaffeemaschine^{F}
cafetière^{F} à infusion^{F}

Pressfilterkanne^{F}
cafetière^{F} à piston^{M}

Espresso-Maschine^{F}
cafetière^{F} espresso^{M}

Kaffee-Filterkanne^{M}
percolateur^{M}

Außenansicht^{F} eines Hauses^{N}

extérieur^{M} d'une maison^{F}

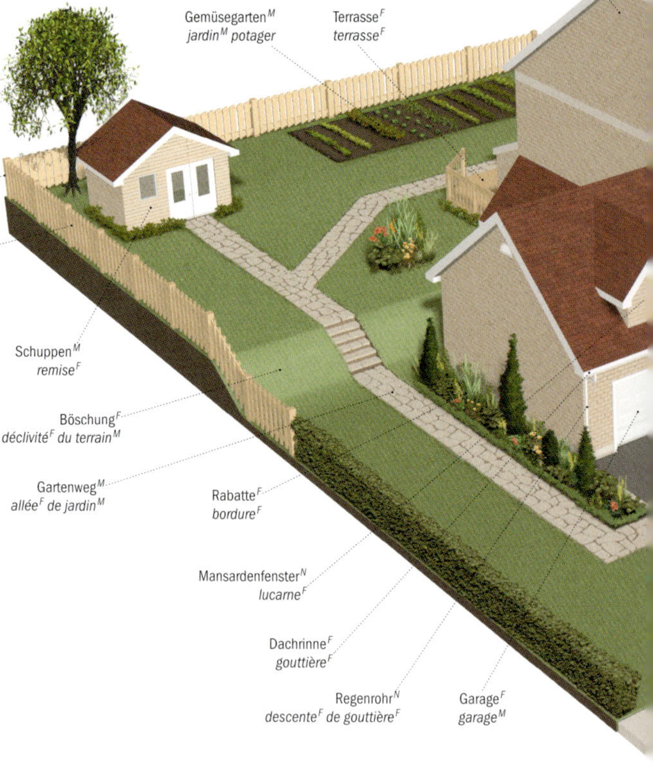

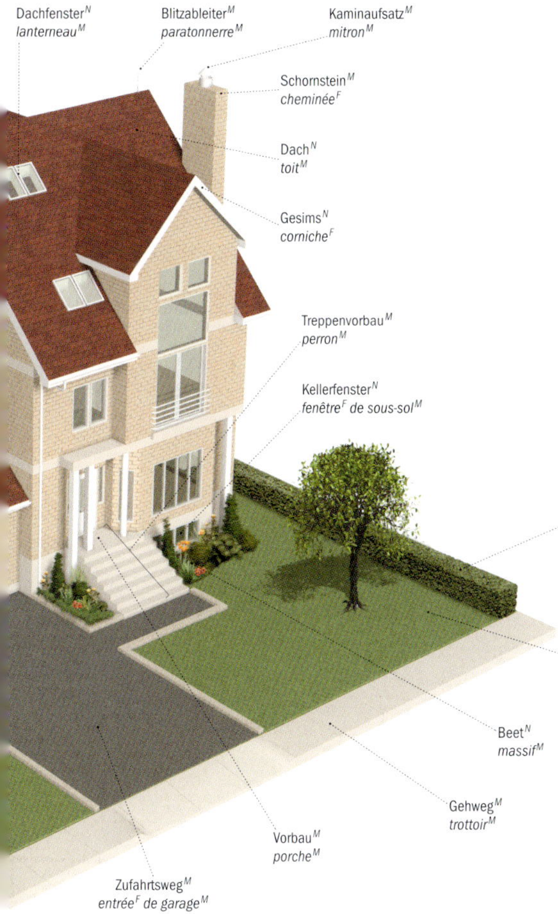
Dachfenster[N]
lanterneau[M]
Blitzableiter[M]
paratonnerre[M]
Kaminaufsatz[M]
mitron[M]
Schornstein[M]
cheminée[F]
Dach[N]
toit[M]
Gesims[N]
corniche[F]
Treppenvorbau[M]
perron[M]
Kellerfenster[N]
fenêtre[F] de sous-sol[M]
Hecke[F]
haie[F]
Rasen[M]
pelouse[F]
Beet[N]
massif[M]
Gehweg[M]
trottoir[M]
Vorbau[M]
porche[M]
Zufahrtsweg[M]
entrée[F] de garage[M]

Lageplan[M]
plan[M] du terrain[M]

Schwimmbecken[N]

piscine[F]

freistehendes Schwimmbecken[N]
piscine[F] hors sol[M]

eingebautes Schwimmbecken[N]
piscine[F] enterrée

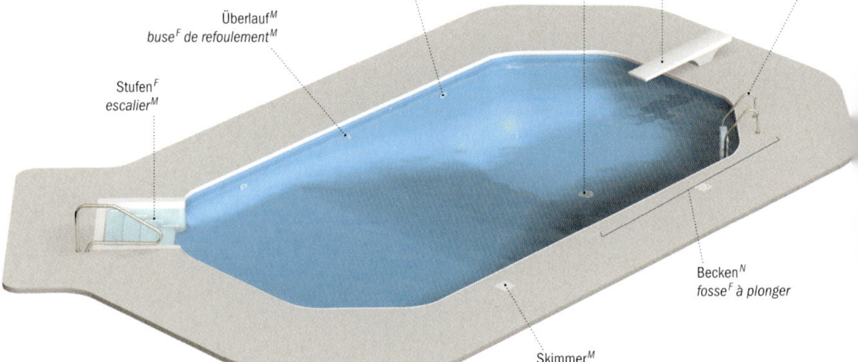

Haustür^F

porte^F extérieure

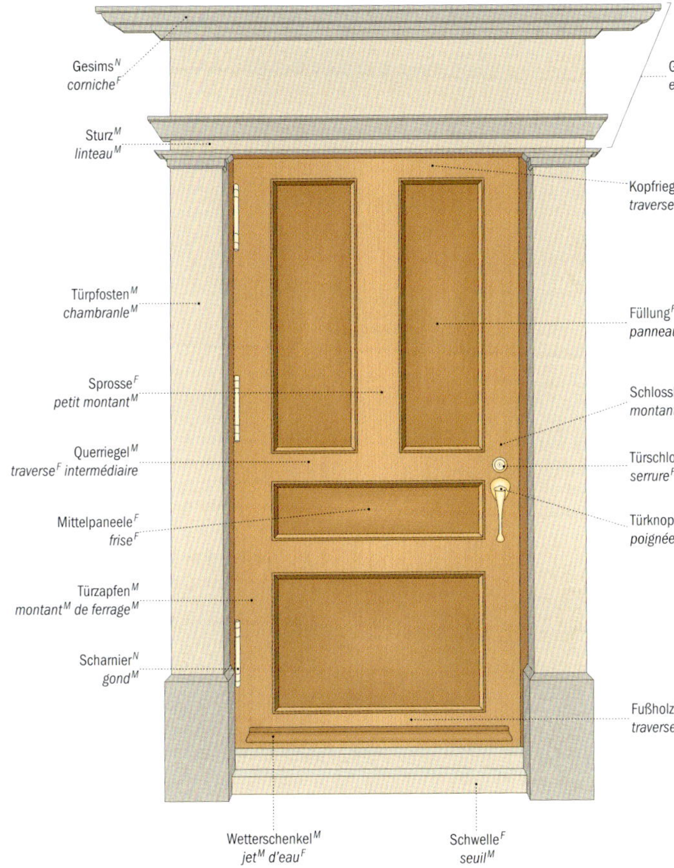

Gesims^N *corniche^F*
Gebälk^N *entablement^M*
Sturz^M *linteau^M*
Kopfriegel^M *traverse^F supérieure*
Türpfosten^M *chambranle^M*
Füllung^F *panneau^M*
Sprosse^F *petit montant^M*
Schlossbrett^N *montant^M de la serrure^F*
Querriegel^M *traverse^F intermédiaire*
Türschloss^N *serrure^F*
Mittelpaneele^F *frise^F*
Türknopf^M *poignée^F de porte^F*
Türzapfen^M *montant^M de ferrage^M*
Scharnier^N *gond^M*
Fußholz^N *traverse^F inférieure*
Wetterschenkel^M *jet^M d'eau^F*
Schwelle^F *seuil^M*

Schloss[N]

serrure[F]

Gesamtansicht[F]
vue[F] d'ensemble[M]

Fenster[N]

fenêtre[F]

Konstruktion[F]
structure[F]

Rahmen[M]

charpente[F]

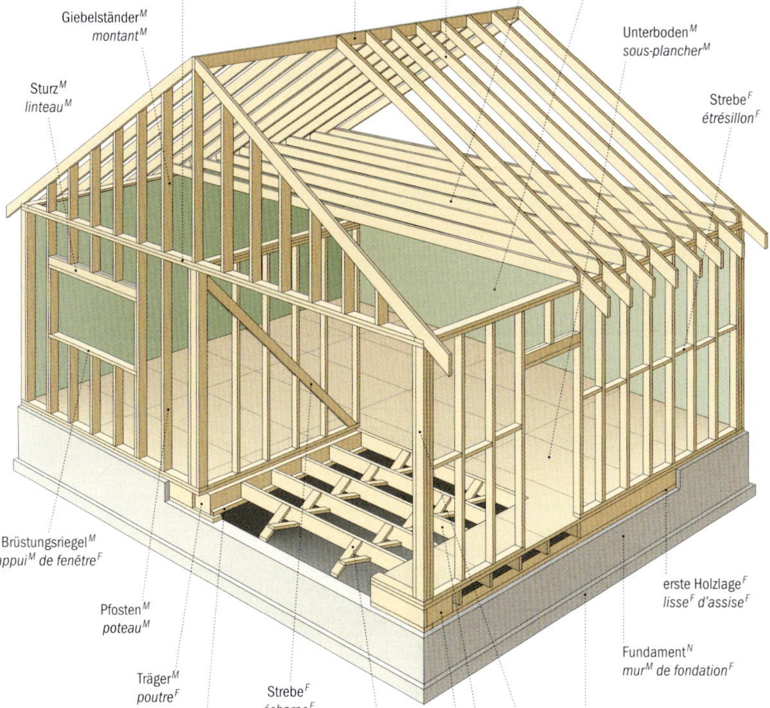
Deckenbalken[M]
solive[F] de plafond[M]
Doppelriegel[M]
sablière[F] double
Firstpfette[F]
faitage[M]
Sparren[M]
chevron[M]
Verkleidung[F]
revêtement[M]
Giebelständer[M]
montant[M]
Unterboden[M]
sous-plancher[M]
Sturz[M]
linteau[M]
Strebe[F]
étrésillon[F]
Brüstungsriegel[M]
appui[M] de fenêtre[F]
erste Holzlage[F]
lisse[F] d'assise[F]
Pfosten[M]
poteau[M]
Fundament[N]
mur[M] de fondation[F]
Träger[M]
poutre[F]
Strebe[F]
écharpe[F]
Fundamentstreifen[M]
semelle[F]
Lagerholz[N]
lambourde[F]
Kreuzaussteifung[F]
croix[F] de Saint-André
Eckpfosten[M]
poteau[M] cornier
Stirnbalken[M]
solive[F] de rive[F]
Bodenbalken[M]
solive[F] de plancher[M]

Haupträume^M
principales pièces^F d'une maison^F

Erdgeschoß^N
rez-de-chaussée^M

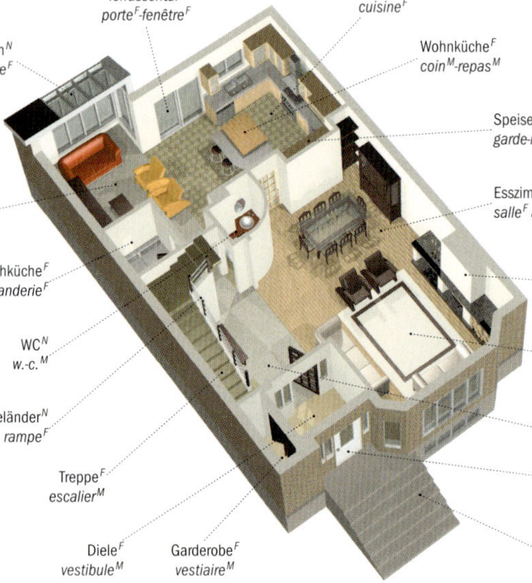

Zwischengeschoß[N]
mezzanine[F]

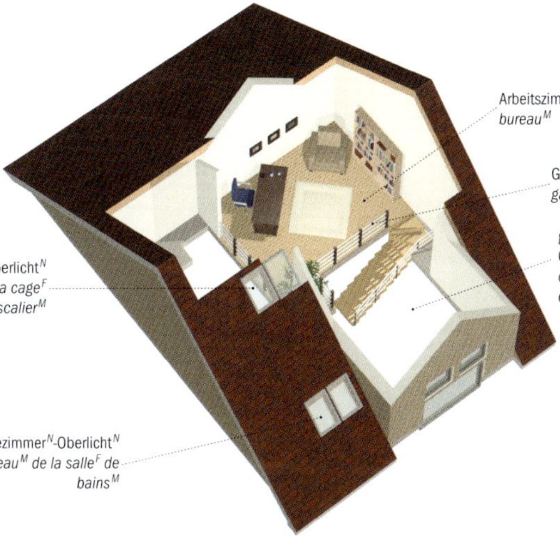

erster Stock[M]
étage[M]

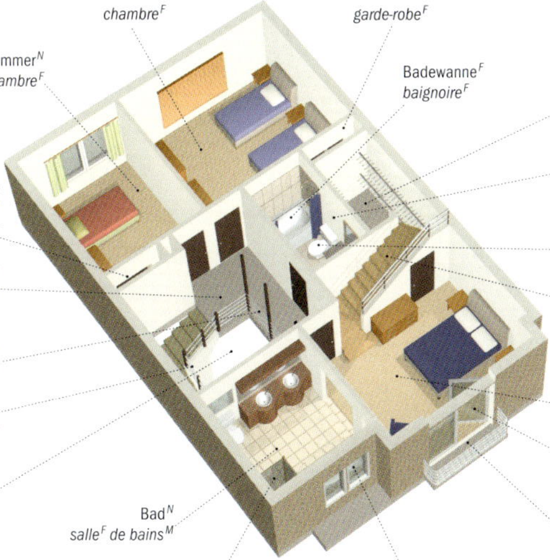

Parkettboden^{M}
parquet^{M}

Parkettboden^{M} auf Zementestrich^{M}
parquet^{M} sur chape^{F} de ciment^{M}

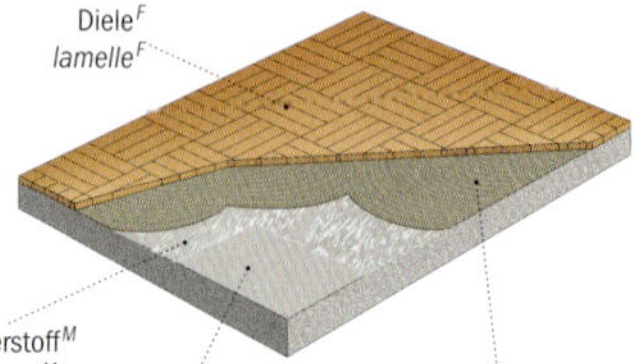

Parkettboden^{M} auf Holzunterbau^{M}
parquet^{M} sur ossature^{F} de bois^{M}

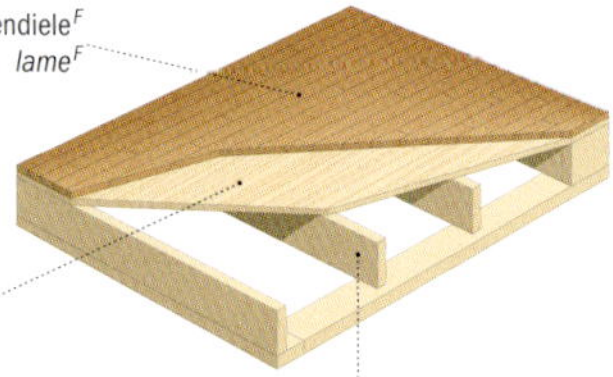

Parkettmuster^{N}
arrangements^{M} des parquets^{M}

Mosaikparkett^{N}
parquet^{M} mosaïque^{F}

Stabparkett^{N} im Schiffsbodenverband^{M}
parquet^{M} à coupe^{F} perdue

Stabparkett^{N}
parquet^{M} à coupe^{F} de pierre^{F}

Fischgrätparkett^{N}
parquet^{M} à bâtons^{M} rompus

Fischgrätmuster^{N}
parquet^{M} en chevrons^{M}

Würfelmusterparkett^{N}
parquet^{M} en vannerie^{F}

Arenberg-Parkett^{N}
parquet^{M} d'Arenberg

Chantilly-Parkett^{N}
parquet^{M} Chantilly

Versailles-Parkett^{N}
parquet^{M} Versailles

textile Bodenbeläge^{M}
revêtements^{M} de sol^{M} textiles

Teppich^{M}
tapis^{M}

Teppichboden^{M}
moquette^{F}

Treppe[F]
escalier[M]

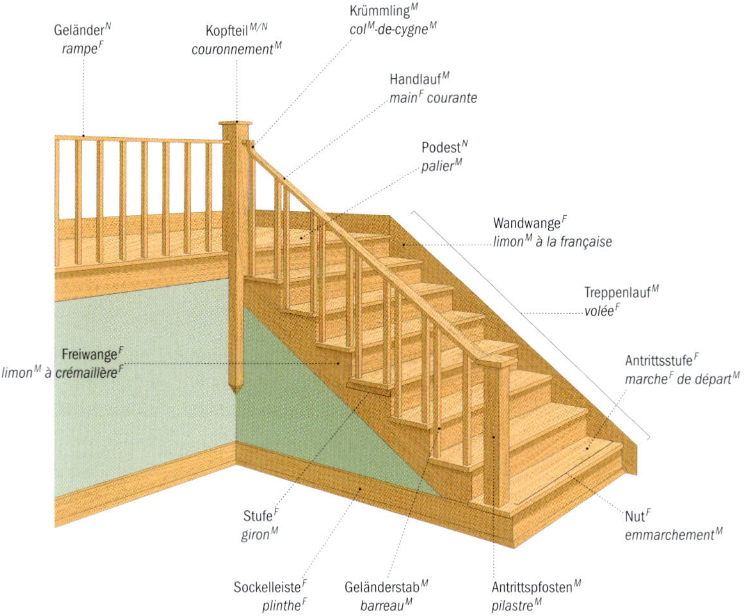

Geländer[N]
rampe[F]
Kopfteil[M/N]
couronnement[M]
Krümmling[M]
col[M]-de-cygne[M]
Handlauf[M]
main[F] courante
Podest[N]
palier[M]
Wandwange[F]
limon[M] à la française
Treppenlauf[M]
volée[F]
Freiwange[F]
limon[M] à crémaillère[F]
Antrittsstufe[F]
marche[F] de départ[M]
Stufe[F]
giron[M]
Nut[F]
emmarchement[M]
Sockelleiste[F]
plinthe[F]
Geländerstab[M]
barreau[M]
Antrittspfosten[M]
pilastre[M]

Treppenstufe[F]
marche[F]

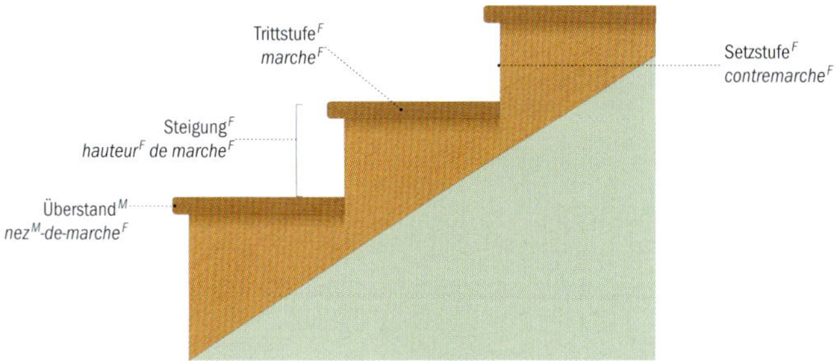

Trittstufe[F]
marche[F]
Setzstufe[F]
contremarche[F]
Steigung[F]
hauteur[F] de marche[F]
Überstand[M]
nez[M]-de-marche[F]

Holzbeheizung[F]

chauffage[M] au bois[M]

Kamin[M]
cheminée[F] à foyer[M] ouvert

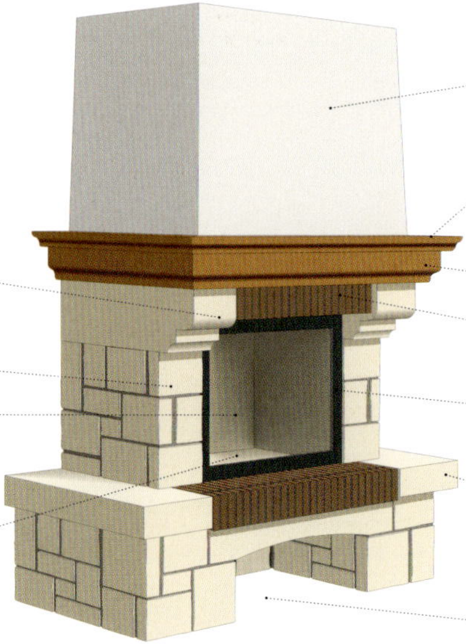

Dauerbrandofen[M]
poêle[M] à combustion[F] lente

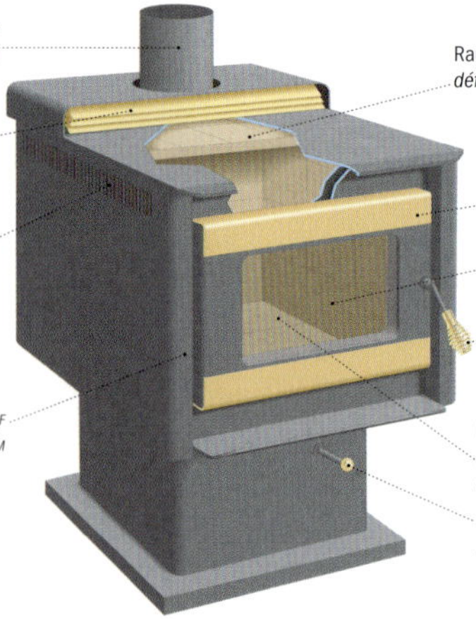

Kamin^M
cheminée^F

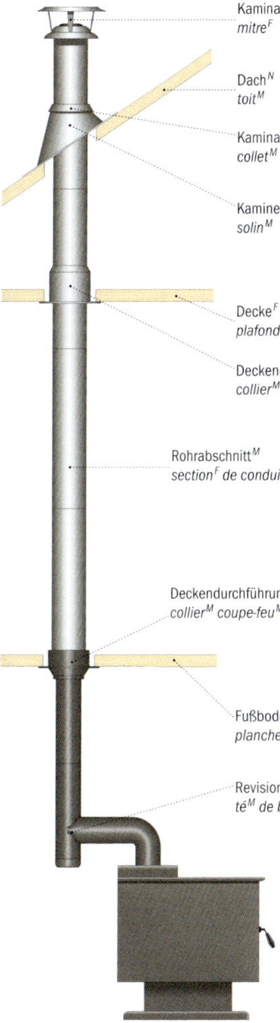

Kaminbesteck^N
accessoires^M de foyer^M

Feuerzange^F
pince^F

Schürhaken^M
tisonnier^M

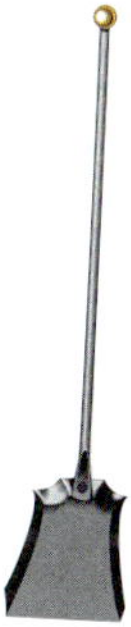

Kohlenschaufel^F
pelle^F

Besen^M
balai^M

Feuerbock^M
chenets^M

Holzträger^M
porte-bûches^M

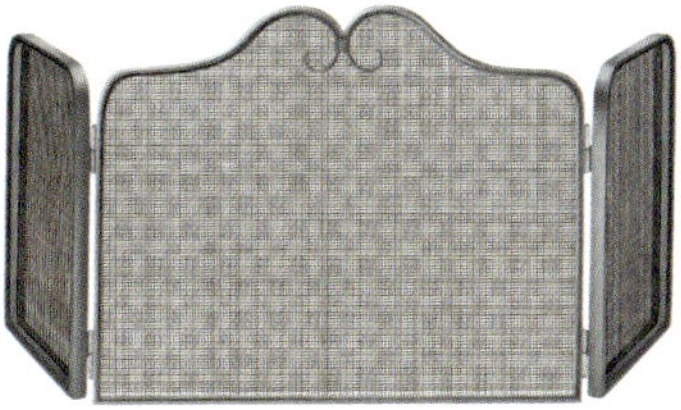

Kamingitter^N
pare-feu^M

Sanitärinstallationssystem[N]

circuit[M] de plomberie[F]

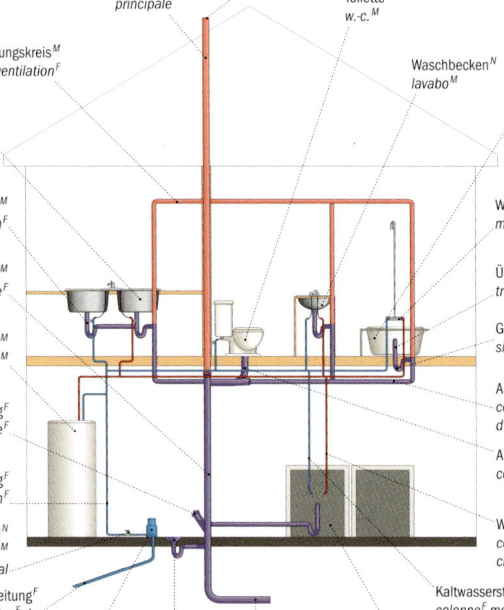

Entlüftungskreislauf[M]
circuit[M] de ventilation[F]

Abflusskreislauf[M]
circuit[M] d'évacuation[F]

Kaltwasserkreislauf[M]
circuit[M] d'eau[F] froide

Warmwasserkreislauf[M]
circuit[M] d'eau[F] chaude

Badezimmer[N]
salle[F] de bains[M]

Schiebetür[F]
porte[F] coulissante
Brausenkopf[M]
pomme[F] de douche[F]
Handbrause[F]
douchette[F]
Überlauf[M]
trop-plein[M]
Brauseschlauch[M]
flexible[M]
Duschkabine[F]
cabine[F] de douche[F]
Wasserhahn[M]
robinet[M]
Spiegel[M]
miroir[M]
Toilettenpapierhalter[M]
porte-rouleau[M]
Podest[N]
banquette[F]
Waschbecken[N]
lavabo[M]
Handtuchhalter[M]
porte-serviettes[M]
Spülkasten[M]
réservoir[M] de chasse[F] d'eau[F]
Bidet[N]
bidet[M]
Badewanne[F]
baignoire[F]
Seifenschale[F]
porte-savon[M]
Toilette[F]
w.-c.[M]
Sitz[M]
abattant[M]
Einbauwaschtisch[M]
coiffeuse[F]

Toilette[F]

w.-c.[M]

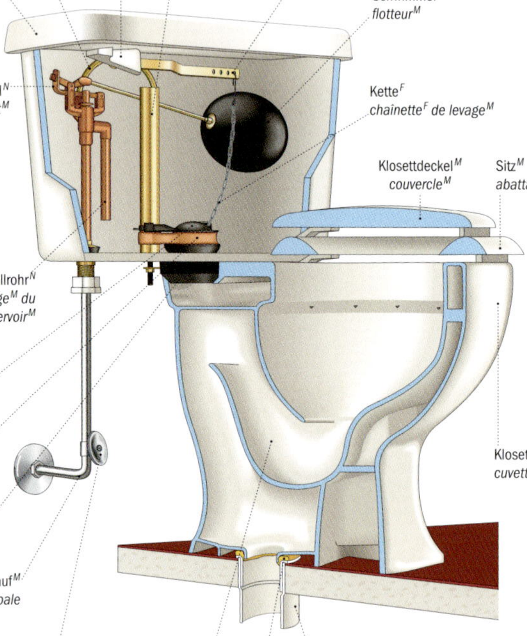
Spülhebel[M]
manette[F] de chasse[F] d'eau[F]
Überlauf[M]
trop-plein[M]
Nachfüllrohr[N]
tube[M] de remplissage[M] de la cuvette[F]
Spülarm[M]
levier[M] de déclenchement[M]
Spülkastendeckel[M]
couvercle[M] de réservoir[M]
Schwimmer[M]
flotteur[M]
Schwimmerventil[N]
robinet[M] flotteur à clapet[M]
Kette[F]
chaînette[F] de levage[M]
Klosettdeckel[M]
couvercle[M]
Sitz[M]
abattant[M]
Füllrohr[N]
tube[M] de remplissage[M] du réservoir[M]
Ventil[N]
clapet[M]
Ventilsitz[M]
siège[M]
Klosettbecken[N]
cuvette[F]
Glockendichtung[F]
rondelle[F] conique
Kaltwasserzulauf[M]
conduite[F] principale
Absperrventil[N]
robinet[M] d'arrêt[M]
Geruchsverschluss[M]
siphon[M]
Ablaufrohr[N]
tuyau[M] de chute[F]
Rollring[M]
anneau[M] d'étanchéité[F] en cire[F]

Beispiele^{N} für Anschlüsse^{M}

exemples^{M} de branchement^{M}

Spüle^{F} mit Müllschlucker^{M}
évier^{M}-broyeur^{M}

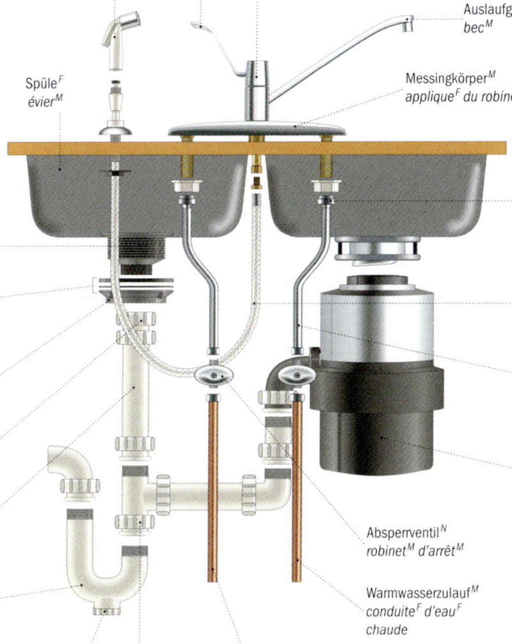

HAUS

Hausanschluss[M]

branchement[M] au réseau[M]

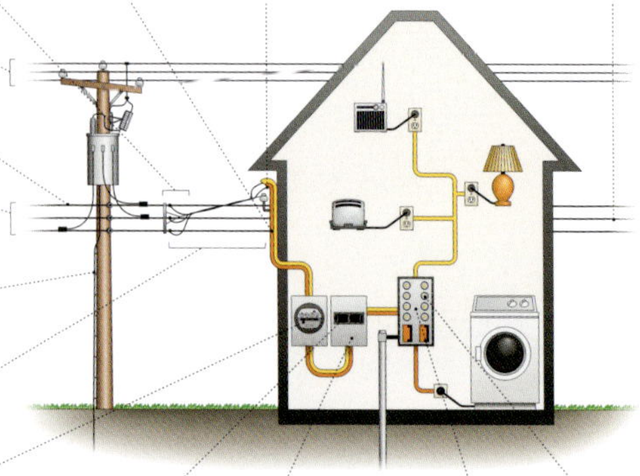

Kontaktelemente[N]

dispositifs[M] de contact[M]

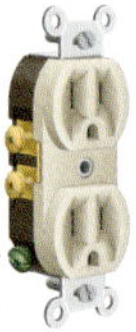

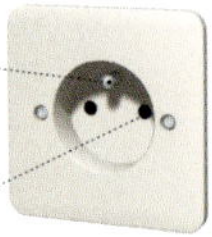

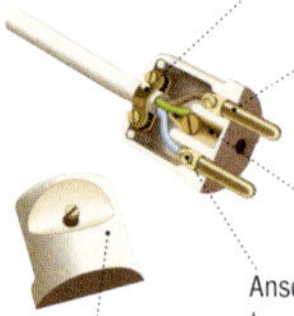

Beleuchtung^{F}
éclairage^{M}

Glühlampe^{F}
lampe^{F} à incandescence^{F}

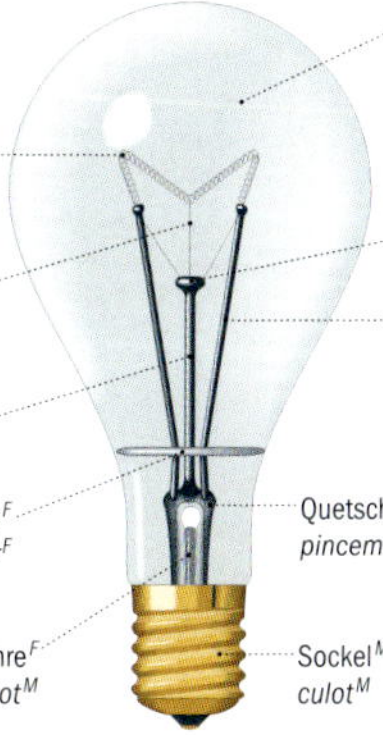

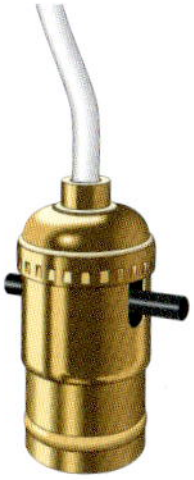

Lampenfassung^{F}
douille^{F} de lampe^{F}

Kolben^{M}
ampoule^{F}

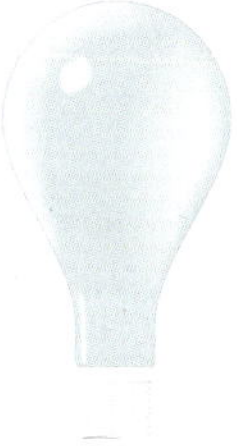

Energiesparlampe^{F}
lampe^{F} à économie^{F} d'énergie^{F}

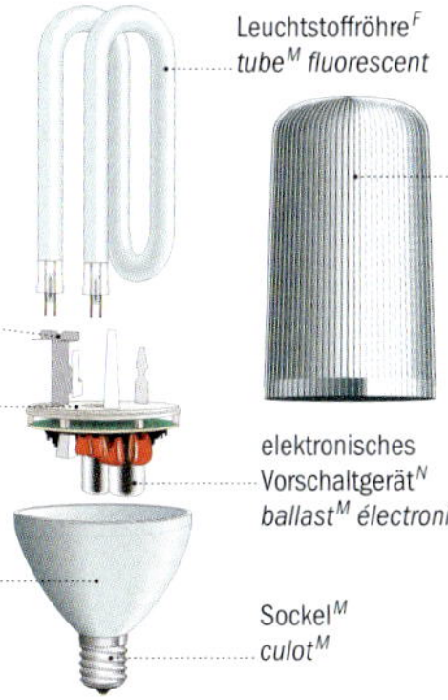

Schraubfassung^{F}
culot^{M} à vis^{F}

Bajonettfassung^{F}
culot^{M} à baïonnette^{F}

Leuchtstoffröhre^{F}
tube^{M} fluorescent

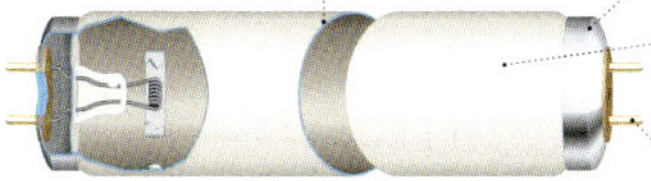

Wolfram-Halogenlampe^{F}
lampe^{F} à halogène^{M}

Armlehnstuhl^{M}

fauteuil^{M}

Teile$^{M/N}$
parties^{F}

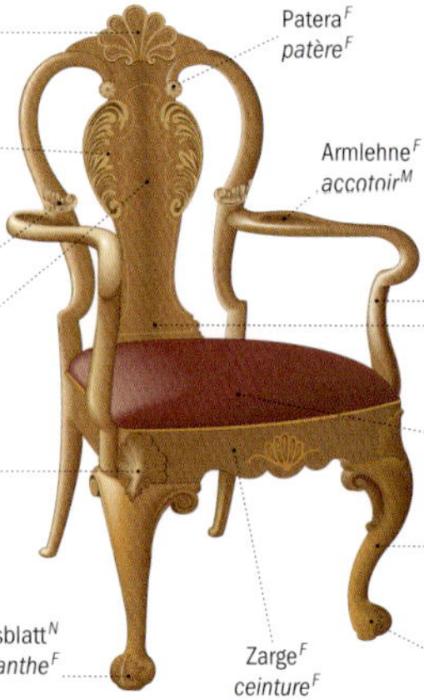

Beispiele^{N} für Armstühle^{M}
exemples^{M} de fauteuils^{M}

Wassily-Stuhl^{M}
fauteuil^{M} Wassily

Regiestuhl^{M}
fauteuil^{M} metteur^{M} en scène^{F}

Schaukelstuhl^{M}
berceuse^{F}

kleiner Lehnstuhl^{M}
cabriolet^{M}

Kanapee^{N}
méridienne^{F}

Chaiselongue^{N}
récamier^{M}

Clubsessel^{M}
fauteuil^{M} club^{M}

Bergère^{F}
bergère^{F}

Sofa^{N}
canapé^{M}

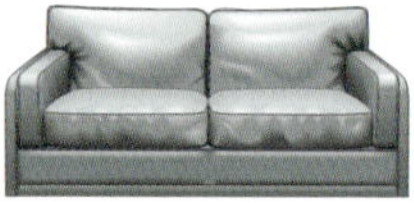
Zweisitzer^{M}
causeuse^{F}

Chesterfieldsofa^{N}
canapé^{M} capitonné

Stuhl[M]
chaise[F]

Teile[M/N]
parties[F]

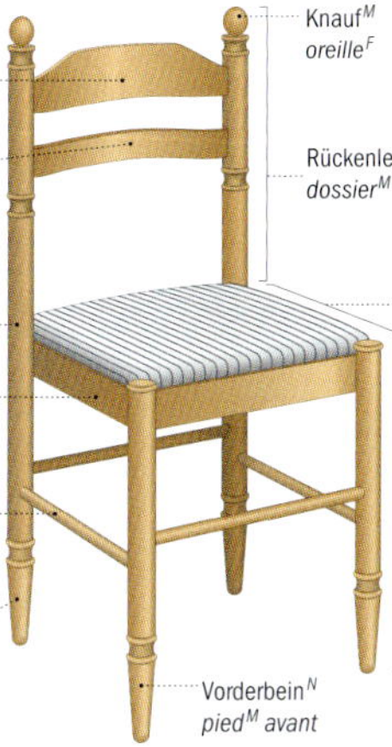

Beispiele[N] für Stühle[M]
exemples[M] de chaises[F]

Schaukelstuhl[M]
chaise[F] berçante

Stapelstühle[M]
chaises[F] empilables

Klappstuhl[M]
chaise[F] pliante

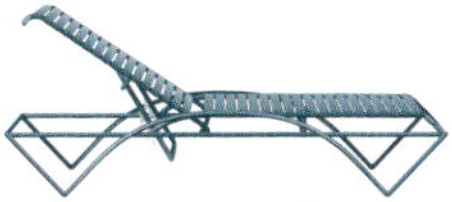
Liegestuhl[M]
chaise[F] longue

Sitzmöbel[N]
sièges[M]

Puff[M]
pouf[M]

Tritthocker[M]
chaise[F]-escabeau[M]

Bank[F]
banc[M]

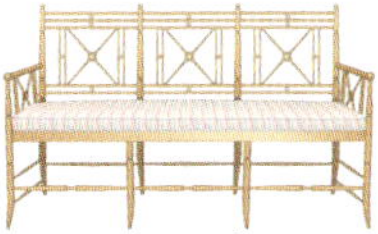
Sitzbank[F]
banquette[F]

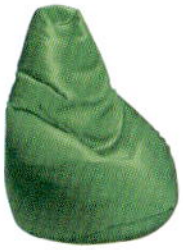
Sitzsack[M]
fauteuil[M]-sac[M]

Hocker[M]
tabouret[M]

Barhocker[M]
tabouret[M]-bar[M]

Tisch[M]

table[F]

Klapptisch[M]
table[F] à abattants[M]

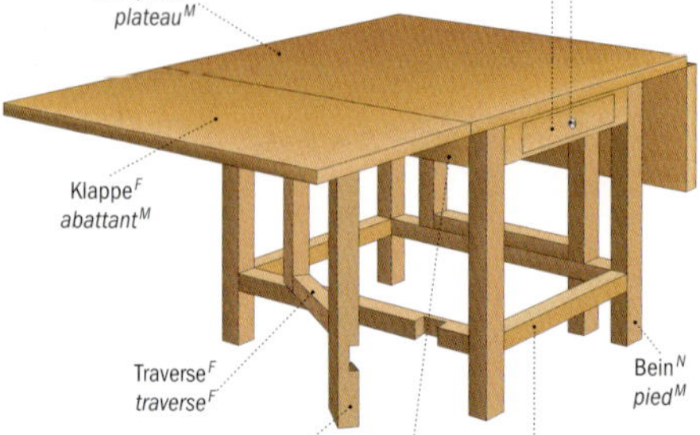

Beispiele[N] für Tische[M]
exemples[M] de tables[F]

Ausziehtisch[M]
table[F] à rallonges[F]

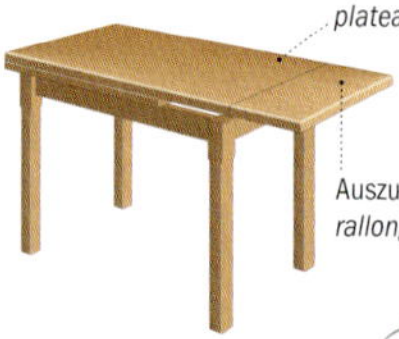

Satztische[M]
tables[F] gigognes

Servierwagen[M]
desserte[F]

Aufbewahrungsmöbel[N]

meubles[M] de rangement[M]

Kleiderschrank[M]
armoire[F]

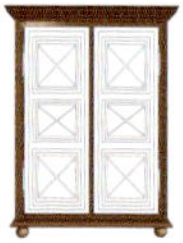

Rahmen[M]
bâti[M]

Tür[F]
vantail[M]

Truhe[F]
coffre[M]

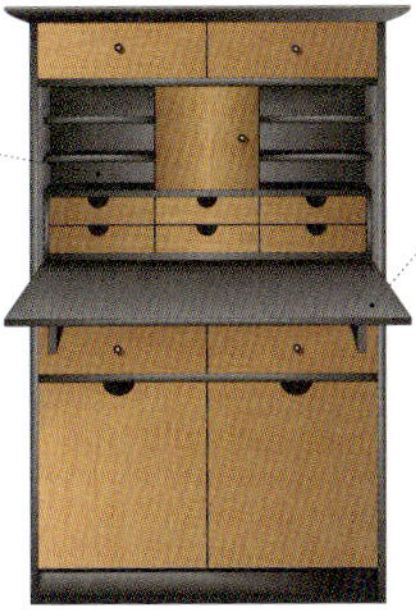

Sekretär[M]
secrétaire[M]

Kommode[F]
commode[F]

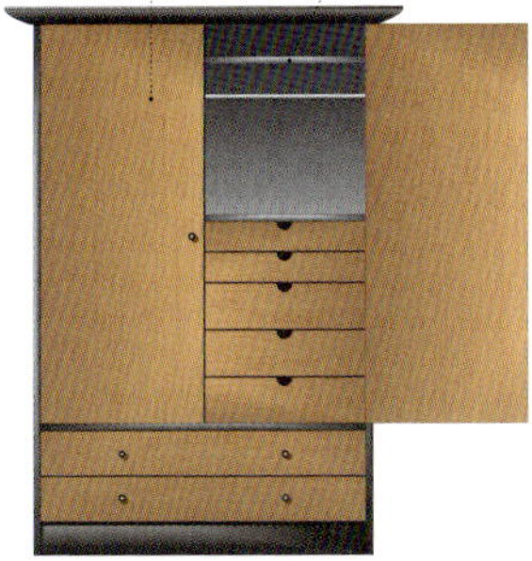

Kleiderschrank[M]
armoire[F]*-penderie*[F]

Chiffonière[F]
chiffonnier[M]

Vitrine[F]
vitrine[F]

Eckschrank[M]
encoignure[F]

Vitrinenschrank[M]
buffet[M]*-vaisselier*[M]

Büfett[N]
buffet[M]

Cocktailbar[F]
bar[M]

Bett^N
lit^M

Schlafcouch^F
canapé^M convertible

Teile^M/N
parties^F

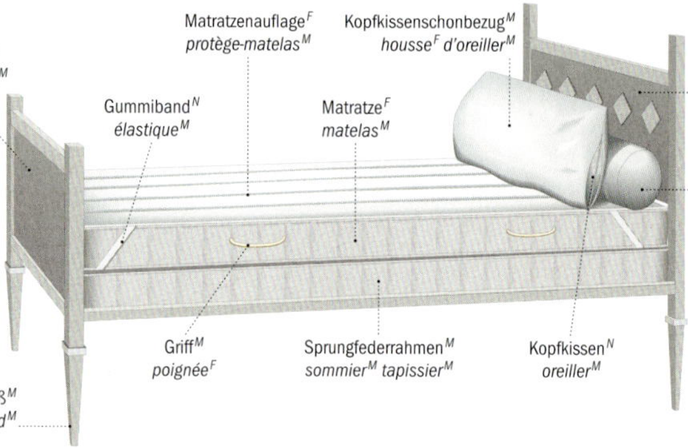

Bettwäsche^F
literie^F

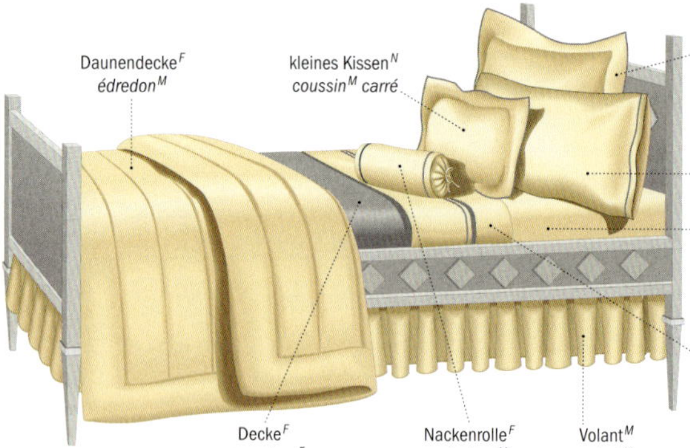

HAUS

Kindermöbel^N
meubles^M d'enfants^M

Reisebett^N mit Wickelauflage^F
lit^M pliant

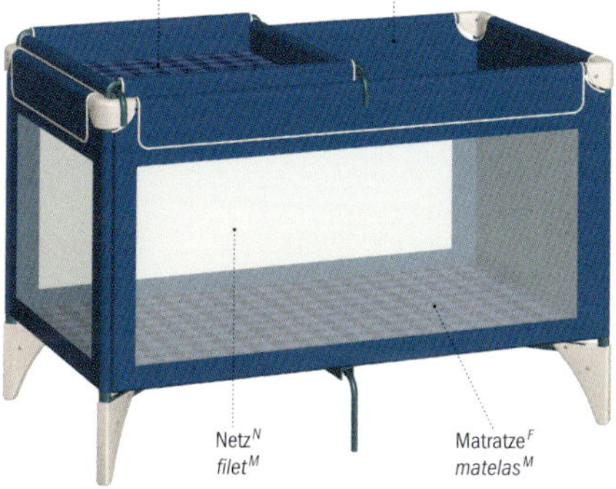

Kindersessel^M
rehausseur^M

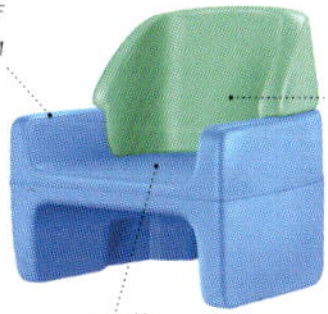

Wickelkommode^F
table^F à langer

Hochstuhl^M
chaise^F haute

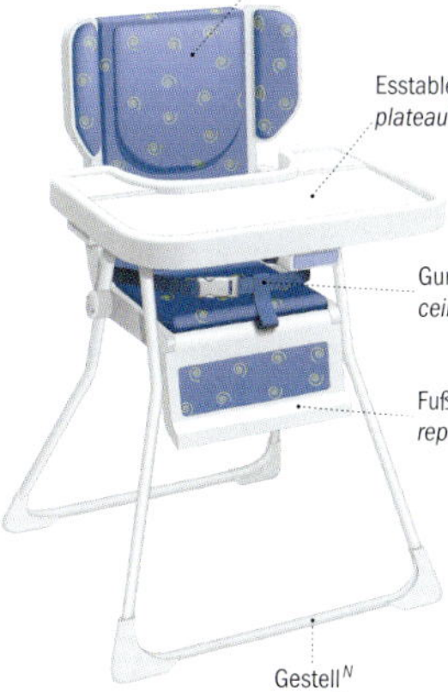

Gitterbett^N
lit^M à barreaux^M

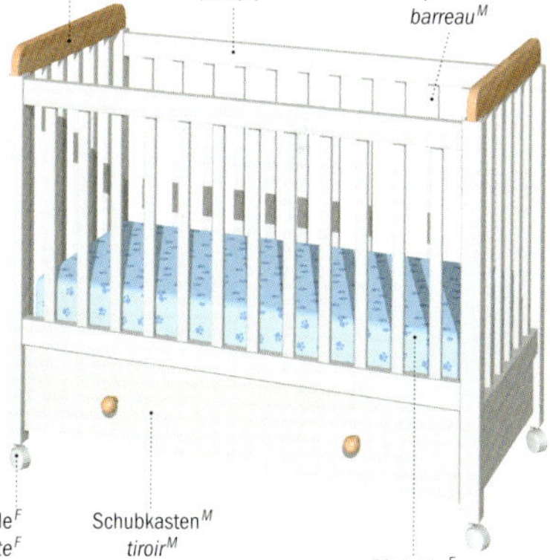

HAUS

Lampen^{F}
luminaires^{M}

Klemmspot^{M}
spot^{M} à pince^{F}

Deckenleuchte^{F}
plafonnier^{M}

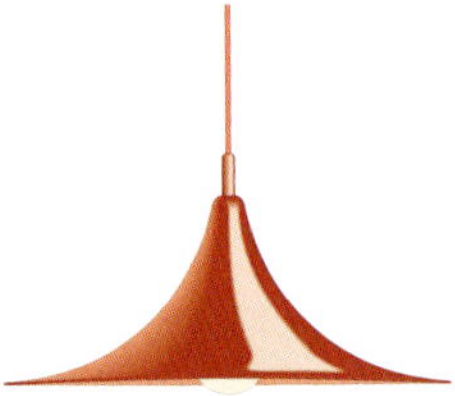

Hängeleuchte^{F}
suspension^{F}

Halogen^{N}-Tischleuchte^{F}
lampe^{F} de bureau^{M} halogène

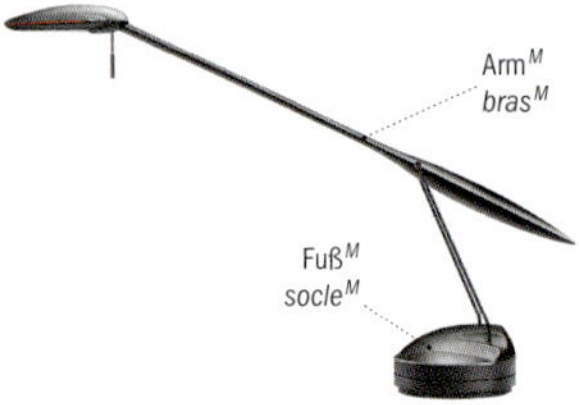

Arbeitsleuchte^{F}
lampe^{F} d'architecte^{M}

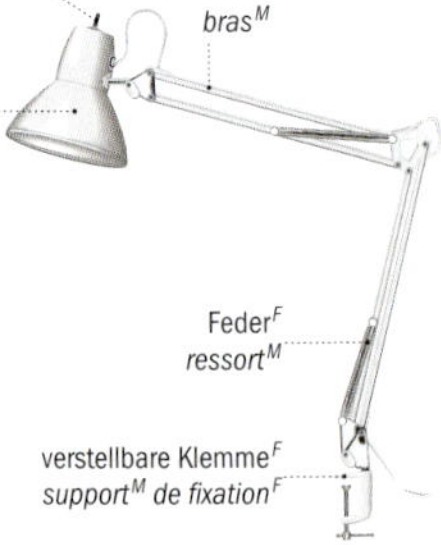

Standleuchte^{F}
lampadaire^{M}

Leseleuchte^{F}
lampe^{F} liseuse

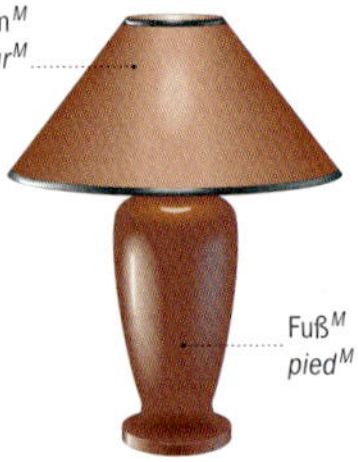

Tischleuchte^{F}
lampe^{F} de table^{F}

Schreibtischleuchte^{F}
lampe^{F} de bureau^{M}

Kronleuchter[M]
lustre[M]

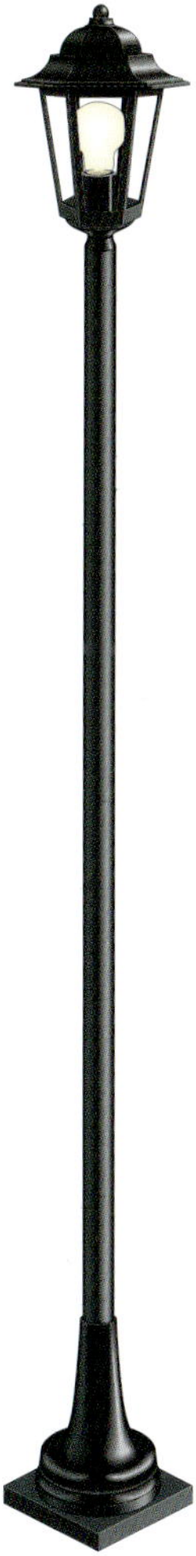

Straßenlaterne[F]
lanterne[F] de pied[M]

Beleuchtungsschiene[F]
rail[M] d'éclairage[M]

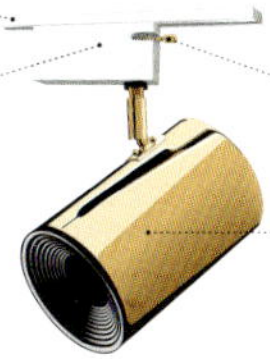

Wandlaterne[F]
lanterne[F] murale

Wandleuchte[F]
applique[F]

Scherenleuchte[F]
applique[F] orientable

Lampenreihe[F]
rampe[F] d'éclairage[M]

Haushaltsgeräte^N

appareils^M électroménagers

Dampfbügeleisen^N
fer^M à vapeur^F

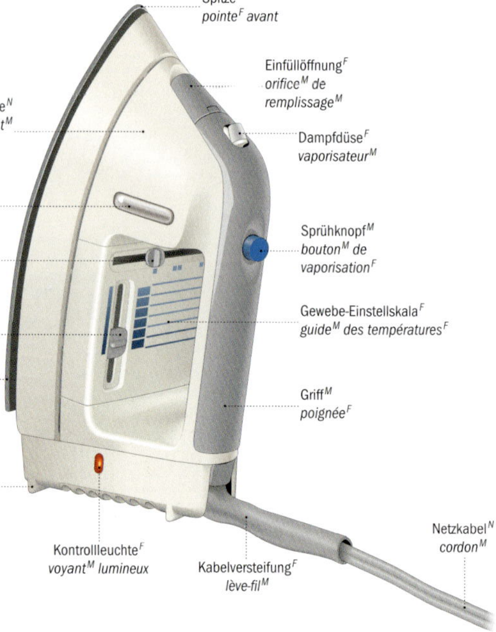

Akku-Mini-Staubsauger^M
aspirateur^M à main^F

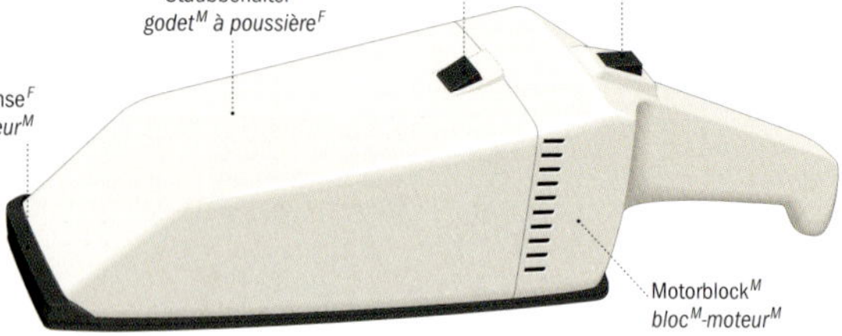

Handstaubsauger[M]
aspirateur[M]-balai[M]

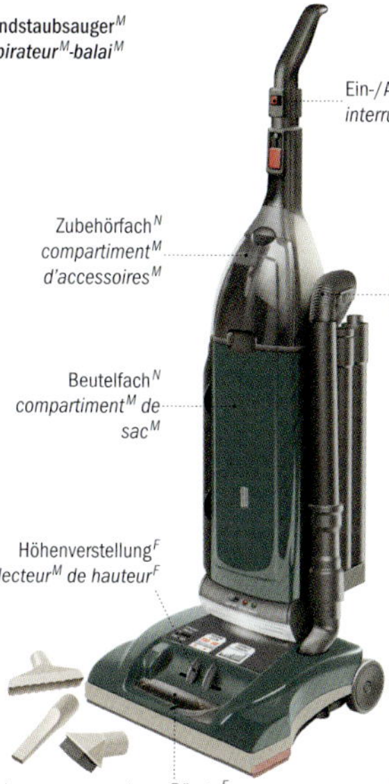

Bodenstaubsauger[M]
aspirateur[M]-traîneau[M]

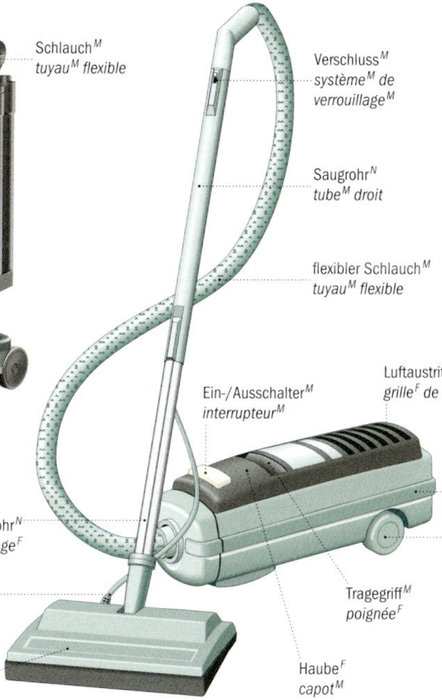

Saugzubehör[N]
accessoires[M]

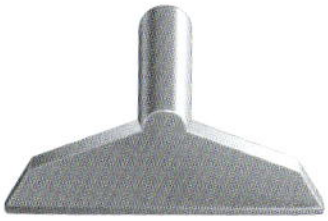

Polsterdüse[F]
suceur[M] triangulaire à tissus[M]

Saugbürste[F]
brosse[F] à épousseter

Fugendüse[F]
suceur[M] plat

Bürste[F]
brosse[F] à planchers[M]

HAUS

Dunstabzugshaube^{F}
hotte^{F}

Kochplatte^{F}
serpentin^{M}

Auffangschüssel^{F}
cuvette^{F}

Schutzring^{M}
anneau^{M}

Gasherd^{M}
cuisinière^{F} à gaz^{M}

Elektroherd^{M}
cuisinière^{F} électrique

Gefriertruhe^F
congélateur^M coffre^M

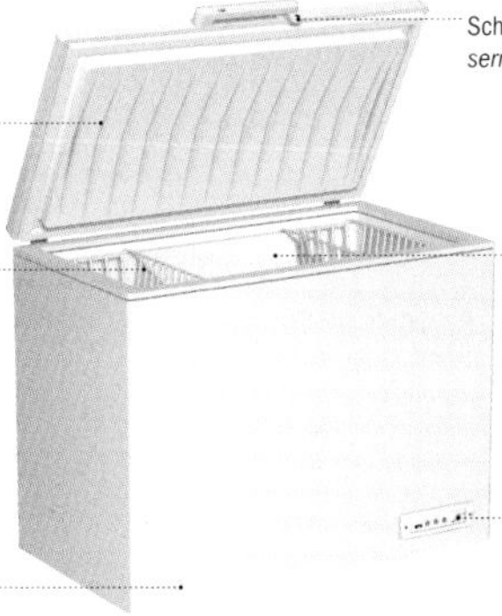

Kühlschrank^M
réfrigérateur^M

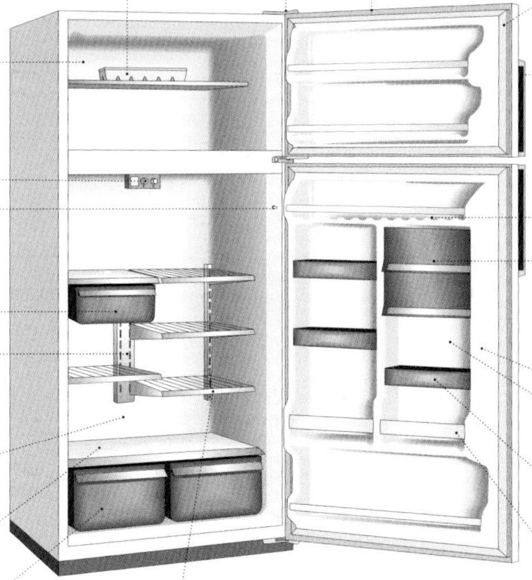

HAUS

Waschmaschine[F]
lave-linge[M]

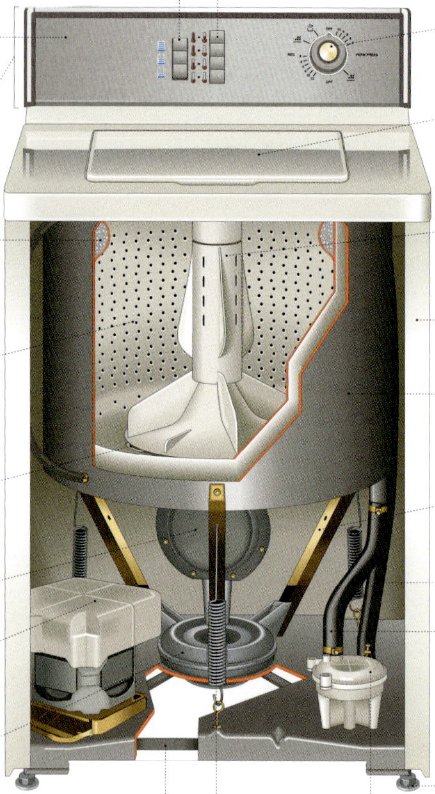
Wasserstandsregler[M]
sélecteur[M] de niveau[M] d'eau[F]
Temperaturwähler[M]
sélecteur[M] de température[F]
Bedienleiste[F]
tableau[M] de commande[F]
Programmwähler[M]
programmateur[M]
Blende[F]
dosseret[M]
Deckel[M]
couvercle[M]
Beweger[M]
agitateur[M]
Bottichrand[M]
rebord[M] de cuve[F]
Gehäuse[N]
carrosserie[F]
Trommel[F]
panier[M] de lavage[M]
Laugenbottich[M]
cuve[F]
Flusensieb[N]
filtre[M] à charpie[F]
Schwingungsdämpfer[M]
bras[M] de suspension[F]
Getriebe[N]
transmission[F]
Ablaufschlauch[M]
tuyau[M] d'évacuation[F]
Motor[M]
moteur[M]
Entleerungsschlauch[M]
tuyau[M] de vidange[F]
Drehmomentwandler[M]
convertisseur[M] de couple[M]
Nivellierfuß[M]
pied[M] de nivellement[M]
Keilriemen[M]
courroie[F] d'entrainement[M]
Feder[F]
ressort[M] de suspension[F]
Pumpe[F]
pompe[F]

Wäschetrockner^M
sèche-linge^M électrique

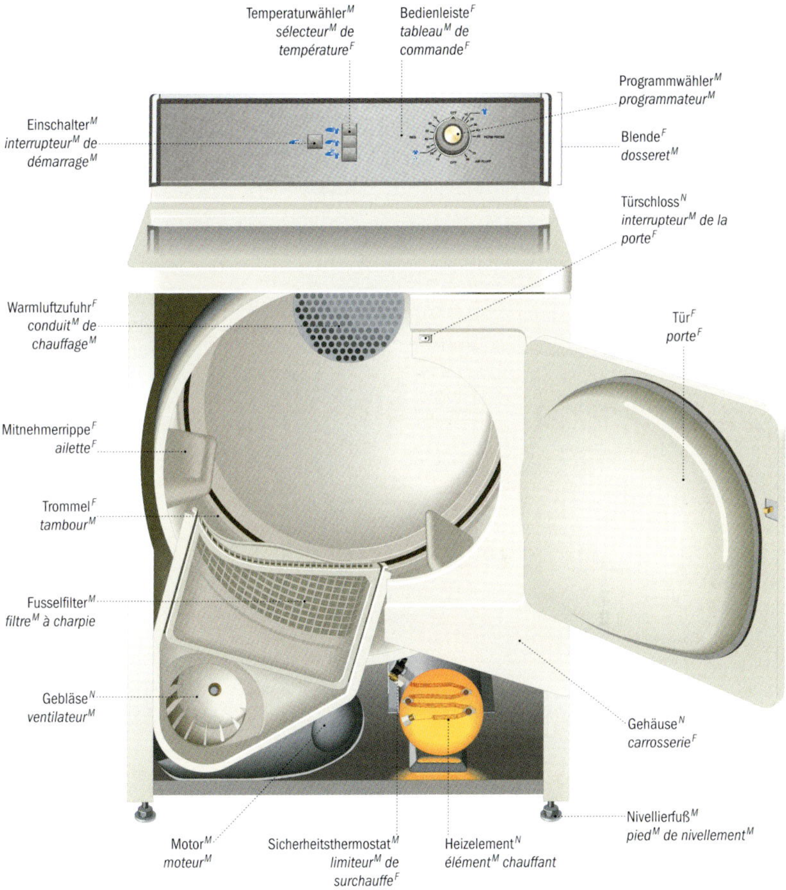
Temperaturwähler^M
sélecteur^M de température^F
Bedienleiste^F
tableau^M de commande^F
Programmwähler^M
programmateur^M
Einschalter^M
interrupteur^M de démarrage^M
Blende^F
dosseret^M
Türschloss^N
interrupteur^M de la porte^F
Warmluftzufuhr^F
conduit^M de chauffage^M
Tür^F
porte^F
Mitnehmerrippe^F
ailette^F
Trommel^F
tambour^M
Fusselfilter^M
filtre^M à charpie
Gebläse^N
ventilateur^M
Gehäuse^N
carrosserie^F
Nivellierfuß^M
pied^M de nivellement^M
Motor^M
moteur^M
Sicherheitsthermostat^M
limiteur^M de surchauffe^F
Heizelement^N
élément^M chauffant

Bedienleiste^F
***tableau**^M **de commande**^F*

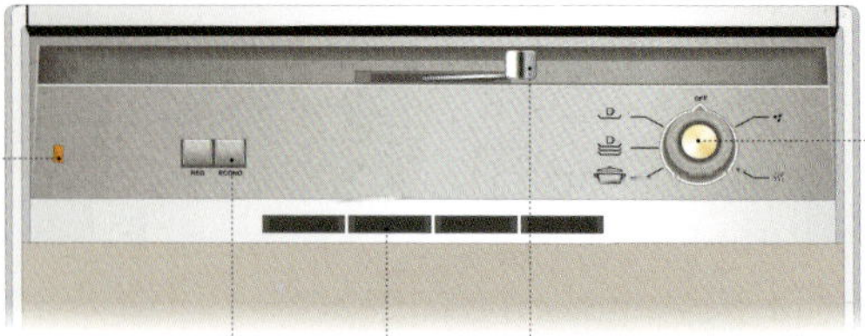

Geschirrspülmaschine^F
***lave-vaisselle**^M*

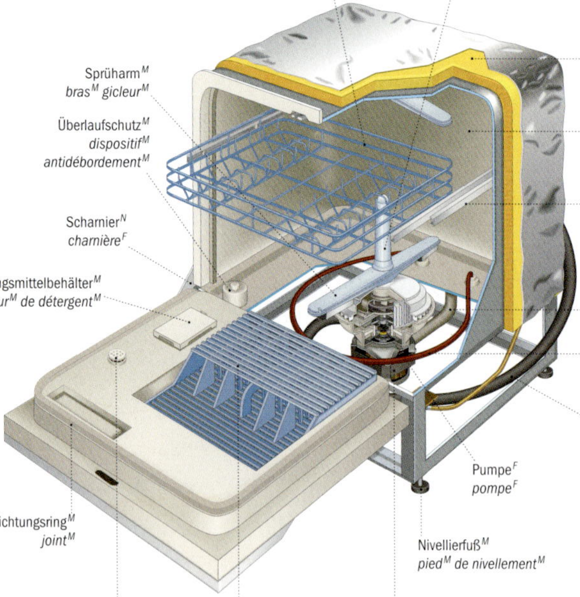

Haushaltsgegenstände[M]
articles[M] ménagers

Geschirrtuch[N]
torchon[M]

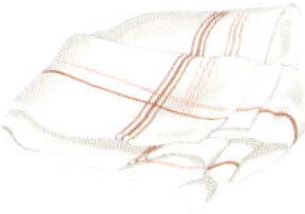

Kehrschaufel[F]
pelle[F] à poussière[F]

Besen[M]
balai[M]

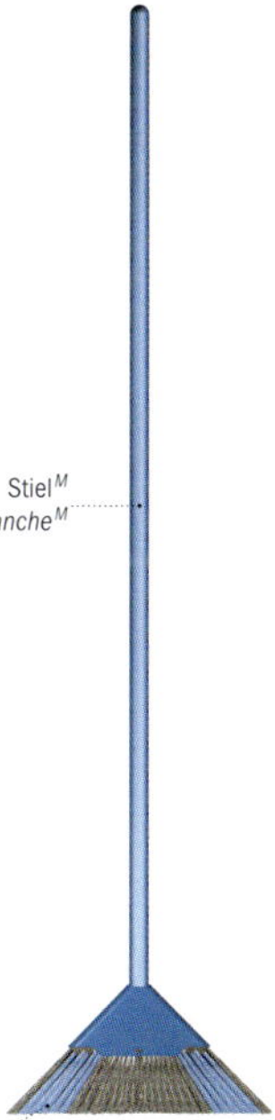

Mop[M]
balai[M] à franges[F]

Putzschwamm[M]
éponge[F] à récurer

Bürste[F]
brosse[F]

Abfalleimer[M]
poubelle[F]

Eimer[M]
seau[M]

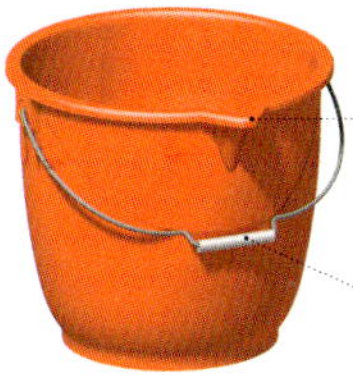

Klempnerwerkzeuge[N]

plomberie[F] : outils[M]

Ausgussreiniger[M]
ventouse[F]

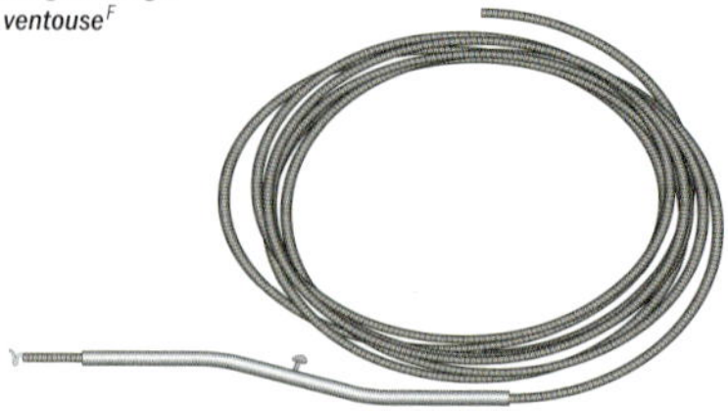

Reinigungswelle[F]
furet[M] de dégorgement[M]

Teflonband[N]
ruban[M] de Téflon[M]

Rohrzangen[F]

clés[F]

Standhahn-Mutternschlüssel[M]
clé[F] coudée à tuyau[M]

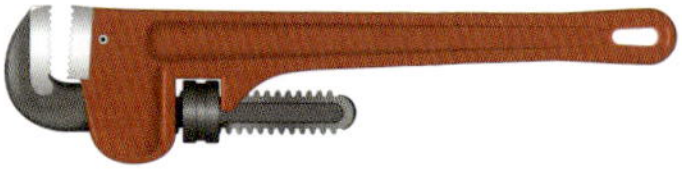

Einhand-Rohrzange[F]
clé[F] à tuyau[M]

Maurerwerkzeuge[N]

maçonnerie[F] : outils[M]

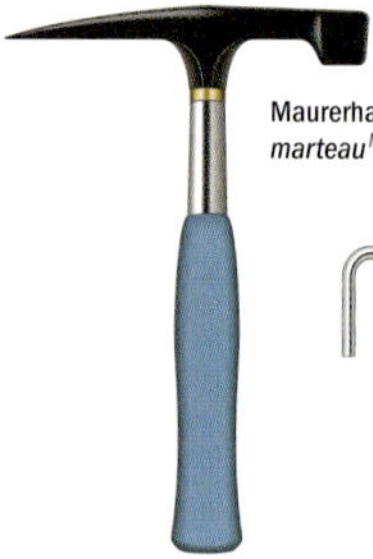

Maurerhammer[M]
marteau[M] de maçon[M]

Kartuschenpistole[F]
pistolet[M] à calfeutrer

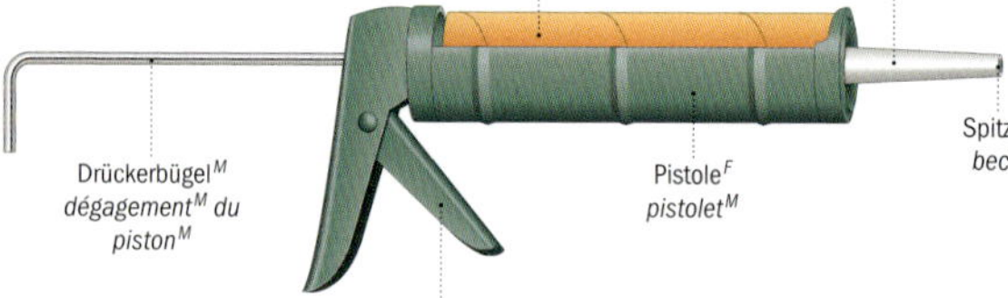

Aufziehbrett[F]
taloche[F]

Fugenkelle[F]
tire-joint[M]

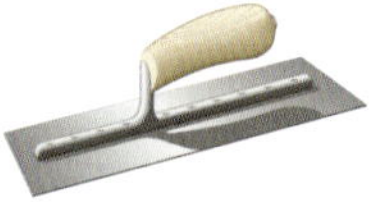

Putzkelle[F]
truelle[F] de plâtrier[M]

Maurerkelle[F]
truelle[F] de maçon[M]

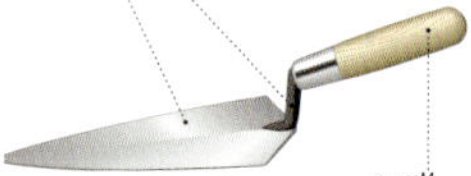

HEIMWERKEN UND GARTENARBEIT

Elektroinstallateurwerkzeuge [N]

électricité [F] : outils [M]

Handlampe [F]
baladeuse [F]

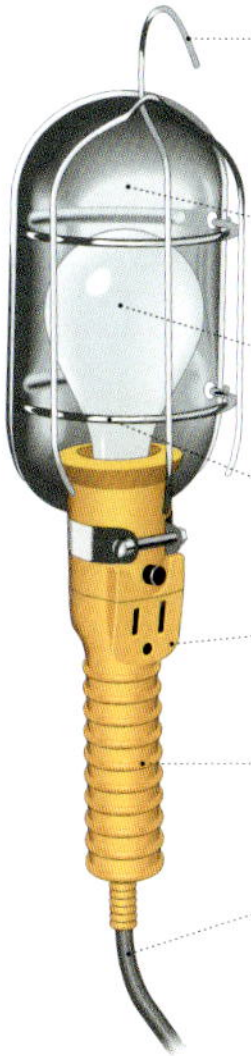

Prüflampe [F]
vérificateur [M] de circuit [M]

Spannungsprüfer [M]
vérificateur [M] de tension [F]

Kabeltülle [F]
capuchon [M] de connexion [F]

Steckdosenprüfer [M]
vérificateur [M] de prise [F] de courant [M]

Mehrzweckzange [F]
pince [F] universelle

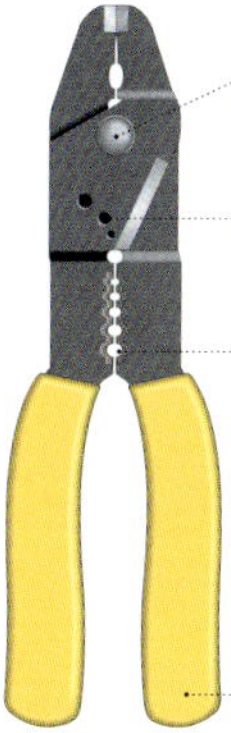

Spitzzange [F]
pince [F] à long bec [M]

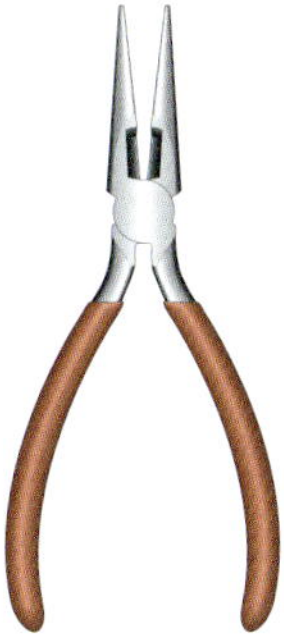

Kombizange [F]
pince [F] d'électricien [M]

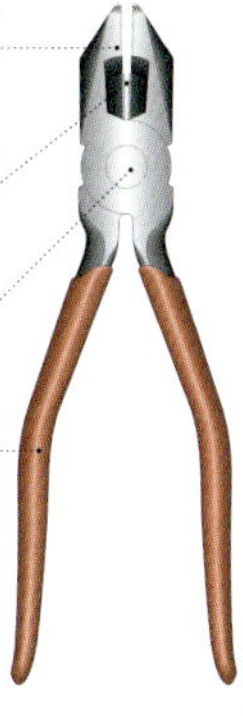

Löt- und Schweißwerkzeuge^N
soudage^M : outils^M

Lötpistole^F
pistolet^M à souder

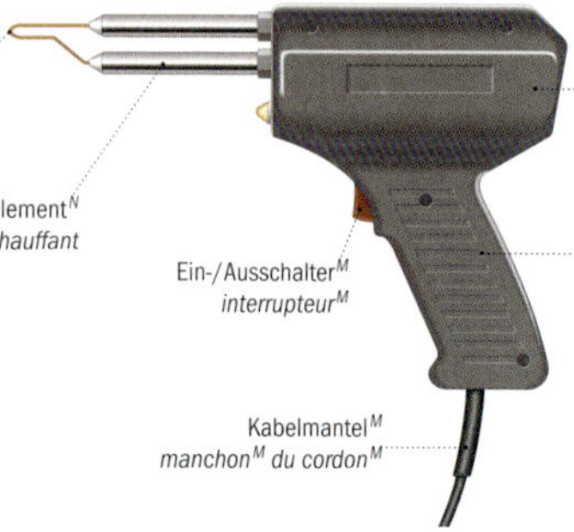

Anzünder^M
briquet^M

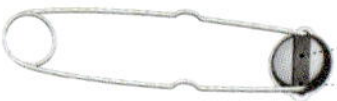

Lötzinn^M
soudure^F

Düsenreiniger^M
aiguilles^F de nettoyage^M

Lötlampe^F
lampe^F à souder

Farbabbrennervorsatz^M
brûleur^M bec^M plat

Schutzbrille^F
lunettes^F

Lötkolben^M
fer^M à souder

Anstreichen^{N} und Lackieren^{N}

peinture^{F} d'entretien^{M}

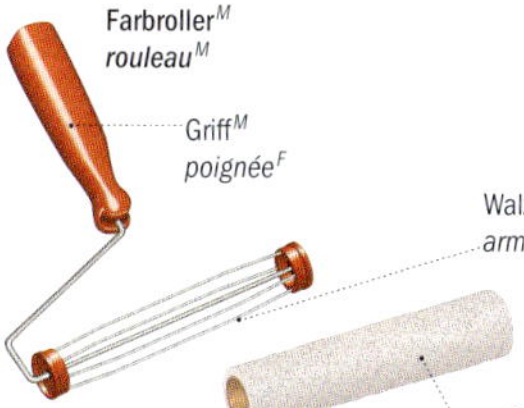

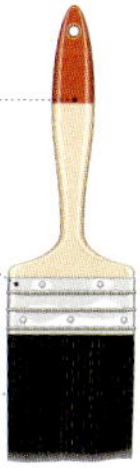

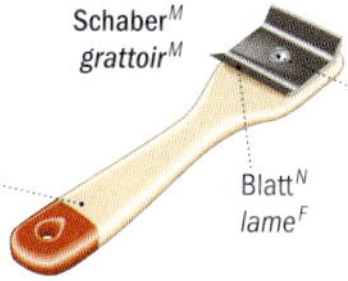

Leitern^{F} und Stehleitern^{F}

échelles^{F} et escabeaux^{M}

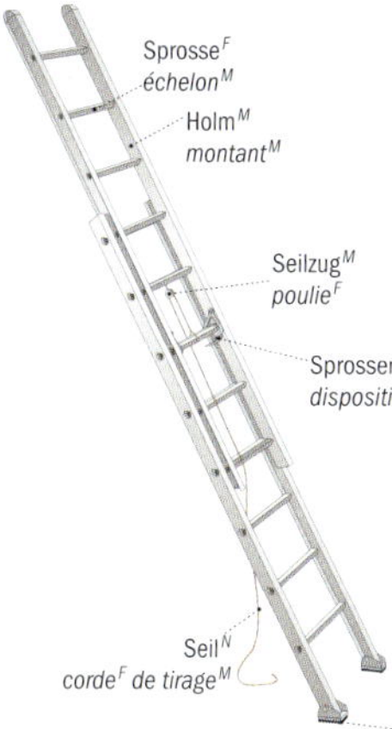

Bautischlerei^F: Nagelwerkzeuge^N

menuiserie^F : outils^M pour clouer

Zimmermannshammer^M
marteau^M de charpentier^M

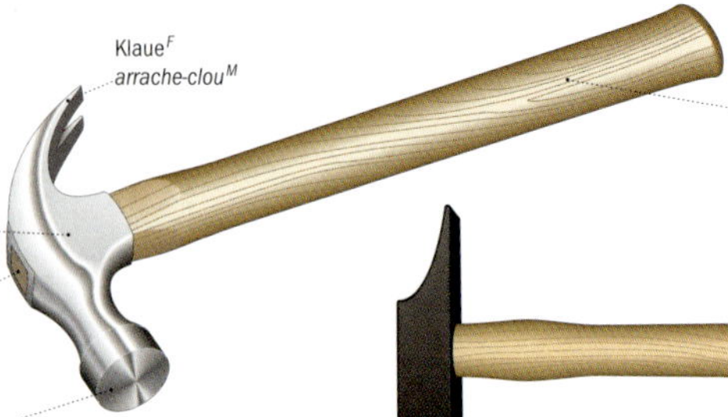

Hammer^M
marteau^M de menuisier^M

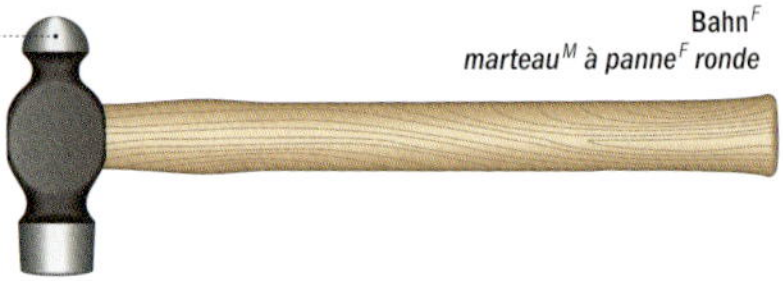

Hammer^M mit runder Bahn^F
marteau^M à panne^F ronde

Körner^M
chasse-clou^M

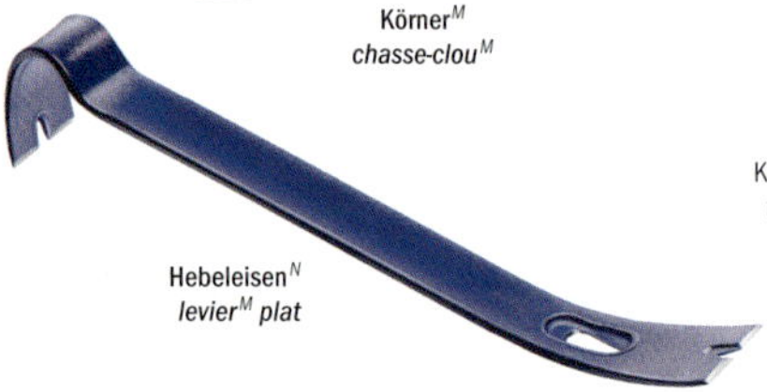

Hebeleisen^N
levier^M plat

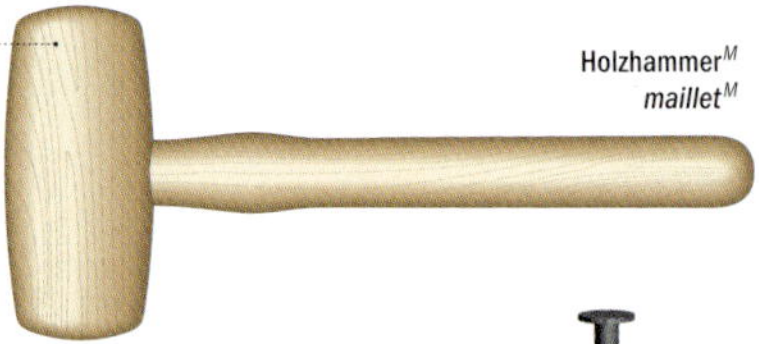

Holzhammer^M
maillet^M

Nagel^M
clou^M

Beispiele^N für Nägel^M
exemples^M de clous^M

gewöhnlicher Nagel^M
clou^M commun

Spiralnagel^M
clou^M à tige^F spiralée

Versenknagel^M
clou^M à tête^F homme^M

Mauernagel^M
clou^M à maçonnerie^F

Zwecke^F
semence^F

geschnittener Nagel^M
clou^M coupé

Bautischlerei[F]: Schraubwerkzeuge[N]

menuiserie[F] : outils[M] pour visser

Schraubenzieher[M]
tournevis[M]

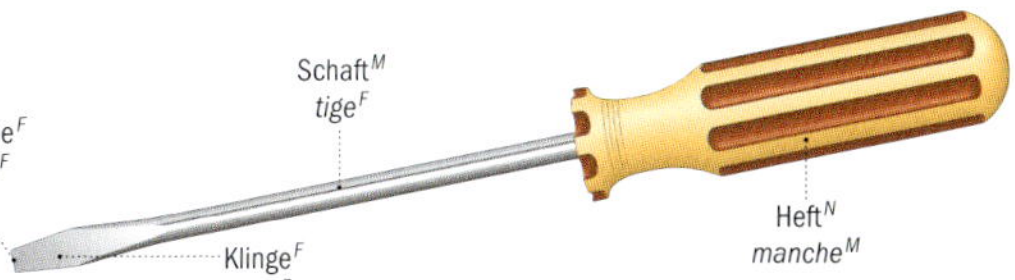

Drillschraubenzieher[M]
tournevis[M] à spirale[F]

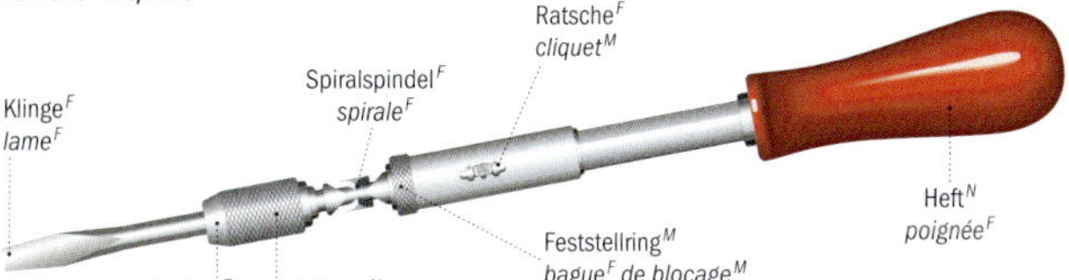

Batterie-Schraubendreher[M]
tournevis[M] sans fil[M]

Klingenarten[F]
exemples[M] de pointes[F]

Einsatz[M] für Imbusschrauben[F]
pointe[F] carrée

Einsatz[M] für Kreuzschlitzschrauben[F]
pointe[F] cruciforme

Einsatz[M] für Schlitzschrauben[F]
pointe[F] plate

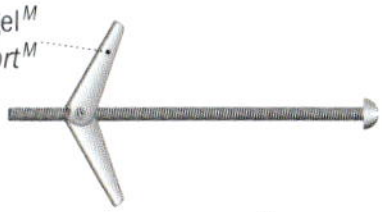

Knebelbolzen[M]
boulon[M] à ailettes[F]

Spreizdübel[M]
boulon[M] à gaine[F] d'expansion[F]

Schraube[F]
vis[F]

Kopfarten[F]
exemples[M] de têtes[F]

Senkkopf[M] mit Schlitz[M]
tête[F] plate

Rundkopf[M] mit Schlitz[M]
tête[F] ronde

Sicherungskopf[M]
tête[F] à sens[M] unique

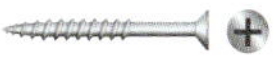

Senkkopf[M] mit Kreuzschlitz[M]
tête[F] cruciforme

Senkkopf[M] mit Imbus[M]
tête[F] creuse

Linsenkopf[M] mit Schlitz[M]
tête[F] bombée

Bautischlerei^{F}: Greif- und Spannwerkzeuge^{N}

menuiserie^{F} : outils^{M} pour serrer

Zangen^{F}
pinces^{F}

Kombizange^{F}
pince^{F} à joint^{M} coulissant

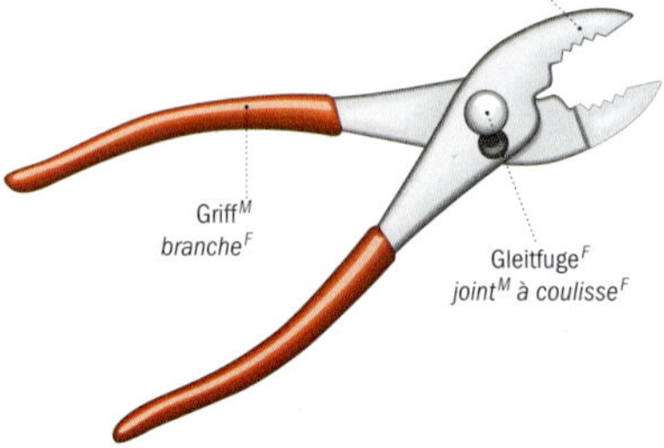

Wasserpumpen-Zange^{F}
pince^{F} multiprise

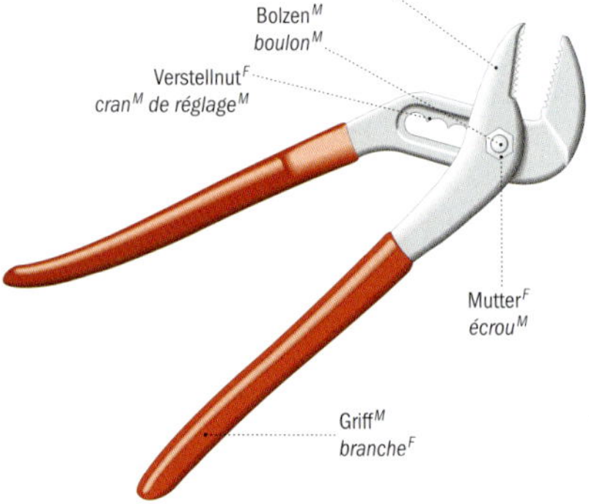

Gripzange^{F}
pince^{F}-étau^{M}

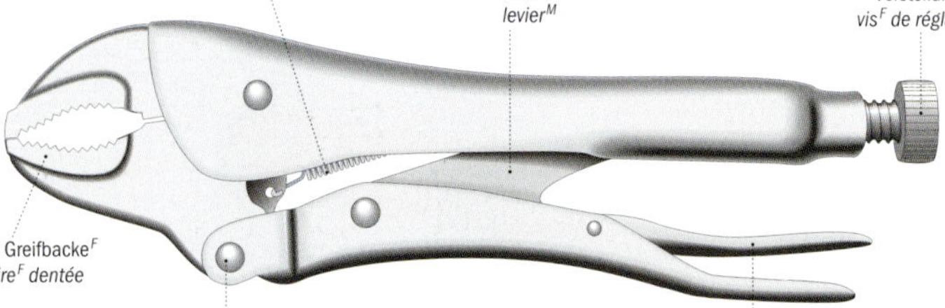

Unterlegscheiben^{F}
rondelles^{F}

Unterlegscheibe^{F}
rondelle^{F} plate

Federring^{M}
rondelle^{F} à ressort^{M}

außengezahnte Fächerscheibe^{F}
rondelle^{F} à denture^{F} extérieure

innengezahnte Fächerscheibe^{F}
rondelle^{F} à denture^{F} intérieure

Schlüssel[M]
clés[F]

Rollgabelschlüssel[M]
clé[F] ***à molette***[F]

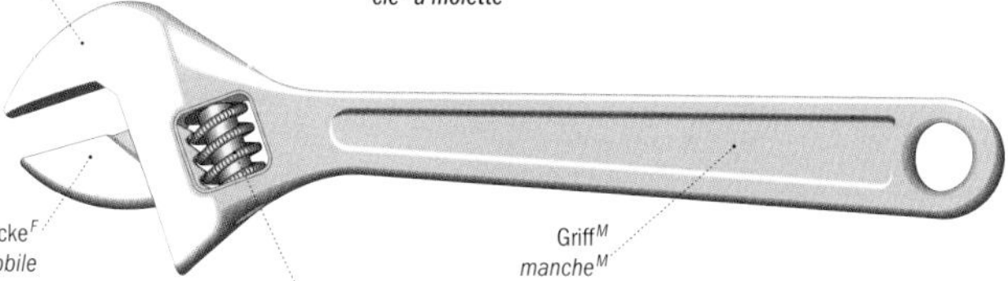

Ratschenringschlüssel[M]
clé[F] ***polygonale à cliquet***[M]

offener Doppelringschlüssel[M]
clé[F] ***polygonale à têtes***[F] ***fendues***

Doppelmaulschlüssel[M]
clé[F] ***à fourches***[F]

Doppelringschlüssel[M]
clé[F] ***polygonale***

Maul-Ringschlüssel[M]
clé[F] ***mixte***

Knarre[F]
clé[F] à douille[F] à cliquet[M]

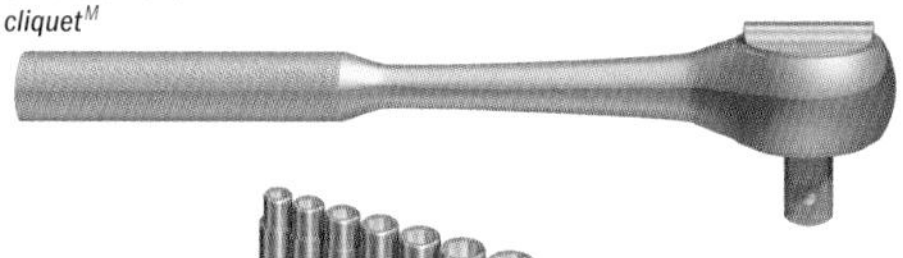

Steckschlüsselsatz[M]
jeu[M] ***de douilles***[F]

Muttern[F]
écrous[M]

Sechskantmutter[F]
écrou[M] ***hexagonal***

Hutmutter[F]
écrou[M] ***borgne***

Flügelmutter[F]
écrou[M] ***à oreilles***[F]

Schrauben[F]
boulons[M]

Schraubenbolzen[M]
boulon[M]

Schraubenbolzen[M] mit Ansatz[M]
boulon[M] à épaulement[M]

Zwinge[F]
serre-joint[M]

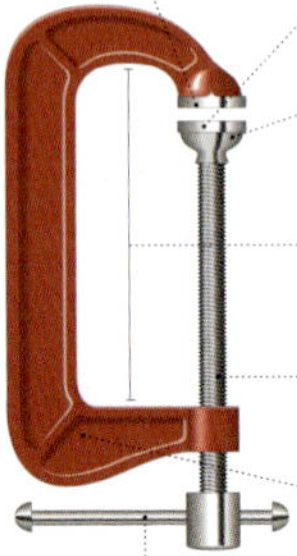

Schraubstock[M]
étau[M]

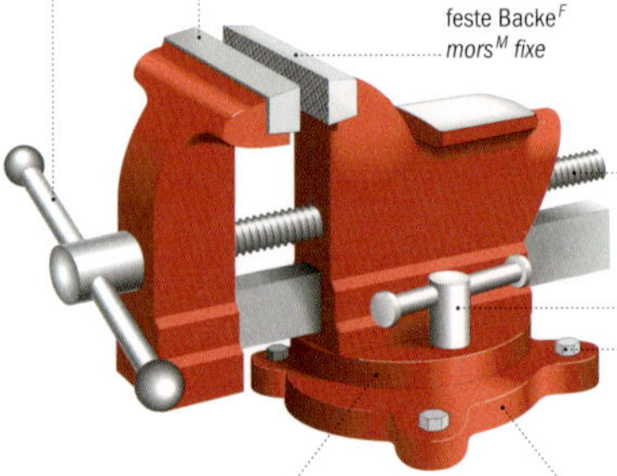

Rohrschraubstock[M]
serre-joint[M] à tuyau[M]

Werkbank[F] und Schraubstock[M]
établi[M] étau[M]

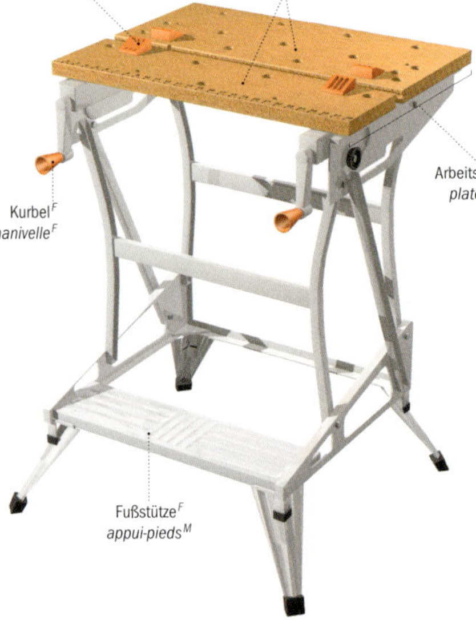

Bautischlerei[F]: Mess- und Markierinstrumente[N]

menuiserie[F] : instruments[M] de traçage[M] et de mesure[F]

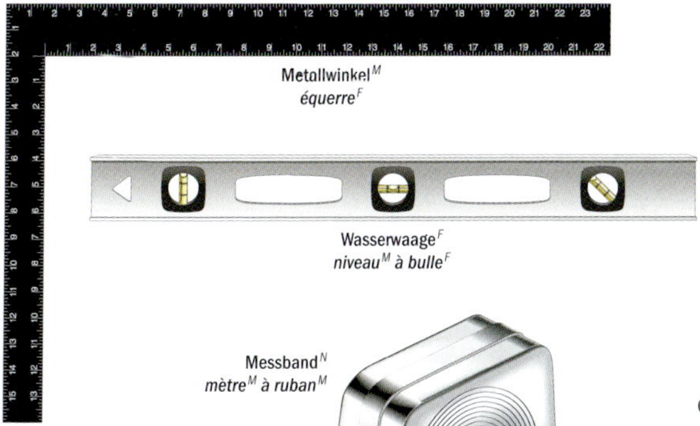

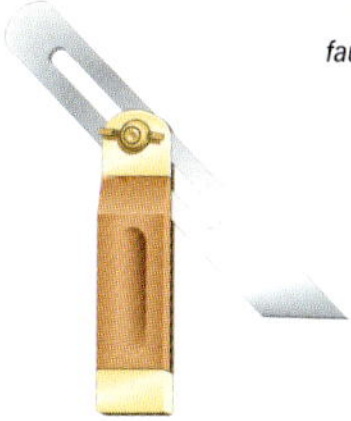

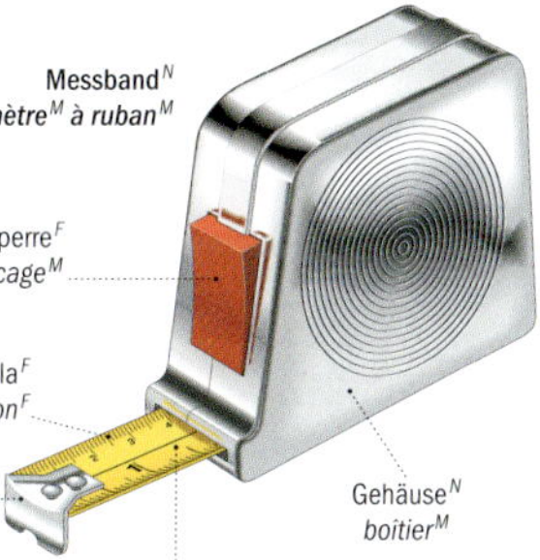

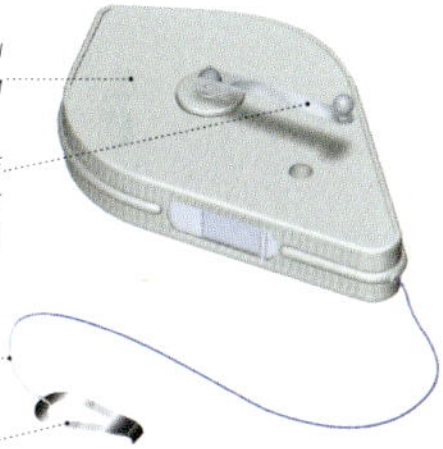

Bautischlerei[F]: verschiedenes Zubehör[N]

menuiserie[F] : matériel[M] divers

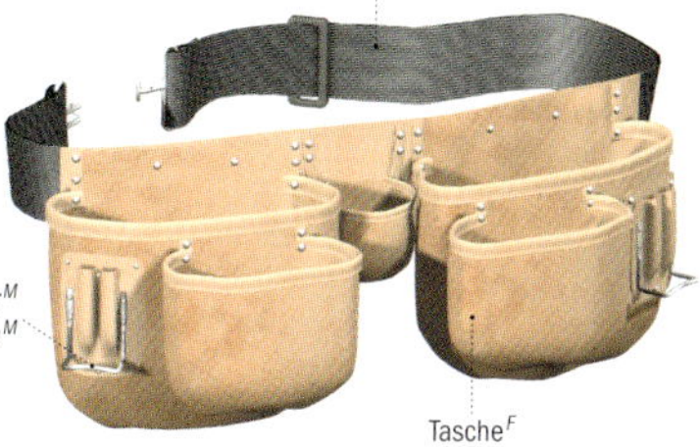

Bautischlerei[F]: Sägewerkzeuge[N]

menuiserie[F] : outils[M] pour scier

Laubsäge[F]
scie[F] à chantourner

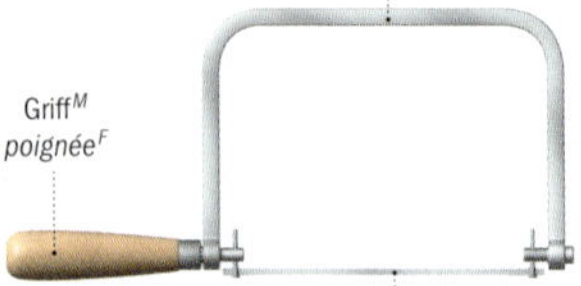

Bügelsäge[F]
scie[F] à métaux[M]

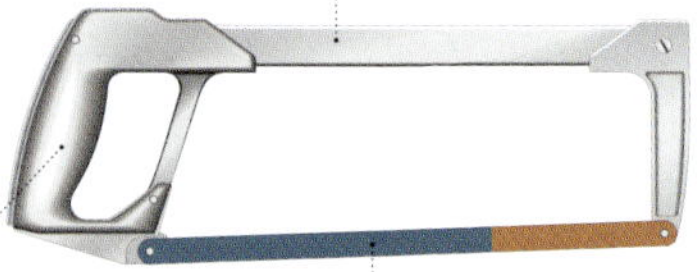

Stichsäge[F]
scie[F] à guichet[M]

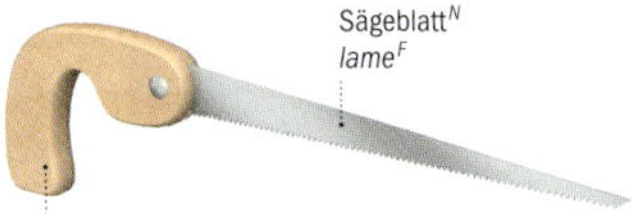

Fuchsschwanz[M]
scie[F] égoïne

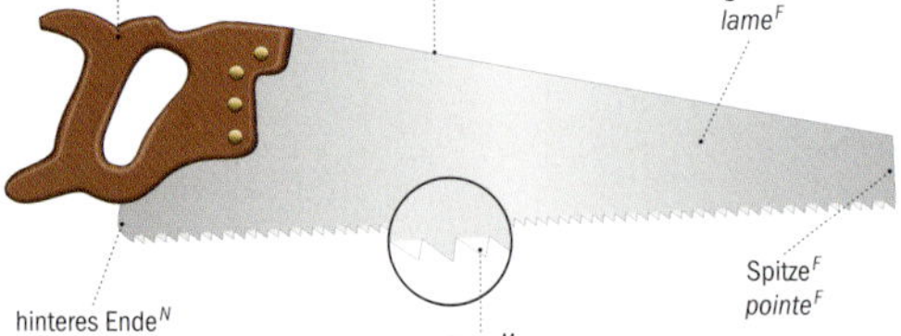

Hand-Gehrungssäge[F]
scie[F] à onglet[M] manuelle

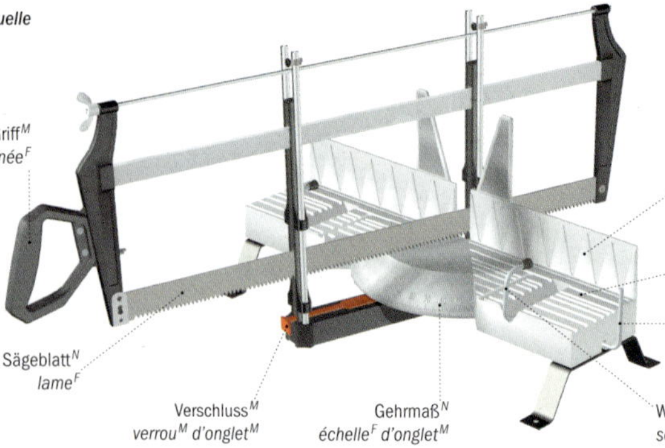

elektrische Stichsäge[F]
scie[F] sauteuse

Kreissägeblatt[N]
lame[F] de scie[F] circulaire

Handkreissäge[F]
scie[F] circulaire

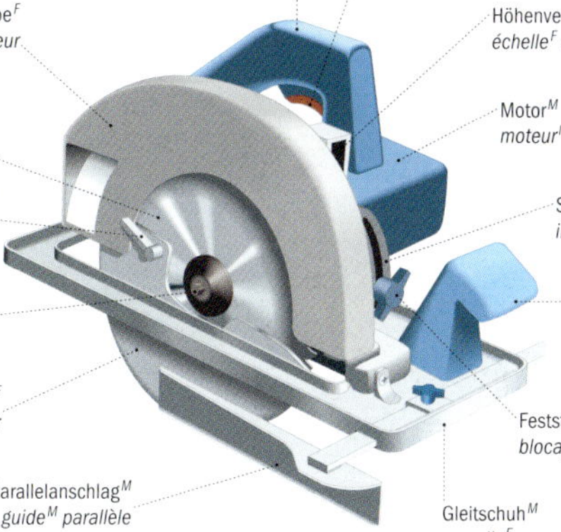

Bautischlerei[F]: Bohrwerkzeuge[N]

menuiserie[F] : outils[M] pour percer

Akku[M]-Bohrschrauber[M]
perceuse[F]-visseuse[F] sans fil[M]

Akku[M]
batterie[F]

Ladegerät[N]
chargeur[M]

Bohrfutterschlüssel[M]
clé[F] de mandrin[M]

elektrische Bohrmaschine[F]
perceuse[F] électrique

Beispiele[N] für Bits[M] und Bohrer[M]
exemples[M] de mèches[F] et de forets[M]

Spiralbohrer[M]
mèche[F] hélicoïdale

Schneckenbohrer[M]
mèche[F] hélicoïdale à âme[F] centrale

Steinbohrer[M]
foret[M] de maçonnerie[F]

Spiralbohrer[M]
foret[M] hélicoïdal

Flachfräsbohrer[M]
mèche[F] à centre[M] plat

Schlangenbohrer[M] mit doppeltem Gewindegang
mèche[F] hélicoïdale à double torsade[F]

Bautischlerei[F]: Formwerkzeuge[N]

menuiserie[F] : outils[M] pour façonner

Hobel[M]
rabot[M]

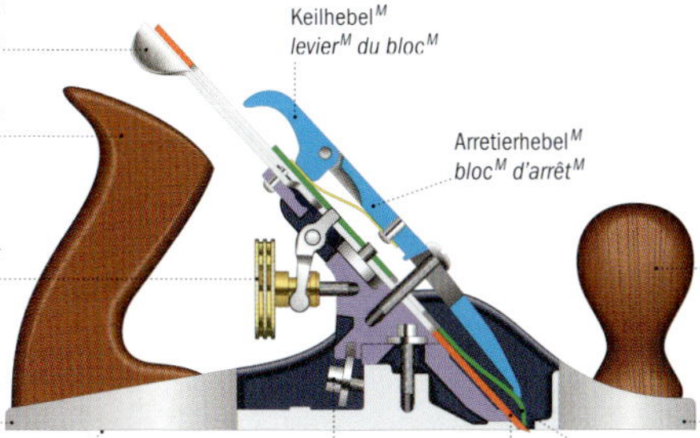

Exzenterschleifer[M]
ponceuse[F] excentrique

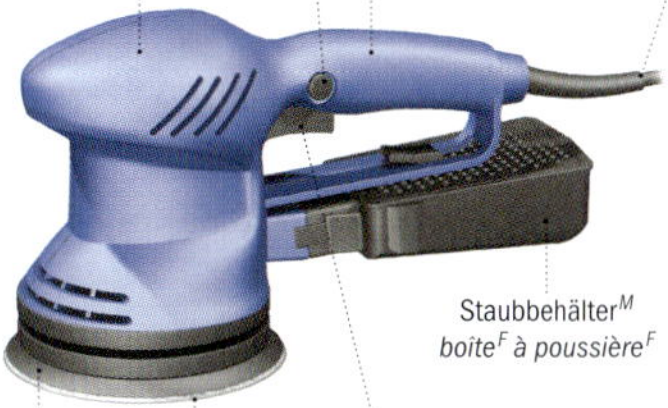

Schleifpapier[N]
papier[M] de verre[M]

Oberfräse[F]
défonceuse[F]

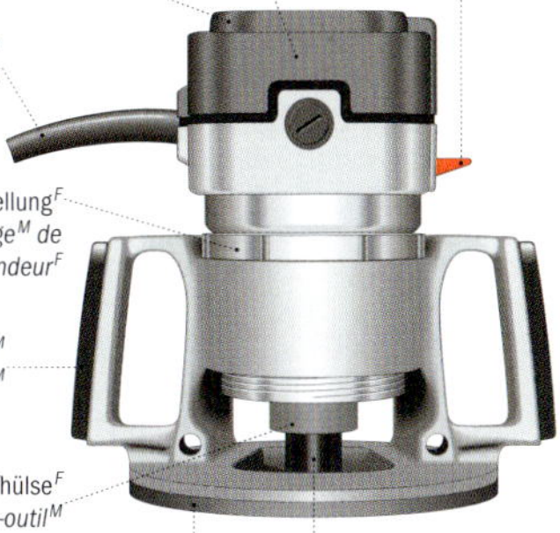

Flachfeile[F]
lime[F]

Stemmeisen[N]
ciseau[M] à bois[M]

HEIMWERKEN UND GARTENARBEIT

Ziergarten^M

jardin^M d'agrément^M

Zierbaum^M
arbre^M d'ornement^M
Laterne^F
lanterne^F
Schuppen^M
remise^F
Spalier^N
treillis^M
Strauch^M
arbuste^M
Gartenteich^M
bassin^M
Kletterpflanze^F
plante^F grimpante
Pergola^F
pergola^F
Terrasse^F
terrasse^F
Ampel^F
corbeille^F suspendue
Blumenrabatte^F
massif^M de fleurs^F
Hecke^F
haie^F
Rasen^M
gazon^M
Stab^M
tuteur^M
Lattenzaun^M
clôture^F en lattis^M
Blumenbeet^N
plate-bande^F
Gartenweg^M
allée^F
Pflasterstein^F
dalle^F
Steingarten^M
rocaille^F
Einfassung^F
bordure^F d'allée^F
Spalierbogen^M
arceau^M
Kübel^M
bac^M à plante^F

verschiedene Geräte^{N}

équipement^{M} divers

Kompostkiste^{F}
bac^{M} à compost^{M}

Schubkarre^{F}
brouette^{F}

Werkzeuge^{N} zum Säen^{N} und Pflanzen^{N}

outils^{M} pour semer et planter

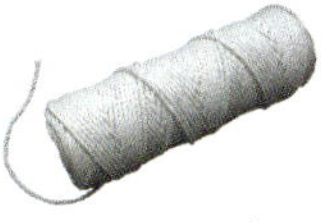

Pflanzschnur^{F}
cordeau^{M}

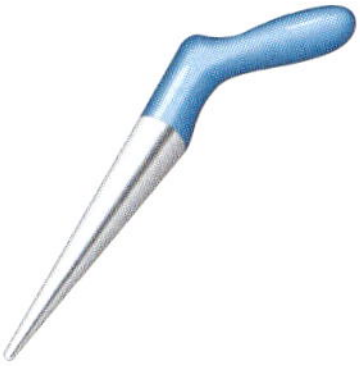

Pflanzholz^{N}
plantoir^{M}

Pflanzlochstecher^{M}
plantoir^{M} à bulbes^{M}

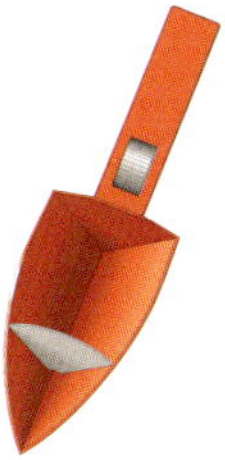

Säkelle^{F}
semoir^{M} à main^{F}

Baumstütze^{F}
tuteur^{M}

Handwerkzeuge^{N}

jeu^{M} de petits outils^{M}

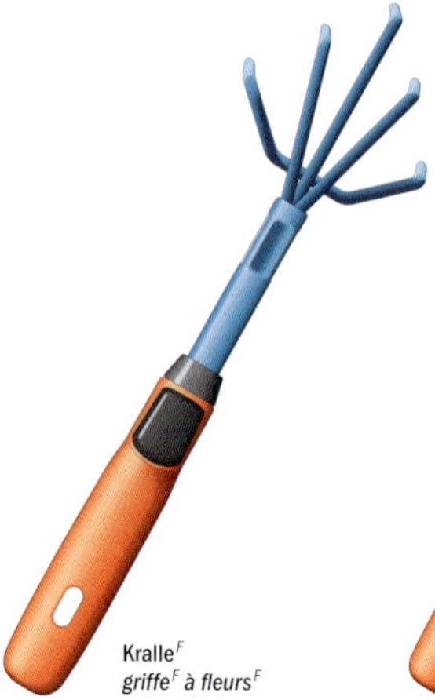

Kralle^{F}
griffe^{F} à fleurs^{F}

Pflanzkelle^{F}
transplantoir^{M}

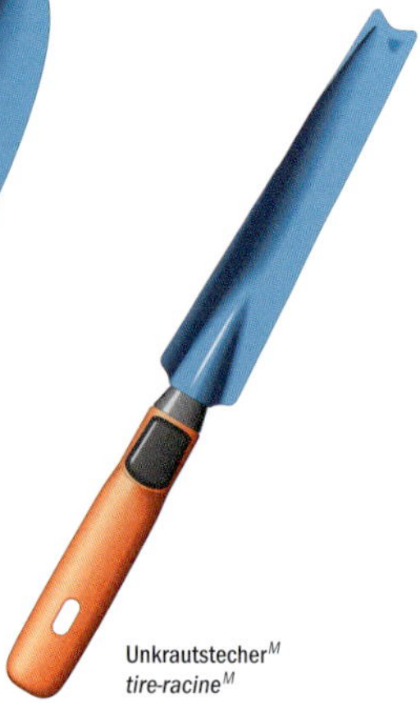

Unkrautstecher^{M}
tire-racine^{M}

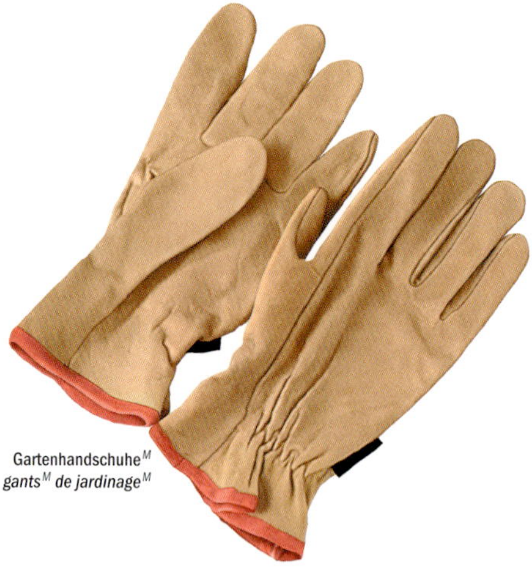

Gartenhandschuhe^{M}
gants^{M} de jardinage^{M}

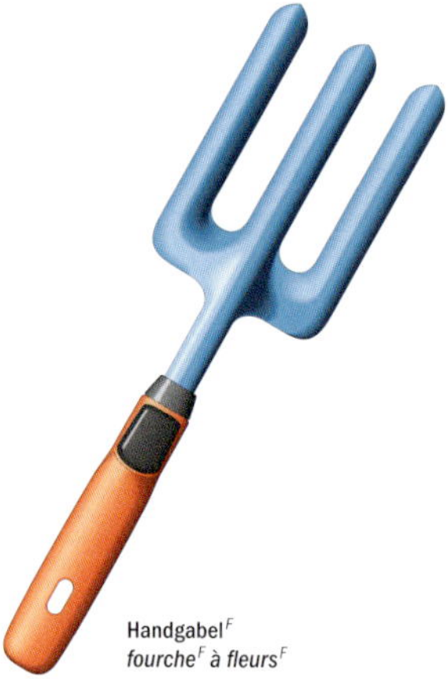

Handgabel^{F}
fourche^{F} à fleurs^{F}

Geräte[N] zur Erdbewegung[F]

outils[M] pour remuer la terre[F]

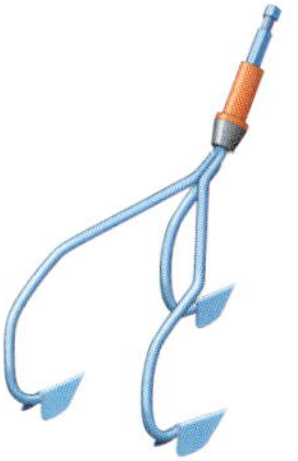

Handkultivator[M]
sarcloir[M]

Kombihacke[F]
serfouette[F]

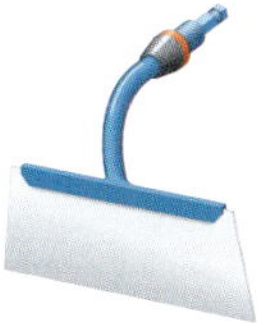

Rübenhacke[F]
binette[F]

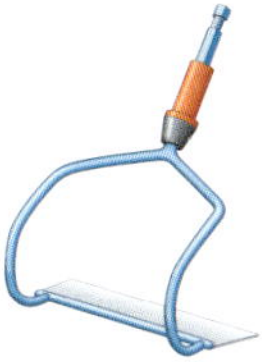

Ziehhacke[F]
ratissoire[F]

Spaten[M]
bêche[F]

Grabschaufel[F]
pelle[F]

Grabgabel[F]
fourche[F] à bêcher

Rechen[M]
râteau[M]

Rodehacke[F]
houe[F]

Kreuzhacke[F]
pioche[F]

Kantenstecher[M]
coupe-bordures[M]

Schneidwerkzeuge[N]

outils[M] pour couper

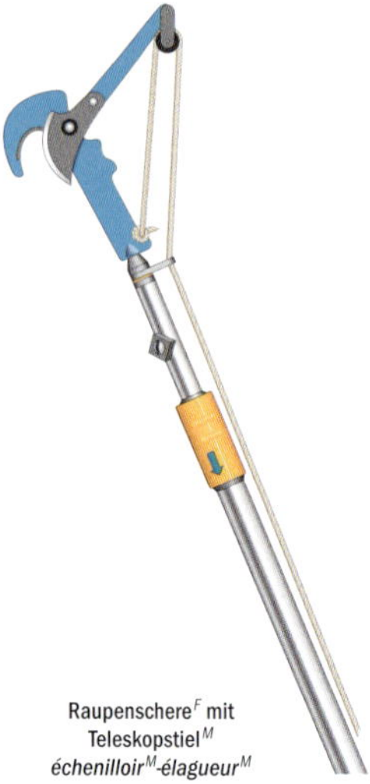

Raupenschere[F] mit Teleskopstiel[M]
échenilloir[M]-élagueur[M]

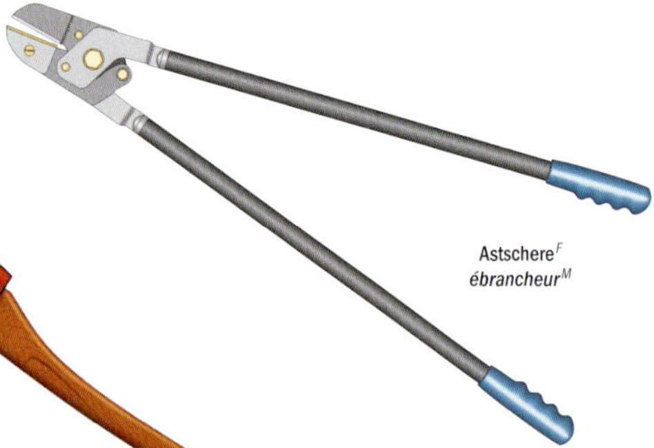

Astschere[F]
ébrancheur[M]

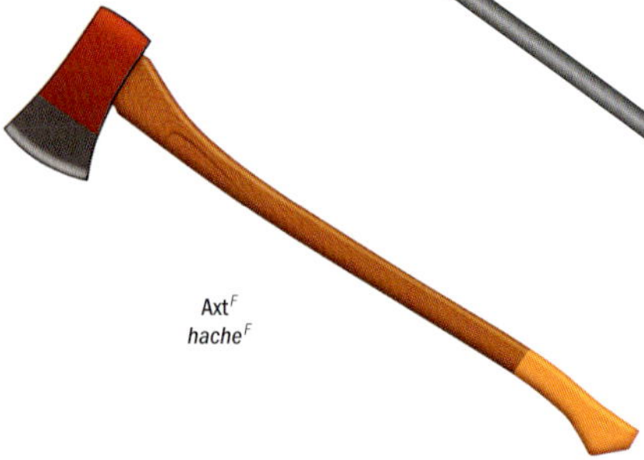

Axt[F]
hache[F]

Baumschere[F]
sécateur[M]

Heckenschere[F]
cisaille[F] à haies[F]

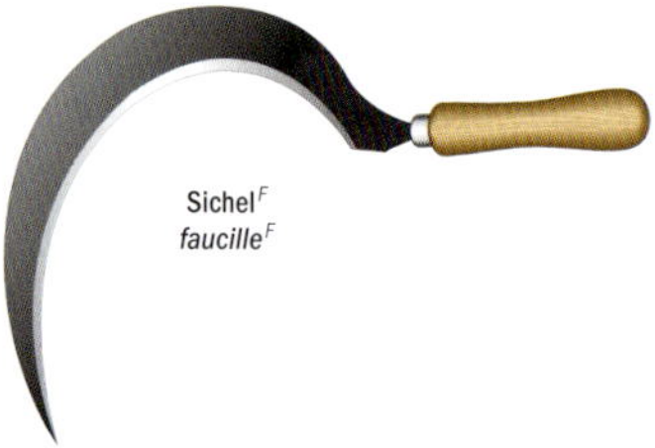

Sichel[F]
faucille[F]

Baumsäge[F]
scie[F] d'élagage[M]

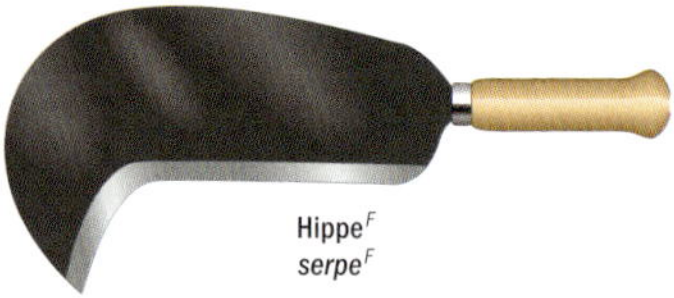

Hippe[F]
serpe[F]

elektrische Heckenschere^F
taille-haies^M

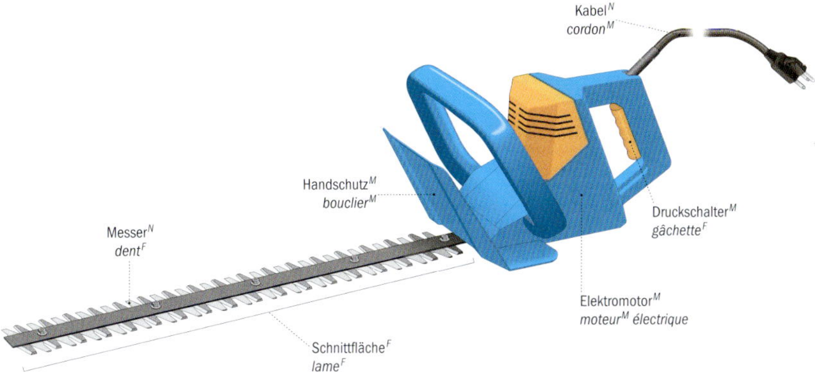

Kettensäge^F
tronçonneuse^F

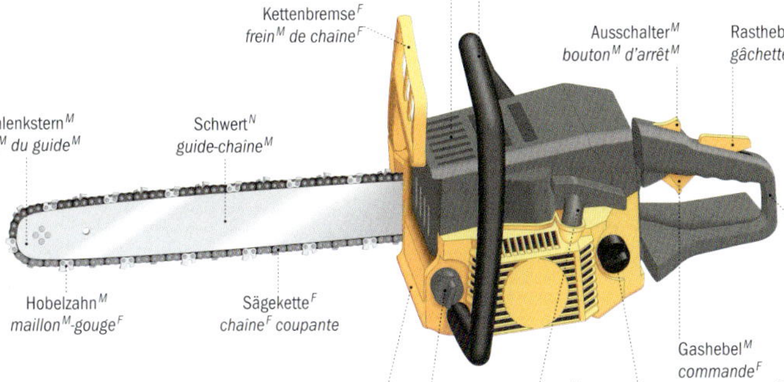

Gießgeräte^{N}

outils^{M} pour arroser

Sprühflasche^{F}
vaporisateur^{M}

Gießbrause^{F}
pistolet^{M} arrosoir^{M}

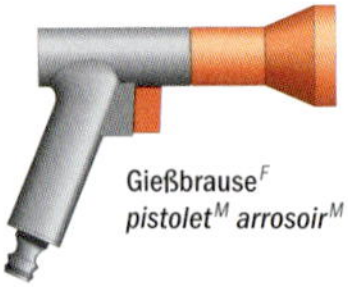

Gießpistole^{F}
pistolet^{M} d'arrosage^{M}

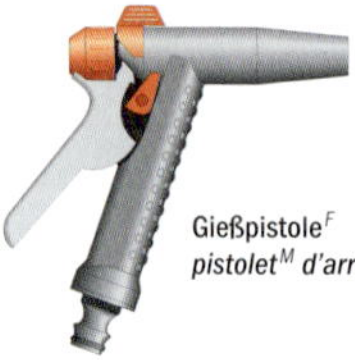

Regnerschlauch^{M}
tuyau^{M} perforé

Gartenspritze^{F}
pulvérisateur^{M}

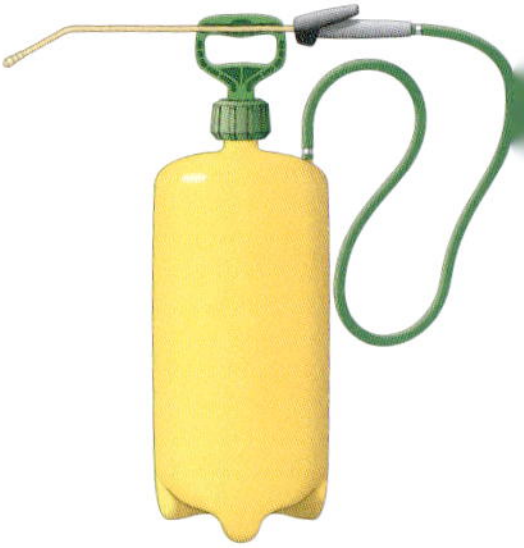

Gießkanne^{F}
arrosoir^{M}

Impulsregner^{M}
arroseur^{M} canon^{M}

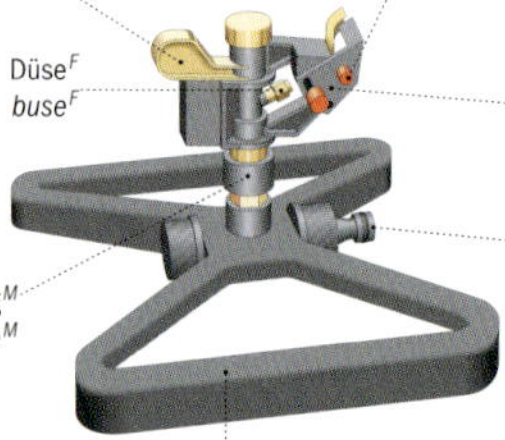

Schlauchwagen^{M}
dévidoir^{M} sur roues^{F}

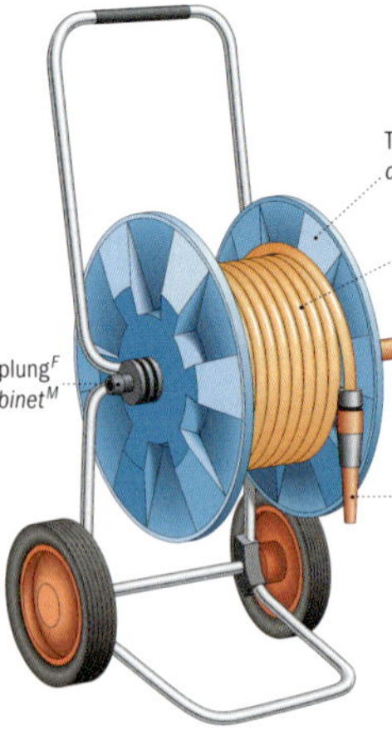

Viereckregner^{M}
arroseur^{M} oscillant

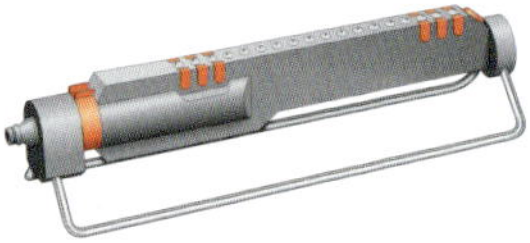

Kreisregner^{M}
arroseur^{M} rotatif

Rasenpflege^{F}

soins^{M} de la pelouse^{F}

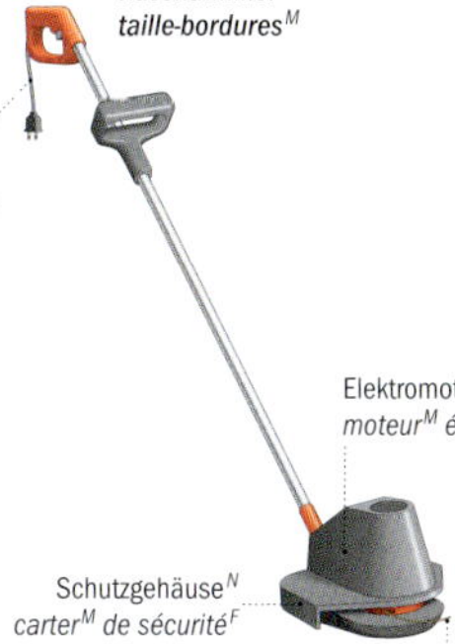

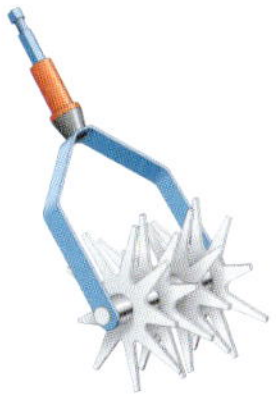

HEIMWERKEN UND GARTENARBEIT

Kopfbedeckungen^{F}

coiffure^{F}

Herrenkopfbedeckungen^{F}
coiffures^{F} d'homme^{M}

Filzhut^{M}
chapeau^{M} de feutre^{M}

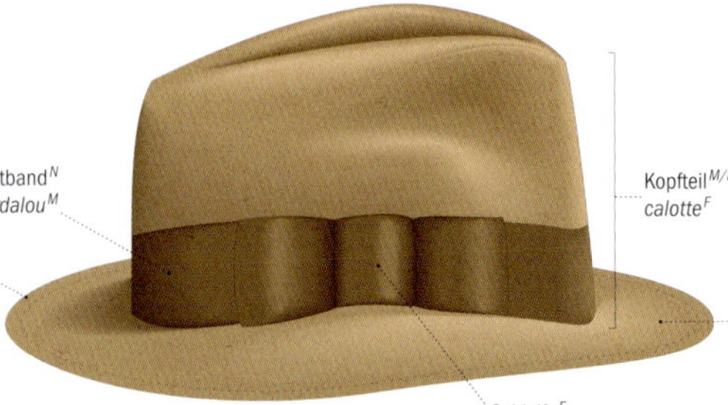

Strohhut^{M}
canotier^{M}

Käppchen^{N}
calotte^{F}

Melone^{F}
melon^{M}

Fellmütze^{F}
calot^{M}

Zylinder^{M}
haut-de-forme^{M}

Kosakenmütze^{F}
chapska^{M}

Jagdkappe^{F}
casquette^{F} norvégienne

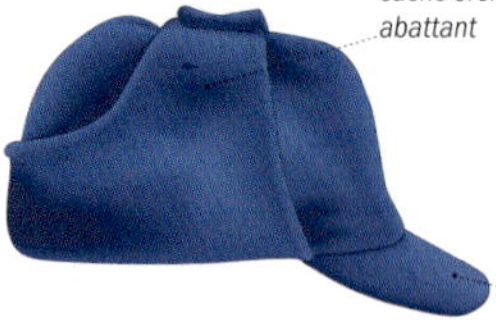

Schirmmütze^{F}
casquette^{F}

Panamahut^{M}
panama^{M}

Damenkopfbedeckungen^{F}
coiffures^{F} de femme^{F}

Pillbox^{F}
tambourin^{M}

Wagenradhut^{M}
capeline^{F}

Topfhut^{M}
cloche^{F}

Toque^{F}
toque^{F}

Regenhut^{M}
bob^{M}

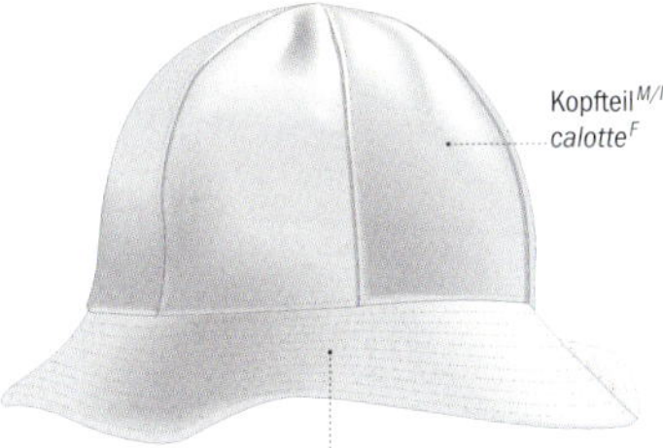

Turban^{M}
turban^{M}

Südwester^{M}
suroît^{M}

Unisex-Kopfbedeckungen^{F}
coiffures^{F} unisexes

Baskenmütze^{F}
béret^{M}

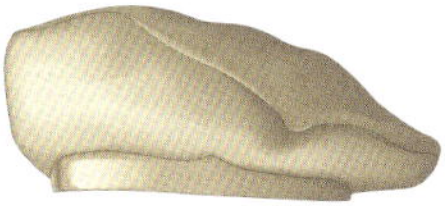

Kapuzenmütze^{F}
cagoule^{F}

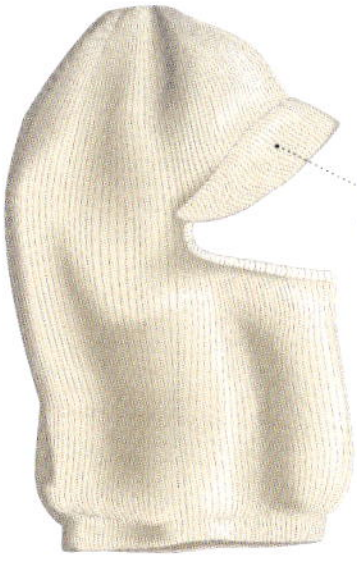

Pudelmütze^{F}
bonnet^{M} pompon^{M}

Filzhut^{M}
chapeau^{M} de feutre^{M}

KLEIDUNG

Schuhe^{M}

chaussures^{F}

Herrenschuhe^{M}
chaussures^{F} d'homme^{M}

Teile$^{M/N}$ des Schuhs^{M}
parties^{F} d'une chaussure^{F}

Arbeitsstiefel^{M}
brodequin^{M} de travail^{M}

Boot^{M}
chukka^{M}

Überziehschuh^{M}
claque^{F}

Halbstiefel^{M}
bottillon^{M}

Herrenhalbschuh^{M}
richelieu^{M}

Schnürschuh^{M}
derby^{M}

Damenschuhe^{M}
chaussures^{F} de femme^{F}

Sandalette^{F} mit Fersenriemen^{M}
sandale^{F}

Ballerinaschuh^{M}
ballerine^{F}

Slingpumps^{M}
escarpin^{M}-sandale^{F}

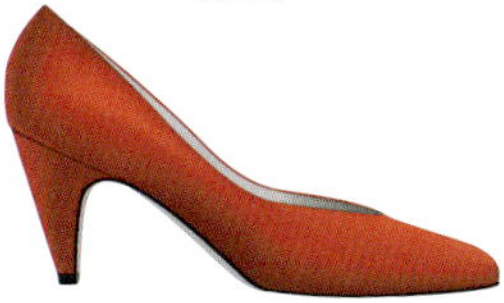

Pumps^{M}
escarpin^{M}

Einspangenschuh^{M}
Charles IX^{M}

Stegspangenschuh^{M}
salomé^{M}

Straßenschuh^{M}
trotteur^{M}

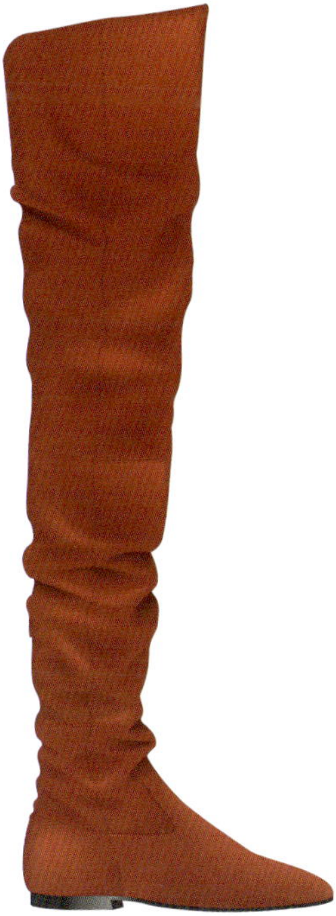

Schaftstiefel^{M}
cuissarde^{F}

Stiefel^{M}
botte^{F}

knöchelhohe Stiefelette^{F}
bottine^{F}

KLEIDUNG

Unisex-Schuhe^{M}
chaussures^{F} unisexes

Pantoffel^{M}
mule^{F}

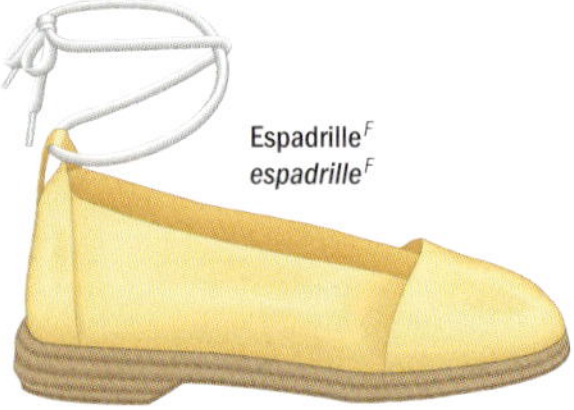

Espadrille^{F}
espadrille^{F}

Tennisschuh^{M}
tennis^{M}

Slipper^{M}
loafer^{M}

Sandale^{F} mit Zehenriemchen^{N}
nu-pied^{M}

Mokassin^{M}
mocassin^{M}

Römerpantolette^{F}
tong^{M}

Pantolette^{F}
socque^{M}

Sandale^{F}
sandalette^{F}

Wanderschuh^{M}
brodequin^{M} de randonnée^{F}

Herrenhandschuhe^{M}
gants^{M} d'homme^{M}

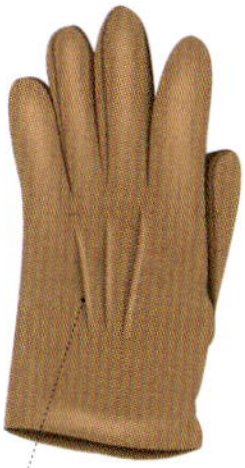

Handschuh^{M}-Außenseite^{F}
dos^{M} d'un gant^{M}

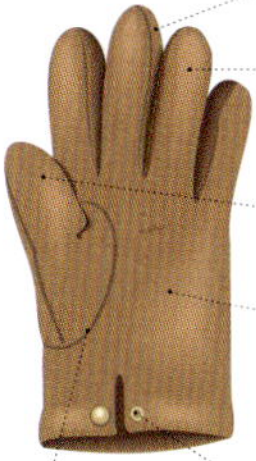

Handschuh^{M}-Innenseite^{F}
paume^{F} d'un gant^{M}

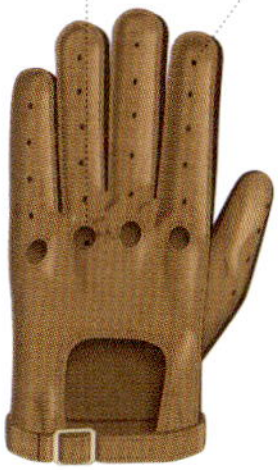

Autohandschuh^{M}
gant^{M} de conduite^{F}

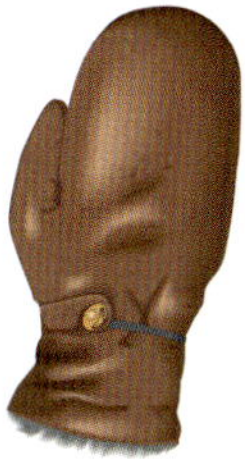

Fäustling^{M}
moufle^{F}

Damenhandschuhe^{M}
gants^{M} de femme^{F}

Kurzhandschuh^{M}
gant^{M} court

Stulpenhandschuh^{M}
gant^{M} à crispin^{M}

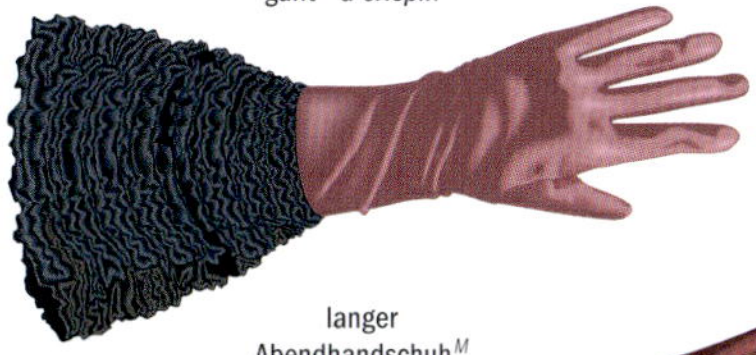

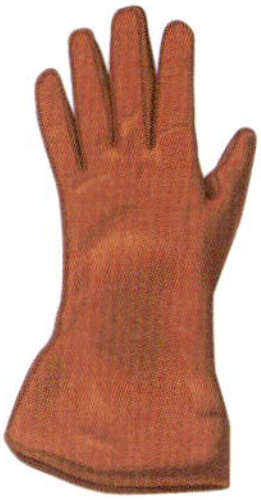

Langhandschuh^{M}
gant^{M} saxe

langer Abendhandschuh^{M}
gant^{M} long

fingerloser Spitzenhandschuh^{M}
mitaine^{F}

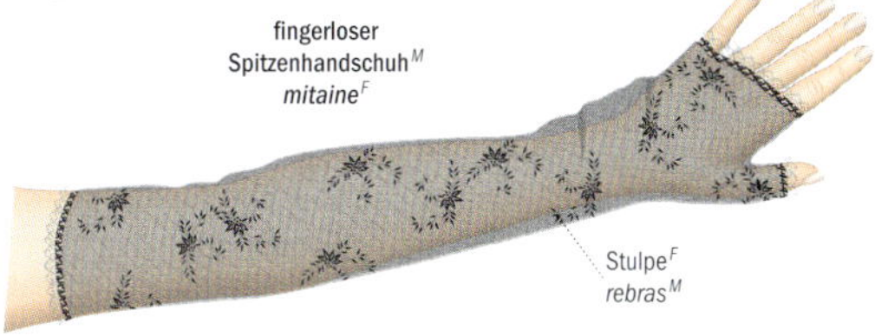

KLEIDUNG

Herrenkleidung^{F}

vêtements^{M} d'homme^{M}

Jackett^{N} und Weste^{F}
veston^{M} et veste^{F}

Zweireiher^{M}
veston^{M} croisé

Weste^{F}
gilet^{M}

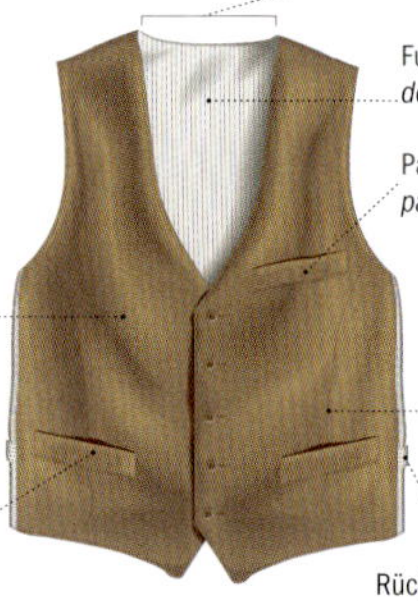

Einreiher^{M}
veste^{F} droite

Hemd[N]
chemise[F]

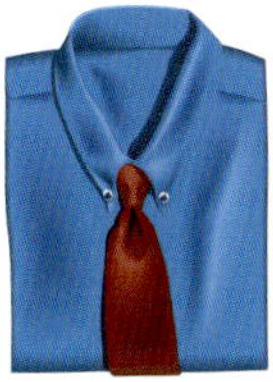

Button-Down-Kragen[M]
col[M] pointes[F] boutonnées

Krawattenschal[M]
ascot[F]

Fliege[F]
nœud[M] papillon[M]

gespreizter Kragen[M]
col[M] italien

Krawatte[F]
cravate[F]

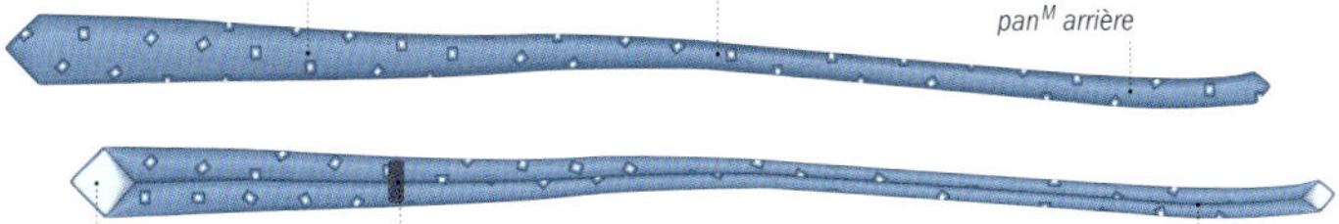

Hose^{F}
pantalon^{M}

Gesäßtasche^{F}
poche^{F}-revolver^{M}

Klips^{M}
pince^{F}

Hosenträger^{M}
bretelles^{F}

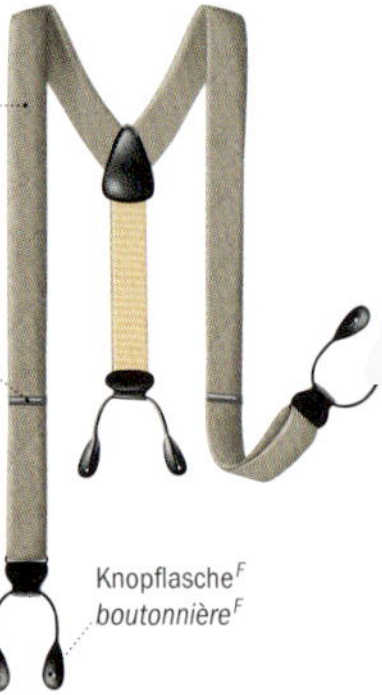

Gürtel^{M}
ceinture^{F}

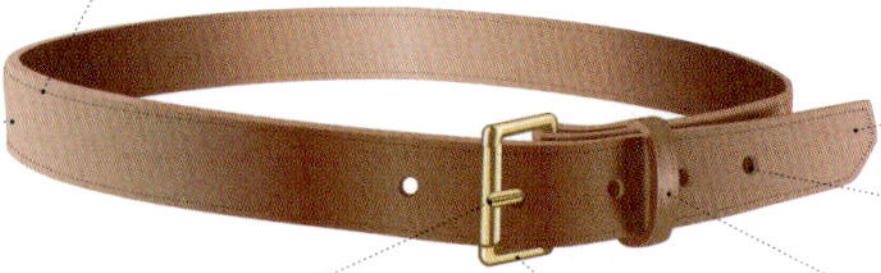

Unterwäsche^{F} *sous-vêtements*^{M}

Trägerhemd^{N}
***maillot**^{M} **de corps**^{M}*

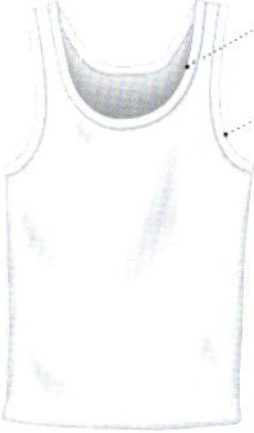

Slip^{M}
***slip**^{M}*

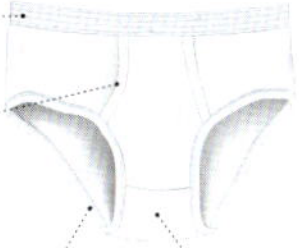

Hemdhose^{F}
***combinaison**^{F}*

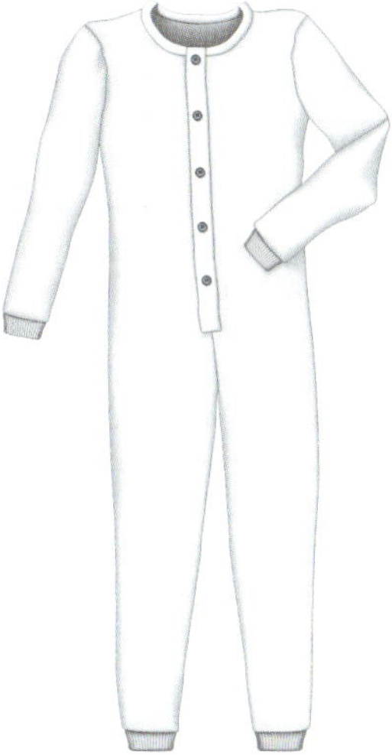

lange Unterhose^{F}
caleçon**^{M} **long

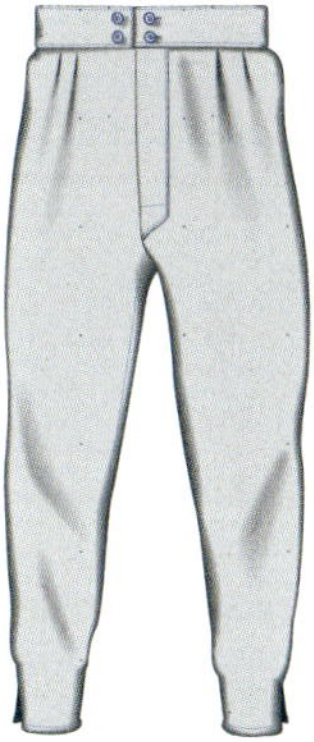

Minislip^{M}
***minislip**^{M}*

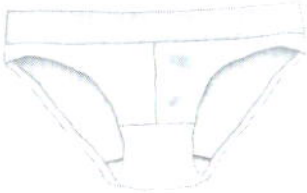

Boxershorts^{F}
***caleçon**^{M}*

Socken^{F} *chaussettes*^{F}

Kniestrumpf^{M}
***mi-bas**^{M}*

Wadenstrumpf^{M}
***chaussette**^{F}*

Knöchelsocke^{F}
***mi-chaussette**^{F}*

KLEIDUNG

Mäntel[M] und Jacken[F]
manteaux[M] et blousons[M]

Regenmantel[M]
imperméable[M]

Mantel[M]
pardessus[M]

Trenchcoat[M]
trench[M]

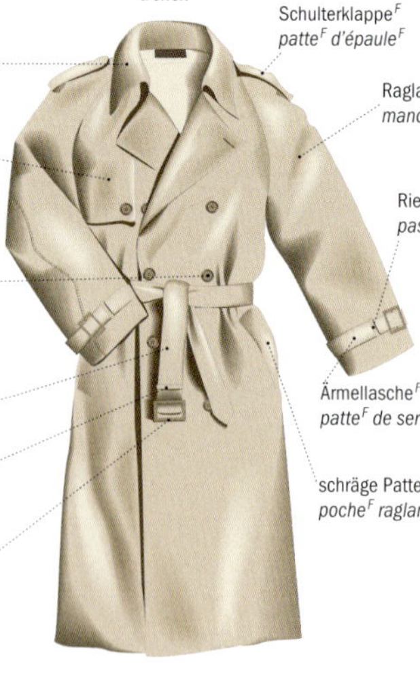

dreiviertellange Jacke[F]
paletot[M]

KLEIDUNG

Parka[M]
***parka*[F]**

Lammfelljacke[F]
***canadienne*[F]**

Dufflecoat[M]
***duffle-coat*[M]**

Blouson[M]
blouson*[M] *court

Windjacke[F]
blouson*[M] *long

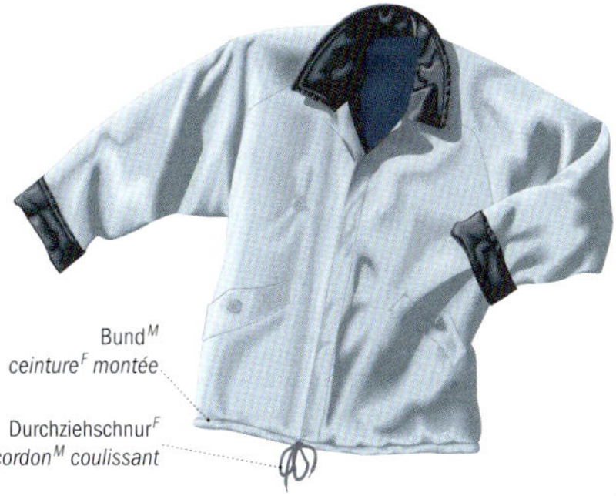

Pullover[M]

tricots[M]

Strickjacke[F] mit V-Ausschnitt[M]
gilet[M] de laine[F]

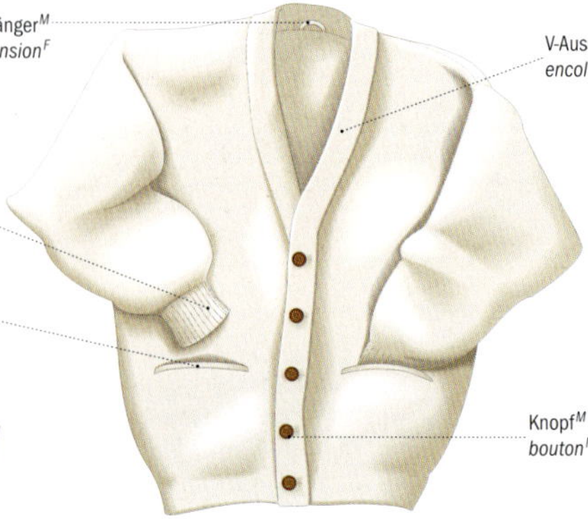

Pullunder[M]
débardeur[M]

Poloshirt[N]
polo[M]

Rollkragenpullover[M]
col[M] roulé

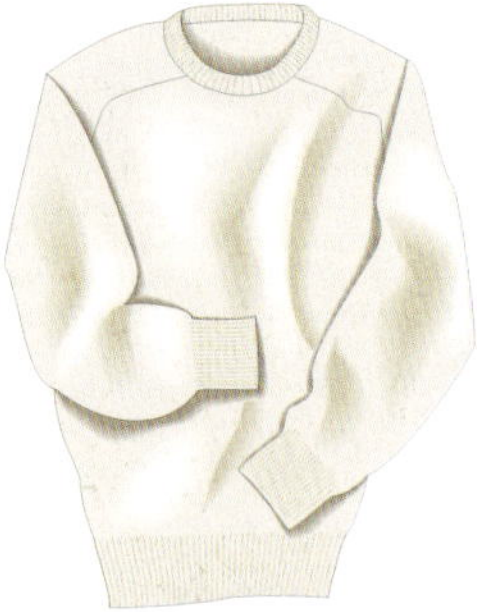

Pullover[M] mit halsnahem Ausschnitt[M]
ras-de-cou[M]

Strickjacke[F]
cardigan[M]

Kostüm[N]
tailleur[M]

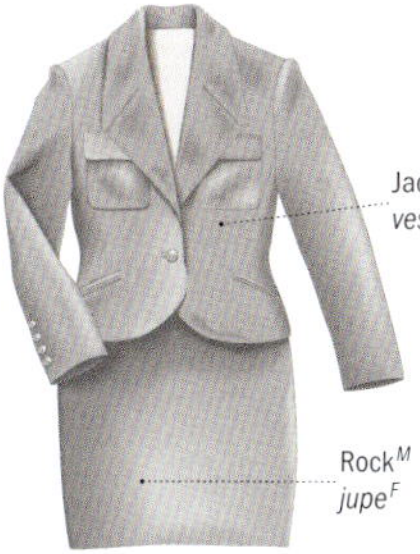

Raglanmantel[M]
raglan[M]

Mäntel[M] und Jacken[F]
manteaux[M]

Redingote[F]
redingote[F]

Pelerine[F]
pèlerine[F]

Cape[N]
cape[F]

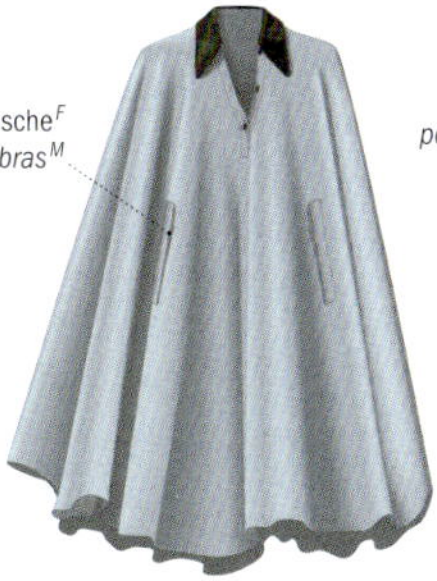

Cabanjacke[F]
caban[M]

Mantel[M]
manteau[M]

Autocoat[M]
paletot[M]

Blazer[M]
veste[F]

Poncho[M]
poncho[M]

Beispiele[N] für Kleider[N]
exemples[M] de robes[F]

Schlauchkleid[N]
robe[F] fourreau[M]

Prinzesskleid[N]
robe[F] princesse[F]

Mantelkleid[N]
robe[F]-manteau[M]

Polokleid[N]
robe[F]-polo[M]

Hauskleid[N]
robe[F] de maison[F]

Hemdblusenkleid[N]
robe[F] chemisier[M]

Kleid[N] mit angesetztem Schoß[M]
robe[F] taille[F] basse

Kleid[N] in Trapez-Form[F]
robe[F] trapèze[M]

leichtes Sonnenkleid[N]
robe[F] bain[M]-de-soleil[M]

Wickelkleid[N]
robe[F] enveloppe[F]

Tunikakleid[N]
robe[F] tunique[F]

Trägerrock[M]
chasuble[F]

Beispiele^{N} für Röcke^{M}
exemples^{M} de jupes^{F}

Bahnenrock^{M}
jupe^{F} à lés^{M}

Schottenrock^{M}
kilt^{M}

Sarong^{M}
paréo^{M}

Wickelrock^{M}
jupe^{F} portefeuille^{M}

Etuirock^{M}
jupe^{F} fourreau^{M}

Stufenrock^{M}
jupe^{F} à volants^{M} étagés

gerader Rock^{M}
jupe^{F} droite

Sattelrock^{M}
jupe^{F} à empiècement^{M}

Kräuselrock^{M}
jupe^{F} froncée

Hosenrock^{M}
jupe^{F}-culotte^{F}

Beispiele^{N} für Falten^{F}
exemples^{M} de plis^{M}

Kellerfalte^{F}
pli^{M} creux

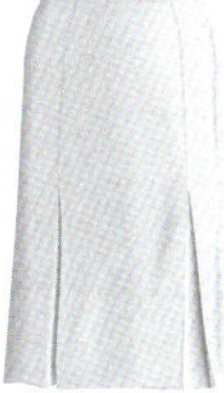

Gehfalte^{F}
pli^{M} d'aisance^{F}

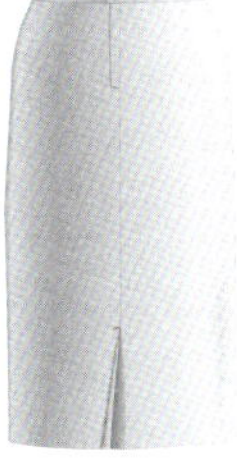

Bahnenplissee^{N}
plissé^{M} accordéon^{M}

abgesteppte Falte^{F}
pli^{M} surpiqué

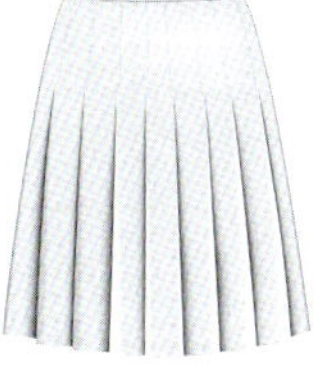

einfache Falte^{F}
pli^{M} plat

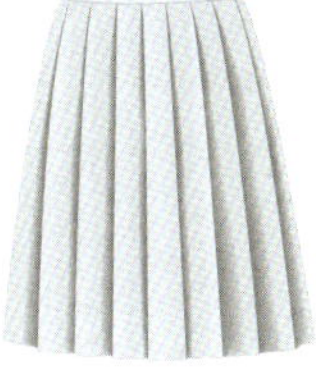

Beispiele^{N} für Hosen^{F}
exemples^{M} de pantalons^{M}

Shorts^{F}
short^{M}

Bermudashorts^{F}
bermuda^{M}

Kniebundhose^{F}
knicker^{M}

Caprihose^{F}
corsaire^{M}

Jeans^{F}
jean^{M}

Steghose^{F}
fuseau^{M}

Steg^{M}
sous-pied^{M}

Overall^{M}
combinaison^{F}-pantalon^{M}

Latzhose^{F}
salopette^{F}

Schlaghose^{F}
pantalon^{M} pattes^{F} d'éléphant^{M}

Westen^{F} und Jacken^{F}
vestes^{F} et pulls^{M}

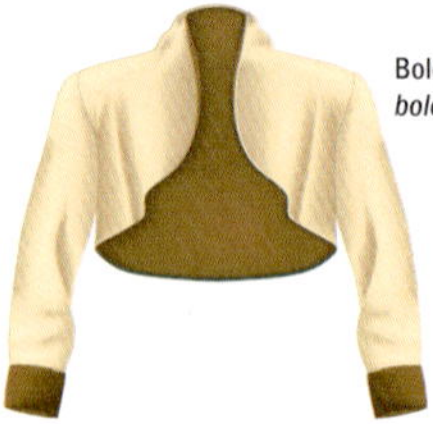

Bolero^{M}
boléro^{M}

Spenzer^{M}
spencer^{M}

Blazer^{M}
blazer^{M}

Safarijacke[F]
saharienne[F]

Weste[F]
gilet[M]

Twinset[N]
tandem[M]

Beispiele[N] für Blusen[F] und Hemden[N]
exemples[M] de corsages[M]

Bodyshirt[N]
corsage[M]-culotte[F]

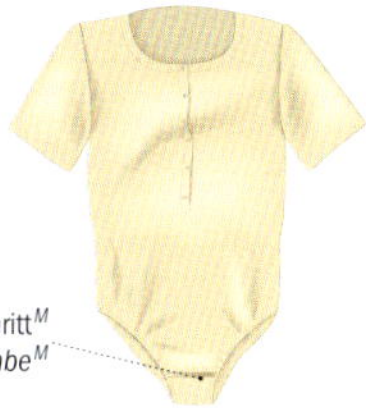

Matrosenbluse[F]
marinière[F]

Hosenbluse[F]
liquette[F]

klassische Bluse[F]
chemisier[M] classique

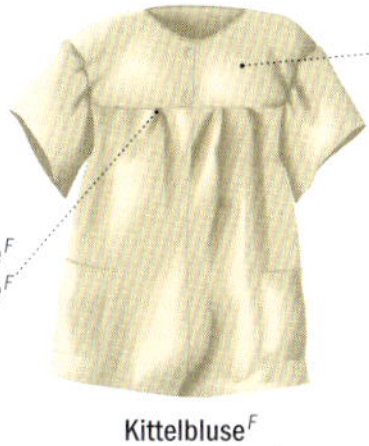

Kittelbluse[F]
tablier[M]-blouse[F]

Arbeitskittel[M]
tunique[F]

Wickelbluse[F]
cache-cœur[M]

Polohemd[N]
polo[M]

Tunika[F]
casaque[F]

KLEIDUNG

Nachtwäsche^{F}
vêtements^{M} de nuit^{F}

Kimono^{M}
kimono^{M}

Nachthemd^{N}
chemise^{F} de nuit^{F}

Baby-Doll^{N}
nuisette^{F}

Schlafanzug^{M}
pyjama^{M}

Negligé^{N}
déshabillé^{M}

Bademantel^{M}
peignoir^{M}

Strümpfe^{M}
bas^{M}

Kniestrumpf^{M}
mi-bas^{M}

Socke^{F}
chaussette^{F}

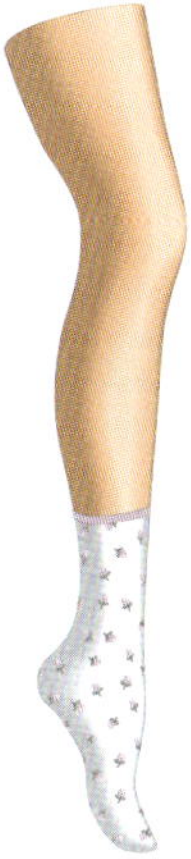

Söckchen^{N}
mi-chaussette^{F}

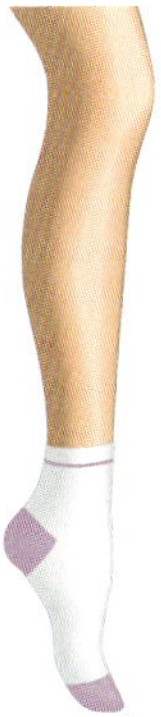

Kurzsocke^{F}
socquette^{F}

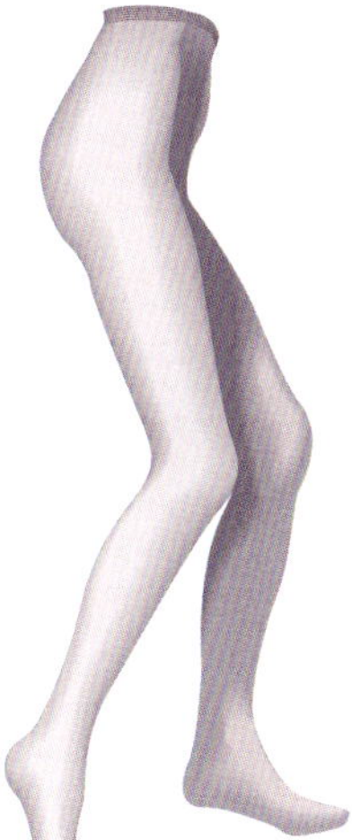

Strumpfhose^{F}
collant^{M}

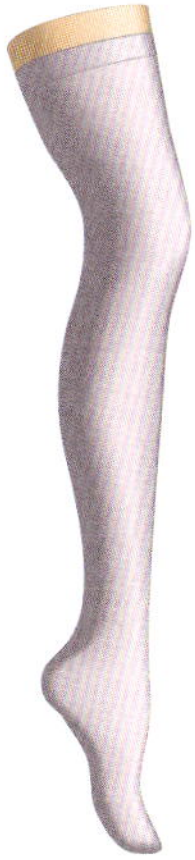

Strumpf^{M}
bas^{M}

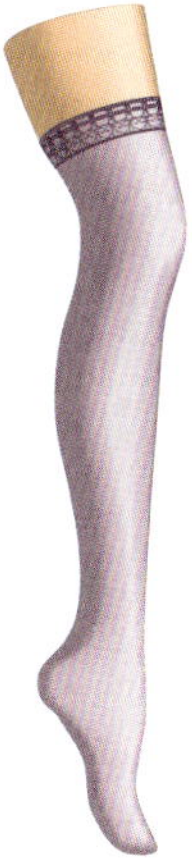

Overknee-Strumpf^{M}
bas^{M}-cuissarde^{F}

Netzstrumpf^{M}
bas^{M} résille^{F}

Unterwäsche^F
sous-vêtements^M

Korselett^N
combiné^M

Camisol^N
caraco^M

Teddy^M
teddy^M

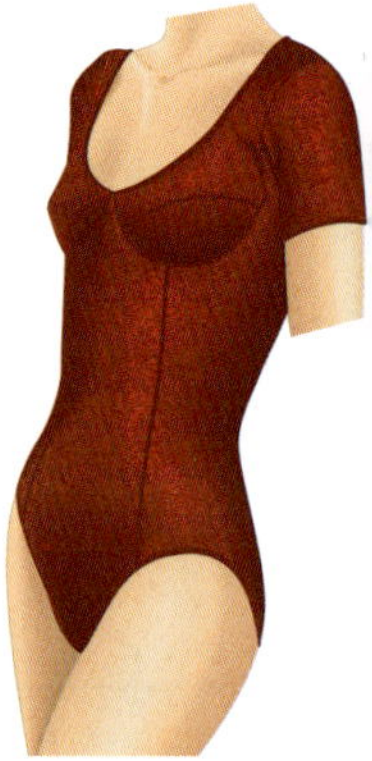

Bodysuit^M
body^M

Panty-Korselett^N
combiné^M*-culotte*^F

Unterrock^M
jupon^M

Vollachsel-Unterkleid^N
fond^M *de robe*^F

Unterkleid^N
combinaison^F*-jupon*^M

Torselett^{N}
guêpière^{F}

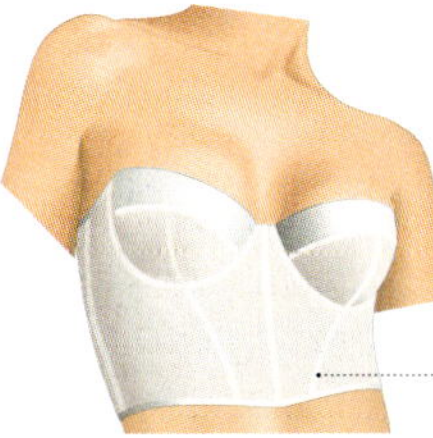

trägerloser Büstenhalter^{M}
bustier^{M}

Dirndl-BH^{M}
soutien-gorge^{M} balconnet^{M}

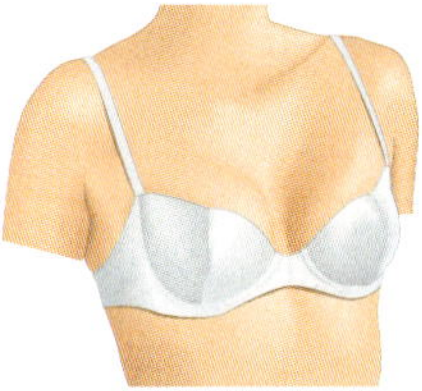

Halbschale^{F}
soutien-gorge^{M} corbeille^{F}

Mieder^{N}
gaine^{F}

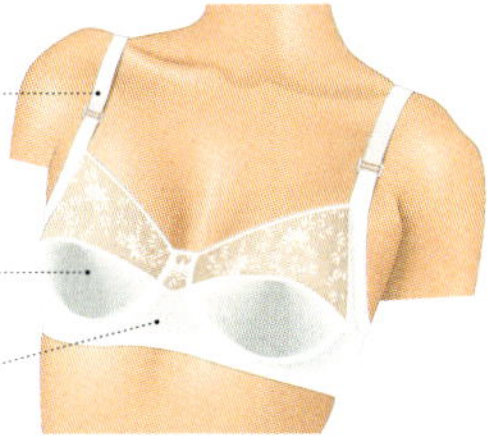

BH^{M}
soutien-gorge^{M}

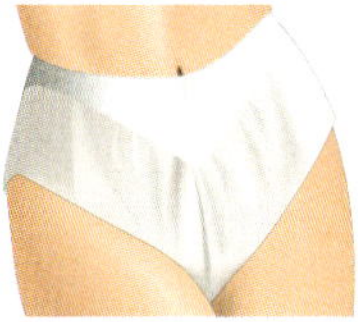

Slip^{M}
culotte^{F}

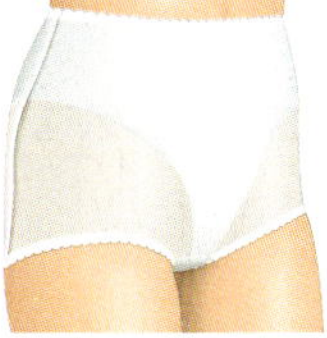

Miederhose^{F}
gaine^{F}-culotte^{F}

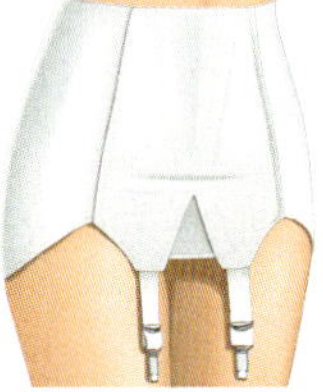

Korsett^{N}
corset^{M}

Strumpfhaltergürtel^{M}
porte-jarretelles^{M}

Babybekleidung^{F}
vêtements^{M} de nouveau-né^{M}

Strampelhöschen^{N}
grenouillère^{F}

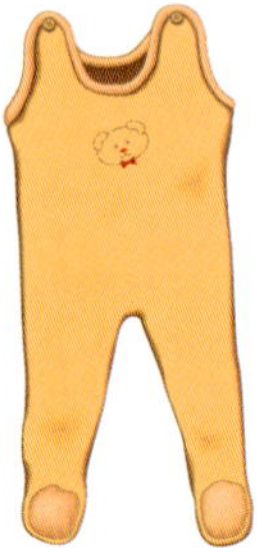

Schneesack^{M}
nid^{M} d'ange^{M}

Badetuch^{N} mit Kapuze^{F}
cape^{F} de bain^{M}

Kapuze^{F}
capuche^{F}

Zierborte^{F}
galon^{M} d'ornement^{M}

Paspel^{F}
biais^{M}

Rüschenstrumpfhose^{F}
collant^{M} fantaisie^{F}

zweiteiliger Schlafanzug^{M}
dormeuse^{F} de croissance^{F}

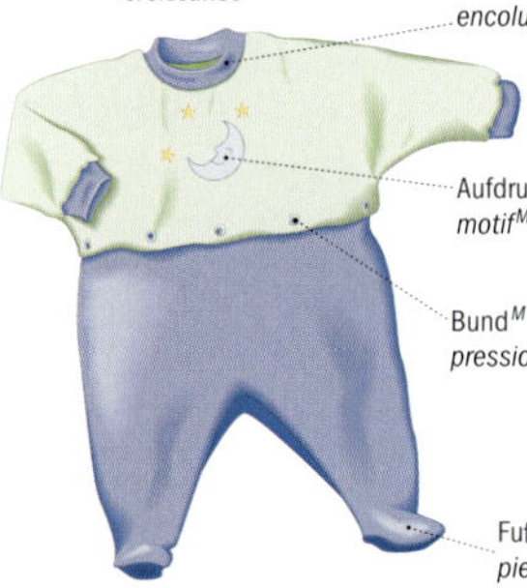

halsnaher Ausschnitt^{M}
encolure^{F} ras-de-cou^{M}

Aufdruck^{M}
motif^{M}

Bund^{M} mit Druckknöpfen^{M}
pression^{F} à la taille^{F}

Fuß^{M}
pied^{M}

Latzhose^{F} mit hohem Rückenteil$^{M/N}$
salopette^{F} à dos^{M} montant

verstellbarer Träger^{M}
bretelle^{F} réglable

Lätzchen^{N}
bavette^{F}

aufgesetzte Tasche^{F}
poche^{F} plaquée

Zier-Steppnaht^{F}
surpiqûre^{F}

Schlitz^{M}
braguette^{F}

Druckknopfleiste^{F} an der Beininnenseite^{F}
entrejambe^{M} pressionné

Hemdchen^{N}
brassière^{F}

Windel^{F}
couche^{F}

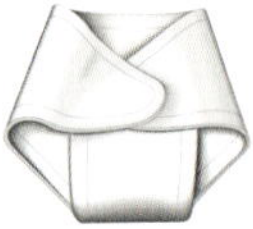

Lätzchen^{N}
bavoir^{M}

Rüschenhöschen^{N}
culotte^{F} à ruchés^{M}

Rüschen^{F}
ruché^{M}

Gummihöschen^{N}
couche^{F}-culotte^{F}

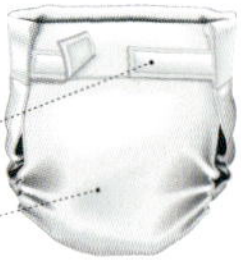

Haftgurtband^{N}
fermeture^{F} Velcro®

dichtes Windelhöschen^{N}
poche^{F} intérieure isolante

Wagenanzug^{M}
dormeuse^{F}-couverture^{F}

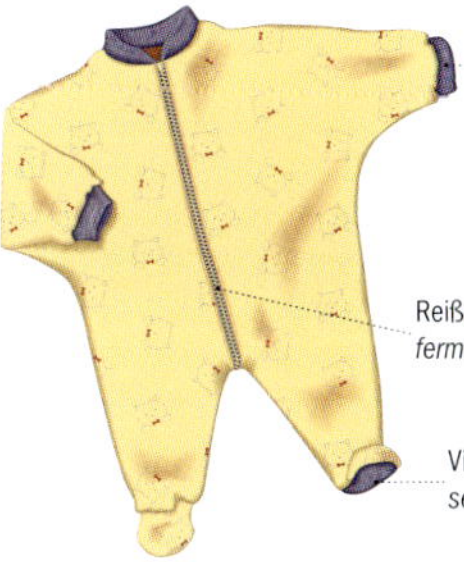

Schlafanzug^{M}
combinaison^{F} de nuit^{F}

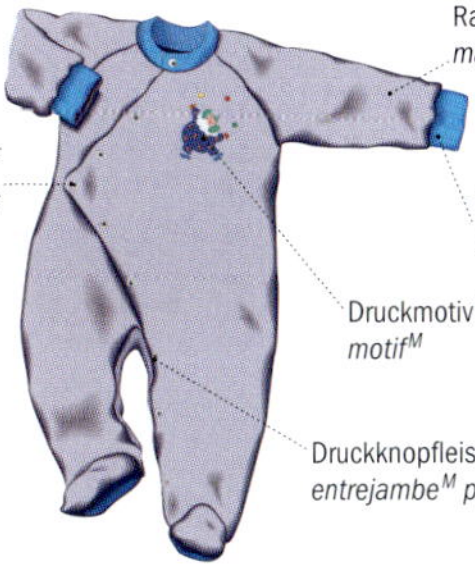

Kinderbekleidung^{F}
vêtements^{M} d'enfant^{M}

KLEIDUNG

Latzhose^{F} mit gekreuzten Rückenträgern^{M}
salopette^{F} à bretelles^{F} croisées

Schneeanzug^{M}
esquimau^{M}

Schlafanzug^{M} in Schlupfform^{F}
polojama^{M}

T-Shirt Kleid^{N}
robe^{F} tee-shirt^{M}

Spielanzug^{M}
barboteuse^{F}

Sportset^{N}
tenue^{F} d'exercice^{M}

Overall^{M}
combinaison^{F}

Sportkleidung[F]

tenue[F] d'exercice[M]

Joggingschuh[M]
chaussure[F] de sport[M]

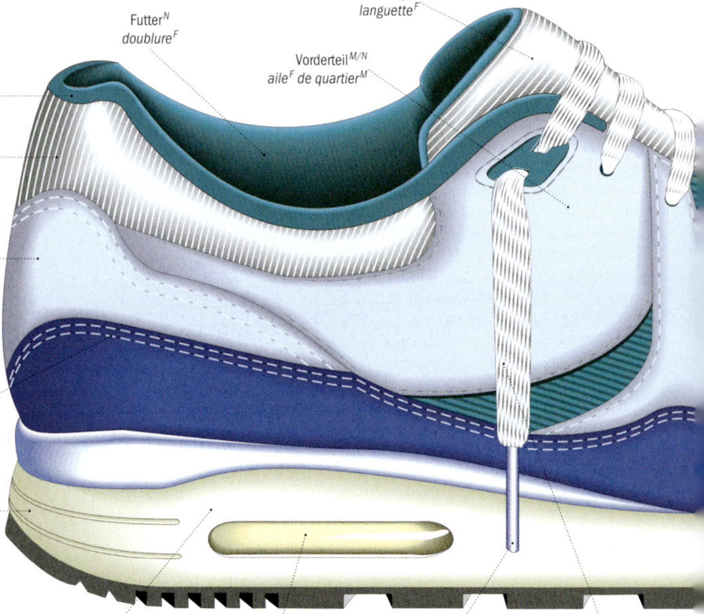

Trainingsanzug[M]
survêtement[M]

Sportkleidung[F]
vêtements[M] d'exercice[M]

Badehose[F]
slip[M] de bain[M]

Badeanzug[M]
maillot[M] de bain[M]

Trikot[N]
justaucorps[M]

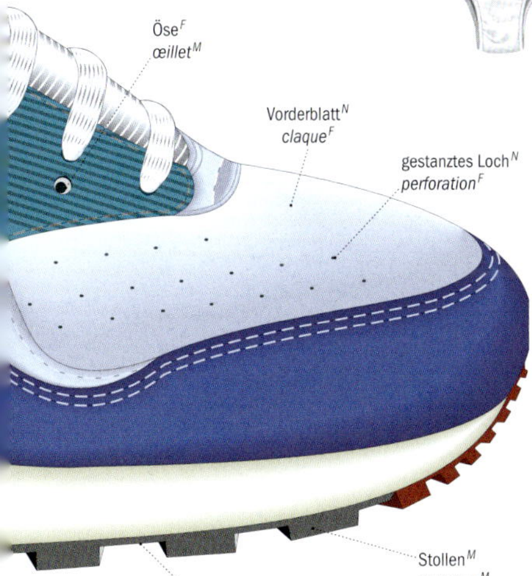

Leggins[F]
collant[M] sans pieds[M]

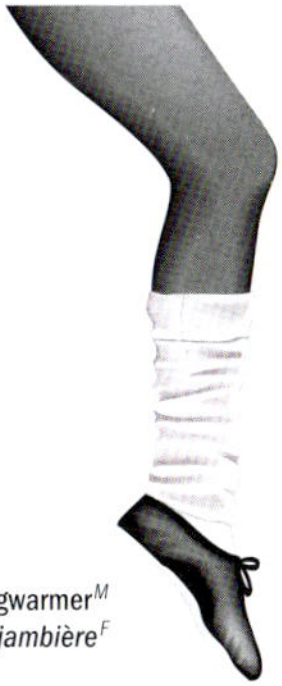

Legwarmer[M]
jambière[F]

Hose[F]
pantalon[M]

Anorak[M]
anorak[M]

Shorts[F]
short[M] boxeur[M]

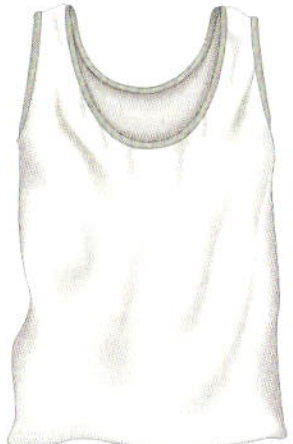

Trägerhemd[N]
débardeur[M]

KLEIDUNG

Schmuck[M]
bijouterie[F]

Ohrringe[M]
boucles[F] d'oreille[F]

Klips[M]
boucles[F] d'oreille[F] à pince[F]

Ohrringe[M] mit Schraubverschluss[M]
boucles[F] d'oreille[F] à vis[F]

Ohrstecker[M]
boucles[F] d'oreille[F] à tige[F]

Ohrgehänge[N]
pendants[M] d'oreille[F]

Kreolen[F]
anneaux[M]

Halsketten[F]
colliers[M]

Halskette[F] in Matineelänge[F]
collier[M] de perles[F], longueur[F] matinée[F]

Samtkropfband[N]
collier[M]-de-chien[M]

Anhänger[M]
pendentif[M]

Endlosperlenkette[F]
sautoir[M]

Halskette[F] in Opernlänge[F]
sautoir[M], longueur[F] opéra[M]

mehrreihige Halskette[F]
collier[M] de soirée[F]

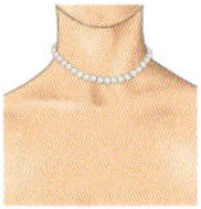

Chokerkette[F]
ras-de-cou[M]

Medaillon[N]
médaillon[M]

Armbänder[N]
bracelets[M]

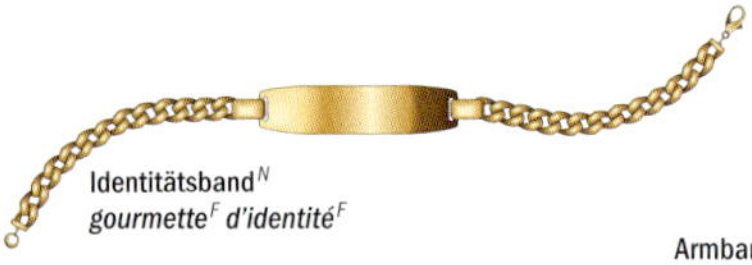

Identitätsband[N]
gourmette[F] d'identité[F]

Armband[N]
gourmette[F]

Armreif[M]
bracelet[M] tubulaire

Ringe[M]
bagues[F]

Bandring[M]
jonc[M]

Herrenring[M]
chevalière[F]

Solitärring[M]
bague[F] solitaire[M]

Verlobungsring[M]
bague[F] de fiançailles[F]

Ehering[M]
alliance[F]

Maniküre[F]
manucure[F]

Nagelnecessaire[N]
trousse[F] de manucure[F]

Nagellack[M]
vernis[M] à ongles[M]

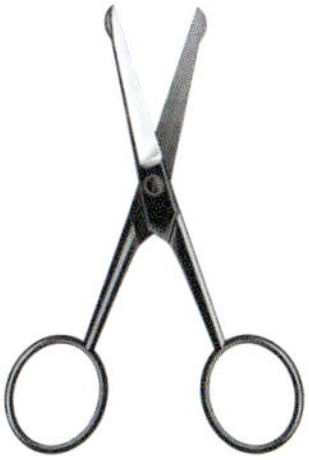

Nasen-Bartschere[F]
ciseaux[M] de sûreté[F]

Nagelfeile[F]
polissoir[M] d'ongles[M]

Nagelknipser[M]
coupe-ongles[M]

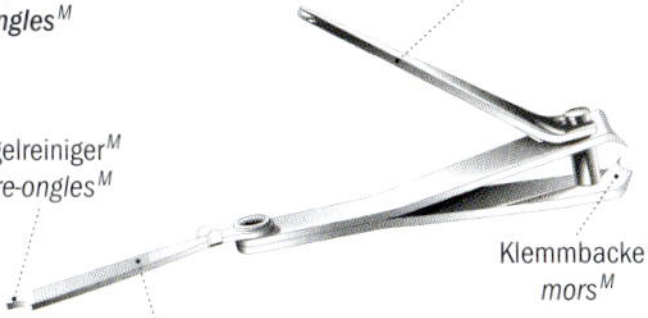

Nagelweißstift[M]
crayon[M] blanchisseur d'ongles[M]

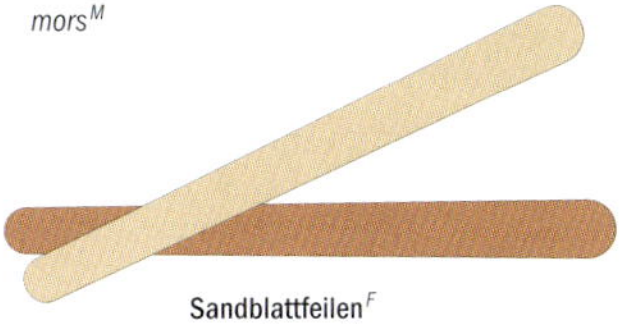

Sandblattfeilen[F]
limes[F]-émeri[M]

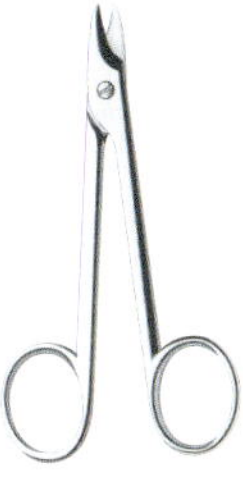

Fußnagelschere[F]
ciseaux[M] de pédicure[F]

Make-up[N]

maquillage[M]

Make-up[N]
maquillage[M]

Fächerpinsel[M]
pinceau[M] éventail[M]

Puderkissen[N]
houppette[F]

Kunstschwamm[M]
éponge[F] synthétique

Puderrouge[N]
fard[M] à joues[F] en poudre[F]

Rougepinsel[M]
pinceau[M] pour fard[M] à joues[F]

loser Puder[M]
poudre[F] libre

Puderpinsel[M]
pinceau[M] pour poudre[F] libre

Puderdose[F]
poudrier[M]

Kompaktpuder[M]
poudre[F] pressée

flüssige Grundierung[F]
fond[M] de teint[M] liquide

Augen-Make-up[N]
maquillage[M] des yeux[M]

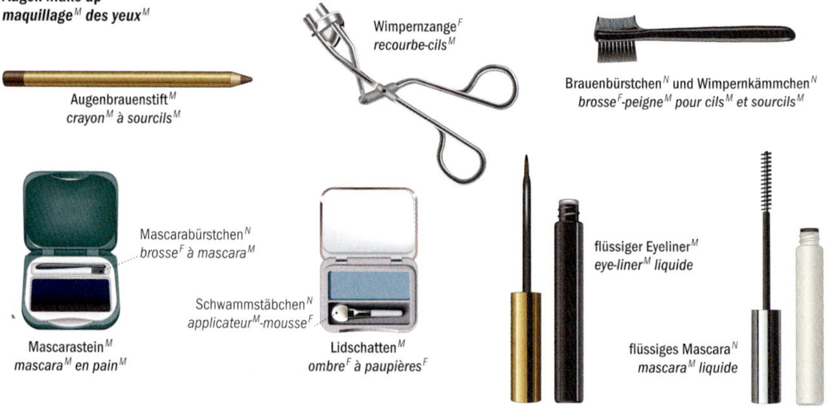

Augenbrauenstift[M]
crayon[M] à sourcils[M]

Wimpernzange[F]
recourbe-cils[M]

Brauenbürstchen[N] und Wimpernkämmchen[N]
brosse[F]-peigne[M] pour cils[M] et sourcils[M]

Mascarabürstchen[N]
brosse[F] à mascara[M]

Mascarastein[M]
mascara[M] en pain[M]

Schwammstäbchen[N]
applicateur[M]-mousse[F]

Lidschatten[M]
ombre[F] à paupières[F]

flüssiger Eyeliner[M]
eye-liner[M] liquide

flüssiges Mascara[N]
mascara[M] liquide

Lippen-Make-up[N]
maquillage[M] des lèvres[F]

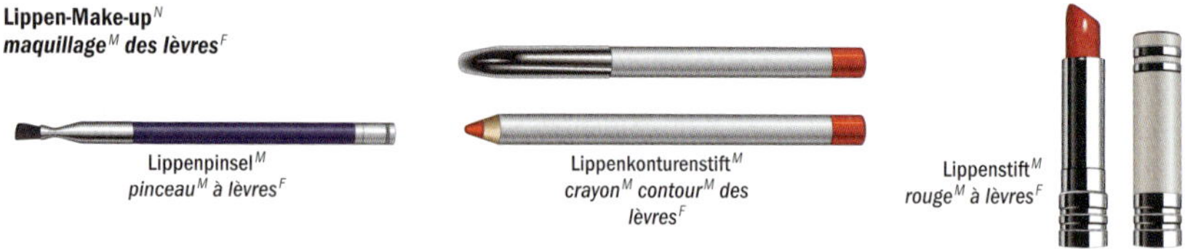

Lippenpinsel[M]
pinceau[M] à lèvres[F]

Lippenkonturenstift[M]
crayon[M] contour[M] des lèvres[F]

Lippenstift[M]
rouge[M] à lèvres[F]

PERSÖNLICHE AUSSTATTUNG

Körperpflege[F]

soins[M] du corps[M]

Eau de parfum[N]
eau[F] de parfum[M]

Haarfärbemittel[N]
colorant[M] capillaire

Toilettenseife[F]
savon[M] de toilette[F]

Haarspülung[F]
revitalisant[M] capillaire

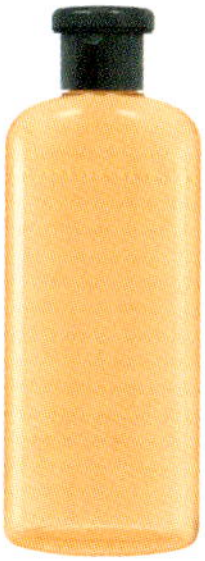

Shampoo[N]
shampooing[M]

Eau de toilette[N]
eau[F] de toilette[F]

Schaumbad[N]
bain[M] moussant

Deodorant[N]
déodorant[M]

Waschhandschuh[M]
gant[M] de toilette[F]

Waschlappen[M]
débarbouillette[F]

Massagehandschuh[M]
gant[M] de crin[M]

Luffaschwamm[M]
éponge[F] végétale

Badetuch[N]
drap[M] de bain[M]

Handtuch[N]
serviette[F] de toilette[F]

Badebürste[F]
brosse[F] pour le bain[M]

Naturschwamm[M]
éponge[F] de mer[F]

Massagebürste[F]
brosse[F] pour le dos[M]

Haarpflege[F]
coiffure[F]

Haarbürsten[F]
brosses[F] à cheveux[M]

flache Frisierbürste[F]
brosse[F] pneumatique

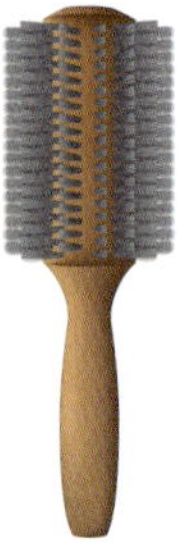
Rundbürste[F]
brosse[F] ronde

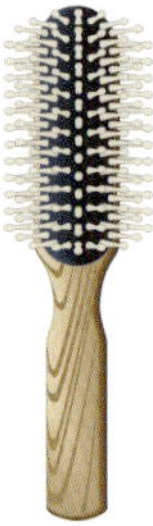
Drahtbürste[F]
brosse[F] anglaise

Skelettbürste[F]
brosse[F]-araignée[F]

Kämme[M]
peignes[M]

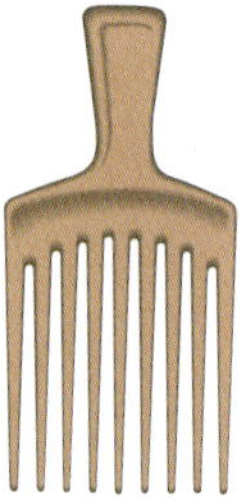
Strähnenkamm[M]
peigne[M] afro

Toupierkamm[M]
peigne[M] à crêper

Stielkamm[M]
peigne[M] à tige[F]

Haarschneidekamm[M]
peigne[M] de coiffeur[M]

Haarliftkamm[M]
combiné[M] 2 dans 1

Griffkamm[M]
démêloir[M]

Lockenwickler[M]
bigoudi[M]

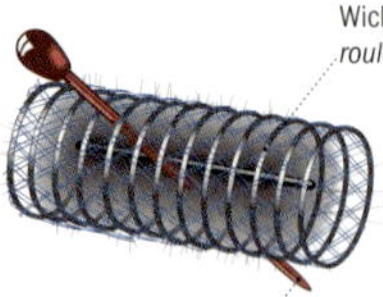

Abteilklammer[F]
pince[F] à boucles[F] de cheveux[M]

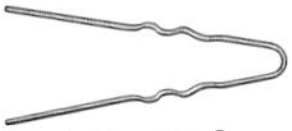
Lockennadel[F]
épingle[F] à cheveux[M]

Haarklemme[F]
pince[F] à cheveux[M]

Haarclip[M]
pince[F] de mise[F] en plis[M]

Haarspange[F]
barrette[F]

beleuchteter Spiegel[M]
miroir[M] lumineux

Haarglätter[M]
pince[F] à défriser

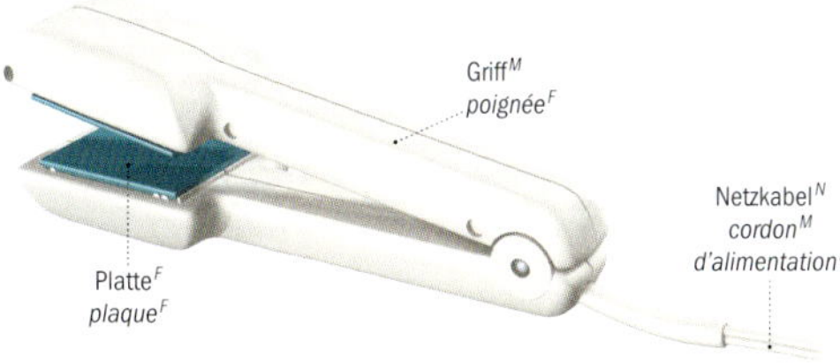

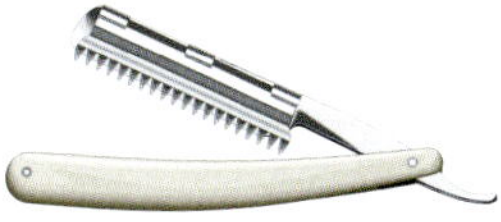

Effiliermesser[N]
rasoir[M] effileur

Lockenstab[M]
fer[M] à friser

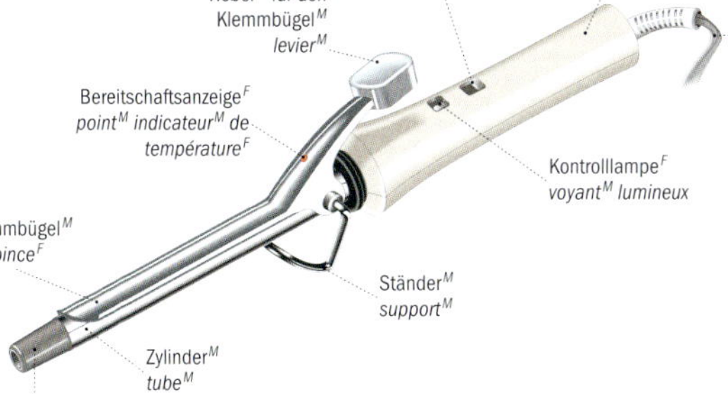

Haarschneider[M]
tondeuse[F]

PERSÖNLICHE AUSSTATTUNG

Haarpflege[F]

Haarschneideschere[F]
ciseaux[M] de coiffeur[M]

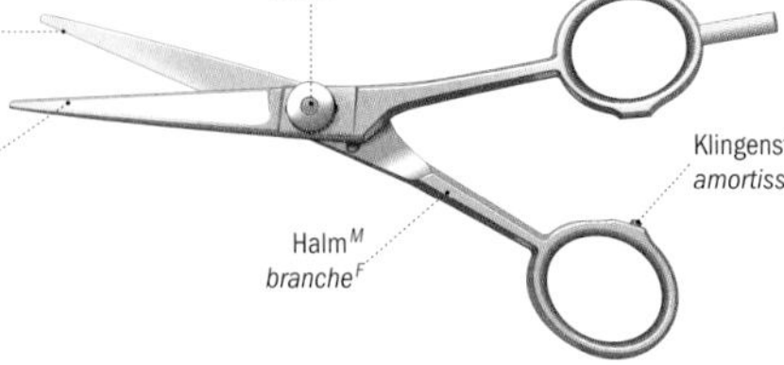

einseitig gezahnte Effilierschere[F]
ciseaux[M] sculpteurs

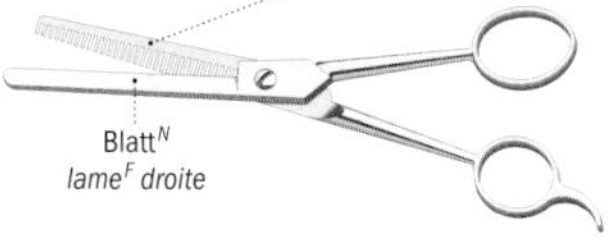

zweiseitig gezahnte Effilierschere[F]
ciseaux[M] à effiler

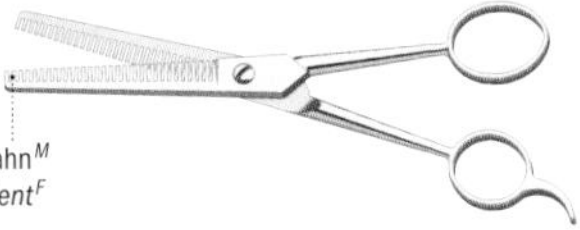

Fön[M]
sèche-cheveux[M]

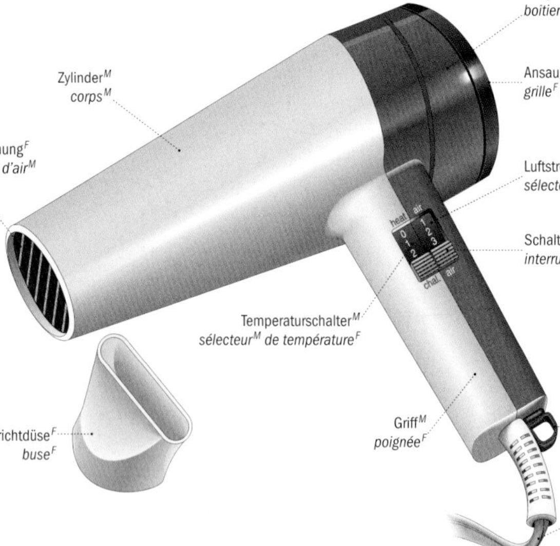

Rasur[F]

rasage[M]

Rasierschaum[M]
mousse[F] à raser

Netzkabel[N]
cordon[M] d'alimentation[F]

Reinigungsbürste[F]
brosse[F] de nettoyage[M]

Elektrorasierer[M]
rasoir[M] électrique

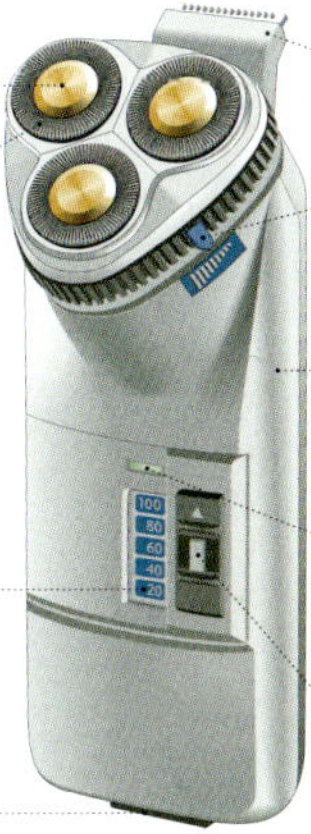

Adapter[M]
adaptateur[M] de fiche[F]

Rasierpinsel[M]
blaireau[M]

Rasiermesser[N]
rasoir[M] à manche[M]

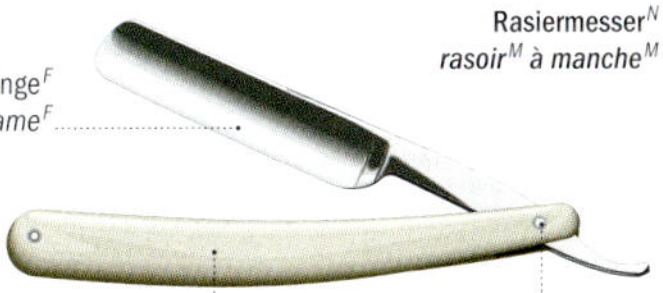

Rasierwasser[N]
après-rasage[M]

Klingendose[F]
distributeur[M] de lames[F]

Seifenbecher[M]
bol[M] à raser

zweischneidige Klinge[F]
lame[F] à double tranchant[M]

zweischneidiger Rasierer[M]
rasoir[M] à double tranchant[M]

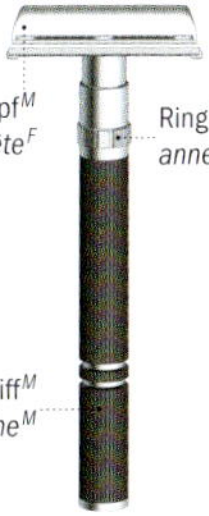

Einwegrasierer[M]
rasoir[M] jetable

Zahnpflege^{F}

hygiène^{F} dentaire

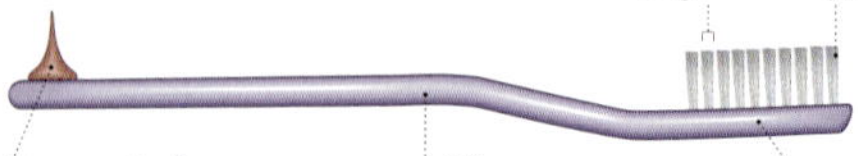

Zahnbürste^{F}
brosse^{F} à dents^{F}

Zahnseide^{F}
fil^{M} dentaire

Zahnpasta^{F}
dentifrice^{M}

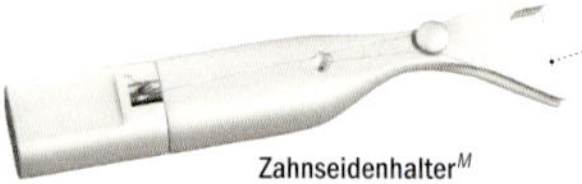

Zahnseidenhalter^{M}
porte-fil^{M} dentaire

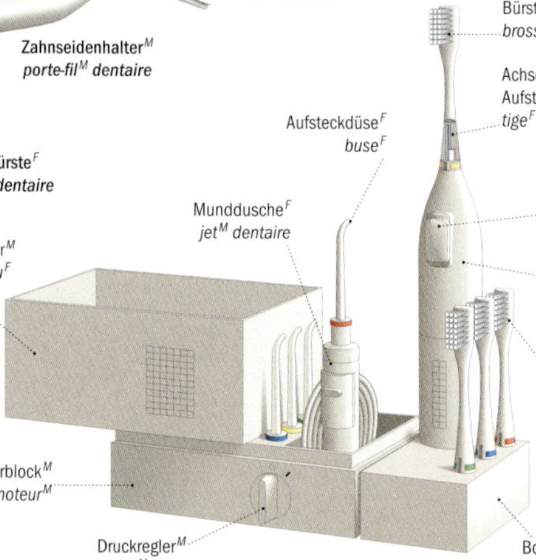

elektrische Zahnbürste^{F}
combiné^{M} bucco-dentaire

Mundwasser^{N}
eau^{F} dentifrice^{M}

Kontaktlinsen^{F}

lentilles^{F} de contact^{M}

Kombi-Pflegelösung^{F}
solution^{F} multifonctions

Tropfen^{M} für trockene Augen^{N}
gouttes^{F} ophtalmiques lubrifiantes

weiche Kontaktlinse^{F}
lentille^{F} souple

Einwegkontaktlinse^{F}
lentille^{F} jetable

harte Kontaktlinse^{F}
lentille^{F} rigide

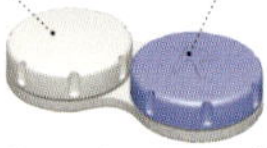

Kontaktlinsenbehälter^{M}
étui^{M} à lentilles^{F}

PERSÖNLICHE AUSSTATTUNG

Brille^{F}
lunettes^{F}

Teile$^{M/N}$ der Brille^{F}
parties^{F} des lunettes^{F}

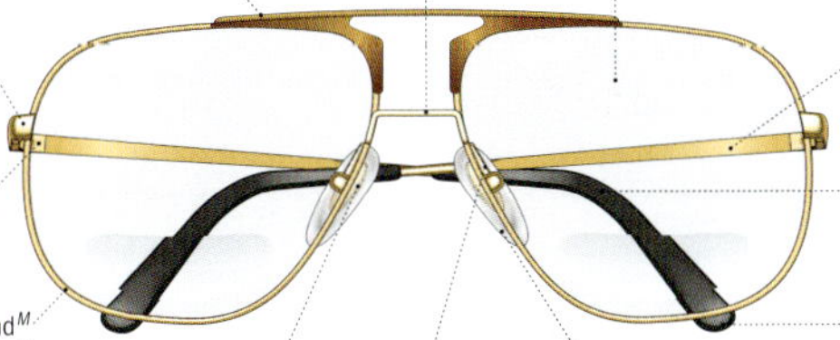

Beispiele^{N} für Augengläser^{N}
exemples^{M} de lunettes^{F}

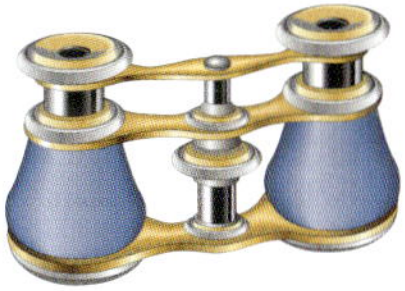

Operngläs^{N}
lorgnette^{F}

Sonnenbrille^{F}
lunettes^{F} de soleil^{M}

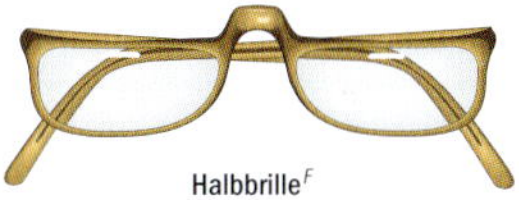

Halbbrille^{F}
demi-lune^{F}

Schirm^{M} und Stock^{M}
parapluie^{M} et canne^{F}

Schirm^{M}
parapluie^{M}

Schirmständer^{M}
porte-parapluies^{M}

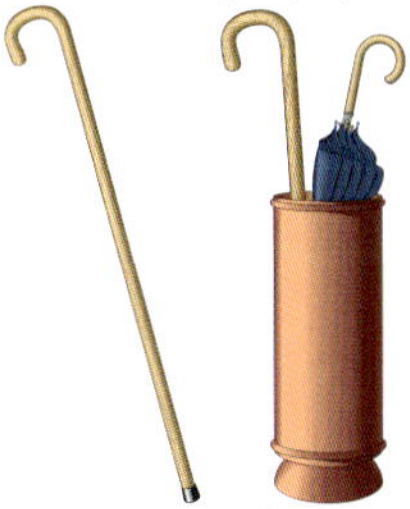

Spazierstock^{M}
canne^{F}

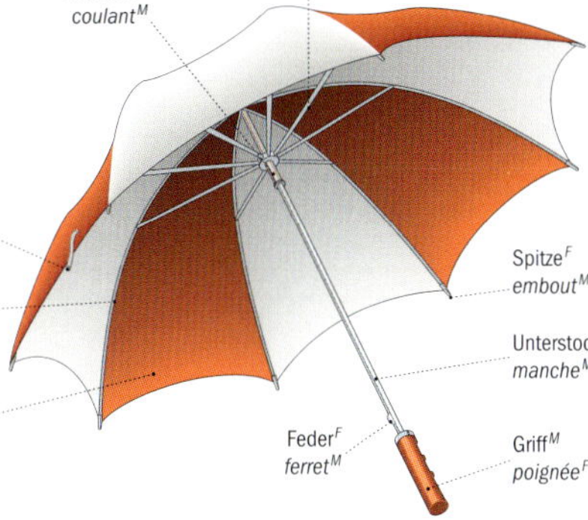

Lederwaren[F]

articles[M] de maroquinerie[F]

Aktenkoffer[M]
mallette[F] porte-documents[M]

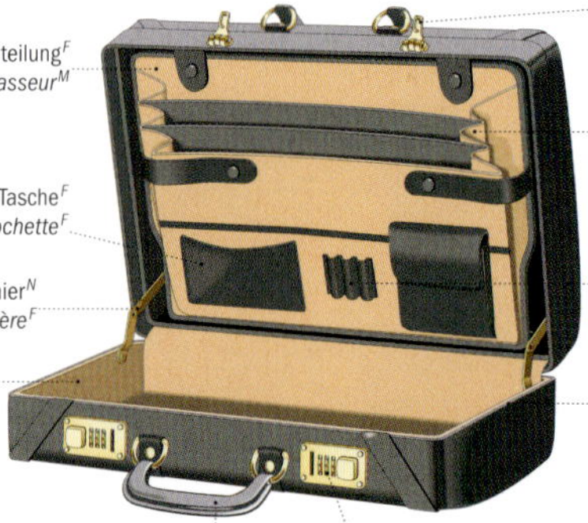

Kollegmappe[F] mit Griff[M]
porte-documents[M] à soufflet[M]

Aktentasche[F]
serviette[F]

Etui[N] für Taschenrechner[M] und Scheckheft[N]
portefeuille[M] chéquier[M]

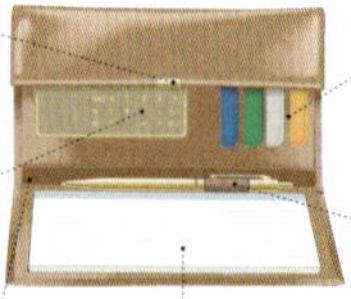

Kreditkartenetui[N]
porte-cartes[M]

Lederwaren^{F}

Brieftasche^{F}
portefeuille^{M}

Geldbeutel^{M} für Münzen^{F}
porte-monnaie^{M}

Schlüsseletui^{N}
porte-clés^{M}

Geldbeutel^{M}
bourse^{F} à monnaie^{F}

Brieftasche^{F}
porte-passeport^{M}

Brieftasche^{F}
porte-coupures^{M}

Schreibmappe^{F}
écritoire^{F}

Scheckhülle^{F}
porte-chéquier^{M}

Brillenetui^{N}
étui^{M} à lunettes^{F}

Unterarmmappe^{F}
porte-documents^{M} plat

Handtaschen^{F}
sacs^{M} à main^{F}

Beuteltasche^{F}
sac^{M} seau^{M}

Aktentasche^{F}
sac^{M} cartable^{M}

Handtaschen^F

Boxtasche^F
sac^M boîte^F

kleine Beuteltasche^F
balluchon^M

Schultertasche^F
sac^M à bandoulière^F

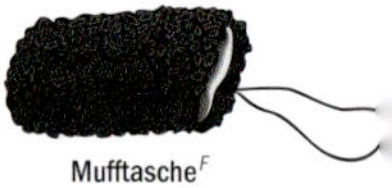

Mufftasche^F
manchon^M

Umhängetasche^F mit Reißverschluss^M
sac^M besace^F

Umhängetasche^F mit Dehnfalte^F
sac^M accordéon^M

Einkaufstasche^F
sac^M fourre-tout^M

Herrentasche^F
pochette^F d'homme^M

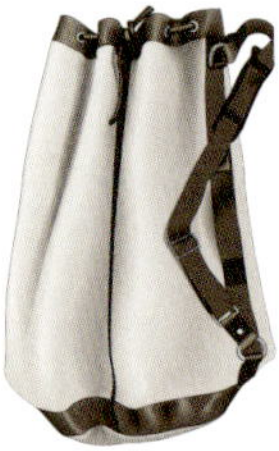

Matchbeutel^M
sac^M marin^M

geräumige Tasche^F
sac^M polochon^M

Einkaufstasche^F
sac^M à provisions^F

große Einkaufstasche^F
cabas^M

Gepäck^N
bagages^M

Kulturbeutel^M
trousse^F de toilette^F

Reisetasche^F
bagage^M à main^F

Flugtasche^F
sac^M fourre-tout^M

Kleidersack[M]
housse[F] à vêtements[M]

Koffer[M]
valise[F] pullman[M]

Wochenendkoffer[M]
valise[F] fin[F] de semaine[F]

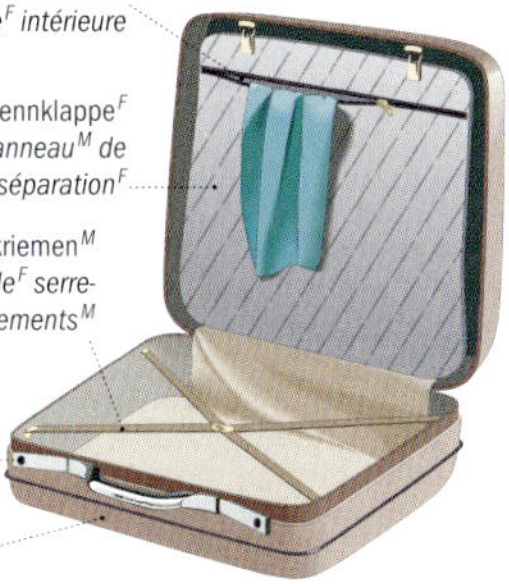

Kosmetikkoffer[M]
mallette[F] de toilette[F]

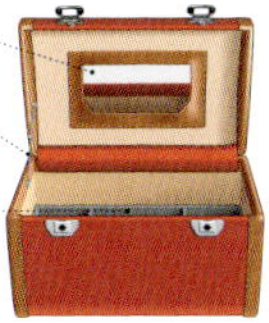

Gepäckroller[M]
porte-bagages[M]

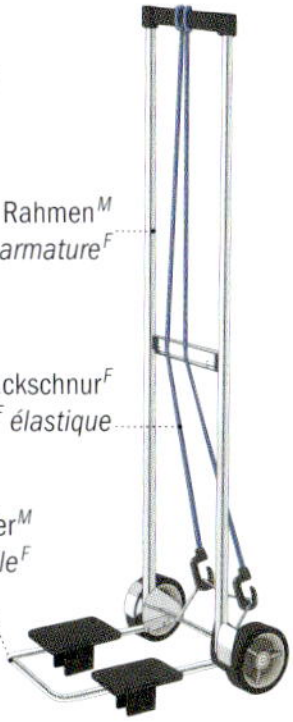

Überseekoffer[M]
malle[F]

Pyramide^F
pyramide^F

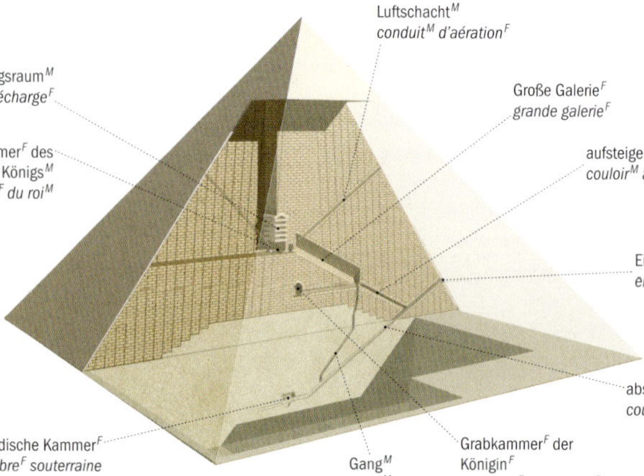

griechisches Theater^N
théâtre^M grec

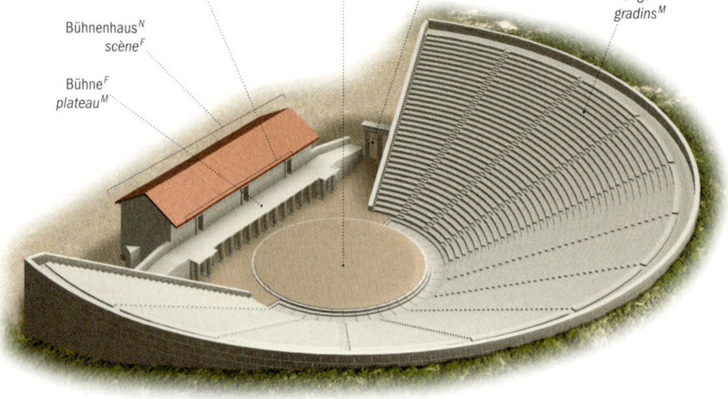

griechischer Tempel^M
temple^M grec

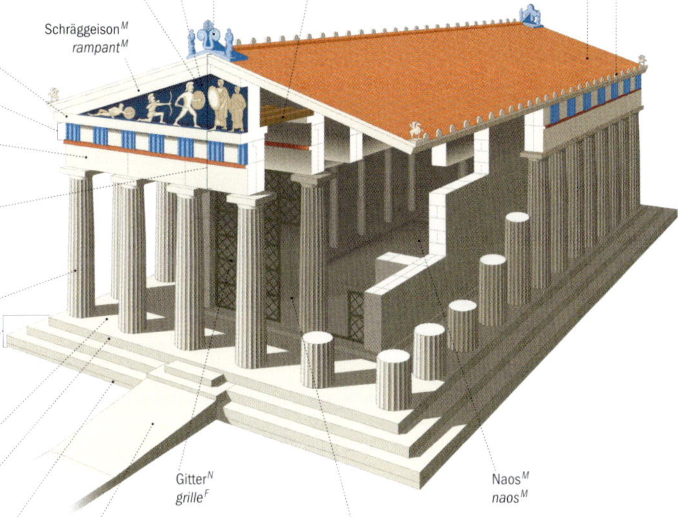

Grundriss^M
plan^M

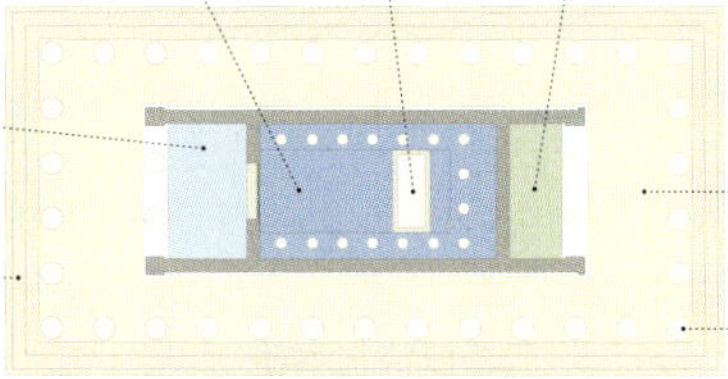

römisches Wohnhaus^N
maison^F romaine

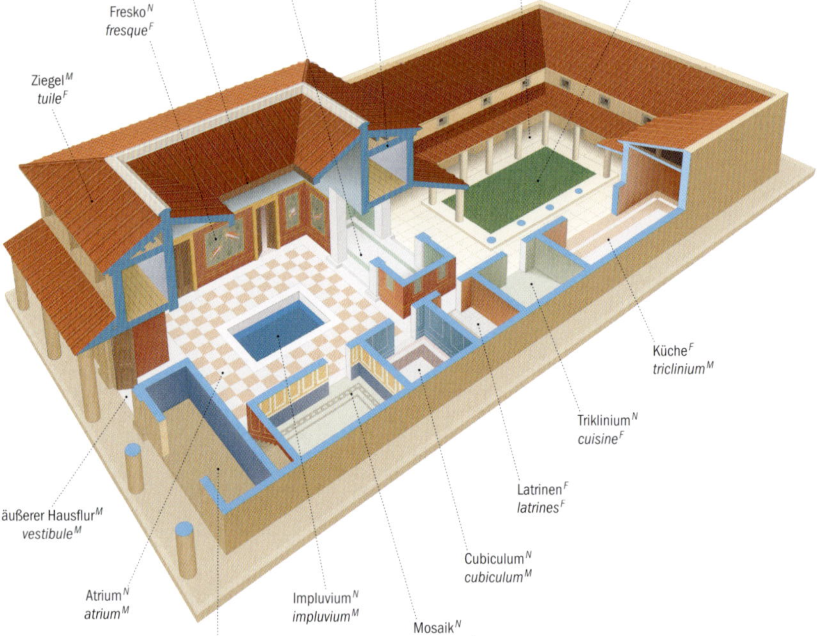
Tablinum^N
tablinum^M
Compluvium^N
compluvium^M
Balken^M
charpente^F
Peristyl^N
péristyle^M
Garten^M
jardin^M
Fresko^N
fresque^F
Ziegel^M
tuile^F
Küche^F
triclinium^M
Triklinium^N
cuisine^F
Latrinen^F
latrines^F
äußerer Hausflur^M
vestibule^M
Cubiculum^N
cubiculum^M
Atrium^N
atrium^M
Impluvium^N
impluvium^M
Mosaik^N
mosaïque^F
Laden^M
boutique^F

römisches Amphitheater[N]
amphithéâtre[M] romain

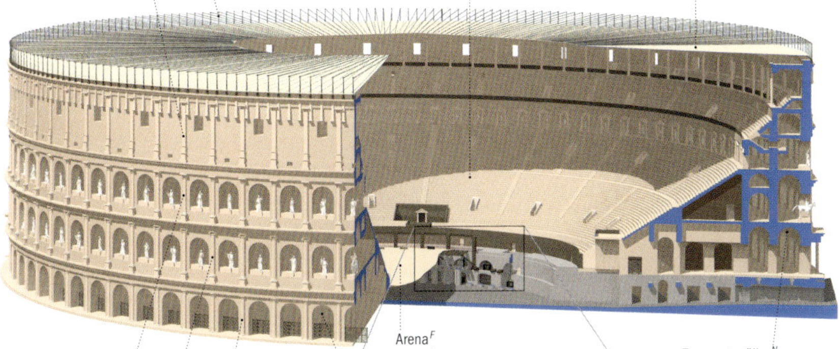

unterirdische Anlagen[F]
sous-sol[M]

KUNST UND ARCHITEKTUR

Burg^F

château^M fort

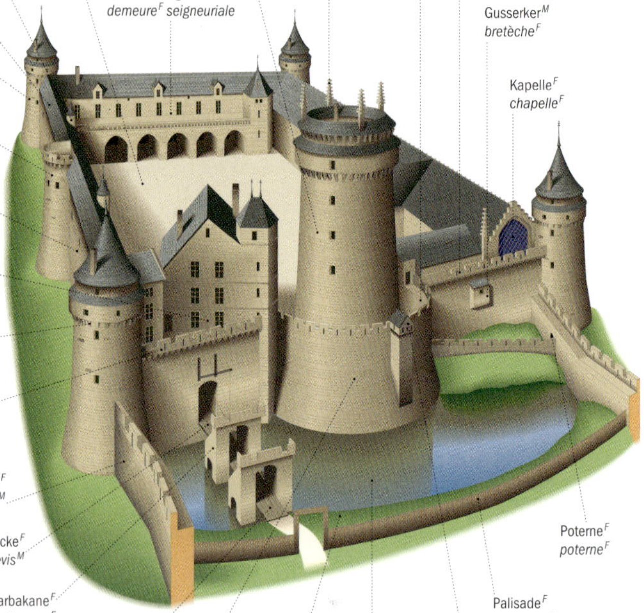
Mauertürmchen^N
tourelle^F
Burghof^M
cour^F
Bergfried^M
donjon^M
Wehrgang^M
chemin^M de ronde^F
gedeckter Wehrgang^M
chemin^M de ronde^F couvert
Burg^F
demeure^F seigneuriale
Fiale^F
clocheton^M
Zinnenkranz^M
parapet^M
Gusserker^M
bretèche^F
Eckturm^M
tour^F d'angle^M
Kapelle^F
chapelle^F
Mauerturm^M
tour^F de flanquement^M
Kurtine^F
courtine^F
Wache^F
corps^M de garde^F
Kragstein^M
corbeau^M
Pechnase^F
mâchicoulis^M
Wehrmauer^F
rempart^M
Zugbrücke^F
pont-levis^M
Poterne^F
poterne^F
Barbakane^F
barbacane^F
Palisade^F
palissade^F
Steg^M
passerelle^F
Mantelmauer^F
chemise^F du donjon^M
Burggraben^M
douve^F
Scharwachturm^M
échauguette^F
Zwinger^M
lice^F

Pagode^F
pagode^F

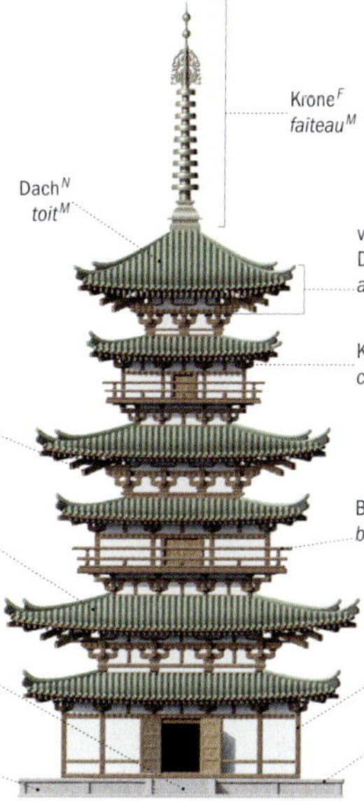

aztekischer Tempel^M
temple^M aztèque

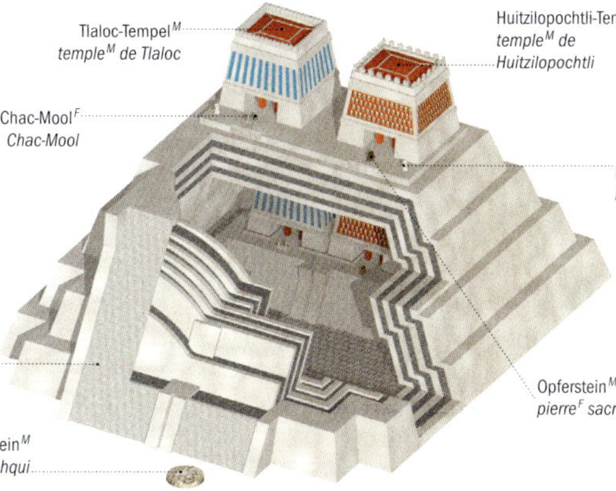

Dom[M]

cathédrale[F]

gotischer Dom[M]
cathédrale[F] gothique

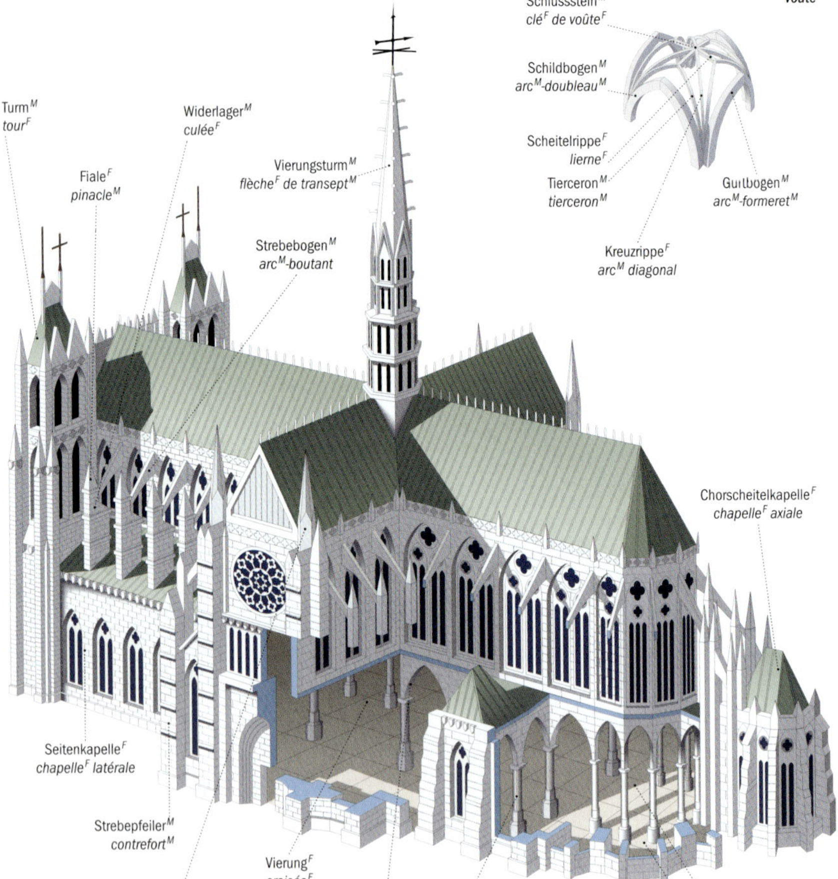

Gewölbe[N]
voûte[F]

Fassade[F]
façade[F]

Schallbrett[N]
abat-son[M]
Rosette[F]
rose[F]
Maßwerk[N]
remplage[M]
Glasmalerei[F]
vitrail[M]
Strebebogen[M]
arc[M]-boutant
Bogenfeld[N]
tympan[M]
Pfeiler[M]
trumeau[M]
Portal[N]
portail[M]
Pfeiler[M]
piédroit[M]
Glockenturm[M]
clocher[M]
Galerie[F]
galerie[F]
Turmspitze[F]
flèche[F]
Glockenstube[F]
clocheton[M]
Wimperg[M]
gâble[M]
Dreipass[M]
trèfle[M]
Archivolte[F]
voussure[F]
Türsturz[M]
linteau[M]
Gewände[N]
ébrasement[M]

Grundriss[M]
plan[M]

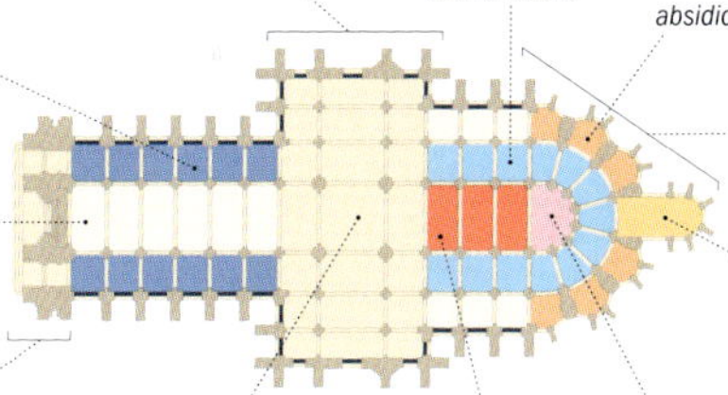
Querschiff[N]
transept[M]
Chorumgang[M]
déambulatoire[M]
Radialkapelle[F]
absidiole[F]
Seitenschiff[N]
collatéral[M]
Chorhaupt[N]
chevet[M]
Mittelschiff[N]
nef[F]
Chorscheitelkapelle[F]
chapelle[F] axiale
Portal[N]
porche[M]
Vierung[F]
croisée[F] du transept[M]
Chor[M]
chœur[M]
Hauptapsis[F]
abside[F]

Architekturelemente^N
éléments^M d'architecture^F

Beispiele^N für Türen^F
exemples^M de portes^F

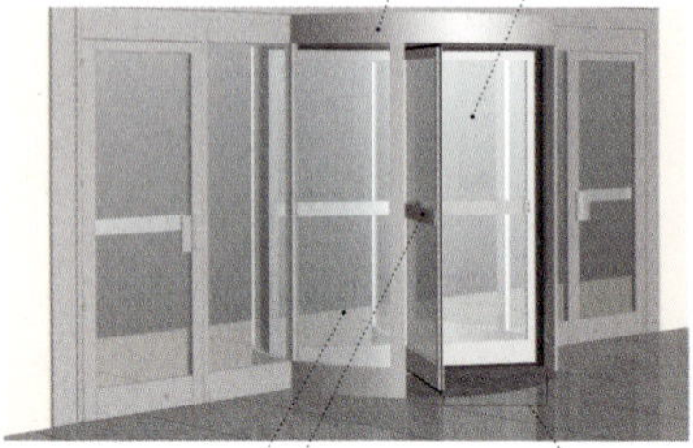

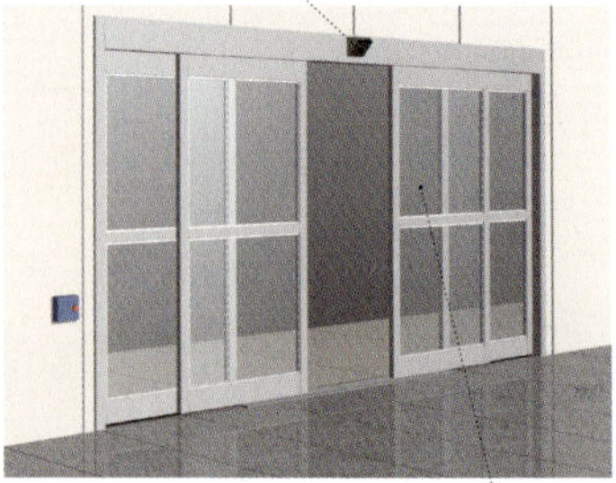

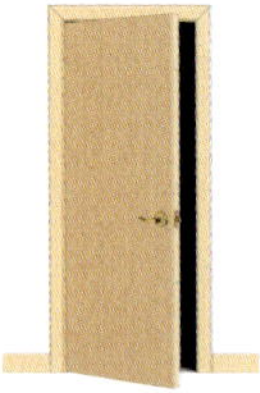

Drehflügeltür^F
porte^F classique

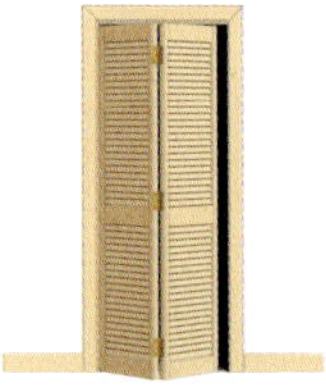

Falttür^F
porte^F pliante

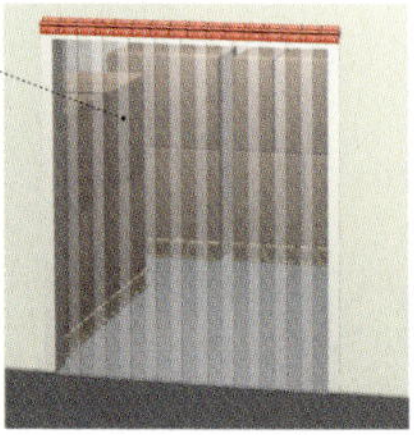

Streifenvorhang^M
porte^F à lanières^F

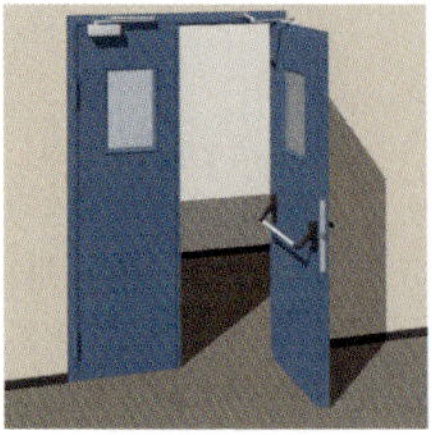

Feuerschutztür^F
porte^F coupe-feu

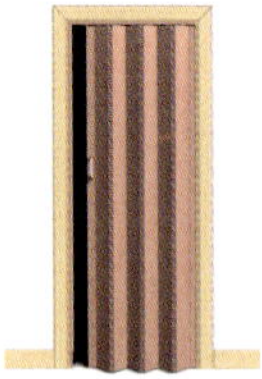

Harmonikatür^F
porte^F accordéon^M

Schiebetür^F
porte^F coulissante

Sektionalgaragentor^N
porte^F de garage^M sectionnelle

Schwinggaragentor^N
porte^F de garage^M basculante

Beispiele[N] für Fenster[N]
exemples[M] de fenêtres[F]

Faltfenster[N]
fenêtre[F] en accordéon[M]

Drehflügel[M] nach innen
fenêtre[F] à la française[F]

Drehflügel[M] nach außen
fenêtre[F] à l'anglaise[F]

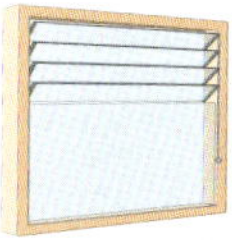

Jalousiefenster[N]
fenêtre[F] à jalousies[F]

horizontales Schiebefenster[N]
fenêtre[F] coulissante

vertikales Schiebefenster[N]
fenêtre[F] à guillotine[F]

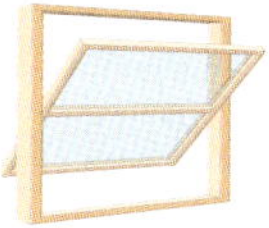

Schwingflügel[M]
fenêtre[F] basculante

Wendeflügel[M]
fenêtre[F] pivotante

Aufzug[M]
ascenseur[M]

Fahrkorb[M]
cabine[F] d'ascenseur[M]

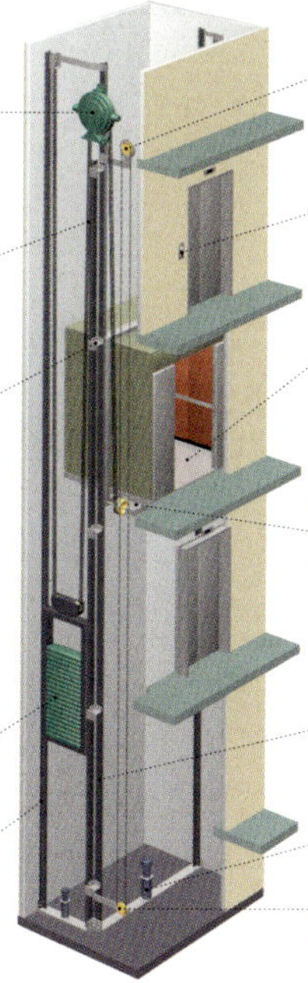

traditionelle Wohnhäuser^{N}

maisons^{F} traditionnelles

Iglu^{M}
igloo^{M}

Jurte^{F}
yourte^{F}

Strohhütte^{F}
hutte^{F}

Wigwam^{M}
wigwam^{M}

Lehmhütte^{F}
case^{F}

Isba^{F}
isba^{F}

Tipi^{N}
tipi^{M}

Pfahlbau^{M}
maison^{F} sur pilotis^{M}

Backsteinhaus^{N}
maison^{F} en adobe^{M}

Häuserformen[F] in der Stadt[F]

maisons[F] de ville[F]

zweistöckiges Haus[N]
maison[F] à étage[M]

einstöckiges Haus[N]
maison[F] de plain-pied[M]

Doppelhaus[N]
maison[F] jumelée

Reihenhaus[N]
maisons[F] en rangée[F]

Eigentumswohnungen[F]
appartements[M] en copropriété[F]

Wohnblock[M]
tour[F] d'habitation[F]

Aufnahmebühne^{F}

plateau^{M} de tournage^{M}

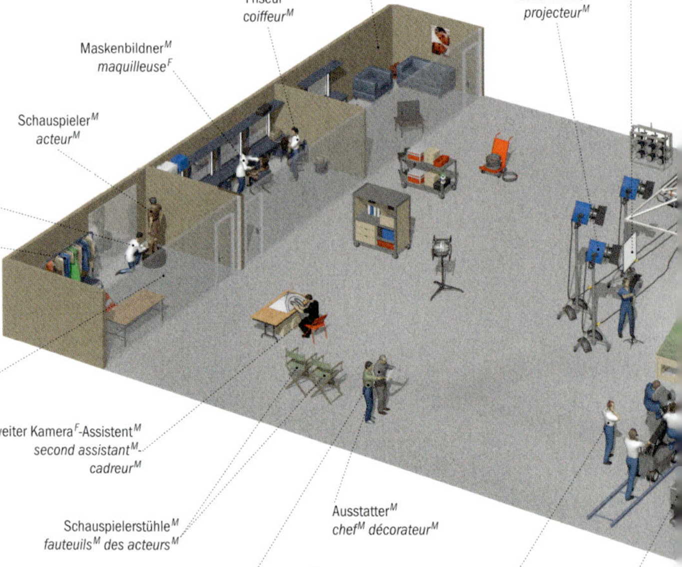
privater Ankleideraum^{M}
loge^{F} privée
Streuscheibe^{F}
diffuseur^{M}
Friseur^{M}
coiffeur^{M}
Scheinwerfer^{M}
projecteur^{M}
Maskenbildner^{M}
maquilleuse^{F}
Schauspieler^{M}
acteur^{M}
Garderobier^{M}
habilleur^{M}
Kostüm^{N}
costume^{M}
Ankleideraum^{M}
salle^{F} d'habillage^{M}
zweiter Kamera^{F}-Assistent^{M}
second assistant^{M}-cadreur^{M}
Schauspielerstühle^{M}
fauteuils^{M} des acteurs^{M}
Ausstatter^{M}
chef^{M} décorateur^{M}
künstlerischer Leiter^{M}
directeur^{M} artistique
Chefmaschinist^{M}
chef^{M} machiniste^{M}
Regie^{F}-Kontrollmonitore^{M}
moniteurs^{M} de contrôle^{M} du réalisateur^{M}

Filmkamera^{F}
caméra^{F}
Maschinist^{M}
machiniste^{M}
Kameramann^{M}
cadreur^{M}
erster Kamera^{F}-Assistent^{M}
premier assistant^{M}-cadreur^{M}
Dollyschienen^{F}
rails^{M} de travelling^{M}
Dolly^{M}
chariot^{M}

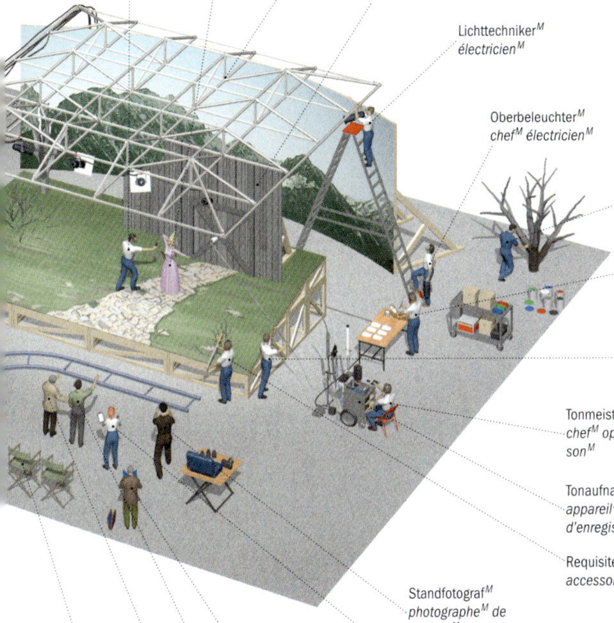
Chef^M-Kameramann^M
directeur^M de la photographie^F
Schauspielerin^F
actrice^F
Beleuchtungsgitter^N
grille^F d'éclairage^M
Filmset^N
décor^M
Lichttechniker^M
électricien^M
Oberbeleuchter^M
chef^M électricien^M
Dekorateur^M
décorateur^M
Requisiteurassistent^M
assistant^M-accessoiriste^M
Tonassistent^M
perchiste^M
Tonmeister^M
chef^M opérateur^M du son^M
Tonaufnahmegeräte^N
appareil^M de prise^F de son^M et d'enregistrement^M
Requisiteur^M
accessoiriste^M
Standfotograf^M
photographe^M de plateau^M
Scriptgirl^N
scripte^F
Produzent^M
producteur^M
Regiestuhl^M
fauteuil^M du réalisateur^M
Regieassistent^M
assistant^M réalisateur^M
Regisseur^M
réalisateur^M

Klappe^F
claquette^F

Aufnahme^F-Ziffer^F
code^M temporel
00 58 55 29

Theater[N]

salle[F] de spectacle[M]

Soffitten F
frises F
Prospektzug M
toile F de fond M
Beleuchterbrücke F
herse F
Obermaschinerie F
cintres M
Bühnenhaus N
cage F de scène F
Galerie F
passerelle F
eiserner Vorhang M
rideau M de fer M
Bühnenhintergrund M
lointain M
Kulissen F
coulisses F
Hauptvorhang M
rideau M de scène F
Versenkpodium N
trappe F
Unterbühne F
dessous M
Bühne F
scène F
Vorbühne F
avant-scène F
Orchestergraben M
fosse F d'orchestre M

Bühne[F]
scène[F]

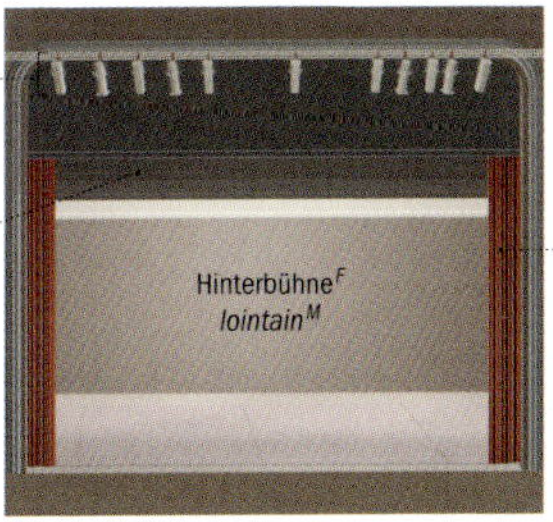

Parterre[N]
parterre[M]

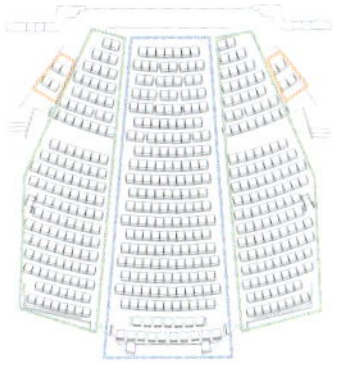

Seite[F]
côté[M]

Mitte[F]
centre[M]

Loge[F]
loge[F]

Reihe[F]
rangée[F]

erster Rang[M]
corbeille[F]

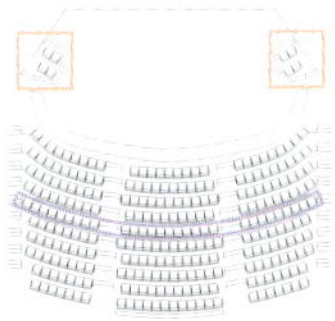

erster Rang[M]
balcon[M]

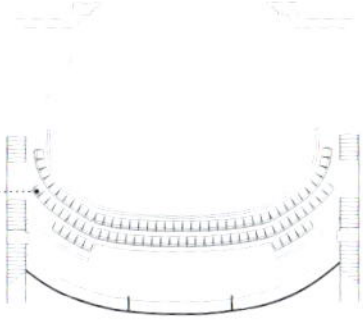

Kino[N]
cinéma[M]

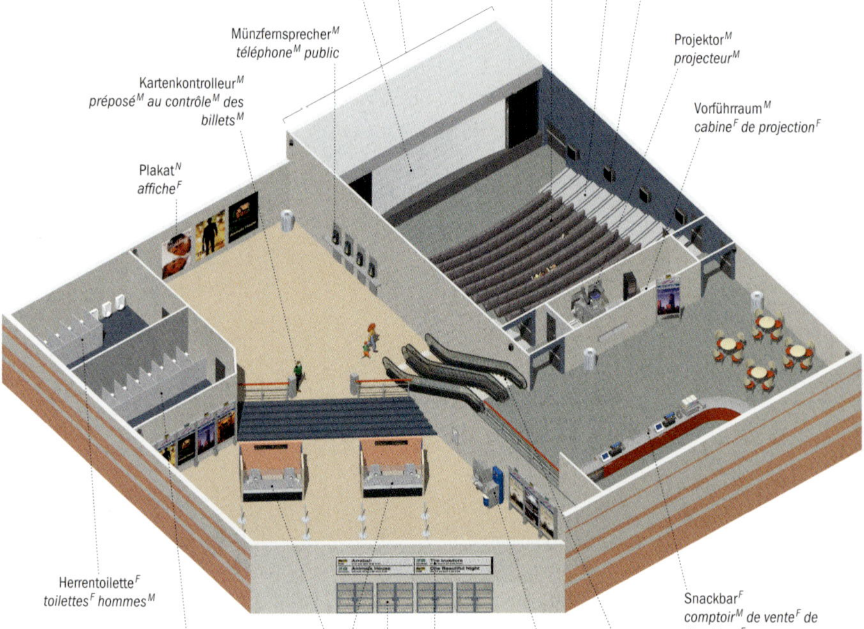
Sitzplatz[M]
fauteuil[M]
Treppe[F]
escalier[M]
Kinoleinwand[F]
écran[M] de projection[F]
Kinosaal[M]
salle[F] de projection[F]
Lautsprecher[M]
haut-parleur[M]
Münzfernsprecher[M]
téléphone[M] public
Projektor[M]
projecteur[M]
Kartenkontrolleur[M]
préposé[M] au contrôle[M] des billets[M]
Vorführraum[M]
cabine[F] de projection[F]
Plakat[N]
affiche[F]
Herrentoilette[F]
toilettes[F] hommes[M]
Snackbar[F]
comptoir[M] de vente[F] de friandises[F]
Damentoilette[F]
toilettes[F] femmes[F]
Eintrittskartenautomat[M]
billetterie[F] express
Fahrtreppe[F]
escalier[M] mécanique
Kasse[F]
billetterie[F]
Eingangstüren[F]
portes[F] d'entrée[F]
Filmtitel[M] und Vorführzeiten[F]
titres[M] et horaires[M] des films[M]

Sinfonieorchester[N]

orchestre[M] symphonique

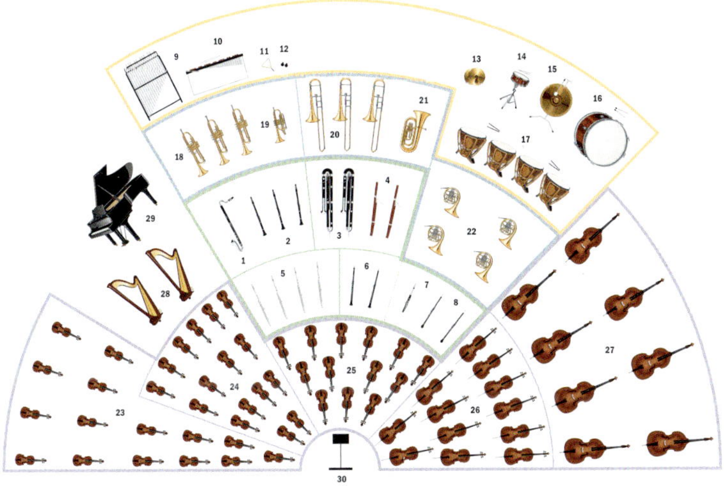

Familie[F] der Holzblasinstrumente[N]
famille[F] des bois[M]

1 Bassklarinette[F] *clarinette[F] basse*

2 Klarinetten[F] *clarinettes[F]*

3 Kontrafagotte[N] *contrebassons[M]*

4 Fagotte[N] *bassons[M]*

5 Querflöten[F] *flûtes[F]*

6 Oboen[F] *hautbois[M]*

7 Pikkoloflöte[F] *piccolo[M]*

8 Englischhörner[N] *cors[M] anglais*

Schlaginstrumente[N]
instruments[M] à percussion[F]

9 Röhrenglocken[F] *carillon[M] tubulaire*

10 Xylophon[N] *xylophone[M]*

11 Triangel[M] *triangle[M]*

12 Kastagnetten[F] *castagnettes[F]*

13 Becken[N] *cymbales[F]*

14 kleine Trommel[F] *caisse[F] claire*

15 Gong[M] *gong[M]*

16 Basstrommel[F] *grosse caisse[F]*

17 Pauken[F] *timbales[F]*

28 Harfen[F] *harpes[F]*

Familie[F] der Blechbläser[M]
famille[F] des cuivres[M]

18 Trompeten[F] *trompettes[F]*

19 Kornett[N] *cornet[M] à pistons[M]*

20 Posaunen[F] *trombones[M]*

21 Tuba[F] *tuba[M]*

22 Waldhörner[N] *cors[M] d'harmonie[F]*

29 Flügel[M] *piano[M]*

Geigenfamilie[F]
famille[F] du violon[M]

23 erste Violinen[F] *premiers violons[M]*

24 zweite Violinen[F] *seconds violons[M]*

25 Bratschen[F] *altos[M]*

26 Celli[N] *violoncelles[M]*

27 Kontrabasse[M] *contrebasses[F]*

30 Dirigentenpult[N] *pupitre[M] du chef[M] d'orchestre[M]*

traditionelle Musikinstrumente[N]

instruments[M] traditionnels

Akkordeon[N]
accordéon[M]

Mundharmonika[F]
harmonica[M]

Dudelsack[M]
cornemuse[F]

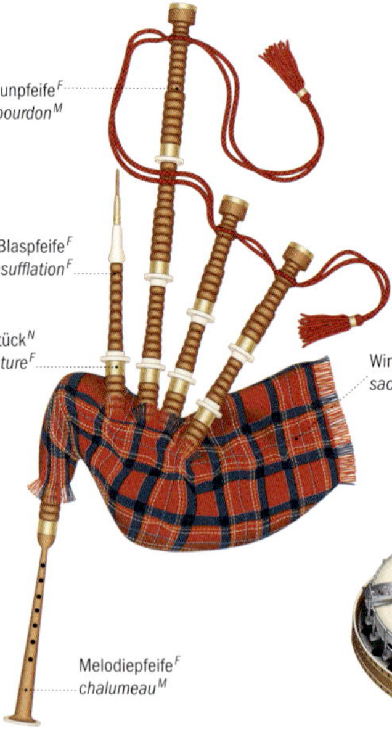

Zither[F]
cithare[F]

Banjo[N]
banjo[M]

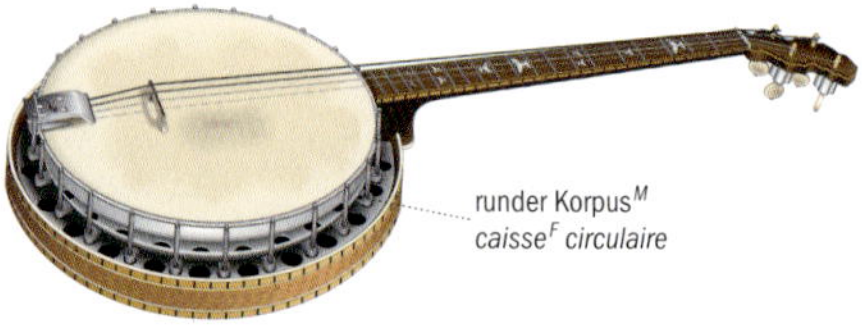

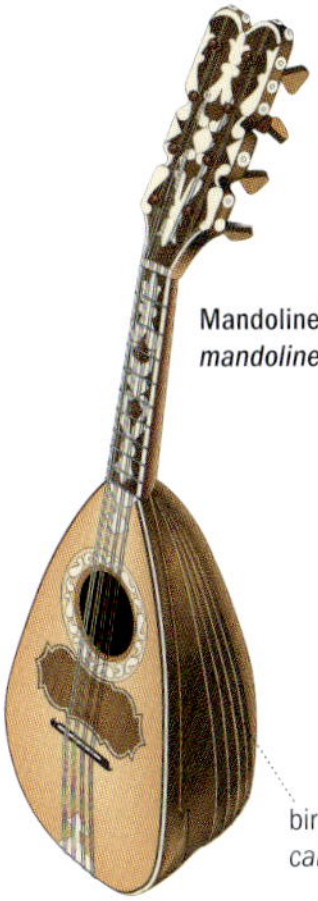

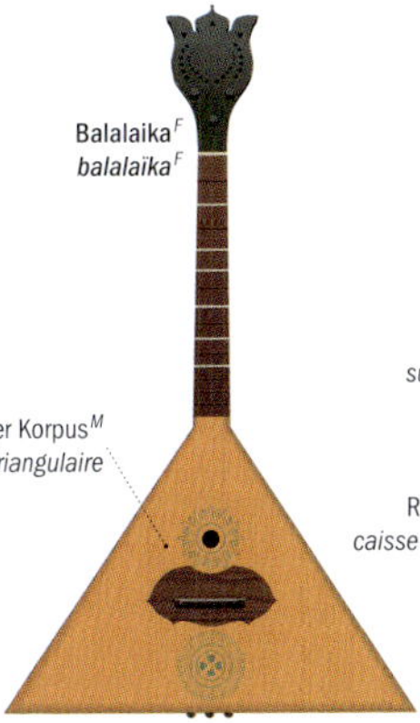

Kora[F]
kora[F]

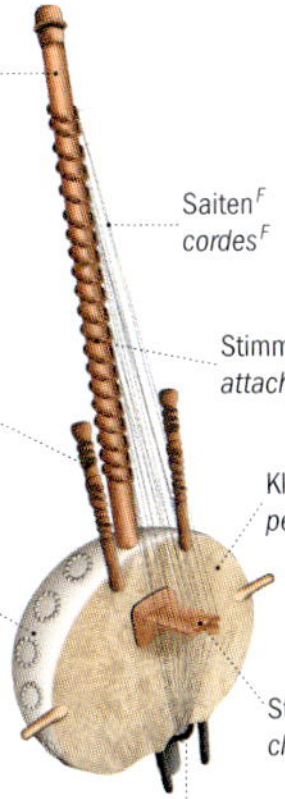

Lyra[F]
lyre[F]

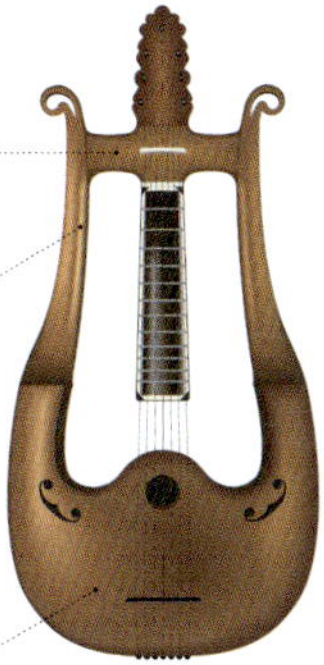

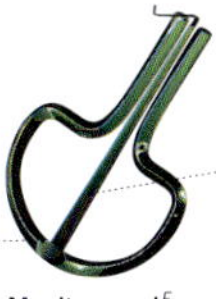

Maultrommel[F]
guimbarde[F]

Trommelschlegel[M]
mailloche[F]

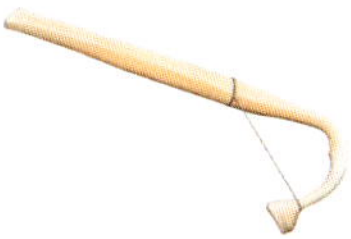

Plektron[N]
médiator[M]

Djembe[F]
djembé[M]

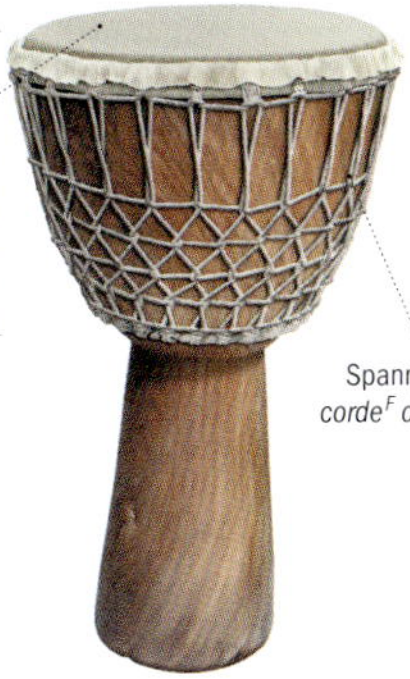

Sprechtrommel[F]
tambour[M] d'aisselle[F]

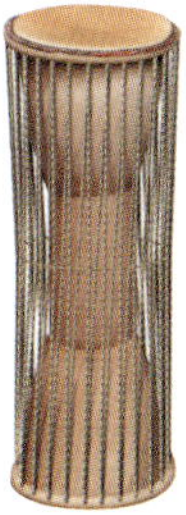

Panflöte[F]
flûte[F] de Pan

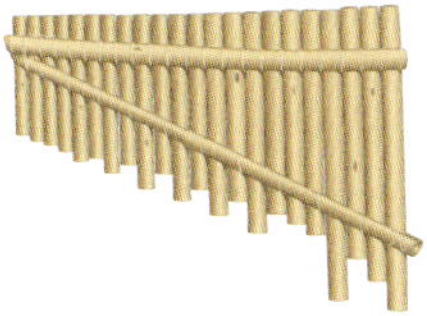

KUNST UND ARCHITEKTUR

Musiknotation[F]
notation[F] musicale

Liniensystem[N]
portée[F]

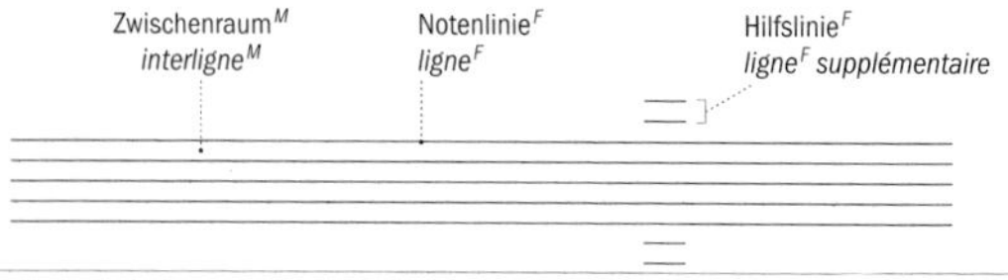

Notenschlüssel[M]
clés[F]

Taktarten[F]
mesures[F]

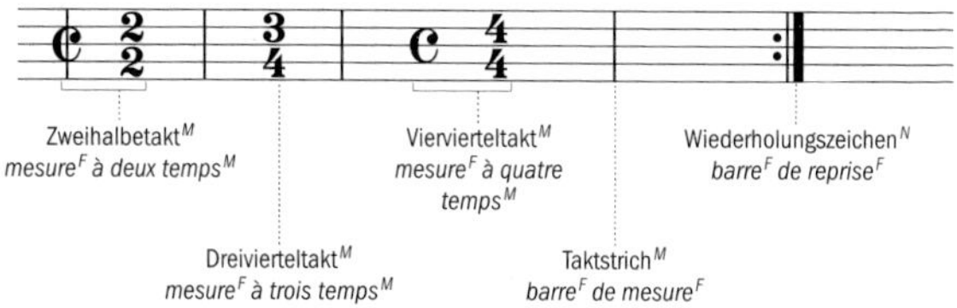

Intervalle[N]
intervalles[M]

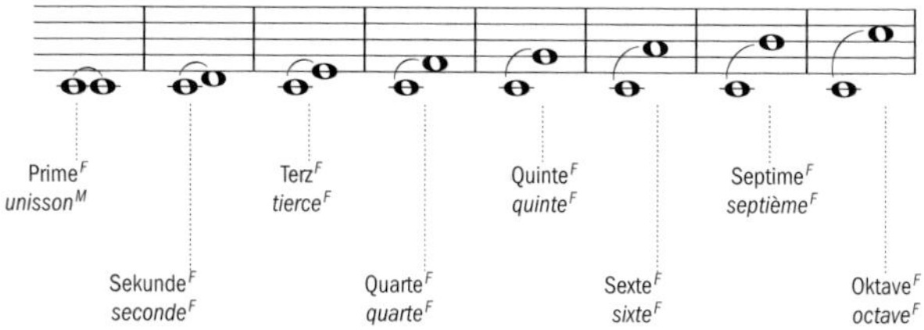

Tonleiter[F]
gamme[F]

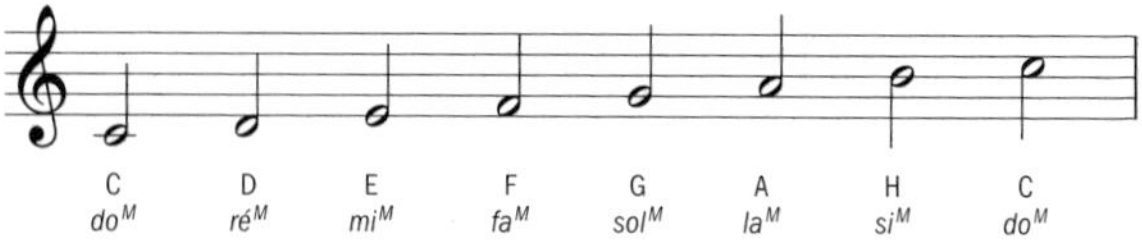

Pausenzeichen^{N}
valeur^{F} des silences^{M}

Verzierungen^{F}
ornements^{M}

Notenwerte^{M}
valeur^{F} des notes^{F}

Versetzungszeichen^{N}
altérations^{F}

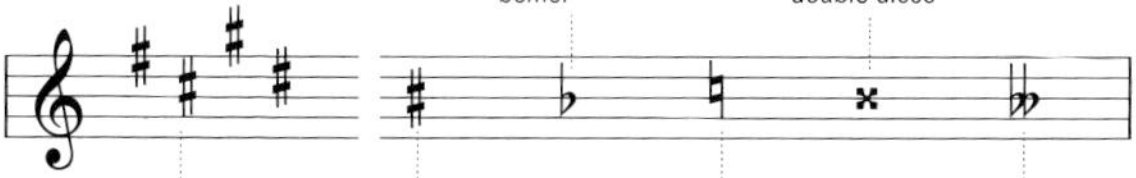

andere Zeichen^{N}
autres signes^{M}

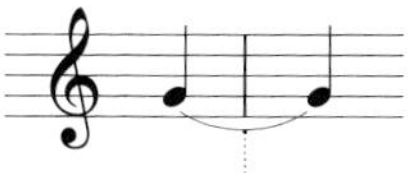

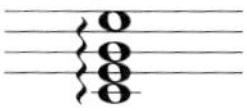

Beispiele[N] für Instrumentalgruppierungen[F]

exemples[M] de groupes[M] instrumentaux

Duo[N]
duo[M]

Trio[N]
trio[M]

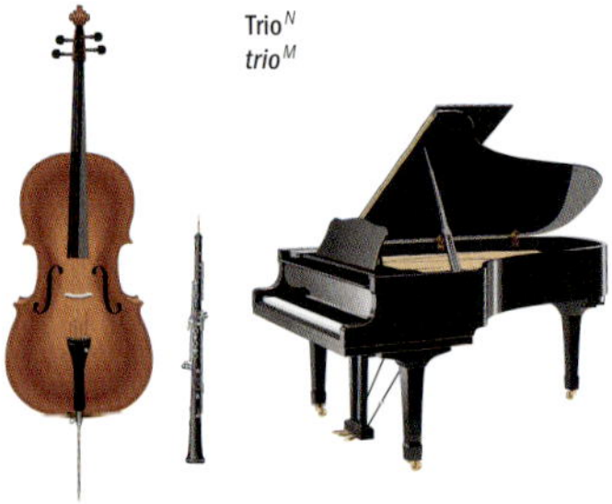

Quartett[N]
quatuor[M]

Quintett[N]
quintette[M]

Sextett[N]
sextuor[M]

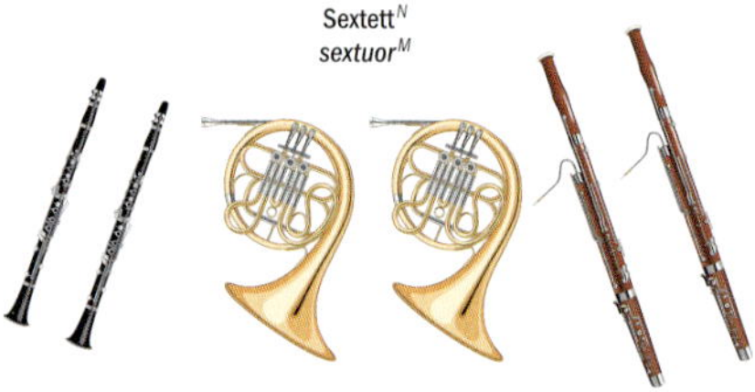

Jazzband[F]
formation[F] de jazz[M]

Saiteninstrumente[N]
instruments[M] à cordes[F]

Bogen[M]
archet[M]

Violine[F]
violon[M]

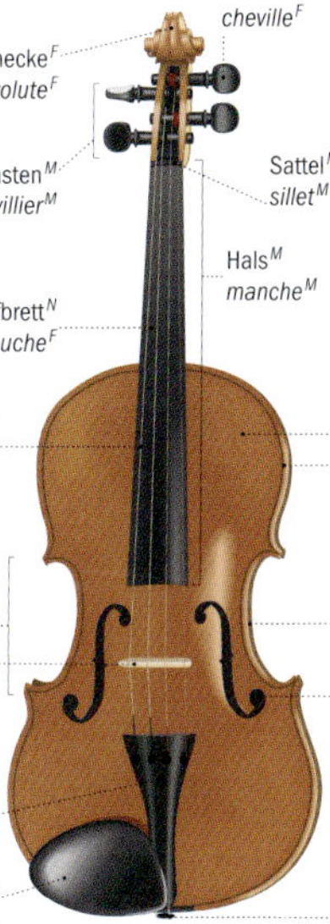

Violinfamilie[F]
famille[F] du violon[M]

Saiteninstrumente^N

Harfe^F
harpe^F

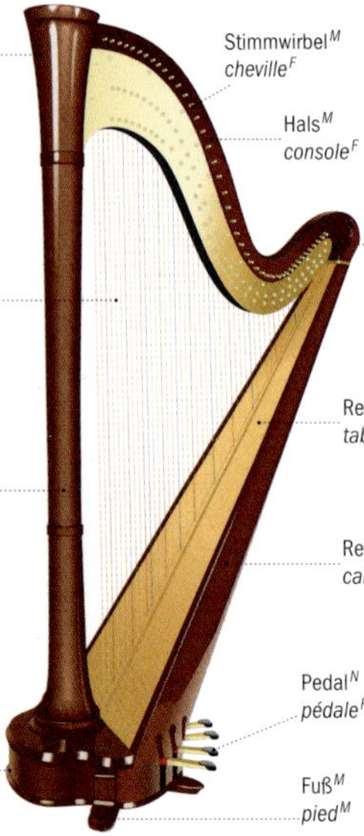

akustische Gitarre^F
guitare^F acoustique

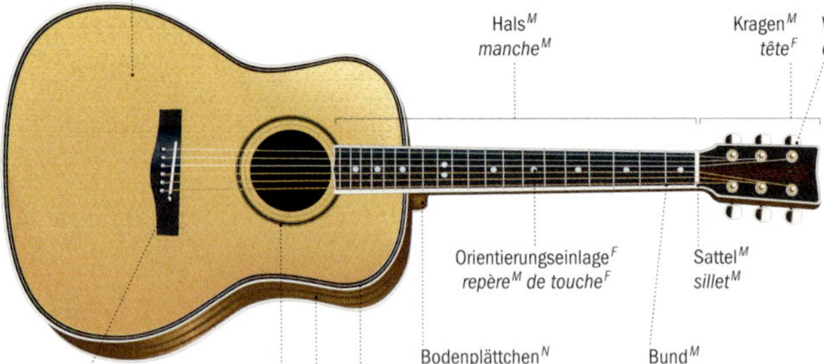

elektrische Gitarre[F]
guitare[F] électrique

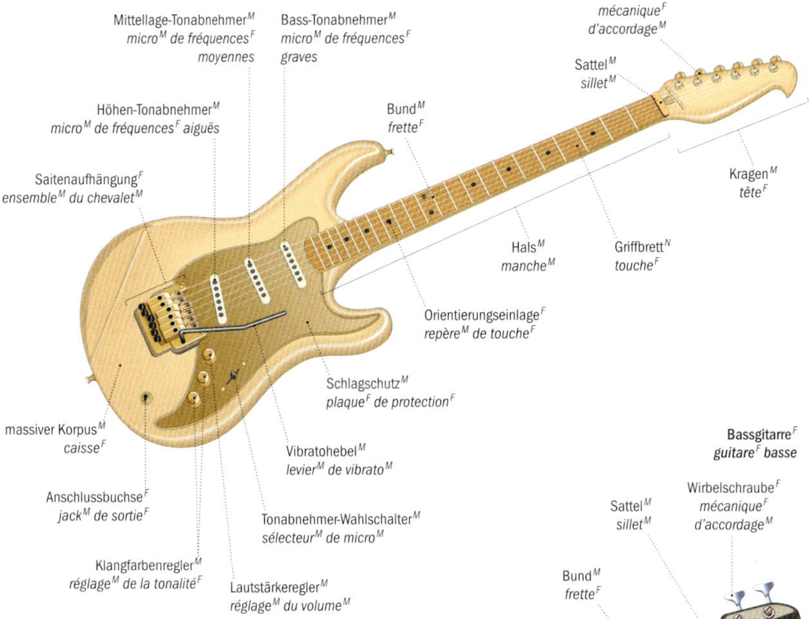

Bassgitarre[F]
guitare[F] basse

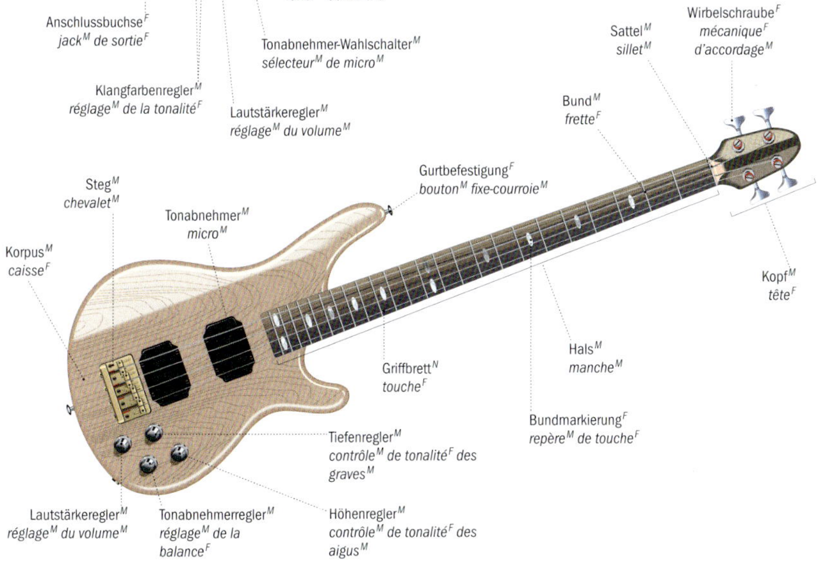

Tasteninstrumente[N]

instruments[M] à clavier[M]

Klavier[N]
piano**[M] **droit

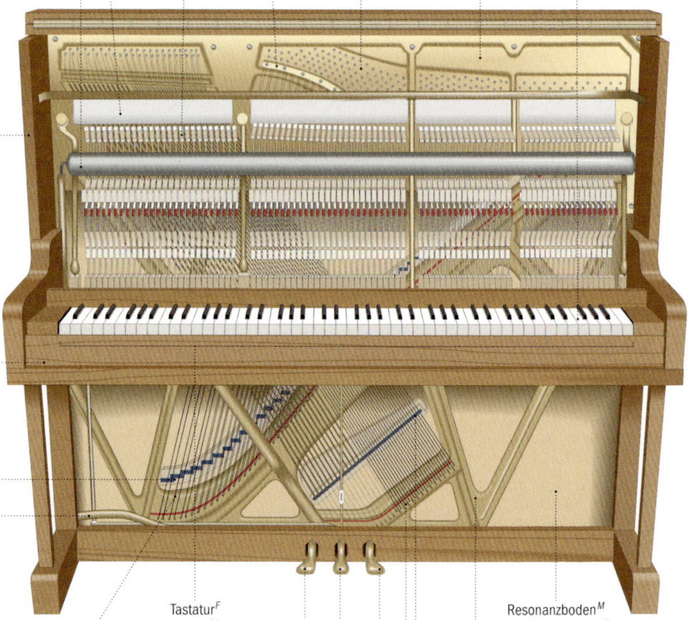

Orgel F
orgue M

Zungenpfeife F
tuyau M à anche F

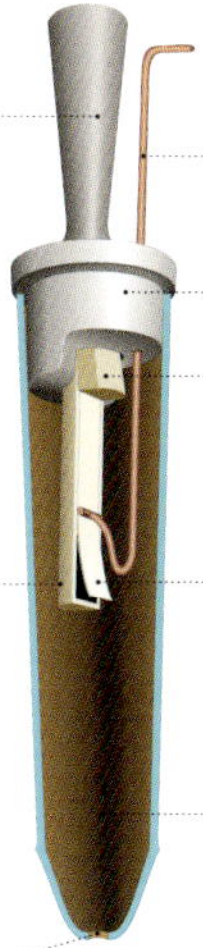

Lippenpfeife F
tuyau M à bouche F

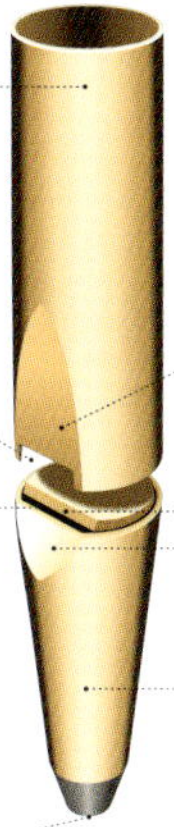

Blasinstrumente^N

instruments^M à vent^M

Saxophon^N
saxophone^M

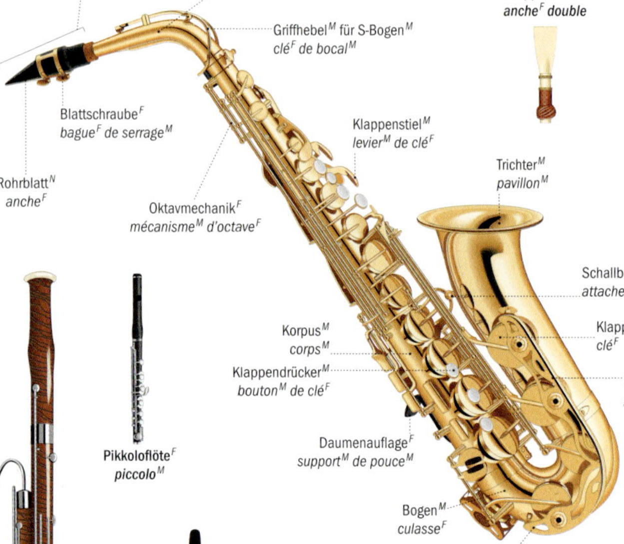

Doppelblatt^N
anche^F double

Rohrblatt^N
anche^F simple

Pikkoloflöte^F
piccolo^M

Fagott^N
basson^M

Klarinette^F
clarinette^F

Oboe^F
hautbois^M

Querflöte^F
flûte^F traversière

Englischhorn^N
cor^M anglais

KUNST UND ARCHITEKTUR

Trompete^{F}
trompette^{F}

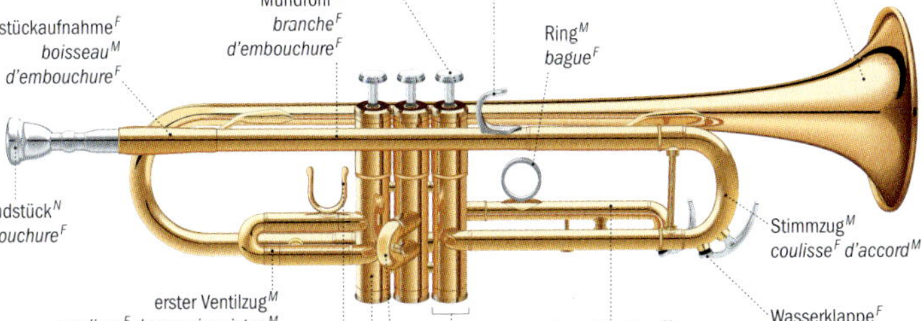

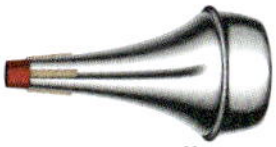

Dämpfer^{M}
sourdine^{F}

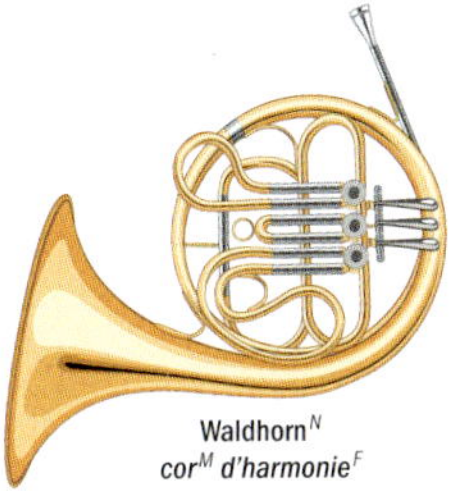

Waldhorn^{N}
cor^{M} d'harmonie^{F}

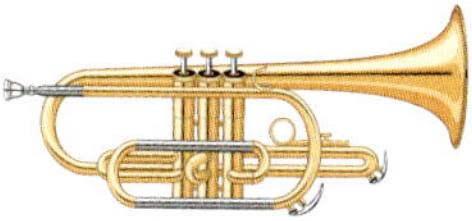

Kornett^{N}
cornet^{M} à pistons^{M}

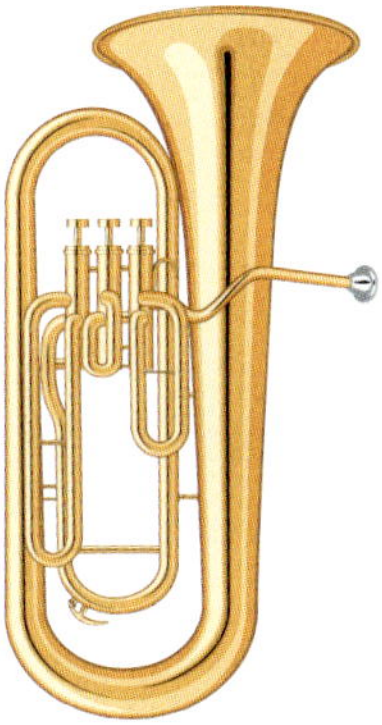

Saxhorn^{N}
saxhorn^{M}

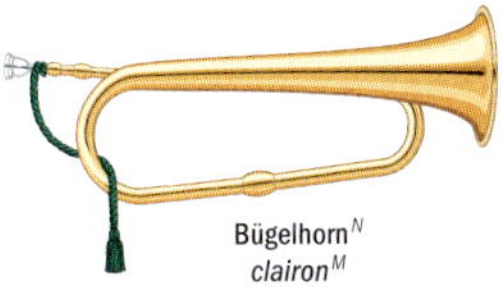

Bügelhorn^{N}
clairon^{M}

Tuba^{F}
tuba^{M}

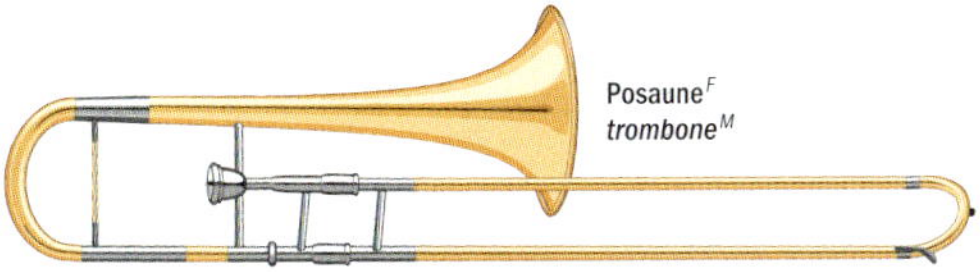

Posaune^{F}
trombone^{M}

Schlaginstrumente^{N}

instruments^{M} à percussion^{F}

Trommeln^{F}
batterie^{F}

kleine Trommel^{F}
caisse^{F} claire

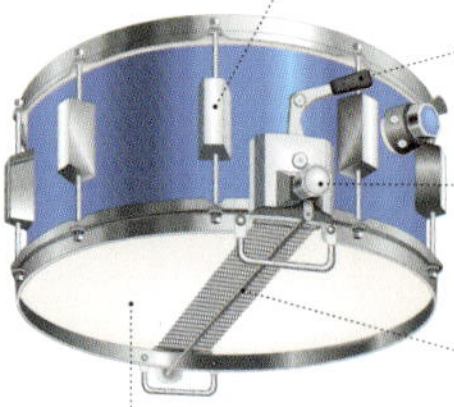

Kesselpauke^{F}
timbale^{F}

Schellen^{F}
grelots^{M}

Glockenband^{N}
clochettes^{F}

Sistrum^{N}
sistre^{M}

Kastagnetten^{F}
castagnettes^{F}

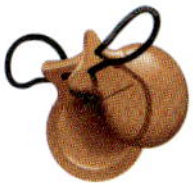

Becken^{N}
cymbales^{F}

Tamburin^{N}
tambour^{M} de basque^{M}

Triangel^{M}
triangle^{M}

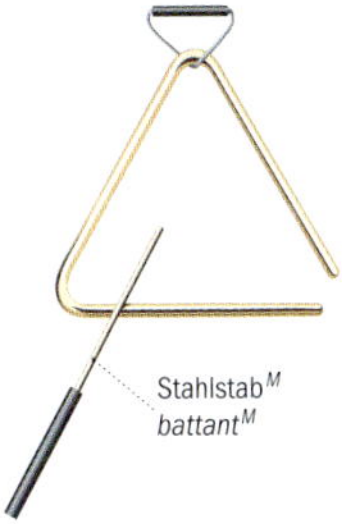

Bongos^{N}
bongo^{M}

Jazzbesen^{M}
balai^{M} métallique

Gong^{M}
gong^{M}

Röhrenglocken^{F}
carillon^{M} tubulaire

Stöcke^{M}
baguettes^{F}

Xylophon^{N}
xylophone^{M}

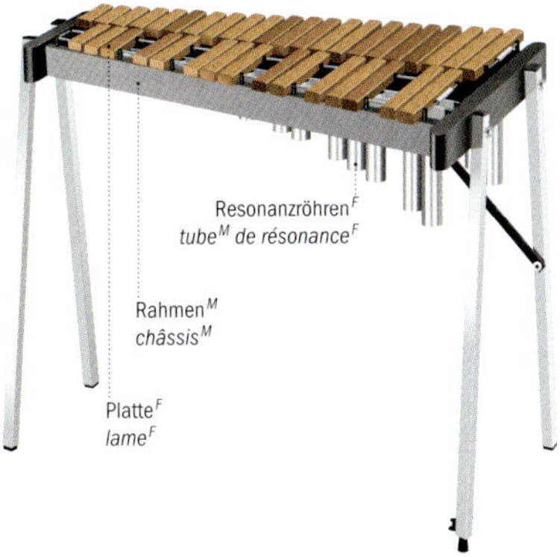

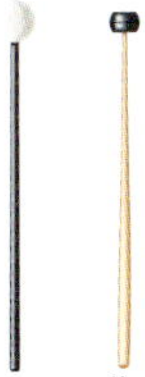

Schlegel^{M}
mailloches^{F}

elektronische Instrumente[N]

instruments[M] électroniques

Sequencer[M]
séquenceur[M]

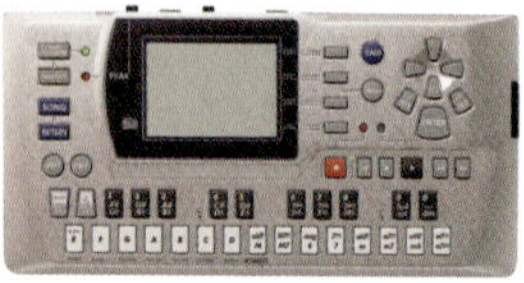

Sampler[M]
échantillonneur[M]

Kopfhöreranschlussbuchse[F]
prise[F] casque[M]

Funktionsdisplay[N]
affichage[M] des fonctions[F]

Diskettenlaufwerk[N]
lecteur[M] de disquette[F]

Expander[M]
expandeur[M]

Synthesizer[M]
synthétiseur[M]

Lautstärkeregler[M]
contrôle[M] du volume[M]

Feinregler[M] für Dateneingabe[F]
modification[F] fine des variables[F]

Diskettenlaufwerk[N]
lecteur[M] de disquette[F]

Systemschalter[M]
fonctions[F] système[M]

Funktionsanzeige[F]
affichage[M] des fonctions[F]

Sequenzerregler[M]
contrôle[M] du séquenceur[M]

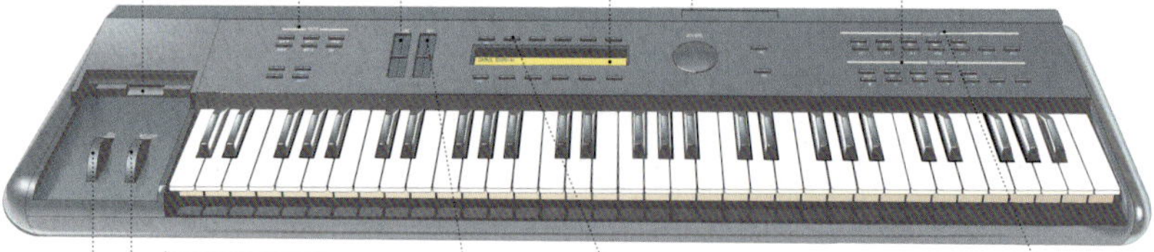

Grobregler[M] für Dateneingabe[F]
modification[F] rapide des variables[F]

Programmwahlschalter[M]
sélecteur[M] de programme[M]

Tastatur[F]
clavier[M]

Modulationsrad[N]
modulation[F] du timbre[M] du son[M]

Stimmenwahlschalter[M]
programmation[F] des voix[F]

Tonhöhenrad[N]
modulation[F] de la hauteur[F] du son[M]

Kabel[N] der Schnittstelle[F] für digitale Musikinstrumente[N] (MIDI)
câble[M] pour interface[F] numérique d'instruments[M] de musique[F] (MIDI)

elektronisches Schlagpolster[N]
caisse[F] de batterie[F] électronique

Blassynthesizer[M]
contrôleur[M] à vent[M] de synthétiseur[M]

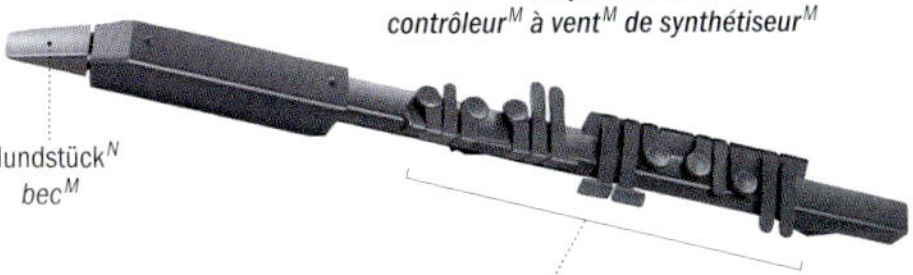

elektronisches Piano[N]
piano[M] électronique

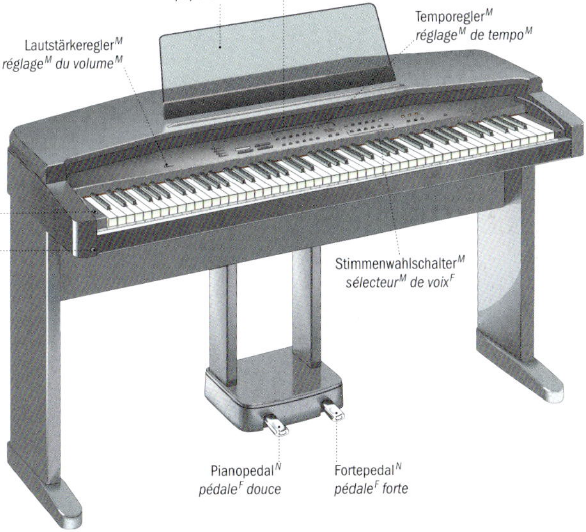

Schreibgeräte[N]

instruments[M] d'écriture[F]

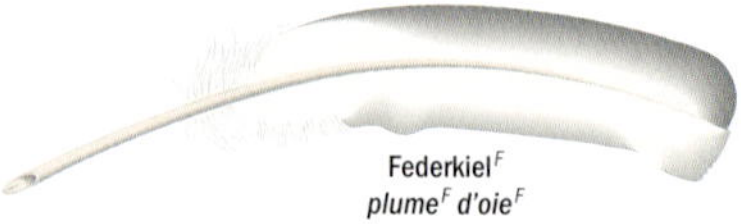

Federkiel[F]
plume[F] d'oie[F]

römische Metallfeder[F]
plume[F] métallique romaine

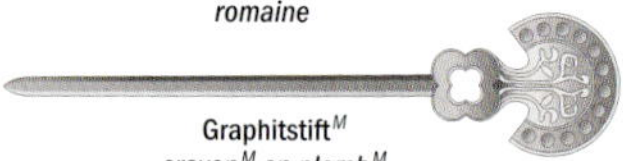

Graphitstift[M]
crayon[M] en plomb[M]

Rohrfeder[F]
plume[F] creuse de roseau[M]

Stilus[M]
stylet[M]

Schreibpinsel[M]
pinceau[M]

Stahlschreibfeder[F]
plume[F] métallique

Binsenstängel[M]
calame[M]

Marker[M]
marqueur[M]

Füllfederhalter[M]
stylo[M]-plume[F]

Druckbleistift[M]
porte-mine[M]

Bleistift[M]
crayon[M]

Kugelschreiber[M]
stylo[M]-bille[F]

Nachfüllmine[F]
recharge[F]

Zeitung^F
journal^M

Zeitungskopf^M
manchette^F

Redaktionsteil^M
cahier^M

Artikel^M
article^M

Literaturbeilage^F
supplément^M littéraire

Boulevardblatt^N
tabloïd^M

farbige Beilage^F
supplément^M en couleurs^F

Zeitschrift^F
magazine^M

Titelseite^F
une^F

Zeitungsname^M
titre^M du journal^M

Schlagzeile^F
tribune^F

Titelfoto^N
photographie^F à la une^F

Bildunterschrift^F
légende^F

Vortitel^M
surtitre^M

Titelzeile^F
titre^M

Untertitel^M
sous-titre^M

Inhalt^M
sommaire^M

Zwischentitel^M
intertitre^M

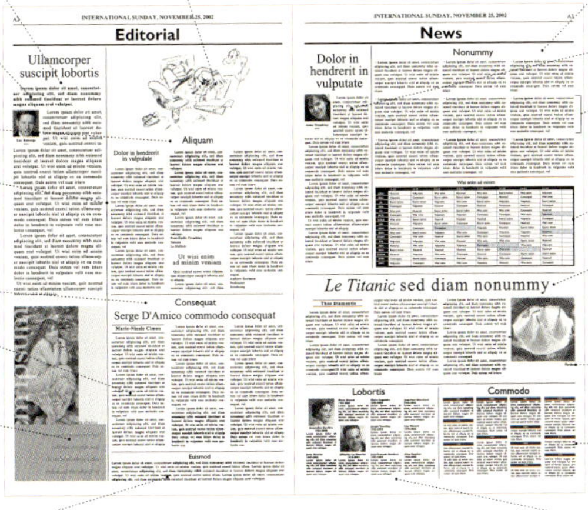

redaktioneller Beitrag^M
éditorial^M

Karikatur^F
caricature^F

Zusammenfassung^F
chapeau^M

Leserbriefe^M
courrier^M des lecteurs^M

Trennlinie^F
filet^M

Interview^N
interview^F

Spalte^F
colonne^F

Anzeige^F
annonce^F publicitaire

Impressum^N
ours^M

Nachrichten^F
faits^M divers

Reportage^F
chronique^F

Kurzmeldungen^F
brèves^F

Fernsehprogramm^N
grille^F des programmes^M de télévision^F

Restaurantkritik^F
critique^F gastronomique

Quellenangabe^F
crédit^M photographique

Kleinanzeigen^F
petites annonces^F

Todesanzeigen^F
nécrologie^F

Fotografie[F]

photographie[F]

einäugige Spiegelreflexkamera[F]/SLR-Kamera[F]: Vorderansicht[F]
appareil[M] à visée[F] reflex mono-objectif[M] : vue avant

Belichtungskorrekturknopf[M]
correction[F] d'exposition[F]

Zubehörschuh[M]
griffe[F] porte-accessoires[M]

Blitzkontakt[M]
contact[M] électrique

Aufnahmemodus[M]
mode[M] d'acquisition[F]

Display[N]
écran[M] de contrôle[M]

Belichtungseinstellung[F]
mode[M] d'exposition[F]

Programmwählscheibe[F]
sélecteur[M] de fonctions[F]

Belichtungsmesser[M]
surimpression[F]

Ein-/Ausschalter[M]
commutateur[M] marche[F]/arrêt[M]

Empfindlichkeit[F]
sensibilité[F]

Auslöser[M]
déclencheur[M]

Diode[F] des Selbstauslösers[M]
prise[F] de télécommande[F]

Selbstauslöser-Lichtsignal[N]
témoin[M] du retardateur[M]

Autofocus-Umschalter[M]
mode[M] de mise[F] au point[M]

Kameragehäuse[N]
boîtier[M]

Objektivauswurf[M]
déverrouillage[M] de l'objectif[M]

Objektiv[N]
objectif[M]

Schärfentiefenknopf[M]
vérification[F] de la profondeur[F] de champ[M]

Objektive[N]
objectifs[M]

Teleobjektiv[N]
téléobjectif[M]

Zoomobjektiv[N]
objectif[M] zoom[M]

Weitwinkelobjektiv[N]
objectif[M] grand-angulaire

Makroobjektiv[N]
objectif[M] macro

Objektivzubehör[N]
accessoires[M] de l'objectif[M]

Objektivschutzdeckel[M]
capuchon[M] d'objectif[M]

Gegenlichtblende[F]
parasoleil[M]

Polarisationsfilter[M]
filtre[M] de polarisation[F]

digitale Spiegelreflexkamera[F]: Rückansicht[F]
appareil[M] à visée[F] reflex numérique : dos[M]

Fotoapparate[M]
appareils[M] photographiques

Sofortbildkamera[F]
Polaroid®[M]

Mittelformatkamera[F] SLR (6 x 6)
appareil[M] reflex 6 X 6 mono-objectif[M]

Ultrakompaktkamera[F]
appareil[M] ultracompact

Großformatkamera[F]
chambre[F] photographique

Kompaktkamera[F]
appareil[M] compact

Einwegkamera[F]
appareil[M] jetable

Satellitenübertragungstechnik[F]

télédiffusion[F] par satellite[M]

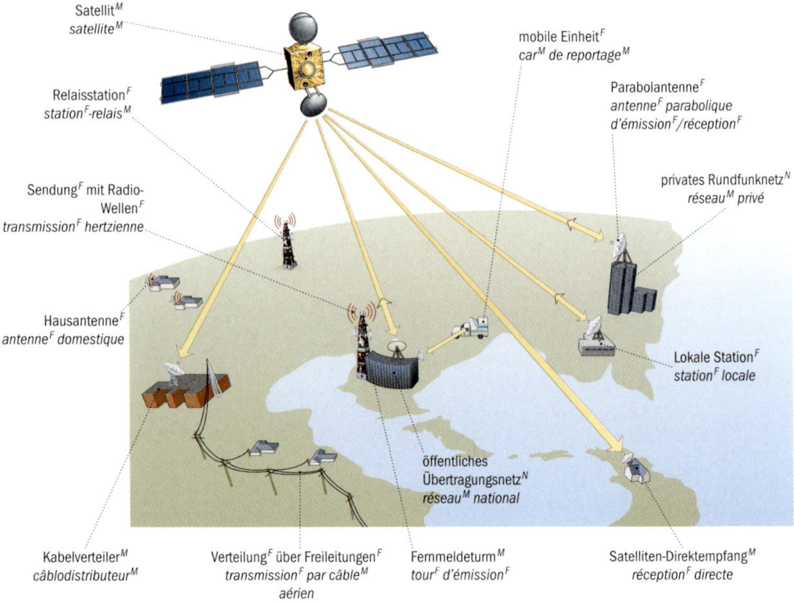

Fernmeldesatelliten[M]

satellites[M] de télécommunications[F]

Eutelsat[M]
Eutelsat[M]

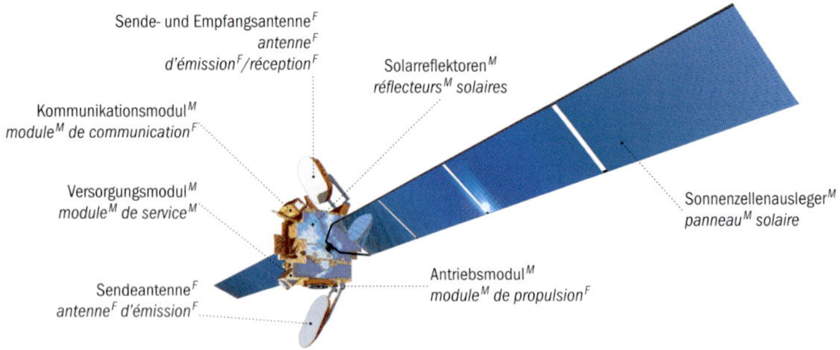

Telekommunikation^F über Nachrichtensatellit^M

télécommunications^F par satellite^M

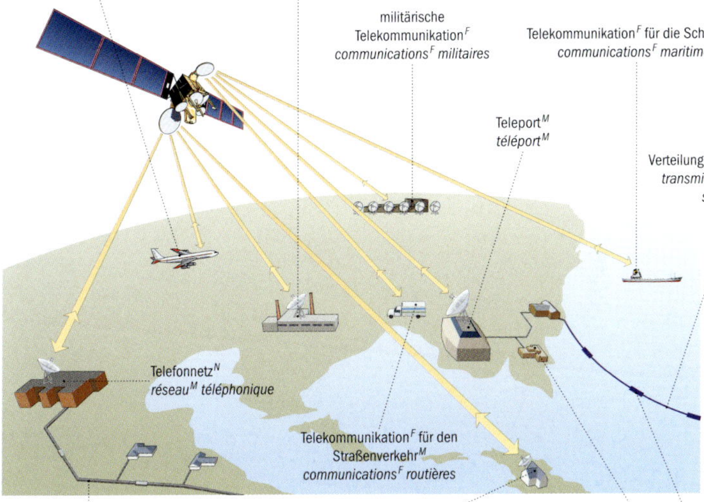

Fernmeldesatelliten^M

Fernsehen[N]
télévision[F]

LCD-Fernseher[M] (Liquid-Crystal-Display-Fernseher[M])
téléviseur[M] à cristaux[M] liquides

Plasmafernseher[M]
téléviseur[M] à plasma[M]

CRT-Fernseher[M]
(Kathodenstrahlröhren-Fernseher[M])
téléviseur[M] à écran[M] cathodique

Bildröhre[F]
tube[M]-image[F]

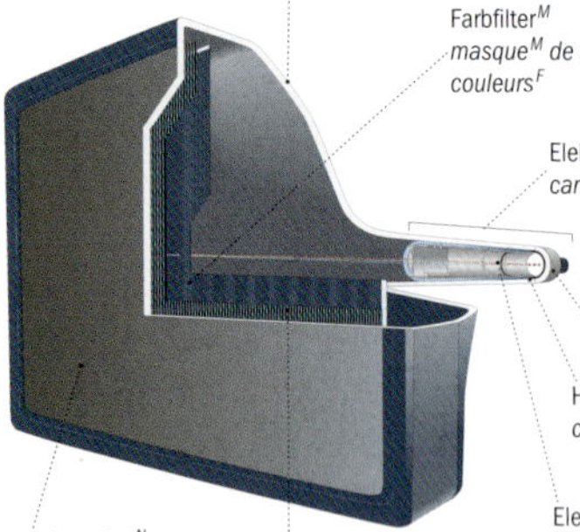

Elektronenkanone[F]
canon[M] à électrons[M]

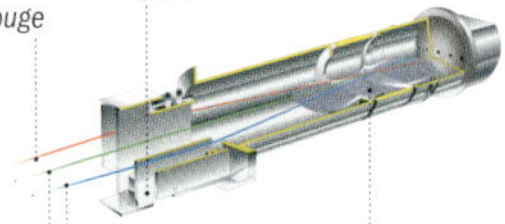

Fernbedienung[F]
télécommande[F]

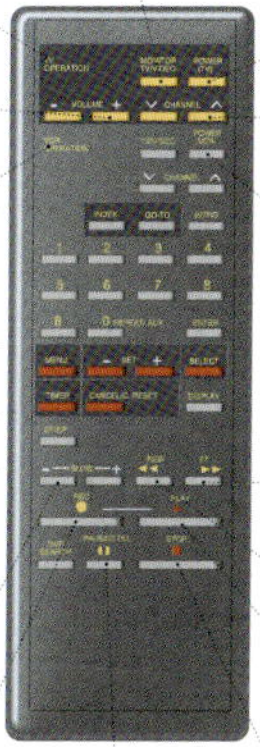

DVD-Recorder[M]
enregistreur[M] de DVD[M] vidéo

Videokassette[F]
cassette[F] vidéo

Aufnahme- und Speichermedien[N]
supports[M] d'enregistrement[M]

Mini-DV-Camcorder^{M}: Vorderansicht^{F}
caméscope^{M} mini-DV : vue^{F} avant

Mini-DV-Camcorder^{M}: Rückansicht^{F}
caméscope^{M} mini-DV : vue^{F} arrière

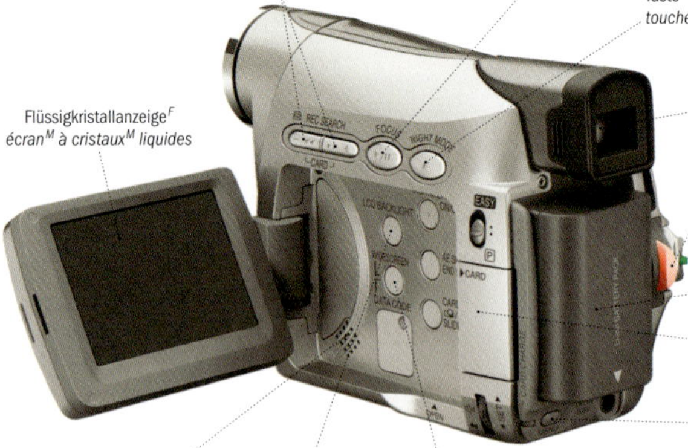

Parabolantenne^F
antenne^F parabolique

Receiver^M
terminal^M numérique

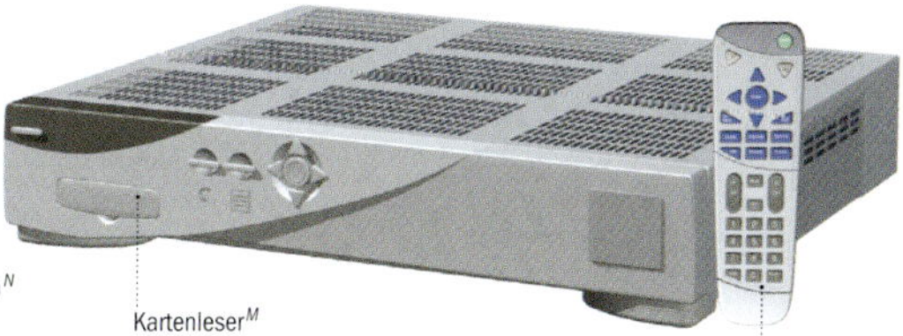

Heimkino^N
cinéma^M maison^F

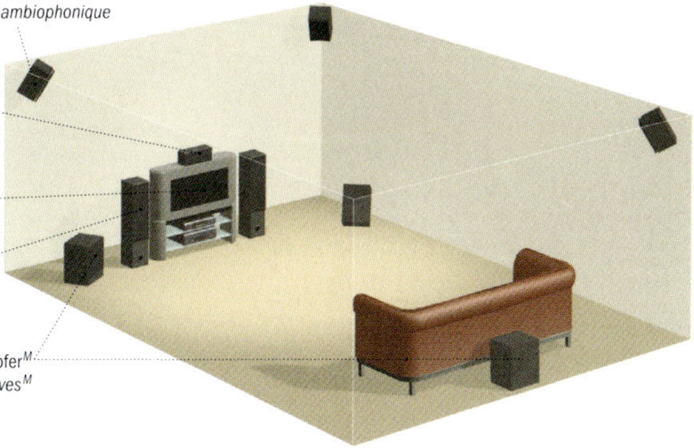

Videorecorder^M
magnétoscope^M

Tonwiedergabesystem[N]

chaîne[F] stéréo

Receiver[M]: Vorderansicht[F]
ampli[M]-syntoniseur[M] : vue[F] avant

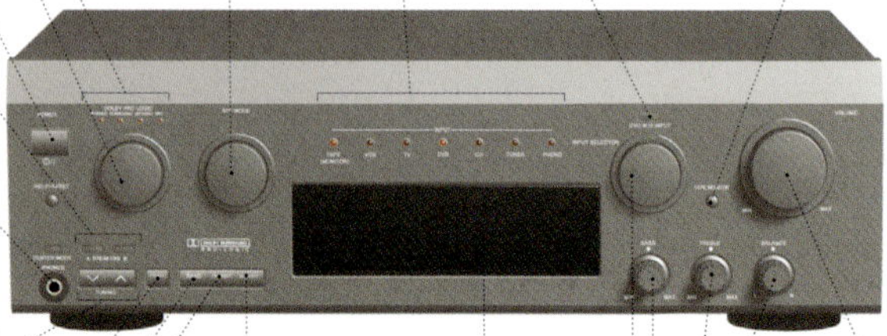

Amplituner[M]: Rückansicht[F]
ampli[M]-syntoniseur[M] : vue[F] arrière

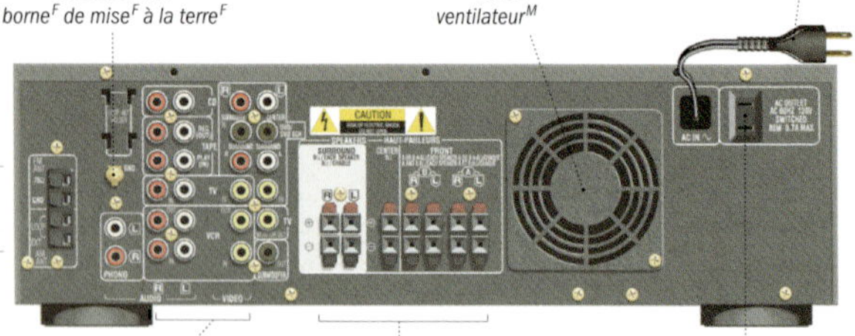

Kassettendeck^{N}
platine^{F} cassette^{F}

CD-Spieler^{M}
lecteur^{M} de disque^{M} compact

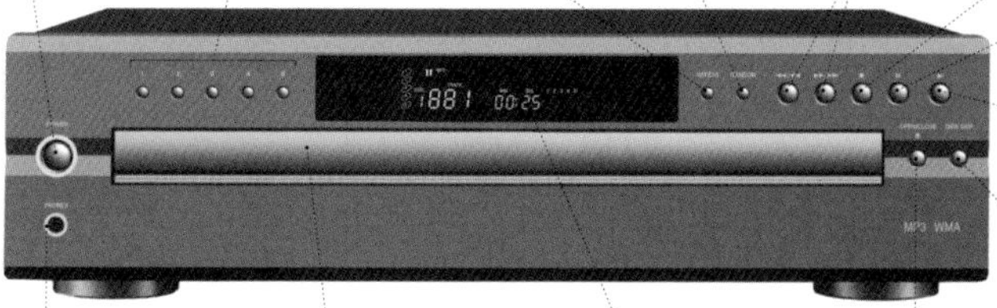

Tonwiedergabesystem^N

Kopfhörer^M
***casque**^M **d'écoute**^F*

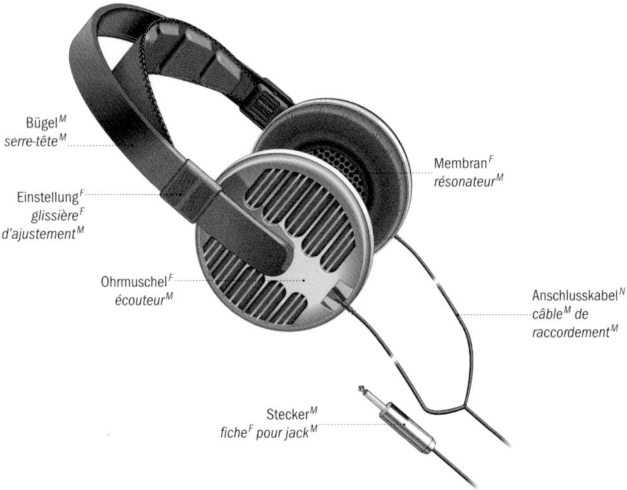

Lautsprecherbox^F
enceinte**^F **acoustique

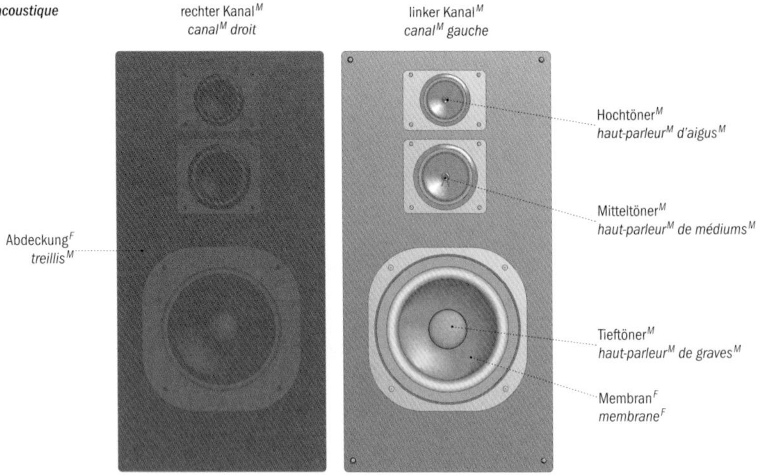

Mini-HiFi^{F}-System^{N}
minichaîne^{F} stéréo

tragbare Tonwiedergabesysteme^{N}
appareils^{M} de son^{M} portatifs

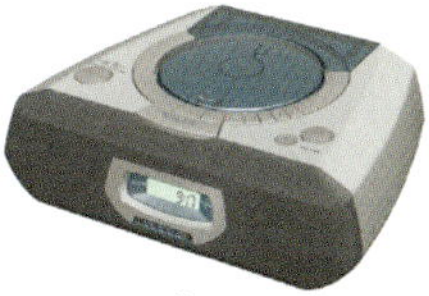

Uhrenradio^{N}
radio^{F}-réveil^{M}

Kofferradio^{N}
radio^{F} portable

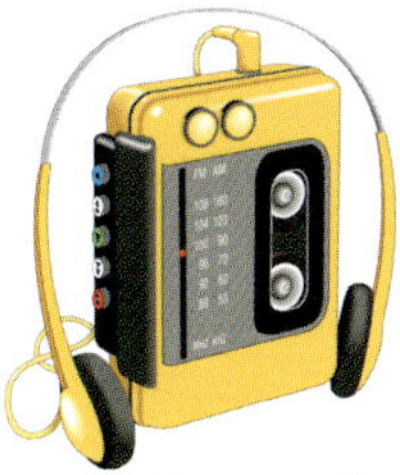

Walkman$^{M®}$ mit Radioteil^{N}
baladeur^{M}

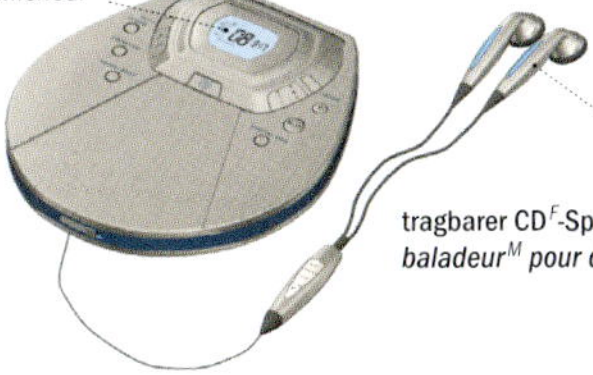

tragbarer CD^{F}-Spieler^{M}
baladeur^{M} pour disque^{M} compact

KOMMUNIKATION UND BÜROTECHNIK

MP3-Spieler[M]
baladeur[M] numérique

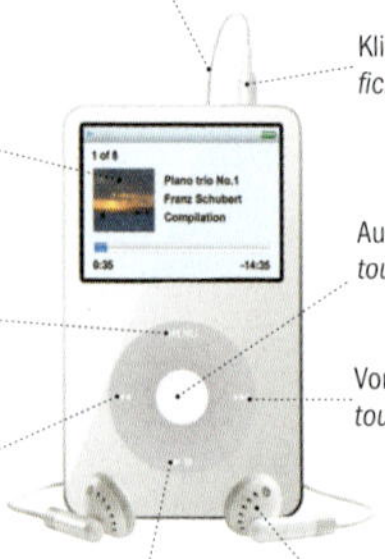

Satellitenradioempfänger[M]
récepteur[M] de radio[F] par satellite[M]

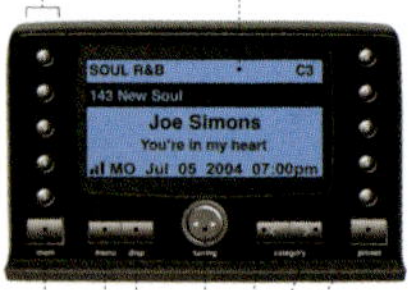

Radiorecorder[M] mit CD-Spieler[M]
radiocassette[F] laser[M]

Telefonieren[N]

communication[F] par téléphone[M]

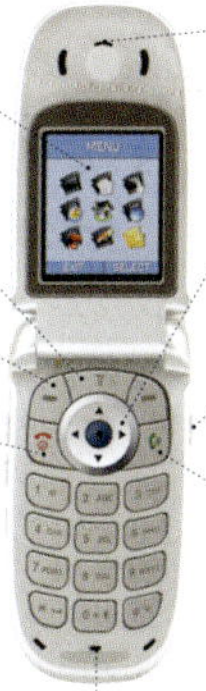

Handy[N]
téléphone[M] portable

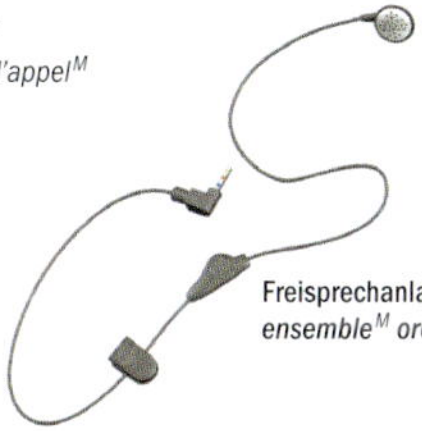

Telefonapparat[M]
poste[M] téléphonique

digitaler Anrufbeantworter^M
répondeur^M numérique

Telefaxgerät^N
télécopieur^M

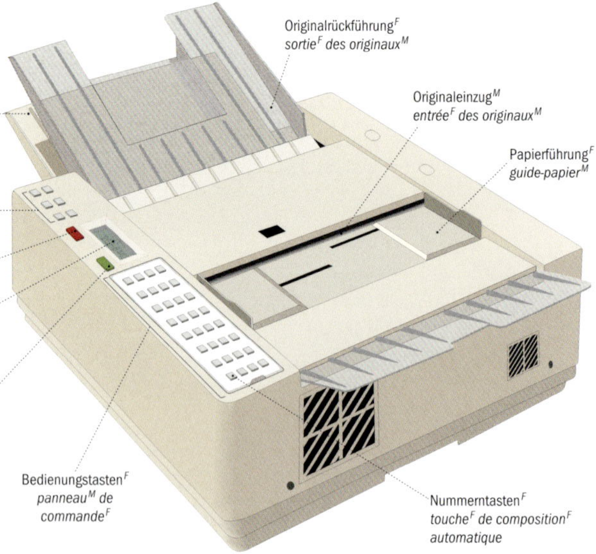

KOMMUNIKATION UND BÜROTECHNIK

Personalcomputer^{M}
micro-ordinateur^{M}

Bildschirm^{M}
écran^{M}

vertikale Einstellung^{F}
réglage^{M} vertical

horizontale Einstellung^{F}
réglage^{M} horizontal

Zentriereinstellung^{F}
réglage^{M} de centrage^{M}

Kontrastregler^{M}
réglage^{M} du contraste^{M}

Leuchtanzeige^{F}
témoin^{M} d'alimentation^{F}

Netzschalter^{M}
interrupteur^{M}

Helligkeitsregler^{M}
réglage^{M} de la luminosité^{F}

Towergehäuse^{N}: Rückansicht^{F}
boîtier^{M} tour^{F} : vue^{F} arrière

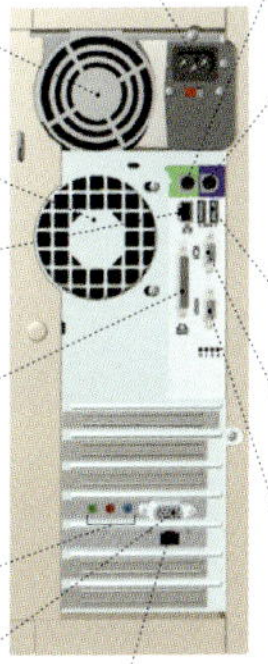

Netzanschlussbuchse^{F}
prise^{F} d'alimentation^{F}

Mausschnittstelle^{F}
port^{M} souris^{F}

Netzteillüfter^{M}
ventilateur^{M} du bloc^{M} d'alimentation^{F}

Tastaturschnittstelle^{F}
port^{M} clavier^{M}

Gehäuselüfter^{M}
ventilateur^{M} du boîtier^{M}

Netzwerkschnittstelle^{F}
port^{M} réseau^{M}

Parallelschnittstelle^{F}
port^{M} parallèle

USB-Schnittstelle^{F}
port^{M} USB

Videoschnittstelle^{F}
port^{M} vidéo

Audiobuchse^{F}
prise^{F} audio

Spiele^{N}-/MIDI-Schnittstelle^{F}
port^{M} jeux^{M}/MIDI

serielle Schnittstelle^{F}
port^{M} série^{F}

interne Modemschnittstelle^{F}
port^{M} modem^{M} interne

Towergehäuse^{N}: Vorderansicht^{F}
boîtier^{M} tour^{F} : vue^{F} avant

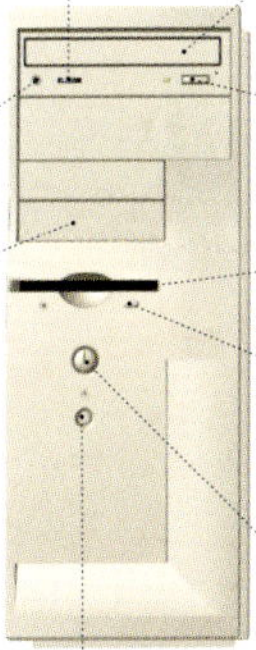

Lautstärkeregler^{M}
réglage^{M} du volume^{M}

CD^{F}-/DVD^{F}-Laufwerk^{N}
lecteur^{M} de CD/DVD-ROM^{M}

Kopfhöreranschlussbuchse^{F}
prise^{F} pour écouteurs^{M}

CD^{F}-/DVD^{F}-Auswurftaste^{F}
bouton^{M} d'éjection^{F} du CD/DVD-ROM^{M}

Schutzdeckel^{M}
obturateur^{M} de baie^{F}

Diskettenlaufwerk^{N}
lecteur^{M} de disquette^{F}

Disketten^{F}-Auswurftaste^{F}
bouton^{M} d'éjection^{F} de la disquette^{F}

Ein-/Ausschalter^{M}
bouton^{M} de démarrage^{M}

Resettaste^{F}
bouton^{M} de réinitialisation^{F}

Eingabegeräte[N]

périphériques[M] d'entrée[F]

Tastatur[F] und Piktogramme[N]
clavier[M] et pictogrammes[M]

Funktionstasten[F]
touches[F] de fonction[F]

Internet[N]-Tasten[F]
touches[F] Internet[M]

E-Mail[F]-Taste[F]
touche[F] de courriel[M]

Escapetaste[F]
touche[F] d'échappement[M]

Tabulatortaste[F]
touche[F] de tabulation[F]

Großschriftfeststellungstaste[F]
touche[F] de verrouillage[M] des majuscules[F]

Umschalttasten[F]
touche[F] majuscule

Steuerungstaste[F]
touche[F] de contrôle[M]

Startmenütaste[F]
touche[F] de démarrage[M]

Alt-Taste[F]
touche[F] alternative

abnehmbare Handballenauflage[F]
repose-poignets[M] détachable

Leertaste[F]
barre[F] d'espacement[M]

alphanumerische Tastatur[F]
pavé[M] alphanumérique

Abbruch[M]
échappement[M]

Tabulator[M] nach links
tabulation[F] à gauche

Tabulator[M] nach rechts
tabulation[F] à droite

Großschriftfeststellung[F]
verrouillage[M] des majuscules[F]

Alternative[F]: Drittbelegung[F]
alternative : sélection[F] du niveau[M] 3

Großschriftumschaltung[F]: Zweitbelegung[F]
majuscule[F] : sélection[F] du niveau[M] 2

Steuerung[F]: Gruppenwahl[F]
contrôle[M] : sélection[F] de groupe[M]

Steuerung[F]
contrôle[M]

Alternative[F]
alternative

Leerzeichen[N]
espace[F]

geschütztes Leerzeichen[N]
espace[F] insécable

Taste[F] Druck[M]/Systemabfrage[F]
touche[F] d'impression[F] de l'écran[M]/d'appel[M] système[M]

Kontrollleuchten[F]
voyants[M]

Taste[F] löschender Rückschritt[M]
touche[F] d'effacement[M]

Scrollen[N]-Feststelltaste[F]
touche[F] d'arrêt[M] du défilement[M]

Einfügetaste[F]
touche[F] d'insertion[F]

Taste[F] Pause[F]/Unterbrechung[F]
touche[F] de pause[F]/d'interruption[F]

Taste[F] Cursor[M] an Zeilenanfang[M]
touche[F] début[M]

Taste[F] numerischer Block[M]
touche[F] de verrouillage[M] numérique

Taste[F] vorherige Seite[F]
touche[F] page[F] précédente

Taste[F] nächste Seite[F]
touche[F] page[F] suivante

Eingabetaste[F]
touche[F] de retour[M]

Taste[F] Ende[N]
touche[F] fin[F]

numerisches Tastenfeld[N]
pavé[M] numérique

Richtungstasten[F]
touches[F] de déplacement[M] du curseur[M]

Löschtaste[F]
touche[F] de suppression[F]

Eingabetaste[F]
touche[F] de retour[M]

Pause[F]
pause[F]

Unterbrechung[F]
interruption[F]

numerischer Block[M]
verrouillage[M] numérique

Scrollen[N]
défilement[M]

Einfügen[N]
insertion[F]

Löschen[N]
suppression[F]

Cursor[M] an Zeilenanfang[M]
début[M]

Cursor[M] an Zeilenende[N]
fin[F]

vorherige Seite[F]
page[F] précédente

löschender Rückschritt[M]
effacement[M] arrière : effacement[M]

Bildschirminhalt[M] drucken
impression[F] de l'écran[M]

nächste Seite[F]
page[F] suivante

Cursor[M] nach links
curseur[M] vers la gauche[F]

Cursor[M] nach rechts
curseur[M] vers la droite[F]

Cursor[M] nach oben
curseur[M] vers le haut[M]

Cursor[M] nach unten
curseur[M] vers le bas[M]

Eingabe[F]
retour[M]

Kugelmaus[F]
souris[F] à roulette[F]

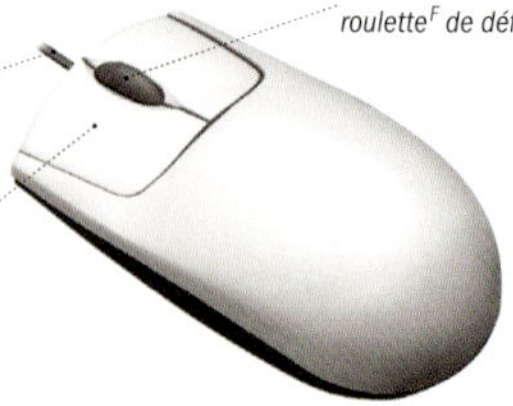

Scrollrad[N]
roulette[F] de défilement[M]

Kabel[N]
câble[M]

Steuertaste[F]
bouton[M] de contrôle[M]

Funkmaus[F]
souris[F] sans fil[M]

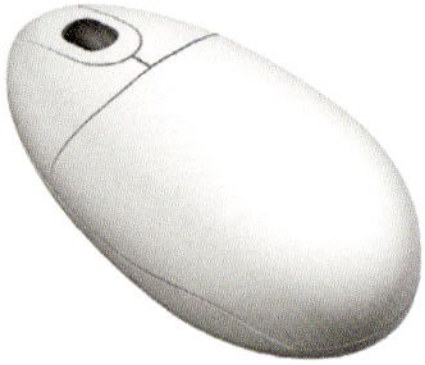

mechanische Maus[F]
souris[F] mécanique

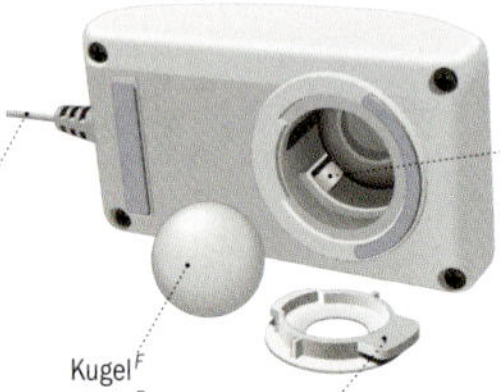

Laufrolle[F]
galet[M]

Verbindungskabel[N]
câble[M]

Kugel[F]
bille[F]

Kugelhalterung[F]
verrou[M]

optische Maus[F]
souris[F] optique

optischer Sensor[M]
capteur[M] optique

Mauspad[N]
tapis[M] de souris[F]

Joystick[M]
manche[M] à balai[M]

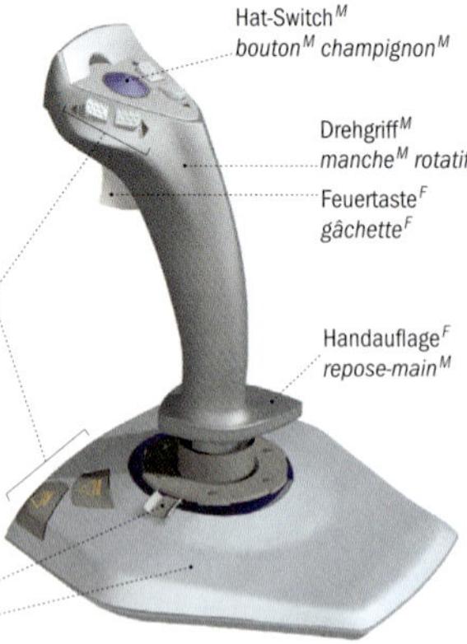

Hat-Switch[M]
bouton[M] champignon[M]

Drehgriff[M]
manche[M] rotatif

Feuertaste[F]
gâchette[F]

programmierbare Tasten[F]
boutons[M] programmables

Handauflage[F]
repose-main[M]

Schubkontrolle[F]
manette[F] des gaz[M]

Fuß[M]
socle[M]

Webcam[F]
webcaméra[F]

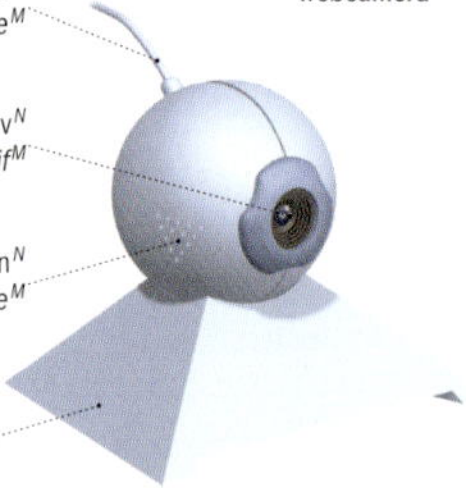

Kabel[N]
câble[M]

Objektiv[N]
objectif[M]

Mikrofon[N]
microphone[M]

Fuß[M]
socle[M]

Ausgabegeräte[N]

périphériques[M] de sortie[F]

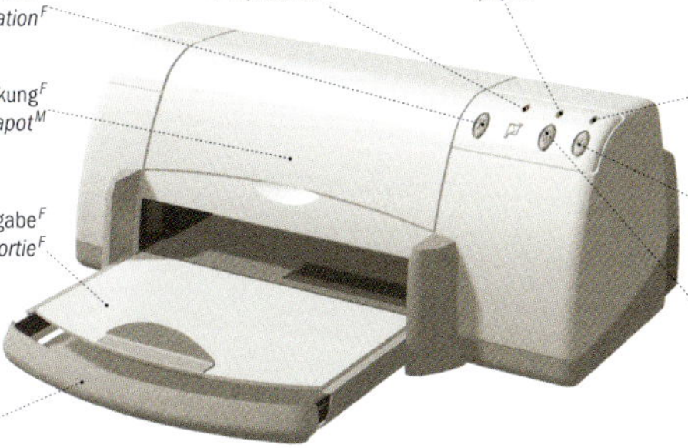

Speichergeräte[N]

périphériques[M] de stockage[M]

Internet^{N}

Internet^{M}

URL-Adresse^{F} (vereinheitlichter Ressourcenzugriff^{M})
adresse^{F} URL^{F} (localisateur^{M} universel de ressources^{F})

http://www.un.org/aboutun/index.html

Kommunikationsprotokoll^{N}
protocole^{M} de communication^{F}

Domainname^{M}
nom^{M} de domaine^{M}

Dateiformat^{N}
format^{M} du fichier^{M}

Doppelschrägstrich^{M}
double barre^{F} oblique

Domain^{F} zweiten Grades^{M}
domaine^{M} de second niveau^{M}

Ordner^{M}, Verzeichnis^{N}
répertoire^{M}

Datei^{F}
fichier^{M}

Server^{M}
serveur^{M}

Toplevel^{N}-Domain^{F}
domaine^{M} de premier niveau^{M}

Browser^{M}
navigateur^{M}

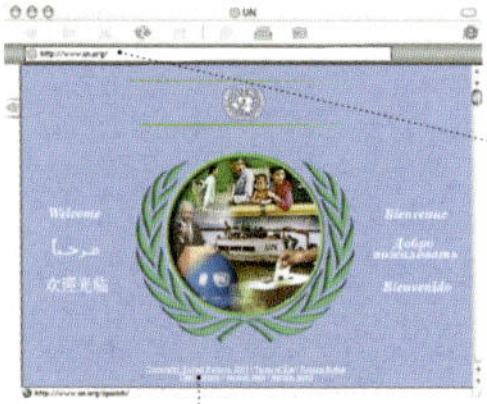

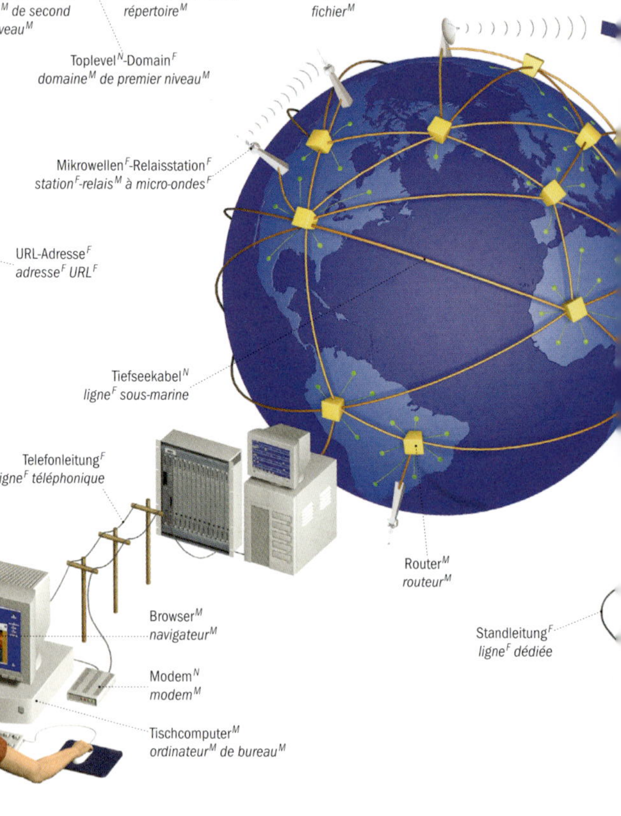
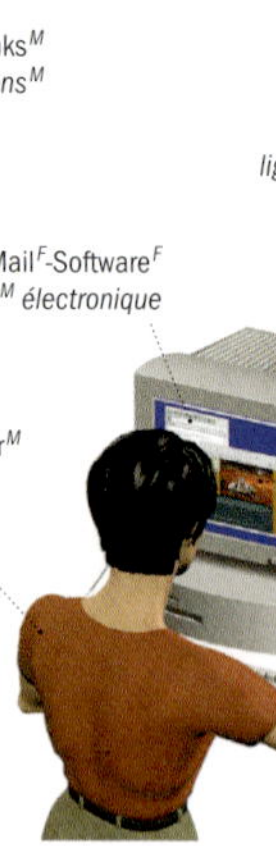

Internet^{N}-Nutzungen^{F}

utilisations^{F} d'Internet^{M}

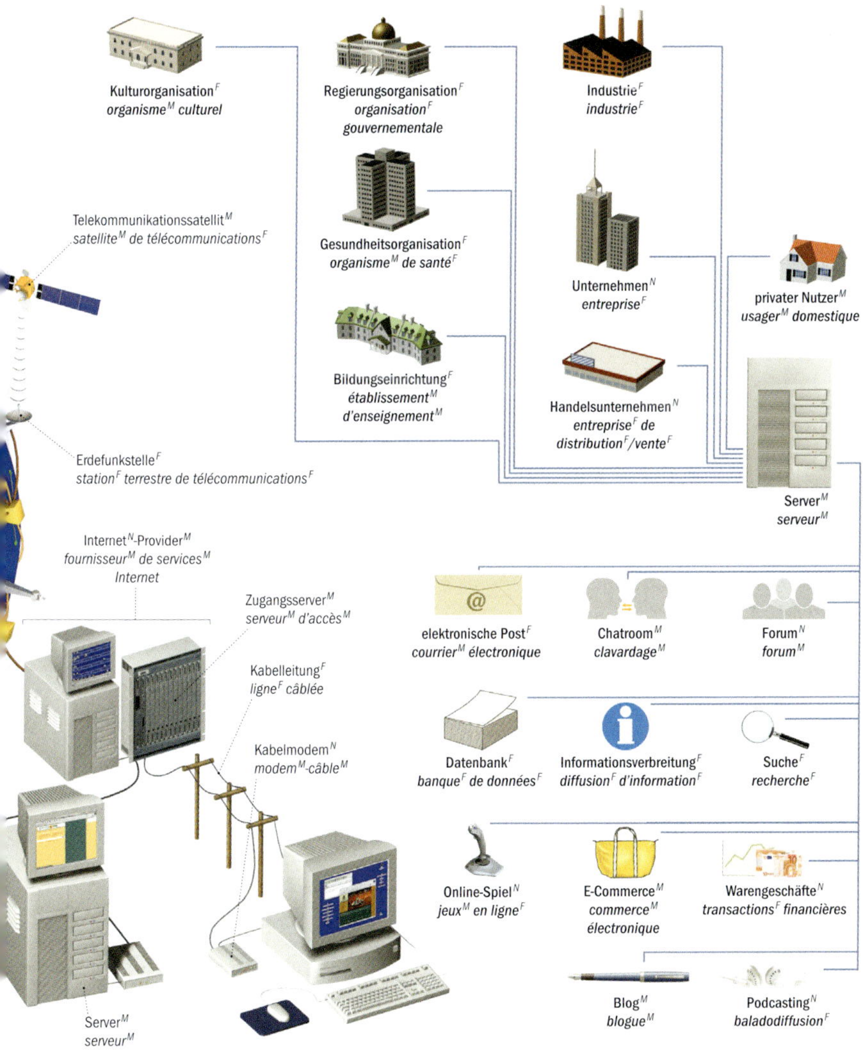

Laptop^{M}

ordinateur^{M} portable

Laptop^{M}: Vorderansicht^{F}
ordinateur^{M} portable : vue^{F} avant

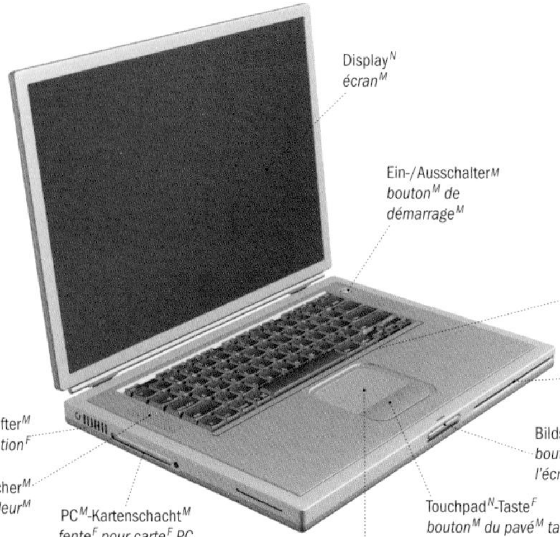

Laptop^{M}: Rückansicht^{F}
ordinateur^{M} portable : vue^{F} arrière

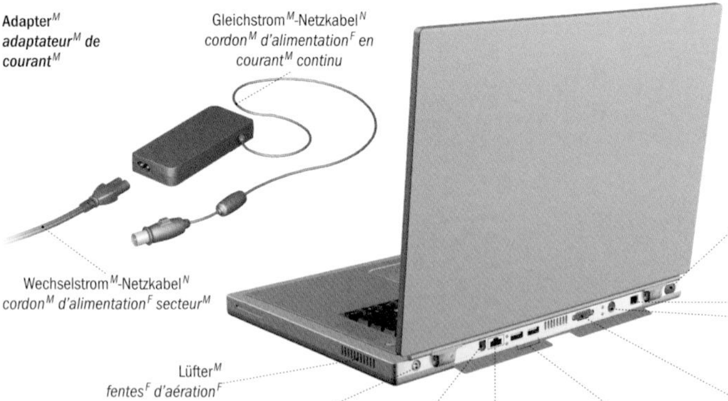

Handheld-Computer^{M}
ordinateur^{M} de poche^{F}

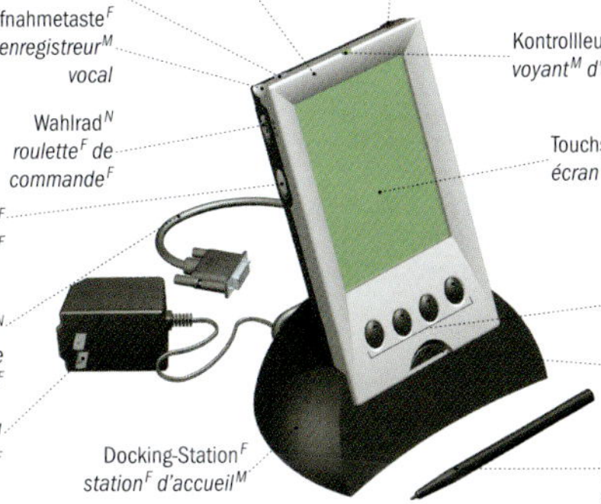

Schreibwaren^{F}
articles^{M} de bureau^{M}

wissenschaftlicher Taschenrechner^{M}
calculatrice^{F} scientifique

Tischrechner^{M} mit Druckerteil^{N}
calculatrice^{F} à imprimante^{F}

Taschenrechner^{M}
calculette^{F}

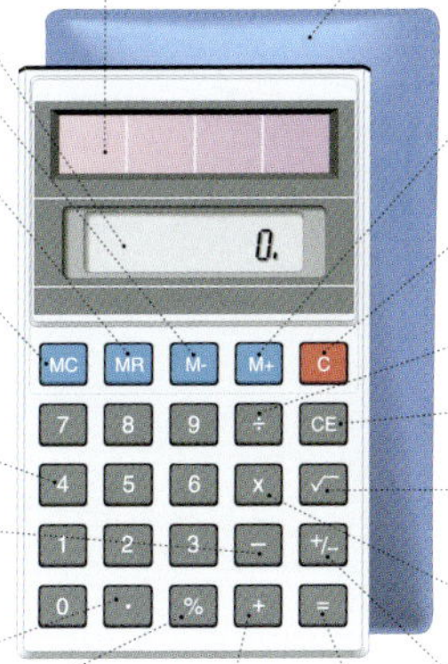

für die Terminplanung^{F}
pour l'emploi^{M} du temps^{M}

Ringbuchkalender^{M}
bloc^{M}-éphéméride^{F}

Abreißkalender^{M}
calendrier^{M}-mémorandum^{M}

Organizer^{M}
organiseur^{M}

Display^{N}
écran^{M}

alphabetische Tastatur^{F}
pavé^{M} alphabétique

numerische Tastatur^{F}
pavé^{M} numérique

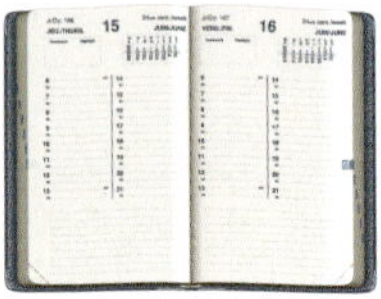

Terminkalender^{M}
agenda^{M}

Haftnotiz^{F}
feuillet^{M} adhésif

Notizblock^{M}
bloc^{M}-notes^{F}

für die Korrespondenz^{F}
pour la correspondance^{F}

Stempelkissen^{N}
tampon^{M} encreur

Stempel^{M}
timbre^{M} caoutchouc^{M}

Nummerierstempel^{M}
numéroteur^{M}

Datumstempel^{M}
timbre^{M} dateur

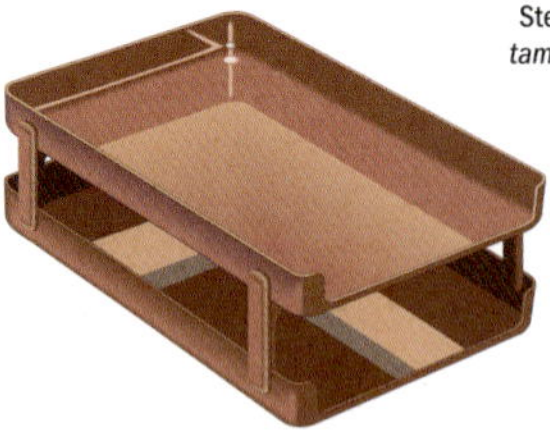

Dokumentenablage^{F}
boîte^{F} à courrier^{M}

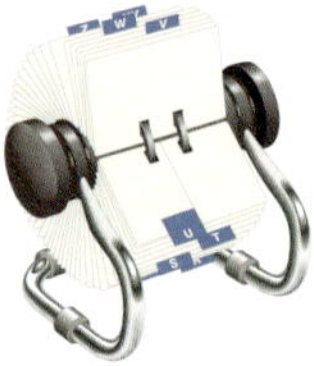

Drehkartei^{F}
fichier^{M} rotatif

Telefonnummernverzeichnis^{N}
répertoire^{M} téléphonique

Luftpolsterumschlag[M]
enveloppe[F] matelassée

selbstklebende Lasche[F]
patte[F] autocollante

Luftpolster[N]
bulles[F] d'air[M]

Briefwaage[F]
pèse-lettres[M]

elastischer Fingerhut[M]
doigtier[M]

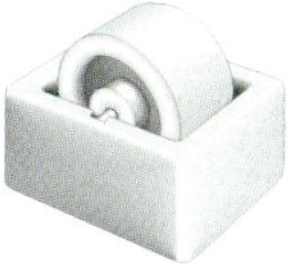

Befeuchter[M]
mouilleur[M]

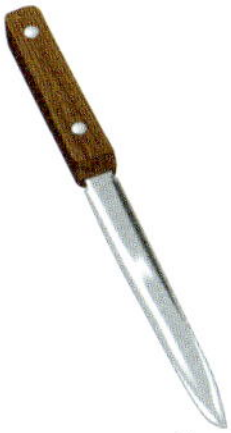

Brieföffner[M]
coupe-papier[M]

für die Ablage[F]
pour le classement[M]

Registriereinlagen[F]
feuillets[M] intercalaires

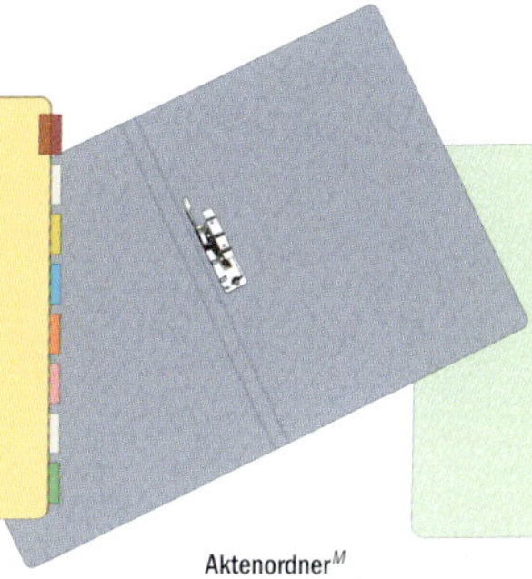

Aktenordner[M]
reliure[F] à pince[F]

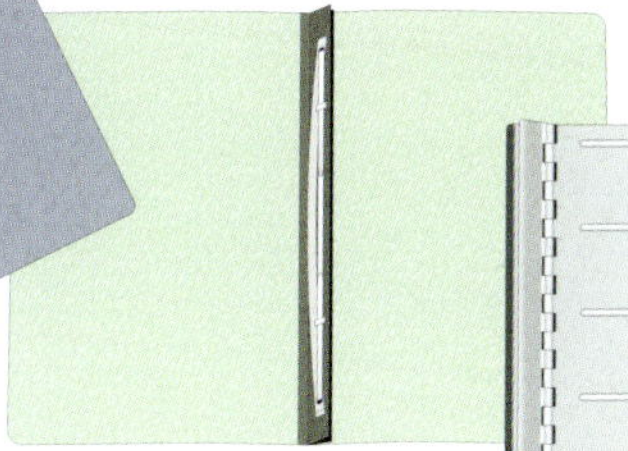

Schnellhefter[M]
reliure[F] à glissière[F]

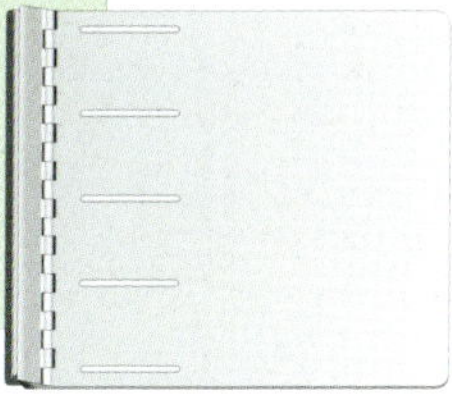

Klemmhefter[M]
reliure[F] à ressort[M]

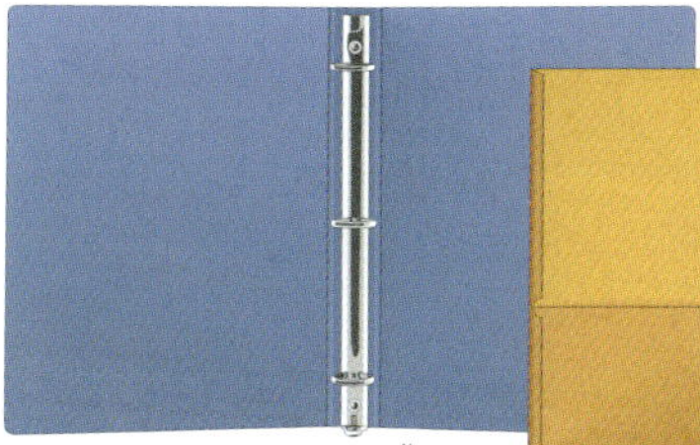

Ringbuch[N]
classeur[M]

Dokumentenmappe[F]
pochette[F] d'information[F]

Hefter[M]
reliure[F] à vis[F]

Schreibwaren^{F}

Selbstklebeetiketten^{N}
étiquettes^{F} autocollantes

Reiter^{M}
onglet^{M}

durchsichtiger Reiter^{M}
onglet^{M} à fenêtre^{F}

Aktenmappe^{F}
chemise^{F}

Karteiregister^{N}
guides^{M} de classement^{M}

Hängemappe^{F}
dossier^{M} suspendu

Spiralringbuch^{N}
reliure^{F} spirale^{F}

Klemmbrett^{N}
planchette^{F} à pince^{F}

Ringablage^{F}
planchette^{F} à arches^{F}

Aktenbox^{F}
boîte^{F}-classeur^{M}

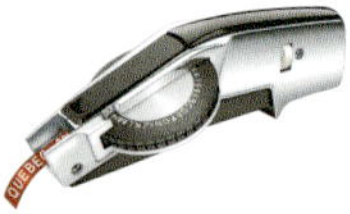

Präger^{M}
pince^{F} à étiqueter

Locher^{M}
perforatrice^{F}

Spiralheftung^{F}
reliure^{F} à anneaux^{M} plastiques

Erweiterungskartei^{F}
pochette^{F} de classement^{M}

Verschiedenes^{N}
articles^{M} divers

Büroklammern^{F}
trombones^{M}
Reißnägel^{M}
punaises^{F}
Beutelklammern^{F}
attaches^{F} parisiennes
Klebebandabroller^{M}
dévidoir^{M} pistolet^{M}
Nabe^{F}
moyeu^{M}
Bandführung^{F}
guide-bande^{M}
Feststellschraube^{F}
vis^{F} de réglage^{M} de tension^{F}
Messer^{N}
lame^{F}
Griff^{M}
poignée^{F}
Bleistiftspitzer^{M}
taille-crayon^{M}
Radiergummi^{M}
gomme^{F}
Dornablage^{F}
pique-notes^{M}
Entklammerer^{M}
dégrafeuse^{F}
Klebefilmspender^{M}
dévidoir^{M} de ruban^{M} adhésif
Klebestift^{M}
bâtonnet^{M} de colle^{F}
Hefter^{M}
agrafeuse^{F}
Heftklammern^{F}
agrafes^{F}
Bücherstütze^{F}
serre-livres^{M}
Büroklammerhalter^{M}
distributeur^{M} de trombones^{M}
Magnet^{M}
aimant^{M}
Bleistiftspitzer^{M}
taille-crayon^{M}
Pinnwand^{F}
tableau^{M} d'affichage^{M}
Schneidkopf^{M}
tête^{F} de coupe^{F}
Papierkorb^{M}
corbeille^{F} à papier^{M}
Papierkorb^{M}
corbeille^{F} à papier^{M}
Anschlagfläche^{F}
surface^{F} d'affichage^{M}
Aktenvernichter^{M}
destructeur^{M} de documents^{M}

Straßenbau[M]

système[M] routier

Straße[F] im Querschnitt[M]
coupe[F] d'une route[F]

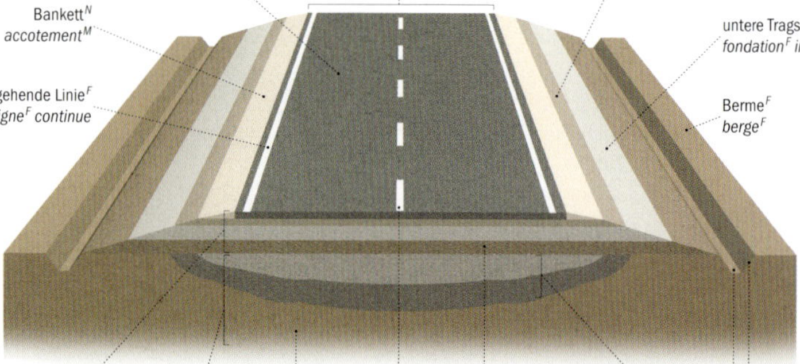

Beispiele[N] für Anschlussstellen[F]
exemples[M] d'échangeurs[M]

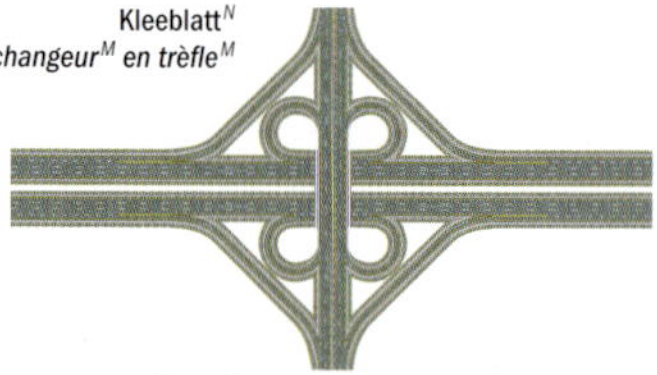

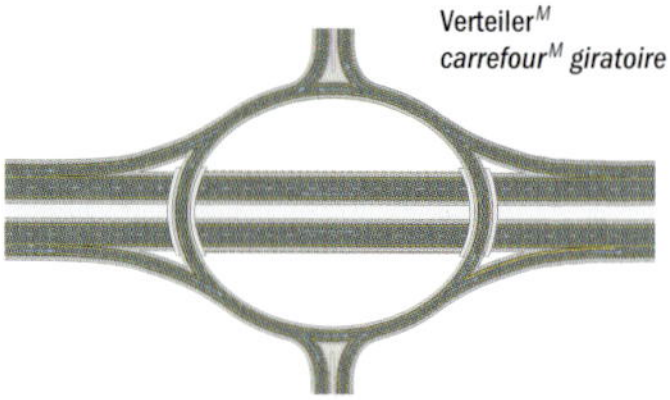

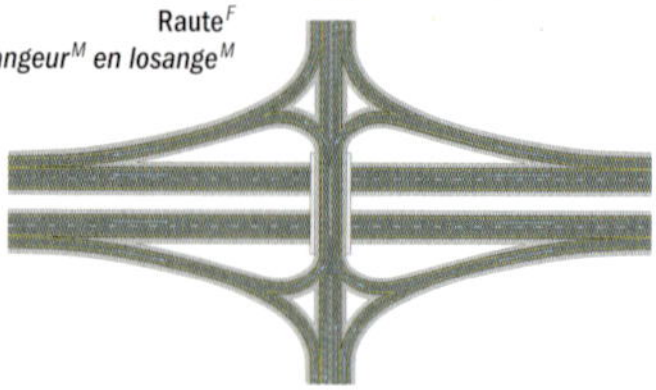

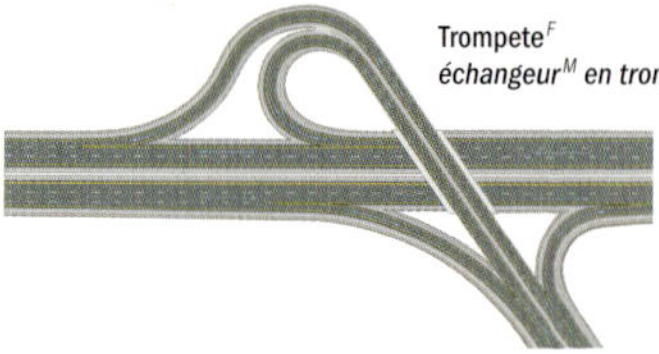

Kleeblatt^{N}
échangeur^{M} en trèfle^{M}

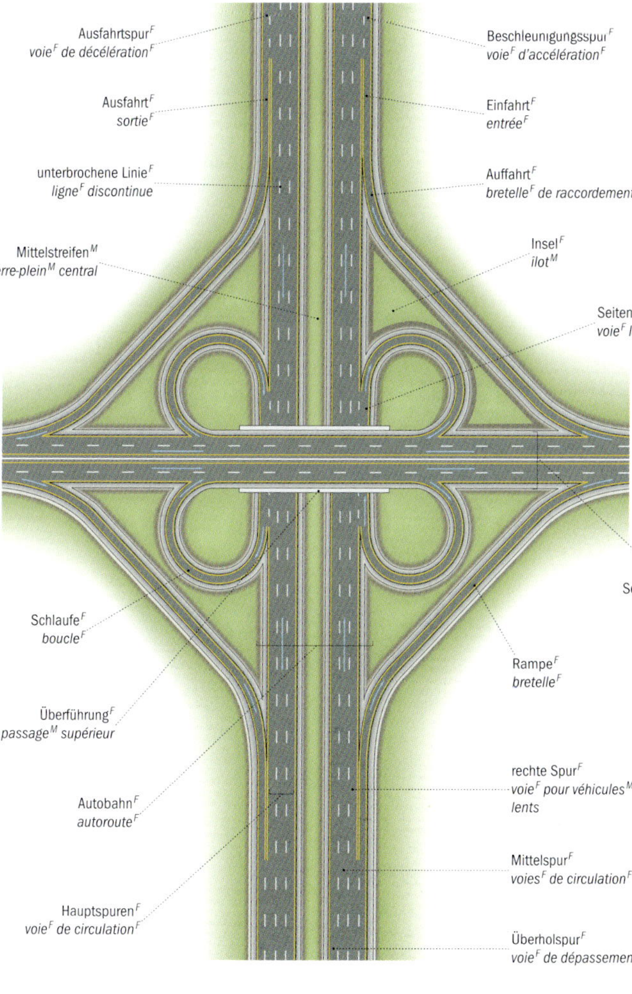
Ausfahrtspur^{F} *voie^{F} de décélération^{F}*
Beschleunigungsspur^{F} *voie^{F} d'accélération^{F}*
Ausfahrt^{F} *sortie^{F}*
Einfahrt^{F} *entrée^{F}*
unterbrochene Linie^{F} *ligne^{F} discontinue*
Auffahrt^{F} *bretelle^{F} de raccordement^{M}*
Mittelstreifen^{M} *terre-plein^{M} central*
Insel^{F} *îlot^{M}*
Seitenspur^{F} *voie^{F} latérale*
Schnellstraße^{F} *route^{F}*
Schlaufe^{F} *boucle^{F}*
Rampe^{F} *bretelle^{F}*
Überführung^{F} *passage^{M} supérieur*
rechte Spur^{F} *voie^{F} pour véhicules^{M} lents*
Autobahn^{F} *autoroute^{F}*
Mittelspur^{F} *voies^{F} de circulation^{F}*
Hauptspuren^{F} *voie^{F} de circulation^{F}*
Überholspur^{F} *voie^{F} de dépassement^{M}*

starre Brücken[F]

ponts[M] fixes

Balkenbrücke[F]
pont[M] à poutre[F]

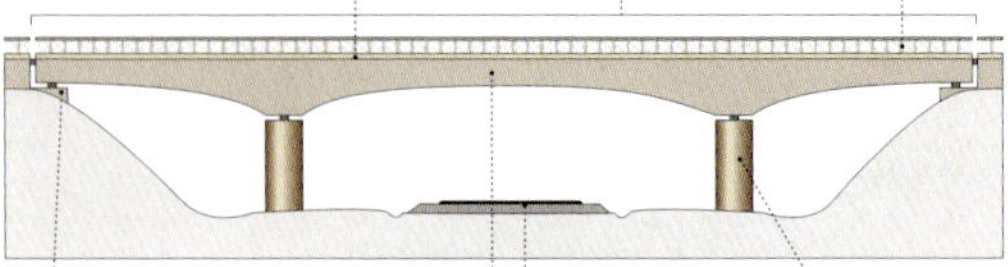

Hängebrücke[F]
pont[M] suspendu à câble[M] porteur

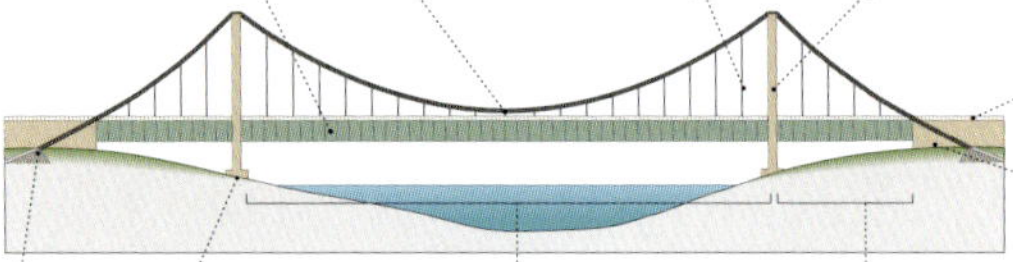

Auslegerbrücke[F]
pont[M] cantilever

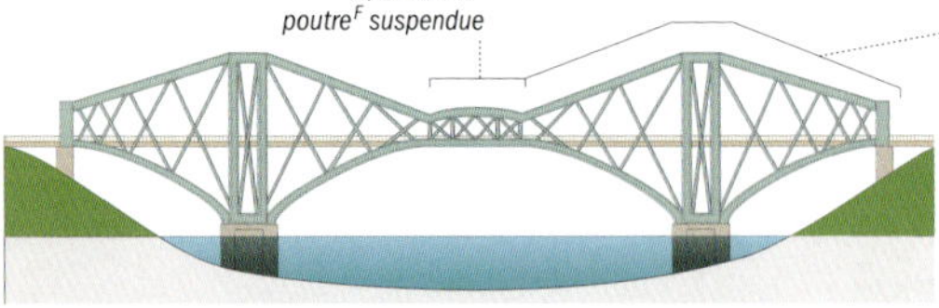

bewegliche Brücken[F]

ponts[M] mobiles

Drehbrücke[F]
pont[M] tournant

bewegliche Brücken[F]

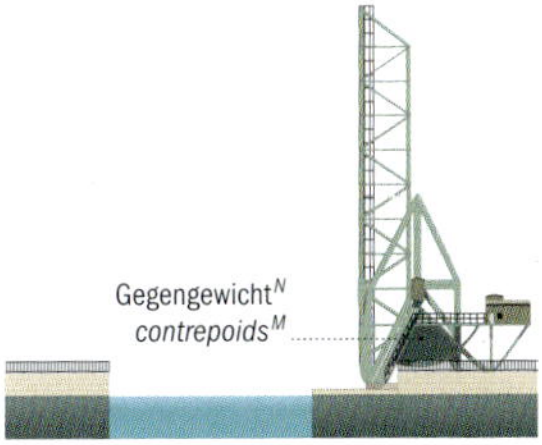

einteilige Klappbrücke[F]
pont[M] basculant à simple volée[F]

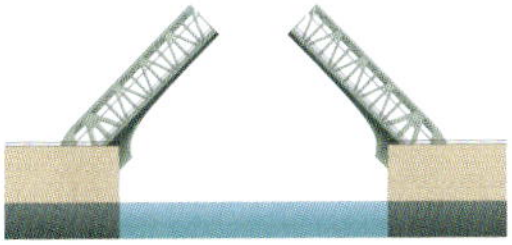

Doppelklappbrücke[F]
pont[M] basculant à double volée[F]

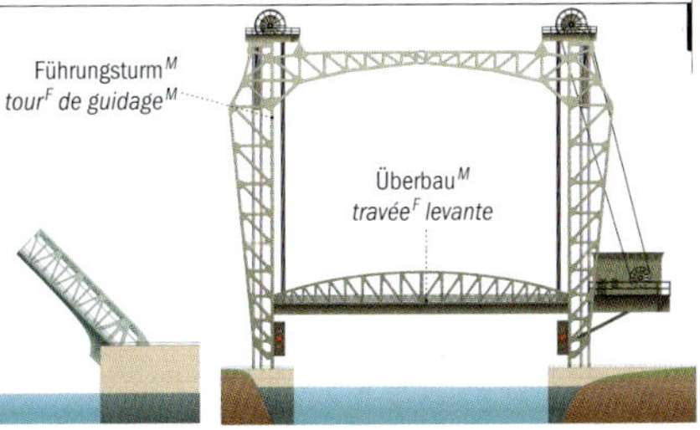

Hubbrücke[F]
pont[M] levant

Straßentunnel[M]

tunnel[M] routier

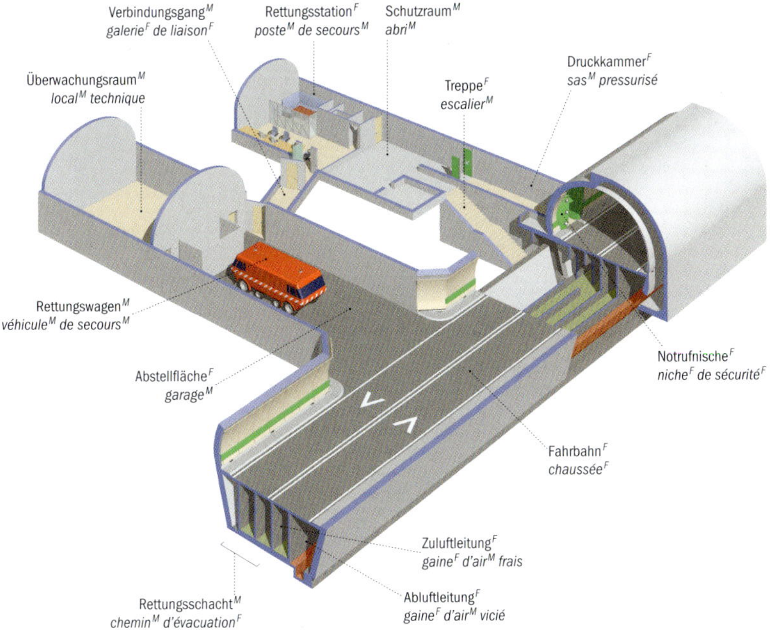

TRANSPORT UND FAHRZEUGE

Tankstelle[F]

station[F]-service[M]

Zapfsäule[F]
distributeur[M] d'essence[F]

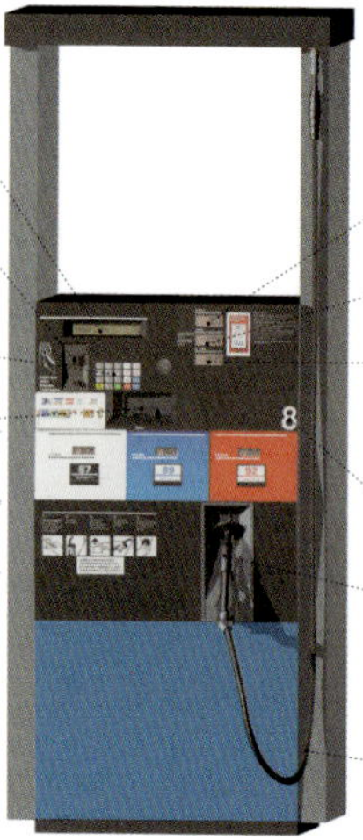

Tankstelle[F]
station[F]-service[M]

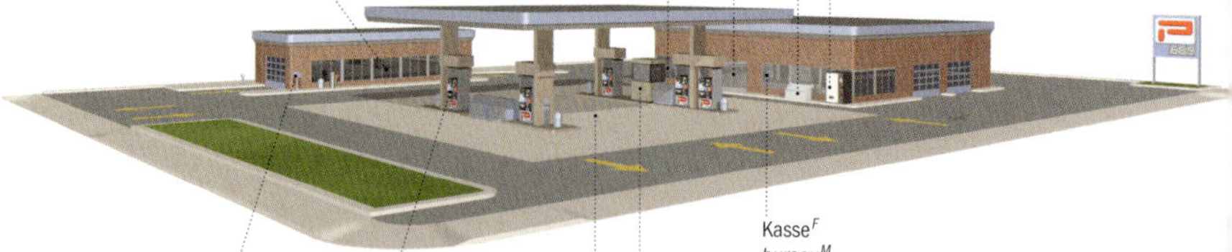

Auto[N]
automobile[F]

Beispiele[N] für Karosserien[F]
exemples[M] de carrosseries[F]

Sportwagen[M]
voiture[F] sport[M]

Kleinwagen[M]
voiture[F] micro-compacte

dreitürige Kombilimousine[F]
trois-portes[F]

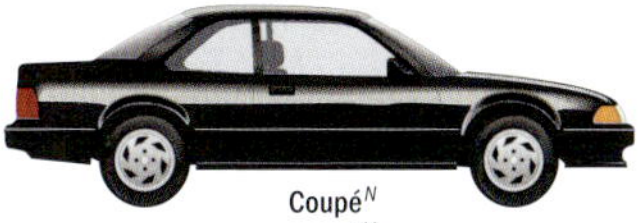

Coupé[N]
coupé[M]

Kabriolett[N]
cabriolet[M]

viertürige Limousine[F]
berline[F]

Kombi[M]
break[M]

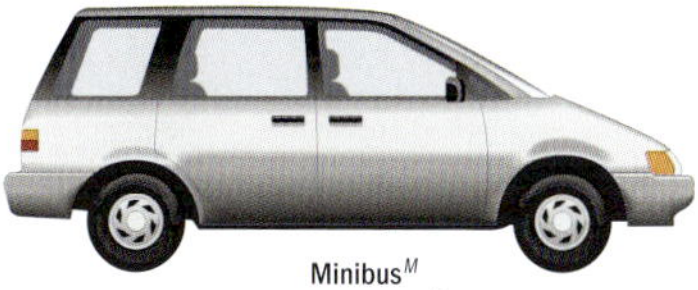

Minibus[M]
fourgonnette[F]

Geländewagen[M]
véhicule[M] tout-terrain[M]

Pickup[M]
camionnette[F]

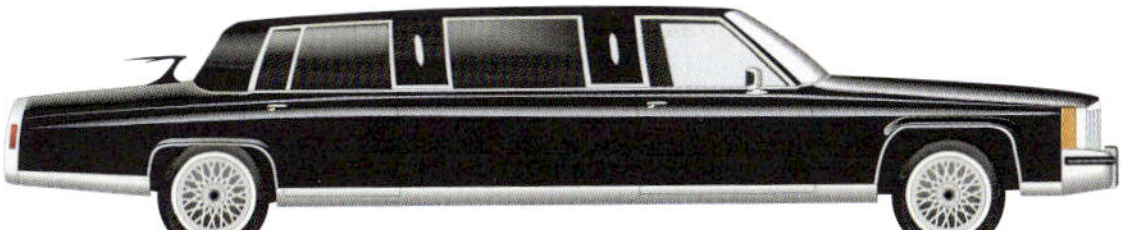

Pullman Limousine[F]
limousine[F]

Karosserie^F
carrosserie^F

Windschutzscheibe^F
pare-brise^M
Seitenspiegel^M
rétroviseur^M *extérieur*
Scheibenwischer^M
essuie-glace^M
Windlaufquerteil^N
auvent^M
Scheibenwaschdüse^F
gicleur^M *de lave-glace*^M
Motorhaube^F
capot^M
Kühlergrill^M
calandre^F
kunststoffummantelter Stoßfänger^M
moulure^F *de pare-chocs*^M
Scheinwerfer^M
phare^M
Frontstoßfänger^M
carénage^M *avant*
Kotflügel^M
aile^F

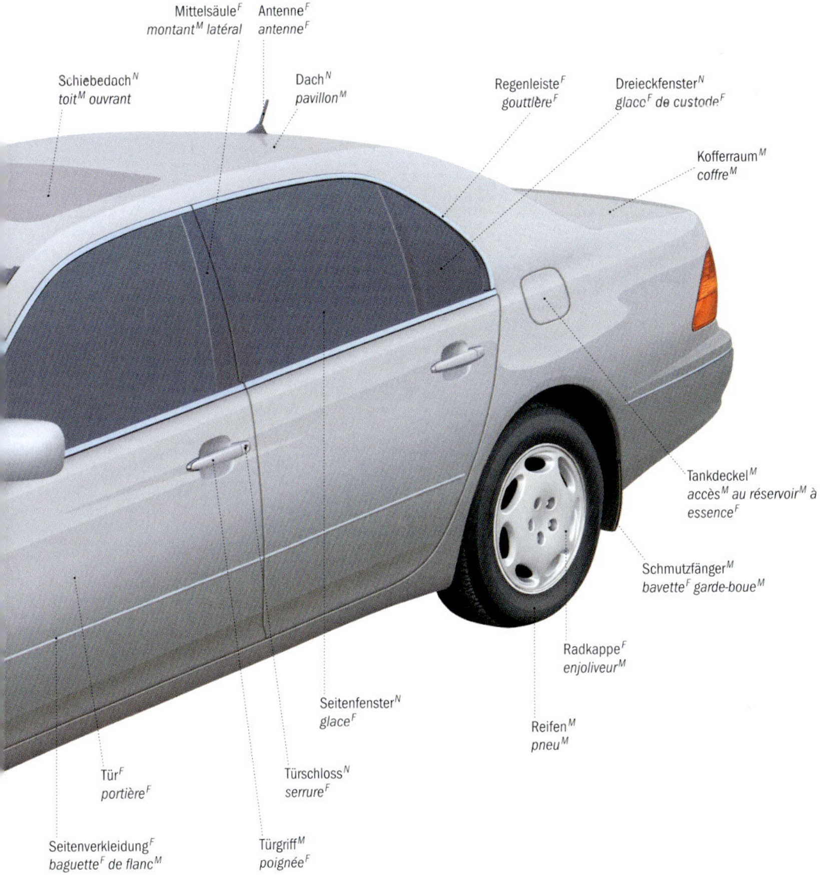
Mittelsäule^{F} *montant^{M} latéral*
Antenne^{F} *antenne^{F}*
Schiebedach^{N} *toit^{M} ouvrant*
Dach^{N} *pavillon^{M}*
Regenleiste^{F} *gouttière^{F}*
Dreieckfenster^{N} *glace^{F} de custode^{F}*
Kofferraum^{M} *coffre^{M}*
Tankdeckel^{M} *accès^{M} au réservoir^{M} à essence^{F}*
Schmutzfänger^{M} *bavette^{F} garde-boue^{M}*
Radkappe^{F} *enjoliveur^{M}*
Seitenfenster^{N} *glace^{F}*
Reifen^{M} *pneu^{M}*
Tür^{F} *portière^{F}*
Türschloss^{N} *serrure^{F}*
Seitenverkleidung^{F} *baguette^{F} de flanc^{M}*
Türgriff^{M} *poignée^{F}*

Kraftfahrzeuge[N]: Hauptbauteile[N]
principaux organes[M] des systèmes[M] automobiles

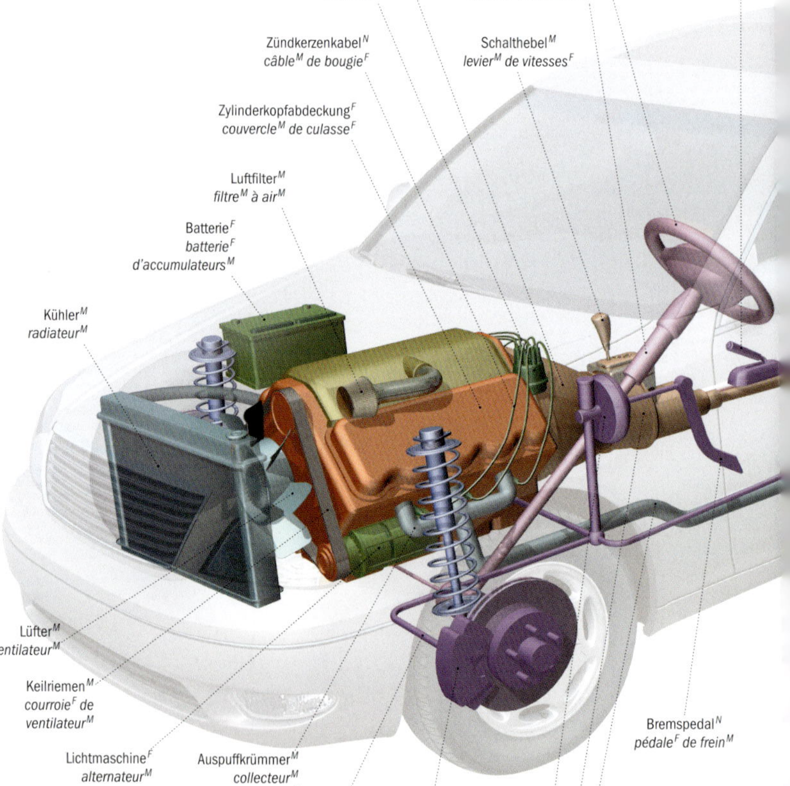

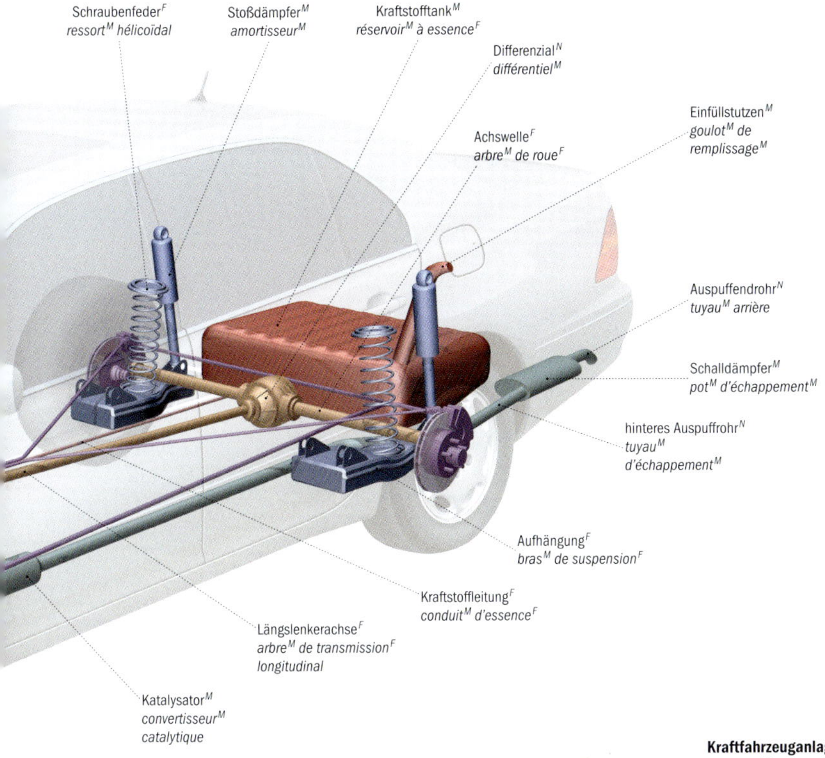

Kraftfahrzeuganlagen^{F}
systèmes^{M} automobiles

- Aufhängung^{F} — *système^{M} de suspension^{F}*
- Antriebssystem^{N} — *système^{M} de transmission^{F}*
- Kraftstoffanlage^{F} — *système^{M} d'alimentation^{F} en essence^{F}*
- Lenkanlage^{F} — *système^{M} de direction^{F}*
- Bremsanlage^{F} — *système^{M} de freinage^{M}*
- elektrische Anlage^{F} — *système^{M} électrique*
- Auspuffanlage^{F} — *système^{M} d'échappement^{M}*
- Benzinmotor^{M} — *moteur^{M} à essence^{F}*
- Kühleranlage^{F} — *système^{M} de refroidissement^{M}*

Frontscheinwerfer[F]
feux[M] avant

Heckleuchten[F]
feux[M] arrière

Wagentür[F]
portière[F]

Schalensitz^{M}: Vorderansicht^{F}
siège^{M}-baquet^{M} : vue^{F} de face^{F}

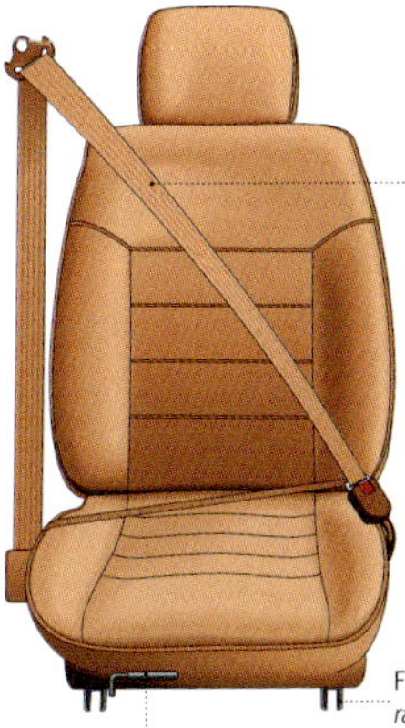

Schalensitz^{M}: Seitenansicht^{F}
siège^{M}-baquet^{M} : vue^{F} de profil^{M}

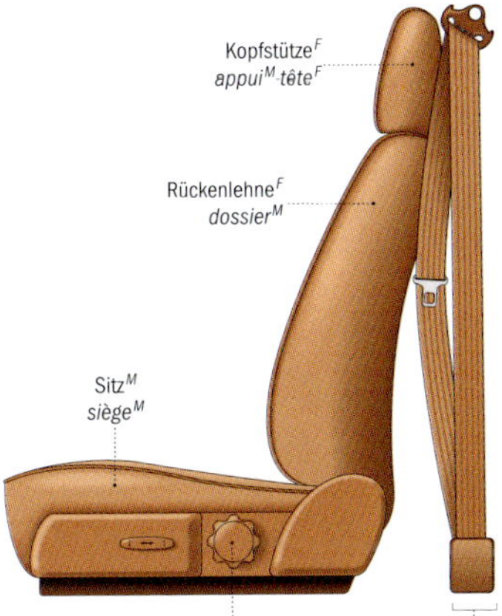

Rückbank^{F}
banquette^{F} arrière

Armaturenbrett[N]
tableau[M] de bord[M]

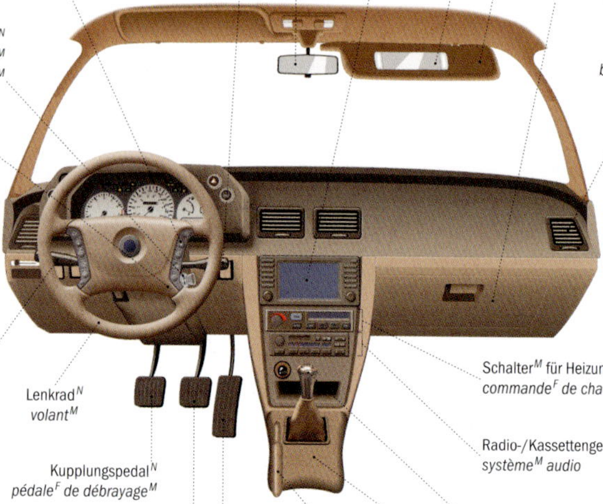

Airbag[M]-Rückhaltesystem[N]
système[M] de retenue[F] à sacs[M] gonflables

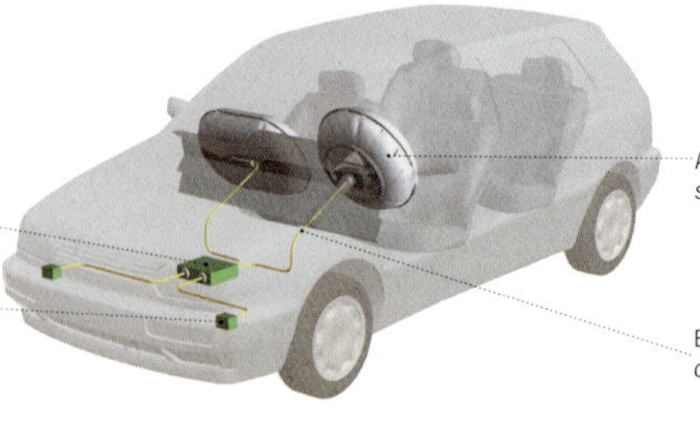

Instrumententafel[F]
instruments[M] de bord[M]

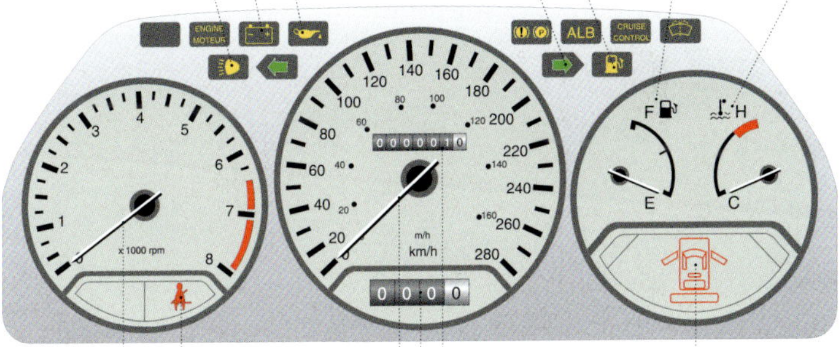

Scheibenwischer[M]
essuie-glace[M]

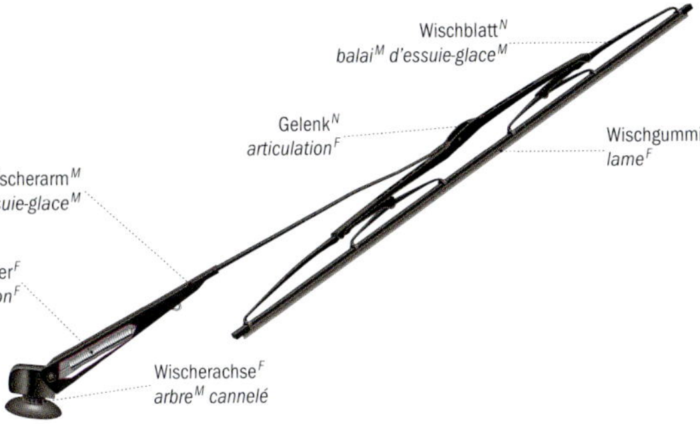

Zubehör^{N}
accessoires^{M}

Sonnenrollo^{N}
store^{M} à enroulement^{M} automatique

Starthilfekabel^{N}
câbles^{M} de démarrage^{M}

Fußraummatte^{F}
tapis^{M} de plancher^{M}

Anhängerkupplung^{F}
boule^{F} d'attelage^{M}

Schneefeger^{M} mit Eiskratzer^{M}
balai^{M} à neige^{F} à grattoir^{M}

Kreuzschlüssel^{M}
clé^{F} en croix^{F}

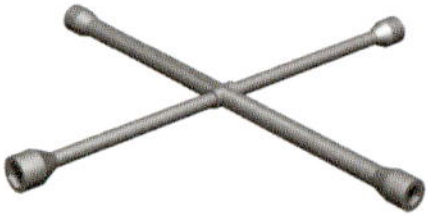

Skiträger^{M}
porte-skis^{M}

Fahrradträger^{M}
porte-vélos^{M}

Wagenheber^{M}
cric^{M}

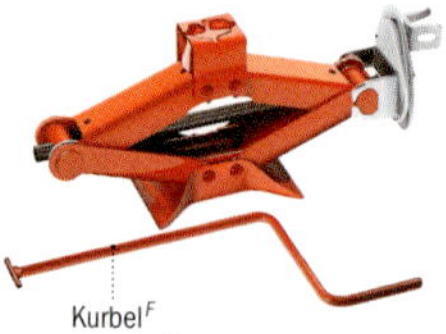

Windschutzscheiben^{F}-Sonnenschutz^{M}
pare-soleil^{M}

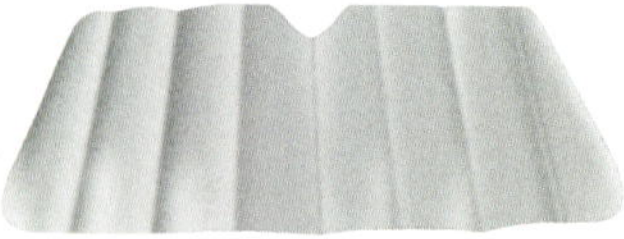

Autoplane^{F}
housse^{F} pour automobile^{F}

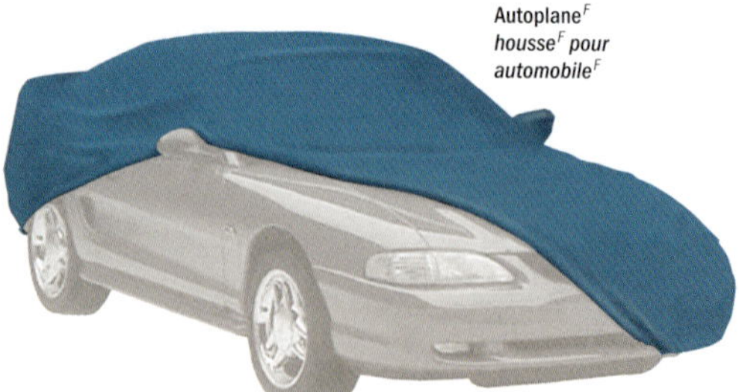

Kindersitz^{M}
siège^{M} de sécurité^{F} pour enfant^{M}

Bremsen^{F}
freins^{M}

Scheibenbremse^{F}
frein^{M} à disque^{M}

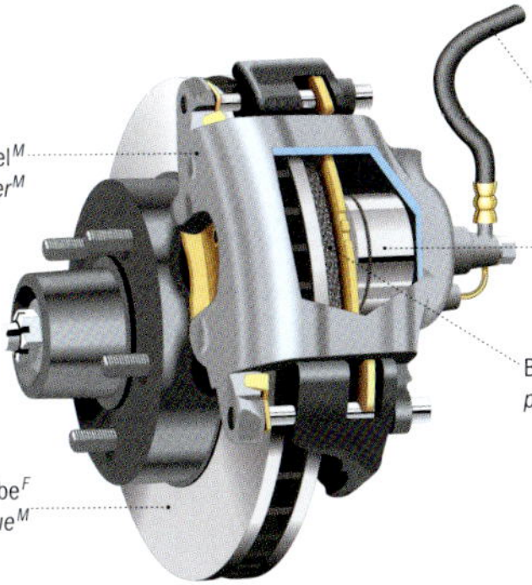

Trommelbremse^{F}
frein^{M} à tambour^{M}

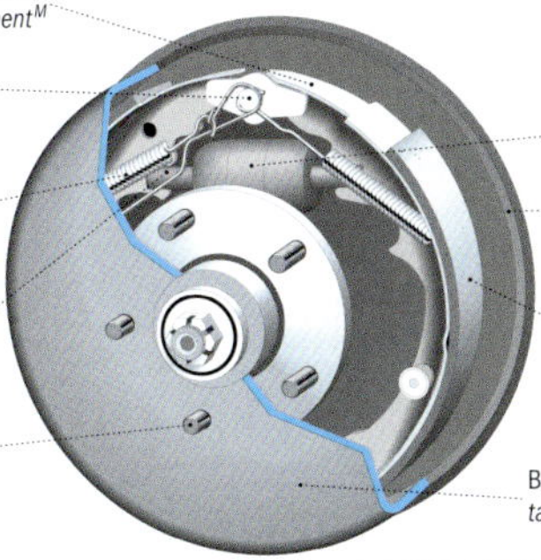

Antiblockiersystem^{N} (ABS)
système^{M} de freinage^{M} antiblocage

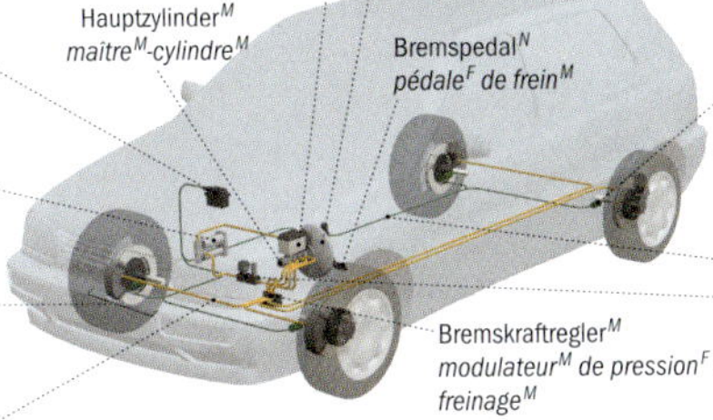

Reifen[M]

pneu[M]

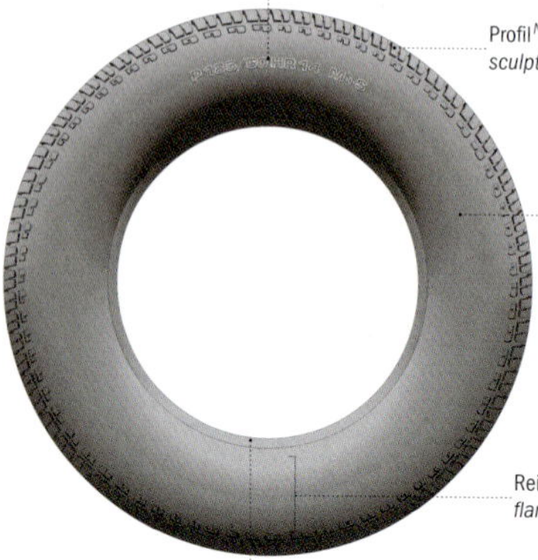

Reifenarten[F]
exemples[M] de pneus[M]

Sportreifen[M]
pneu[M] de performance[F]

Ganzjahresreifen[M]
pneu[M] toutes saisons[F]

Spikereifen[M]
pneu[M] à crampons[M]

Winterreifen[M]
pneu[M] d'hiver[M]

Touringreifen[M]
pneu[M] autoroutier

Kühler[M]

radiateur[M]

Zündkerze^F

bougie^F d'allumage^M

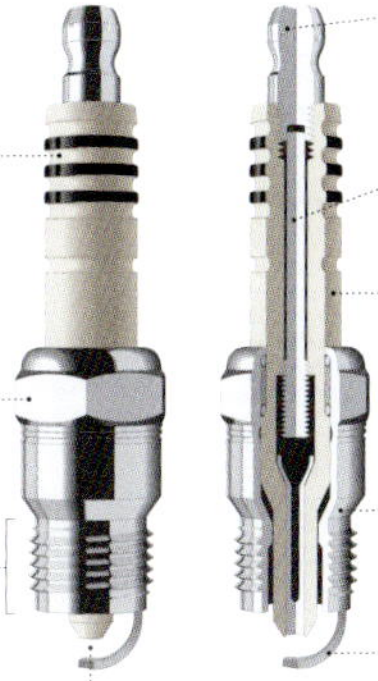

Batterie^F

batterie^F d'accumulateurs^M

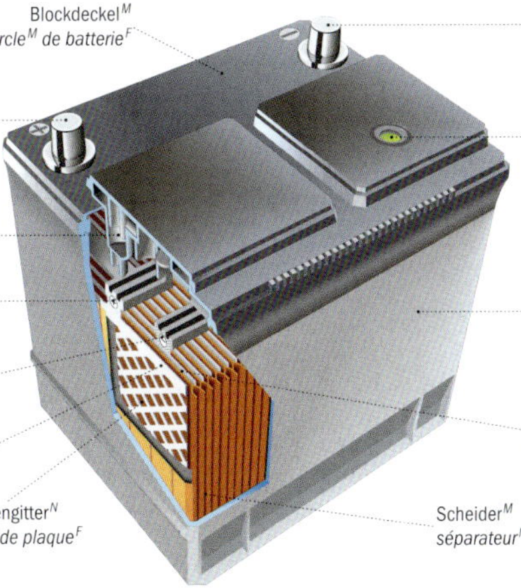

Ottomotor^{M}

moteur^{M} à essence^{F}

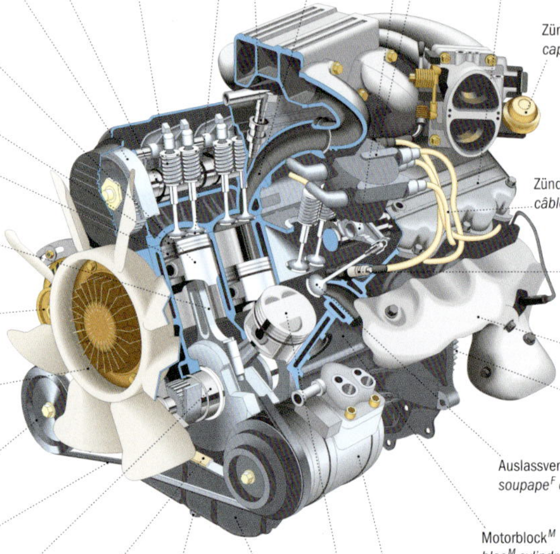

Einspritzdüse^{F} *injecteur^{M}*
Schwinghebel^{M} *culbuteur^{M}*
Nockenwelle^{F} *arbre^{M} à cames^{F}*
Einlassventil^{N} *soupape^{F} d'admission^{F}*
Saugrohr^{N} *tubulure^{F} d'admission^{F}*
Zündverteiler^{M} *allumeur^{M}*
Antriebsriemen^{M} *courroie^{F} de distribution^{F}*
Ventilfeder^{F} *ressort^{M} de soupape^{F}*
Zylinderkopfdeckel^{M} *couvercle^{M} de culasse^{F}*
Kolbenschaft^{F} *jupe^{F} de piston^{M}*
Zündversteller^{M} *capsule^{F} à membrane^{F}*
Verbrennungsraum^{M} *chambre^{F} de combustion^{F}*
Kolbenring^{M} *segment^{M}*
Zündkabel^{N} *câble^{M} de bougie^{F}*
Pleuelstange^{F} *bielle^{F}*
Zündkerze^{F} *bougie^{F} d'allumage^{M}*
Lichtmaschine^{F} *alternateur^{M}*
Auspuffkrümmer^{M} *collecteur^{M} d'échappement^{M}*
Lüfter^{M} *ventilateur^{M}*
Schwungrad^{N} *volant^{M}*
Riemenscheibe^{F} *poulie^{F}*
Auslassventil^{N} *soupape^{F} d'échappement^{M}*
Keilriemen^{M} *courroie^{F} de ventilateur^{M}*
Motorblock^{M} *bloc^{M}-cylindres^{M}*
Kurbelwelle^{F} *vilebrequin^{M}*
Ölwanne^{F} *carter^{M}*
Kompressor^{M} für Klimaanlage^{F} *compresseur^{M} du climatiseur^{M}*
Ölwannendichtung^{F} *joint^{M} de carter^{M}*
Ölablassschraube^{F} *bouchon^{M} de vidange^{F} d'huile^{F}*
Kolben^{M} *piston^{M}*

Wohnwagen[M]
caravane[F]

Wohnwagen[M]
caravane[F] tractée

Zeltwagen[M]
tente[F]-caravane[F]

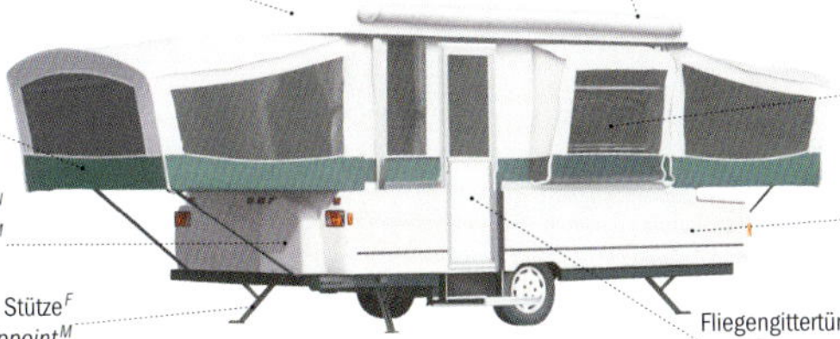

Wohnmobil[N]
auto[F]-caravane[F]

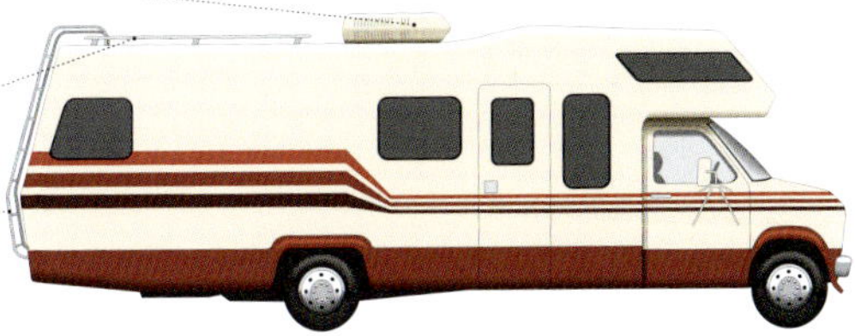

Bus[M]

autobus[M]

Schulbus[M]
autobus**[M] **scolaire

Linienbus[M]
***autobus**[M]*

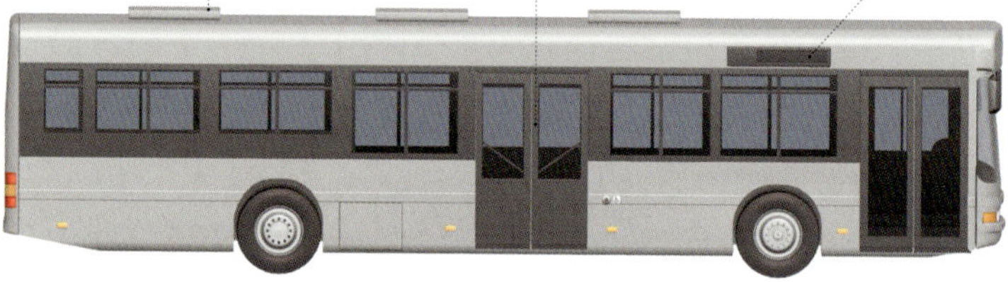

Reisebus[M]
***autocar**[M]*

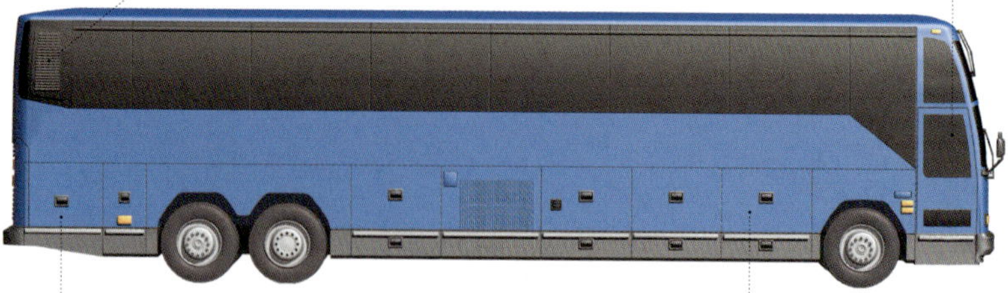

Doppeldeckerbus^M
autobus^M à impériale^F

Kleinbus^M
minibus^M

Gelenkbus^M
autobus^M articulé

TRANSPORT UND FAHRZEUGE

Lastkraftfahrzeuge[N]

camionnage[M]

Sattelschlepper[M]
tracteur[M] routier

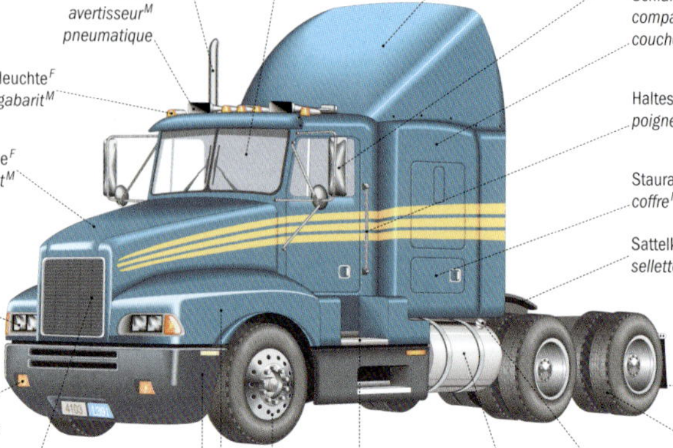

Beispiele[N] für Lastkraftwagen[M]
exemples[M] de camions[M]

Tankwagen[M]
camion[M]-citerne[F]

Müllabfuhrwagen[M]
benne[F] à ordures[F]

Abschleppwagen[M]
dépanneuse[F]

Kühlsattelschlepper^{M}
semi-remorque^{F} frigorifique

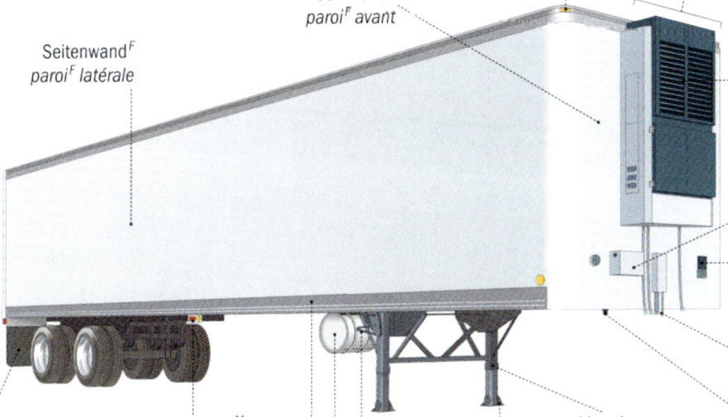

Transporter^{M}
camion^{M} porteur^{M}
fourgon^{M}

Transportmischer^{M}
camion^{M}-toupie^{F}

Straßenkehrmaschine^{F}
balayeuse^{F}

Schneefräse^{F}
chasse-neige^{M} à soufflerie^{F}

TRANSPORT UND FAHRZEUGE

Motorrad^N

moto^F

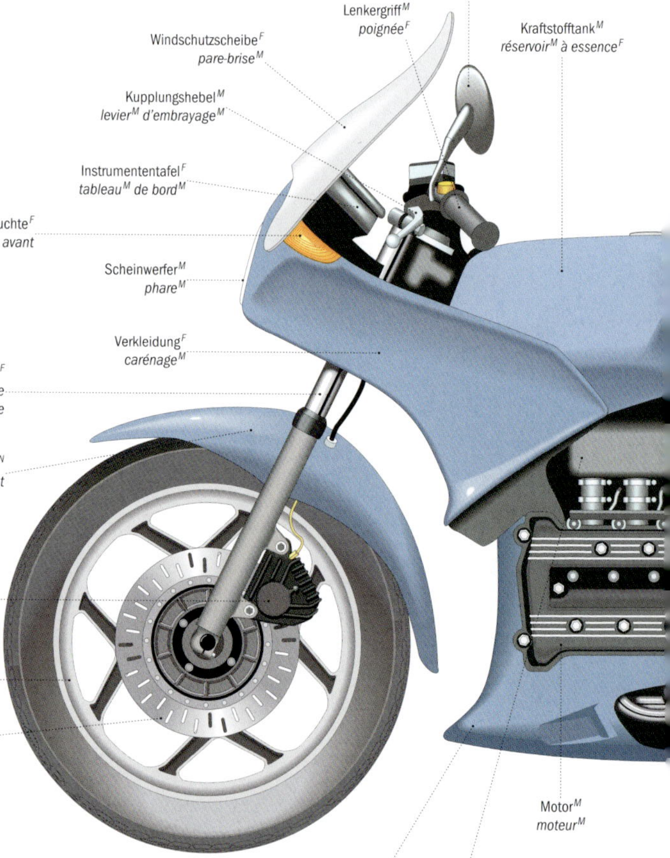
Rückspiegel^M
rétroviseur^M
Lenkergriff^M
poignée^F
Kraftstofftank^M
réservoir^M à essence^F
Windschutzscheibe^F
pare-brise^M
Kupplungshebel^M
levier^M d'embrayage^M
Instrumententafel^F
tableau^M de bord^M
Blinkleuchte^F
feu^M clignotant avant
Scheinwerfer^M
phare^M
Verkleidung^F
carénage^M
Teleskopgabel^F
fourche^F télescopique hydraulique
vorderes Schutzblech^N
garde-boue^M avant
Bremssattel^M
étrier^M
Felge^F
jante^F
Scheibenbremse^F
frein^M à disque^M
Motor^M
moteur^M
Spoiler^M
béquet^M
Vergaser^M
carburateur^M

Schutzhelm M
casque M de protection F

Oberschale F
coque F
Visier N
visière F
Lufteinlass M
grille F d'entrée F d'air M
Kinnschutz M
mentonnière F
Scharnier N
charnière F de la visière F

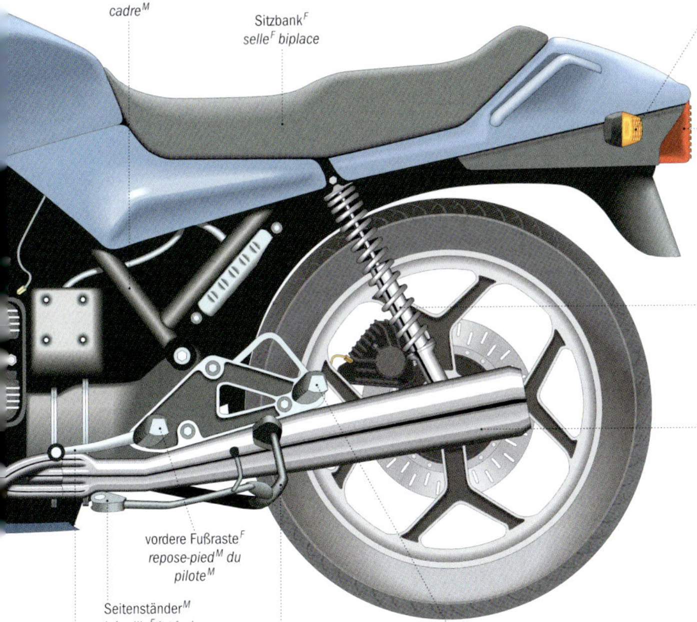
Rahmen M
cadre M
Sitzbank F
selle F biplace
Blinkleuchte F
feu M clignotant arrière
Schlussleuchte F
feu M arrière
hinterer Stoßdämpfer M
amortisseur M arrière
Auspuffrohr N
pot M d'échappement M
vordere Fußraste F
repose-pied M du pilote M
Seitenständer M
béquille F latérale
Schaltpedal N
sélecteur M de vitesses F
Hauptständer M
béquille F centrale
Beifahrerfußraste F
repose-pied M du passager M

Instrumententafel^F
tableau^M de bord^M

Motorrad^N: Draufsicht^F
moto^F : vue^F en plongée^F

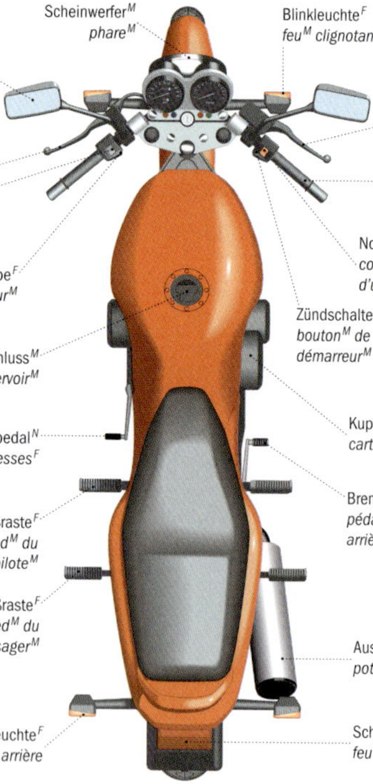

Motorrad^{N}

Motorroller^{M}
scooter^{M}

Beispiele^{N} für Motorräder^{N}
exemples^{M} de motos^{F}

Geländemotorrad^{N}
moto^{F} tout-terrain

Mofa^{N}
cyclomoteur^{M}

Touring^{N}-Motorrad^{N}
moto^{F} de tourisme^{M}

4x4-Geländemotorrad^{N}
quad^{M}

Fahrrad[N]

bicyclette[F]

Teile[N] eines Fahrrads[N]
parties[F] d'une bicyclette[F]

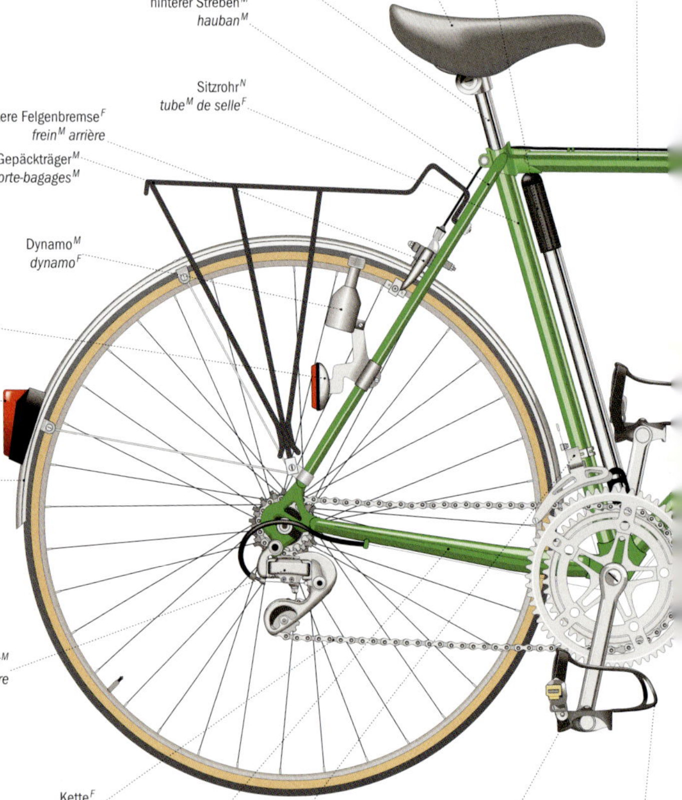

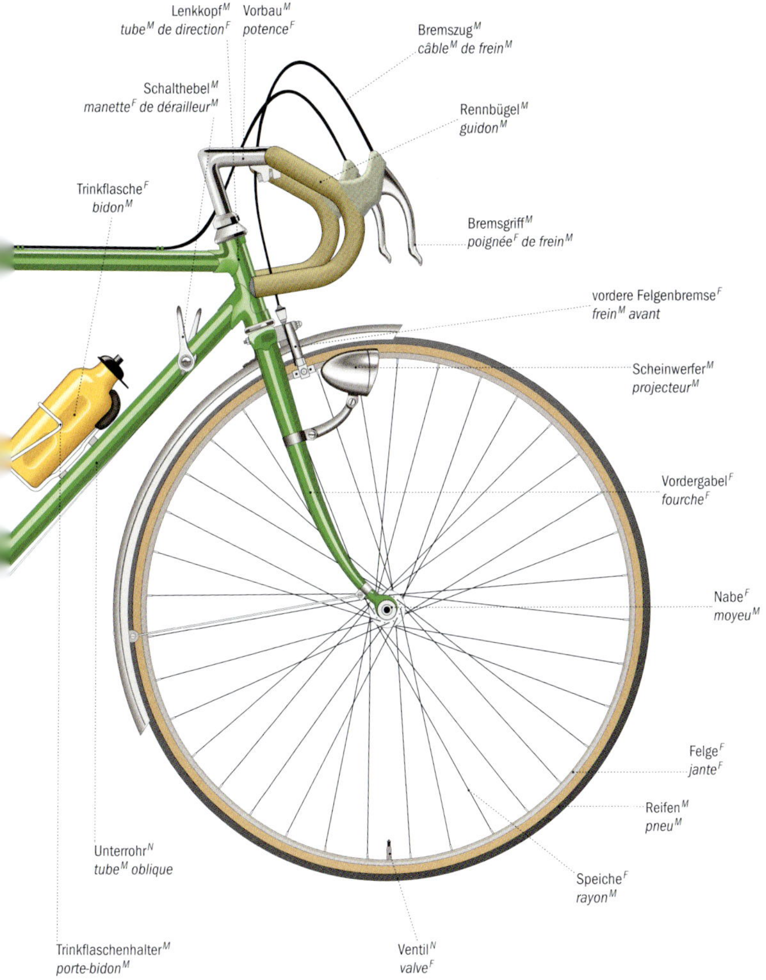
Lenkkopf^M
tube^M de direction^F
Vorbau^M
potence^F
Bremszug^M
câble^M de frein^M
Schalthebel^M
manette^F de dérailleur^M
Rennbügel^M
guidon^M
Trinkflasche^F
bidon^M
Bremsgriff^M
poignée^F de frein^M
vordere Felgenbremse^F
frein^M avant
Scheinwerfer^M
projecteur^M
Vordergabel^F
fourche^F
Nabe^F
moyeu^M
Felge^F
jante^F
Reifen^M
pneu^M
Unterrohr^N
tube^M oblique
Speiche^F
rayon^M
Trinkflaschenhalter^M
porte-bidon^M
Ventil^N
valve^F

Fahrrad^{N}

Kraftübertragung^{F}
mécanisme^{M} de propulsion^{F}

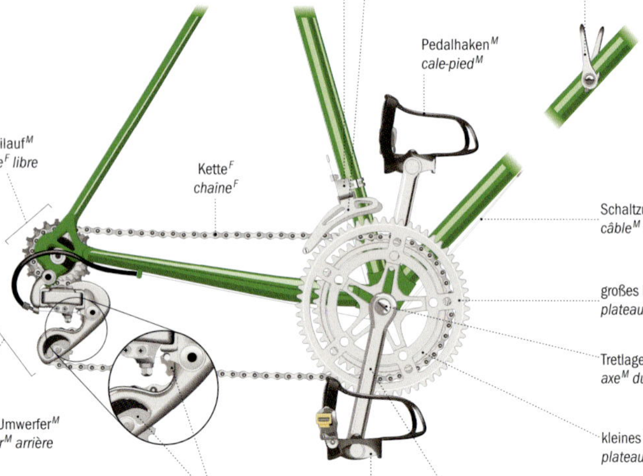

Zubehör^{N}
accessoires^{M}

Schloss^{N}
cadenas^{M}

Fahrradhelm^{M}
casque^{M} de protection^{F}

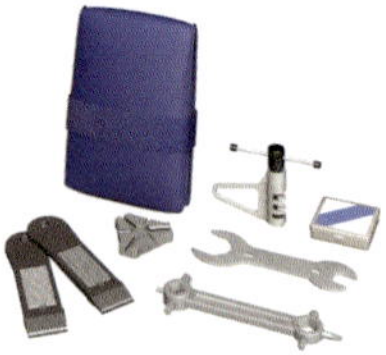

Werkzeugsatz^{M}
trousse^{F} de dépannage^{M}

Satteltasche^{F}
sacoche^{F}

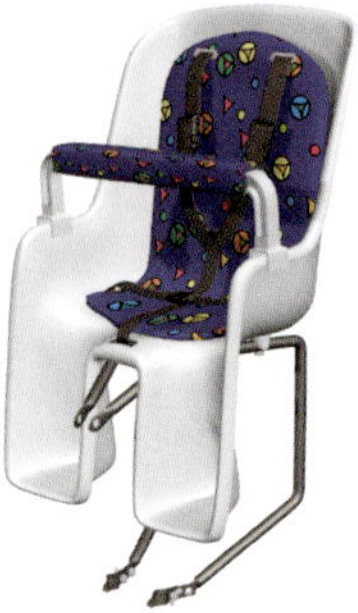

Kindersitz^{M}
siège^{M} de vélo^{M} pour enfant^{M}

Beispiele[N] für Fahrräder[N]
exemples[M] de bicyclettes[F]

BMX-Rad[N], Mountainbike[N]
vélo[M] cross[M]

Dreirad[N]
tricycle[M] d'enfant[M]

Hollandrad[N]
bicyclette[F] hollandaise

Mountain Bike[N]
bicyclette[F] tout-terrain

Stadtrad[N]
bicyclette[F] de ville[F]

Rennrad[N]
bicyclette[F] de course[F]

Tourenrad[N]
bicyclette[F] de tourisme[M]

Tandem[N]
tandem[M]

Bahnhof^{M}

gare^{F} de voyageurs^{M}

Büro^{N} / *locaux^{M} administratifs*
Fahrplan^{M} / *panneau^{M} indicateur*
Förderwagen^{M} / *chariot^{M} à bagages^{M}*
Gepäckschließfächer^{N} / *consigne^{F} automatique*
Glasüberdachung^{F} / *verrière^{F}*
Eisenträger^{M} / *structure^{F} métallique*
Gleisnummer^{F} / *numéro^{M} de quai^{M}*
Bahnsteigkante^{F} / *bordure^{F} de quai^{M}*
Fahrkartenkontrolleur^{M} / *contrôleur^{M}*
Reisezug^{M} / *train^{M}*
Bahnhofshalle^{F} / *salle^{F} des pas^{M} perdus*
Abfahrtzeiten^{F} / *affichage^{M} de l'heure^{F} de départ^{M}*
Gleis^{N} / *voie^{F} ferrée*
Gepäckaufbewahrung^{F} / *enregistrement^{M} des bagages^{M}*
Bahnsteig^{M} / *quai^{M} de gare^{F}*
Kursbuchtafeln^{F} / *tableau^{M} horaire*
Zugang^{M} zum Gleis^{N} / *accès^{M} aux quais^{M}*
Paketannahme^{F} / *service^{M} de colis^{M}*
Zielbahnhof^{M} / *destination^{F}*

Bahnhof[M]
gare[F]

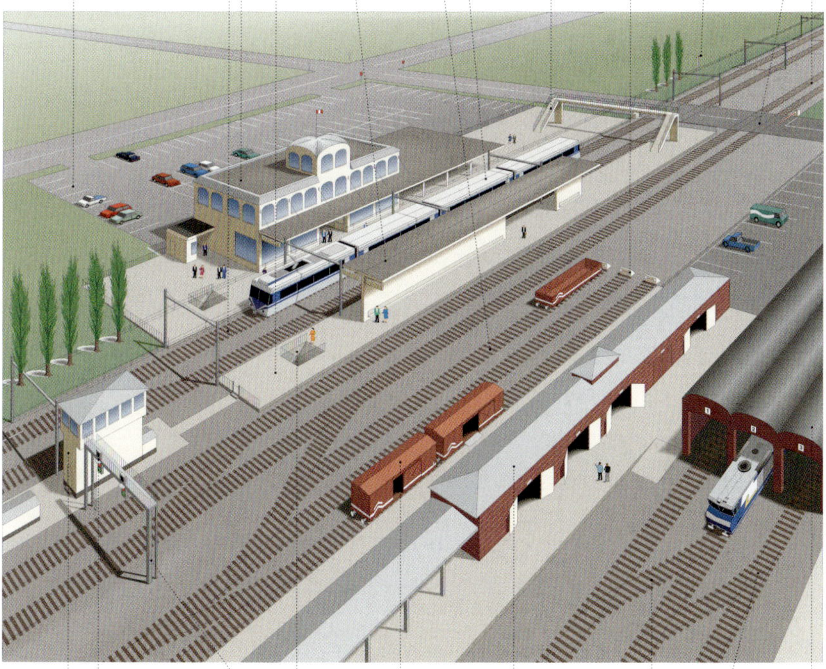
Personenbahnhof[M]
gare[F] de voyageurs[M]
Bahnsteig[M]
quai[M]
Nahverkehrszug[M]
train[M] de banlieue[F]
Hauptgleis[N]
grandes lignes[F]
S-Bahn-Strecke[F]
voie[F] de banlieue[F]
Nebengleis[N]
voie[F] de service[M]
Prellbock[M]
butoir[M]
Bahnübergang[M]
passage[M] à niveau[M]
Parkplatz[M]
parking[M]
Bahnsteigüberdachung[F]
abri[M]
Fußgängerbrücke[F]
passerelle[F]
Signal[N]
signal[M] de voie[F]
Signalbrücke[F]
portique[M] de signalisation[F]
Güterwagen[M]
wagon[M]
Gleiskreuzung[F]
bretelle[F]
Weiche[F]
aiguillage[M]
Stellwerk[N]
poste[M] d'aiguillage[M]
Pfeiler[M]
pylône[M]
Unterführung[F]
passage[M] souterrain
Güterbahnhof[M]
gare[F] de marchandises[F]
Lokschuppen[M]
atelier[M] diesel[M]

Hochgeschwindigkeitszug[M]

train[M] à grande vitesse[F] (T.G.V.)

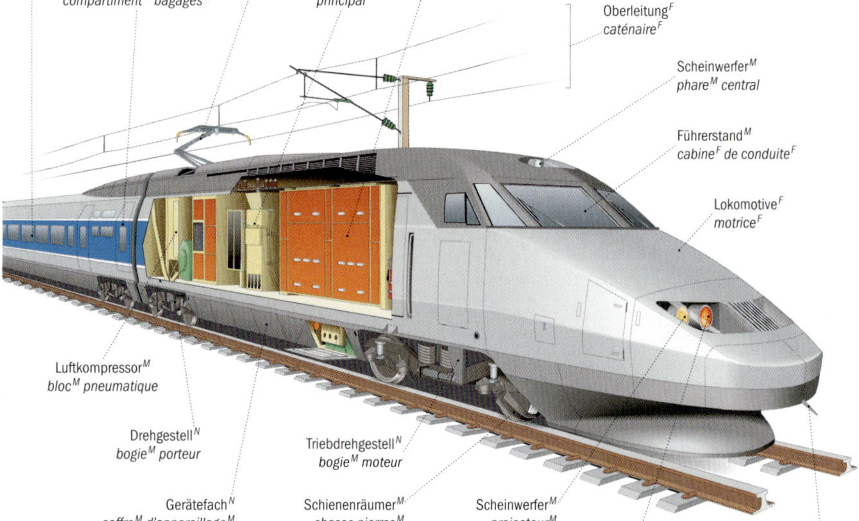

Personenzüge[M]: Wagentypen[M]

types[M] de voitures[F]

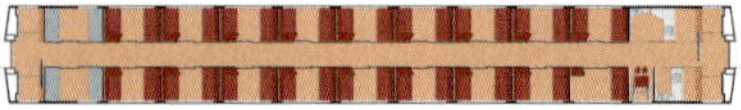

Schlafwagen[M]
voiture[F]-lit[M]

Speisewagen[M]
voiture[F] restaurant[M]

Großraumwagen[M]
voiture[F] classique

dieselelektrische Lokomotive^{F}
locomotive^{F} diesel-électrique

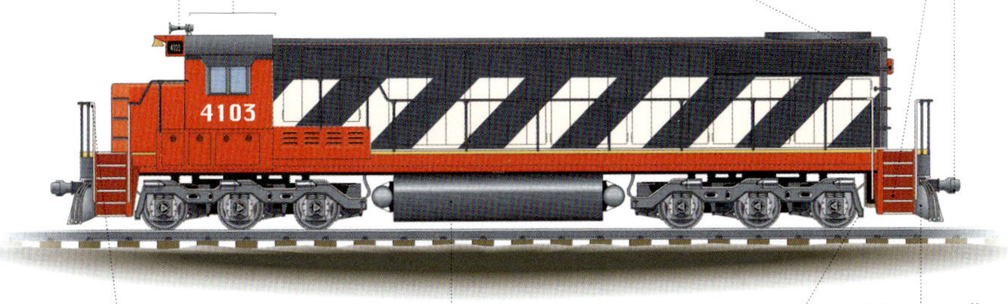

Beispiele^{N} für Güterwagen^{M}
exemples^{M} de wagons^{M}

Kühlwagen^{M}
wagon^{M} réfrigérant

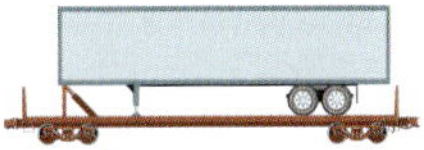

Wagen^{M} für den Kombiverkehr^{M}
wagon^{M} intermodal

Bremswagen^{M}
wagon^{M} de queue^{F}

Drehgestellflachwagen^{M}
wagon^{M} plat

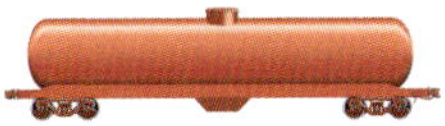

Kesselwagen^{M}
wagon^{M}-citerne^{F}

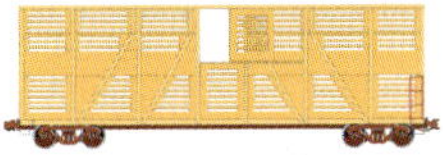

Verschlagwagen^{M}
wagon^{M} à bestiaux^{M}

Containerflachwagen^{M}
wagon^{M} porte-conteneurs^{M}

Autotransportwagen^{M}
wagon^{M} porte-automobiles^{M}

U-Bahn[F]

chemin[M] de fer[M] métropolitain

U-Bahn-Station[F]
station[F] de métro[M]

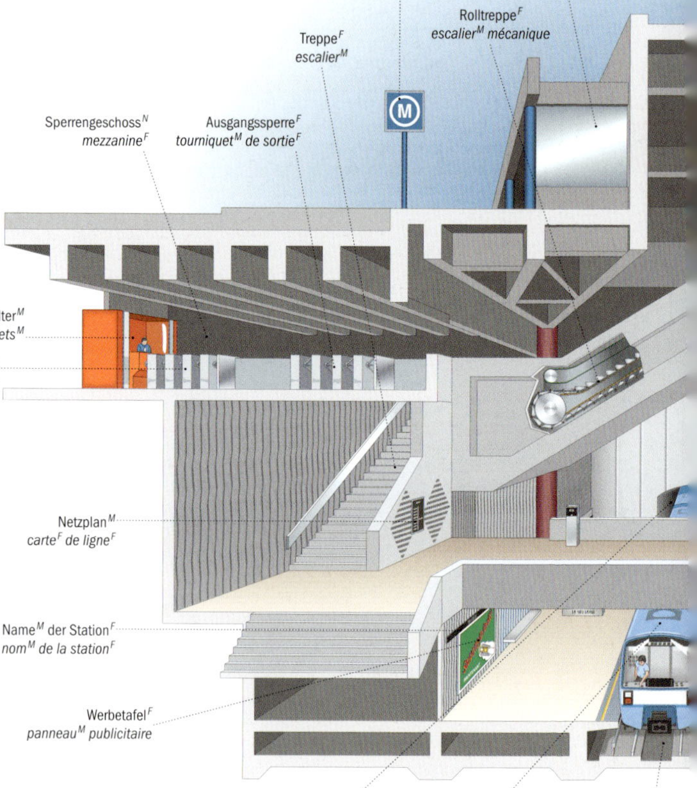

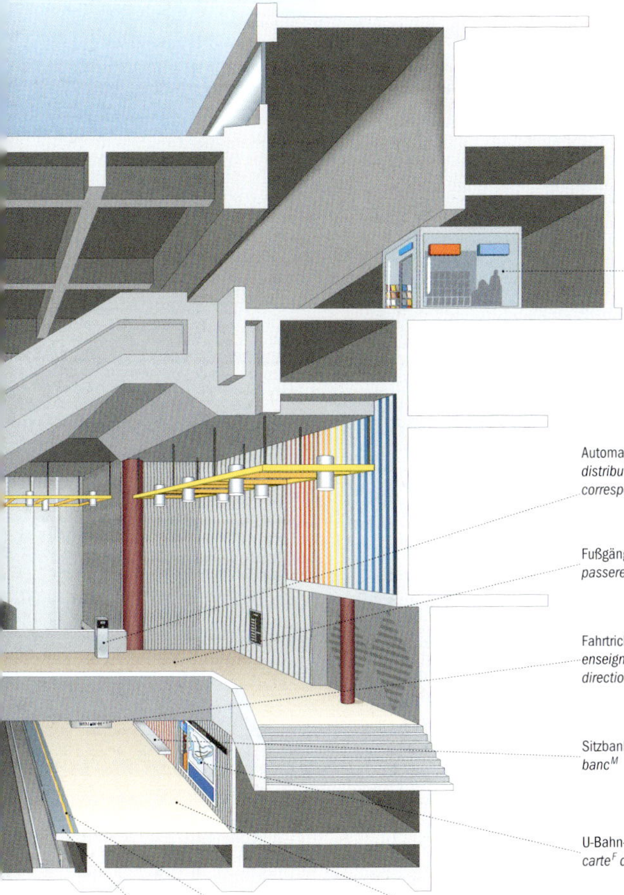
Kiosk[M]
kiosque[M]
Automat[M] für Umsteigekarten[F]
distributeur[M] de correspondances[F]
Fußgängerbrücke[F]
passerelle[F]
Fahrtrichtungsanzeige[F]
enseigne[F] directionnelle
Sitzbank[F]
banc[M]
U-Bahn-Netzplan[M]
carte[F] de réseau[M]
Bahnsteigkante[F]
bordure[F] de quai[M]
Sicherheitsstreifen[M]
ligne[F] de sécurité[F]
Bahnsteig[M]
quai[M]

U-Bahn^{F}

Mittelwagen^{M}
voiture^{F}

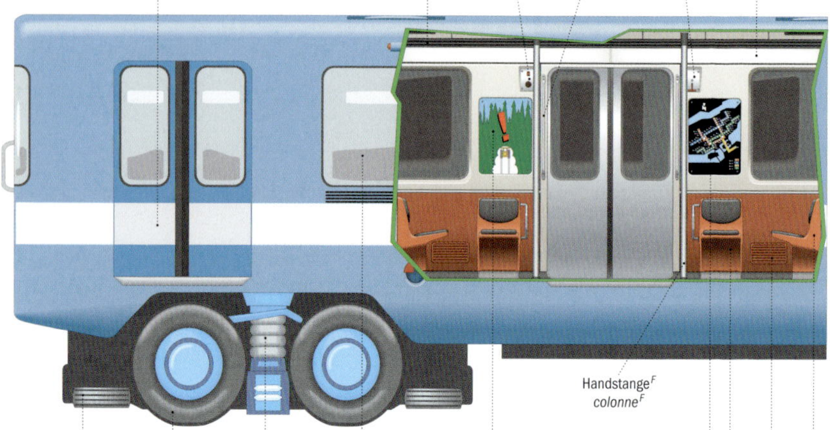

U-Bahn-Zug^{M}
rame^{F} de métro^{M}

Hafen[M]

port[M] maritime

Kanalschleuse[F]
écluse[F]
Containerbrücke[F]
portique[M] de chargement[M] de conteneurs[M]
Öllöschbrücke[F]
terminal[M] pétrolier
Trockendock[N]
bassin[M] de radoub[M]
Transitlagerschuppen[M]
hangar[M] de transit[M]
Tanker[M]
pétrolier[M]
Werftkran[M]
grue[F] à flèche[F]
Massengut-Terminal[M]
terminal[M] de vrac[M]
Kühlhaus[N]
entrepôt[M] frigorifique
Hafenfähre[F]
transbordeur[M]
Tor[N]
porte[F]
Kai[M]
quai[M]
Leuchtturm[M]
phare[M]
Fahrgastanlage[F]
gare[F] maritime
Brückenlift[M]
portique[M]
Hafenzollamt[N]
bureau[M] des douanes[F]
Dock[N]
bassin[M]
Kairampe[F]
rampe[F] de quai[M]
Parkplatz[M]
parking[M]
Schwimmkran[M]
grue[F] sur ponton[M]
Containerterminal[M]
terminal[M] à conteneurs[M]
Bürogebäude[N]
bâtiment[M] administratif
Getreidesilo[M]
terminal[M] à céréales[F]
Containerschiff[N]
navire[M] porte-conteneurs[M]
Hafenbahn[F]
voie[F] ferrée bord[M] à quai[M]
Straßengüterverkehr[M]
transport[M] routier
Silos[M]
silos[M]

Beispiele[N] für Boote[N] und Schiffe[N]

exemples[M] de bateaux[M] et d'embarcations[F]

Bohrschiff[N]
navire[M] de forage[M]

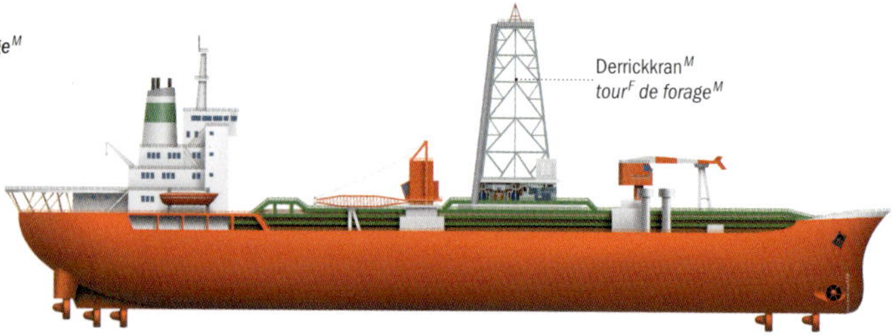

Frachtschiff[N]
vraquier[M]

Containerschiff[N]
navire[M] porte-conteneurs[M]

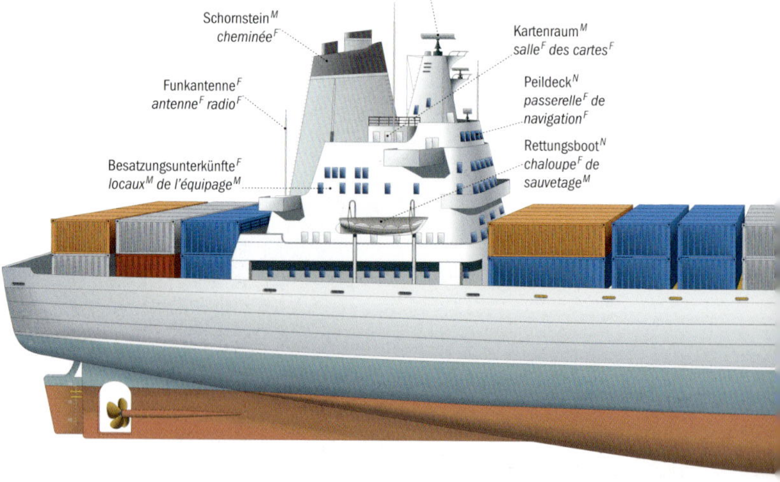

Luftkissenfahrzeug^N
aéroglisseur^M

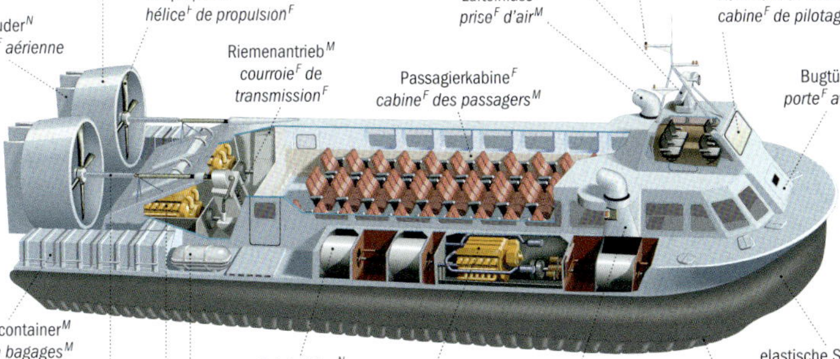
Propellerummantelung^F
tuyère^F
Radar^N
radar^M
Positionslicht^N
feu^M de navigation^F
Luftpropeller^M
hélice^F de propulsion^F
Lufteinlass^M
prise^F d'air^M
Kommandobrücke^F
cabine^F de pilotage^M
Ruder^N
dérive^F aérienne
Riemenantrieb^M
courroie^F de transmission^F
Passagierkabine^F
cabine^F des passagers^M
Bugtür^F
porte^F avant
Gepäckcontainer^M
soute^F à bagages^M
Hubgebläse^N
ventilateur^M de sustentation^F
Luftansaugrohr^N für Hubgebläse^N
entrée^F d'air^M du ventilateur^M
elastische Schürze^F
jupe^F souple
Schraubenwelle^F
arbre^M de transmission^F
Schürzenfinger^M
doigt^M de jupe^F
Rettungsfloß^M
canot^M pneumatique de sauvetage^M
Dieselmotor^M
moteur^M diesel de sustentation^F
Dieseltriebwerk^N
moteur^M diesel de propulsion^F

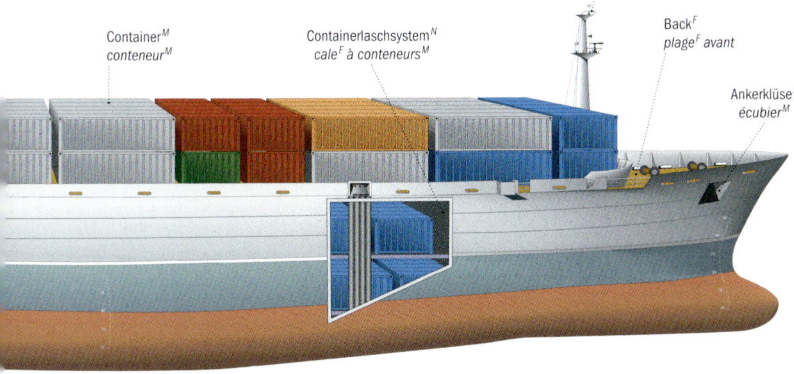
Topplicht^N
feu^M de tête^F de mât^M
Container^M
conteneur^M
Containerlaschsystem^N
cale^F à conteneurs^M
Back^F
plage^F avant
Ankerklüse^F
écubier^M

Beispiele[N] für Boote[N] und Schiffe[N]

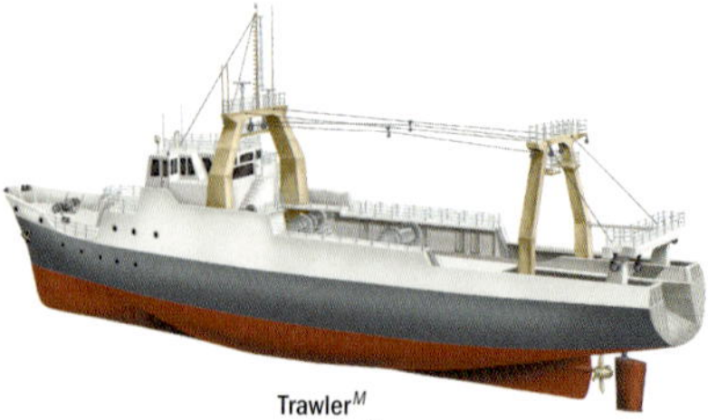

Trawler[M]
chalutier[M]

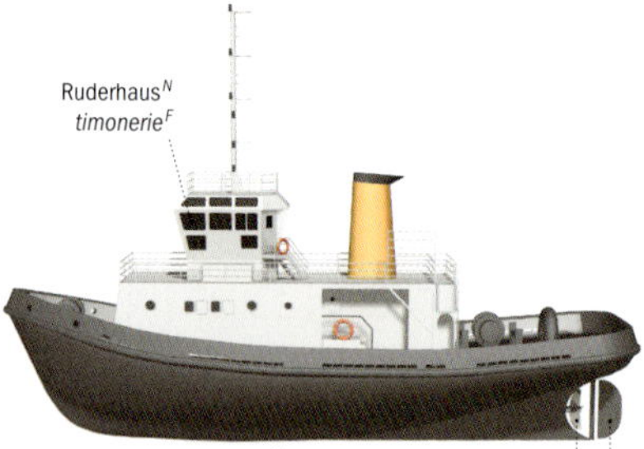

Schlepper[M]
remorqueur[M]

Eisbrecher[M]
brise-glace[M]

Tanker[M]
pétrolier[M]

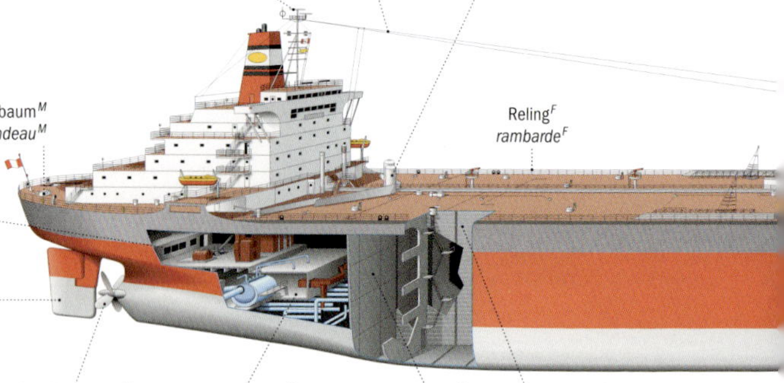

Hausboot[N]
caravane[F] flottante

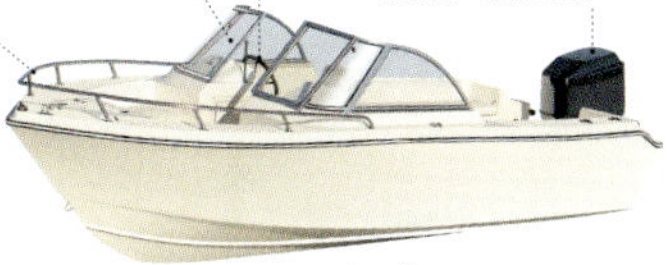

Motorboot[N]
canot[M] automobile

Motorjacht[F]
yacht[M] à moteur[M]

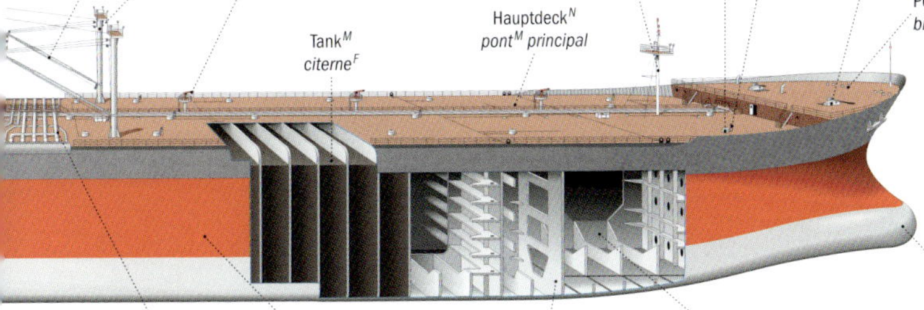

Beispiele[N] für Boote[N] und Schiffe[N]

Fähre[F]
transbordeur[M]

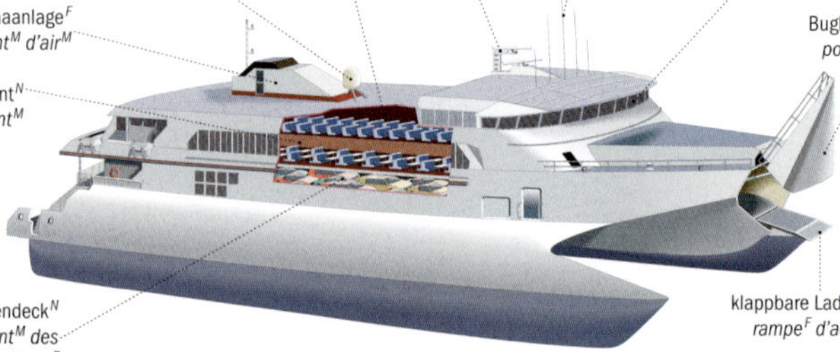

Passagierdampfer[M]
paquebot[M]

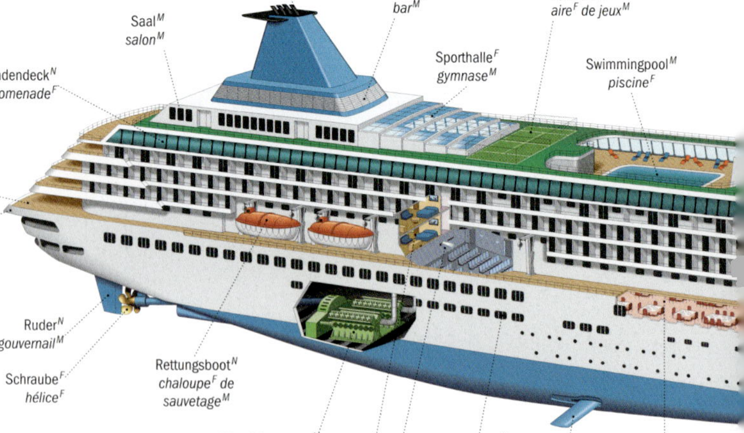

Tragflügelschiff[N]
hydroptère[M]

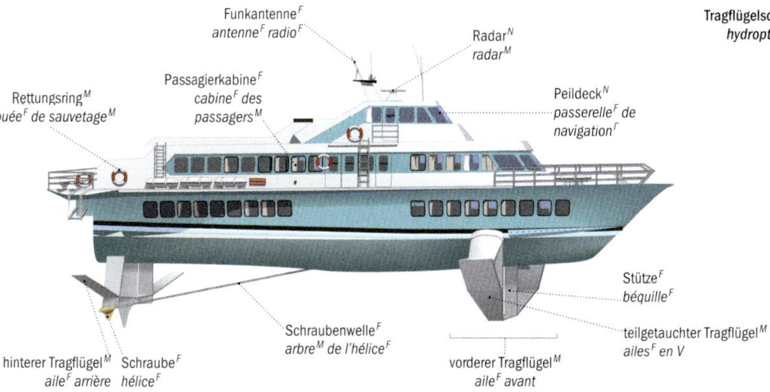
Funkantenne[F]
antenne[F] radio[F]
Radar[N]
radar[M]
Passagierkabine[F]
cabine[F] des passagers[M]
Rettungsring[M]
bouée[F] de sauvetage[M]
Peildeck[N]
passerelle[F] de navigation[F]
Stütze[F]
béquille[F]
Schraubenwelle[F]
arbre[M] de l'hélice[F]
teilgetauchter Tragflügel[M]
ailes[F] en V
hinterer Tragflügel[M]
aile[F] arrière
Schraube[F]
hélice[F]
vorderer Tragflügel[M]
aile[F] avant

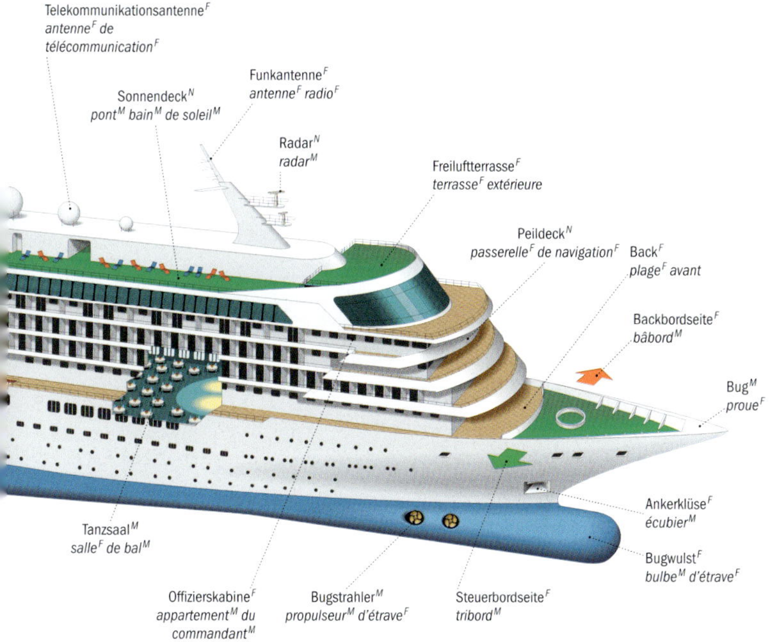
Telekommunikationsantenne[F]
antenne[F] de télécommunication[F]
Funkantenne[F]
antenne[F] radio[F]
Sonnendeck[N]
pont[M] bain[M] de soleil[M]
Radar[N]
radar[M]
Freiluftterrasse[F]
terrasse[F] extérieure
Peildeck[N]
passerelle[F] de navigation[F]
Back[F]
plage[F] avant
Backbordseite[F]
bâbord[M]
Bug[M]
proue[F]
Ankerklüse[F]
écubier[M]
Bugwulst[F]
bulbe[M] d'étrave[F]
Tanzsaal[M]
salle[F] de bal[M]
Offizierskabine[F]
appartement[M] du commandant[M]
Bugstrahler[M]
propulseur[M] d'étrave[F]
Steuerbordseite[F]
tribord[M]

Flughafen^M

aéroport^M

Schnellabrollbahn^F
sortie^F de piste^F à grande vitesse^F
Kontrollraum^M
vigie^F
Kontrolltower^M
tour^F de contrôle^M
Zufahrtsstraße^F
route^F d'accès^M
Rollbahn^F
voie^F de circulation^F
Überholrollbahn^F
bretelle^F
Rollbahn^F
voie^F de circulation^F
Vorfeld^N
aire^F de trafic^M
Versorgungsstraße^M
voie^F de service^M
Vorfeld^N
aire^F de manœuvre^F

Passagierterminal[M]
aérogare[F] de passagers[M]
Flugzeugwartungshalle[F]
hangar[M]
Abstellplatz[M]
aire[F] de stationnement[M]
ausziehbare Fluggastbrücke[F]
passerelle[F] télescopique
Versorgungsbereich[M]
aire[F] de service[M]
Fluggastbrücke[F]
quai[M] d'embarquement[M]
Rollbahnmarkierung[F]
marques[F] de circulation[F]
radiale Einsteigestation[F]
aérogare[F] satellite[M]

Flughafen[M]

Passagierterminal[M]
aérogare[F]

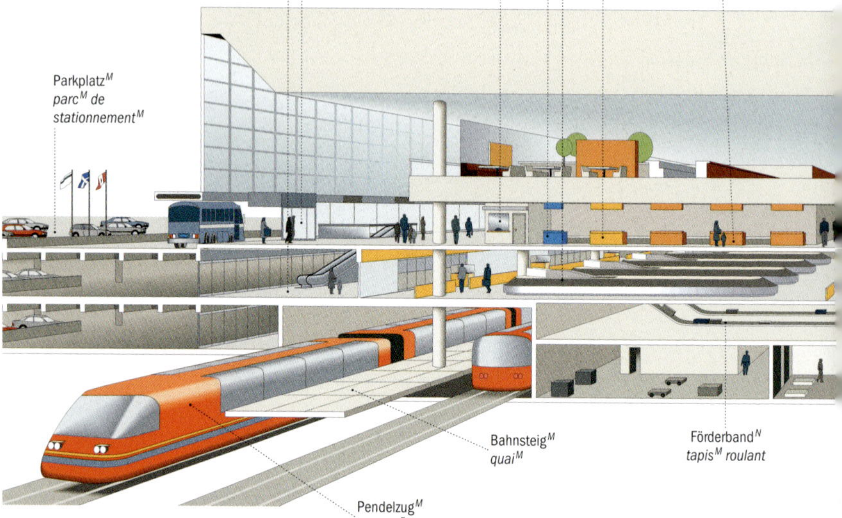

Start- und Landebahn[F]
piste[F]

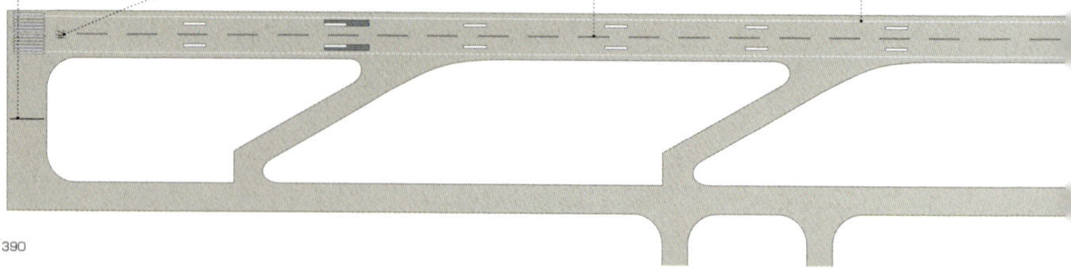

TRANSPORT UND FAHRZEUGE

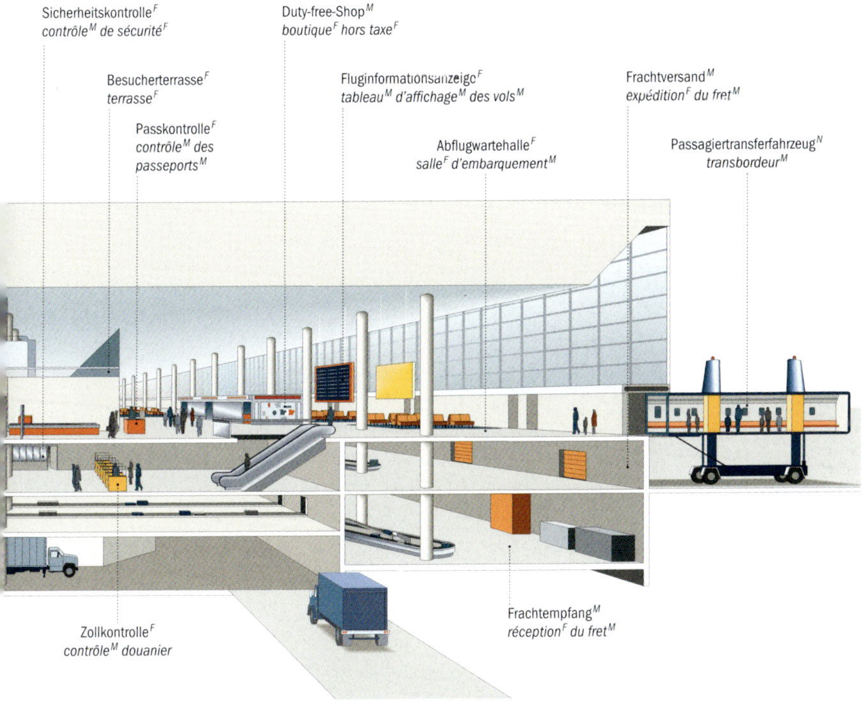
Sicherheitskontrolle^F
contrôle^M de sécurité^F
Duty-free-Shop^M
boutique^F hors taxe^F
Besucherterrasse^F
terrasse^F
Fluginformationsanzeige^F
tableau^M d'affichage^M des vols^M
Frachtversand^M
expédition^F du fret^M
Passkontrolle^F
contrôle^M des passeports^M
Abflugwartehalle^F
salle^F d'embarquement^M
Passagiertransferfahrzeug^N
transbordeur^M
Zollkontrolle^F
contrôle^M douanier
Frachtempfang^M
réception^F du fret^M

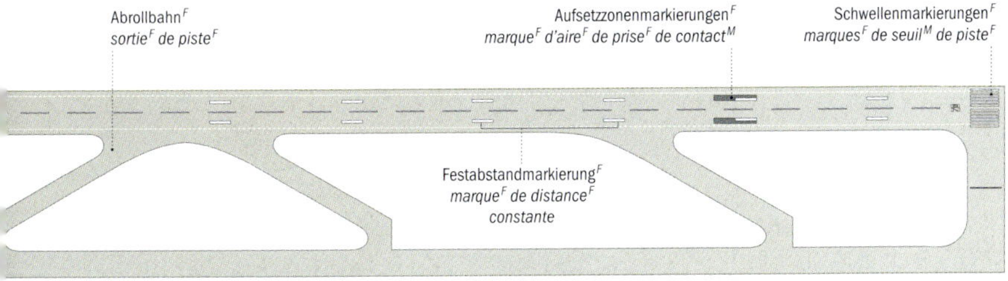
Abrollbahn^F
sortie^F de piste^F
Aufsetzzonenmarkierungen^F
marque^F d'aire^F de prise^F de contact^M
Schwellenmarkierungen^F
marques^F de seuil^M de piste^F
Festabstandmarkierung^F
marque^F de distance^F constante

Langstrecken-Düsenflugzeug^N

avion^M long-courrier^M

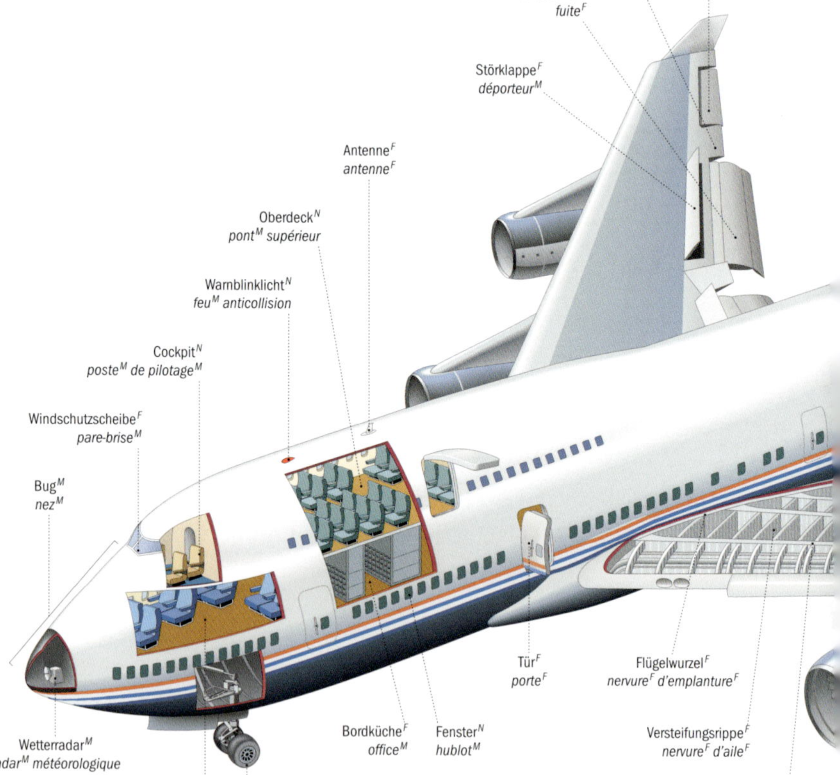

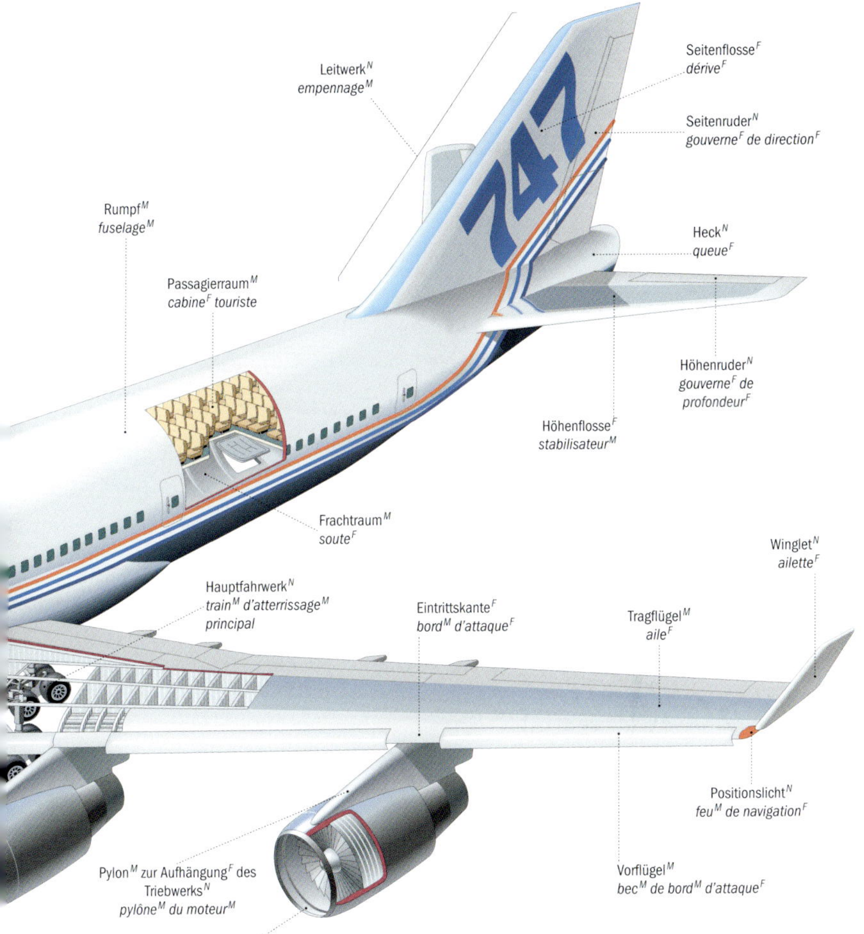
Leitwerk^N
empennage^M
Seitenflosse^F
dérive^F
Seitenruder^N
gouverne^F de direction^F
Rumpf^M
fuselage^M
Heck^N
queue^F
Passagierraum^M
cabine^F touriste
Höhenruder^N
gouverne^F de profondeur^F
Höhenflosse^F
stabilisateur^M
Frachtraum^M
soute^F
Winglet^N
ailette^F
Hauptfahrwerk^N
train^M d'atterrissage^M principal
Eintrittskante^F
bord^M d'attaque^F
Tragflügel^M
aile^F
Positionslicht^N
feu^M de navigation^F
Pylon^M zur Aufhängung^F des Triebwerks^N
pylône^M du moteur^M
Vorflügel^M
bec^M de bord^M d'attaque^F
TL-Triebwerk^N
turboréacteur^M

Beispiele[N] für Flugzeuge[N]

exemples[M] d'avions[M]

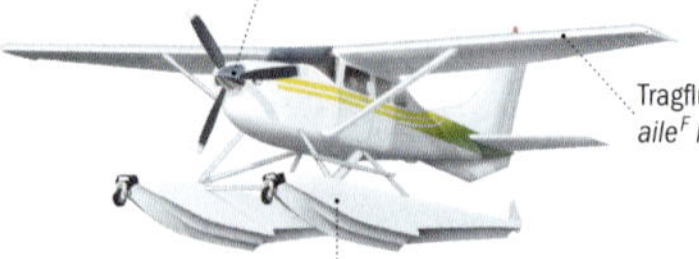
Wasserflugzeug[N]
hydravion[M] à flotteurs[M]
dreiflügeliger Propeller[M]
hélice[F] tripale
Tragflügel[M]
aile[F] haute
Schwimmkörper[M]
flotteur[M]

Privatflugzeug[N]
avion[M] d'affaires[F]
Flosse[F]
ailette[F]

Frachtflugzeug[N]
avion[M]-cargo[M]

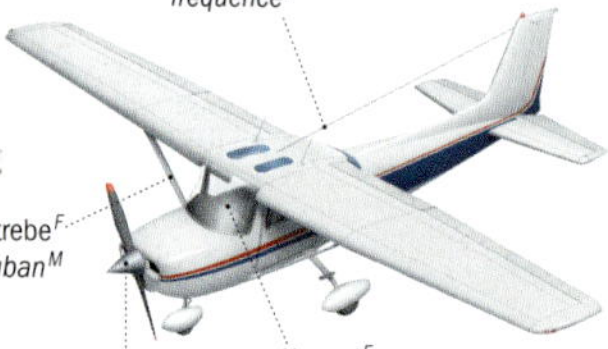
Leichtflugzeug[N]
avion[M] léger
Funkantenne[F]
câble[M] de l'antenne[F] haute fréquence[F]
Flügelstrebe[F]
hauban[M]
Kuppel[F]
verrière[F]
zweiflügeliger Propeller[M]
hélice[F] bipale

Amphibien[F]-Löschflugzeug[N]
avion[M]-citerne[F] amphibie
dreiflügeliger Propeller[M]
hélice[F] tripale
Wassertank[M]
compartiment[M] de réservoirs[M] d'eau
Schwimmkörper[M]
flotteur[M]

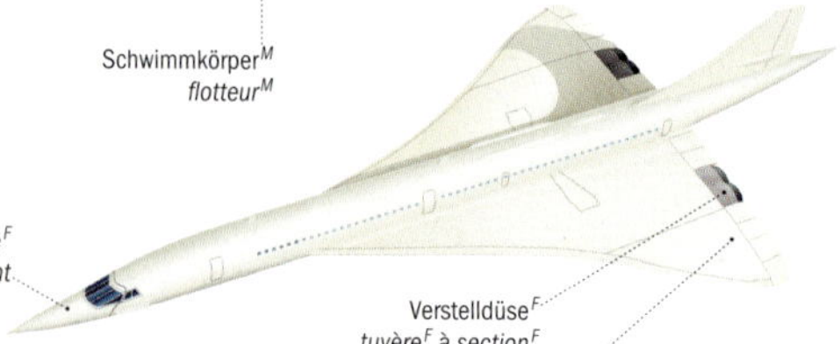
Überschallflugzeug[N]
avion[M] de ligne[F] supersonique
abgesenkte Nase[F]
nez[M] basculant
Verstelldüse[F]
tuyère[F] à section[F] variable
Deltaflügel[M]
voilure[F] delta[M]

Bewegungen^F eines Flugzeugs^N
mouvements^M de l'avion^M

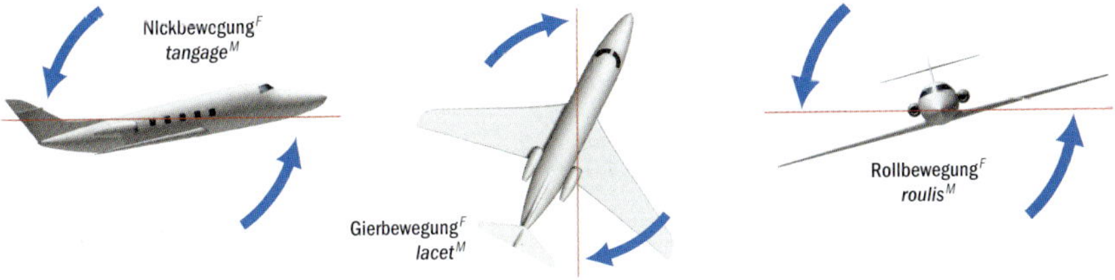

Hubschrauber^M
hélicoptère^M

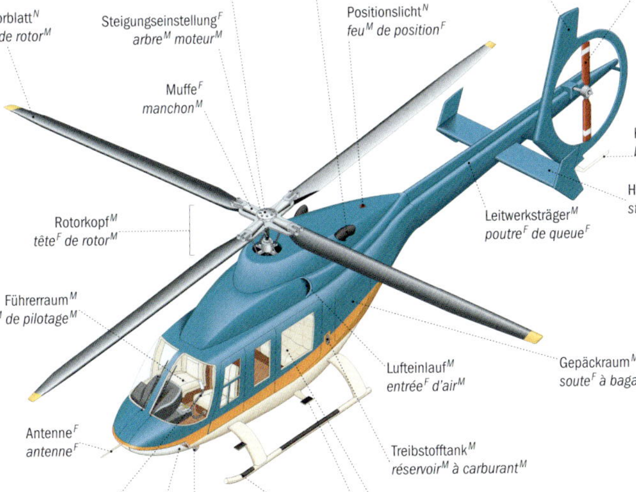

Lastenfortbewegung^{F}

manutention^{F}

Gabelstapler^{M}
chariot^{M} élévateur

Sackkarren^{M}
diable^{M}

Palettenhubwagen^{M}
transpalette^{F} manuelle

Rücksprungpalette^{F}
palette^{F} à ailes^{F}

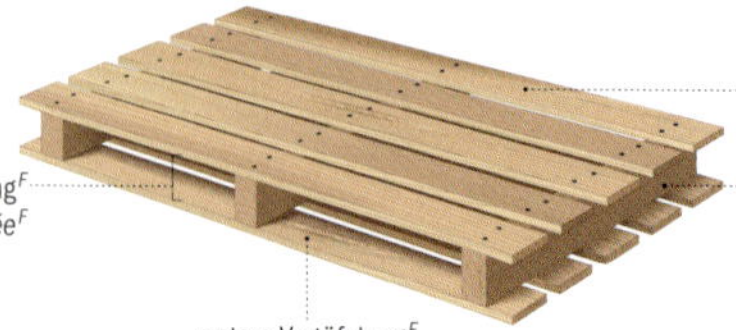

Kräne^{M}

grues^{F} et portique^{M}

Turmkran^{M}
grue^{F} à tour^{F}

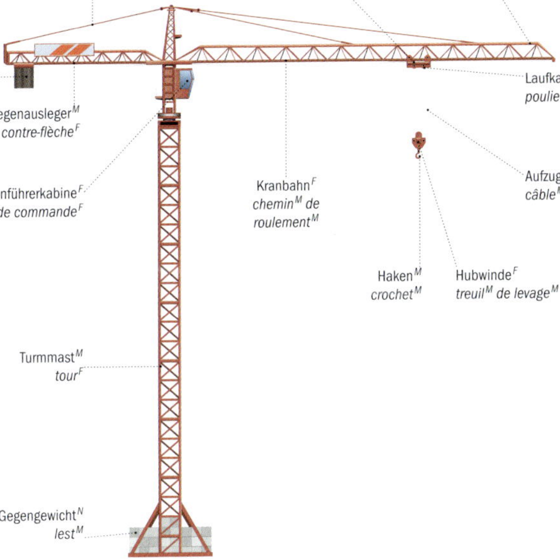

Fahrkran^{M}
grue^{F} sur porteur^{M}

Planierraupe[F]

bouteur[M]

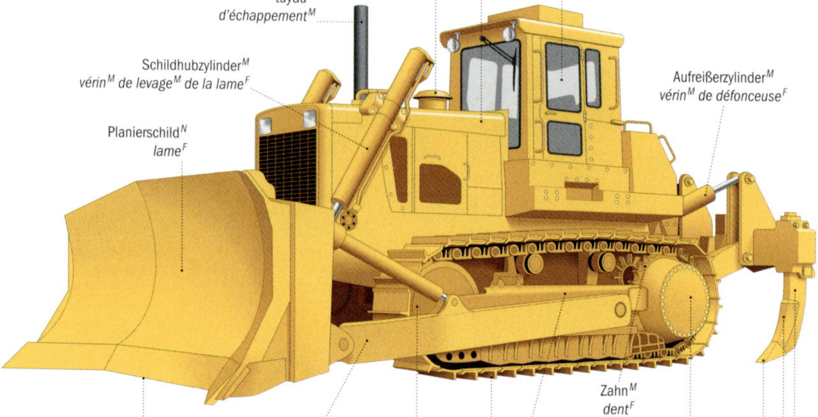

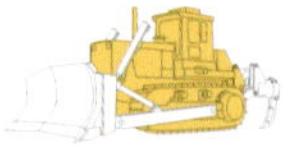

Gleiskettenschlepper[M]
tracteur[M] à chenilles[F]

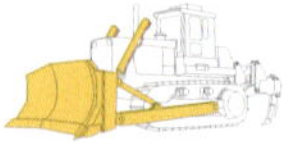

Planierschaufel[F]
lame[F]

Aufreißer[M]
défonceuse[F]

TRANSPORT UND FAHRZEUGE

Radlader[M]

chargeuse[F]-pelleteuse[F]

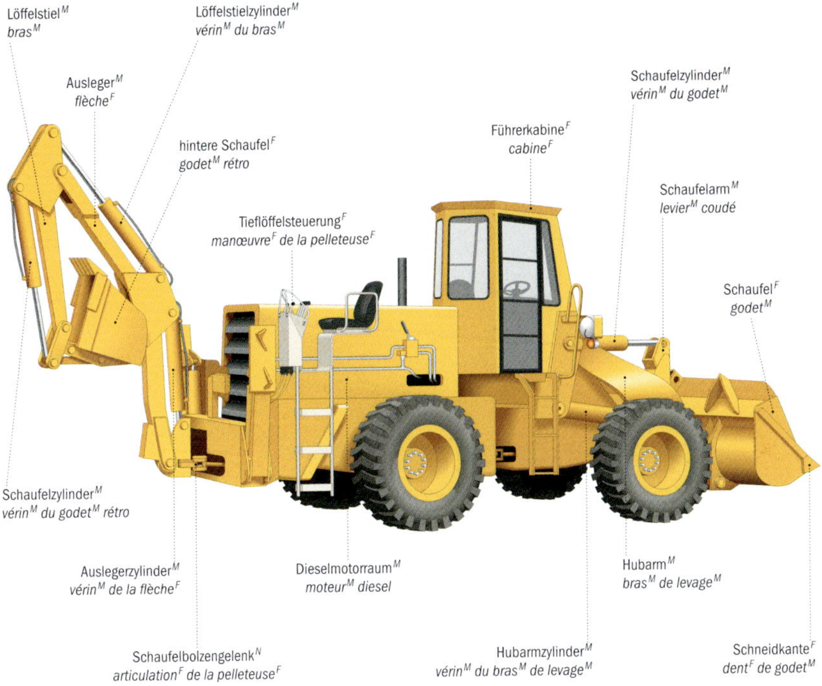

Schaufellader[M]
chargeuse[F] frontale

Radtraktor[M]
tracteur[M]

Tieflöffel[M]
pelleteuse[F]

Schrapper[M]

décapeuse[F]

Hydraulik-Hochlöffelbagger[M]

pelle[F] hydraulique

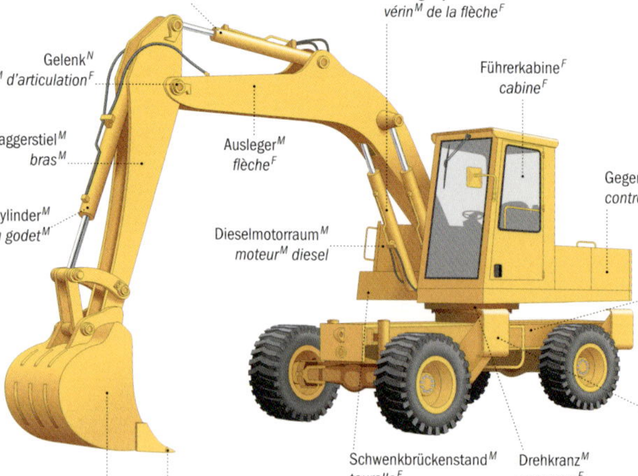

Straßenhobel^M
niveleuse^F

Muldenkipper^M
camion^M-benne^F

Elektrizitätserzeugung^F aus geothermischer Energie^F

production^F d'électricité^F par énergie^F géothermique

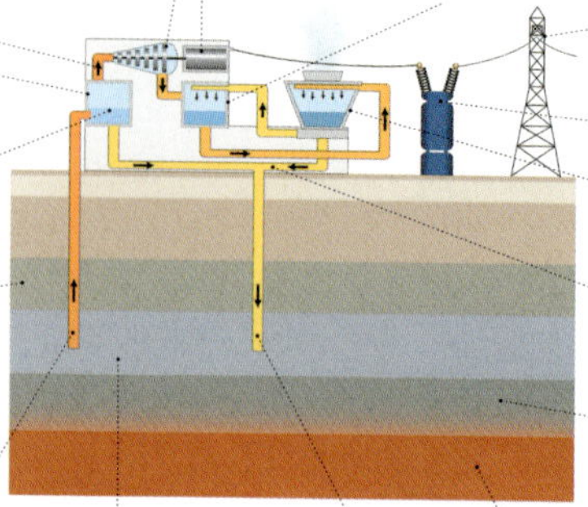

Wärmeenergie^F

énergie^F thermique

Elektrizitätserzeugung^F aus Wärmeenergie^F
production^F d'électricité^F par énergie^F thermique

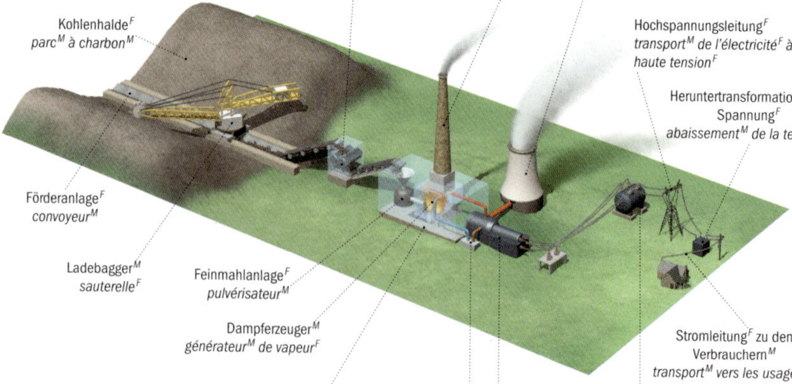

Erdöl[N]
pétrole[M]

Oberflächenerkundung[F]
prospection[F] terrestre

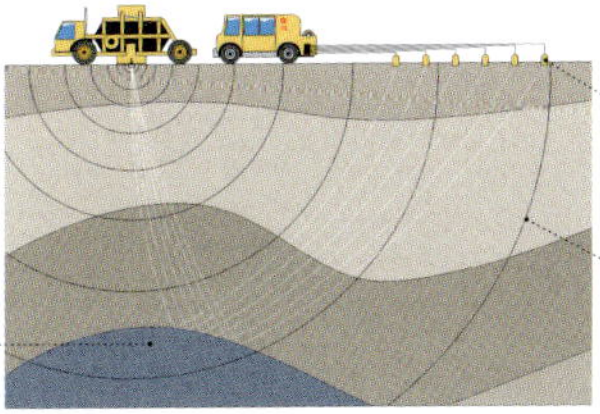

Bohranlage[F]
appareil[M] de forage[M]

Drehbohrverfahren[F]
système[M] rotary

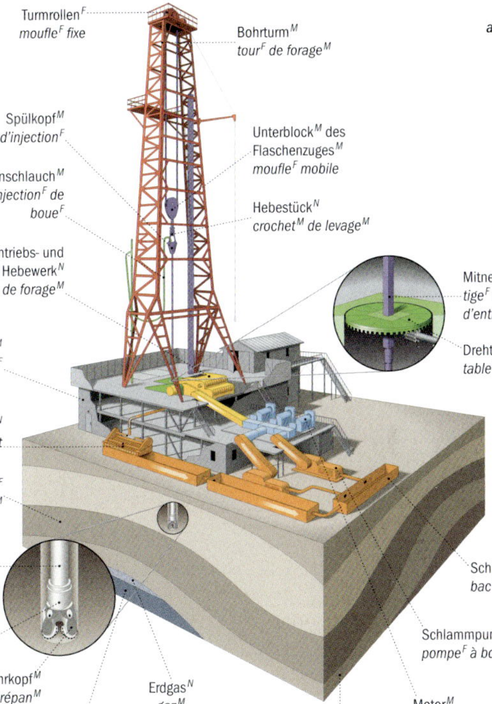

Erdöl[N]

Schwimmdachtank[M]
réservoir[M] à toit[M] flottant

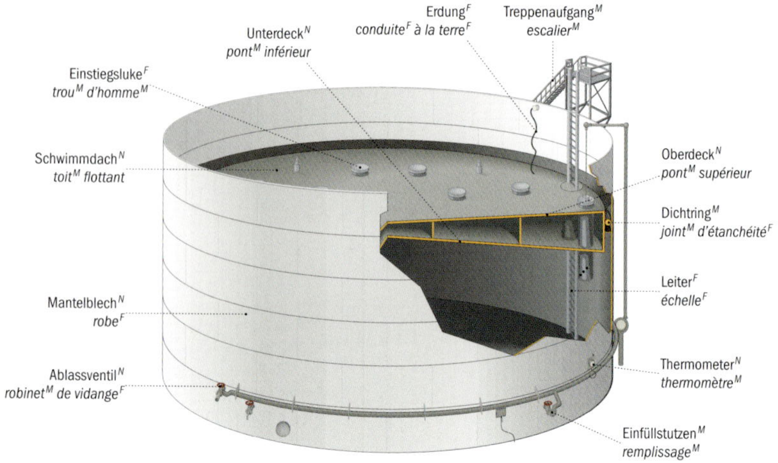

Rohölpipeline[F]
réseau[M] d'oléoducs[M]

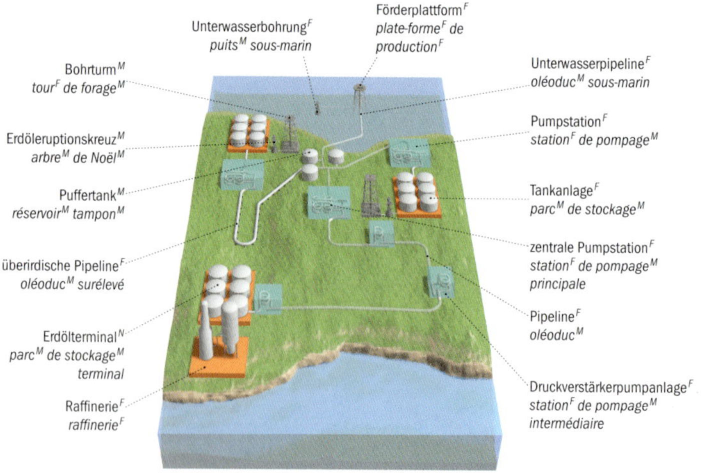

Raffinerieerzeugnisse^N
produits^M de la raffinerie^F

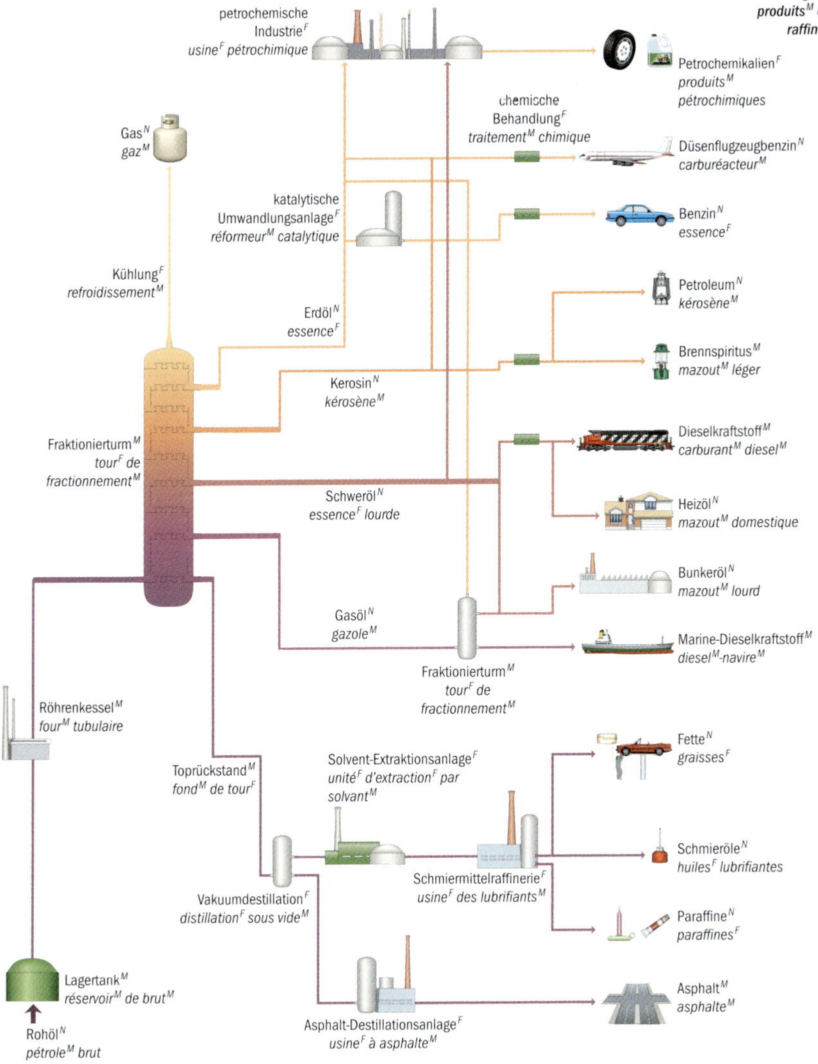

Wasserkraftwerk^N

complexe^M hydroélectrique

ENERGIE

Wasserkraftwerk[N] im Querschnitt[M]
coupe[F] d'une centrale[F] hydroélectrique

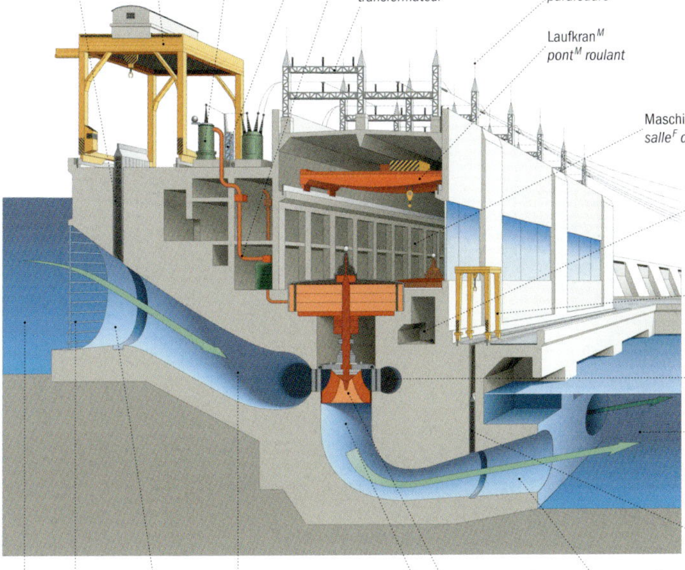

Elektrizitätserzeugung[F] aus Kernenergie[F]

production[F] d'électricité[F] par énergie[F] nucléaire

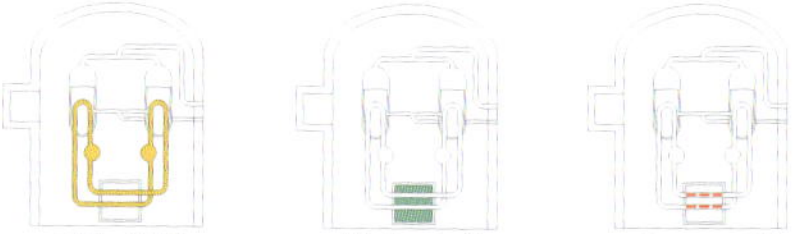

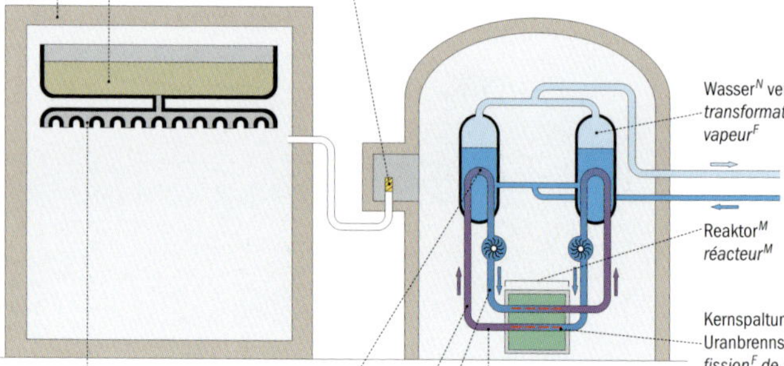

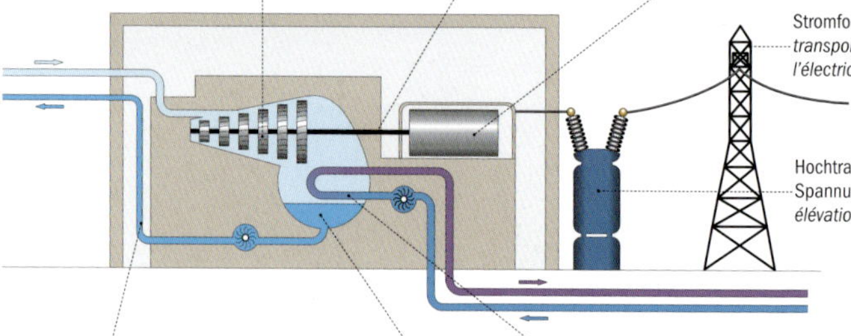

Brennstabbündel[N]

grappe[F] de combustible[M]

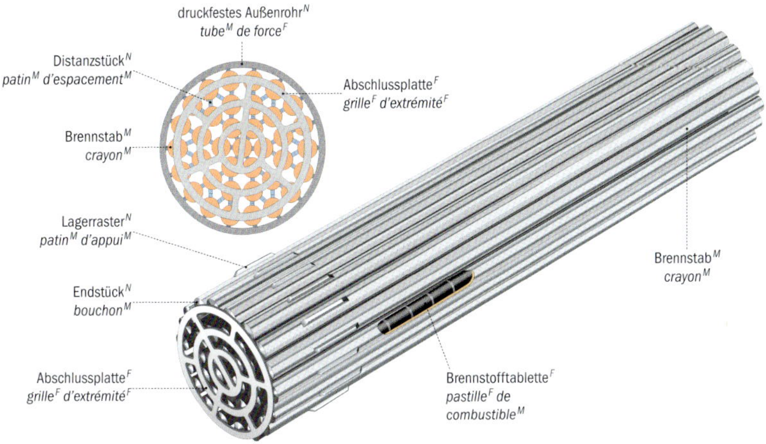

Kernreaktor[M]

réacteur[M] nucléaire

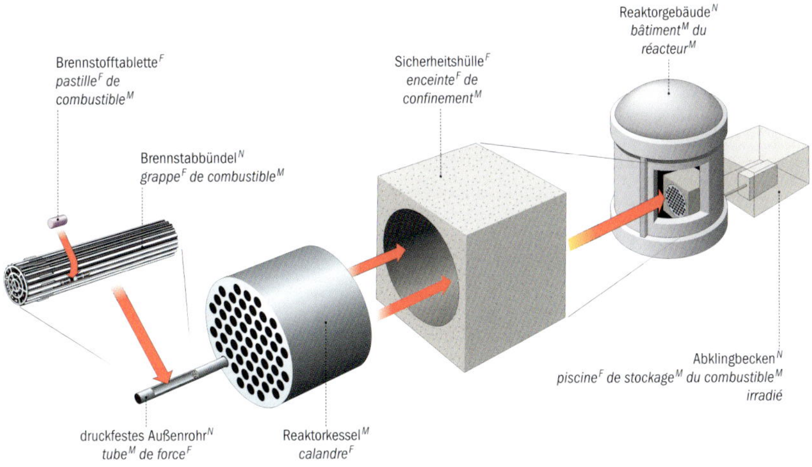

Solarzelle^F
photopile^F

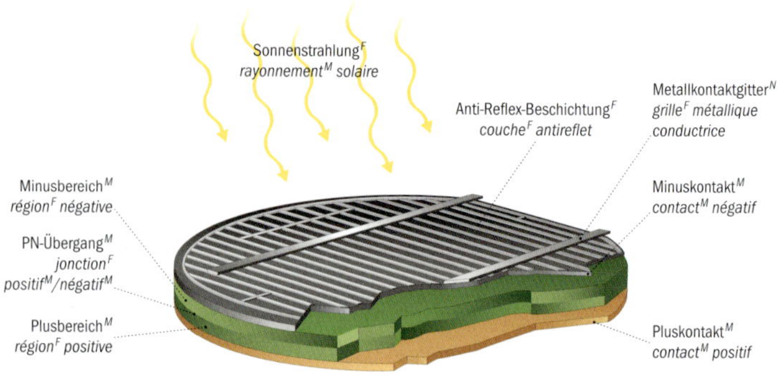

Flachkollektor^M
capteur^M solaire plan

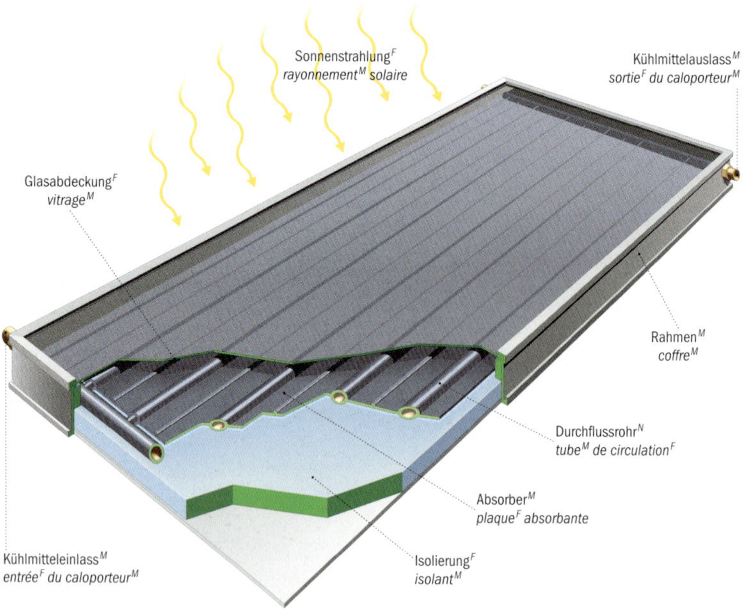

Solarzellensystem[N]

circuit[M] de photopiles[F]

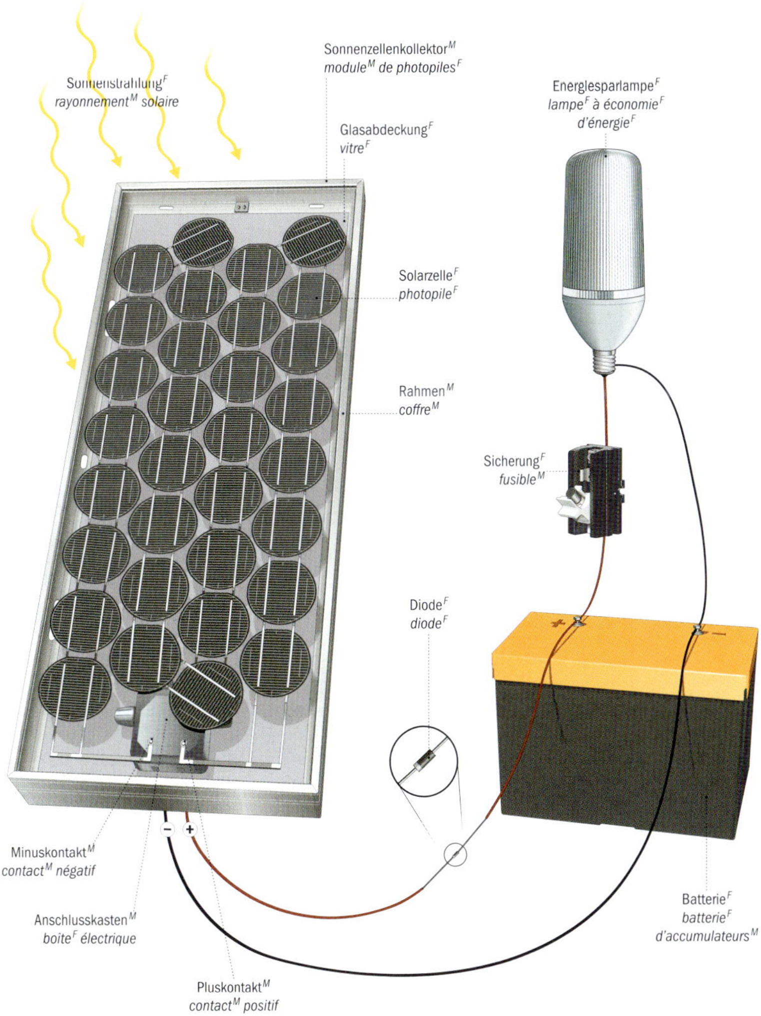
Sonnenstrahlung[F]
rayonnement[M] solaire
Sonnenzellenkollektor[M]
module[M] de photopiles[F]
Energiesparlampe[F]
lampe[F] à économie[F] d'énergie[F]
Glasabdeckung[F]
vitre[F]
Solarzelle[F]
photopile[F]
Rahmen[M]
coffre[M]
Sicherung[F]
fusible[M]
Diode[F]
diode[F]
Minuskontakt[M]
contact[M] négatif
Anschlusskasten[M]
boîte[F] électrique
Pluskontakt[M]
contact[M] positif
Batterie[F]
batterie[F] d'accumulateurs[M]

Windmühle^F

moulin^M à vent^M

Turmwindmühle^F
moulin^M tour^F

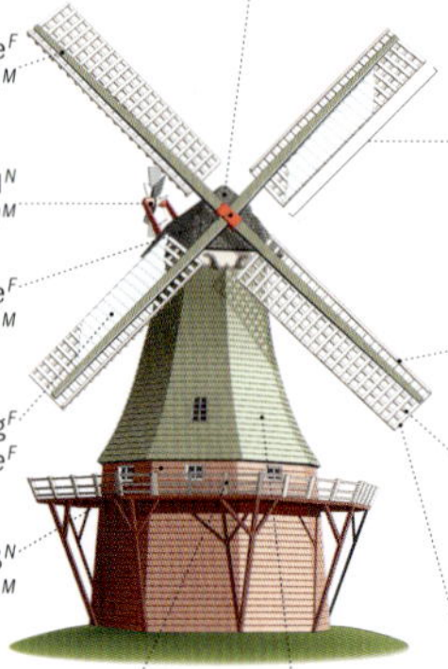

Bockmühle^F
moulin^M pivot^M

Windkraftwerke^N und Elektrizitätserzeugung^F

éoliennes^F et production^F d'électricité^F

Windkraftwerk mit vertikaler Achse^F
éolienne^F à axe^M vertical

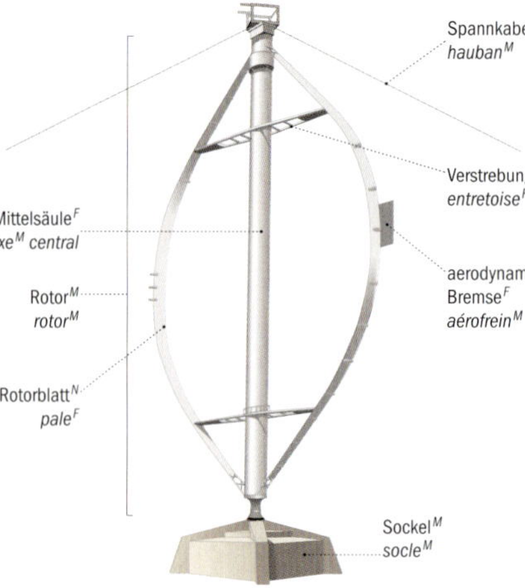

Windkraftwerk mit horizontaler Achse[F]
éolienne[F] à axe[M] horizontal

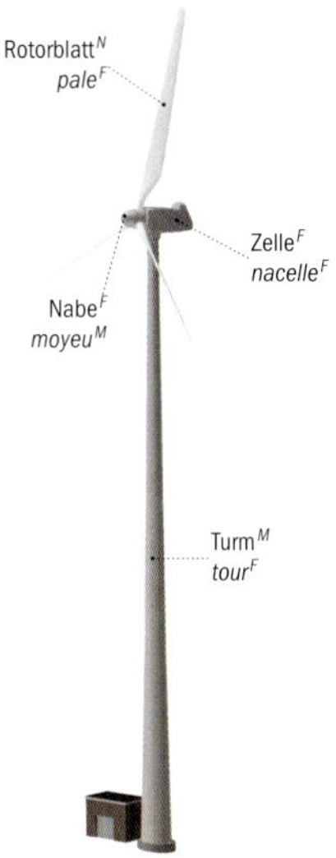

Rotorgondel[F] im Querschnitt[M]
coupe[F] de la nacelle[F]

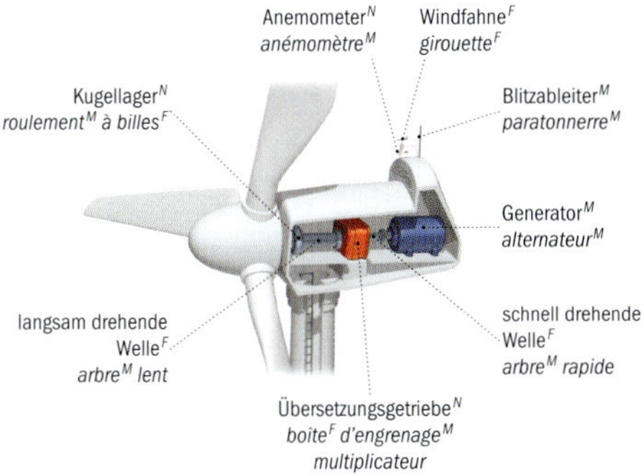

Elektrizitätserzeugung[F] aus Windenergie[F]
production[F] d'électricité[F] par énergie[F] éolienne

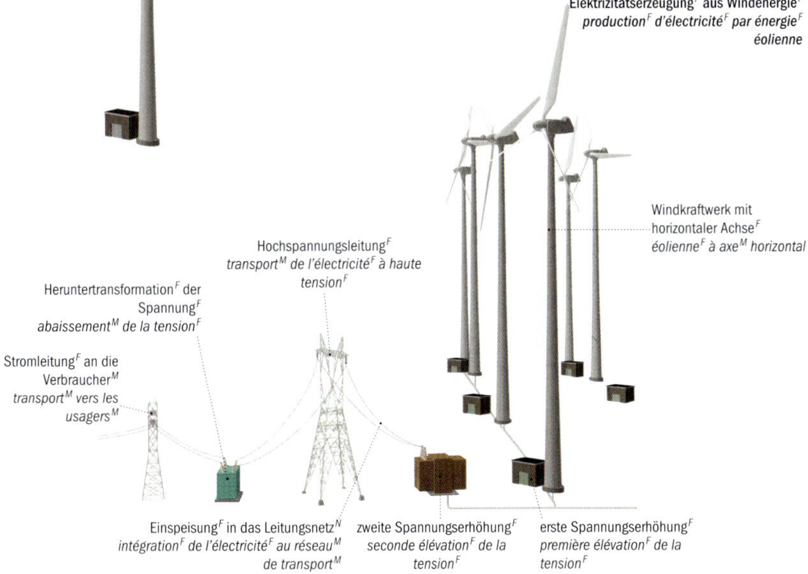

Materie^{F}

matière^{F}

Atom^{N}
atome^{M}

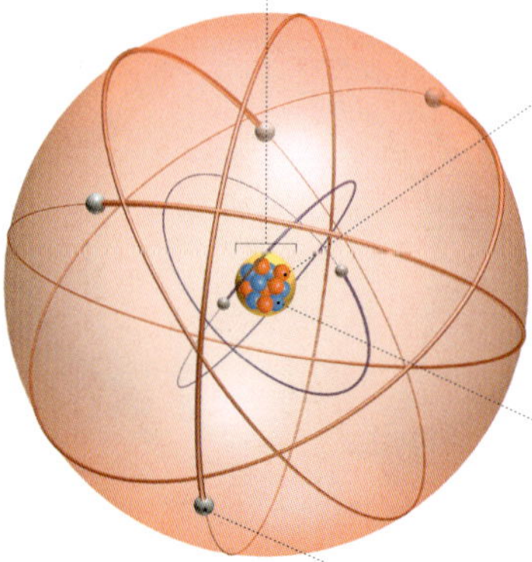

Molekül^{N}
molécule^{F}

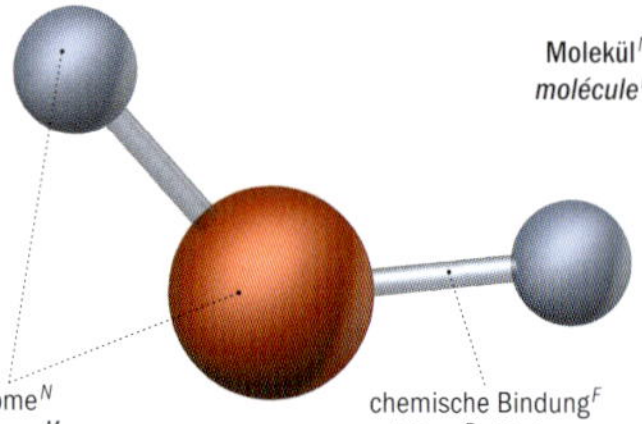

Aggregatzustände^{M}
états^{M} de la matière^{F}

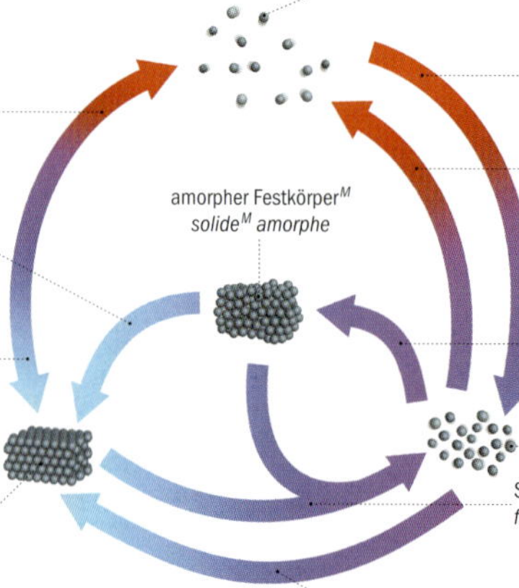

Kernspaltung[F]
fission[F] nucléaire

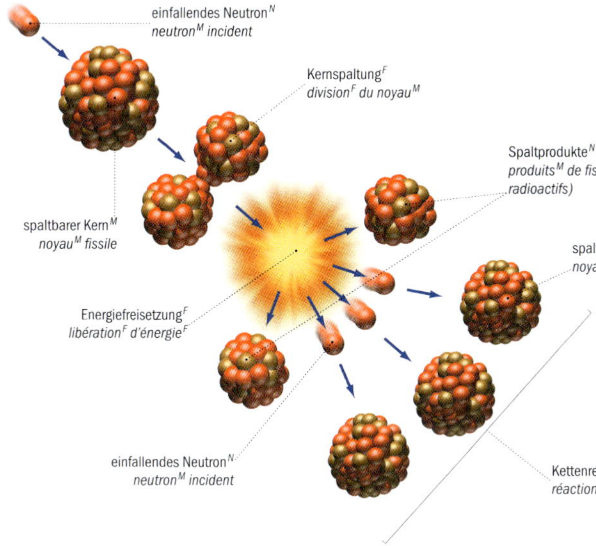

Wärmeübertragung[F]
transfert[M] de la chaleur[F]

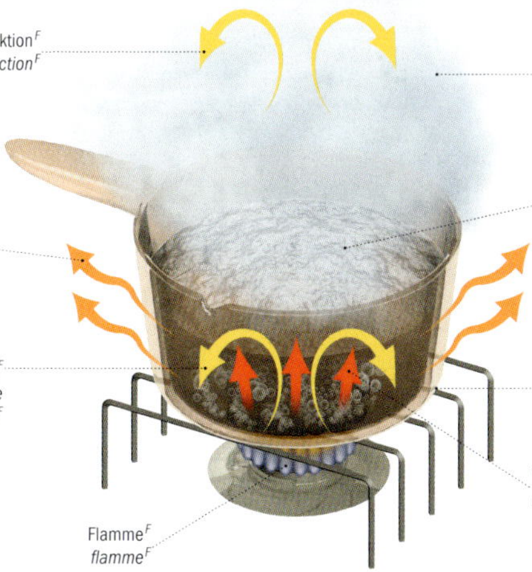

Magnetismus[M]

magnétisme[M]

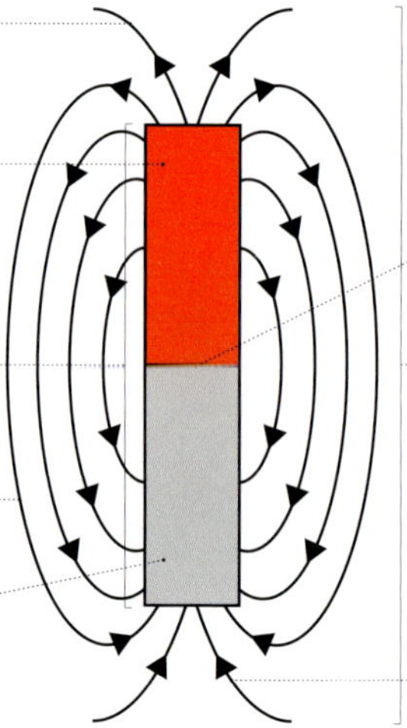

Parallelschaltung[F]

circuit[M] électrique en parallèle[F]

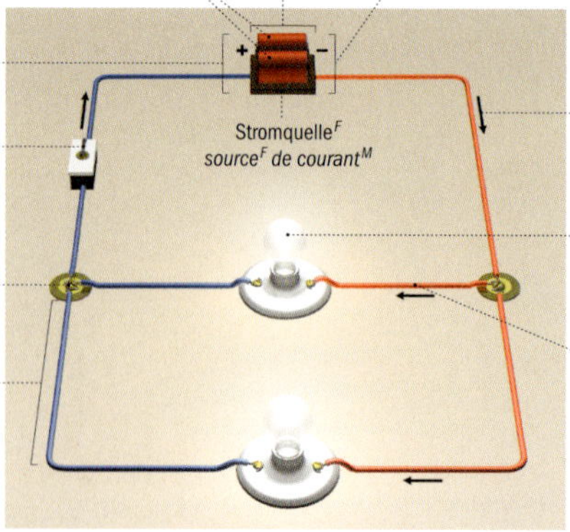

WISSENSCHAFT

Trockenelemente^{N}

piles^{F} sèches

Kohle^{F}-Zink^{N}-Zelle^{F}
pile^{F} carbone^{M}-zinc^{M}

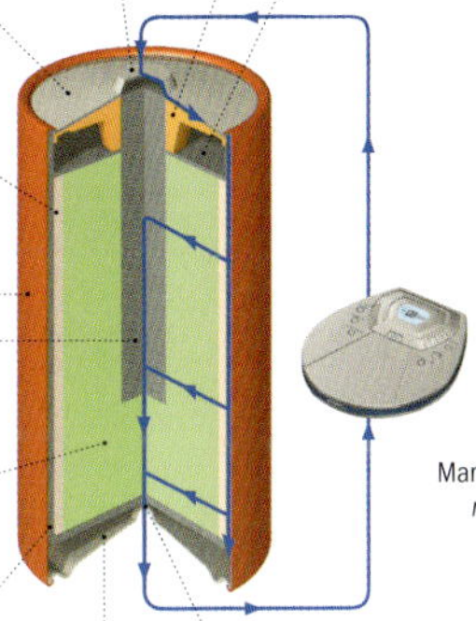

alkalische Zink^{N}-Mangan^{N}-Zelle^{F}
pile^{F} alcaline manganèse^{M}-zinc^{M}

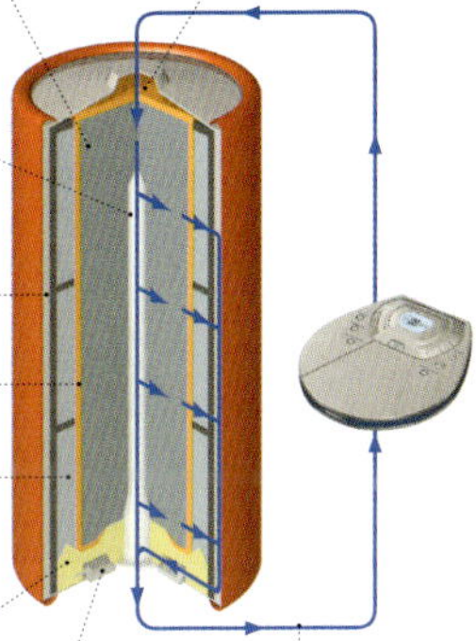

Elektronik^{F}

électronique^{F}

Leiterplatte^{F}
carte^{F} de circuit^{M} imprimé

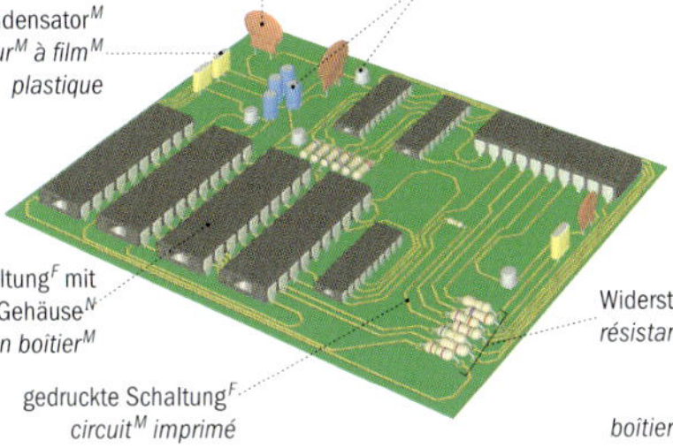

integrierte Schaltung^{F} mit Gehäuse^{N}
circuit^{M} intégré en boîtier^{M}

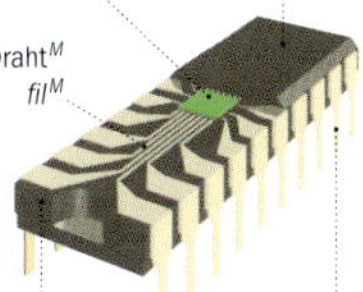

WISSENSCHAFT

elektromagnetisches Spektrum[N]

spectre[M] électromagnétique

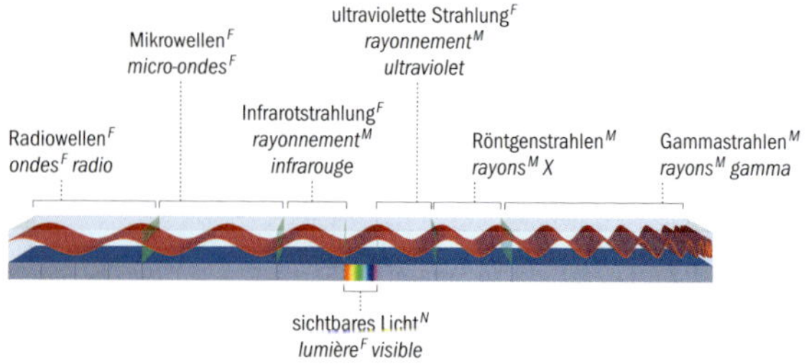

Welle[F]

onde[F]

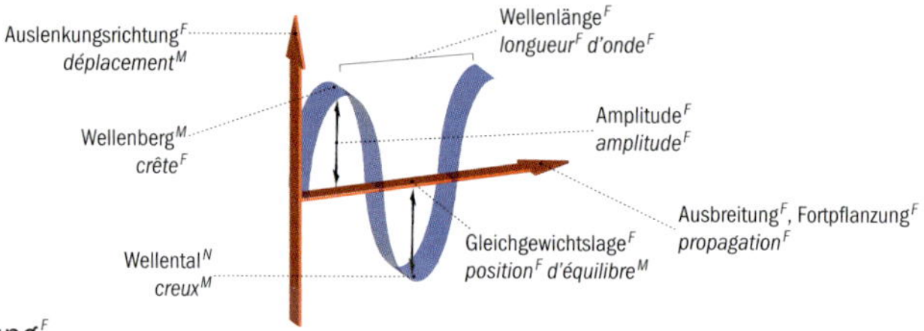

Farbmischung[F]

synthèse[F] des couleurs[F]

additive Farbmischung[F]
synthèse[F] additive

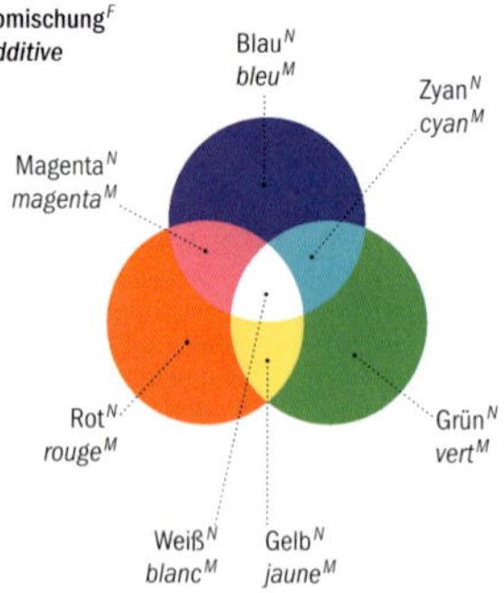

subtraktive Farbmischung[F]
synthèse[F] soustractive

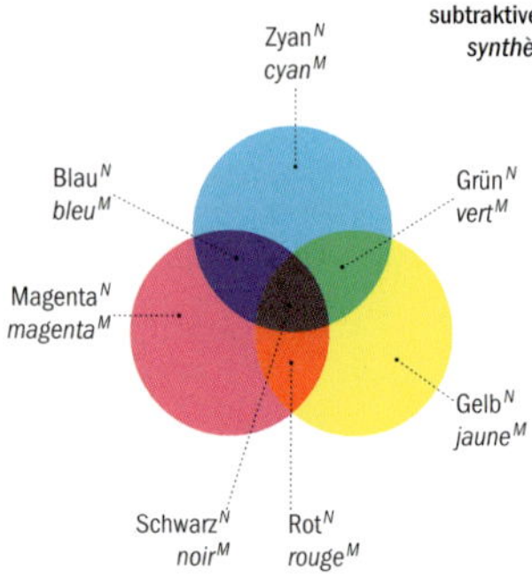

Sehen[N]
vision[F]

Normalsichtigkeit[F]
vision[F] normale

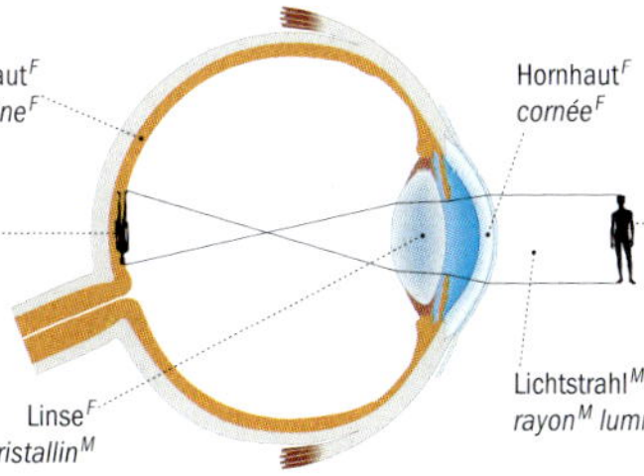

Sehfehler[M]
défauts[M] de la vision[F]

Kurzsichtigkeit[F]
myopie[F]

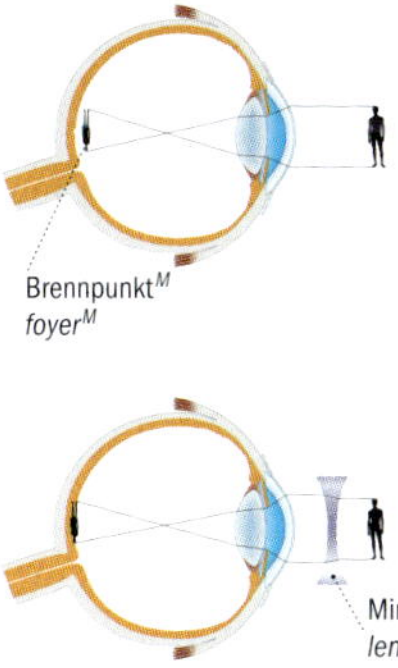

Weitsichtigkeit[F]
hypermétropie[F]

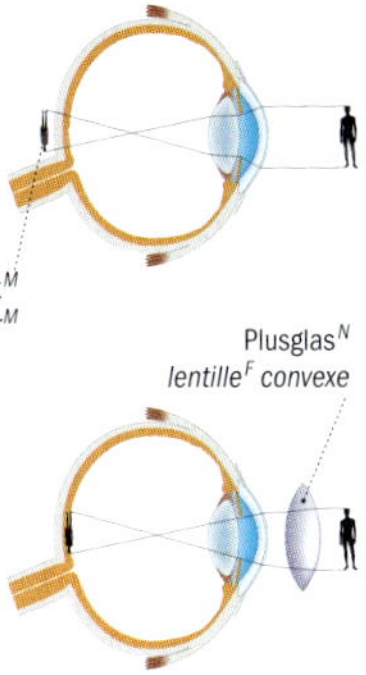

Astigmatismus[M]
astigmatisme[M]

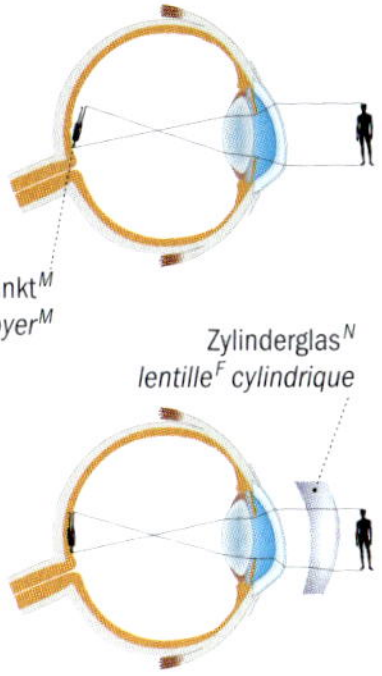

Linsen[F]
lentilles[F]

Sammellinsen[F]
lentilles[F] convergentes

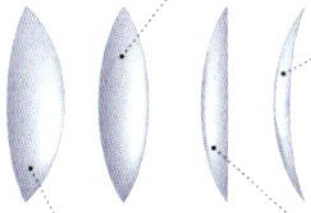

Zerstreuungslinsen[F]
lentilles[F] divergentes

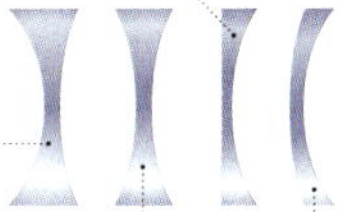

Rubin[M]-Impulslaser[M]

laser[M] à rubis[M] pulsé

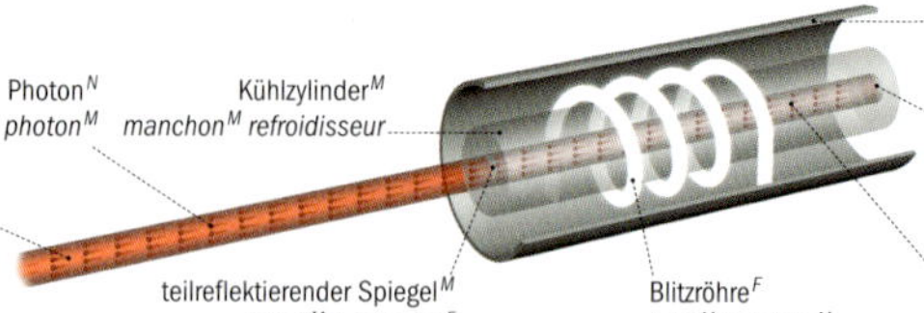

Prismenfernglas[N]

jumelles[F] à prismes[M]

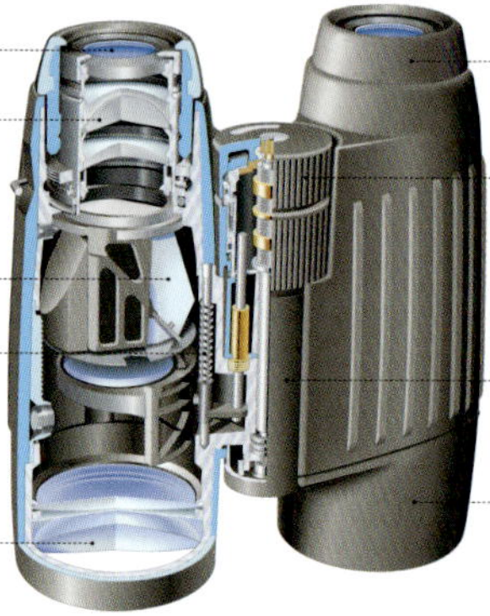

Zielfernrohr[N]

lunette[F] de visée[F]

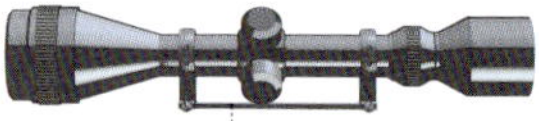

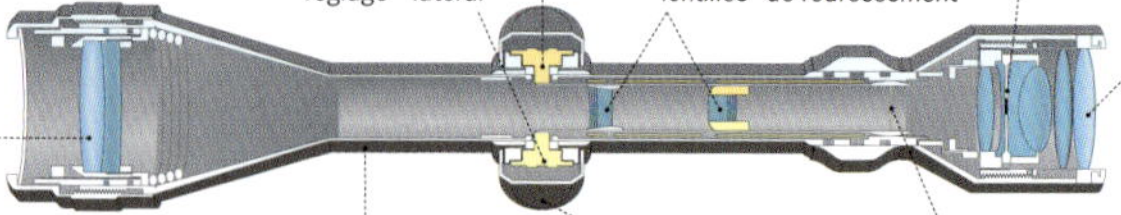

WISSENSCHAFT

Lupe[F] und Mikroskope[N]
loupe[F] et microscopes[M]

Lupe[F]
loupe[F]

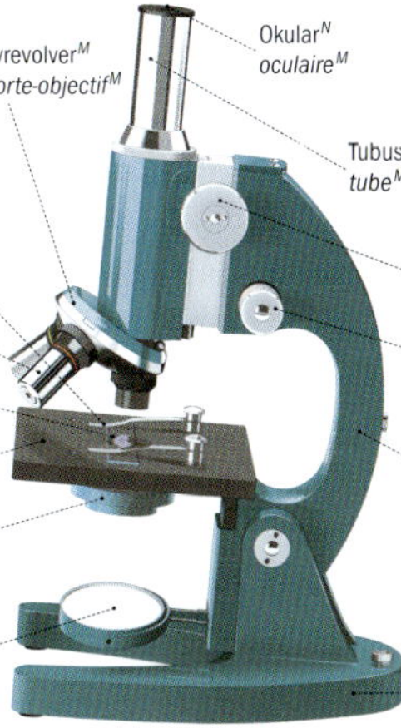
Mikroskop[N]
microscope[M]
Objektivrevolver[M]
tourelle[F] porte-objectif[M]
Okular[N]
oculaire[M]
Tischklammer[F]
valet[M]
Tubus[M]
tube[M] porte-oculaire[M]
Objektiv[N]
objectif[M]
Grobeinstellung[F]
vis[F] macrométrique
Glasscheibe[F]
lame[F] porte-objet[M]
Feineinstellung[F]
vis[F] micrométrique
Objekttisch[M]
platine[F]
Stativ[N]
potence[F]
Kondensor[M]
condenseur[M]
Spiegel[M]
miroir[M]
Fuß[M]
pied[M]

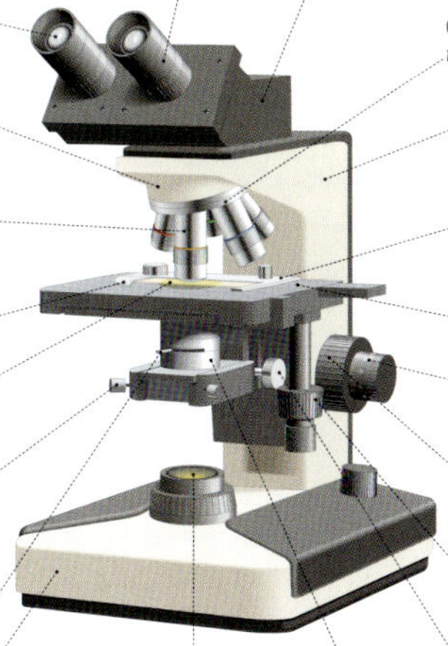
Binokularmikroskop[N]
microscope[M] binoculaire
Okulartubus[M]
tube[M] porte-oculaire[M]
Tubus[M]
corps[M]
Okular[N]
oculaire[M]
Objektivrevolver[M]
tourelle[F] porte-objectif[M]
Tubusträger[M]
porte-tube[M]
Stativ[N]
potence[F]
Objektiv[N]
objectif[M]
Kreuztisch[M]
chariot[M]
Objektklammer[F]
valet[M]
Objekttisch[M]
platine[F]
Glasscheibe[F]
lame[F] porte-objet[M]
Feintrieb[M]
vis[F] micrométrique
Kondensoreinstellung[F]
vis[F] de réglage[M] du condenseur[M]
Grobtrieb[M]
vis[F] macrométrique
Feldlinseneinstellung[F]
réglage[M] du diaphragme[M]
Kreuztischeinstellung[F]
commande[F] du chariot[M]
Fuß[M]
pied[M]
Lampe[F]
lampe[F]
Kondensor[M]
condenseur[M]
Kondensorhöhenverstellung[F]
réglage[M] en hauteur[F] du condenseur[M]

Wiegen[N]

mesure[F] de la masse[F]

Balkenwaage[F]
balance[F] à fléau[M]

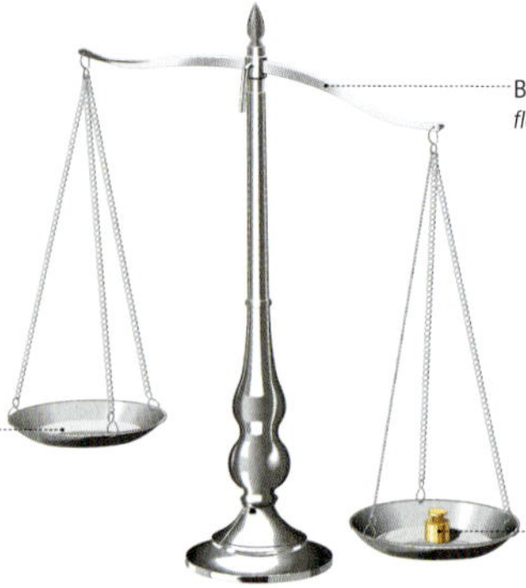

Handwaage[F]
balance[F] romaine

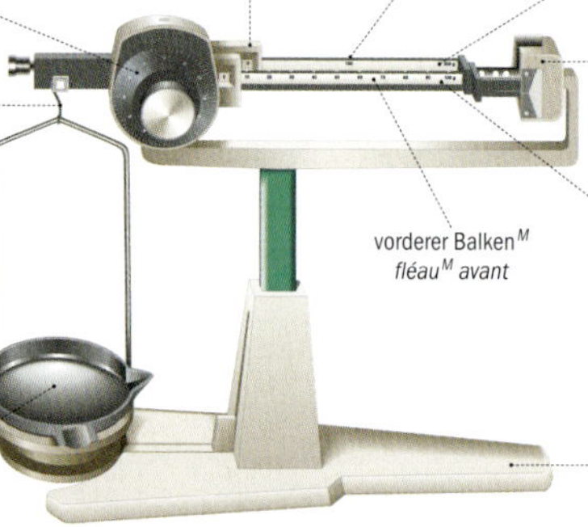

Roberval-Waage[F]
balance[F] de Roberval

Federwaage[F]
peson[M]

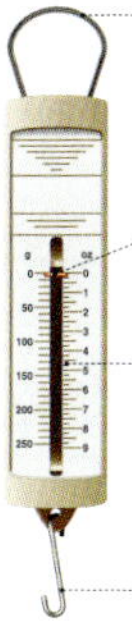

elektronische Waage[F]
balance[F] électronique

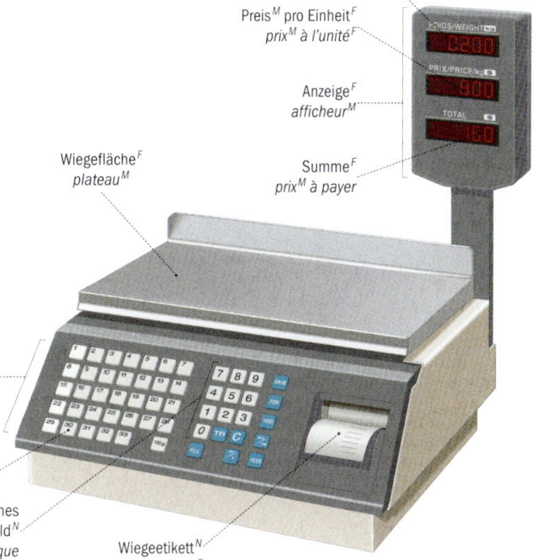

Personenwaage[F]
pèse-personne[M]

Präzisionswaage[F]
balance[F] de précision[F]

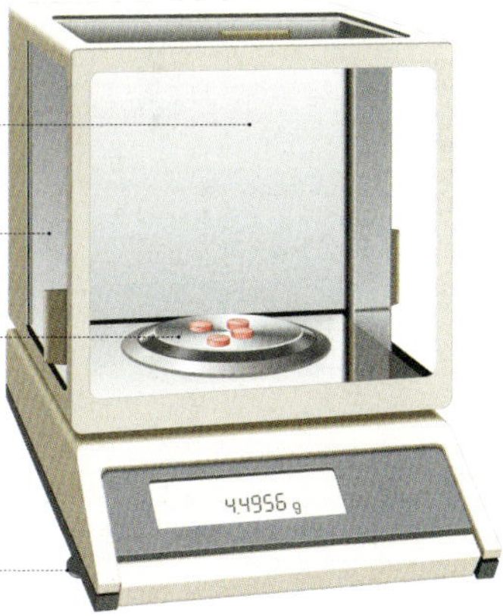

Temperaturmessung[F]

mesure[F] de la température[F]

Thermometer[N]
thermomètre[M]

Fieberthermometer[N]
thermomètre[M] médical

Zeitmessung[F]

mesure[F] du temps[M]

Stoppuhr[F]
chronomètre[M]

Analoguhr[F]
montre[F] à affichage[M] analogique

Digitaluhr[F]
montre[F] à affichage[M] numérique

Sonnenuhr[F]
cadran[M] solaire

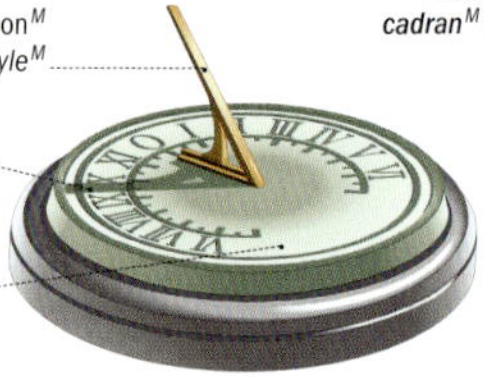

WISSENSCHAFT

Längenmessung[F]

mesure[F] de la longueur[F]

Lineal[N]
règle[F] graduée

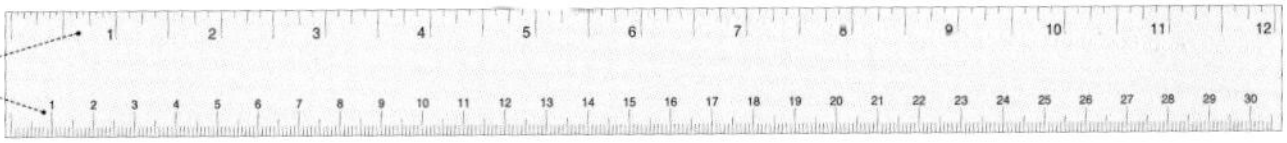

Dickemessung[F]

mesure[F] de l'épaisseur[F]

Schieblehre[F], Messschieber[M]
pied[M] à coulisse[F] à vernier[M]

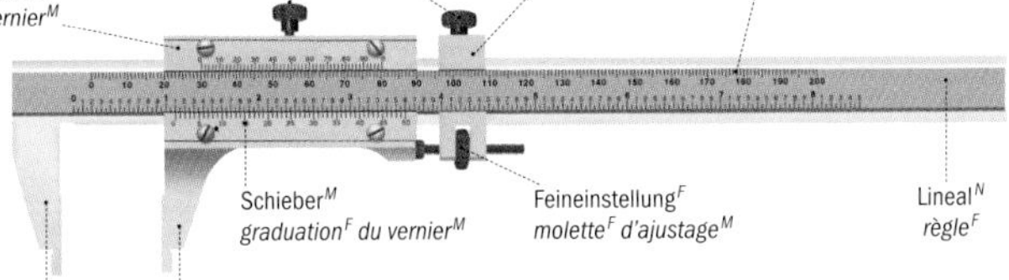

Mikrometerschraube[F]
micromètre[M] palmer[M]

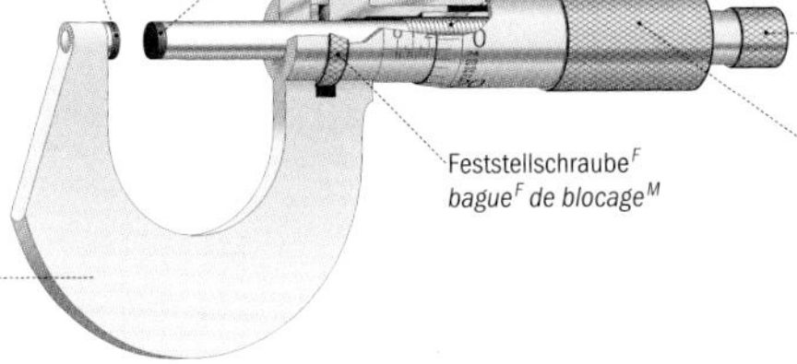

internationales Einheitensystem[N]

système[M] international d'unités[F]

Maßeinheit[F] der Frequenz[F]
mesure[F] de la fréquence[F]

Hz

Hertz[N]
hertz[M]

Maßeinheit[F] der elektrischen Spannung[F]
mesure[F] de la différence[F] de potentiel[M] électrique

V

Volt[N]
volt[M]

Maßeinheit[F] der elektrischen Ladung[F]
mesure[F] de la charge[F] électrique

C

Coulomb[N]
coulomb[M]

Maßeinheit[F] der Energie[F]
mesure[F] de l'énergie[F]

J

Joule[N]
joule[M]

Maßeinheit[F] der Leistung[F]
mesure[F] de la puissance[F]

W

Watt[N]
watt[M]

Maßeinheit[F] der Kraft[F]
mesure[F] de la force[F]

N

Newton[N]
newton[M]

Maßeinheit[F] des elektrischen Widerstands[M]
mesure[F] de la résistance[F] électrique

Ω

Ohm[N]
ohm[M]

Maßeinheit[F] der elektrischen Stromstärke[F]
mesure[F] du courant[M] électrique

A

Ampere[N]
ampère[M]

Maßeinheit[F] der Länge[F]
mesure[F] de la longueur[F]

m

Meter[M]
mètre[M]

Maßeinheit[F] der Masse[F]
mesure[F] de la masse[F]

kg

Kilogramm[N]
kilogramme[M]

Maßeinheit[F] der Celsius-Temperatur[F]
mesure[F] de la température[F] Celsius

°C

Grad[M] Celsius
degré[M] Celsius

Maßeinheit[F] der thermodynamischen Temperatur[F]
mesure[F] de la température[F] thermodynamique

K

Kelvin[N]
kelvin[M]

Maßeinheit[F] der Stoffmenge[F]
mesure[F] de la quantité[F] de matière[F]

mol

Mol[N]
mole[F]

Maßeinheit[F] der Radioaktivität[F]
mesure[F] de la radioactivité[F]

Bq

Becquerel[N]
becquerel[M]

Maßeinheit[F] des Drucks[M]
mesure[F] de la pression[F]

Pa

Pascal[N]
pascal[M]

Maßeinheit[F] der Lichtstärke[F]
mesure[F] de l'intensité[F] lumineuse

cd

Candela[F]
candela[F]

Biologie[F]

biologie[F]

♂

männlich
mâle[M]

♀

weiblich
femelle[F]

Rh+

Rhesusfaktor[M] positiv
facteur[M] rhésus positif

Rh-

Rhesusfaktor[M] negativ
facteur[M] rhésus négatif

†

gestorben
mort[F]

*

geboren
naissance[F]

WISSENSCHAFT

Mathematik[F]
mathématiques[F]

$-$ Subtraktion[F] *soustraction*[F]	$+$ Addition[F] *addition*[F]	$\times$ Multiplikation[F] *multiplication*[F]	$\div$ Division[F] *division*[F]	$=$ ist gleich *égale*
$\neq$ ist ungleich *n'égale pas*	$\fallingdotseq$ ist annähernd gleich *égale à peu près*	$\sim$ ist äquivalent mit *équivaut à*	$\equiv$ ist identisch mit *est identique à*	$\not\equiv$ ist nicht identisch mit *n'est pas identique à*
$\pm$ plus oder minus *plus ou moins*	$\leqslant$ ist gleich oder kleiner als *égal ou plus petit que*	$>$ ist größer als *plus grand que*	$\geqslant$ ist gleich oder größer als *égal ou plus grand que*	$<$ ist kleiner als *plus petit que*
$\emptyset$ leere Menge[F] *ensemble*[M] *vide*	$\cup$ Mengenvereinigung[F] *réunion*[F]	$\cap$ Mengenschnitt[M] *intersection*[F]	$\subset$ echte Teilmenge[F] von *inclusion*[F]	% Prozent[N] *pourcentage*[M]
$\in$ Element[N] von *appartenance*[F]	$\notin$ nicht Element[N] von *non-appartenance*[F]	Σ Summe[F] *sommation*[F]	$\sqrt{}$ Quadratwurzel[F] aus *racine*[F] *carrée de*	$\frac{1}{2}$ Bruch[M] *fraction*[F]
	∞ unendlich *infini*[M]	$\int$ Integral[N] *intégrale*[F]	! Fakultät[F] *factorielle*[F]	

römische Ziffern[F]
chiffres[M] *romains*

I Eins[F] *un*[M]	V Fünf[F] *cinq*[M]	X Zehn[F] *dix*[M]	
L Fünfzig[F] *cinquante*[M]	C Hundert[F] *cent*[M]	D Fünfhundert[F] *cinq cents*[M]	M Tausend[F] *mille*[M]

Geometrie[F]

géométrie[F]

°	'	"	π	⊥
Grad[M] *degré[M]*	Bogenminute[F] *minute[F]*	Bogensekunde[F] *seconde[F]*	Pi[N] *pi[M]*	ist senkrecht zu *perpendiculaire[F]*
∥	∦	∟		∠
ist parallel zu *parallèle*	ist nicht parallel zu *non-parallèle*	rechter Winkel[M] *angle[M] droit*	stumpfer Winkel[M] *angle[M] obtus*	spitzer Winkel[M] *angle[M] aigu*

geometrische Formen[F]

formes[F] géométriques

Beispiele[N] für Winkel[M]
exemples[M] d'angles[M]

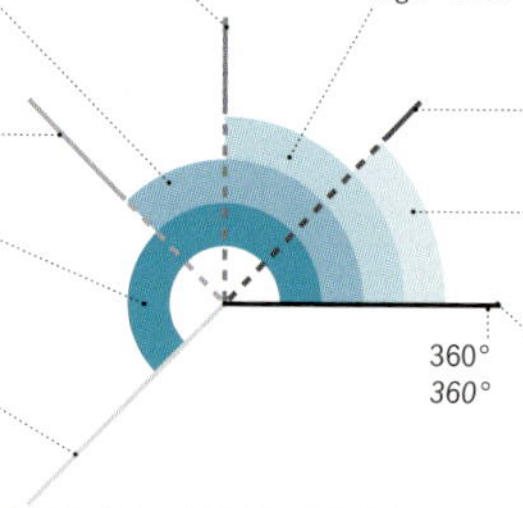

ebene Flächen[F]
surfaces[F]

Teile[M] eines Kreises[M]
parties[F] d'un cercle[M]

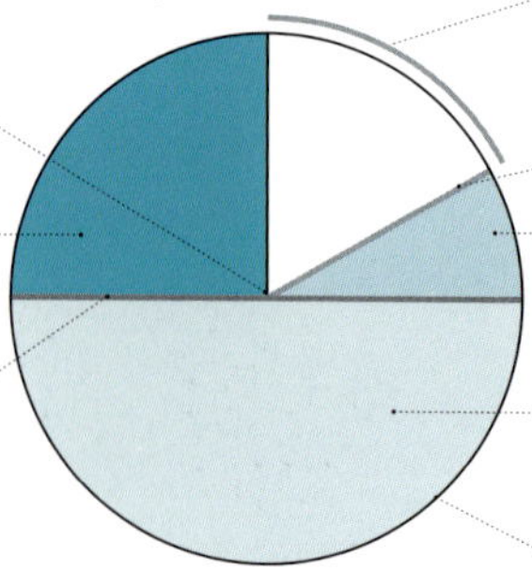

Vielecke[N]
polygones[M]

Dreieck[N]
triangle[M]

Quadrat[N]
carré[M]

Rechteck[N]
rectangle[M]

Rhombus[M]
losange[M]

unregelmäßiges Trapez[N]
trapèze[M]

Parallelogramm[N]
parallélogramme[M]

Viereck[N]
quadrilatère[M]

regelmäßiges Fünfeck[N]
pentagone[M] régulier

regelmäßiges Sechseck[N]
hexagone[M] régulier

regelmäßiges Siebeneck[N]
heptagone[M] régulier

regelmäßiges Achteck[N]
octogone[M] régulier

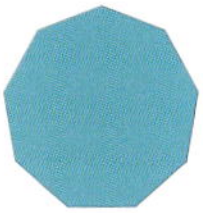

regelmäßiges Neuneck[N]
ennéagone[M] régulier

regelmäßiges Zehneck[N]
décagone[M] régulier

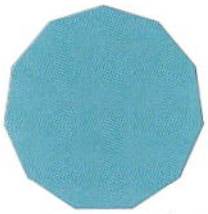

regelmäßiges Elfeck[N]
hendécagone[M] régulier

regelmäßiges Zwölfeck[N]
dodécagone[M] régulier

Körper[M]
volumes[M]

Helix[F]
hélice[F]

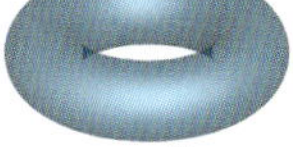

Torus[M]
tore[M]

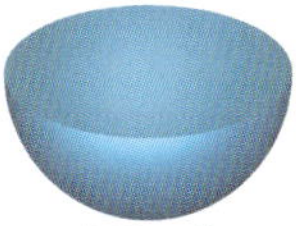

Halbkugel[F]
hémisphère[M]

Kugel[F]
sphère[F]

Würfel[M]
cube[M]

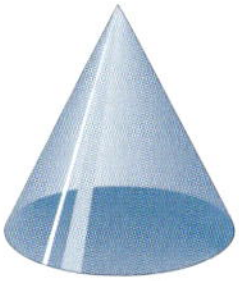

Kegel[M]
cône[M]

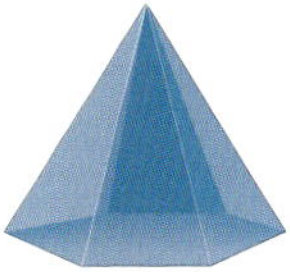

Pyramide[F]
pyramide[F]

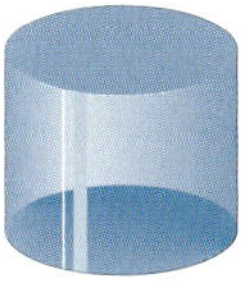

Zylinder[M]
cylindre[M]

Parallelepiped[N]
parallélépipède[M]

regelmäßiges Oktaeder[N]
octaèdre[M] régulier

Ballungsgebiet^N

agglomération^F

Dorf^N
village^M
Straße^F
route^F
Golfplatz^M
terrain^M de golf^M
Flughafen^M
aéroport^M
Geschäftsviertel^N
quartier^M des affaires^F
Güterbahnhof^M
gare^F de triage^M
Fabrik^F
usine^F
Bahnhof^M
gare^F
Lagerhaus^N
entrepôt^M
Kaianlage^F
quai^M
Messezentrum^N
parc^M des expositions^F
Parkplatz^M
parc^M de stationnement^M
Containerterminal^N
terminal^M à conteneurs^M

Eisenbahnstrecke[F]
voie[F] ferrée
Zubringer[M]
périphérique[M]
Autobahn[F]
autoroute[F]
Mülldeponie[F]
décharge[F]
Anschlussstelle[F]
échangeur[M]
Einkaufszentrum[N]
centre[M] commercial
Stadion[N]
stade[M]
Raffinerie[F]
raffinerie[F]

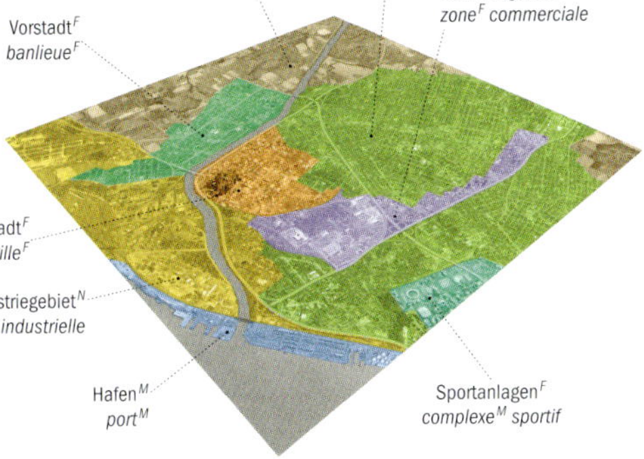
Wohngebiet[N]
zone[F] résidentielle
Land[N]
campagne[F]
Gewerbegebiet[N]
zone[F] commerciale
Vorstadt[F]
banlieue[F]
Innenstadt[F]
centre[M]-ville[F]
Industriegebiet[N]
zone[F] industrielle
Hafen[M]
port[M]
Sportanlagen[F]
complexe[M] sportif

Innenstadt^F

centre^M-ville^F

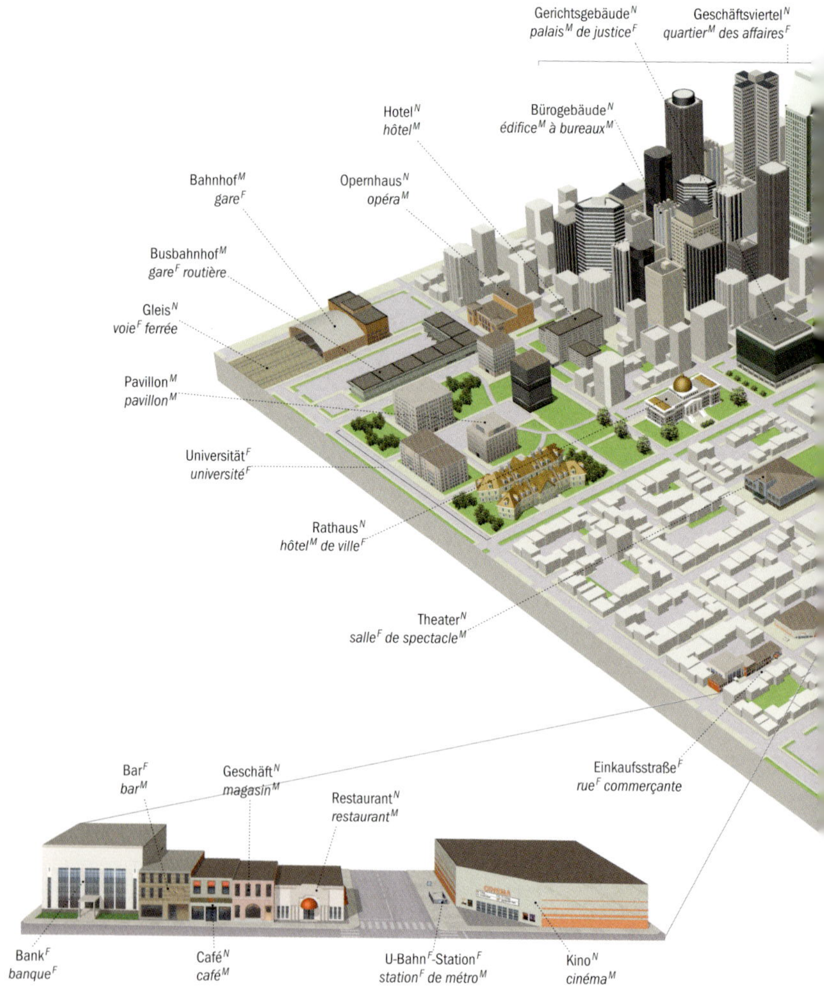
Gerichtsgebäude^N
palais^M de justice^F
Geschäftsviertel^N
quartier^M des affaires^F
Hotel^N
hôtel^M
Bürogebäude^N
édifice^M à bureaux^M
Bahnhof^M
gare^F
Opernhaus^N
opéra^M
Busbahnhof^M
gare^F routière
Gleis^N
voie^F ferrée
Pavillon^M
pavillon^M
Universität^F
université^F
Rathaus^N
hôtel^M de ville^F
Theater^N
salle^F de spectacle^M
Bar^F
bar^M
Geschäft^N
magasin^M
Restaurant^N
restaurant^M
Einkaufsstraße^F
rue^F commerçante
Bank^F
banque^F
Café^N
café^M
U-Bahn^F-Station^F
station^F de métro^M
Kino^N
cinéma^M

Kongresszentrum^{N}
palais^{M} des congrès^{M}
Bildungseinrichtung^{F}
établissement^{M} scolaire
Boulevard^{M}
boulevard^{M}
Straße^{F}
rue^{F}
Querstraße^{F}, Allee^{F}
avenue^{F}
Feuerwache^{F}
caserne^{F} de pompiers^{M}
Friedhof^{M}
cimetière^{M}
Kirche^{F}
église^{F}
Gasse^{F}
ruelle^{F}
Wohnblock^{M}
immeuble^{M} résidentiel
Polizeirevier^{N}
poste^{M} de police^{F}
Park^{M}
parc^{M}
Postamt^{N}
bureau^{M} de poste^{F}
Bibliothek^{F}
bibliothèque^{F}
Tankstelle^{F}
station^{F}-service^{M}
Museum^{N}
musée^{M}
Supermarkt^{M}
supermarché^{M}
Theater^{N}
théâtre^{M}
Autohaus^{N}
concessionnaire^{M} d'automobiles^{F}
Krankenhaus^{N}
hôpital^{M}

Straße[F] im Querschnitt[M]

coupe[F] d'une rue[F]

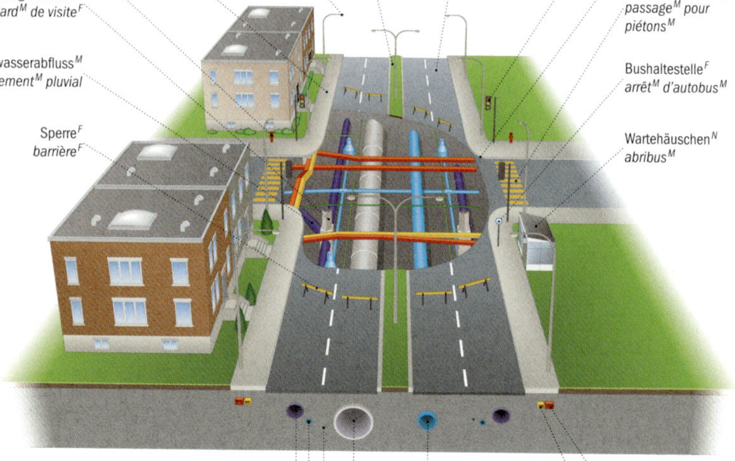

Verkehrsampel[F]
feu[M] de circulation[F]

Bürogebäude[N]
édifice[M] à bureaux[M]

Breitfußgeschoss[N]
basilaire[M]

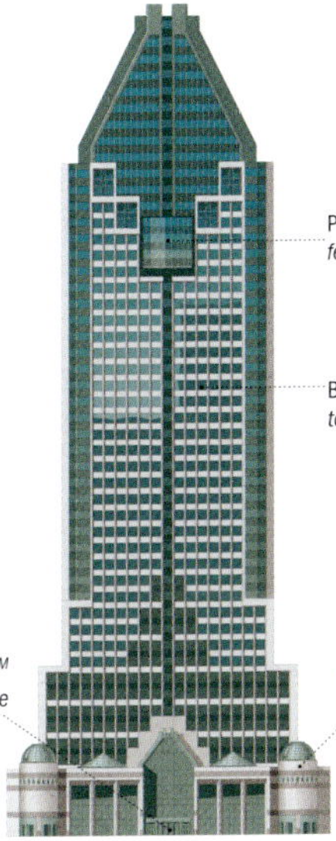

Breitfußgeschoss[N] und Untergeschoss[N]
basilaire[M] et sous-sol[M]

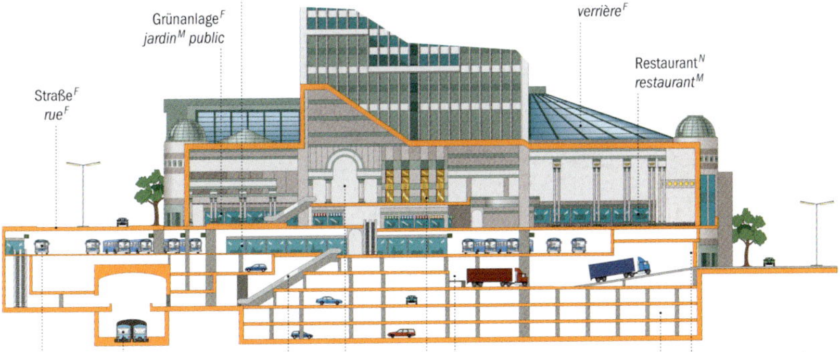

Einkaufszentrum[N]

centre[M] commercial

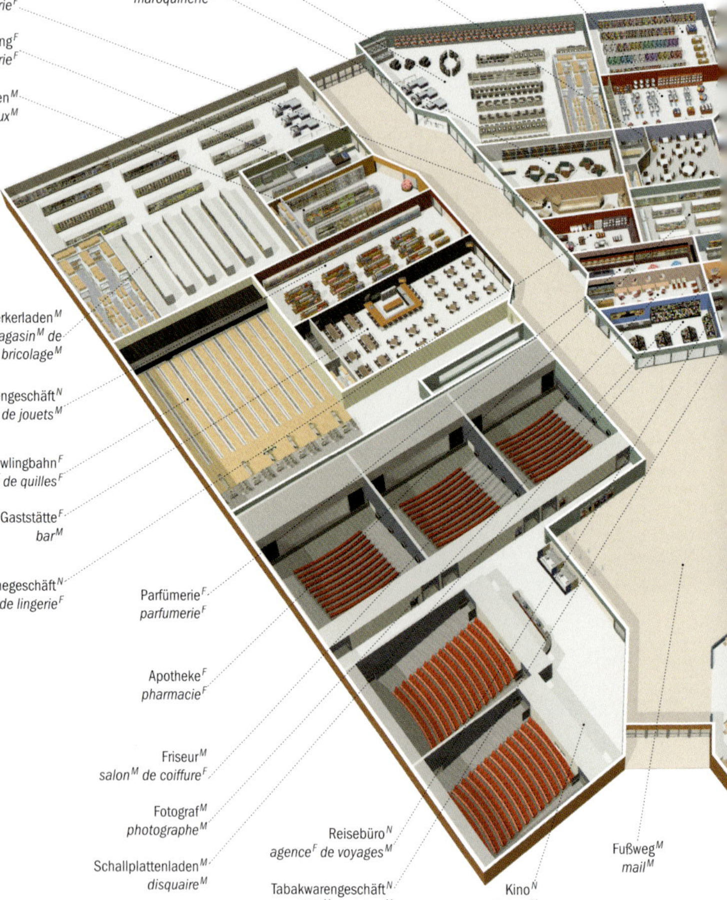

Elektronikgeschäft[N]
magasin[M] d'électronique[F]

Restaurant[N]
restaurant[M]

Bekleidungsgeschäft[N]
magasin[M] de prêt-à-porter[M]

Buchhandlung[F]
librairie[F]

Juweliergeschäft[N]
bijouterie[F]

Lederwarengeschäft[N]
maroquinerie[F]

Tierhandlung[F]
animalerie[F]

Geschenkwarenladen[M]
magasin[M] de cadeaux[M]

Heimwerkerladen[M]
magasin[M] de bricolage[M]

Spielwarengeschäft[N]
magasin[M] de jouets[M]

Bowlingbahn[F]
salle[F] de quilles[F]

Gaststätte[F]
bar[M]

Unterwäschegeschäft[N]
magasin[M] de lingerie[F]

Parfümerie[F]
parfumerie[F]

Apotheke[F]
pharmacie[F]

Friseur[M]
salon[M] de coiffure[F]

Fotograf[M]
photographe[M]

Schallplattenladen[M]
disquaire[M]

Reisebüro[N]
agence[F] de voyages[M]

Tabakwarengeschäft[N]
débit[M] de tabac[M]

Kino[N]
cinéma[M]

Fußweg[M]
mail[M]

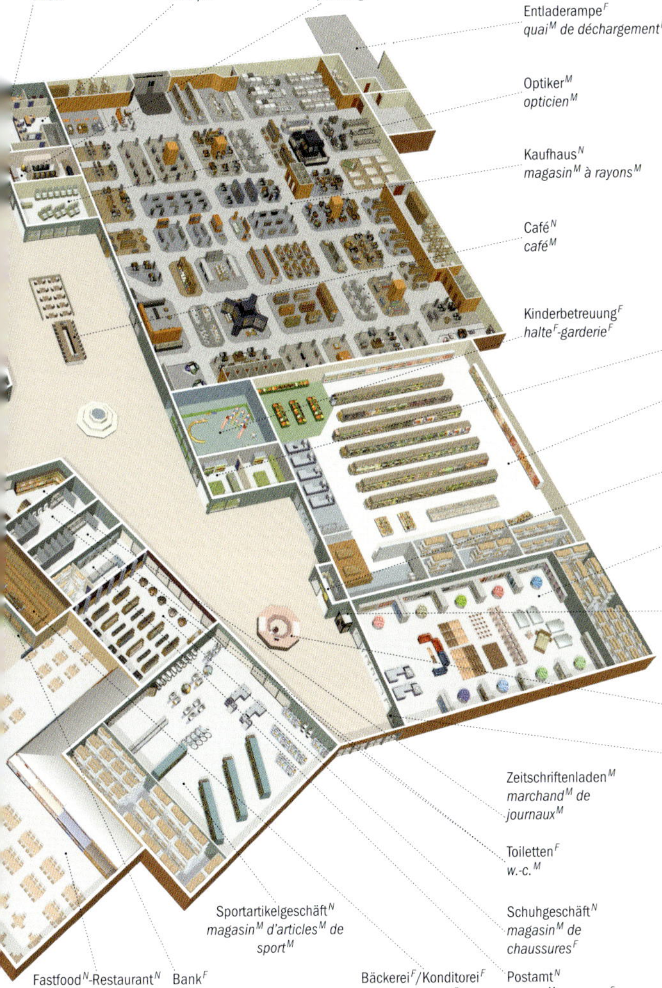
Geldausgabeautomat^M
distributeur^M de billets^M
Bank^F
banque^F
chemische Reinigung^F
pressing^M
Entladerampe^F
quai^M de déchargement^M
Optiker^M
opticien^M
Kaufhaus^N
magasin^M à rayons^M
Café^N
café^M
Kinderbetreuung^F
halte^F-garderie^F
Blumenladen^M
fleuriste^M
Supermarkt^M
supermarché^M
Schlüsseldienst^M
reproduction^F de clés^F
Dekorationsgeschäft^N
magasin^M de décoration^F
Passbildautomat^M
cabine^F photographique
Informationsstand^M
point^M d'information^F
Münzfernsprecher^M
téléphone^M public
Zeitschriftenladen^M
marchand^M de journaux^M
Toiletten^F
w.-c.^M
Schuhgeschäft^N
magasin^M de chaussures^F
Sportartikelgeschäft^N
magasin^M d'articles^M de sport^M
Fastfood^N-Restaurant^N
restaurants^M-minute
Bank^F
banc^M
Bäckerei^F/Konditorei^F
boulangerie^F-pâtisserie^F
Postamt^N
bureau^M de poste^F

Restaurant[M]
restaurant[M]

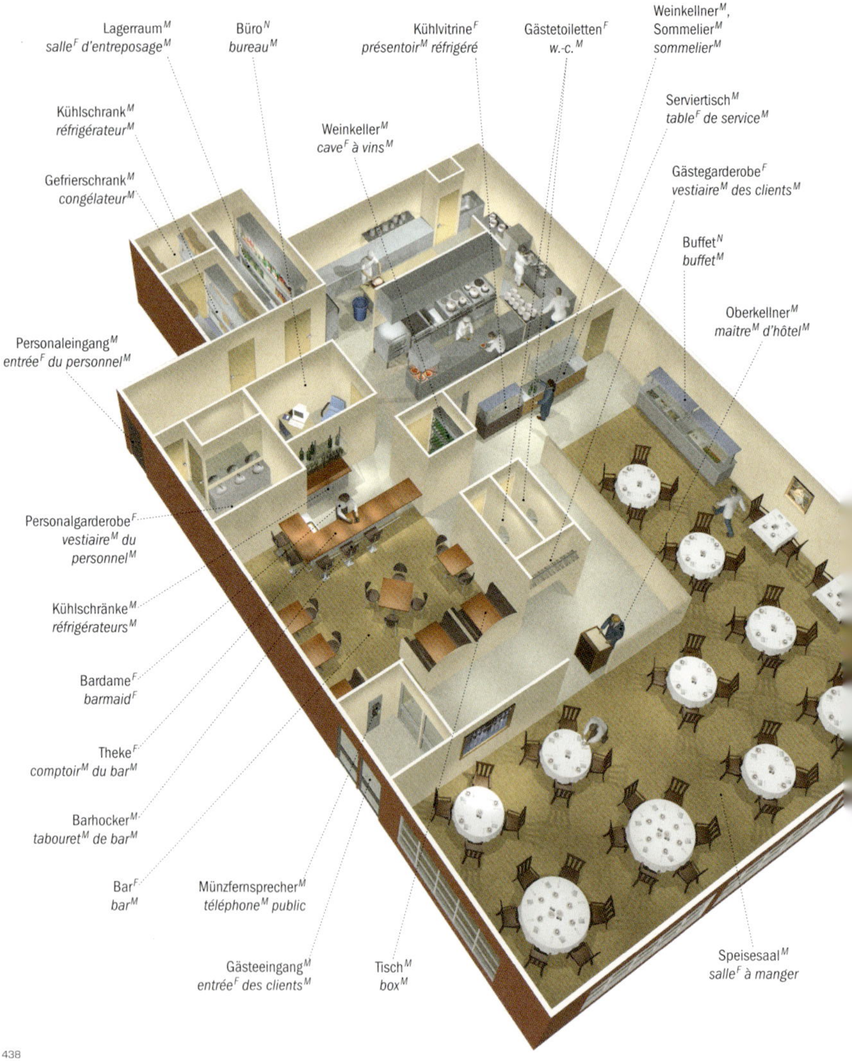
Lagerraum[M]
salle[F] d'entreposage[M]
Büro[N]
bureau[M]
Kühlvitrine[F]
présentoir[M] réfrigéré
Gästetoiletten[F]
w.-c.[M]
Weinkellner[M], Sommelier[M]
sommelier[M]
Kühlschrank[M]
réfrigérateur[M]
Weinkeller[M]
cave[F] à vins[M]
Serviertisch[M]
table[F] de service[M]
Gefrierschrank[M]
congélateur[M]
Gästegarderobe[F]
vestiaire[M] des clients[M]
Buffet[N]
buffet[M]
Oberkellner[M]
maître[M] d'hôtel[M]
Personaleingang[M]
entrée[F] du personnel[M]
Personalgarderobe[F]
vestiaire[M] du personnel[M]
Kühlschränke[M]
réfrigérateurs[M]
Bardame[F]
barmaid[F]
Theke[F]
comptoir[M] du bar[M]
Barhocker[M]
tabouret[M] de bar[M]
Bar[F]
bar[M]
Münzfernsprecher[M]
téléphone[M] public
Gästeeingang[M]
entrée[F] des clients[M]
Tisch[M]
box[M]
Speisesaal[M]
salle[F] à manger

Hotel^{N}
hôtel^{M}

Empfangsebene^{F}
niveau^{M} de la réception^{F}

Hotelzimmer^{N}
chambres^{F} d'hôtel^{M}

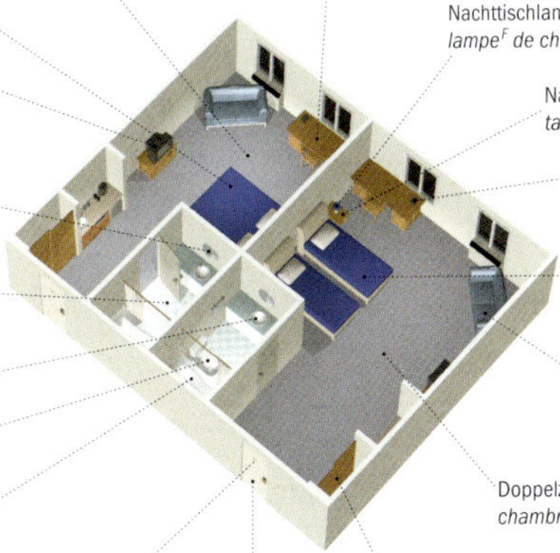

GESELLSCHAFT

Gericht^{N}

tribunal^{M}

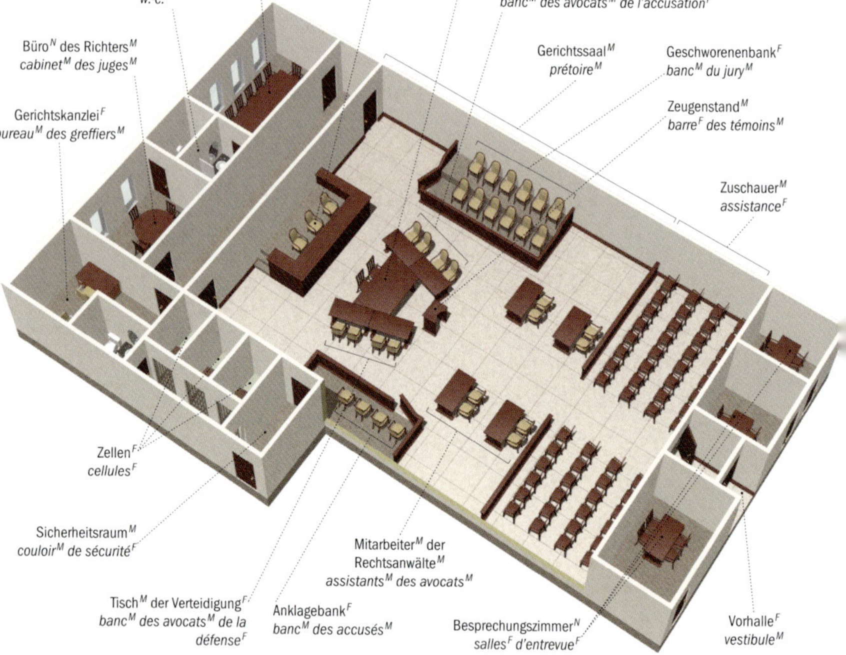

Beispiele^{N} für Währungsabkürzungen^{F}

exemples^{M} d'unités^{F} monétaires

	Cent^{M} *cent^{M}*		Euro^{M} *euro^{M}*		Peso^{M} *peso^{M}*		Pfund^{N} *livre^{F}*
$	¢	Rs	€	₪	₱	¥	£
Dollar^{M} *dollar^{M}*		Rupie^{F} *roupie^{F}*		neuer Schekel^{M} *nouveau shekel^{M}*		Yen^{M} *yen^{M}*	

Geld^{N} und Zahlungsmodalitäten^{F}

monnaie^{F} et modes^{M} de paiement^{M}

Münze^{F}: Vorderseite^{F}
pièce^{F} : avers^{M}

Jahreszahl^{F}
millésime^{M}

Rand^{M}
tranche^{F}

Banknote^{F}: Vorderseite^{F}
billet^{M} de banque^{F} : recto^{M}

Kürzel^{N} der Ausgabebank^{F}
initiales^{F} de la banque^{F} émettrice

Sicherheitsfaden^{M}
fil^{M} de sécurité^{F}

metallisiertes Hologramm^{N}
bande^{F} métallisée holographique

amtliche Unterschrift^{F}
signature^{F} officielle

Wasserzeichen^{N}
filigrane^{M}

metallische Tinte^{F}
encre^{F} à couleur^{F} changeante

Porträt^{N}
effigie^{F}

Seriennummer^{F}
numéro^{M} de série^{F}

Münze^{F}: Rückseite^{F}
pièce^{F} : revers^{M}

Außenring^{M}
couronne^{F}

Wertangabe^{F}
valeur^{F}

Banknote^{F}: Rückseite^{F}
billet^{M} de banque^{F} : verso^{M}

Flagge^{F} der Europäischen Union^{F}
drapeau^{M} de l'Union^{F} européenne

Seriennummer^{F}
numéro^{M} de série^{F}

Leitspruch^{M}
devise^{F}

Wertangabe^{F}
valeur^{F}

Währungsangabe^{F}
nom^{M} de la monnaie^{F}

Schecks^{M}
chèques^{M}

Kreditkarte^{F}
carte^{F} de crédit^{M}

Magnetstreifen^{M}
bande^{F} magnétique

Unterschrift^{F} des Inhabers^{M}
signature^{F} du titulaire^{M}

Kartennummer^{F}
numéro^{M} de carte^{F}

Name^{M} des Inhabers^{M}
nom^{M} du titulaire^{M}

Verfallsdatum^{N}
date^{F} d'expiration^{F}

Travellerscheck^{M}
chèque^{M} de voyage^{M}

Bank[F]

banque[F]

Geldausgabeautomat[M]
distributeur[M] de billets[M]

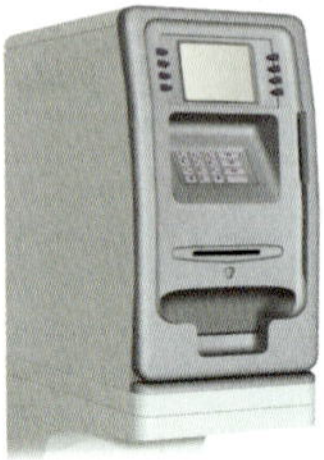

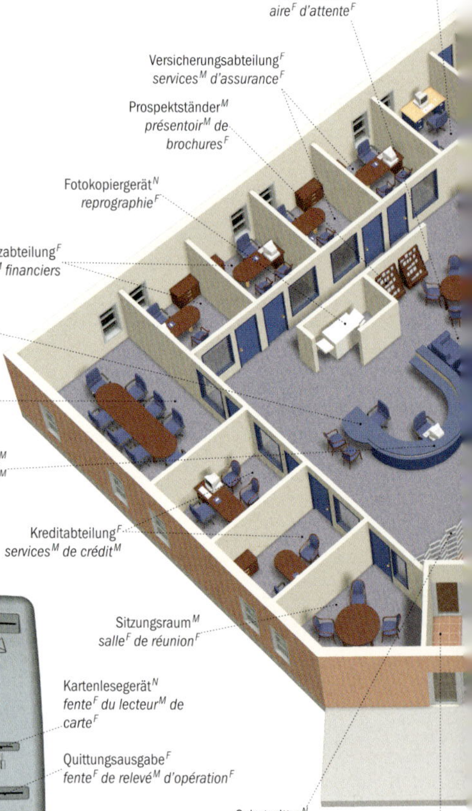

automatischer Bankschalter[M]
guichet[M] automatique bancaire

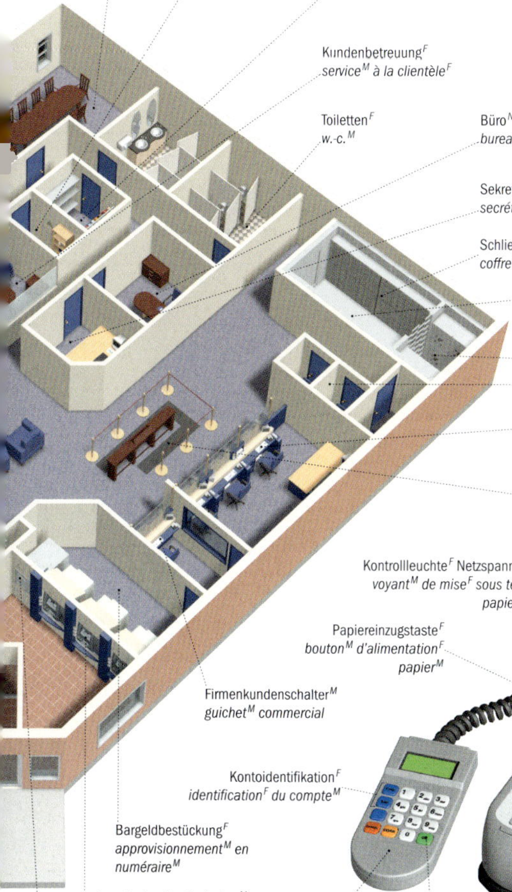

Scheckkarte[F]
carte[F] de débit[M]

elektronisches Zahlungsterminal[N]
terminal[M] de paiement[M] électronique

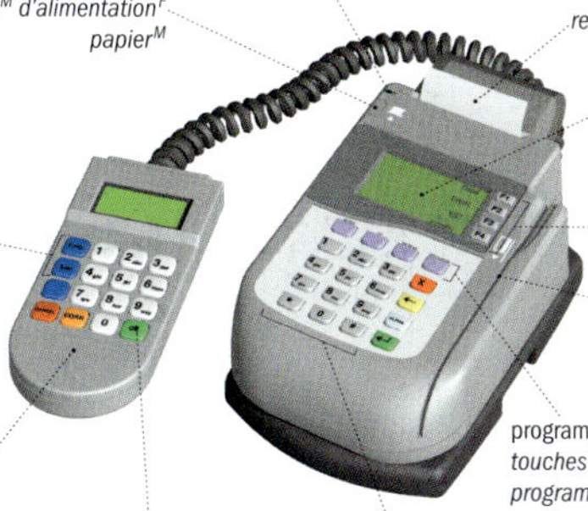

GESELLSCHAFT

Schule[F]
école[F]

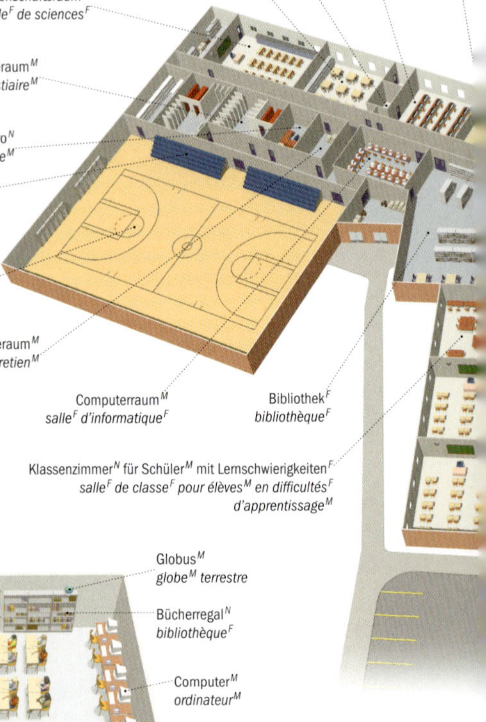

Klassenzimmer[N]
salle[F] de classe[F]

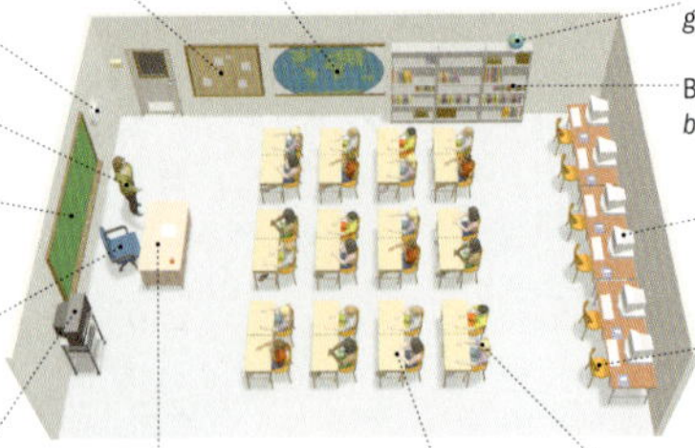

GESELLSCHAFT

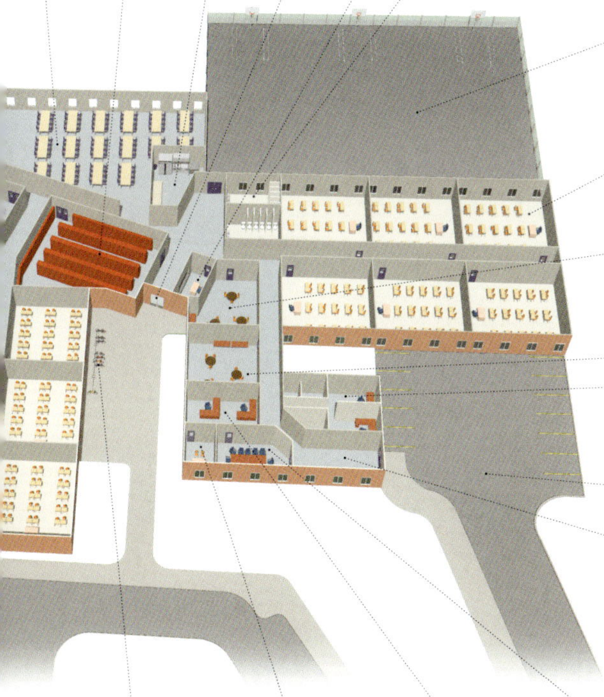
Cafeteria[F]
cafétéria[F]
Küche[F]
cuisine[F]
Büro[N] der Schulaufsicht[F]
bureau[M] des surveillants[M]
Schülerspinde[M]
casiers[M] des élèves[M]
Haupteingang[M]
entrée[F] principale
Toilette[F]
w.-c.[M]
Schulhof[M]
cour[F] de récréation[F]
Klassenzimmer[N]
salle[F] de classe[F]
Pausenraum[M]
foyer[M] des élèves[M]
Lehrerzimmer[N]
salle[F] des enseignants[M]
Verwaltung[F]
administration[F]
Parkplatz[M]
parc[M] de stationnement[M]
Diensteingang[M]
entrée[F] du personnel[M]
Fahrradständer[M]
parc[M] à vélos[M]
Büro[N] des Schulleiters[M]
bureau[M] du directeur[M]
Sekretariat[N]
secrétariat[M]
Konferenzraum[M]
salle[F] de réunion[F]

Kirche^{F}

église^{F}

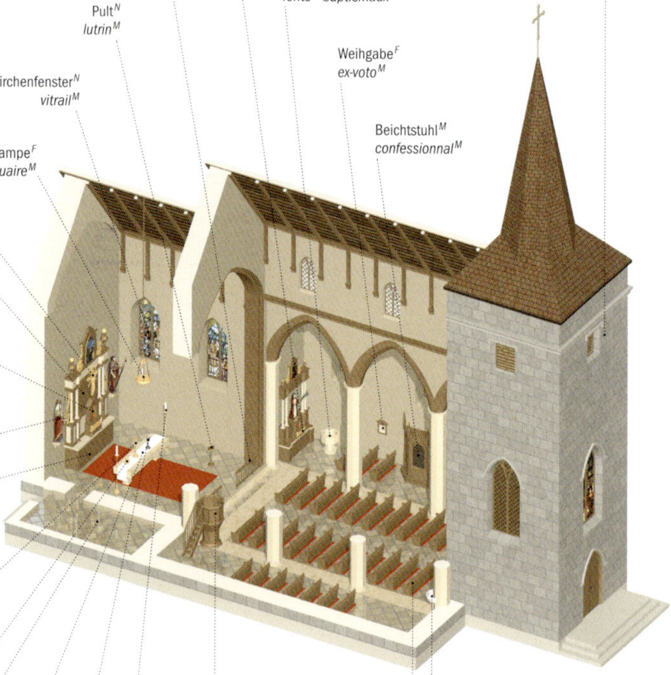

Nebenaltar^{M} *autel^{M} secondaire*
Kommunionbank^{F} *table^{F} de communion^{F}*
Taufbecken^{N} *fonts^{M} baptismaux*
Glockenturm^{M} *clocher^{M}*
Pult^{N} *lutrin^{M}*
Weihgabe^{F} *ex-voto^{M}*
Kirchenfenster^{N} *vitrail^{M}*
Beichtstuhl^{M} *confessionnal^{M}*
Chorlampe^{F} *lampe^{F} de sanctuaire^{M}*
Kruzifix^{N} *crucifix^{M}*
Altarbild^{N} *retable^{M}*
Tabernakel$^{M/N}$ *tabernacle^{M}*
Statue^{F} *statue^{F}*
Antependium^{N} *devant^{M} d'autel^{M}*
Altarkreuz^{N} *croix^{F} d'autel^{M}*
Weihrauchkessel^{M} *encensoir^{M}*
Sakristei^{F} *sacristie^{F}*
Kanzel^{F} *chaire^{F}*
Weihwasserbecken^{N} *bénitier^{M}*
Hochaltar^{M} *maitre-autel^{M}*
Kerze^{F} *cierge^{M}*
Kirchenbank^{F} *banc^{M}*
Kelch^{M} *calice^{M}*

GESELLSCHAFT

Synagoge[F]
synagogue[F]

Moschee[F]
mosquée[F]

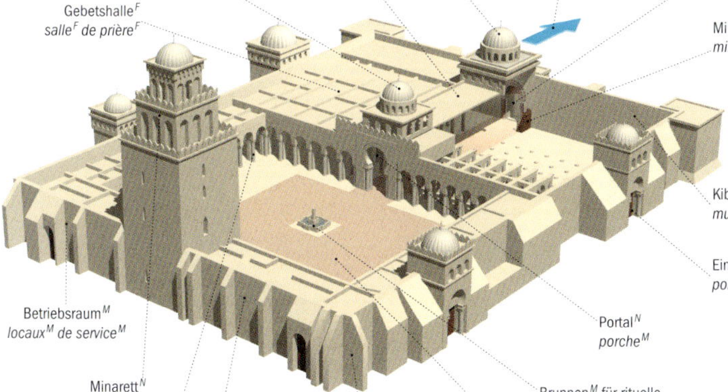

GESELLSCHAFT

Flaggen[F]
drapeaux[M]

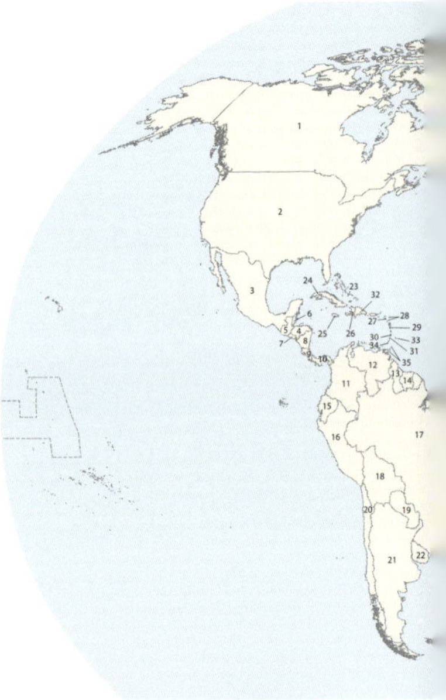

Amerika
Amériques[F]

1

Kanada
Canada[M]

2

Vereinigte Staaten[M] von Amerika
États-Unis[M] *d'Amérique*[F]

3

Mexiko
Mexique[M]

4

Honduras
Honduras[M]

5

Guatemala
Guatemala[M]

6

Belize
Belize[M]

7

El Salvador
El Salvador[M]

8

Nicaragua
Nicaragua[M]

9

Costa Rica
Costa Rica[M]

10

Panama
Panama[M]

11

Kolumbien
Colombie[F]

12

Venezuela
Venezuela[M]

13

Guyana
Guyana[F]

14

Surinam
Suriname[M]

15

Ecuador
Équateur[M]

16

Peru
Pérou[M]

17

Brasilien
Brésil[M]

18

Bolivien
Bolivie[F]

19

Paraguay
Paraguay[M]

20

Chile
Chili[M]

21

Argentinien
Argentine[F]

22

Uruguay
Uruguay[M]

Karibische Inseln[F]
Antilles[F]

23

Bahamas[F]
Bahamas[F]

24

Kuba
Cuba[F]

25

Jamaika
Jamaïque[F]

26

Haiti
Haïti[M]

27

Saint Kitts und Nevis
Saint-Kitts-et-Nevis[M]

28

Antigua und Barbuda
Antigua-et-Barbuda[F]

29
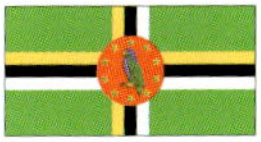
Dominica
Dominique[F]

30

St. Lucia
Sainte-Lucie[F]

31

Saint Vincent und die Grenadinen
Saint-Vincent[M]*-et-les Grenadines*[F]

32

Dominikanische Republik[F]
République[F] *dominicaine*

33

Barbados
Barbade[F]

34

Grenada
Grenade[F]

35

Trinidad und Tobago
Trinité-et-Tobago[F]

Europa
Europe[F]

36

Andorra
Andorre[F]

37

Portugal
Portugal[M]

38

Spanien
Espagne[F]

39

Vereinigtes Königreich[N] von Großbritannien und Nordirland
Royaume-Uni[M] *de Grande-Bretagne*[F] *et d'Irlande*[F] *du Nord*[M]

40

Frankreich
France[F]

41

Irland
Irlande[F]

42

Belgien
Belgique[F]

43

Luxemburg
Luxembourg[M]

44

Niederlande[F]
Pays-Bas[M]

Flaggen[F]

45 
Deutschland
Allemagne[F]

46 
Liechtenstein
Liechtenstein[M]

47 
Schweiz[F]
Suisse[F]

48 
Österreich
Autriche[F]

49 
Italien
Italie[F]

50 
San Marino
Saint-Marin[M]

51 
Bulgarien
Bulgarie[F]

52 
Monaco
Monaco[M]

53 
Malta
Malte[F]

54 
Zypern
Chypre[F]

55 
Griechenland
Grèce[F]

56 
Albanien
Albanie[F]

57 
Ehemalige Jugoslawische Republik Mazedonien
Ex-République[F] yougoslave de Macédoine[F]

58 
Vatikanstaat[M]
État[M] de la cité[F] du Vatican[M]

59 
Serbien
Serbie[F]

60 
Montenegro
Monténégro[M]

61 
Bosnien und Herzegowina[F]
Bosnie-Herzégovine[F]

62 
Kroatien
Croatie[F]

63 
Slowenien
Slovénie[F]

64 
Ungarn
Hongrie[F]

65 
Rumänien
Roumanie[F]

66 
Slowakische Republik[F]
Slovaquie[F]

67 
Tschechische Republik[F]
République[F] tchèque

68 
Polen
Pologne[F]

69 
Dänemark
Danemark[M]

70 
Island
Islande[F]

71 
Norwegen
Norvège[F]

72 
Litauen
Lituanie[F]

73 
Schweden
Suède[F]

74 
Finnland
Finlande[F]

75 
Estland
Estonie[F]

76 
Lettland
Lettonie[F]

77 
Weißrussland
Bélarus[M]

78 
Ukraine[F]
Ukraine[F]

79 
Moldawien
République[F] de Moldova[F]

80 
Russland
Fédération[F] de Russie[F]

Afrika
Afrique^{F}

81 
Marokko
Maroc^{M}

82 
Algerien
Algérie^{F}

83 
Tunesien
Tunisie^{F}

84 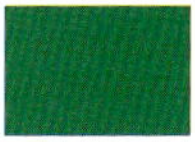
Libyen
Jamahiriya^{F} arabe libyenne

85 
Ägypten
Égypte^{F}

86 
Kap Verde
Cap-Vert^{M}

87 
Mauretanien
Mauritanie^{F}

88 
Mali
Mali^{M}

89 
Niger^{M}
Niger^{M}

90 
Tschad^{M}
Tchad^{M}

91 
Sudan^{M}
Soudan^{M}

92 
Eritrea
Érythrée^{F}

93 
Dschibuti
Djibouti^{M}

94 
Äthiopien
Éthiopie^{F}

95 
Somalia
Somalie^{F}

96 
Senegal^{M}
Sénégal^{M}

97 
Gambia
Gambie^{F}

98 
Guinea-Bissau
Guinée-Bissau^{F}

99 
Guinea
Guinée^{F}

100 
Sierra Leone
Sierra Leone^{F}

101 
Liberia
Liberia^{M}

102 
Elfenbeinküste^{F}
Côte d'Ivoire^{F}

103 
Burkina Faso
Burkina Faso^{M}

104 
Ghana
Ghana^{M}

105 
Togo
Togo^{M}

106 
Benin
Bénin^{M}

107 
Nigeria
Nigeria^{M}

108 
Kamerun
Cameroun^{M}

109 
Äquatorialguinea
Guinée^{F} équatoriale

110 
Zentralafrikanische Republik^{F}
République^{F} centrafricaine

111 
São Tomé und Príncipe
São Tomé-et-Príncipe^{M}

112 
Gabun
Gabon^{M}

113 
Kongo^{M}
Congo^{M}

114 
Republik^{F} Kongo^{M}
République^{F} démocratique du Congo^{M}

115 

Ruanda
Rwanda^{M}

116 
Uganda
Ouganda^{M}

117 
Kenia
Kenya^{M}

118 
Burundi
Burundi^{M}

119 
Tansania
République^{F}-Unie de Tanzanie^{F}

GESELLSCHAFT

Flaggen[F]

120 
Mosambik
Mozambique[M]

121 
Swasiland[N]
Swaziland[M]

122 
Komoren[F]
Comores[F]

123 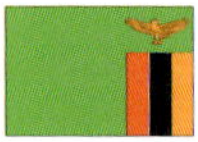
Sambia
Zambie[F]

124 
Madagaskar
Madagascar[F]

125 
Seychellen[F]
Seychelles[F]

126 
Mauritius
Maurice[F]

127 
Malawi
Malawi[M]

128 
Simbabwe
Zimbabwe[M]

129 
Angola
Angola[M]

130 
Namibia
Namibie[F]

131 
Botswana
Botswana[M]

132 
Lesotho
Lesotho[M]

133 
Südafrika
Afrique[F] du Sud[M]

Asien
Asie[F]

134 
Türkei[F]
Turquie[F]

135 
Libanon[M]
Liban[M]

136 
Syrien
République[F] arabe syrienne

137 
Israel
Israël[M]

138 
Jordanien
Jordanie[F]

139 
Irak[M]
Iraq[M]

140 
Kuwait
Koweït[M]

141 
Saudi-Arabien
Arabie[F] saoudite

142 
Bahrain
Bahreïn[M]

143 
Jemen[M]
Yémen[M]

144 
Oman
Oman[M]

145 
Vereinigte Arabische Emirate[N]
Émirats[M] arabes unis

146 
Katar
Qatar[M]

147 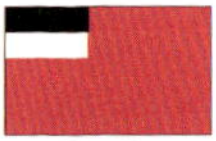
Georgien
Géorgie[F]

148 
Armenien
Arménie[F]

149 
Aserbeidschan
Azerbaïdjan[M]

150 
Iran[M]
Iran[M]

151 
Afghanistan
Afghanistan[M]

152 
Kasachstan
Kazakhstan[M]

153 
Turkmenistan
Turkménistan[M]

154 
Usbekistan
Ouzbékistan[M]

155 
Kirgisistan
Kirghizistan[M]

156 
Tadschikistan
Tadjikistan[M]

157 
Pakistan
Pakistan[M]

158 
Malediven^{F}
Maldives^{F}

159 
Indien
Inde^{F}

160 
Sri Lanka
Sri Lanka^{M}

161 
Nepal
Népal^{M}

162 
China
Chine^{F}

163 
Mongolei^{F}
Mongolie^{F}

164 
Bhutan
Bhoutan^{M}

165 
Bangladesch
Bangladesh^{M}

166 
Myanmar
Myanmar^{M}

167 
Laos
République^{F} démocratique populaire lao

168 
Thailand
Thaïlande^{F}

169 
Vietnam
Viet Nam^{M}

170 
Kambodscha
Cambodge^{M}

171 
Brunei
Brunéi Darussalam^{M}

172 
Malaysia
Malaisie^{F}

173 
Singapur
Singapour^{F}

174 
Indonesien
Indonésie^{F}

175 
Japan
Japon^{M}

176 
Nord-Korea
République^{F} populaire démocratique de Corée^{F}

177 
Süd-Korea
République^{F} de Corée^{F}

Ozeanien und Polynesien
Océanie^{F} et Polynésie^{F}

178 
Philippinen^{F}
Philippines^{F}

179 
Palau
Palaos^{M}

180 
Mikronesien
Micronésie^{F}

181 
Marshallinseln^{F}
Îles^{F} Marshall

182 
Nauru
Nauru^{F}

183 
Kiribati
Kiribati^{F}

184 
Tuvalu
Tuvalu^{M}

185 
Samoa
Samoa^{F}

186 
Tonga
Tonga^{F}

187 
Vanuatu
Vanuatu^{M}

188 
Fidschi
Fidji^{F}

189 
Salomoninseln^{F}
Îles^{F} Salomon

190 
Papua-Neuguinea
Papouasie-Nouvelle-Guinée^{F}

191 
Australien
Australie^{F}

192 
Neuseeland
Nouvelle-Zélande^{F}

Brandbekämpfung^{F}

prévention^{F} des incendies^{M}

Brandbekämpfungsmaterial^{N}
matériel^{M} de lutte^{F} contre les incendies^{M}

Rauchmelder^{M}
détecteur^{M} de fumée^{F}

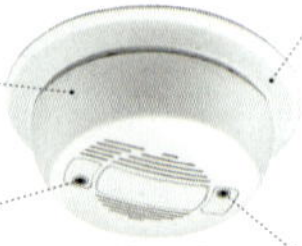

Handfeuerlöscher^{M}
extincteur^{M}

Einreißhaken^{M}
gaffe^{F}

Beil^{N}
hache^{F}

Schlauchleitung^{F}
tuyau^{M} de refoulement^{M}

Überflurhydrant^{M}
borne^{F} d'incendie^{M}

Feuerwehrmann^{M}
pompier^{M}

Löschfahrzeuge[N]
camions[M] d'incendie[M]

Pumplöschfahrzeug[N]
fourgon[M]-pompe[F]

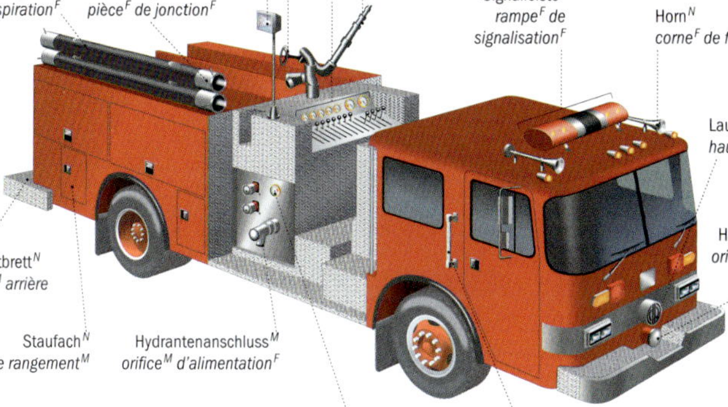

Drehleiterfahrzeug[N]
grande échelle[F]

GESELLSCHAFT

vorbeugende Verbrechensbekämpfung[F]

prévention[F] de la criminalité[F]

Polizeibeamter[M]
agent[M] de police[F]

Dienstgürtel[M]
ceinturon[M] de service[M]

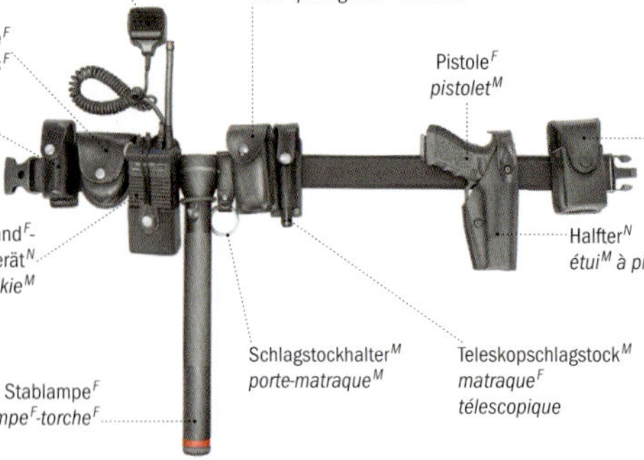

Armaturenbrettausrüstung^F
équipement^M du tableau^M de bord^M

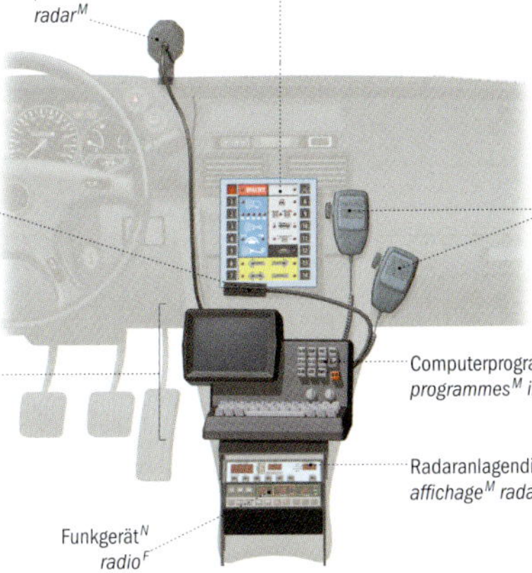

Polizeifahrzeug^N
voiture^F de police^F

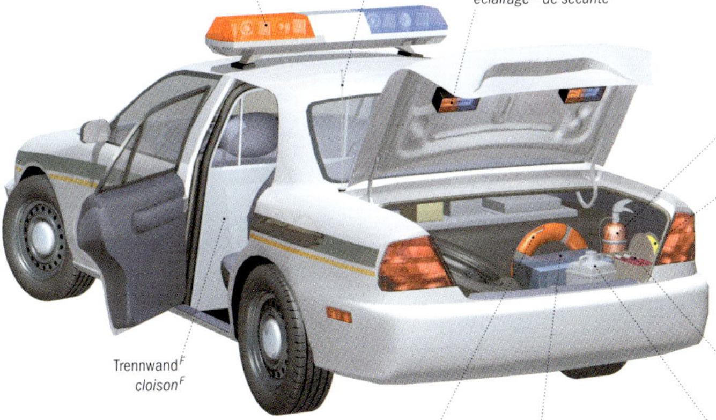

Gehörschutz[M]

protection[F] de l'ouïe[F]

Ohrenschützer[M]
serre-tête[M] antibruit

Kopfband[N]
serre-tête[M]

Schaumgummipolsterung[F]
coussinet[M] en mousse[F]

Ohrstöpsel[M]
protège-tympan[M]

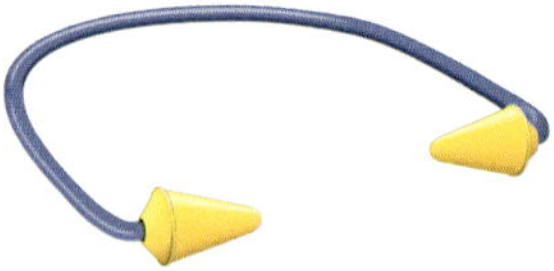

Augenschutz[M]

protection[F] des yeux[M]

Schutzbrille[F]
lunettes[F] de sécurité[F]

Schutzmaske[F]
lunettes[F] de protection[F]

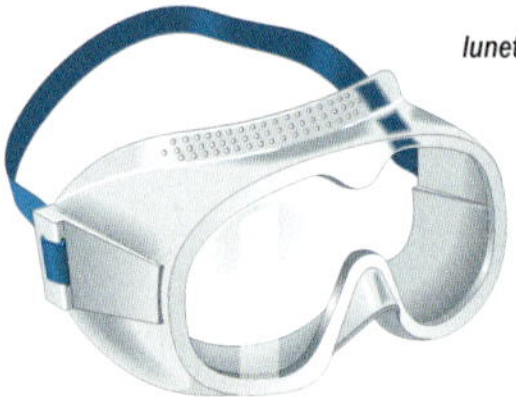

Kopfschutz[M]

protection[F] de la tête[F]

Schutzhelm[M]
casque[M] de sécurité[F]

Verstärkungsschwelle[F]
nervure[F]

Schild[N]
visière[F]

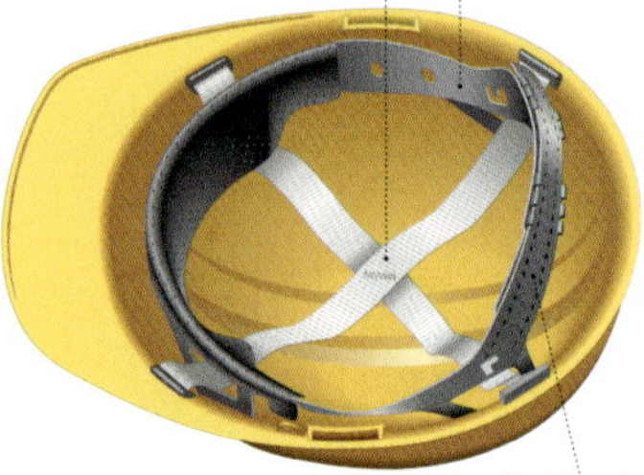

Trageband[N]
sangle[F] d'amortissement[M]

Kopfband[N]
tour[M] de tête[F]

Genicklasche[F]
sangle[F] de nuque[F]

Atemschutz^M
protection^F des voies^F respiratoires

Gasmaske^F
masque^M respiratoire

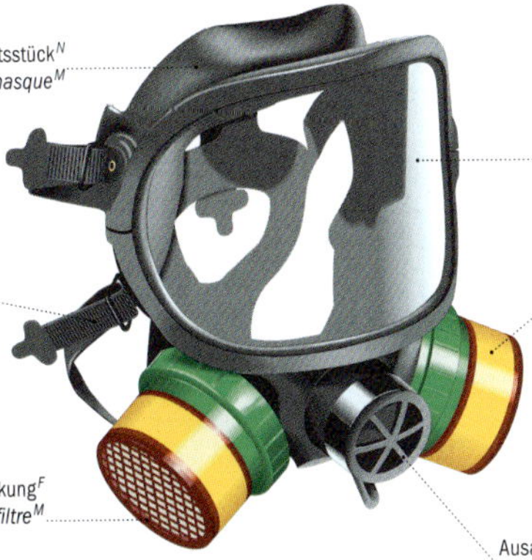

leichte Atemschutzmaske^F
masque^M bucco-nasal

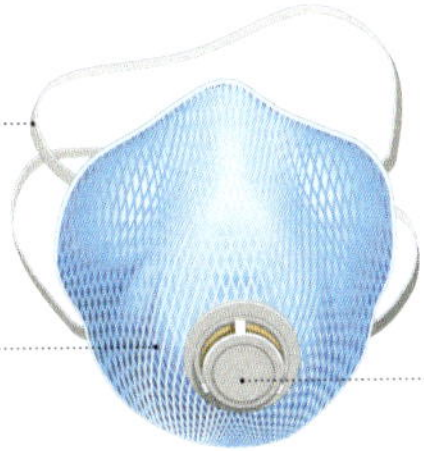

Fußschutz^M
protection^F des pieds^M

Sicherheitsschuh^M
brodequin^M de sécurité^F

Zehenschützer^M
protège-orteils^M

Notfallausrüstung[F]
matériel[M] de secours[M]

Stethoskop[N]
stéthoscope[M]

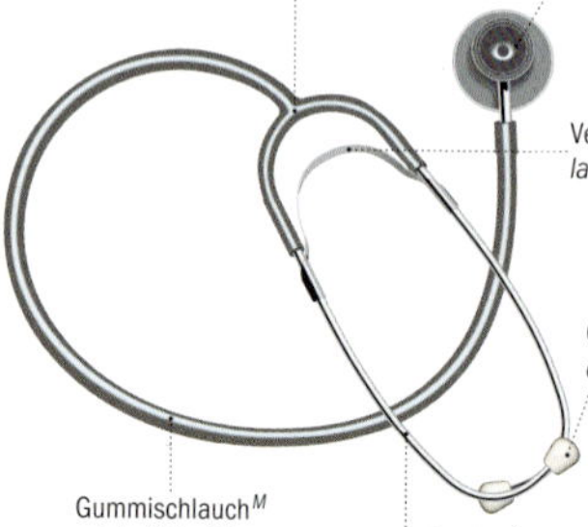

Spritze[F]
seringue[F]

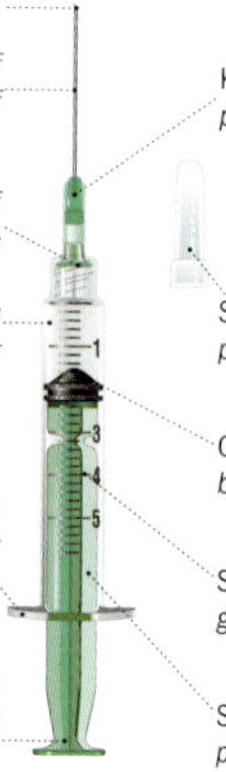

Latexhandschuh[M]
gant[M] en latex[M]

Klistierspritze[F]
seringue[F] pour lavage[M] de cavités[F]

Fahrtrage[F]
civière[F]

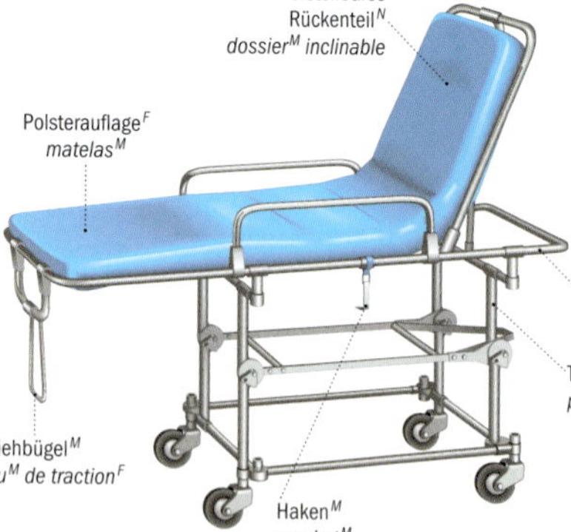

Krankentrage[F]
brancard[M]

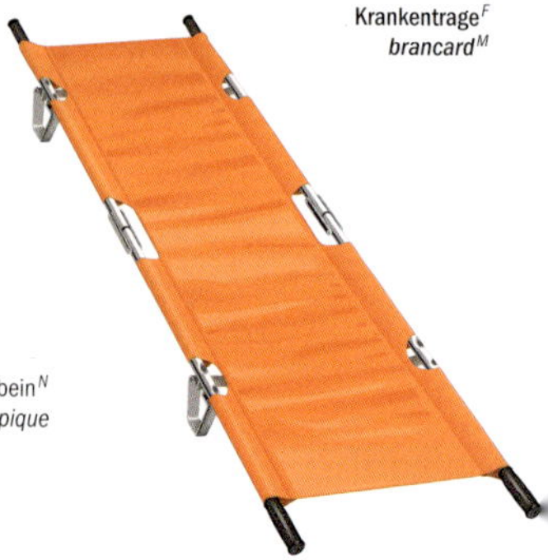

Erste-Hilfe-Kasten[M]

trousse[F] de secours[M]

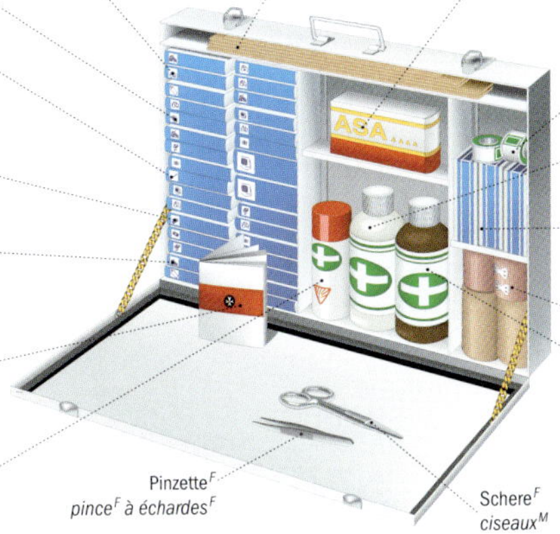

Fieberthermometer[N]

thermomètres[M] médicaux

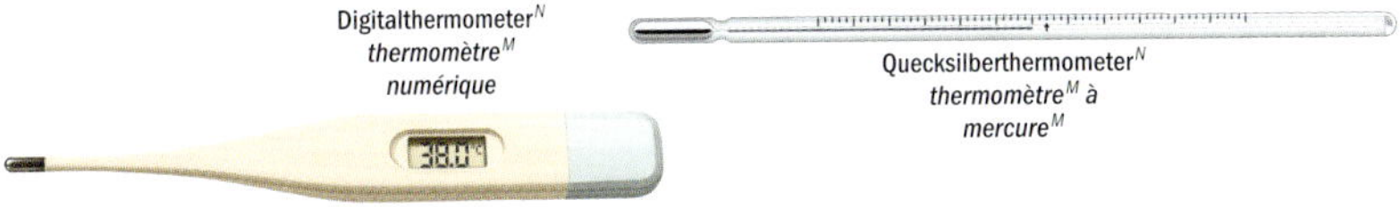

Blutdruckmessgerät[N]

tensiomètre[M]

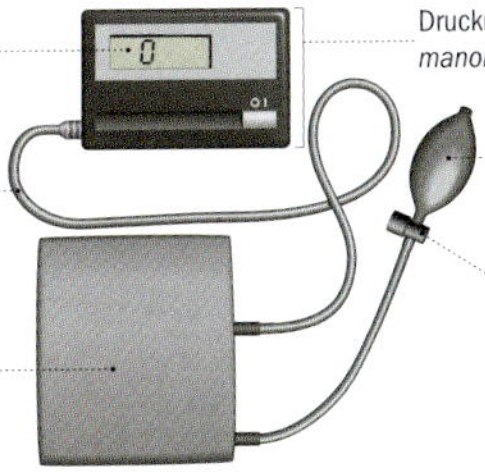

Krankenhaus[N]

hôpital[M]

Unfallstation[F]
urgences[F]

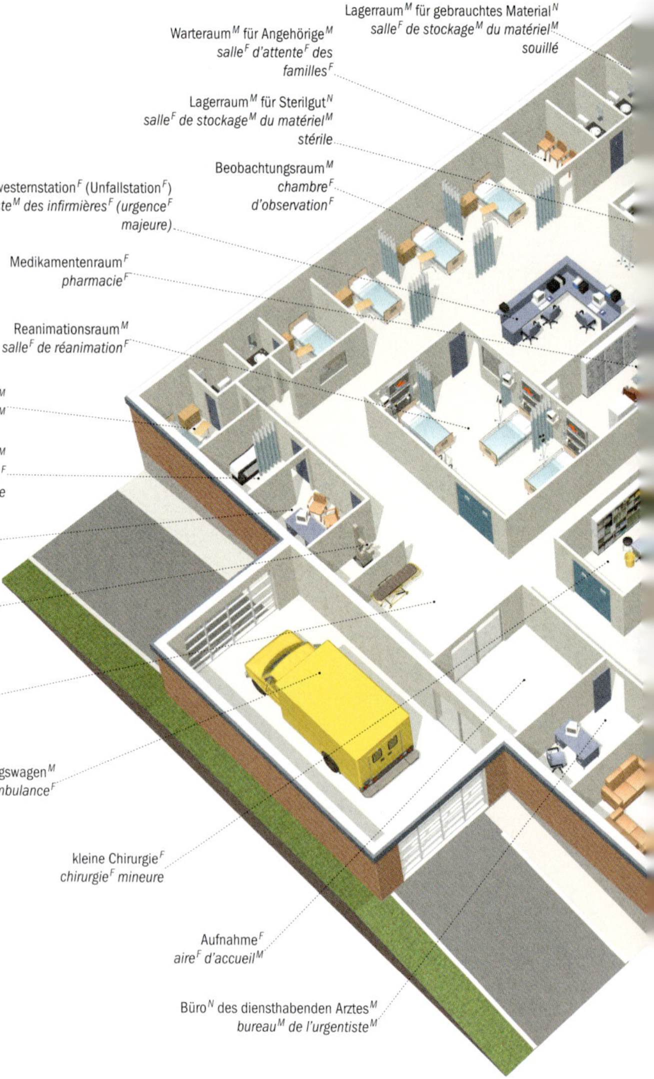

Lagerraum[M] für gebrauchtes Material[N]
salle[F] de stockage[M] du matériel[M] souillé

Warteraum[M] für Angehörige[M]
salle[F] d'attente[F] des familles[F]

Lagerraum[M] für Sterilgut[N]
salle[F] de stockage[M] du matériel[M] stérile

Beobachtungsraum[M]
chambre[F] d'observation[F]

Schwesternstation[F] (Unfallstation[F])
poste[M] des infirmières[F] (urgence[F] majeure)

Medikamentenraum[F]
pharmacie[F]

Reanimationsraum[M]
salle[F] de réanimation[F]

Isolierraum[M]
chambre[F] d'isolement[M]

psychiatrischer Beobachtungsraum[M]
chambre[F] d'observation[F] psychiatrique

psychiatrischer Untersuchungsraum[M]
examen[M] psychiatrique

fahrbares Röntgengerät[N]
appareil[M] de radiographie[F] mobile

Tragen[F]-Abstellraum[M]
secteur[M] des civières[F]

Rettungswagen[M]
ambulance[F]

kleine Chirurgie[F]
chirurgie[F] mineure

Aufnahme[F]
aire[F] d'accueil[M]

Büro[N] des diensthabenden Arztes[M]
bureau[M] de l'urgentiste[M]

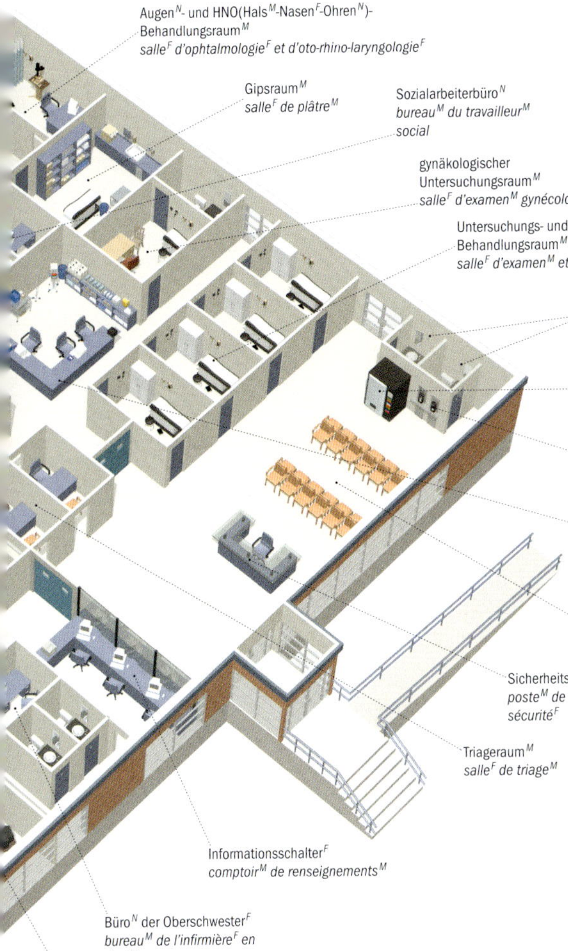

Augen[N]- und HNO(Hals[M]-Nasen[F]-Ohren[N])-Behandlungsraum[M]
salle[F] d'ophtalmologie[F] et d'oto-rhino-laryngologie[F]

Gipsraum[M]
salle[F] de plâtre[M]

Sozialarbeiterbüro[N]
bureau[M] du travailleur[M] social

gynäkologischer Untersuchungsraum[M]
salle[F] d'examen[M] gynécologique

Untersuchungs- und Behandlungsraum[M]
salle[F] d'examen[M] et de soins[M]

Toiletten[F]
w.-c.[M]

Getränkeautomat[M]
distributeur[M] de boissons[F]

Münzfernsprecher[M]
téléphone[M] public

Schwesternstation[F] (ambulante Unfallstation[F])
poste[M] des infirmières[F] (urgence[F] ambulatoire)

Warteraum[M]
salle[F] d'attente[F]

Sicherheitsdienst[M]
poste[M] de l'agent[M] de sécurité[F]

Triageraum[M]
salle[F] de triage[M]

Informationsschalter[F]
comptoir[M] de renseignements[M]

Büro[N] der Oberschwester[F]
bureau[M] de l'infirmière[F] en chef[M]

Personalraum[M]
salon[M] du personnel[M]

Krankenzimmer[N]
chambre[F] d'hôpital[M]

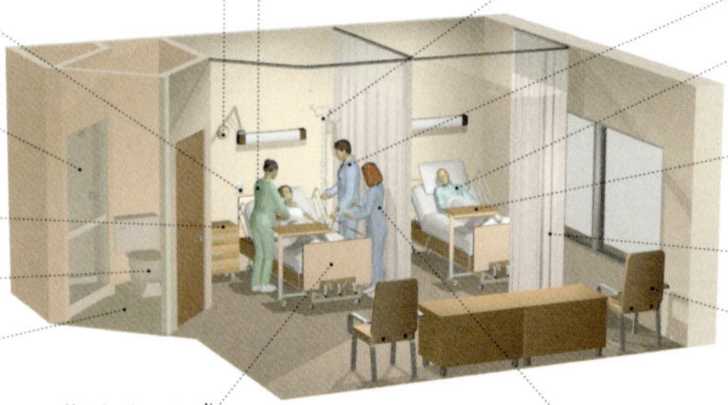

Operationsabteilung[F]
bloc[M] opératoire

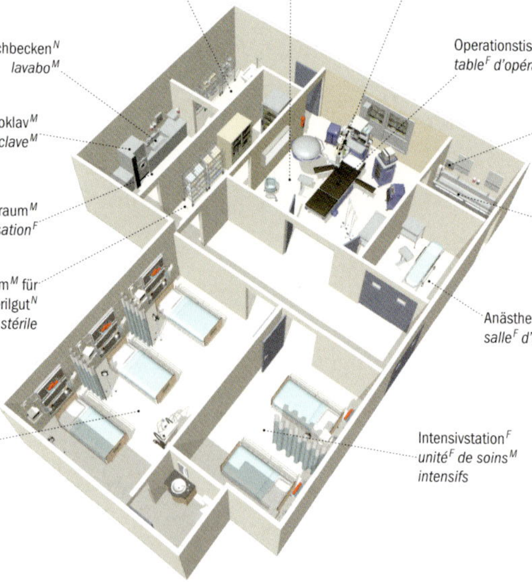

Poliklinik^{F}
unité^{F} de soins^{M} ambulatoires

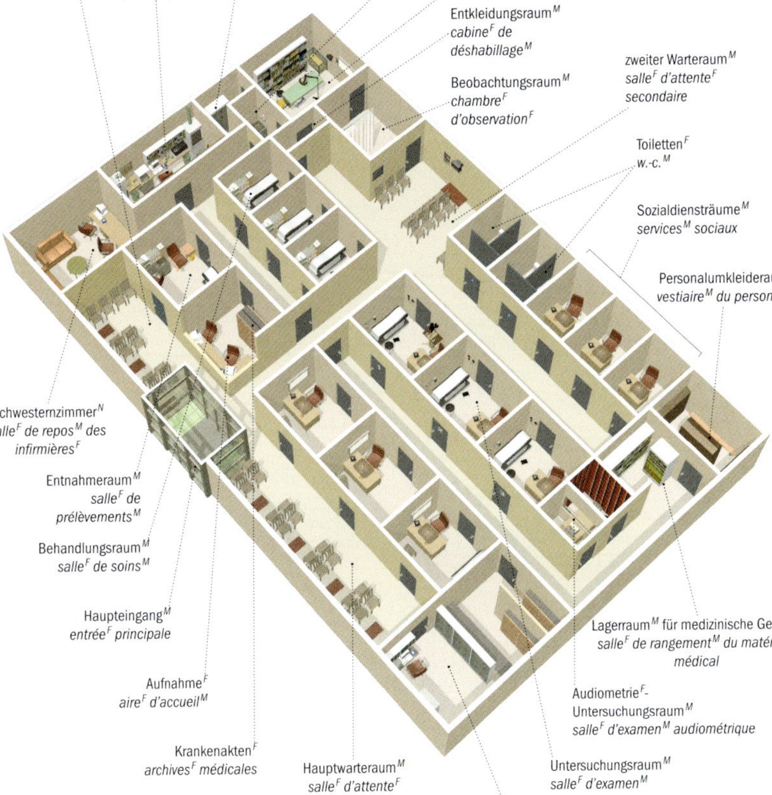
Wartebereich^{M} für den Entnahmeraum^{M}
salle^{F} d'attente^{F} du centre^{M} de prélèvements^{M}
pathologisches Labor^{N}
laboratoire^{M} de pathologie^{F}
Sterilisationsraum^{M}
salle^{F} de stérilisation^{F}
Chirurgen^{M}-Waschraum^{M}
lavabo^{M} du chirurgien^{M}
Operationssaal^{M}
salle^{F} d'opération^{F}
Entkleidungsraum^{M}
cabine^{F} de déshabillage^{M}
Beobachtungsraum^{M}
chambre^{F} d'observation^{F}
zweiter Warteraum^{M}
salle^{F} d'attente^{F} secondaire
Toiletten^{F}
w.-c.^{M}
Sozialdiensträume^{M}
services^{M} sociaux
Personalumkleideraum^{M}
vestiaire^{M} du personnel^{M}
Schwesternzimmer^{N}
salle^{F} de repos^{M} des infirmières^{F}
Entnahmeraum^{M}
salle^{F} de prélèvements^{M}
Behandlungsraum^{M}
salle^{F} de soins^{M}
Haupteingang^{M}
entrée^{F} principale
Aufnahme^{F}
aire^{F} d'accueil^{M}
Krankenakten^{F}
archives^{F} médicales
Hauptwarteraum^{M}
salle^{F} d'attente^{F} principale
Medikamentenraum^{M}
pharmacie^{F}
Untersuchungsraum^{M}
salle^{F} d'examen^{M}
Audiometrie^{F}-Untersuchungsraum^{M}
salle^{F} d'examen^{M} audiométrique
Lagerraum^{M} für medizinische Geräte^{N}
salle^{F} de rangement^{M} du matériel^{M} médical

Gehhilfen^{F}

aides^{F} à la marche^{F}

Gehkrücke^{F}
béquille^{F} d'avant-bras^{M}

Achselkrücke^{F}
béquille^{F} commune

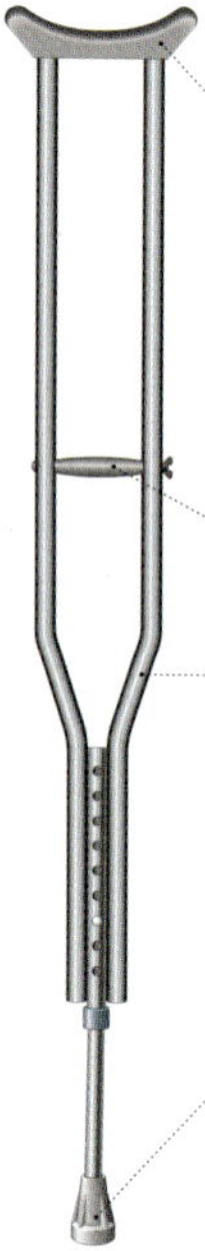

Spazierstock^{M}
canne^{F} en C^{M}

vierfüßiger Stock^{M}
canne^{F} avec quadripode^{M}

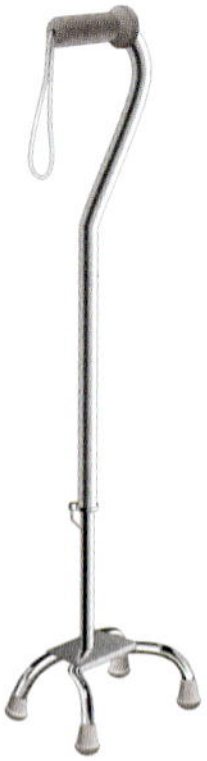

englischer Stock^{M}
canne^{F} en T^{M}

orthopädischer Stock^{M}
canne^{F} avec poignée^{F} orthopédique

Gehgestell^{N}
déambulateur^{M}

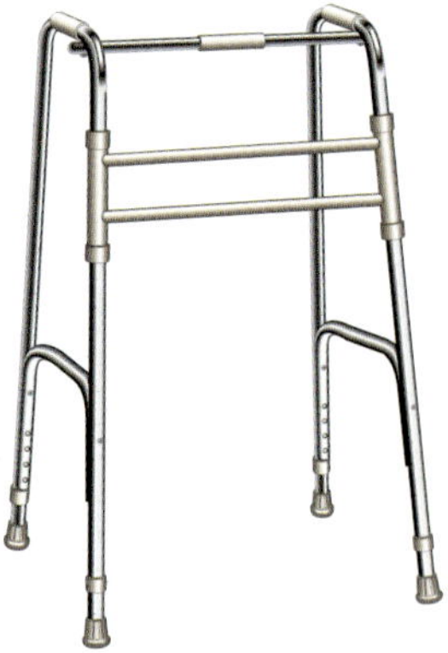

Rollstuhl^{M}

fauteuil^{M} roulant

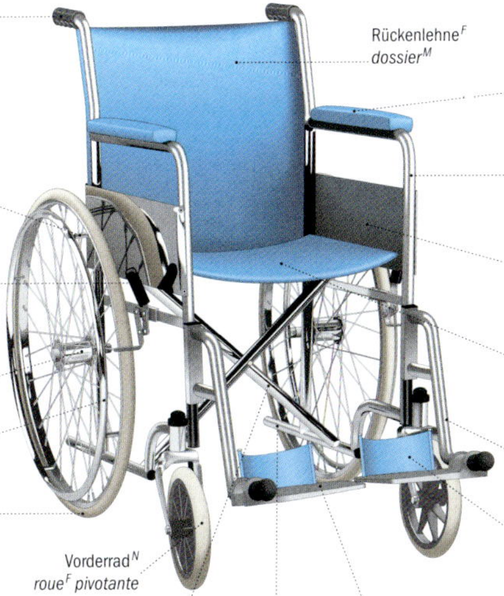

Arzneimittel^{N}-Darreichungsformen^{F}

formes^{F} pharmaceutiques des médicaments^{M}

Hustensirup^{M}
sirop^{M} antitussif

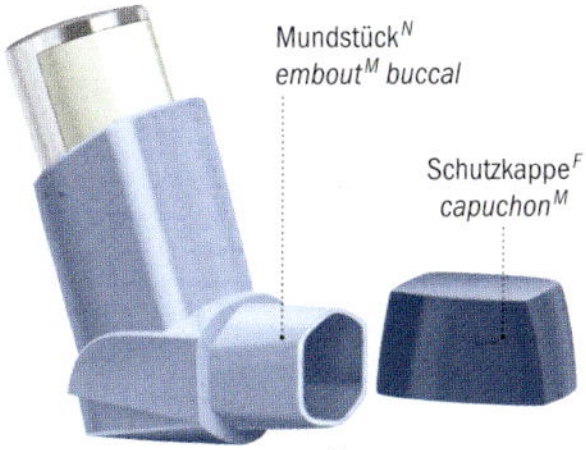

Dosier-Aerosol^{N}
inhalateur^{M} doseur^{M}

Kapsel^{F}
capsule^{F}

Gelatinekapsel^{F}
gélule^{F}

Tablette^{F}
comprimé^{M}

Ampulle^{F}
ampoule^{F}

Würfel^{M} und Dominosteine^{M}

dés^{M} et dominos^{M}

gewöhnlicher Würfel^{M}
dé^{M} régulier

Pokerwürfel^{M}
dé^{M} à poker^{M}

Dominosteine^{F}
dominos^{M}

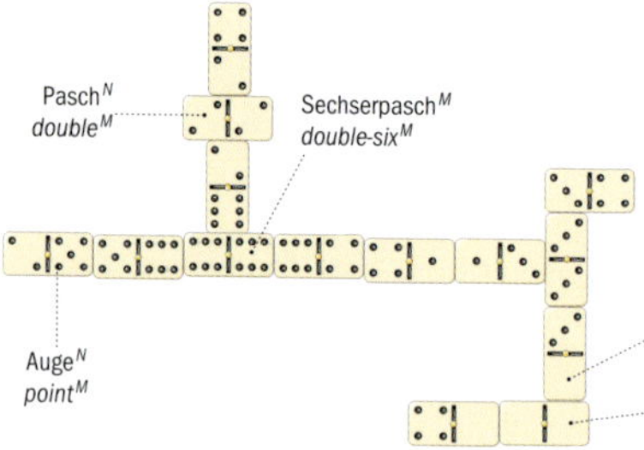

Kartenspiele^{N}

cartes^{F}

Farben^{F}
symboles^{M}

Herz^{N}
cœur^{M}

Karo^{N}
carreau^{M}

Kreuz^{N}
trèfle^{M}

Pik^{N}
pique^{M}

Joker^{M}
Joker^{M}

Ass^{N}
As^{M}

König^{M}
Roi^{M}

Dame^{F}
Dame^{F}

Bube^{M}
Valet^{M}

normale Pokerblätter^{N}
combinaisons^{F} au poker^{M}

höchste Karte^{F}
carte^{F} isolée

ein Pärchen^{N}
paire^{F}

zwei Pärchen^{N}
double paire^{F}

Drilling^{M}
brelan^{M}

Straße^{F}
séquence^{F}

Flush^{M}
couleur^{F}

Full House^{N}
main^{F} pleine

Vierling^{M}
carré^{M}

Straight Flush^{M}
quinte^{F}

Royal Flush^{M}
quinte^{F} royale

Brettspiel^N^
*jeux^M^ de plateau^M^*

Backgammon^N^
jacquet^M^

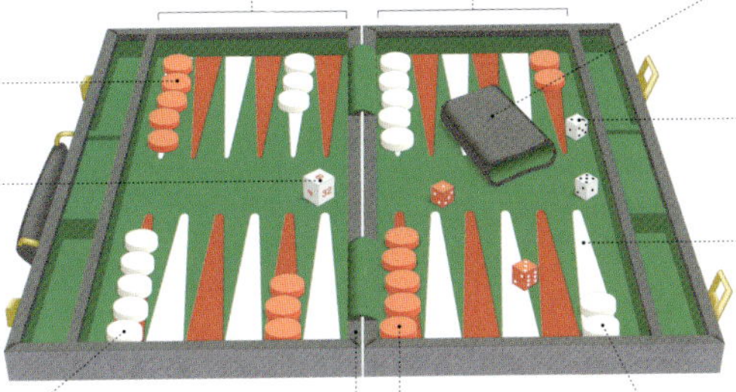

Leiterspiel^N^
serpents^M^ et échelles^F^

SPORT UND SPIELE

Schach^{N}
échecs^{M}

Schachbrett^{N}
échiquier^{M}

Schachfiguren^{F}
pièces^{F}

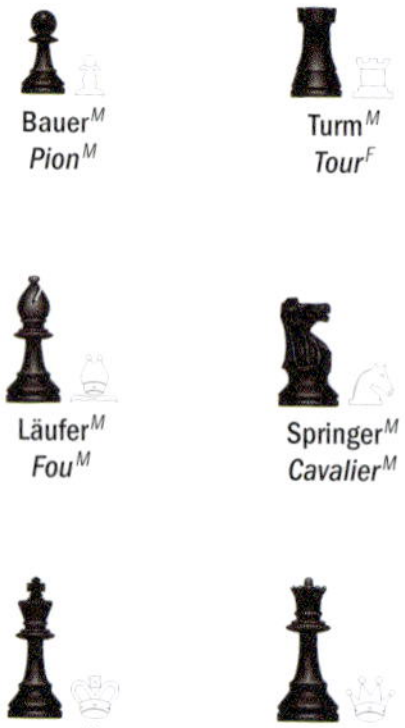

Zugarten^{F}
types^{M} de déplacements^{M}

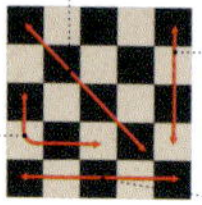

Go^{N}
go^{M}

Spielbrett^{N}
plateau^{M}

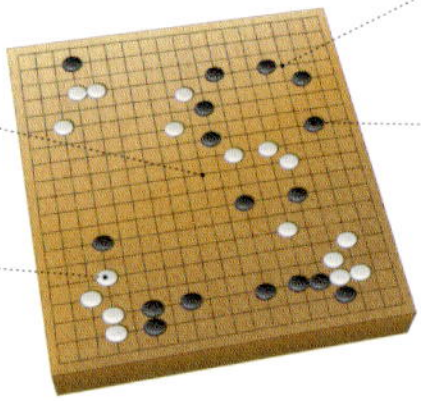

Hauptspielzüge^{M}
principaux mouvements^{M}

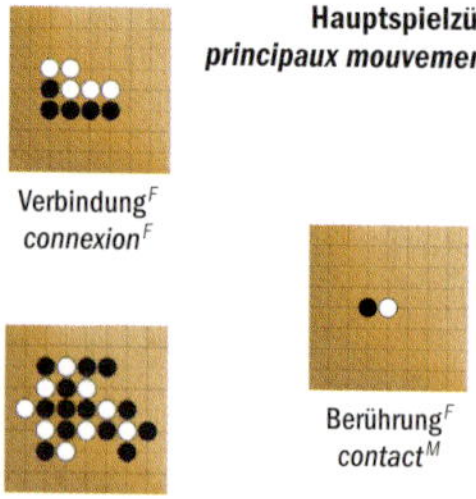

Dame^{F}
jeu^{M} de dames^{F}

Videospielsystem^N
système^M de jeux^M vidéo

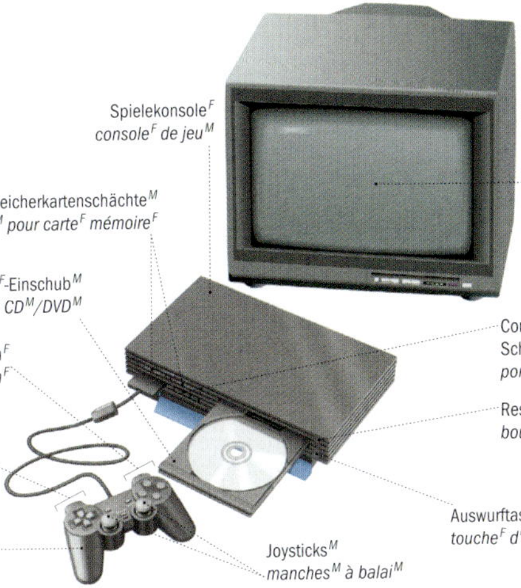

Dartspiel^N
jeu^M de fléchettes^F

Dartscheibe^F
cible^F

Spielbereich^M
aire^F de jeu^M

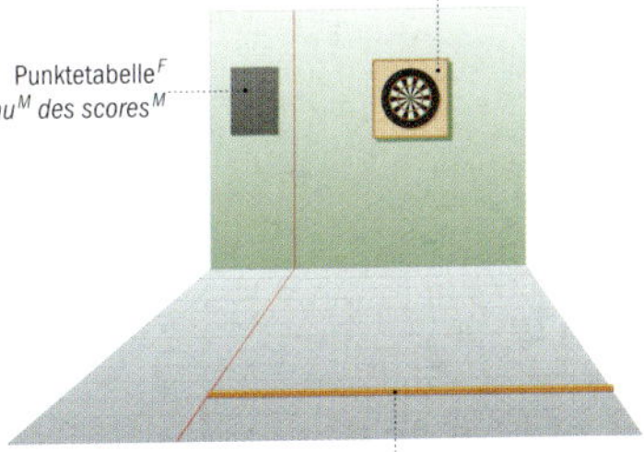

Wurfpfeil^M
fléchette^F

SPORT UND SPIELE

Stadion^{N}

stade^{M}

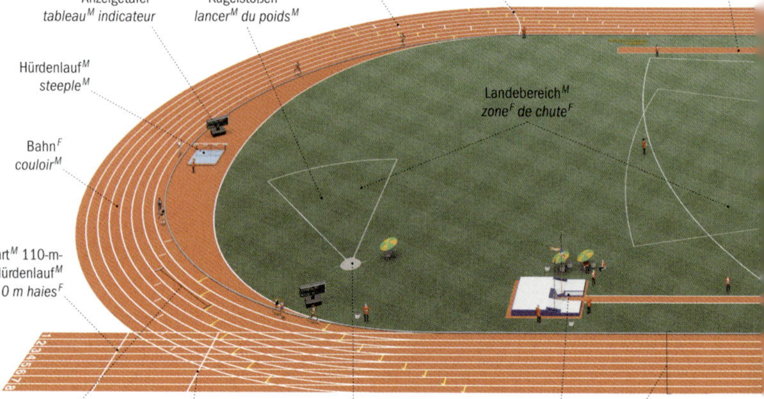

Geräte^{N}
équipement^{M}

Startpistole^{F}
pistolet^{M} de départ^{M}

Kugel^{F}
poids^{M}

Staffelstab^{M}
témoin^{M}

Diskus^{M}
disque^{M}

Hammer^{M}
marteau^{M}

Speer^{M}
javelot^{M}

SPORT UND SPIELE

Stadion[N]

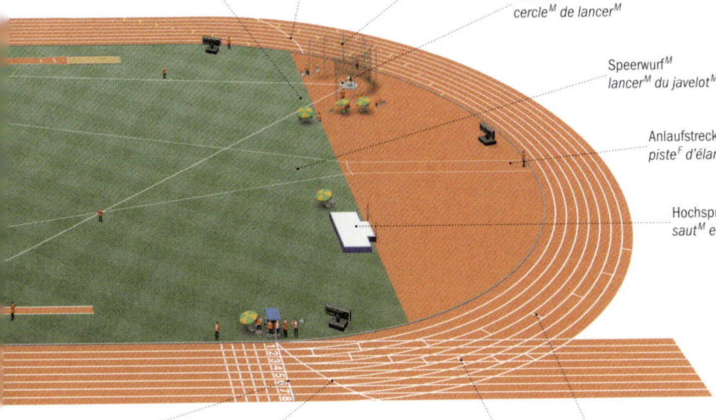

Athletin[F]: Startblock[M]
athlète[F] : bloc[M] de départ[M]

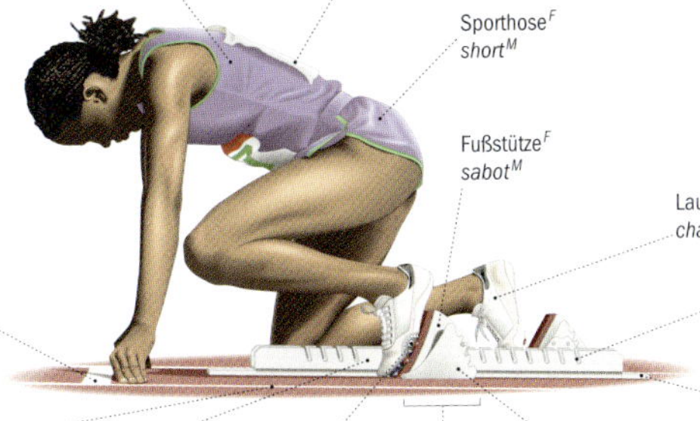

SPORT UND SPIELE

Baseball^{M}
baseball^{M}

Spielerpositionen^{F}
position^{F} des joueurs^{M}

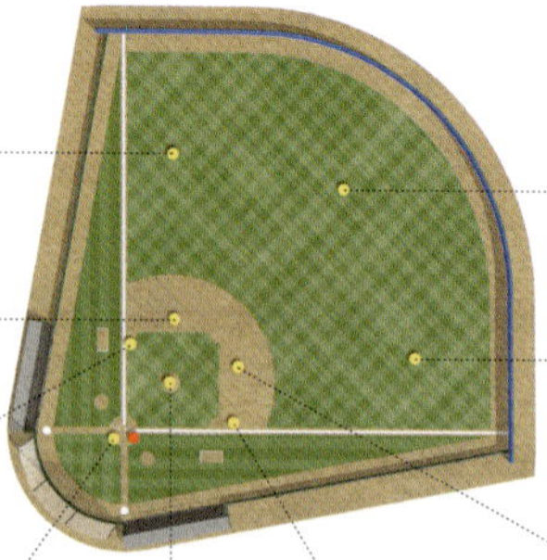

Spielfeld^{N}
terrain^{M}

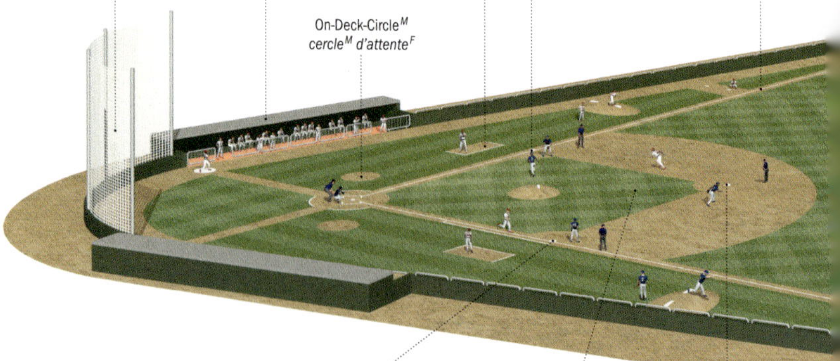

Wurf^{M}
lancer^{M}

Hauptschiedsrichter^{M}
arbitre^{M} en chef^{M}
Schlagmann^{M}
frappeur^{M}
Werfer^{M}
lanceur^{M}
Fänger^{M}
receveur^{M}
Schlagmal^{N}
marbre^{M}
Wurfhügel^{M}
monticule^{M}
Wurfmal^{N}
plaque^{F} du lanceur^{M}

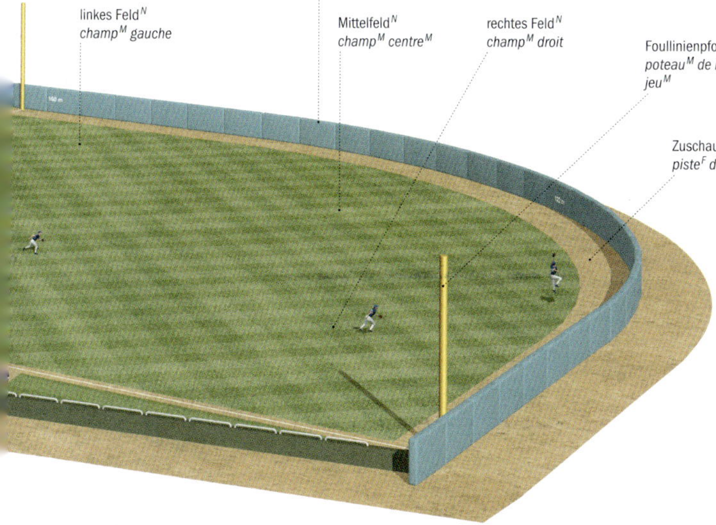
Outfieldzaun^{M}
clôture^{F} du champ^{M} extérieur
linkes Feld^{N}
champ^{M} gauche
Mittelfeld^{N}
champ^{M} centre^{M}
rechtes Feld^{N}
champ^{M} droit
Foullinienpfosten^{M}
poteau^{M} de ligne^{F} de jeu^{M}
Zuschauergrenze^{F}
piste^{F} d'avertissement^{M}

Baseball[M]

Baseball[M]
balle[F] de baseball[M]

Fänger[M]
receveur[M]

Schlagmann[M]
frappeur[M]

Knöchelschutz[M]
protège-cheville[M]

SPORT UND SPIELE

Baseball[M]

Schläger[M]
bâton[M]

Baseball[M] im Querschnitt[M]
coupe[F] de la balle[F]

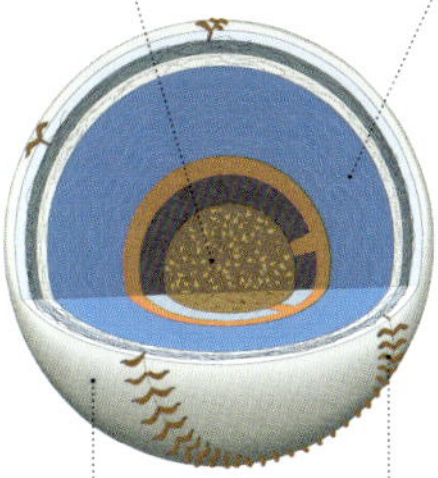

Handschuh[M]
gant[M]

Softball[M]
softball[M]

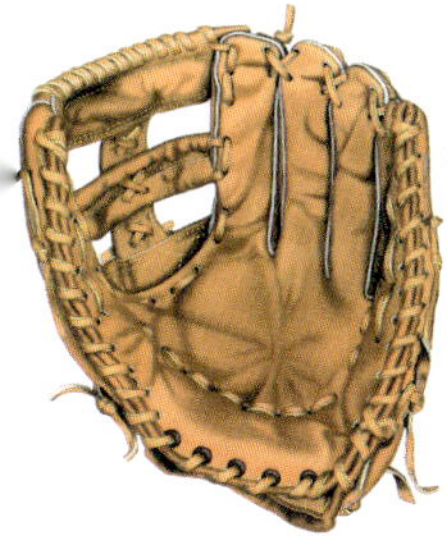

Softballhandschuh[M]
gant[M] de softball[M]

Softball[M]
balle[F] de softball[M]

Softballschläger[M]
bâton[M] de softball[M]

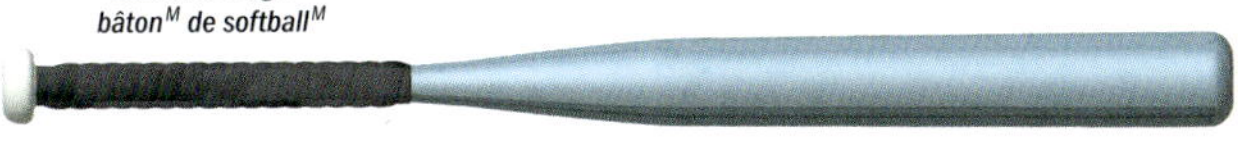

SPORT UND SPIELE

Cricket[N]

cricket[M]

Cricketspieler[M]: Schlagmann[M]
joueur[M] de cricket[M] : batteur[M]

Cricketball[M]
balle[F] de cricket[M]

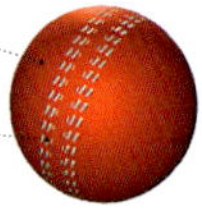

Schlagholz[N]
batte[F]

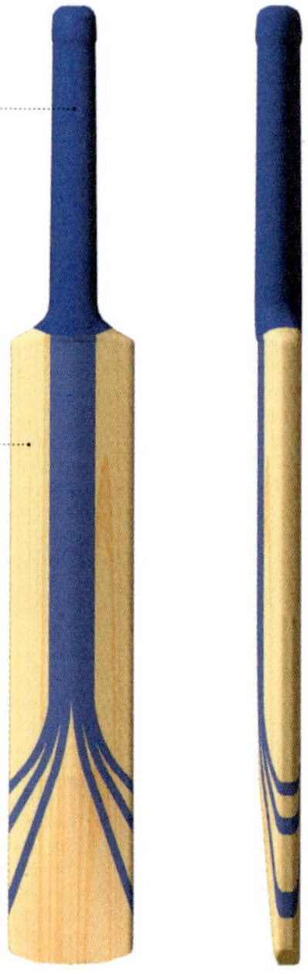

Vorderansicht[F]
vue[F] de face[F]

Seitenansicht[F]
vue[F] de profil[M]

Feld[N]
terrain[M]

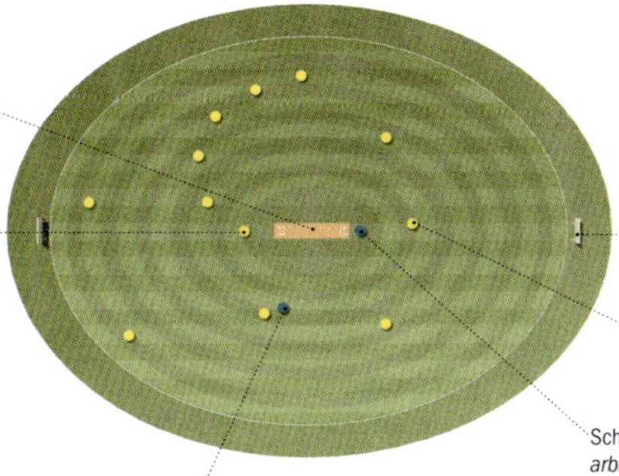

Mal[N]
guichet[M]

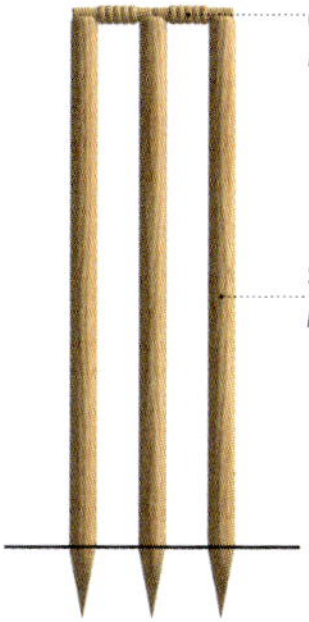

Spielfeld[N]
livrée[F]

Fußball^{M}

football^{M}

Fußballspieler^{M}
footballeur^{M}

Torwarthandschuhe^{M}
gants^{M} de gardien^{M} de but^{M}

Fußballschuh^{M}
chaussure^{F} de football^{M}

Spielfeld^{N}
terrain^{M}

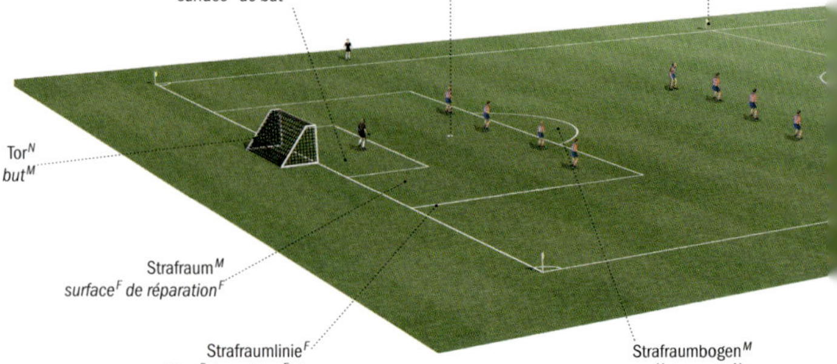

Spielerpositionen^F
position^F des joueurs^M

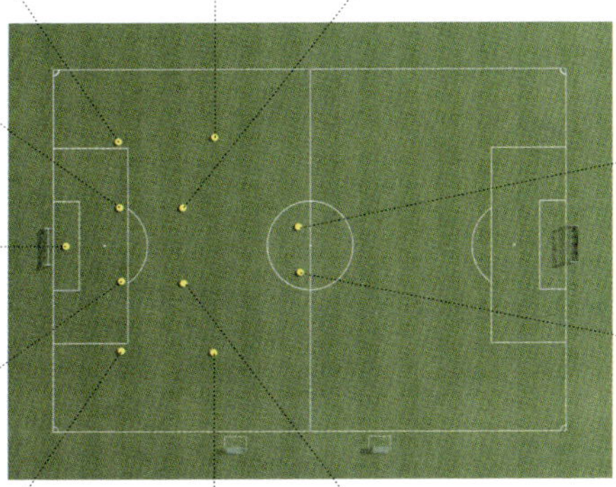
linker Verteidiger^M
arrière^M gauche
linker Mittelfeldspieler^M
milieu^M offensif gauche
zentraler Mittelfeldspieler^M
milieu^M défensif
Innenverteidiger^M
libero^M
Stürmer^M
attaquant^M de soutien^M
Torwart^M
gardien^M de but^M
Stürmer^M
attaquant^M de pointe^F
Innenverteidiger^M
stoppeur^M
rechter Verteidiger^M
arrière^M droit
rechter Mittelfeldspieler^M
milieu^M offensif droit
zentraler Mittelfeldspieler^M
milieu^M défensif

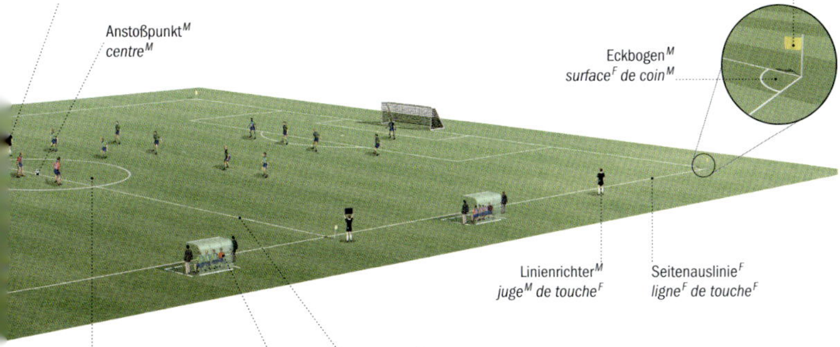
Schiedsrichter^M
arbitre^M
Eckballfahne^F
drapeau^M de coin^M
Anstoßpunkt^M
centre^M
Eckbogen^M
surface^F de coin^M
Linienrichter^M
juge^M de touche^F
Seitenauslinie^F
ligne^F de touche^F
Mittelkreis^M
cercle^M central
Mittellinie^F
ligne^F médiane
Auswechselbank^F
banc^M des remplaçants^M

Rugby^{N}
rugby^{M}

Spielerpositionen^{F}
position^{F} des joueurs^{M}

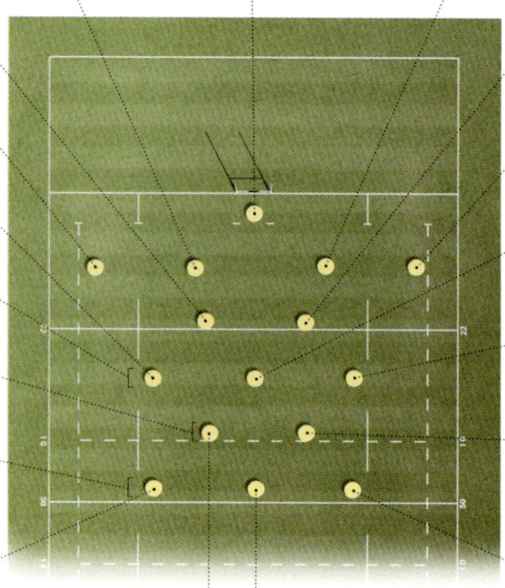

Spielfeld^{N}
terrain^{M}

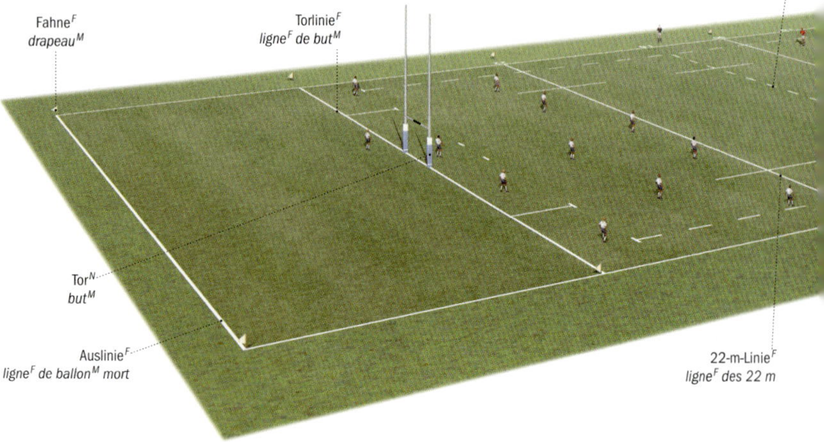

Rugby^{N}

Rugbyball^{M}
ballon^{M} de rugby^{M}

Gedränge^{N}
mêlée^{F} spontanée

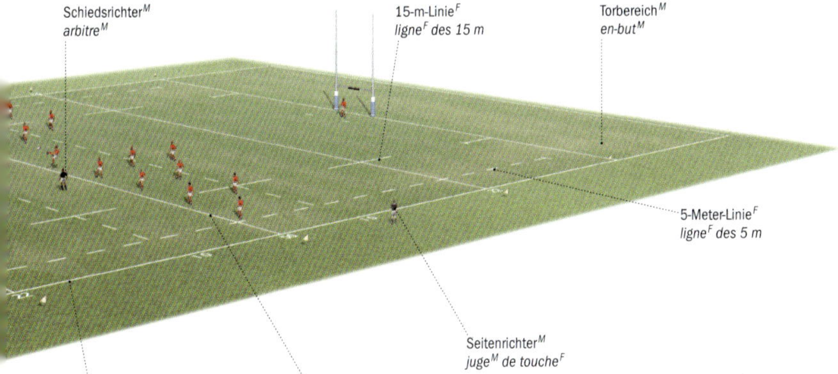

American Football^{M}

football^{M} américain

Gedränge^{N}: Verteidigung^{F}
mêlée^{F} : défense^{F}

Spielfeld^{N} für American Football^{M}
terrain^{M} de football^{M} américain

American Football[M]

Gedränge[N]: Angriff[M]
mêlée[F] : attaque[F]

Tor[N]
but[M]

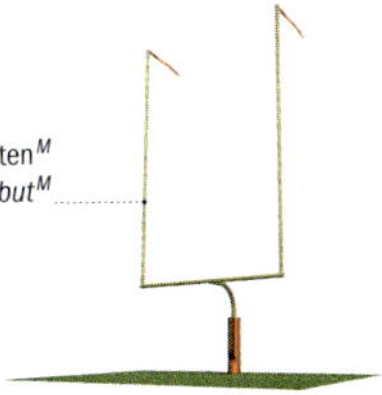

SPORT UND SPIELE

American Football[M]

Footballspieler[M]
footballeur[M]

Schutzausrüstung[F]
équipement[M] de protection[F]

Kieferschutz[M]
protège-dents[M]

Nackenschutz[M]
protège-cou[M]

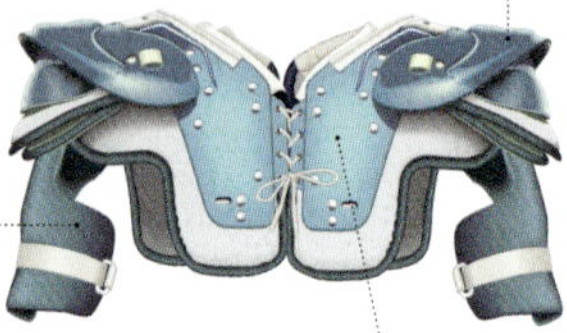

Rippenpolster[N]
protège-côtes[M]

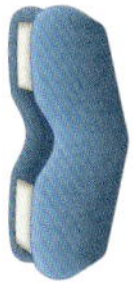
Ellbogenpolster[N]
coudière[F]

Football[M]
ballon[M] de football[M]

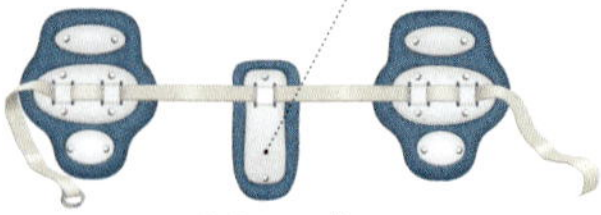

Hüftpolster[N]
protège-hanche[M]

Armschutz[M]
protecteur[M] d'avant-bras[M]

Suspensorium[N]
coquille[F]

Volleyballspiel[N]
volleyball[M]

Spielfeld[N]
terrain[M]

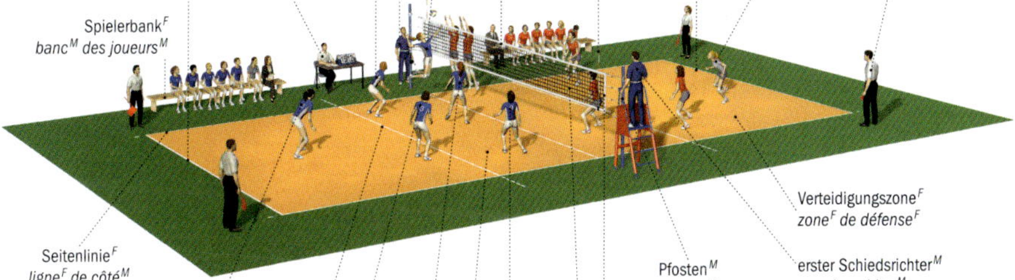

Volleyball[M]
ballon[M] de volleyball[M]

Techniken[F]
techniques[F]

pritschen
touche[F]

baggern
manchette[F]

Aufschlag[M]
service[M]

Basketballspiel^{N}

basketball^{M}

Basketballspieler^{M}
joueur^{M} de basketball^{M}

Spielfeld^{N}
terrain^{M}

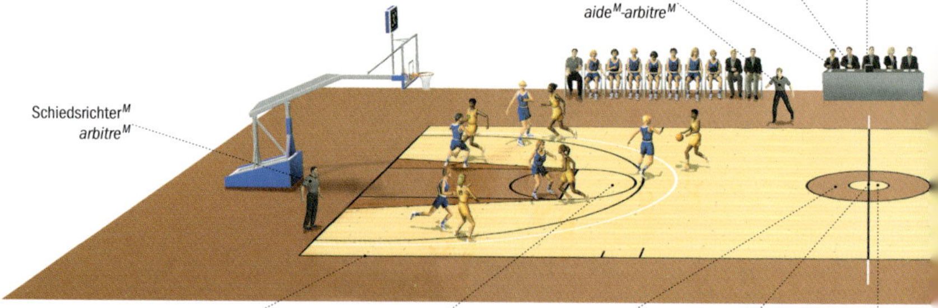

Spielerpositionen^{F}
position^{F} des joueurs^{M}

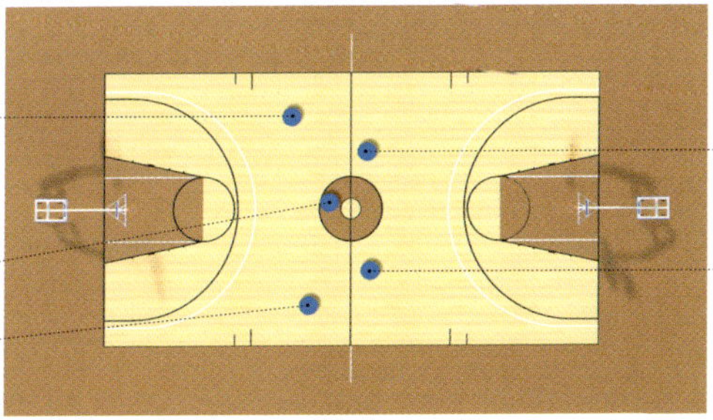

Korbanlage^{F}
but^{M}

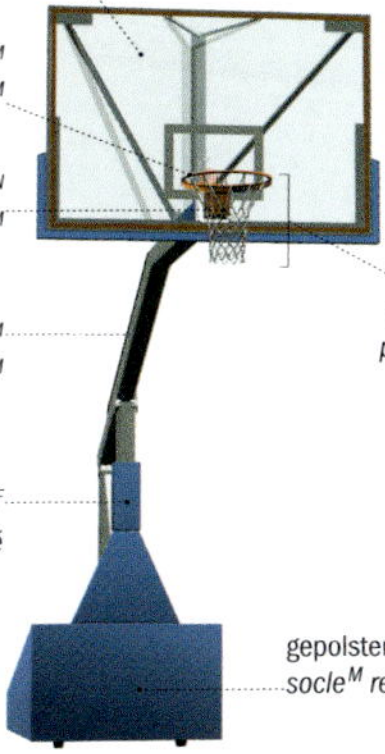

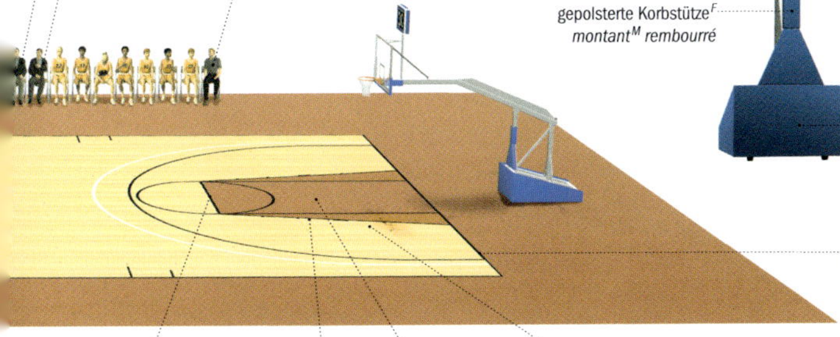

Tennis[N]

tennis[M]

Tennisplatz[M]
court[M]

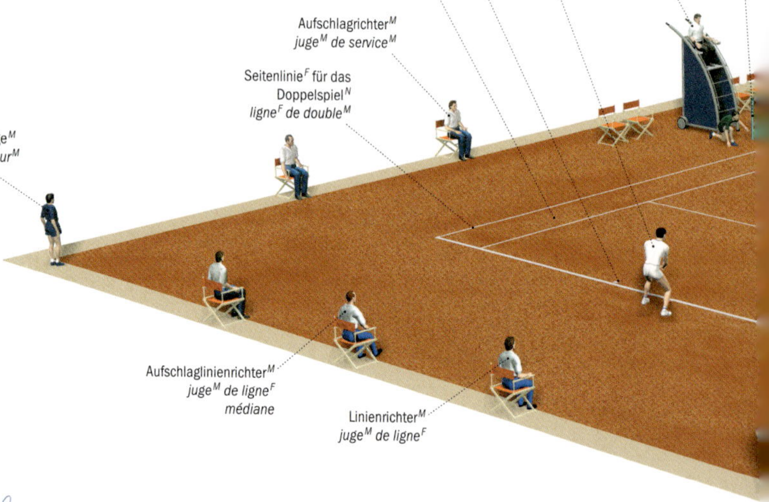

Schläge[M]
coups[M]

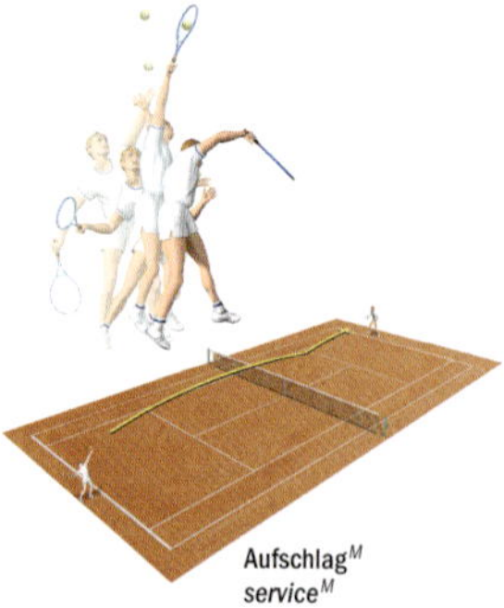

Aufschlag[M]
service[M]

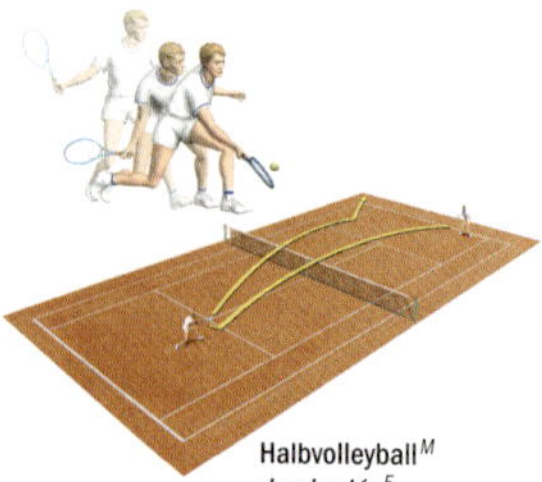

Halbvolleyball[M]
demi-volée[F]

Volleyball[M]
volée[F]

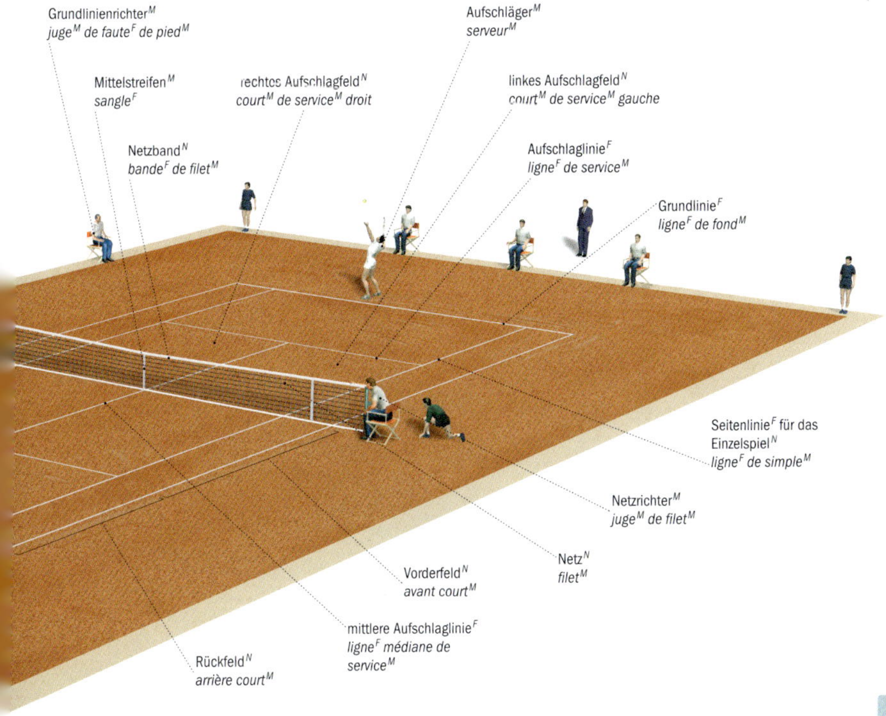

Lob[M]
lob[M]

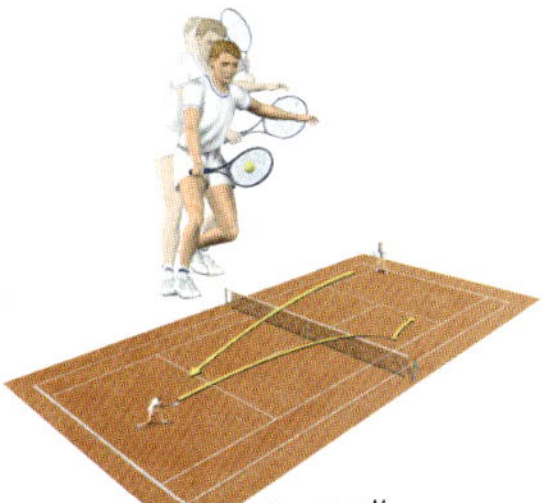

Stoppball[M]
amorti[M]

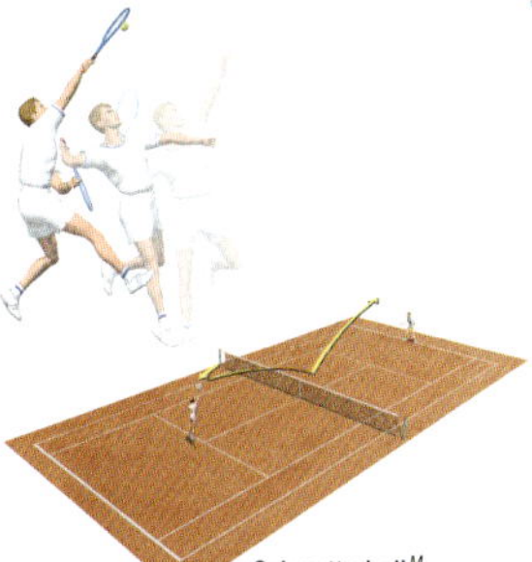

Schmetterball[M]
smash[M]

Tennis^{N}

Tennisschläger^{M}
raquette^{F} de tennis^{M}

Tennisball^{M}
balle^{F} de tennis^{M}

Tennisspielerin^{F}
joueuse^{F} de tennis^{M}

Anzeigetafel^{F}
tableau^{M} d'affichage^{M}

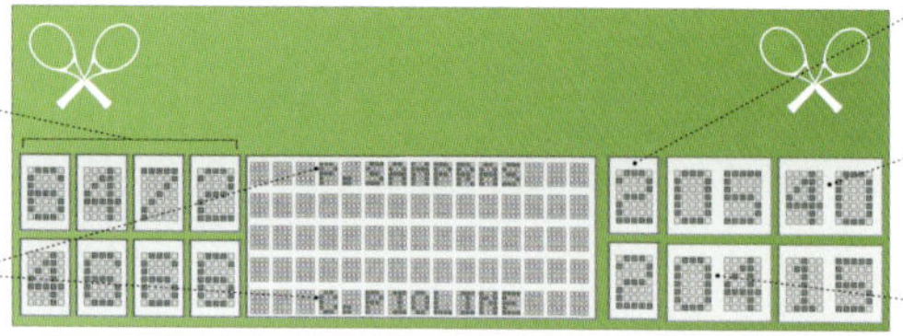

Spielfeldbeläge^{M}
surfaces^{F} de jeu^{M}

Rasen^{M}
gazon^{M}

Sand^{M}
terre^{F} battue

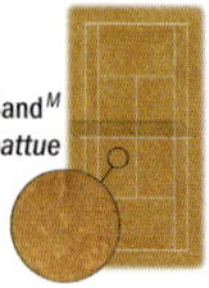

Hartplatz^{M} (Zement^{M})
surface^{F} dure (ciment^{M})

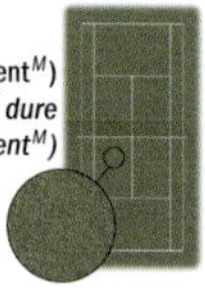

Kunststoffboden^{M}
revêtement^{M} synthétique

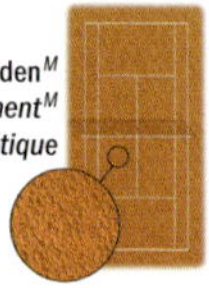

Tischtennis^{N}
tennis^{M} de table^{F}

Tischtennisplatte^{F}
table^{F}

Tischtennisschläger^{M}
raquette^{F} de tennis^{M} de table^{F}

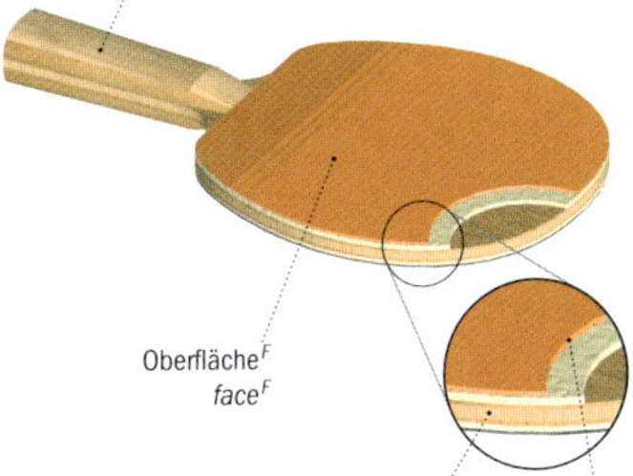

Tischtennisball^{M}
balle^{F} de tennis^{M} de table^{F}

Grifftechniken^{F}
types^{M} de prises^{F}

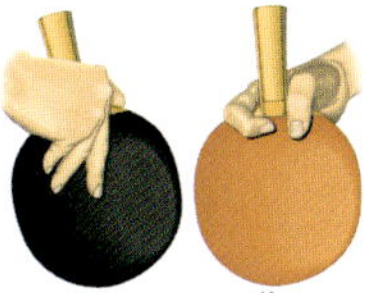

Penholdergriff^{M}
prise^{F} porte-plume^{M}

Shake-Hands-Griff^{M}
prise^{F} classique

Badminton[N]

badminton[M]

Badmintonplatz[M]
terrain[M]

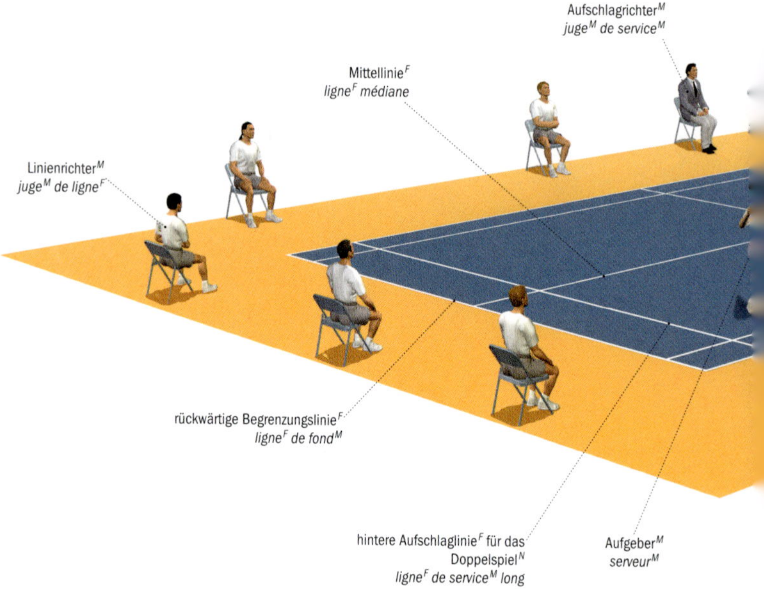

Badmintonschläger[M]
raquette[F] de badminton[M]

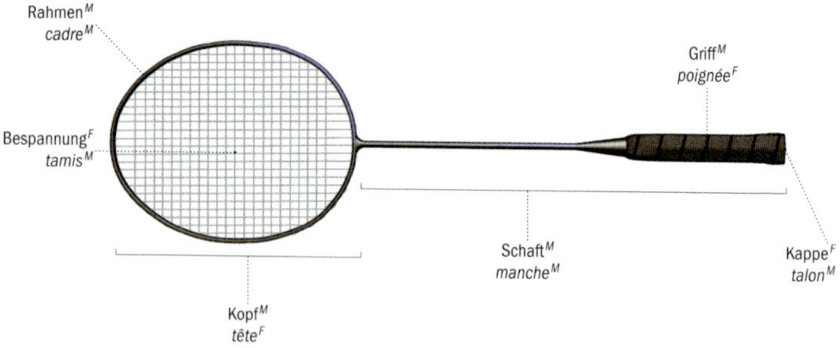

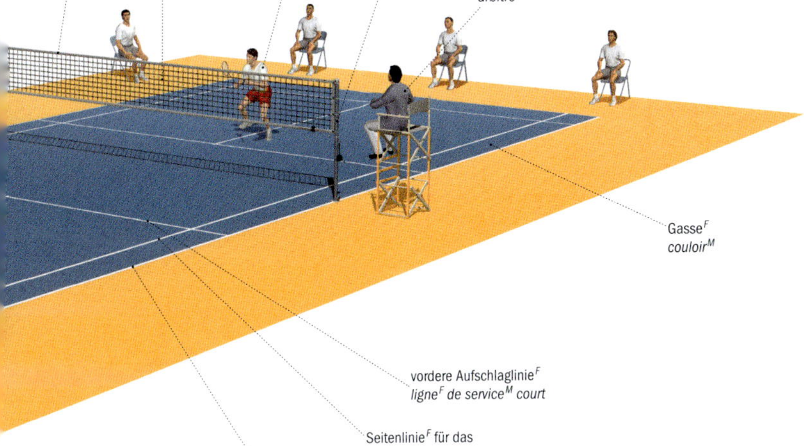

Aufschlagfelder[N]
zones[F] de service[M]

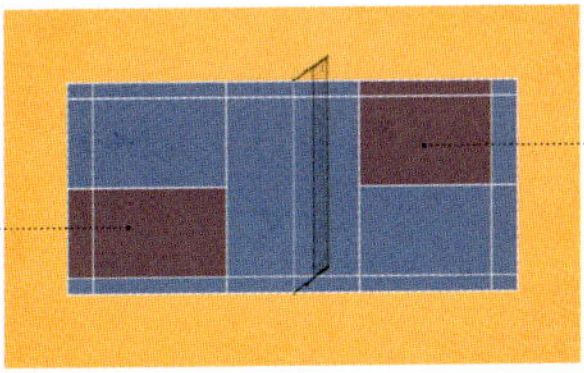

Kunststoff[M]-Federball[M]
volant[M] synthétique

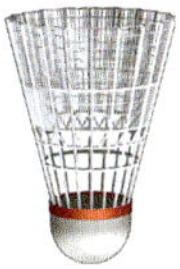

Federball[M]
volant[M] de plumes[F]

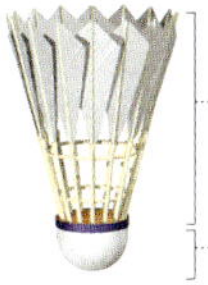

Geräteturnen^{N}

gymnastique^{F}

Geräteturnanlage^{F}
podium^{M} des épreuves^{F}

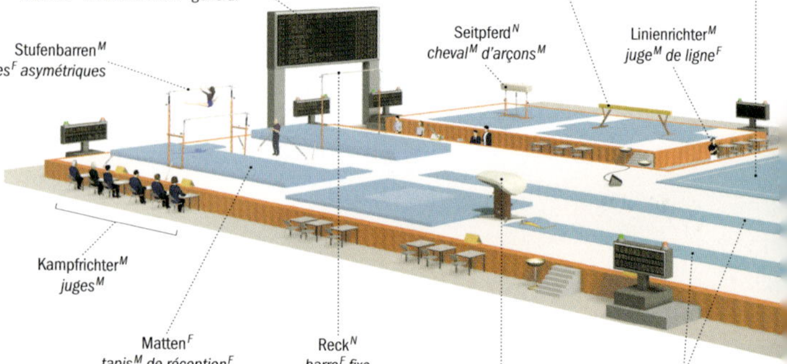

Sprungbrett^{N}
tremplin^{M}

Sprungpferd^{N}
cheval^{M} sautoir^{M}

Seitpferd^{N}
cheval^{M} d'arçons^{M}

Barren^{M}
barres^{F} parallèles

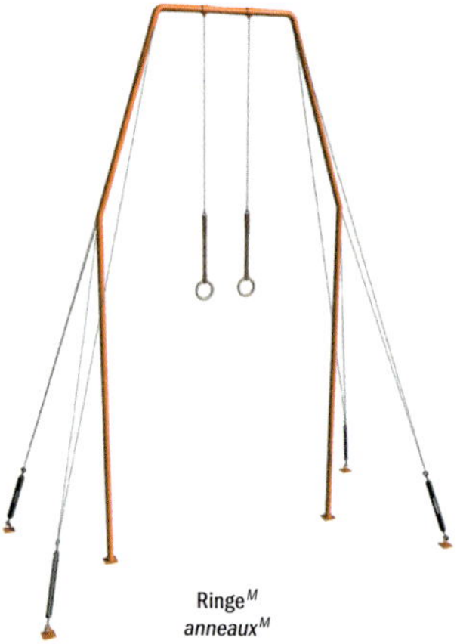

Ringe^{M}
anneaux^{M}

Geräteturnen[N]

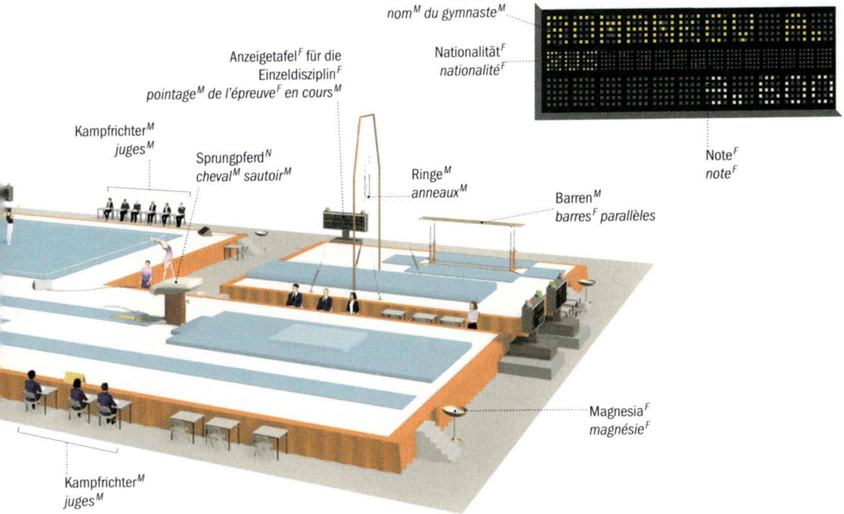
Anzeigetafel[F]
tableau[M] de pointage[M]
Name[M] des Turners[M]/der Turnerin[F]
nom[M] du gymnaste[M]
Nationalität[F]
nationalité[F]
Note[F]
note[F]
Anzeigetafel[F] für die Einzeldisziplin[F]
pointage[M] de l'épreuve[F] en cours[M]
Kampfrichter[M]
juges[M]
Sprungpferd[N]
cheval[M] sautoir[M]
Ringe[M]
anneaux[M]
Barren[M]
barres[F] parallèles
Magnesia[F]
magnésie[F]
Kampfrichter[M]
juges[M]

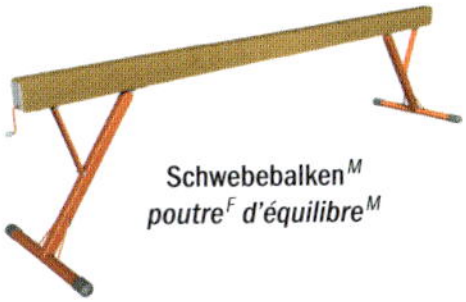
Schwebebalken[M]
poutre[F] d'équilibre[M]

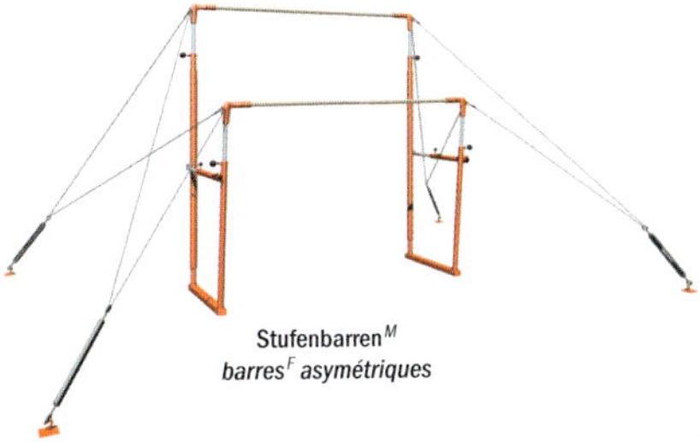
Stufenbarren[M]
barres[F] asymétriques

Reck[N]
barre[F] fixe

Boxen[N]

boxe[F]

Boxer[M]
boxeur[M]

Punchingball[M]
ballon[M] de boxe[F]

Sandsack[M]
sac[M] de sable[M]

Boxhandschuhe[M]
gants[M] de boxe[F]

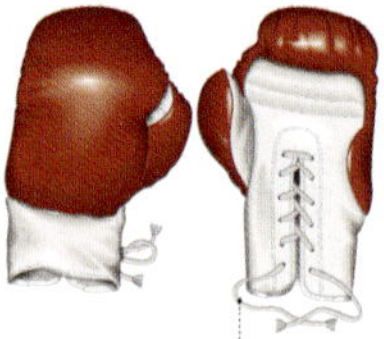

Mundschutz[M]
protège-dents[M]

Ring[M]
ring[M]

Judo[N]
judo[M]

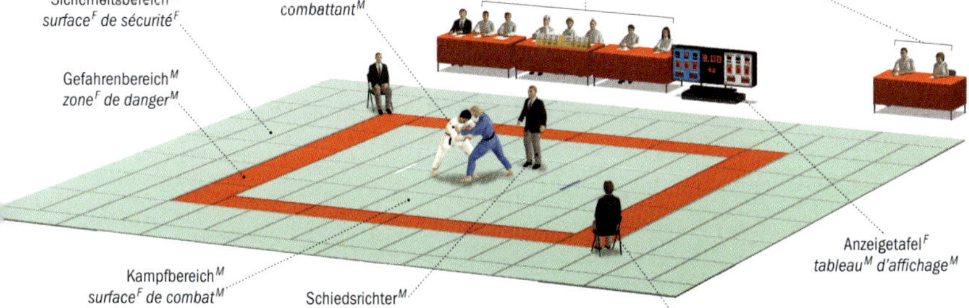

Judogi[M]
judogi[M]

Griff- und Wurfbeispiele[N]
exemples[M] ***de prises***[F]

Haltegriffe[M]
immobilisation[F]

Kopfwurf[M]
projection[F] ***en cercle***[M]

Große Außensichel[F]
grand fauchage[M] ***extérieur***

Hüftwurf[M]
hanche[F] ***ailée***

Große Innensichel[F]
grand fauchage[M] ***intérieur***

Armhebel[M]
clé[F] ***de bras***[M]

Halsumklammerung[F]
étranglement[M]

einarmiger Schulterwurf[M]
projection[F] ***d'épaule***[F] ***par un côté***[M]

Gewichtheben[N]

haltérophilie[F]

Stoßen[N]
épaulé[M]-jeté[M]

Reißen[N]
arraché[M]

Fitnessgeräte[N]

appareils[M] de conditionnement[M] physique

Hantel[F]
haltère[M] court

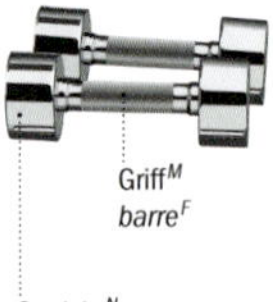

Handmuskeltrainer[M]
poignées[F] à ressort[M]

Fuß-/Handgelenksgewicht[N]
bracelet[M] lesté

Springseil[N]
corde[F] à sauter

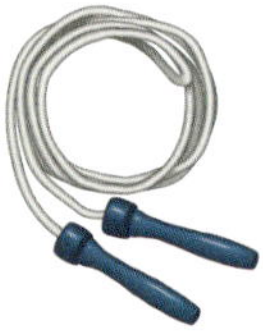

Federstange[F]
ressort[M] athlétique

Expander[M]
extenseur[M]

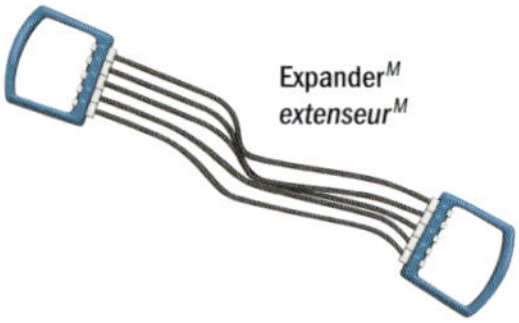

Hantel[F]
haltère[M] long

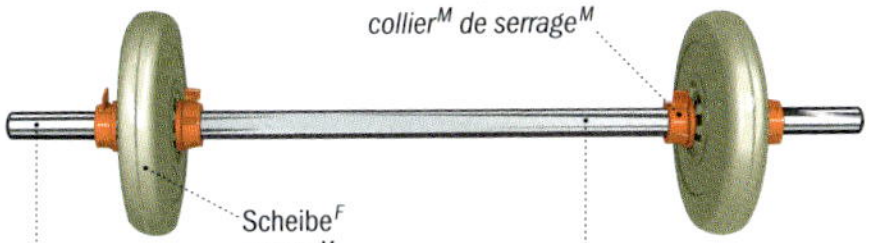

Heimtrainer[M]
vélo[M] d'exercice[M]

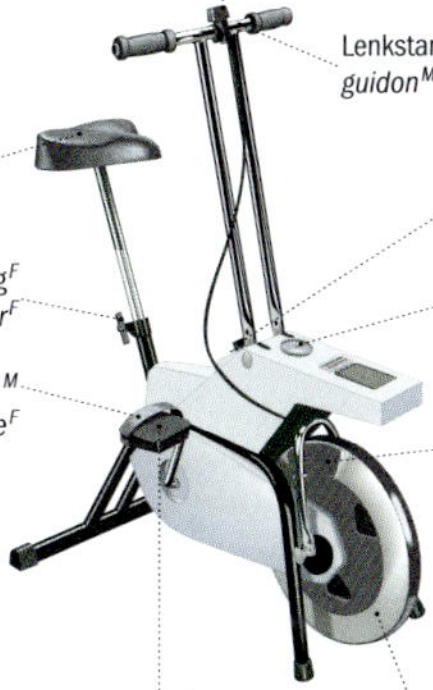

Multitrainer[M]
banc[M] de musculation[F]

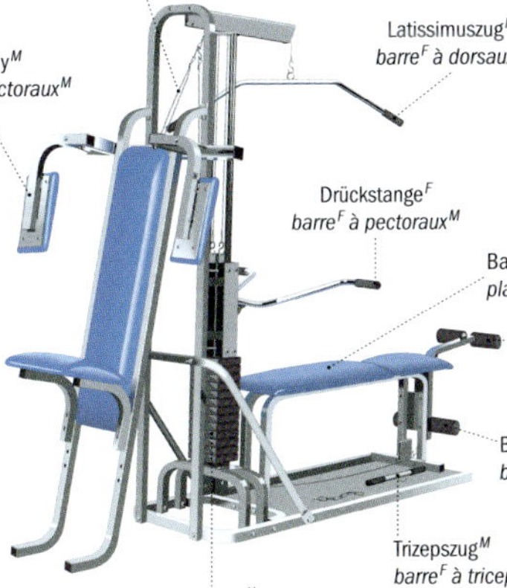

Climber[M]
simulateur[M] d'escalier[M]

Rudergerät[N]
rameur[M]

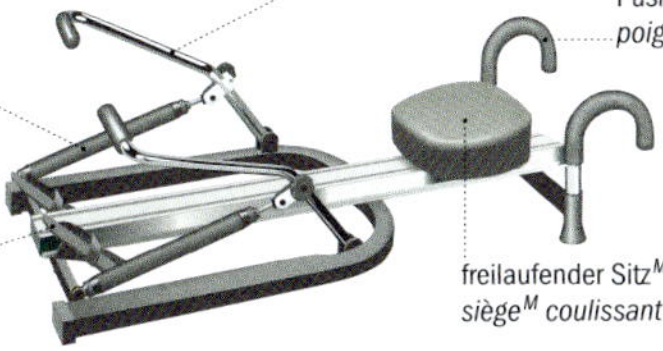

Billard[N]

billard[M]

Karambolagebillard[N]
billard[M] français

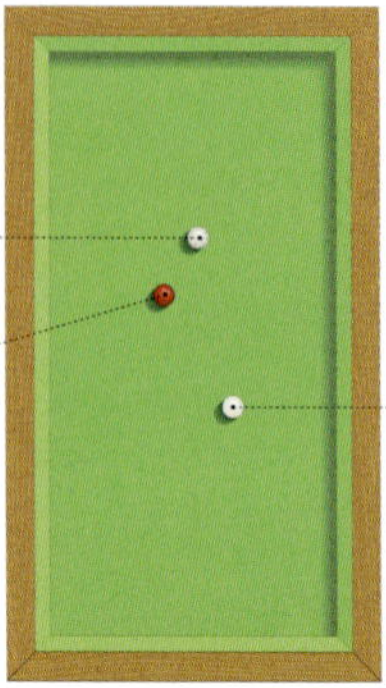

Pool[N]
billard[M] pool

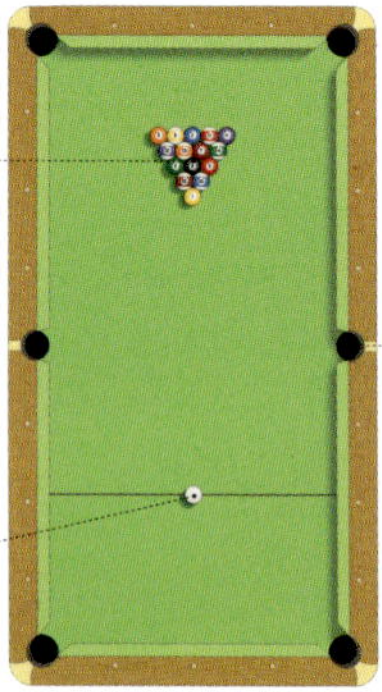

Billardtisch[M]
table[F]

Billard[N]

Snooker[N]
snooker[M]

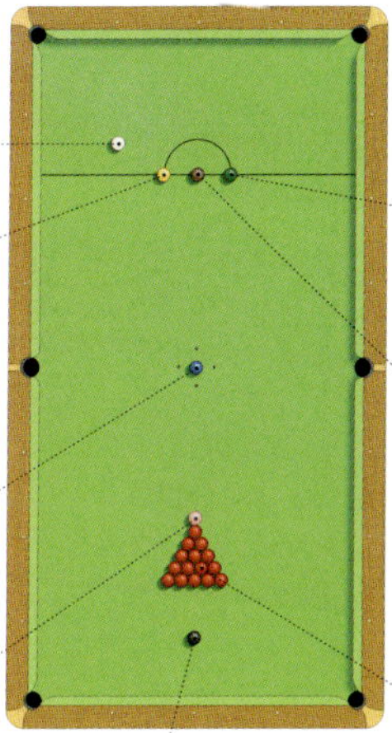

Lochbillard[N]
billard[M] anglais

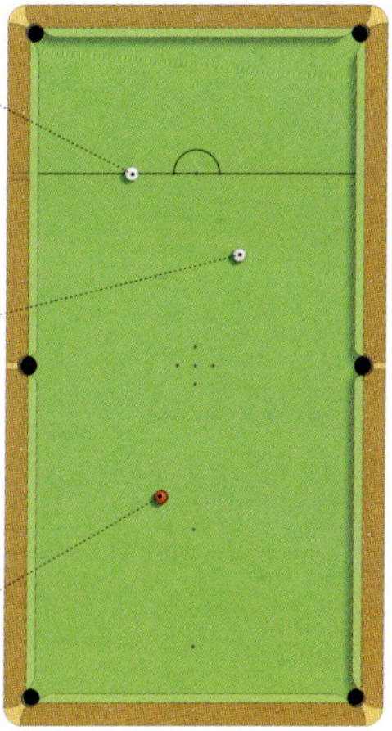

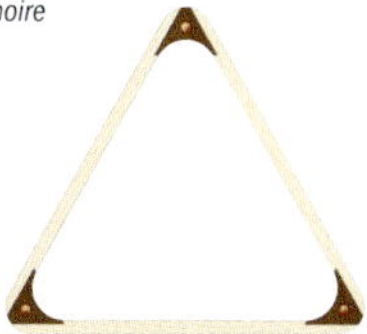

Dreieck[N]
triangle[M]

Kreide[F]
craie[F]

Billardqueue[N/M]
queue[F] de billard[M]

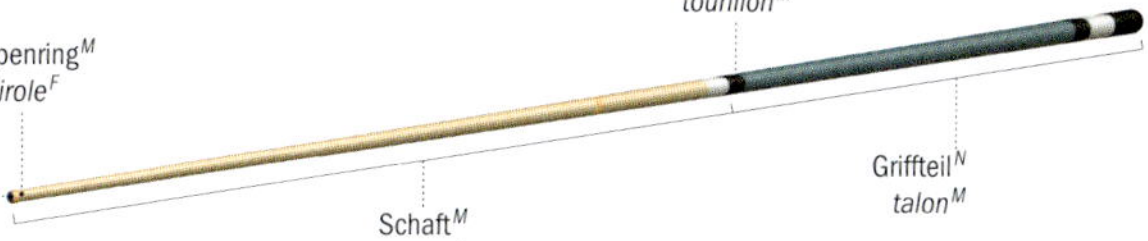

Steg[M]
râteau[M]

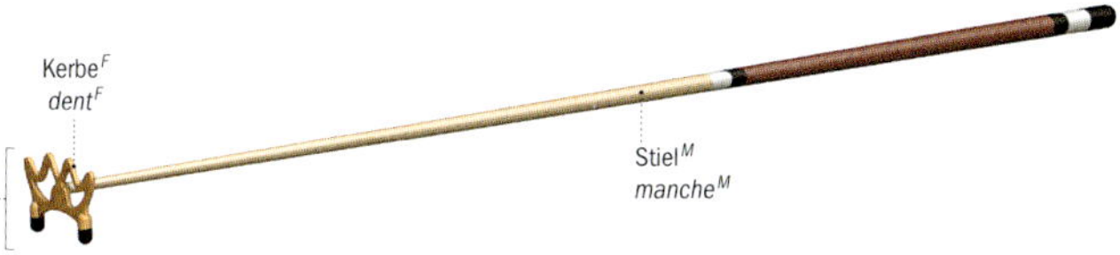

SPORT UND SPIELE

Golfspiel[N]

golf[M]

Golfplatz[M]
parcours[M]

Loch[N]
trou[M]

Klubhaus[N]
pavillon[M]

Übungsgrün[N]
vert[M] d'entraînement[M]

Parkplatz[M]
stationnement[M]

Bunker[M]
fosse[F] de sable[M]

Grün[N]
vert[M]

Weg[M]
chemin[M]

Fairway[N]
allée[F]

Teich[M]
étang[M]

Bäume[M]
arbres[M]

Rau[N]
herbe[F] longue

Abschlagplatz[M]
tertre[M] de départ[M]

Wasserhindernis[N]
obstacle[M] d'eau[F]

Par[N]-5-Loch[N]
trou[M] de normale[F] 5

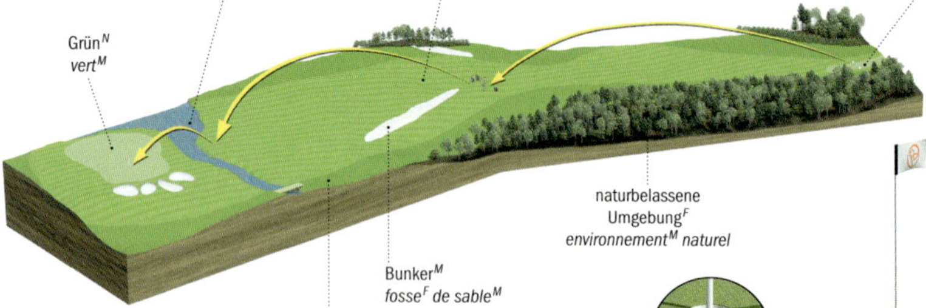

Wasserhindernis[N]
obstacle[M] d'eau[F]

Fairway[N]
allée[F]

Abschlagsbereich[M]
tertre[M] de départ[M]

Grün[N]
vert[M]

naturbelassene Umgebung[F]
environnement[M] naturel

Bunker[M]
fosse[F] de sable[M]

Rau[N]
herbe[F] longue

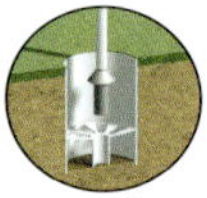

Loch[N]
trou[M]

umsetzbare Flagge[F]
drapeau[M] amovible

SPORT UND SPIELE

Arten[F] von Golfschläger[M]
types[M] de bâtons[M] de golf[M]

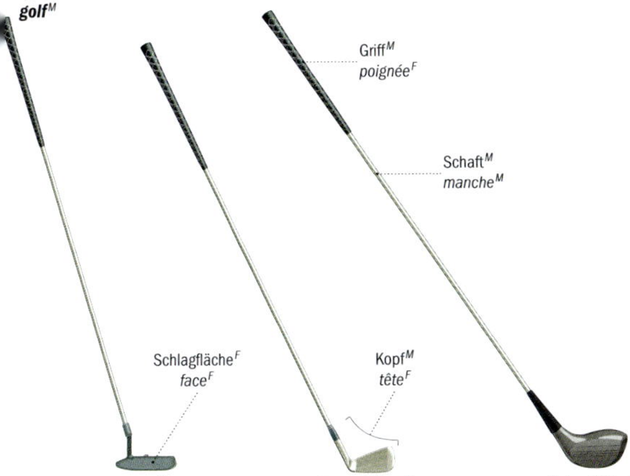

Putter[M]
fer[M] droit

Eisenschläger[M]
fer[M]

Holzschläger[M]
bois[M]

Golfball[M]
balle[F] de golf[M]

Schlägerabdeckung[F]
capuchon[M]

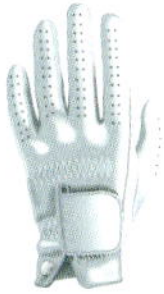

Golfhandschuh[M]
gant[M] de golf[M]

Golfschuhe[M]
chaussures[F] de golf[M]

Golftasche[F]
sac[M] de golf[M]

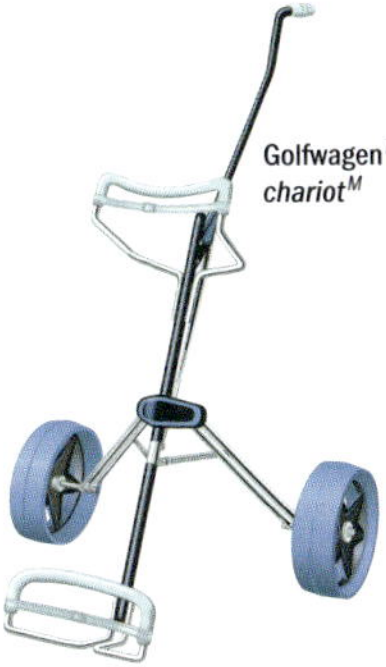

Golfwagen[M]
chariot[M]

elektrischer Golfwagen[M]
voiturette[F] de golf[M] électrique

Eishockey^N

hockey^M sur glace^F

Eishockeyspieler^M
hockeyeur^M

Eishockeyschläger^M
crosse^F de joueur^M

Eisfläche^F
patinoire^F

Torwart[M]
gardien[M] de but[M]

Gesichtsschutzmaske[F]
masque[M]

Abwehrhandschuh[M]
bouclier[M]

Fanghandschuh[M]
mitaine[F]

Beinpolster[N]
jambière[F] de gardien[M] de but[M]

Torwartschläger[M]
crosse[F] de gardien[M] de but[M]

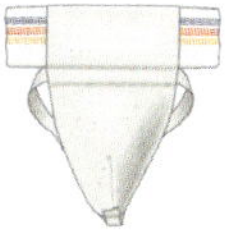

Suspensorium[N]
coquille[F]

Puck[M]
palet[M]

Torwartschlittschuh[M]
patin[M] de gardien[M] de but[M]

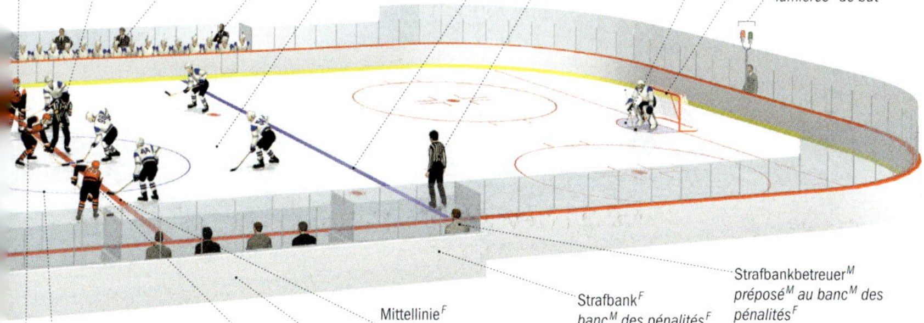

linker Stürmer[M]
ailier[M] gauche

Trainer[M]
entraineur[M]

Assistenztrainer[M]
entraineur[M] adjoint

Torraum[M]
zone[F] de but[M]

blaue Linie[F]
ligne[F] bleue

Schiedsrichter[M]
arbitre[M]

neutrale Zone[F]
zone[F] neutre

Tor[N]
but[M]

Linienrichter[M]
juge[M] de ligne[F]

Torlampen[F]
lumières[F] de but[M]

Strafbankbetreuer[M]
préposé[M] au banc[M] des pénalités[F]

Strafbank[F]
banc[M] des pénalités[F]

Mittellinie[F]
ligne[F] centrale

mittlerer Anspielpunkt[M]
cercle[M] central

Sturmspitze[F]
centre[M]

rechter Stürmer[M]
ailier[M] droit

Offiziellenbank[F]
banc[M] des officiels[M]

Eisschnelllauf[M]

patinage[M] de vitesse[F]

Eisschnelläufer[M]:
Langstrecke[F]
patineur[M] : longue piste[F]

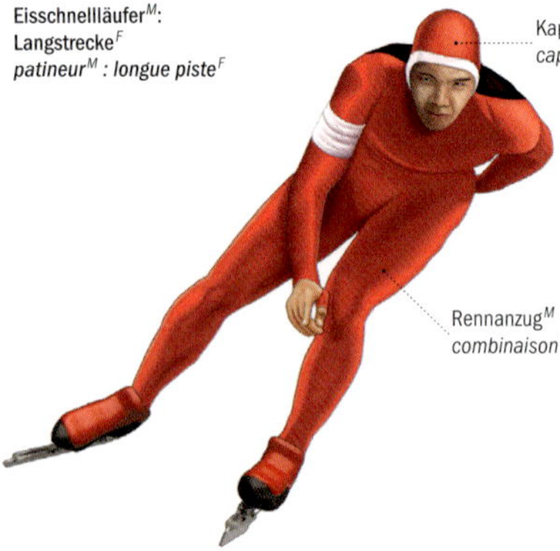

Eisschnellläufer[M]:
Kurzstrecke[F]
patineur[M] : courte piste[F]

Eisschnelllauf[M]-Schlittschuhe[M]
patins[M] de course[F]

Klappschlittschuh[M]
patin[M] clap

Kurzstreckenschlittschuh[M]
patin[M] de courte piste[F]

Kurzstrecke[F]
courte piste[F]

Eisschnelllaufbahn[F]
longue piste[F]

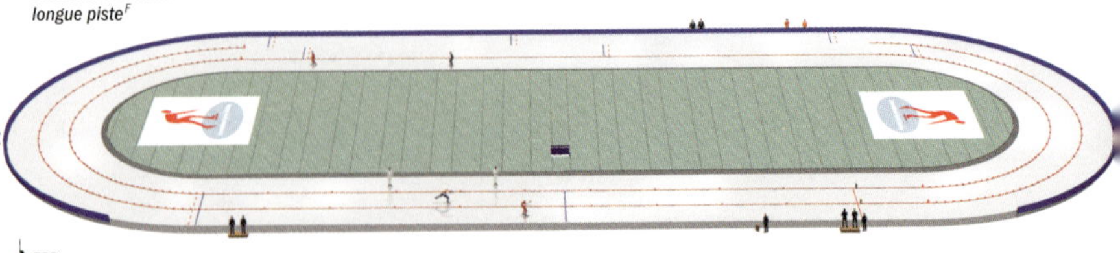

Eiskunstlauf[M]
patinage[M] artistique

Eiskunstlaufstiefel[M]
patin[M] de figure[F]

Beispiele[N] für Sprünge[M]
exemples[M] de sauts[M]

Eisfläche[F]
patinoire[F]

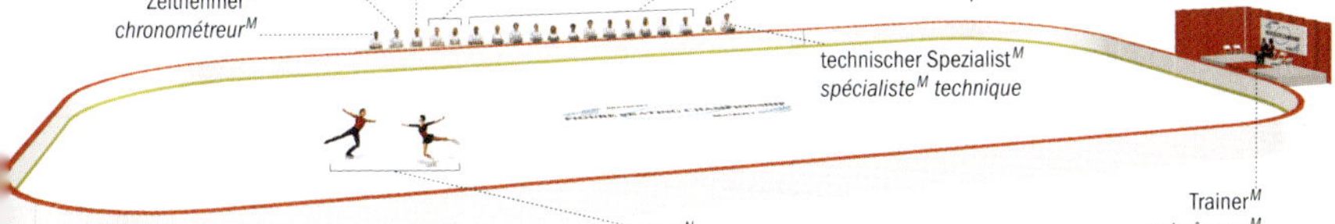

alpines Skilaufen^{N}

ski^{M} alpin

alpiner Skiläufer^{M}
skieur^{M} alpin

Ski^{M}
ski^{M}

Beispiele^{N} für Skier^{M}
exemples^{M} de skis^{M}

Slalomski^{M}
ski^{M} de slalom^{M}

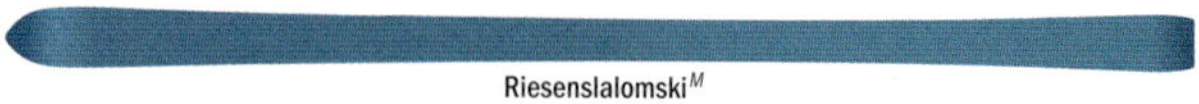

Riesenslalomski^{M}
ski^{M} de grand slalom^{M}

Abfahrts- und Superriesenslalom^{M}-Ski^{M}
ski^{M} de descente^{F}/super-G^{M}

Disziplinen[F]
épreuves[F]

Abfahrtslauf[M]
descente[F]

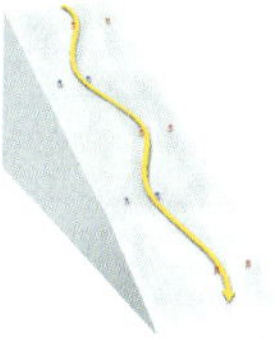

Superriesenslalom[M]
super-géant[M]

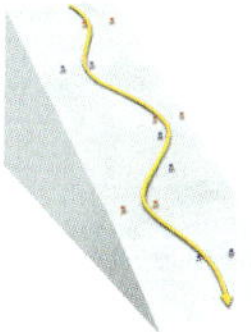

Riesenslalom[M]
slalom[M] géant

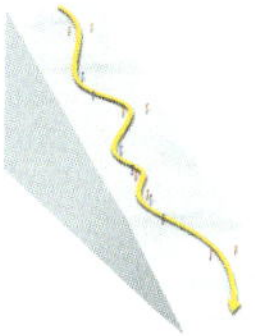

Spezialslalom[M]
slalom[M] spécial

Skistiefel[M]
chaussure[F] de ski[M]

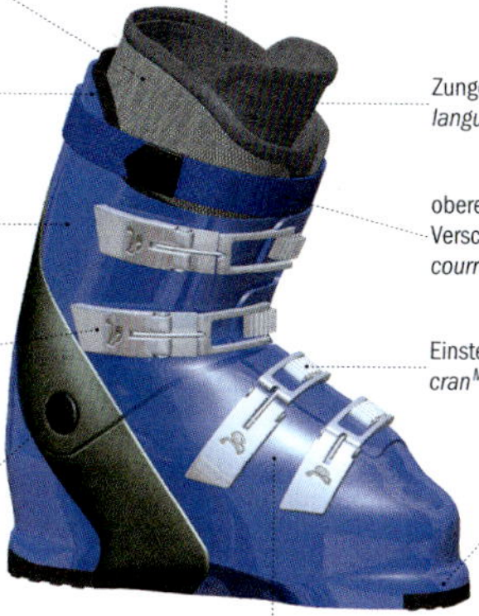

Sicherheitsbindung[F]
fixation[F] de sécurité[F]

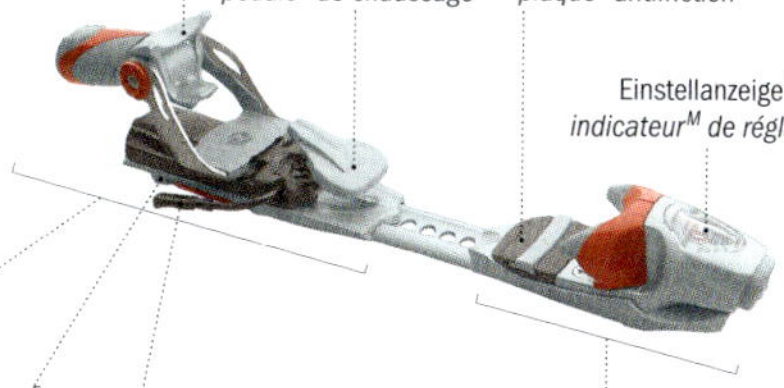

Skigebiet^{N}

station^{F} de ski^{M}

Seilbahn^{F} *télécabine^{F}*
Skiliftankunft^{F} *arrivée^{F} des remontées^{F} mécaniques*
Gipfelhütte^{F} *chalet^{M} du sommet^{M}*
mittelschwere Piste^{F} *pente^{F} intermédiaire*
Gipfel^{M} *sommet^{M}*
Anfängerpiste^{F}, Idiotenhügel^{M} *pente^{F} facile*
Sessellift^{M} *télésiège^{M}*
Expertenpiste^{F} *pente^{F} expert^{M}*
Skipisten^{F} *domaine^{M} skiable*
schwere Piste^{F} *pente^{F} difficile*
Alpin-Skipiste^{F} *piste^{F} de ski^{M} alpin*
Bergwacht^{F} *poste^{M} de patrouille^{F} et de secours^{M}*
Hauptunterkunft^{F} *chalet^{M} principal*
Unterkünfte^{F} *hébergement^{M}*
Pistenraupe^{F} *dameuse^{F}*

Skischule^{F} *école^{F} de ski^{M}*
Schlepplift^{M} *téléski^{M} biplace*
Sesselliftabfahrt^{F} *départ^{M} des télésièges^{M}*
Langlaufloipe^{F} *piste^{F} de ski^{M} de fond^{M}*
Skihütte^{F} *pavillon^{M} des skieurs^{M}*
Seilbahnabfahrt^{F} *départ^{M} des télécabines^{F}*
Appartements^{N} *copropriété^{F}*
Eislaufplatz^{M} *patinoire^{F}*
Berghütte^{F} *chalet^{M} de montagne^{F}*
Hotel^{N} *hôtel^{M}*
Informationsschalter^{M} *renseignements^{M}*
Dorf^{N} *village^{M}*
Parkplatz^{M} *parc^{M} de stationnement^{M}*

Snowboarden^{N}

surf^{M} des neiges^{F}

Snowboarder^{M}
surfeur^{M}

Hardboots^{M}
botte^{F} rigide

Softboots^{M}
botte^{F} souple

Freestyleboard^{N}
surf^{M} acrobatique

Alpinboard^{N}
surf^{M} alpin

Skispringen^{N}

saut^{M} à ski^{M}

Skispringer^{M}
sauteur^{M}

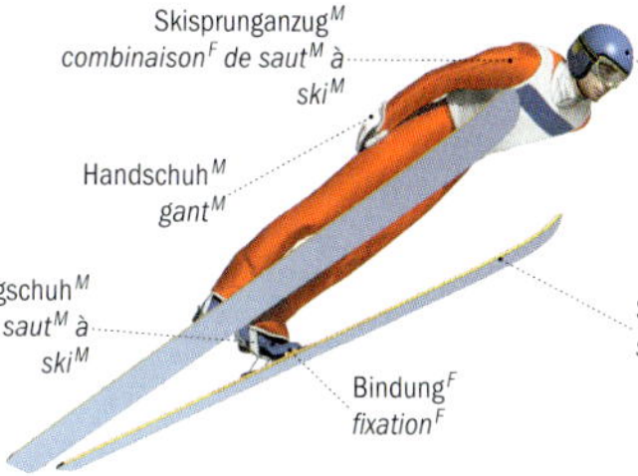

SPORT UND SPIELE

Skilanglauf[M]

ski[M] de fond[M]

Langläufer[M]
skieur[M] de fond[M]

Wachsausrüstung[F]
trousse[F] de fartage[M]

Langlaufski[M]
ski[M] de fond[M]

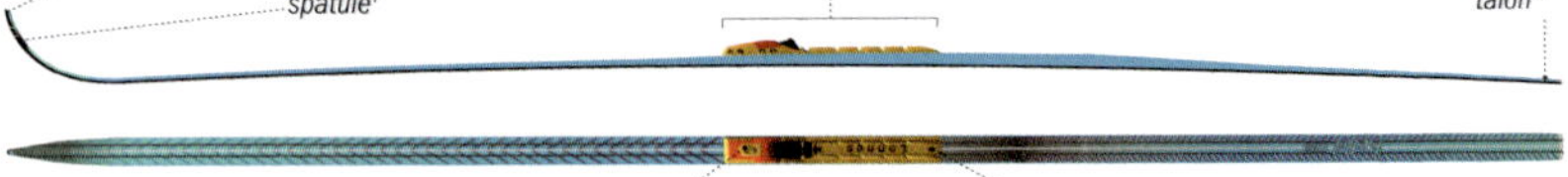

Schlittschuhschritt[M]
pas[M] de patineur[M]

diagonaler Schlittschuhschritt[M]
pas[M] alternatif

Curling[N]

curling[M]

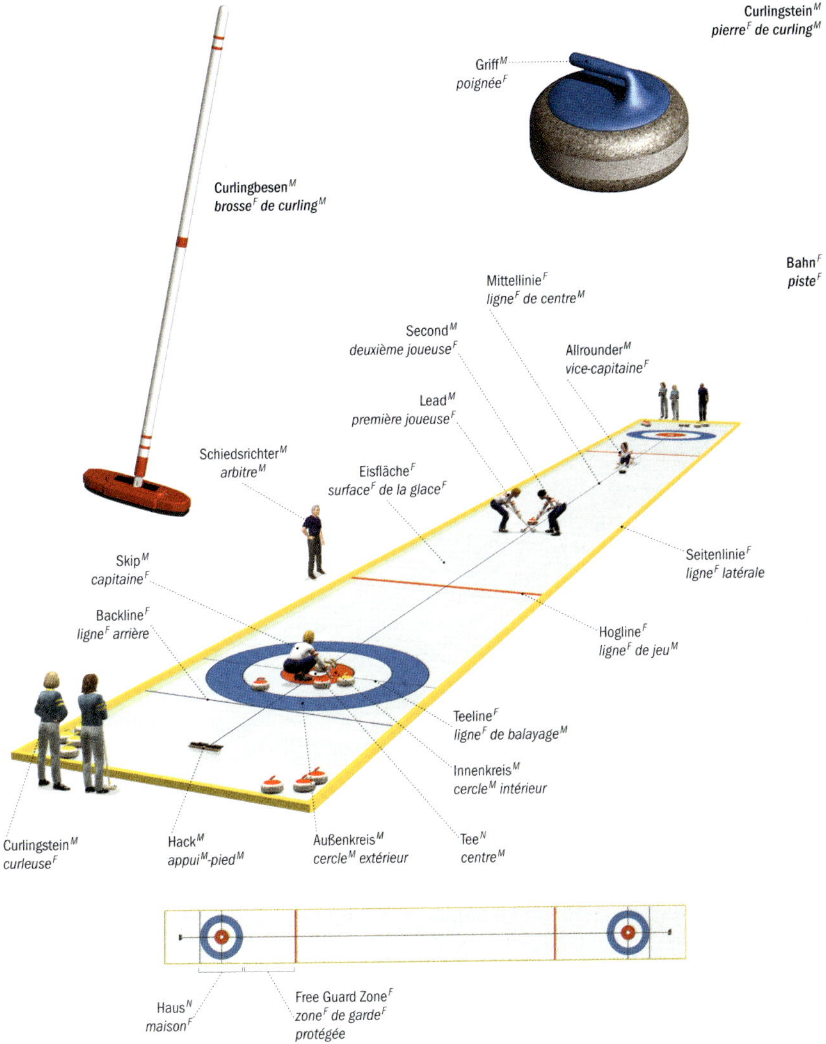
Curlingstein[M]
pierre[F] de curling[M]
Griff[M]
poignée[F]
Curlingbesen[M]
brosse[F] de curling[M]
Bahn[F]
piste[F]
Mittellinie[F]
ligne[F] de centre[M]
Second[M]
deuxième joueuse[F]
Allrounder[M]
vice-capitaine[F]
Lead[M]
première joueuse[F]
Schiedsrichter[M]
arbitre[M]
Eisfläche[F]
surface[F] de la glace[F]
Seitenlinie[F]
ligne[F] latérale
Skip[M]
capitaine[F]
Backline[F]
ligne[F] arrière
Hogline[F]
ligne[F] de jeu[M]
Teeline[F]
ligne[F] de balayage[M]
Innenkreis[M]
cercle[M] intérieur
Curlingstein[M]
curleuse[F]
Hack[M]
appui[M]-pied[M]
Außenkreis[M]
cercle[M] extérieur
Tee[N]
centre[M]
Haus[N]
maison[F]
Free Guard Zone[F]
zone[F] de garde[F] protégée

Schwimmen[N]

natation[F]

Startblock[M]
plot[M] de départ[M]

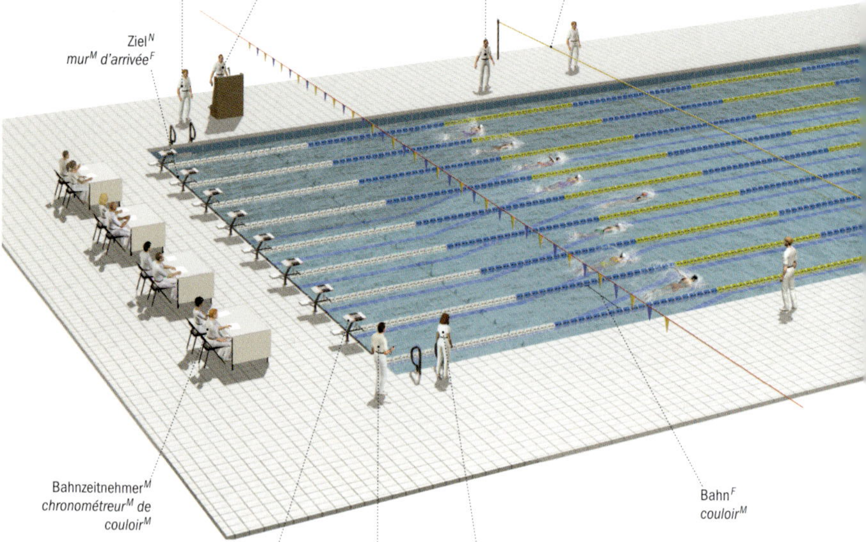

verschiedene Schwimmstile^{M}
types^{M} de nages^{F}

Kraulen^{N}
crawl^{M}

Schmetterlingsstil^{M}
papillon^{M}

Brustschwimmen^{N}
brasse^{F}

Rückenschwimmen^{N}
nage^{F} sur le dos^{M}

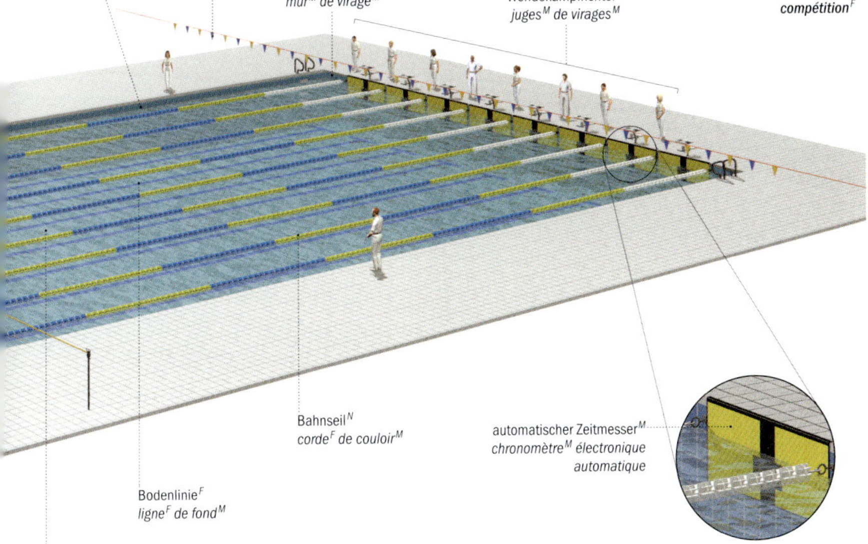

Kunstspringen^{N}

plongeon^{M}

Startpositionen^{F}
positions^{F} de départ^{M}

auswärts
renversé

einwärts
retourné

rückwärts
arrière

vorwärts
avant

Handstand^{M}
en équilibre^{M}

Sprungfiguren^{F}
vols^{M}

Saltostellung^{F}
position^{F} groupée

Bohrerstellung^{F}
position^{F} droite

Hechtsprungstellung^{F}
position^{F} carpée

Springeinrichtungen^{F}
plongeoir^{M}

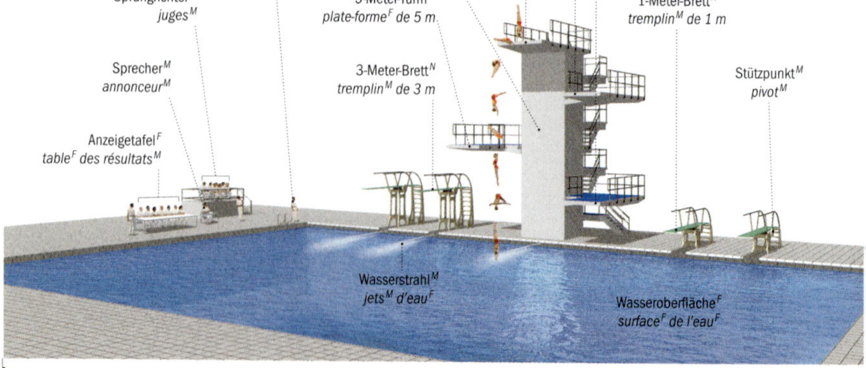

Surfbrett[N]

planche[F] à voile[F]

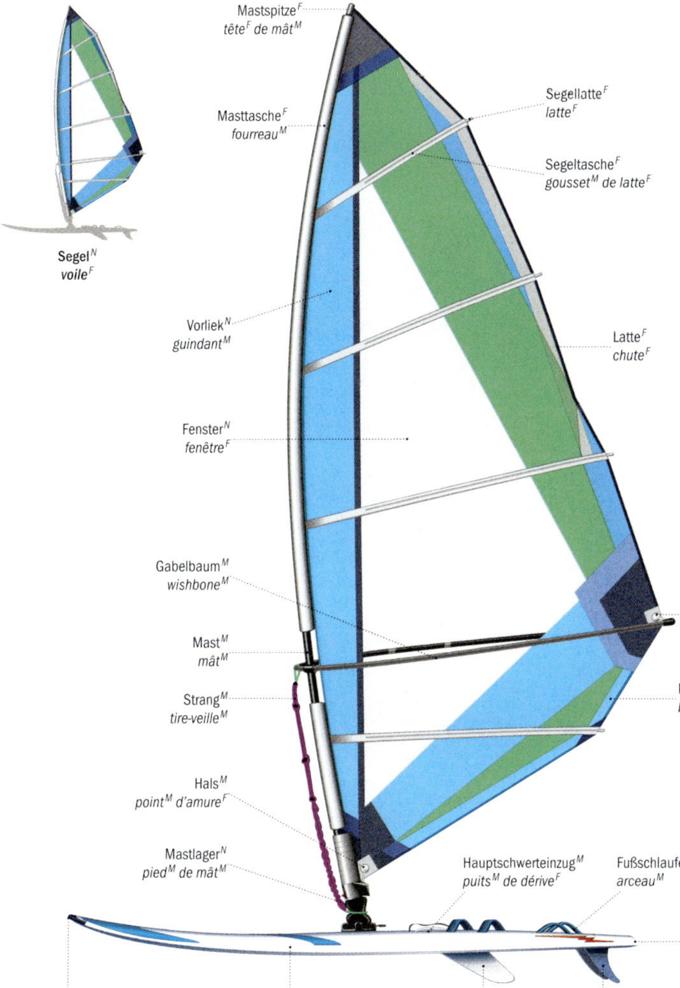
Segel[N] *voile[F]*
Mastspitze[F] *tête[F] de mât[M]*
Masttasche[F] *fourreau[M]*
Segellatte[F] *latte[F]*
Segeltasche[F] *gousset[M] de latte[F]*
Vorliek[N] *guindant[M]*
Latte[F] *chute[F]*
Fenster[N] *fenêtre[F]*
Gabelbaum[M] *wishbone[M]*
Horn[N] *point[M] d'écoute[F]*
Mast[M] *mât[M]*
Strang[M] *tire-veille[M]*
Fuß[M] *bordure[F]*
Hals[M] *point[M] d'amure[F]*
Mastlager[N] *pied[M] de mât[M]*
Hauptschwerteinzug[M] *puits[M] de dérive[F]*
Fußschlaufe[F] *arceau[M]*
Heck[N] *poupe[F]*
Bug[M] *proue[F]*
Brett[N] *flotteur[M]*
Hauptschwert[N] *dérive[F]*
Hilfsschwert[N] *aileron[M]*

Segelsport[M]

voile[F]

Segelboot[N]
dériveur[M]

Verklicker[M]
girouette[F]
Mast[M]
mât[M]
Lattentasche[F]
gousset[M] de latte[F]
Vorstag[M]
étai[M] avant
Segellatte[F]
latte[F]
Fock[F]
foc[M]
Großsegel[N]
grand-voile[F]
Want[F]
hauban[M]
Segelkleid[N]
laize[F]
Saling[F]
barre[F] de flèche[F]
Halstalje[F]
halebas[M]
Wantenverklicker[M]
pennon[M]
Vorschot[F]
écoute[F] de foc[M]
Baum[M]
bôme[F]
Klampe[F]
taquet[M]
Großschot[N]
écoute[F] de grand-voile[F]
Traveller[M]
barre[F] d'écoute[F]
Pinne[F]
barre[F]
Ruder[N]
gouvernail[M]
Bug[M]
étrave[F]
Schwert[N]
dérive[F]
Rumpf[M]
coque[F]
Cockpit[N]
cockpit[M]

Mehrrumpfboote[N]
multicoques[M]

Trimaran[M]
trimaran[M]

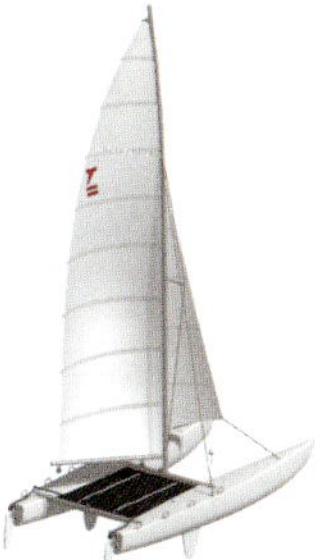

Katamaran[M]
catamaran[M]

Einrumpfboote[N]
monocoques[M]

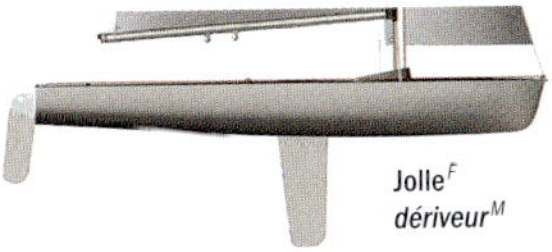

Jolle[F]
dériveur[M]

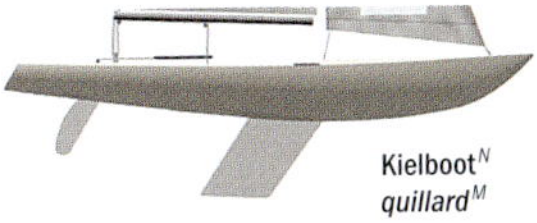

Kielboot[N]
quillard[M]

Beschläge[M]
accastillage[M]

Karabinerhaken[M]
mousqueton[M] à ressort[M]

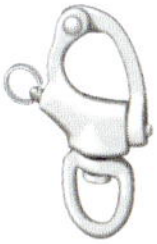

Gelenkschäkel[M]
mousqueton[M]

Schäkel[M]
manille[F]

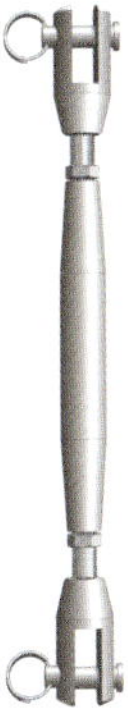

Wantenspanner[M]
ridoir[M]

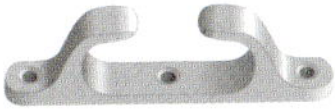

Lippe[F]
chaumard[M]

Klampe[F]
taquet[M]

Winsch[F]
winch[M]

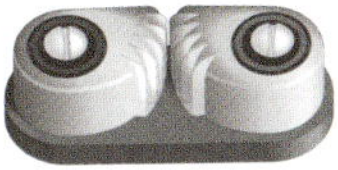

Curryklemme[F]
taquet[M] coinceur

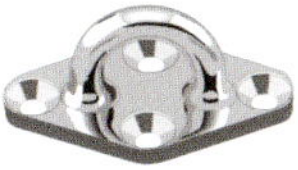

Leitöse[F]
filoir[M] d'écoute[F]

Traveller[M]
barre[F] d'écoute[F]

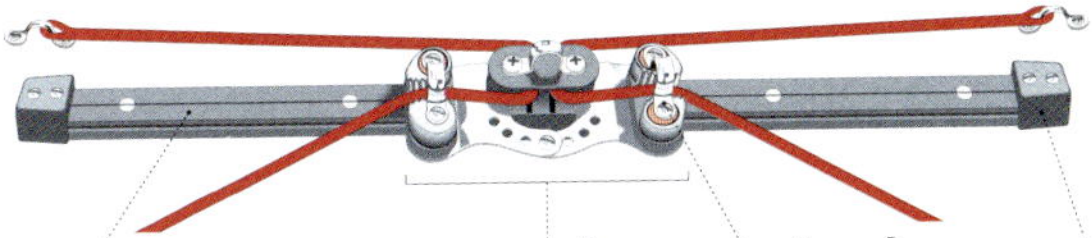

Straßenradsport[M]
cyclisme[M] sur route[F]

Straßenrennrad[N] und Fahrer[M]
vélo[M] de course[F] et cycliste[M]

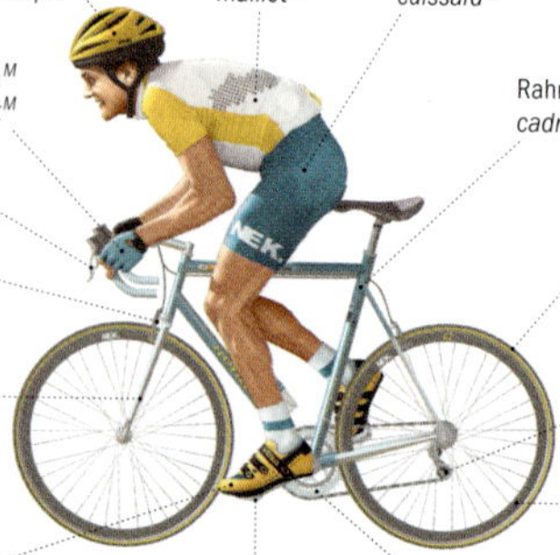

Straßenradrennen[N]
compétition[F] de cyclisme[M] sur route[F]

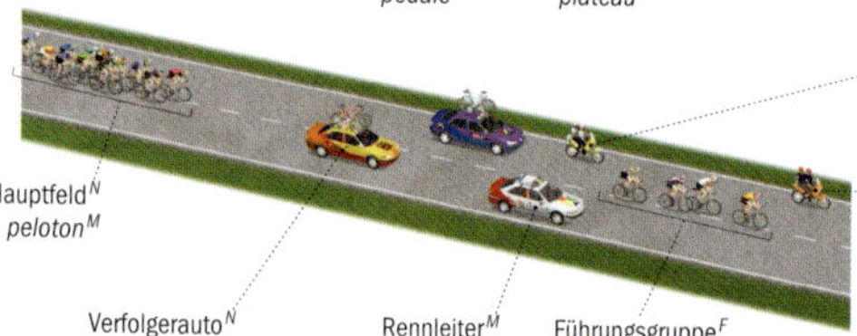

Mountainbike[N]
vélo[M] de montagne[F]

Querfeldeinrad[N] und Fahrer[M]
vélo[M] de cross-country[M] et cycliste[M]

Downhillrad[N] und Fahrer[M]
vélo[M] de descente[F] et cycliste[M]

Jetski^M
scooter^M de mer^F

Schneemobil^N
motoneige^F

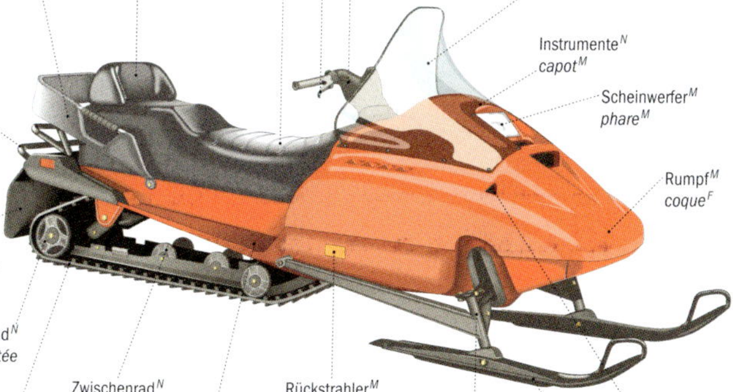

Autorennen^{N}

course^{F} automobile

Rennfahrer^{M}
pilote^{M}

Geländefahrzeug^{N}
voiture^{F} de rallye^{M}

Formel-Indy-Auto^{N}
voiture^{F} de formule^{F} Indy

Formel-3000-Auto^{N}
voiture^{F} de formule^{F} 3000

Startaufstellung^{F}
grille^{F} de départ^{M}

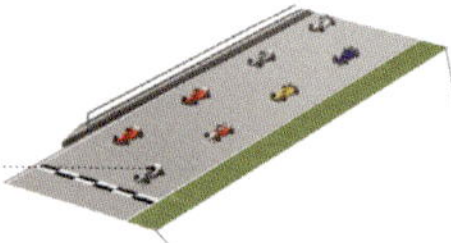

Kurs^{M}
circuit^{M}

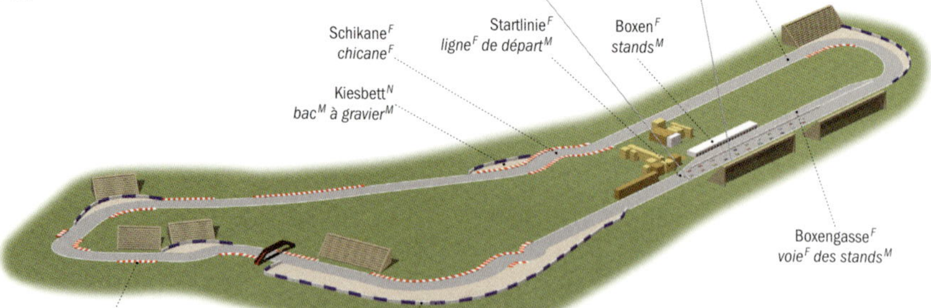

Autorennen[N]

Formel-1-Auto[N]
voiture[F] de formule[F] 1

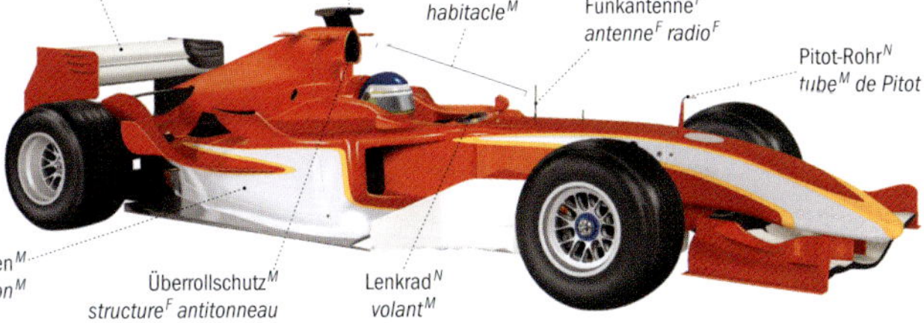

Motorradsport[M]

motocyclisme[M]

Motocross[N]- und Supercross[N]-Motorrad[N]
moto[F] de motocross[M] et supercross[M]

Grand-Prix[M]-Rennmaschine[F] und Motorradfahrer[M]
moto[F] de Grand Prix[M] et pilote[M]

Skateboarding^{N}
planche^{F} à roulettes^{F}

Skateboard^{N}
planche^{F} à roulettes^{F}

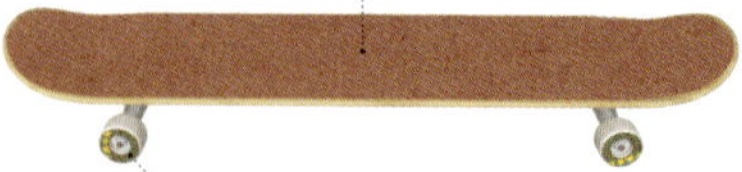

Skateboarder^{M}
planchiste^{M}

Rampe^{F}
rampe^{F}

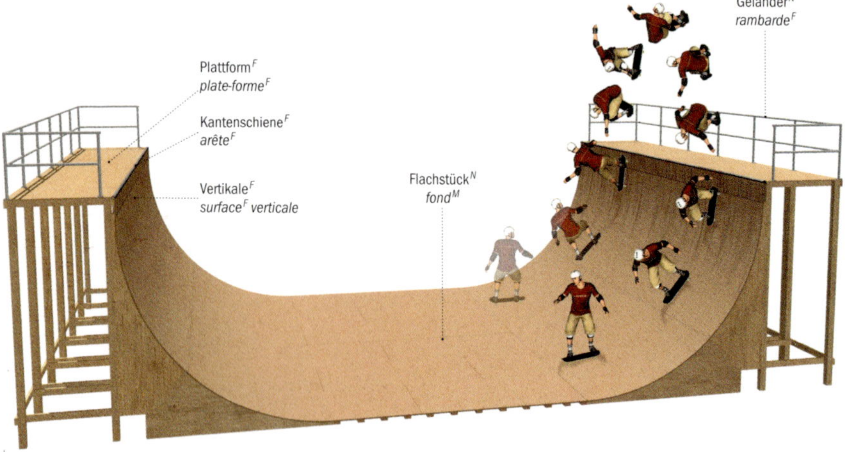

Inlineskating[N]

patin[M] à roues[F] alignées

Stuntskate[M]
patin[M] acrobatique

Skaterin[F]
patineuse[F]

Speedskate[M]
patin[M] de vitesse[F]

Rollschuh[M]
patin[M] à roues[F] alignées

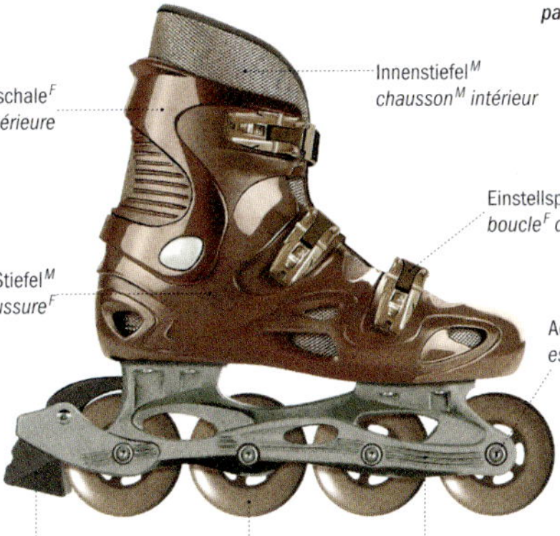

Hockeyskate[M]
patin[M] de hockey[M]

Camping^{N}
camping^{M}

Beispiele^{N} für Zelte^{N}
exemples^{M} de tentes^{F}

Zweipersonenzelt^{N}
tente^{F} deux places^{F}

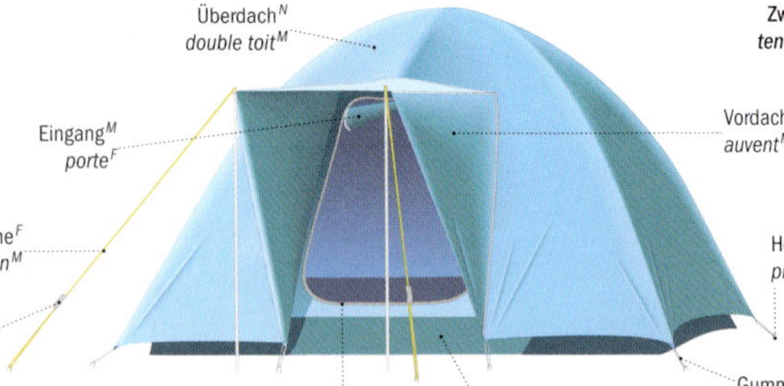

Familienzelt^{N}
tente^{F} familiale

Mannschaftszelt^{N}
tente^{F} grange^{F}

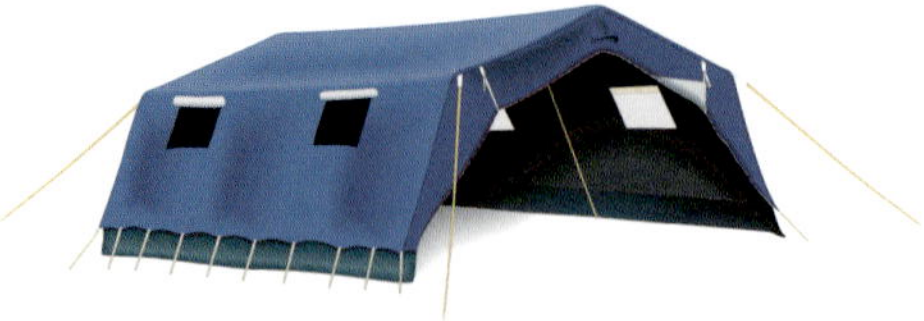

Steilwandzelt^{N}
tente^{F} rectangulaire

SPORT UND SPIELE

Hauszelt^{N}
tente^{F} canadienne

Einpersonenzelt^{N}
tente^{F} individuelle

Kuppelzelt^{N}
tente^{F} dôme^{M}

Igluzelt^{N}
tente^{F} igloo^{M}

Propan- oder Butangas-Geräte^{N}
accessoires^{M} au propane^{M} ou au butane^{M}

Lampe^{F}
lanterne^{F}

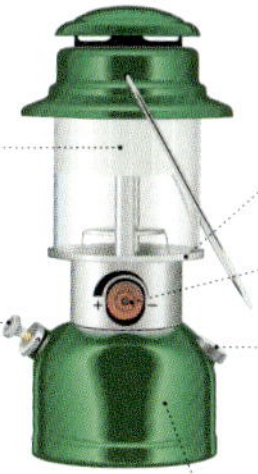

Heizstrahler^{M}
chaufferette^{F}

zweiflammiger Gasbrenner^{M}
réchaud^{M} à deux feux^{M}

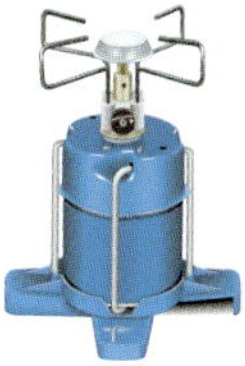

einflammiger Gasbrenner^{M}
réchaud^{M} à un feu^{M}

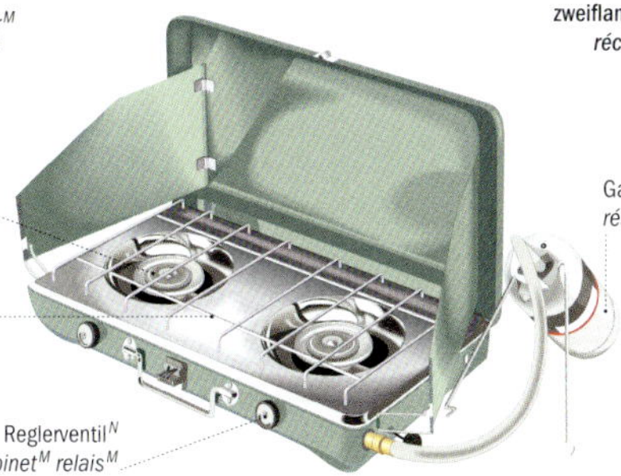

Beispiele[N] für Schlafsäcke[M]
exemples[M] de sacs[M] de couchage[M]

Rechteckschlafsack[M]
rectangulaire

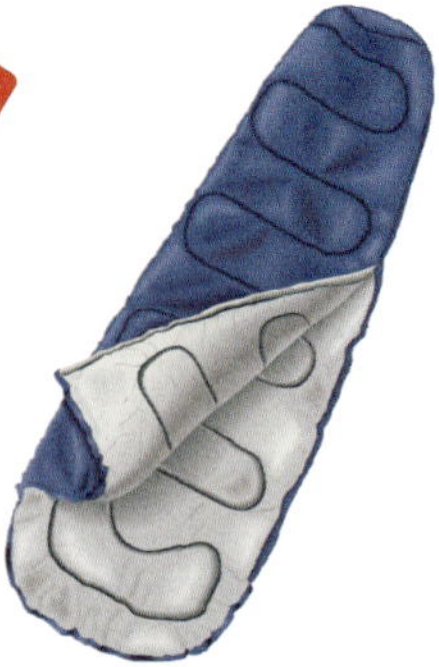

Halbmumienschlafsack[M]
semi-rectangulaire

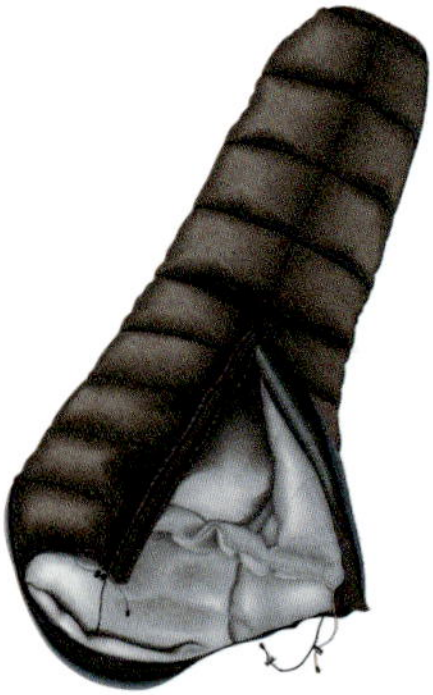

Mumienschlafsack[M]
à cagoule[F]

Bett[N] mit Matratze[F]
lit[M] et matelas[M]

Feldbett[N]
lit[M] de camp[M] pliant

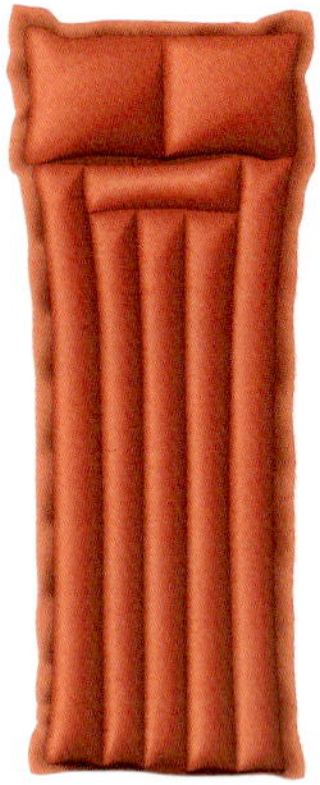

Luftmatratze[F]
matelas[M] pneumatique

selbstaufblasbare Luftmatratze[F]
matelas[M] autogonflant

Schaumgummimatratze[F]
matelas[M] mousse[F]

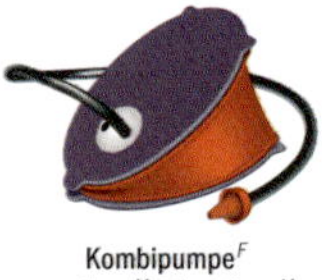

Kombipumpe[F]
gonfleur[M]-dégonfleur[M]

Blasebalg[M]
gonfleur[M]

Essbesteck[N]
ustensiles[M] de campeur[M]

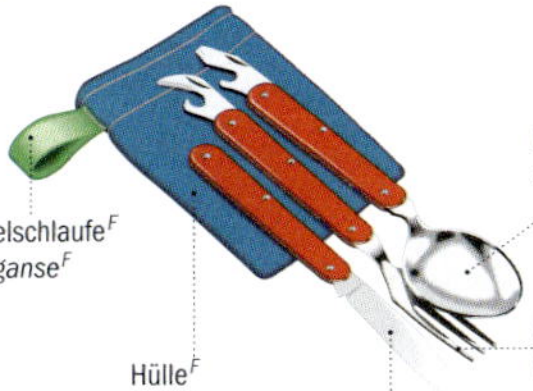

Kochgeschirr[N]
popote[F]

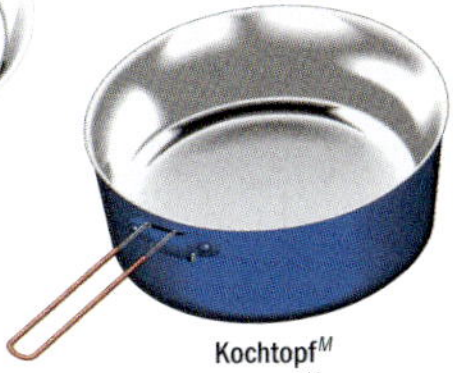

Campingausrüstung[F]
matériel[M] de camping[M]

schweizer Offiziersmesser[N]
couteau[M] suisse

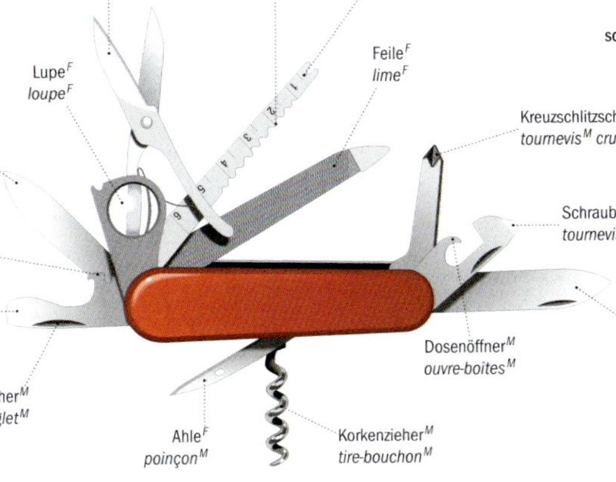

Camping^{N}

Rucksack^{M}
sac^{M} à dos^{M}

Klappspaten^{M}
pelle^{F}-pioche^{F} pliante

Sturmlampe^{F}
lampe^{F}-tempête^{F}

Thermosflasche^{F}
bouteille^{F} isolante

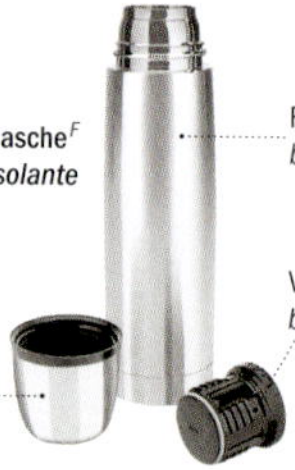

Feldflasche^{F}
gourde^{F}

Kühlbox^{F}
glacière^{F}

Wasserkanister^{M}
cruche^{F}

SPORT UND SPIELE

Bogensäge[F]
scie[F] de camping[M]

Beil[N]
hachette[F]

Lederschutz[M]
étui[M] de cuir[M]

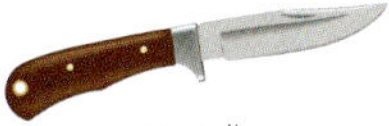

Messer[N]
couteau[M]

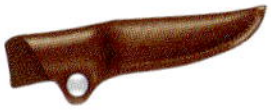

Scheide[F]
gaine[F]

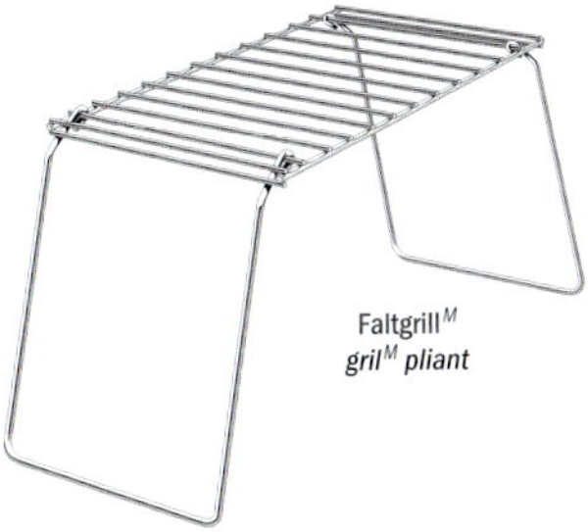

Faltgrill[M]
gril[M] pliant

Magnetkompass[M]
boussole[F] magnétique

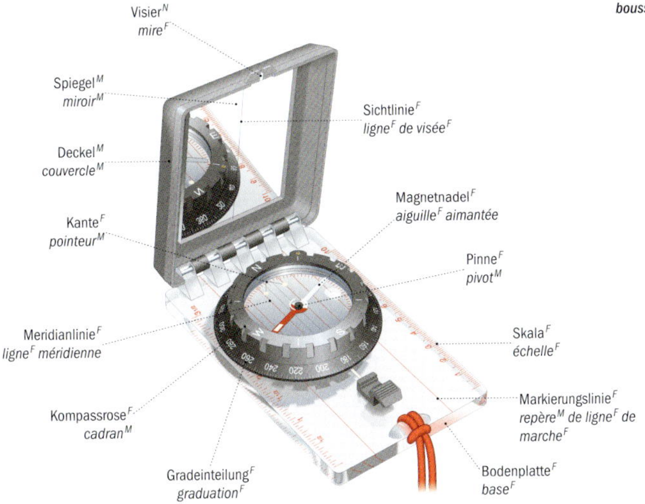

Jagen[N]
chasse[F]

Gewehr[N] (gezogener Lauf[M])
carabine[F] (canon[M] rayé)

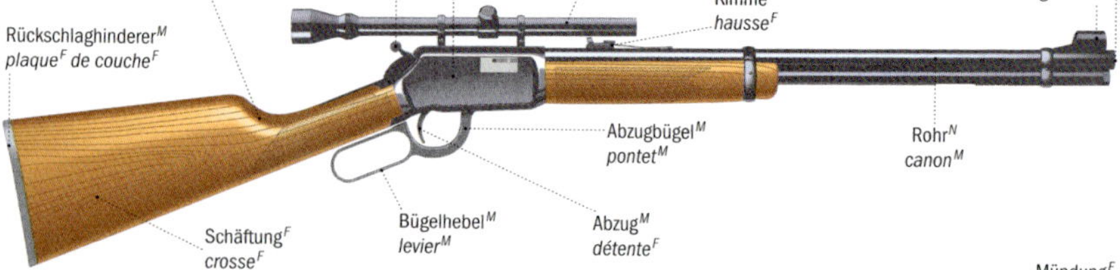

Schrotflinte[F] (glatter Lauf[M])
fusil[M] (canon[M] lisse)

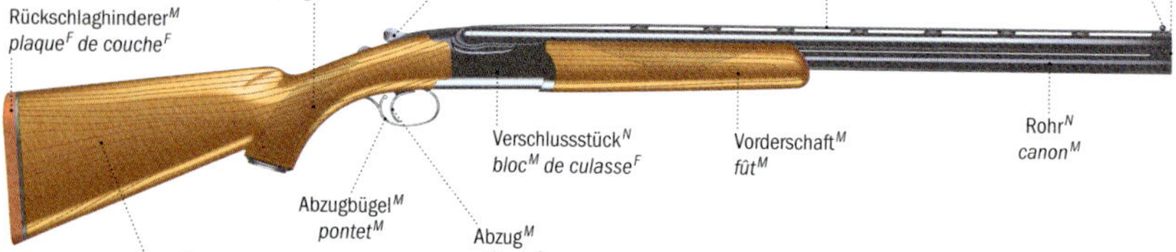

Patrone[F] (Schrotflinte[F])
cartouche[F] (fusil[M])

Patrone[F] (Gewehr[N])
cartouche[F] (carabine[F])

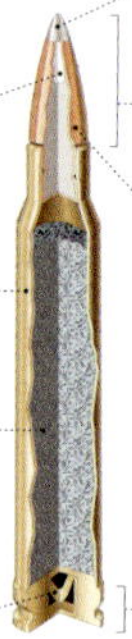

SPORT UND SPIELE

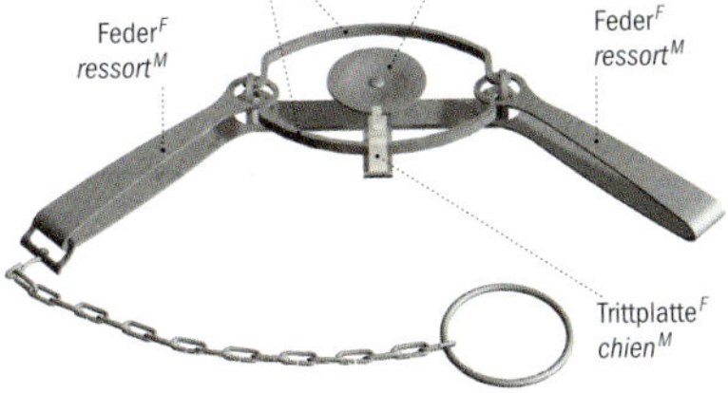

TellereisenN
piègeM à patteF à mâchoiresF

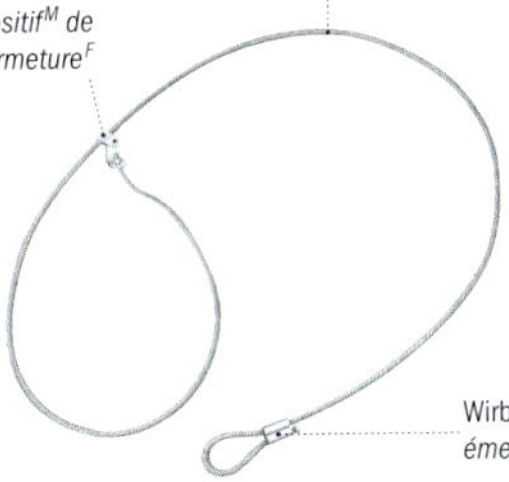

SchlingeF
colletM

LockenteF
appeauM

KompositbogenM
arcM à pouliesF

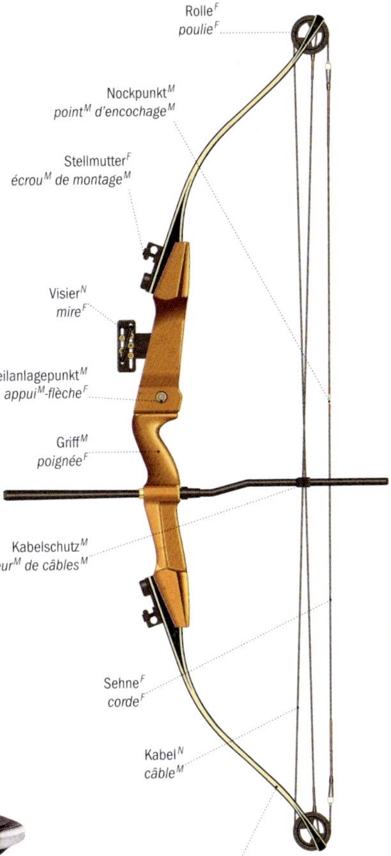

Sportfischerei[F]

pêche[F]

Fliegenfischen[N]
pêche[F] à la mouche[F]

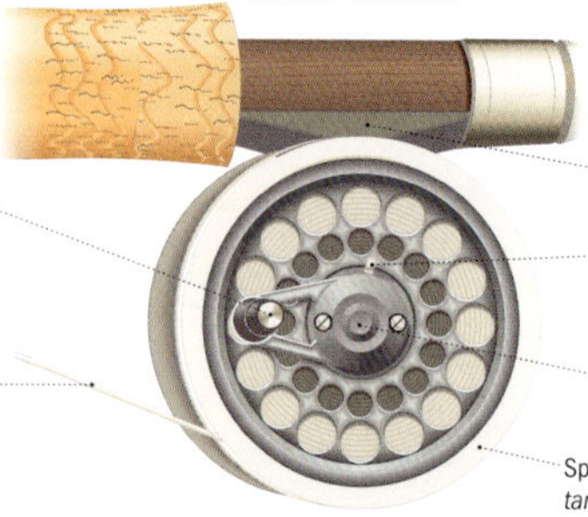

Fliegenrute[F]
canne[F] à mouche[F]

Kunstfliege[F]
mouche[F] artificielle

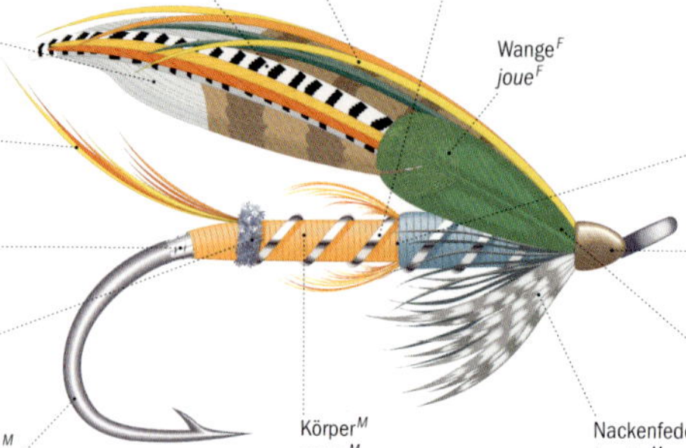

Casting^{N}
pêche^{F} au lancer^{M}

Spinnrute^{F}
canne^{F} à lancer^{M}

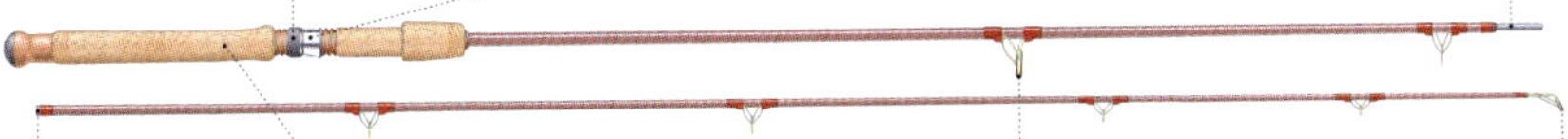

offene Spinnrolle^{F}
moulinet^{M} à tambour^{M} fixe

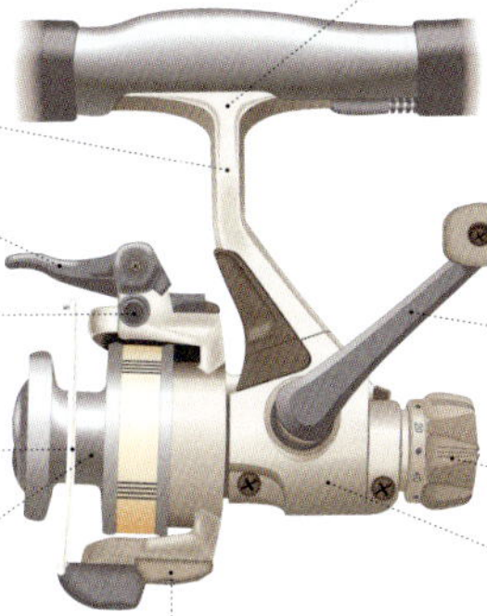

Multirolle^{F}
moulinet^{M} à tambour^{M} tournant

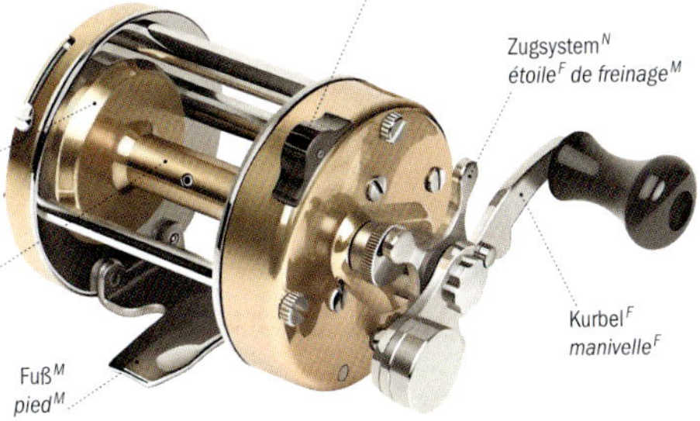

Angelhaken^{M}
hameçon^{M}

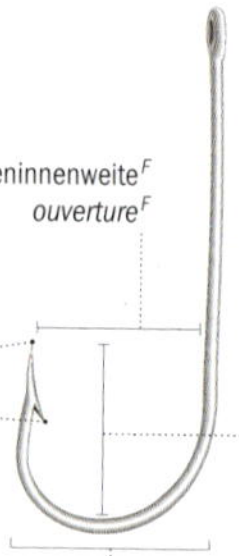

Fangzubehör^{N}
bas^{M} de ligne^{F}

Blinker^{M}
cuiller^{F}

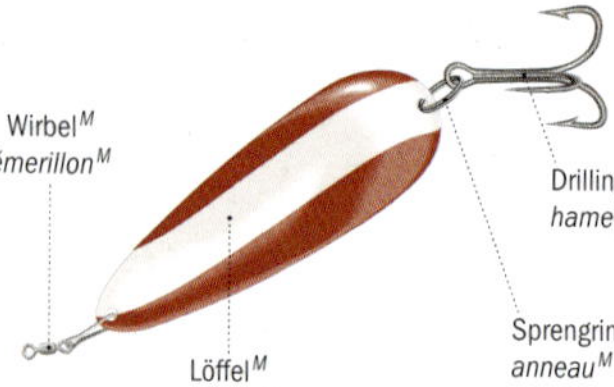

Kleidung^{F} und Zubehör^{N}
vêtements^{M} et accessoires^{M}

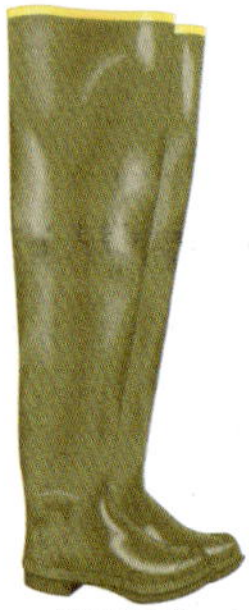

Spinnerschachtel^{F}
boîte^{F} à leurres^{M}

Fischkorb^{M}
panier^{M}

Anglerweste^{F}
veste^{F} de pêche^{F}

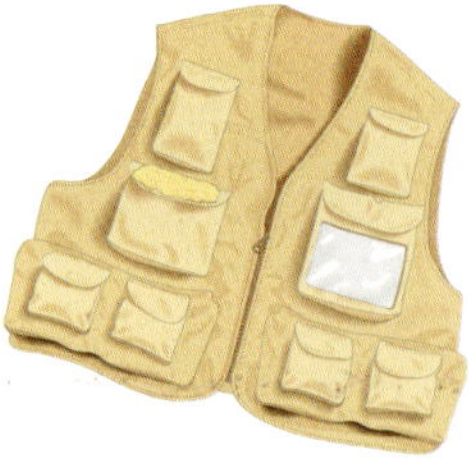

Watstiefel^{M}
cuissardes^{F}

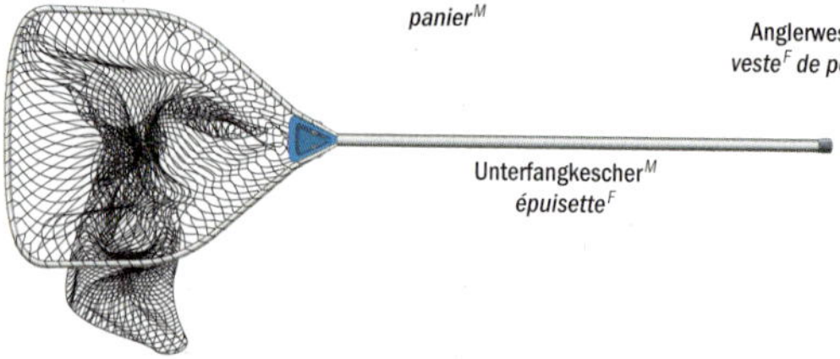

Unterfangkescher^{M}
épuisette^{F}

Deutsches Register

1-Meter-Brett 518
10-m-Linie 482
10-Meter-Turm 518
100-m- und 100-m-Hürdenlauf, Start 472
10000-m- und 4-x-400-m-Lauf, Start 473
110-m-Hürdenlauf, Start 472
15-m-Linie 483
1500-m-Lauf, Start 473
200-m-Lauf, Start 472
22-m-Linie 482
3-Meter-Brett 518
3-Meter-Turm 518
35mm-Fotoapparat 10
400-m-, 400-m-Hürden-, 4-x-100-m-Lauf, Start 473
4x4-Geländemotorrad 369
5-Meter-Linie 483
5-Meter-Turm 518
5000-m-Lauf, Start 472
7,5-Meter-Turm 518
800-m-Lauf, Start 473

A

A 298
Aal 159
Abblendlicht 352
Abblendschalter 368
Abbruch 330
Abbruchtaste 333, 337
Abdeckscheibe 417
Abdeckung 210, 315, 324, 454
Abdomenarterie 71
Abendhandschuh, langer 243
Abessinierkatze 87
Abfahrt, Seilbahn 512
Abfahrt, Sessellift 512
Abfahrtslauf 511
Abfahrtsski 510
Abfahrtzeiten 374
Abfall, radioaktiver 48
Abfalleimer 215
abfallendes Revers 248
Abflugwartehalle 391
Abfluss 32, 194
Abfluss, oberirdischer 45
Abfluss, unterirdischer 45
Abflusskreislauf 194
Abflussrohr 197
Abflusssieb 197
Abgabe von Sauerstoff 54
Abgasleitung 395
abgesenkte Nase 394
abgesteppte Falte 253
Abhalter 372
Abisolierzange 217
Abklingbecken 409
Ablage 219, 339
Ablassventil 404
Ablauf, Boden 184
Ablaufrohr 196
Ablaufschlauch 212, 214
Abluftleitung 345
abnehmbare Handballenauflage 330
abnehmender Mond 5
Abreißkalender 338
Abrollbahn 391
Absatz 240, 262, 509
Absatzoberflecken 240
Absatzplatte 514
Absatzstopper 527
Absatzteil 511
Abscheider 384
Abschlagplatz 504
Abschlagsbereich 504
Abschleppkran 364
Abschleppwagen 364
Abschluss, oberer 205
Abschlusskappe 536
Abschlusskappe, obere 417
Abschlusskappe, untere 417
Abschlussplatte 409
Abschlussring 536, 537
Abseihkelle 173
Abseihlöffel 173
absinkende kalte Luft 43
Absorber 410
absorbierte Sonneneinstrahlung 46
Absorption der Erdoberfläche 46
Absperrarm 362
Absperrband 457
Absperrventil 194, 196, 197
Abstandstück 467
absteigende Aorta 103
absteigender Dickdarm 106
absteigender Gang 278
Abstellfläche 345
Abstellplatz 389
Abstellrost 211
Abstoßsäge 509
Abstoßung 416
Abteilklammer 268
Abteilung 121
Abtropfen 171
Abwasser 48
Abwasserkanal 434
Abwehrhandschuh 507
Abwehrspieler, mittlerer 487
Abwehrspieler, rechter 487
Abweiser 524
Abzeichen 456
abziehbarer Temperaturregler 179
Abziehklinge 514
Abzug 454, 534
Abzugbügel 534
Abzweig 416
Abzweigleitung 194
Achse 272, 526, 527
Achselarterie 102
Achselhöhle 92, 94
Achselknospe 53
Achselkrücke 466
Achselnerv 108
Achselstütze 466
Achselvene 102
Achswelle 351
Achteck, regelmäßiges 429
Achtelnote 299
Achtelpause 299
Adamsapfel 92
Adapter 198, 271, 336
Adapterschnittstelle 336
Addition 427
Additionstaste 337
additive Farbmischung 418
Aden, Golf 19, 20
Aderhaut 119
Adler 81
Adria 18
aerodynamische Bremse 412
Afghanistan 452
Afrika 14, 20, 34, 451
Afrikanische Platte 27
After 71, 73, 106, 111, 112
Afterflosse 74
Afterfurche 93
Afterschließmuskel 106
Ägäis 18
Agar-Agar 123
Aggregatzustände 414
Ägypten 451
Ahle 531
Ahorn 64
Ahornsirup 149
Ährchen 61
Ähre 57, 61
Ährenbrot 144
Ährenrispe 61
Airbag 354
Airbag-Rückhaltesystem 354
Ajowan 139
Akanthusblatt 200
Akkord 299
Akkordeon 296
Akku 228, 320
Akku-Bohrschrauber 228
Akku-Mini-Staubsauger 208
Akkumulator 357
Akromion 99
Akroterion 279
Aktenbox 340
Aktenkoffer 274
Aktenmappe 340
Aktenordner 339
Aktentasche 274, 275
Aktenvernichter 341
Aktionstasten 471
Akustikdecke 293
akustische Gitarre 302
Alarm, Kontrollleuchte 337
Alaska, Golf 16
Albanien 450
Albatros 80
Aleuten 16
Aleutengraben 34
Alge 51
Alge, Aufbau 51
Algen, Beispiele 51
Algerien 451
alkalische Zink-Mangan-Zelle 417
Alkoholkolben 424
Alkoholsäule 424
Allee 25
Alligator 77
Alluvion 32
Alpen 18
alphabetische Tastatur 338
alphanumerische Tastatur 327, 330, 346, 442, 443
Alpin-Skipiste 512
Alpinboard 513
alpiner Skiläufer 510
alpines Skilaufen 510
Alse 160
Alt-Taste 330
Altaluminium-Sammelbehälter 49
Altarbild 446
Altarkreuz 446
Altarm 32
Alternative 330
Altglas-Container 49
Altglas-Sammelbehälter 49
Altokumulus 42
Altostratus 42
Altpapier-Container 49
Altpapier-Sammelbehälter 49
Altschlüssel 298
Aluminiumfolie 162
Alveolarknochen 101
Amarant 143
Amazonas 17
Amboss 116, 534
ambulante Unfallstation 463
Ameise 69
American Football 484
Amerika 448
Amerika, Vereinigte Staaten 448
amerikanischer Bacon 156
amerikanischer Senf 140
amerikanisches Labor 11
amerikanisches Maisbrot 145
amerikanisches Wohnmodul 11
Amery-Eisschelf 15
Amöbe 66
amorpher Festkörper 414
Ampel 230
Ampere 426
Amphibien 75
Amphibien, Beispiele 75
Amphibien-Löschflugzeug 394
Amphitheater, römisches 281
Amplitude 418
Amplituner: Rückansicht 322
Ampulle 467

amtliche Unterschrift 441
An-/Aus-Kontrolllampe 327
Analfuß 67
Analoguhr 424
Ananas 136
Ananasguave 137
Anästhesieraum 464
Anatomie 96
Anatomie einer zweischaligen Muschel 73
Anatomie eines Hummers 71
Anden 17
andere Zeichen 299
Andorra 449
Anemometer 413
angehobener Lenkerbügel 522
Angehörige, Warteraum 462
Angel 167, 169, 216
Angelhaken 536, 538
Angelhaken mit Vorfach 538
Angelwurzel 169
Anglerweste 538
Angola 452
Angriff 485
Angriffslinie 487
Angriffszone 487
Anhänger 264
Anhängerkupplung 356, 361
Anik 317
Anis 142
Anker 473
Ankerbolzen 357
Ankerklüse 383, 387
Anklagebank 440
Ankleideraum 189, 290
Ankleideraum, privater 290
Anlage 182
Anlage, elektrische 351
Anlagen, unterirdische 281
Anlasser 237
Anlaufbahn 496
Anlaufhülse 229
Anlaufstrecke 473
annähernd gleich 427
Anode 417
Anorak 263
anorganische Substanzen 45
Ansatz 223
Ansatzrohr 209
Ansauggitter 270
Anschlag 226, 425, 521
Anschlagfläche 341
Anschlagrahmen 202
Anschluss 210
Anschluss für Zündkabel 359
Anschlussabdeckung 320
Anschlussbuchse 303
Anschlussbuchsen für Video- und Digitalübertragung 315
Anschlüsse, Beispiele 197
Anschlusskabel 227, 324
Anschlusskasten 411
Anschlussklemme 198
Anschlussleitung 194
Anschlussstelle 431
Anschlussstellen, Beispiele 342
Anschlussstifte 417
Anschreiber 487, 488
Ansicht 182
Anspielkreis 506
Anspielpunkt 506
Anstoßlinie 502
Anstoßpunkt 481, 502
Anstoßraum 502
Anstreichen 219
Antarktis 14, 15
Antarktische Halbinsel 15
Antarktische Platte 27
Antenne 7, 67, 68, 71, 326, 327, 349, 369, 392, 395, 457, 487
Antenne für die Linienzugbeeinflussung 376
Antennenbuchsen 322
Antennula 71
Antependium 446
anthropogener Treibhauseffekt 46
Anti-Reflex-Beschichtung 410
Antiblockiersystem (ABS) 357
Antigua und Barbuda 449
Antiklinale 403
Antilope 84
Antiseptikum 461
antiseptische Flüssigkeit 461
Antriebsmodul 316
Antriebsrad 398, 523
Antriebsräder 401
Antriebsriemen 360
Antriebssystem 351
Antriebswelle 177
Antriebswerk 403
Antrittspfosten 191
Antrittsstufe 191
Anwendungsstarttasten 337
Anzeige 313, 337, 346, 422, 423
Anzeige "Sicherheitsgurte anlegen" 355
Anzeigeskala 423
Anzeigetafel 472, 492, 497, 499, 518
Anzeigetafel für das Gesamtergebnis 496
Anzeigetafel für die Einzeldisziplin 497
Anziehung 416
Anzünder 218
Aorta 104, 105
Aorta, absteigende 103
Aorta, aufsteigende 103
Aortenbogen 102, 103, 104
Aortenklappe 104
Apex 72, 73
Apfel 133
Apfel im Querschnitt 58
Apfelessig 141
Apfelfrucht, fleischige 58
Apfelfrüchte 133
apokrine Schweißdrüse 114
Apotheke 436
Appalachen 16
Appartements 512
Aprikose 132
Äquator 17, 20, 21, 22, 43
Äquatorialguinea 451
äquivalent 427
Ara 80
Arabische Halbinsel 19
Arabisches Meer 19
Arachnoidea 109
Aralsee 19
Arame 123
Arbeiterin 68
Arbeitsbrett 219
Arbeitskittel 255
Arbeitsleuchte 206
Arbeitsplatte 164, 224
Arbeitsstiefel 240
Arbeitszimmer 189
Archipel 24
Architektur 278
Architekturelemente 286
Architrav 279
Archivolte 285
Arena 281
Arenberg-Parkett 190
Argentinien 448
Ariel 3
Arkade 281, 284
Arkaden 447
Arktis 14
Arm 83, 91, 93, 95, 206, 467
Armaturenbrett 354
Armaturenbrettausrüstung 457
Armausschnitt 247
Armband 264
Armbänder 264
Armbeuger 96
Armdecken, große 78
Armdecken, kleine 78
Armdecken, mittlere 78
Ärmel 244
Ärmel, eingesetzter 245
Ärmelkanal 18
Ärmellasche 248
ärmelloses Sporthemd 500
Ärmelschlitz 245
Armenien 452
Armgeflecht 108
Armhebel 499
Armlehne 200, 205
Armlehnstuhl 200
Armreif 264
Armschutz 486
Armschützer 486
Armschwingen 78
Armstrecker, dreiköpfiger 97
Armstrecker, zweiköpfiger 96
Armstuhl 444
Armstühle, Beispiele 200
Armstütze 200, 352, 353, 467
Arpeggio 299
Arretierhebel 224, 229
Arretierknopf 229
Art der hohen Wolken 39
Art der mittelhohen Wolken 39
Art der tiefen Wolken 39
Arten von Blütenständen 57
Arten von Golfschläger 505
Arterien 102
Artikel 313
Artischocke 127
Arzneimittel-Darreichungsformen 467
Arzt 498
Ärzteteam 499
Asche, vulkanische 28
Aschenbahn 472
Ascheschicht 28
Aserbeidschan 452
asiatische Birne 137
asiatische Eiernudeln 147
asiatische Teigwaren 147
Asien 14, 19, 34, 452
Asphalt 405
Asphalt-Destillationsanlage 405
Aspirin 461
Ass 468
Assistenzarzt 464
Assistenzschiedsrichter 509
Assistenztrainer 507
Ast 63, 65
Äste 63
Asteroidengürtel 3
Asthenosphäre 26
Astigmatismus 419
Astronomie 2
astronomische Einheit 2, 3
Astschere 234
Asukibohne 131
Atacama-Wüste 17
Atemluftzufuhrschlauch 454
Atemschutz 459
Atemschutzmaske, leichte 459
Atemschutzsystem, geschlossenes 454
Äthiopien 451
Athletin 473
Atlantik 14
atlantischer Kabeljau 161
atlantischer Lachs 161
Atlantischer Ozean 15, 18, 20
Atlas 99
Atlasgebirge 20
Atlasspinner 69
Atmosphäre 44, 48
Atoll 35
Atom 414
Atome 414
Atomkern 414
Atrium 280
Aubergine 128
Audio-Ausgänge 337
Audio-Eingänge 337
Audiobuchse 329
Audiometrie-Untersuchungsraum 465
Aufbau 361
Aufbau der Biosphäre 44
Aufbau der Sonne 4
Aufbau des Ohres 116
Aufbau des Rückenmarks 109
Aufbau einer Alge 51
Aufbau einer Blume 56
Aufbau einer Flechte 50
Aufbau einer Pflanze 53
Aufbau eines Baumes 63
Aufbau eines Blatts 55
Aufbau eines Farns 52
Aufbau eines Mooses 51
Aufbau eines Pilzes 52
Aufbauspieler, linker 489
Aufbauspieler, rechter 489
Aufbewahrungsmöbel 202
aufblasbare Manschette 461
Aufdruck 260
Aufenthaltsraum 439
Auffahrt 343, 344
Auffangschale 181
Auffangschüssel 210
Aufgeber 494
aufgesetzte Tasche 244, 249, 260
aufgewirbelter Staub 43
Aufhängeband 119
Aufhängeöse 270
Aufhänger 250
Aufhängung 308, 351
Aufhelltaste 320
Aufladen, Kontrollleuchte 337
Auflage 204
Auflagehumus 54
Auflaufförmchen 166
Auflege-/Ausschalttaste 327
Auflösungszeichen 299
Aufnahme 462, 465
Aufnahme von Kohlendioxid 54
Aufnahme von Wasser und Mineralstoffen 54
Aufnahme- und Speichermedien 319
Aufnahme-Starttaste 320
Aufnahme-Stopptaste 320
Aufnahme-Taste 323
Aufnahme-Ziffer 291
Aufnahmebühne 290
Aufnahmemodus 314, 320
Aufnahmetaste 319
Aufprallsensor 354
Aufreißer 398
Aufreißerspitze 398
Aufreißerzylinder 398
Aufsatz 174
Aufsatzstück 296
Aufschäumdüse 181
Aufschlag 246, 487, 490
Aufschläger 491
Aufschlagfeld für das Doppelspiel 495
Aufschlagfeld für das Einzelspiel 495
Aufschlagfelder 495
Aufschlaglinie 491
Aufschlaglinienrichter 490
Aufschlagrichter 490, 494
Aufschnitt 305
Aufsetzzonenmarkierungen 391
Aufsteckbürste 272
Aufsteckdüse 272
aufsteigende Aorta 103
aufsteigende warme Luft 43
aufsteigender Dickdarm 106
aufsteigender Gang 278
Aufstellpunkt 502
Aufwachraum 464
Aufzeichnung, seismologische 403
Aufziehbrett 216
Aufzug 281, 287, 435, 439
Aufzugseil 397
Augapfel 75, 119
Auge 43, 70, 71, 72, 76, 90, 94, 119, 220, 270, 468
Augen-Make-up 266
Augenbehandlungsraum 463
Augenbrauenpinzette 265
Augenbrauenstift 266
Augengläser, Beispiele 273
Augenkammer, hintere 119
Augenkammer, vordere 119
Augenlid 76
Augenlid, oberes 75, 87
Augenlid, unteres 75, 87
Augenmuskel, unterer gerader 119
Augenring 78
Augenringmuskel 96
Augenschutz 458
Augenstreif 78
Augenträger 72
Augenwand 43
Ausatmungsventil 459
Ausbeinmesser 169
Ausbreitung, Fortpflanzung 418
Ausbruchstätigkeit, Vulkan 28
Ausdehnungskammer 424
ausfahrbarer Baum 397
ausfahrbarer Leiterbaum 455
Ausfahrt 343
Ausfahrtspur 343
Ausführungsgang, Schweißdrüse 114
Ausgabebank, Kürzel 441
Ausgabegeräte 333
Ausgangssperre 378
Ausgangstür, zweiflügelige 362
Ausgleichsbecken 406, 407
Ausguss 215
Ausgussreiniger 216
Ausklapparretierung 219
ausklappbare Stützvorrichtung 365
Auslassventil 360, 461
Auslauf 122

Auslaufgarnitur 197
Auslaufrohr 407
Ausleger 397, 399, 400
Auslegerbrücke 344
Auslegerseil 397
Auslegerzylinder 399, 400
Auslenkungsrichtung 418
Auslinie 482
Auslöser 314
Auspressen 177
Auspuffanlage 351
Auspuffendrohr 351
Auspuffkrümmer 350, 360
Auspuffrohr 364, 367, 368, 369, 398, 401
Auspuffrohr, hinteres 351
Auspuffrohr, vorderes 350
Ausrichtschraube 423
Ausschalter 235
Ausschnitt, halsnaher 250, 255, 260
Ausstatter 290
Ausstattung, persönliche 264
Ausstechformen 172
Aussteuerung, manuelle 323
Auster 157
Austerngabel 168
Austernmesser 169
Austernseitling 123
Australien 14, 34, 453
Australische Kordilleren 15
Austrittskante 392
Auswahltaste 326
auswärts 518
Auswaschung 48
Auswechselbank 481
Auswurftaste 176, 315, 319, 323, 471
ausziehbare Fluggastbrücke 389
ausziehbarer Griff 274
Ausziehbein 202
Ausziehleiter 219
Ausziehtisch 202
Auszug 202, 210
Außenangreifer, linker 487
Außenangreifer, rechter 487
Außenansicht eines Hauses 182
Außenbordmotor 385
Außenbrett 469
Außendreiviertel links 482
Außendreiviertel rechts 482
Außenfeldspieler, linker 474
Außenfeldspieler, mittlerer 474
Außenfeldspieler, rechter 474
Außengewinde 537
außengezahnte Fächerscheibe 222
Außenkelch 59
Außenkreis 515
Außenlippe 73
Außenring 441
Außenrohr, druckfestes 409
Außenschicht 477
Außenspiegel 362, 363
Außensteckhülse 536
Außenstürmer links 482
Außenstürmer rechts 482
Außentank 12
Außentasche 274, 276
äußere Drosselvene 102
äußere Kappe 240
äußere Kuppelhülle 7
äußere Merkmale einer einschaligen Muschel 73
äußere Merkmale einer Giftschlange: Kopf 76
äußere Merkmale einer Honigbiene: Arbeiterin 68
äußere Merkmale einer Ratte 82
äußere Merkmale einer Schildkröte 76
äußere Merkmale einer Schnecke 72
äußere Merkmale einer Spinne 70
äußere Merkmale einer zweischaligen Muschel 73
äußere Merkmale eines Delphins 90
äußere Merkmale eines Flußbarschs 74
äußere Merkmale eines Froschs 75
äußere Merkmale eines Gorillas 91
äußere Merkmale eines Hais 74
äußere Merkmale eines Hummers 71
äußere Merkmale eines Hundes 86
äußere Merkmale eines Pferdes 83
äußere Merkmale eines Schmetterlings 67
äußere Merkmale eines Tintenfischs 72
äußere Merkmale eines Vogels 78
äußere Nase 117
äußere Oberschenkelkondyle 99
äußere Planeten 2
äußerer Bull 471
äußerer Gehörgang 100
äußerer Hausflur 280
äußerer Kern 26
äußerer Linebacker 484
äußerer Ohrmuschelrand 115
äußerer Schenkelmuskel 96, 97
äußerer Schneidezahn 101
äußerer schräger Bauchmuskel 96, 97
äußeres Ohr 116
Auto 347
Autobahn 25, 343, 431
Autobahnnummer 25
Autocoat 251
Autofocus-Umschalter 314
Autohandschuh 243
Autohaus 433
Autoklav 464
Automat für Umsteigekarten 379
automatische Schiebetür 286
automatische Tür 390
automatischer Bankschalter 442, 443
automatischer Zeitmesser 517
Autoplane 356
Autorennen 524
Autotransportwagen 377
autotrophe Organismen 45
Autowaschanlage 346
Avocado 128
Axel 509
Axialrippe 73
Axon 110
Axt 234
Azimutalprojektion 22
Azimutfeineinstellung 8, 9
Azimutfesteller 8
Azimutfeststeller 9
aztekischer Tempel 283

B

B 299
Baby-Doll 256
Babybekleidung 260
Bach 32
Bachsaibling 161
Back 383, 387
Backblech 172
Backbordseite 387
Backe 86, 273
Backe, bewegliche 223, 224
Backe, feste 223, 224
Backen 217, 221, 224, 228, 511
Backenhörnchen 82
Backenzahn im Längsschnitt 101
Backenzahn, erster 101
Backenzahn, erster vorderer 101
Backenzahn, zweiter 101
Backenzahn, zweiter vorderer 101
Backenzähne 101
Backenzähne, vordere 101
Bäckerei 437
Backfett 149
Backform 179
Backgammon 469
Backgerät 172
Backline 515
Backofen 164, 210
Backofenfolie 162
Backofenschalter 210
Backofenthermometer 171
Backofentür 210
Backrost 210
Backsteinhaus 288
Backwaren 121
Bacon, amerikanischer 156
Bacon, kanadischer 156
Bad 189, 439, 464
Badeanzug 263
Badebürste 267
Badehose 263, 516
Badekappe 516
Badeleiter 184
Bademantel 256
Badetuch 267
Badetuch mit Kapuze 260
Badewanne 189, 194, 195, 439
Badezimmer-Oberlicht 189
Badminton 494
Badmintonplatz 494
Badmintonschläger 494
Baffinland 16
baggern 487
Baggerstiel 400
Baggerstielzylinder 400
Baguette 144
Bahamas 448
Bahn 220, 472, 515, 516
Bahnende 517
Bahnenplissee 253
Bahnenrock 253
Bahnhof 25, 374, 375, 430, 432
Bahnhofshalle 374
Bahnmarkierung 473
Bahnseil 517
Bahnsteig 374, 375, 379, 390
Bahnsteigkante 374, 379
Bahnsteigüberdachung 375
Bahnübergang 375
Bahnzeitnehmer 516
Bahrain 452
Baikalsee 19
Bajonettfassung 199
Balalaika 297
Balanceregler 322
Balg 296
Balg, Schnitt 60
Balgenverschluss 296
Balkanhalbinsel 18
Balken 109, 279, 280, 283, 288, 422
Balken, hinterer 422
Balken, vorderer 422
Balkenbrücke 344
Balkenwaage 422
Balkon 189
Balkontür 189
Ballerinaschuh 241
Ballfangzaun 474
Balljunge 490
Ballonsonde 38
Ballsportarten 474
Ballungsgebiet 430
Balsamessig 141
Balustrade 283
Bambussprosse 125
Banane 136
Bande 506
Bandführung 341
Bandring 264
Bandsortenschalter 323
Bandsperre 225
Bandwahltaste 322
Bangladesch 453
Banjo 296
Bank 201, 432, 437, 442, 501
Bankett 342
Banknote: Rückseite 441
Banknote: Vorderseite 441
Bankschalter, automatischer 442, 443
Bar 293, 432, 438, 469
Barbados 449
Barbakane 282
Bardame 438
Barentssee 18
Bargeldbestückung 443
Barhocker 201, 438
Baronstange 302
Barren 496, 497
Barrierriff, Großes 15
Barsch 160
Bart 61
Bartregion 78
Basalschicht 114
Basaltschicht 26
Baseball 474, 476
Baseball im Querschnitt 477
Basilikum 142
Basis 318, 473
Basis der Rückenlehne 200
Baskenmütze 239
Basketball 488
Basketballspiel 488
Basketballspieler 488
Basmatireis 147
Bass-Straße 15
Bass-Tonabnehmer 303
Bassgitarre 303
Bassklarinette 295
Bassregister 296
Bassregler 322, 325
Bassschlüssel 298
Basssteg 304
Basstastatur 296
Basstrommel 295, 308
Bast 63
Batterie 221, 350, 359, 411, 416
Batterie-Schraubendreher 221
Batteriegehäuse 359
Batteriekasten 365
Batterieladekontrollleuchte 355
Bauch 78, 83, 92, 94
Bauchaorta 102, 107
Baucharterie 71
Bauchfell 111, 112
Bauchflosse 74
Bauchfuß 67
Bauchhöhle 111, 112
Bauchmuskel, äußerer Schräger 96
Bauchmuskel, äußerer schräger 97
Bauchmuskel, gerader 96
Bauchpanzer 76
Bauchspeck 156
Bauchspeicheldrüse 106
Bauer 470
Bauernbrot 145
Bauernhof 122
Baum 63, 520
Baum, Aufbau 63
Baum, ausfahrbarer 397
Bäume 504
Baumfarn 52
Baumsäge 234
Baumschere 234
Baumstamm im Querschnitt 63
Baumstütze 231
Baumtomate 136
Baumvogel 79
Bauschmuskel 97
Bautischlerei 220, 221, 222, 225, 226, 228, 229
Beaufortsee 16
Becher 163, 166, 532
Becken 184, 295, 308, 309
Becken, oberes 308
Becken, unteres 308
Beckengurt 353
Becquerel 426
Bedienblende 178
Bedienkonsole 455
Bedienleiste 210, 212, 213, 214
Bedientasten 318
Bedienungsanleitung 346
Bedienungsfeld 179
Bedienungstafel 287
Bedienungstasten 328
Beere 59
Beeren 132
Beet 183
Beete, rote 129
befestigte Umfassungsmauer 447
Befestigungshebel 207
Befestigungsschiene 420
Befeuchter 339
begehbarer Kleiderschrank 189
Begonie 56
begrenzte Zone 489
Begrenzungsleuchte 352
Behaarung 82, 91
Behälter 176, 180

Behälter für gebrauchte Spritzen 457
Behälter mit Gießer 177
Behandlung, chemische 405
Behandlungsraum 463, 465
Beichtstuhl 446
Beifahrer-Fußraste 368
Beifahrerfußraste 367
Beil 454, 533
Beilage, farbige 313
Bein 76, 91, 93, 95, 202, 247, 308, 493
Beinausschnitt, elastischer 247
Beincurler 501
Beininnenseite 260, 261
Beinpolster 507
Beinschutz 476
Beinstreckerzug 501
Beispiele für Algen 51
Beispiele für Amphibien 75
Beispiele für Anschlussstellen 342
Beispiele für Armstühle 200
Beispiele für Augengläser 273
Beispiele für Bits und Bohrer 228
Beispiele für Blumen 56
Beispiele für Blusen und Hemden 255
Beispiele für Boote und Schiffe 382
Beispiele für Fahrräder 373
Beispiele für Falten 253
Beispiele für Farne 52
Beispiele für Fenster 287
Beispiele für Flechten 50
Beispiele für Flugzeuge 394
Beispiele für Gabeln 168
Beispiele für Güterwagen 377
Beispiele für Hasentiere 82
Beispiele für Hosen 254
Beispiele für Huftiere 84
Beispiele für Insekten 69
Beispiele für Instrumentalgruppierungen 300
Beispiele für Karosserien 347
Beispiele für Kleider 252
Beispiele für Küchenmesser 169
Beispiele für Lastkraftwagen 364
Beispiele für Laubhölzer 64
Beispiele für Löffel 168
Beispiele für Meeressäugetiere 90
Beispiele für Messer 168
Beispiele für Moose 51
Beispiele für Motorräder 369
Beispiele für Nadelblätter 65
Beispiele für Nadelhölzer 65
Beispiele für Nägel 220
Beispiele für Nagetiere 82
Beispiele für Primaten 91
Beispiele für Raubtiere 88
Beispiele für Reptilien 77
Beispiele für Röcke 253
Beispiele für Schlafsäcke 530
Beispiele für Skier 510
Beispiele für Spinnentiere 70
Beispiele für Sprünge 509
Beispiele für Stühle 201
Beispiele für Tische 202
Beispiele für Türen 286
Beispiele für Vogelfüße 79
Beispiele für Vogelschnäbel 79
Beispiele für Währungsabkürzungen 440
Beispiele für Winkel 428
Beispiele für Zelte 528
Beitrag, redaktioneller 313
Beiwagen 380
Bekleidungsgeschäft 436
Belegausgabe 346
Beleuchterbrücke 292
beleuchteter Spiegel 269
Beleuchtung 199, 269
Beleuchtungsgitter 291
Beleuchtungsschiene 207
Belgien 449
Belichtungseinstellung 314
Belichtungskorrekturknopf 314
Belichtungsmesser 314
Belize 448
Belüftungsfenster 182
Belüftungsschlitz 214
bemannte Manövriereinheit 10
Bengalen, Golf 19
Benin 451
Benzin 405
Benzinmotor 351
Benzintankverschluss 368
Beobachtung des Weltraums 7
Beobachtungsposten 7
Beobachtungsraum 462, 465
Beobachtungsraum, psychiatrischer 462
Bereitschaftsanzeige 269
Berg 29
Bergamotte 134
Bergère 200
Bergfried 282
Berghang 29
Berghütte 512
Bergkette 5
Bergschrund 30
Bergwacht 512
Beringsee 14
Beringstraße 16
Berme 342
Bermudashorts 254
Bernhardiner 86
Berührung 470
Besatzungsunterkünfte 382
Beschichtung 493
Beschläge 521
Beschleunigungsspur 343
Besen 193, 215
Bespannung 492, 494, 502
Besprechungszimmer 440
Besteckkorb 214
Bestückung 227
Besucherterrasse 391
Betriebsanzeigen 318
Betriebseinstellung 326
Betriebsraum 447
Betriebsschalter 337
Bett 204, 361
Bett mit Matratze 530
Betttuch 204
Bettwäsche 204
Beutel 162
Beutelfach 209
Beutelklammern 341
Beuteltasche 275
Beuteltasche, kleine 276
Beweger 212
bewegliche Backe 223, 224
bewegliche Brücken 344
bewegliche Tribünen 444
beweglicher Oberkiefer 76
Bewegungen eines Flugzeugs 395
Bewegungsmelder 286
Bezeichnungen tropischer Wirbelstürme 43
Bezugsstoff 273
BH 259
Bhutan 453
Biber 82
Bibliothek 433, 444
Bidet 195
Bienenstock 122
Bier 120
Bierkrug 165
bikonkave Linse 419
bikonvexe Linse 419
Bildanzeige 315
Bildröhre 318
Bildschirm 318, 329
Bildschirminhalt drucken 331
Bildschirmverriegelung 336
Bildung 444
Bildungseinrichtung 335, 433
Bildunterschrift 313
Bildvorlauf 315
Billard 502
Billardqueue 503
Billardtisch 502
Billettasche 244
Bimah 447
Binde, elastische 461
Bindebogen 299
Bindegewebe 114
Bindehaut 119
Bindeteil 245
Bindung 513
Bindung, chemische 414
Binokularmikroskop 421
Binsenstängel 312
Bioabfallbehälter 49
Biologie 426
biologisch nicht abbaubare Schadstoffe 47
Biosphäre 44
Biosphäre, Aufbau 44
Birke 64
Birne 133
Birne, asiatische 137
birnenförmiger Korpus 297
Birnenmelone 137
Bison 84
Bit 221
Bits und Bohrer, Beispiele 228
Bittermelone 128
Bitterschokolade 148
Blank 468
Blase 51
Blasebalg 530
Blasebalgtasche 255
Blasinstrumente 306
Blaspfeife 296
Blassynthesizer 311
Blatt 53, 54, 55, 125, 216, 219, 226, 227, 270, 493, 506
Blatt, Aufbau 55
Blatt, Säge 226, 227
Blattachsel 55
Blattader 55
Blattansatz 55
Blättchen 51
Blätter, einfache 55
Blätter, zusammengesetzte 55
Blätterpapille 118
Blätterteig 145
Blattgemüse 126
Blattgrund 53
Blattrand 55
Blattscheide 55
Blattschraube 306
Blattspindel 52
Blattstiel 55
Blattstieleinschnitt 62
Blau 418
blaue Linie 507
blaue Luzerne 130
blauer Ball 503
Blaufisch 160
Blaulicht 455
Blaustrahl 318
Blazer 251, 254
Blechbläser 295
Blechverkleidung 192
Bleikopf 305
Bleistift 312
Bleistiftspitzer 341
Blende 210, 212, 213, 277
Blendenöffnung 7
Blendrahmen 186
Blendrahmen oben 186
Blinddarm 106
blinde Tasche 251
blinder Fleck 119
Blinker 538
Blinkerhebel 354
Blinkerkontrollleuchte 368
Blinkleuchte 352, 366, 367, 368
Blinklichter 362
Blinklichtkontrolle 355
Blitz 41
Blitzableiter 183, 407, 413
Blitzkontakt 314
Blitzröhre 420
Block 473
Block, numerischer 331
Blockdeckel 359
Blog 335
Blouson 249
Blume, Aufbau 56
Blumen, Beispiele 56
Blumenbeet 230
Blumenkohl 127
Blumenkrone 56
Blumenladen 437
Blumenrabatte 230
Bluse, klassische 255
Blusen und Hemden, Beispiele 255
Blut, sauerstoffarmes 104
Blut, sauerstoffreiches 104
Blutbestandteile 104
Blutdruckmessgerät 461
Blüte 53, 56, 62
Blütenblatt 56
Blütenboden 56, 59
Blütengemüse 127
Blütenkelch 56
Blütenknospe 53
Blütenständen, Arten 57
Blütenstandstiel 54
Blütenstiel 56, 62
Blutgefäß 104, 114
Blutkörperchen, rotes 104
Blutkörperchen, weißes 104
Blutkreislauf 102
Blutkreislauf, Schema 103
Blutplasma 104
Blutwurst 156
BMX-Rad, Mountainbike 373
Boa 77
Böckchen 308
Bockkran 406, 407
Bockmühle 412
Bocksfuß 200
Bockshornkleesamen 138
Boden 48, 180, 534
Boden, gewachsener 342
Bodenablauf 184, 194
Bodenbalken 187
Bodenbeläge, textile 190
Bodenbewegung, horizontale 27
Bodenbewegung, vertikale 27
Bodenbewegungen 31
Bodendiele 190
Bodendüngung 47
Bodendüse 209
Bodenkriechen 31
Bodenlinie 517
Bodenplättchen 302
Bodenplatte 308, 533
Bodenprofil 54
Bodenstaubsauger 209
Bodenturnfläche 496
Bodenverschmutzung 47
Bodyshirt 255
Bodysuit 258
Bogen 301, 306, 428
Bogenansatz 301
Bogenarm 535
Bogenfeld 285
Bogengang, äußerer knöcherner 116
Bogengang, hinterer knöcherner 116
Bogengang, oberer knöcherner 116
Bogenminute 428
Bogensäge 533
Bogenschutz 306
Bogensekunde 428
Bohne, Flageolet 131
Bohne, grüne 131
Bohne, römische 131
Bohne, schwarzäugige 130
Bohne, schwarze 131
Bohnen 130, 131
Bohnen, dicke 130
Bohnenkraut 142
Bohranlage 403
Bohrerstellung 518
Bohrfutter 221, 228
Bohrfutterschlüssel 228
Bohrgestänge 403
Bohrkopf 403
Bohrkörper 228
Bohrkragen 403
Bohrmaschine, elektrische 228
Bohrschiff 382
Bohrturm 403, 404
Bohrwerkzeuge 228
Bolero 254
Bolivien 448
Bolzen 222, 224, 270, 271
Bombe, vulkanische 28
Bongos 309
Boot 240
Boote und Schiffe, Beispiele 382
Bordcomputer 354, 457

Bordeauxglas 165
Bordküche 392
Bordstein 434
Bordunpfeife 296
borealer Wald 44
Boretsch 142
Borke 63
Borste 271, 272
Borsten 215, 219
Böschung 182
Böschung im Auftrag 342
Bosnien und Herzegowina 450
Botswana 452
Bottich 214
Bottichrand 212
Bottnischer Meerbusen 18
Boulevard 25, 433
Boulevardblatt 313
Bowlingbahn 436
Box 272
Box für die Aufsteckbürsten 272
Boxen 498, 524
Boxengasse 524
Boxer 498
Boxerhose 498
Boxershorts 247
Boxhandschuhe 498
Boxtasche 276
Brachacker 122
Brandbekämpfung 454
Brandbekämpfungsmaterial 454
Brandungspfeiler 35
Brandungstor 35
Brasilien 448
Braten 153
Bratenthermometer, digitales 171
Bratentopf, flacher 175
Bräter 174
Bratpfanne 175, 531
Bratsche 301
Bratschen 295
Bratwurst 156
Brauchdampf 408
Brauenbürstchen 266
Braunalge 51
brauner Ball 503
brauner Zucker 149
Braunreis 147
Brause 236
Brausegarnitur 194
Brausenkopf 195, 197
Brauseschlauch 195, 197
Brecher 33
Breiapfel 137
Breitbild-Fernseher 321
Breitengrade 22
Breitenkreis 22
breiter Rückenmuskel 97
breites Mutterband 113
Breitfußgeschoss 435
Bremsanlage 351
Bremsbacke 357
Bremsbelag 357
Bremse 69, 467, 501, 522, 525, 536
Bremsen 357
Bremsflüssigkeitsbehälter 357
Bremsgriff 371, 522
Bremshebel 523
Bremskraftregler 357
Bremskraftverstärker 350, 357
Bremskreis 357
Bremsleitung 350
Bremsleuchte 352
Bremspedal 350, 354, 357, 368
Bremssattel 357, 366
Bremsscheibe 357
Bremsschlauch 357
Bremsträger 357
Bremstrommel 357
Bremswagen 377
Bremszug 371
Bremszylinder 357
Brenner 174, 210, 529
Brennholzstauraum 192
Brennpunkt 419
Brennraum 192
Brennsockel 529
Brennspiritus 405
Brennstab 409
Brennstabbündel 409
Brennstoff 408
Brennstoff, fossiler 48
Brennstofftablette 409
Brett 519
Brett, schwarzes 444
Brettspiel 469
Brie 151
Brieföffner 339
Brieftasche 275
Briefwaage 339
Brille 273, 513, 522
Brille, Teile 273
Brillenetui 275
Broccoli 127
Brombeere 132
Brot 144
Brotbackautomat 179
Brothalter 178
Brotmesser 169
Browser 334
Bruch 427
Brücke 25, 109, 273, 420
Brücken, bewegliche 344
Brücken, starre 344
Brückenlift 381
Brunei 453
Brunnen für rituelle Waschungen 447
Brunnenkresse 127
Brust 78, 83, 92, 94, 113
Brustbein 98
Brustbeine 71
Brustdrüse 113
Brustflosse 74, 90
Brustkorb 92, 94
Brustleistentasche 244
Brustmuskel, großer 96
Brustschutz 476, 486
Brustschwimmen 517
Brusttasche 245, 248
Brüstungsriegel 187
Brustwarze 92, 94, 113
Brustwirbel 99
Brutzwiebel 54
Bube 468
Buche 64
Buchecker 133
Bücherregal 444
Bücherstütze 341
Buchhandlung 436
Buchsenhalter 198
Büchsenöffner 170
Bucht 5, 24
Bucht, Große Australische 15
Buchweizen 61, 143
Buckelwal 90
Büfett 203
Büffel 84
Buffet 438
Bug 384, 387, 392, 519, 520
Bügel 226, 273, 301, 324, 535
Bügel, verstellbarer 226
Bügelanschlag 273
Bügelende 273
Bügelfalte 246
Bügelhebel 534
Bügelheck 208
Bügelhorn 307
Bügelrundung 273
Bügelsäge 226
Bügelsohle 208
Bügelspannmechanismus 537
Bugfahrwerk 392
Bugladeklappe 386
Bugpropeller 384
Bugstrahler 387
Bugtür 383
Bugwulst 385, 387
Bühne 278, 292, 293
Bühnenhaus 278, 292
Bühnenhintergrund 292
Bulbospongiosus 111
Bulgarien 450
Bull's eye 471
Bullauge 386
Bulldogge 86
Bund 125, 249, 302, 303
Bund mit Druckknöpfen 260
Bund, elastischer 249
Bündchen 247
Bundesstaat 23
Bundmarkierung 303
Bundverlängerung 246
Bunker 504
Bunkeröl 405
Burg 282
Bürgersteig 434
Burggraben 282
Burghof 282
Burkina Faso 451
Büro 374, 438, 439
Büro der Oberschwester 463
Büro der Schulaufsicht 445
Büro des diensthabenden Arztes 462
Büro des Direktors 443
Büro des Richters 440
Büro des Schulleiters 445
Bürogebäude 381, 432, 435
Büroklammerhalter 341
Büroklammern 341
Bürotechnik 312, 329
Büroturm 435
Bürste 209, 215, 272
Bürstenkörper 215
Burundi 451
Bürzel 78
Bus 362, 435
Busbahnhof 432
Bushaltestelle 434
Büstenhalter, trägerloser 259
Büstenschale 259
Butter 150
Butterdose 163, 166
Butterfach 211
Butterfly 501
Buttermesser 168
Buttermilch 150
Butterroller 169
Button-Down-Kragen 245

C

C 298
Cabanjacke 251
Café 432, 437
Cafeteria 445
Cajun-Gewürzmischung 139
Callisto 2
Camembert 151
Camisol 258
Camping 528
Campingausrüstung 531
Candela 426
Cannelloni 146
Cañon, unterseeischer 33
Cape 251
Caprihose 254
Carapax 71
Cardigan 255
Carina 74
Carpentariagolf 15
Casabamelone 135
Cashewkern 133
Cassegrain-Fokus 7
Casting 537
Cayennepfeffer 139
CD 326
CD wechseln 323
CD-/DVD-Auswurftaste 329
CD-/DVD-Laufwerk 329, 336
CD-Einschub 471
CD-Fach 323
CD-Rekorder 325
CD-Spieler 323, 325, 326
CD-Spieler, tragbarer 325
CD-Tasten 326
Celli 295
Cello 301
Celsius-Temperatur, Maßeinheit 426
Celsiusskala 424
Cent 440
Centerlautsprecher 321
Centre 485
Cephalica 102
Cephalothorax 70
Ceres 2
Chac-Mool 283
Chaiselongue 200
Chamäleon 77
Chantilly-Parkett 190
Charlestonmaschine 308
Charlottenform 172
Charon 3
Chatroom 335
Chayote 129
Check-in-Schalter 390
Checkliste 10
Chef-Kameramann 291
Chefmaschinist 290
Chemie 414
chemische Behandlung 405
chemische Bindung 414
chemische Reinigung 437
Chesterfieldsofa 200
Chicorée 127
Chiffonière 203
Chile 448
Chili, Jalapeño 139
Chilipulver 139
Chilis, getrocknete 139
Chilis, zerstoßene 139
China 453
China-Broccoli 127
Chinakohl 126
chinesische Dattel 137
Chirimoya 136
Chirurgen-Waschraum 465
Chirurgie, kleine 462
Chloroplast 50
Chokerkette 264
Chor 284, 285
Chorhaupt 285
Chorizo-Wurst 156
Chorlampe 446
Chorscheitelkapelle 284, 285
Chorumgang 285
Chromatin 66
Chromosphäre 4
Chutney 141
Climber 501
Clip 312
Cliphalterung 199
Clubsessel 200
Coach-Box 474
Cockpit 12, 392, 520, 525
Cocktailbar 203, 439
Cocktailglas 165
Cocos-Platte 27
Collie 86
Compluvium 280
Computer 444
Computerbildschirm 10
Computerprogramme 457
Computerraum 444
Conchiglie 146
Container 383
Containerbrücke 381
Containerflachwagen 377
Containerlaschsystem 383
Containerschiff 381, 382
Containerterminal 381, 430
Controller 471
Controller-Schnittstellen 471
Cookstraße 15
Costa Rica 448
Costalschild 76
Coudé-Fokus 7
Coulomb 426
Coulommiers 151
Coupé 347
Couscous 144
Couscoustopf 175
Cowper-Drüse 111
Coyolxauhqui-Stein 283
Crêpe-Pfanne 175
Cricket 478
Cricketball 478
Cricketschuh 478
Cricketspieler 478
Crochetwinkel 244
Croissant 144
Crottin de Chavignol 150
CRT-Fernseher (Kathodenstrahlröhren-Fernseher) 318
Cubiculum 280
Curling 515
Curlingbesen 515
Curlingstein 515
Curry 138
Curryklemme 521
Cursor an Zeilenanfang 331
Cursor an Zeilenende 331
Cursor nach links 331
Cursor nach oben 331
Cursor nach rechts 331
Cursor nach unten 331

D

D 298
Dach 183, 193, 283, 349, 361
Dachfenster 183
Dachkranz, vorkragender 283
Dachluke 361
Dachrinne 182
Dachs 88
Dachziegel 283
Dalmatiner 86
Dame 468, 470
Damenflanke 470
Damenhandschuhe 243
Damenkleidung 251
Damenkopfbedeckungen 239
Damenschuhe 241
Damentoilette 294, 439
Damm 406
Dammkrone 406
Dampf 402, 408, 415
Dampfbügeleisen 208
Dampfdruck 408
Dampfdüse 208
Dämpfeinsatz 175
Dämpfer 307
Dampferzeuger 402
Dampfgenerator 408
Dampfkochtopf 175
Dampfregler 181
Dampfstärkeregler 208
Dämpfung, magnetische 422
Dänemark 450
Dänische Dogge 86
dänisches Roggenbrot 145
Danish Blue 151
Darm 71, 73, 103
Darmbein 98
Darreichungsformen, Arzneimittel 467
darstellende Künste 294
Dartscheibe 471
Dartspiel 471
Datei 334
Dateiformat 334
Datenauswertung 38
Datenbank 335
Datendisplay 328
Dateneingabe, Feinregler 310
Dateneingabe, Grobregler 310
Dattel 132
Dattel, chinesische 137
Datumstempel 338
Dauerbrand 192
Daumen 115, 243, 477
Daumen, opponierbarer 91
Daumenauflage 306
Daumenfittich 78
Daumenring 307
Daumenteil 460
Daunendecke 204
Davidstern 447
Deckblatt 60
Decke 193, 204, 342
Deckel 174, 177, 178, 179, 180, 181, 211, 212, 215, 225, 533
Deckelhalter, magnetischer 180
Deckelknopf 176
Deckeltasche 532
Deckenbalken 187, 190
Deckendurchführung 193
Deckenleuchte 206
Deckfeder 78
Deckleiste 186
Deimos 2
Deklinationsachse 8, 9
Dekorateur 291
Dekorationsgeschäft 437
Delegierte, technische 509
Delle 505
Delphin 90
Delphin, äußere Merkmale 90
Delta 32, 35
Delta-Arm 32
Deltaflügel 394
Deltamuskel 96
Dendrit 110
Denkmal 25
Deodorant 267
Depolarisationsgemisch 417
Derrickkran 382
Dessertgabel 168
Dessertlöffel 168
Dessertmesser 168
Deutscher Schäferhund 86
deutscher Senf 140
deutsches Roggenbrot 145
Deutschland 450
diagonaler Schlittschuhschritt 514
diagonaler Zug 470
Dichtemesser 359
dichtes Windelhöschen 260
Dichtring 404
Dichtung, magnetische 211
Dichtungsring 214
Dichtverschluss 529
Dickdarm 106
Dickdarm, absteigender 106
Dickdarm, aufsteigender 106
Dickdarm, quer verlaufender 106
dicke Bohnen 130
Dickemessung 425
Diele 188, 190
Diensteingang 445
Dienstgradabzeichen 456
Dienstgürtel 456
diensthabender Arzt, Büro 462
dieselelektrische Lokomotive 377
Dieselkraftstoff 405
Dieselmotor 383
Dieselmotorraum 398, 399, 400, 401
Dieseltriebwerk 383
Differenzial 351
Digitalanzeige 423, 461
digitale Spiegelreflexkamera: Rückansicht 315
digitaler Anrufbeantworter 328
digitales Bratenthermometer 171
Digitalthermometer 461
Digitaluhr 424
Digitus 82
Dijon-Senf 140
Dill 142
Dimmerschalter 198
Dinkel 143
Diode 314, 411
Dione 3
Direktor, Büro 443
Direktwahltasten 323, 326
Dirigent(in) 295
Dirigentenpult 295
Dirndl-BH 259
Diskantregister 296
Diskantsteg 304
Diskanttastatur 296
Diskette 333
Disketten-Auswurftaste 329
Diskettenlaufwerk 310, 329
Diskettenlaufwerk, externes 333
Diskus 472
Diskus- und Hammerwerfen 473
Display 314, 319, 321, 322, 323, 325, 326, 327, 328, 336, 338, 442, 443
Displayeinstellung 327
Displaytaste 326
Distanzstück 409
Disziplinen 511
Ditali 146
divergierende Plattengrenzen 27
Division 427
Divisionstaste 337
Djembe 297
Dnjepr 18
Dock 381
Docking-Station 337
Dogge, Dänische 86
Dokumente 328
Dokumentenablage 338
Dokumentenmappe 339
Dolde 57
Doldenrispe 61
Doldentraube 57
Doline 31
Dollar 440
Dolly 290
Dollyschienen 290
Dom 284
Dom, gotischer 284
Dom, Grundriss 285
Domain zweiten Grades 334
Domain, Toplevel 334
Domainname 334
Dominica 449
Dominikanische Republik 449
Dominosteine 468
Donau 18
Doppel-B 299
Doppel-Kassettendeck 325
Doppelbett 439
Doppelblank 468
Doppelblatt 306
Doppeldeckerbus 363
Doppelhaus 289
Doppelklappbrücke 345
Doppelkreuz 299
Doppelmaulschlüssel 223
Doppelriegel 187
Doppelringschlüssel 223
Doppelringschlüssel, offener 223
Doppelschlag 299
Doppelschrägstrich 334
Doppelsitz 380
Doppelspiel 490
Doppelspüle 194
Doppelstockschub 514
doppelt gesägt 55
Doppelzimmer 439
Dopplerwürfel 469
Dorf 430, 512
dorische Halbsäule 281
Dorn 246
Dornablage 341
Dornfortsatz 110
Dose 163
Dose, Konserven 163
Dosenöffner 163, 180, 531
Dosier-Aerosol 467
Dotterhaut 79
Double 471
Douglasscher Raum 112
Down-Quark 414
Downhillrad 522
Draht 417, 501
Drahtbesen 176
Drahtbürste 268
Drahtschneider 217
Drahtschneidezange 217
Drakestraße 15, 17
Drehbohrverfahren 403
Drehbrücke 344
Drehdüse 236
Drehflügel nach außen 287
Drehflügel nach innen 287
Drehflügeltür 286
Drehgehäuse 286
Drehgeschwindigkeitssensor, Räder 357
Drehgestell 376
Drehgestellflachwagen 377
Drehgriff 332
Drehjustierung 420
Drehkartei 338
Drehknopf 536, 537
Drehkranz 344, 400
Drehkuppel 7
Drehleiterfahrzeug 455
Drehmoment-Einstellring 228
Drehmomentwandler 212
Drehscheibe 176, 455
Drehspiegel 269
Drehtisch 403
Drehtür 286
Drehwalze 27
Drehzahlmesser 355, 368
Drehzahlschalter 228
Drehzapfen 217
Dreieck 429, 503
Dreieckfenster 349
dreieckiger Korpus 297
Dreiecksgruppe 115
Dreiecktuch 461
dreiflügeliger Propeller 394
Dreifußständer 308
dreiköpfiger Armstrecker 97
Dreipass 285
dreipolige Steckdose 198
dreipoliger, amerikanischer Stecker 198
Dreirad 373
Dreisprung 472
dreitürige Kombilimousine 347
dreiviertellange Jacke 248
Dreivierteltakt 298
dreizählig 55
Dressiernadel 173
Drilling 468
Drillingshaken 538
Drillschraubenzieher 221
Drittbelegung 330
dritte Reihe 482
dritte Zehe 78
dritter Malspieler 474
dritter Ventilzug 307
drittes Mal 474
Drohne 68
Dromedar 85
Drosselvene, äußere 102
Drosselvene, innere 102
Druck, Maßeinheit 426
Druckbleistift 312
Drücker 307
Drückerbügel 216
druckfestes Außenrohr 409
Druckkammer 345
Druckknopf 243, 249, 305, 312
Druckknopfleiste 249, 261
Druckknopfleiste an der Beininnenseite 260, 261
Druckluft 346
Druckluftflasche 454
Druckmechanik 312
Druckmessgerät 461
Druckmotiv 261
Druckregler 272, 454
Druckrohr 312
Druckschalter 227, 228, 229, 235
Drückstange 501
Drucksteg 304
Drucktaste 176, 214
Drucktendenz 39
Druckverschluss 274
Druckverstärkerpumpanlage 404
Druckwelle 403
Druckzahnrädchen 180
Drumlin 29
Dschibuti 451
Dual-in-line-Gehäuse 417
Dudelsack 296
Dufflecoat 249
Dulse 123
Düne 35
Düne, komplexe 36
Dünenformen 36
Dünenzug 36
Dung 48
Düngemitteln, Einsatz 47
dunkles Roggenbrot 144
Dünndarm 106
Dunst 41
Dunstabzugshaube 164, 210
Dunstrohrabzug 194
Duo 300
Durchflussrohr 410
Durchführung 406, 407
durchgehende Linie 342
Durchgrifftasche 251
Durchlaufträger 344
Durchmesser 428
Durchschnitt, Erdatmosphäre 37
durchsichtiger Reiter 340
Durchziehschnur 249
Durianfrucht 137
Dusche 189, 439, 464
Duschkabine 195
Düse 12, 216, 219, 236
Düsenflugzeugbenzin 405
Düsenreiniger 218
Duty-free-Shop 391
DVD 319
DVD-Brenner 333
DVD-Einschub 471
DVD-Lade 319
DVD-Recorder 319
Dynamo 370

E

E 298
E-Commerce 335
E-Mail-Software 334
E-Mail-Taste 330
Eau de parfum 267
Eau de toilette 267
Ebene 24
ebene Flächen 428
ebener Spiegel 7
Echinodermen 66
echte Teilmenge von 427
echter Reizker 123
Eckballfahne 481
Eckbogen 481
Ecke 498, 506
Eckhocker 498
Eckpfosten 187
Eckpolster 498
Eckschrank 203
Eckstück 277

Eckturm 282
Eckzahn 101
Ecuador 448
Edelgas 199
Edelpilzkäse 151
Effiliermesser 269
Effilierschere, einseitig gezahnte 270
Effilierschere, zweiseitig gezahnte 270
effusiver Vulkan 28
Ehering 264
Ehrensessel, steinerner 447
Ei 79
Eiche 64
Eichel 111
Eichelhäher 80
Eichelkürbis 129
Eichhörnchen 82
Eidechse 77
Eier 155
Eier, Karton 162
Eierfach 211
Eierkarton 162
Eiernudeln, asiatische 147
Eierschneider 173
Eierstock 112, 113
Eieruhr 171
eiförmig 55
Eigelb 79
Eigentumswohnungen 289
Eileiter 112, 113
Eileiterampulle 113
Eileiterenge 113
Eileitertrichter 113
Eimer 215
Eimer, Abfall 215
ein Pärchen 468
Ein- und Ausschalter 177, 180, 181
Ein-/Ausschalter 206, 208, 209, 218, 314, 319, 329, 333, 336
Ein-/Ausschalttaste 328
Ein/Aus/Lautstärke 326
einarmiger Schulterwurf 499
Einatmungsventil 459
Einbauwaschtisch 195
Einbuchtung, vordere 115
einfache Blätter 55
einfache Falte 246, 253
einfache Organismen 66
Einfahröffnung 396
Einfahrt 343
einfallendes Neutron 415
Einfassband 238
Einfassung 230, 240
Einfassung, seitliche 192
einflammiger Gasbrenner 529
Einfügen 331
Einfügetaste 331
Einfüllöffnung 208
Einfüllschacht 177, 180
Einfüllstutzen 237, 351, 404
Eingabe 331
Eingabe-Löschtaste 337
Eingabegerät für persönliche Identifikationsnummer (PIN) 443
Eingabegeräte 330
Eingabetaste 331, 443
Eingang 278, 378, 447, 528, 529
Eingangshalle 188, 390, 435
Eingangsschalter 322
Eingangssperre 378
Eingangstüren 294
eingebautes Schwimmbecken 184
eingehängte Spannweite 344
eingenähter Boden 528, 529
eingerollter junger Wedel 52
eingeschlossenes Grundwasser 402
eingesetzter Ärmel 245
Eingeweideganglion 73
eingliedrige Trugdolde 57
Einhand-Mischbatterie 197
Einhand-Rohrzange 216
Einheit, mobile 316
Einheitensystem, internationales 426
Einkaufsstraße 432
Einkaufstasche 276
Einkaufstasche, große 276
Einkaufstüten 121
Einkaufswagen 121
Einkaufszentrum 431, 436
Einlage 225, 301, 302
Einlassventil 360
Einlegegurke 128
Einmachthermometer 171
Einpackhilfe 121
Einpersonenzelt 529
Einreiher 244
Einreißhaken 454
Einrumpfboote 521
Eins 427
Einsatz 277
Einsatz für Imbusschrauben 221
Einsatz für Kreuzschlitzschrauben 221
Einsatz für Schlitzschrauben 221
Einsatz von Düngemitteln 47
Einsätze 179
Einsatzkleidung 454
einschalige Muschel 73
einschalige Muschel, äußere Merkmale 73
Einschalter 213
Einschnitt, oberer seitlicher 62
Einschnitt, unterer seitlicher 62
einseitig gezahnte Effilierschere 270
Einspangenschuh 241
Einspeisung in das Leitungsnetz 413
Einspritzdüse 360
Einstechhebel 180
Einstecktuch 244
Einsteigegriff 380
Einsteigestation, radiale 389
Einsteigetreppe 395
Einstellanzeige 511
einstellbare Bremse 537
Einstellkerbe 511
Einstellrad 353
Einstellspanner 527
Einstellung 324
Einstellung der Deklinationsachse 8, 9
Einstellung der Rektaszensionsachse 8, 9
Einstellung, horizontale 329
Einstellung, Pendelhub 227
Einstellung, vertikale 329
Einstellungen 328
Einstellungsanzeige 315
Einstiegsloch 31
Einstiegsluke 13, 404
Einstiegstür 362, 363, 380
einstöckiges Haus 289
einteilige Klappbrücke 345
Einteilung 274
Eintrittskante 393
Eintrittskartenautomat 294
einwärts 518
Einwärtsdreher, runder 96
Einweg-Brennstoffflasche 218
Einwegkamera 315
Einwegkontaktlinse 272
Einwegrasierer 271
Einzahlungsschlitz 442
Einzelbett 439
Einzeldisziplin, Anzeigetafel 497
Einzeller 66
Einzelsitz 380
Einzelspiel 491
Einzelzimmer 439
Eipochierer 175
Eis 45
Eisautomat 346
Eisbär 89
Eisbehälter 180
Eisbein 153
Eisbergsalat 126
Eisbrecher 384
Eisenbahn 25
Eisenbahnstrecke 431
Eisenschläger 505
Eisenträger 374
eiserner Vorhang 292
Eisfläche 506, 509, 515
Eishockey 506
Eishockeyschläger 506
Eishockeyspieler 506
Eiskappe 40
Eiskratzer 356
Eiskunstlauf 509
Eiskunstlaufkufe 509
Eiskunstlaufstiefel 509
Eislaufplatz 512
Eismaschine 180
Eisportionierer 173
Eisschelf, Amery 15
Eisschnelllauf 508
Eisschnelllauf-Schlittschuhe 508
Eisschnelllaufbahn 508
Eisschnellläufer: Kurzstrecke 508
Eisschnellläufer: Langstrecke 508
Eistanzkufe 509
Eisvogel 80
Eiswürfelschale 211
Eiswürfelspender 164
Eiweiß 79
Eizelle 112
Ejakulationsgang 111
ekkrine Schweißdrüse 114
El Salvador 448
elastische Binde 461
elastische Schürze 383
elastischer Beinausschnitt 247
elastischer Bund 249
elastischer Fingerhut 339
Elch 85
Elefant 85
elektrische Anlage 351
elektrische Bohrmaschine 228
elektrische Gitarre 303
elektrische Heckenschere 235
elektrische Schiebetür 363
elektrische Steuereinheit 357
elektrische Stichsäge 227
elektrische Stromstärke, Maßeinheit 426
elektrische Zahnbürste 272
elektrischer Golfwagen 505
elektrischer Schnellkocher 179
Elektrischer Tischgrill 179
elektrischer Widerstand, Maßeinheit 426
elektrisches Potential, Maßeinheit 426
Elektrizität 198
Elektrizität aus Wasserkraft 406
Elektrizität und Magnetismus 416
Elektrizitätserzeugung 412
Elektrizitätserzeugung aus geothermischer Energie 402
Elektrizitätserzeugung aus Kernenergie 408
Elektrizitätserzeugung aus Wärmeenergie 402
Elektrizitätserzeugung aus Windenergie 413
Elektrizitätserzeugung durch den Generator 408
Elektrizitätsmenge, Maßeinheit 426
Elektroherd 210
Elektroinstallateurwerkzeuge 217
Elektrokabel 354
Elektrolytkondensatoren 417
Elektrolytseparator 417
elektromagnetisches Spektrum 418
Elektromesser 177
Elektromotor 235, 237, 358
Elektron 414
Elektronenflussrichtung 416, 417
Elektronenkanone 318
Elektronenkollektor 417
Elektronenstrahl 318
Elektronik 417
Elektronikgeschäft 436
elektronische Instrumente 310
elektronische Post 335
elektronische Waage 423
elektronischer Sucher 320
elektronisches Piano 311
elektronisches Schlagpolster 311
elektronisches Vorschaltgerät 199
elektronisches Zahlungsterminal 121, 443
Elektropumpe 357
Elektrorasierer 271
Element 427
Element von 427
Elfeck, regelmäßiges 429
Elfenbeinküste 451
Elfmeterpunkt 480
Ellbogen 83, 86, 93, 95
Ellbogenfortsatz 99
Ellbogenpolster 486
Ellbogenschützer 526, 527
Elle 98
Ellennerv 108
Ellenseite, Handbeuger 96, 97
Ellenseite, Handstrecker 97
Elsassglas 165
Embryonalgewinde 73
Emission schädlicher Gase 47
Emission von Salpetersäure 48
Emission von Schwefeldioxid 48
Emission von Schwefelsäure 48
Emission von Stickoxiden 48
Emmentaler 151
Empfang 439, 442
Empfang von Dokumenten 328
Empfangsantenne 316
Empfangsebene 439
Empfangshalle 439, 447
Empfangsteil 326
Empfindlichkeit 314
Endanschlag 226
Endbande 502
Ende 510, 514
Ende, hinteres 73, 226, 229
Ende, vorderes 73
Endfaden 109
Endivie, krause 127
Endknospe 53
Endlagerung 49
Endlappen 62
Endlinie 484, 487, 489, 493
Endlosperlenkette 264
Endmoräne 30
Endokarp 57, 58
endoplasmatisches Retikulum 50, 66
Endplatte, motorische 110
Endschalter 287
Endstück 111, 409, 503, 526
Endteil 245
Endverzweigung 110
Endzone 484
Energie 402
Energie, fossile 402
Energie, geothermische 402
Energie, Maßeinheit 426
Energiefreisetzung 415
Energiesparlampe 199, 411
englischer Senf 140
englischer Stock 466
englisches Weißbrot 145
Englischhorn 306
Englischhörner 295
Enoki 123
Ente 81, 155
Entenei 155
Entklammerer 341
Entkleidungsraum 465
Entladerampe 437, 439
Entladungsröhre 199
Entlastungsraum 278
Entleerungsschlauch 212
Entlüftungskreis 194
Entlüftungskreislauf 194
Entlüftungsventil 385
Entnahmeraum 465
Entnahmeraum, Wartebereich 465
Entriegelungstaste 208
Entsafter 180
Entsteiner 173
Entwaldung 47
Entwässerungsrinne 342
Epiduralraum 110
Epizentrum 27
Erbse 60
Erbsen 130
Erbsen, gespaltene 130
Erbsen, grüne 130
Erdatmosphäre im Querschnitt 37
Erdaufbau 26
Erdaufschüttung 342
Erdbahn 4, 5
Erdbeben 27
Erdbeere 132
Erdbeere im Querschnitt 59
Erdbewegung, Geräte 233
Erde 2, 3, 4, 5, 14

Erdeaufbau 26
Erdefunkstelle 335
Erdgas 403
Erdgeschoß 182, 188
Erdkröte, gemeine 75
Erdkruste 26, 27
Erdkruste im Querschnitt 26
Erdkugel, Koordinatensystem 21
Erdleitung 198
Erdnuss 130
Erdnussöl 149
Erdoberfläche 14
Erdoberfläche, Absorption 46
Erdöl 403, 405
Erdöleruptionskreuz 404
Erdölterminal 404
Erdölvorkommen 403
Erdrutsch 31
Erdsatellit, künstlicher 37
Erdung 404
Erdungsklemme 198
Erdungsstift 198
Eris 3
Eritrea 451
Erstarren 414
erste Holzlage 187
erste Laubblätter 53
erste Reihe 482
erste Rückenflosse 74
erste Spannungserhöhung 413
erste Violinen 295
Erste-Hilfe-Anleitung 461
Erste-Hilfe-Kasten 457, 461
erster Backenzahn 101
erster Führungsring 537
erster Kamera-Assistent 290
erster Malspieler 474
erster Rang 293
erster Raum 489
erster Schiedsrichter 485, 487
erster Stock 182, 189
erster Ventilzug 307
erster vorderer Backenzahn 101
erstes Mal 474
Eruptivgesteine 26
Erwärmung, globale 46
Erweiterungskartei 340
Erythrozyt 104
Escapetaste 330
Esel 84
Eskariol 126
Espadrille 242
Espresso-Maschine 181
Espressomaschine 181
Essbesteck 531
Essecke 164
Essig 141
Esskastanie 133
Esslöffel 168
Esstablett 205
Esszimmer 188
Estland 450
Estragon 142
Ethernet-Schnittstelle 336
Etui 265, 337
Etui für Taschenrechner und Scheckheft 274
Etuirock 253
Eurasiatische Platte 27
Eurasien 14
Euro 440
Europa 2, 14, 18, 34, 449
Europäische Union, Flagge 441
europäisches Experimentiermodul 11
Eutelsat 316
Euthynterie 279
Evakuierungskapsel 11
ewiger Schnee 29
Ewiges Licht 447
Exokarp 57, 58, 59
Exosphäre 37
Expander 310, 500
Experimentiermodul, europäisches 11
Experimentiermodul, japanisches 11
Expertenpiste 512
explosiver Vulkan 28
externes Diskettenlaufwerk 333
externes Festplattenlaufwerk 333
Extrakt, Vanille 140
Exzenterschleifer 229
Eyeliner, flüssiger 266
Eyresee 15

F

F 298
Fabrik 430
Facettenauge 67, 68
Fach 203, 274
Fach für Molkereiprodukte 211
Facharzt 464
Fächerpinsel 266
Fächerscheibe, außengezahnte 222
Fächerscheibe, innengezahnte 222
Fackeln 4
fadenförmige Papille 118
Fadenkreuz 420
Fagott 306
Fagotte 295
Fahne 482
Fahrbahn 342, 344, 345, 434
fahrbares Röntgengerät 462
Fähre 386
Fahrenheitskala 424
Fahrer 522
Fahrersitz 369
Fahrgastanlage 381
Fahrkartenkontrolleur 374
Fahrkartenschalter 378
Fahrkorb 287
Fahrkorb-Fangvorrichtung 287
Fahrkorb-Führungsschiene 287
Fahrkorbboden 287
Fahrkorbdecke 287
Fahrkran 397
Fahrmotor 376
Fahrplan 374
Fahrrad 370
Fahrrad, Teile 370
Fahrräder, Beispiele 373
Fahrradhelm 372
Fahrradständer 445
Fahrradträger 356
Fahrtrage 460
Fahrtreppe 294
Fahrtrichtungsanzeige 379
Fahrzeuge 342
Fairway 504
Fakultät 427
Falke 81
Falkland-Inseln 17
Falle 186
Fallleitung 406, 407
Fallschirm für die Feststoffrakete 12
Fallstrang 194
Falltür 281
Falte, abgesteppte 253
Falte, einfache 253
Falten, Beispiele 253
Faltfenster 287
Faltgrill 533
Falttür 286
Faltverschluss 534
Falz 186
Familie der Blechbläser 295
Familie der Holzblasinstrumente 295
Familienzelt 528
Fanfare 364
Fangen 470
Fänger 474, 475, 476
Fanghandschuh 476, 507
Fangvorrichtung, Fahrkorb 287
Fangzubehör 538
Farbabbrennervorsatz 218
Farben 468
Farbfernsehkamera 10
Farbfilter 318
farbige Beilage 313
Farbmasse 312
Farbmischung 418
Farbmischung, additive 418
Farbmischung, subtraktive 418
Farbroller 219
Farn 52
Farn, Aufbau 52
Farne, Beispiele 52
Farnspitze 125
Fasan 81, 154
Fasanenei 155
Fase 228
Faserwurzel 53, 63
Fassade 285
Fastfood-Restaurant 437
Faulbecken 48
Fausthandschuh 498
Fäustling 243
Feder 27, 206, 212, 222, 273, 312, 535
Federball 495
Federball, Kunststoff 495
Federflügel 221
Federkiel 312
Federkranz 495
Federring 222
Federstange 500
Federung 380
Federwaage 423
Fehlstartleine 516
Feige 137
Feile 531
feine Salami 156
Feineinstellung 421, 422, 425
Feinkost 120
Feinmahlanlage 402
Feinnachführungssystem 7
Feinregler für Dateneingabe 310
Feintrieb 421
Feld 469, 479
Feld, geothermisches 402
Feld, magnetisches 318, 416
Feldbett 530
Feldflasche 532
Feldlinie 416
Feldlinse 420
Feldlinseneinstellung 421
Feldmaus 82
Feldsalat 127
Feldspieler 479
Feldstärkeregler 322
Felge 366, 371
Felgenbremse, hintere 370
Felgenbremse, vordere 371
Fell 309
Fellmütze 238
Felsen 5
Felsenbecken 30
Felseninselchen 35
Felssäule 35
Fenchel 125
Fenster 186, 189, 352, 361, 380, 392, 519
Fenster, Beispiele 287
Fensterbrett 186
Fensterheber 352
Fensterladen 186
Fensterüberdachung 528
Fernbedienung 319, 321
ferngesteuertes Servicemodul 11
Fernlicht 352
Fernlichtanzeige 355
Fernlichthebel 354
Fernlichtkontrollleuchte 368
Fernmeldeantenne 386
Fernmeldesatelliten 316
Fernmeldeturm 316
Fernsehen 318
Fernsehgerät 439, 444
Fernsehprogramm 313
Fernsteuerungsanschlussbuchse 315
Ferse 93, 95, 247
Fersenautomatik 511
Fersenbein 99
Fersenhalter 240
Fersenrand 262
Fersenriemen 241
Fersenstütze 467
Fertiggerichte 121
Fessel 83
Festabstandmarkierung 391
feste Backe 223, 224
fester Sockel 224
Festkörper 414, 415
Festkörper, amorpher 414
Festplatte, herausnehmbare 333
Festplattenlaufwerk 333
Festplattenlaufwerk, externes 333
feststehender Messschnabel 425
Feststellknopf 227, 228
Feststellring 221
Feststellschraube 341, 425
Feststellschraube für das Blatt 227
Feststellschraube für Schrägstellung 227
Feststellschrauben 425
Feststellspitze 308
Feststelltaste, Scrollen 331
Feststoff-Booster 12
Feststoffrakete, Fallschirm 12
Fett-Tröpfchen 50
Fettauffangschale 179
Fette 149, 405
Fettgewebe 113, 114
Fettgießer 173
Fettpfanne 174, 179
Fettuccine 146
feucht-kontinental - heißer Sommer 40
feucht-kontinental - warmer Sommer 40
feuchte Subtropen 40
Feuerbecken 283
Feuerbock 193
Feuerbohne 131
feuerfester Rennanzug 524
Feuerland 17
Feuerlöscher 457
Feuerschutzhelm 454
Feuerschutztür 286
Feuerstätte 192
Feuerstein 218
Feuertaste 332
Feuerwache 433
Feuerwehrmann 454
Feuerzange 193
Fiale 282, 284
Fichte 65
Fidschi 453
Fidschiinseln 15
Fieberthermometer 424, 461
Fieder 52
fiederteilig 55
Filchner-Schelfeis 15
Filiermesser 169
Filigrangewinde 425
Filmkamera 290
Filmset 291
Filmtitel 294
Filter 178, 184, 210
Filterabdeckung 459
Filterhalter 181
filum terminale 109
Filzhut 238, 239
Finanzabteilung 442
Finanzwesen 441
Finger 75, 114, 243, 477
Finger, kleiner 115
Fingerbeere 114
Fingerendglied 114
Fingerhut, elastischer 339
fingerloser Spitzenhandschuh 243
Fingermittelglied 114
Fingernagel 115
Fingernerv 108
Fingerrand 460
Fingerstrecker, gemeinsamer 97
Fink 80
Finnland 450
Finsternis, partielle 4, 5
Finsternis, ringförmige 4
Finsternis, totale 4, 5
Finsternisarten 4, 5
FireWire-Schnittstelle 336
Firmenkundenschalter 443
Firn 30
Firstpfette 187
Fisch 121
Fische 74
Fischgabel 168
Fischgrätmuster 190
Fischgrätparkett 190
Fischkochtopf 174
Fischkorb 538
Fischmesser 168
Fischplatte 166
Fischschupper 531
Fitnessgeräte 500
Fjordküste 35
flache Frisierbürste 268
flache Kuchenform 172
Flächen, ebene 428
flacher Bratentopf 175
flacher Teller 166
Flachfeile 229
Flachfräsbohrer 228
Flachkollektor 410

Flachland 32
Flachsilo 122
Flachstück 526
Flachwurzel 63
Flageolet-Bohne 131
Flagge der Europäischen Union 441
Flagge, umsetzbare 504
Flaggen 448
Flamingo 81
Flamme 415
Flanke 78, 83
Flare 4
Flasche 267, 532
Flasche, Glas 163
Flaschenöffner 170, 531
Flechte 50
Flechte, Aufbau 50
Flechten, Beispiele 50
Fleck, blinder 119
Fleck, gelber 119
Fleisch 152
Fleisch- und Wurstfach 211
Fleisch-Selbstbedienungstheke 120
Fleischfresser 45
fleischige Apfelfrucht 58
fleischige Frucht 58, 59
fleischige Steinfrucht 57
Fleischtheke 120
Fleischthermometer 171
Fleischwolf 170
flexibler Schlauch 209
Fliege 69, 245
Fliegenfenster 528
Fliegenfischen 536
Fliegengittertür 361
Fliegenpilz 52
Fliegenrolle 536
Fliegenrute 536
Fliegenschnur 536
Flip 509
Floh 69
Flosse 394
Flossenstrahl 74
Flügel 68, 78, 186, 286, 295, 412, 525, 536
Flügelader 67
Flügelmutter 223
Flügelrahmen 186
Flügelstrebe 394
Flügeltasche 246
Flügelwurzel 392
Fluggastbrücke 389
Fluggastbrücke, ausziehbare 389
Flughafen 25, 388, 430
Fluginformationsanzeige 391
Flugtasche 276
Flugzeug, Bewegungen 395
Flugzeuge, Beispiele 394
Flugzeugwartungshalle 389
Flunder 161
Flusensieb 212
Flush 468
Fluss 24, 25, 32
Flussbarsch 160
flüssige Grundierung 266
flüssiger Eyeliner 266
flüssiges Mascara 266
Flüssigkeit 414, 415
Flüssigkeit, antiseptische 461
Flüssigkeits-/Gasscheider 359
Flüssigkristallanzeige 315, 320
Flusskrebs 158
Flusslandschaft 32
Flussmündung 24, 35
Flußbarsch, äußere Merkmale 74
Fly-Half 482
Fock 520
Fokustaste 320
Folie 163
Folie, Aluminium 162
Fön 270
Fondue-Set 174
Fonduegabel 168
Fonduetopf 174
Föngehäuse 270
Fontanelle, hintere 100
Football 486
Football, American 484
Footballspieler 486
Foramen caecum 118
Förderanlage 402
Förderband 49, 390
Förderplattform 404
Förderwagen 374
Forelle 161
Formel 1 525
Formel 3000 524
Formel Indy 524
Formel-1-Auto 525
Formel-3000-Auto 524
Formel-Indy-Auto 524
Formen, geometrische 428
Formwerkzeuge 229
Fortbildungsbüro 442
Fortepedal 304, 311
Forum 335
fossiler Brennstoff 46, 48
Fotoapparate 315
Fotograf 436
Fotografie 314
Fotokopiergerät 442
Fototaste 320, 327
Foullinie 474
Foullinienpfosten 475
Foyers 293
Frachtempfang 391
Frachtflugzeug 394
Frachtraum 393
Frachtschiff 382
Frachtversand 391
Fraktionierturm 405
Frankfurter Würstchen 156
Frankiermaschine 339
Frankreich 449
französisches Weißbrot 144
Frau 94
Free Guard Zone 515
Freestyleboard 513
frei endende Rippe 98
freie Rippe 99
freier Nagelrand 114
Freilauf 372
freilaufender Sitz 501
Freileitungen, Verteilung 316
Freiluftterrasse 387
Freiraum 487
Freisaiten 296
Freisprechanlage 327
freistehendes Schwimmbecken 184
Freiwange 191
Freiwurflinie 489
Freizeit in der Natur 528
Frequenz, Maßeinheit 426
Frequenzanzeige 325
Frequenzwähler 325
Fresko 280
Friedhof 25, 433
Fries 202, 279
Frischhaltefolie 162
Frischkäse 150
Friséesalat 126
Friseur 290, 436
Frisierbürste, flache 268
Fritteuse 178
Frittierkorb 171, 178
Frontabdeckung 333
Frontblech 369
Frontscheibe 210
Frontscheinwerfer 352
Frontstoßdämpfer 369
Frontstoßfänger 348
Frosch 75, 301
Frosch, äußere Merkmale 75
Fruchtbecher 60
Fruchtbildung 62
Fruchtblatt 60
Früchte 57
Fruchtfach 58
Fruchtfleisch 57, 58, 59
Fruchtgemüse 128
Fruchtholz 62
Fruchtkapsel 60
Fruchtknoten 56
Fruchtknotenfach 58
Fruchtkörper 50
Fruchtwand 58, 60
Frühling 38
Frühlingsäquinoktium 38
Frühlingszwiebel 124
Fuchs 88
Fuchsschwanz 226
Fugendüse 209
Fugenkelle 216
Führerhaus 401
Führerkabine 397, 398, 399, 400, 401
Führerraum 395
Führerstand 376, 377
Führungsgriff 227, 229
Führungsgruppe 522
Führungsmotorrad 522
Führungsrille 510
Führungsring 536
Führungsschiene 353
Führungsschiene, Fahrkorb 287
Führungsständer 396
Führungsturm 345
Full House 468
Fullback 482, 485
Füllfederhalter 312
Füllmengenanzeige 346
Füllrohr 196
Fülltür 192
Füllung 185
Fumarole 28
Fundament 187
Fundamentstreifen 187
Fünf 427
Fünf-Kräuter-Gewürz 139
Fünfeck, regelmäßiges 429
Fünfhundert 427
Fünfzig 427
Fungizid 47
Funkantenne 382, 384, 386, 387, 394, 525
Funkenstrecke 359
Funkgerät 457
Funkmaus 332
Funkmeldeempfänger 454
Funktionsanzeige 310
Funktionsdisplay 310
Funktionsschalter 320
Funktionstasten 328, 330, 423, 442, 443
Funktionstasten, programmierbare 443
Funktionswahltaste 327
Funkübertragungssystem 10
Furche 118
Fusilli 146
Fusselfilter 213
Fuß 72, 73, 91, 92, 93, 94, 95, 202, 204, 206, 229, 236, 247, 260, 302, 305, 332, 421, 519, 537
Fuß, geschwungener 200
Fuß-/Handgelenksgewicht 500
Fußball 480
Fußballschuh 480
Fußballspieler 480
Fußboden 193
Fußbohrung 305
Fußende 204
Fußgängerampel 434
Fußgängerbrücke 375, 379
Fußgängerknopf 434
Fußgängerüberweg 434
Fußgelenk 86
Fußgestell 201
Fußgewölbearterie 102
Fußholz 185
Fußnagelschere 265
Fußplatte 227
Fußraste, vordere 367, 368
Fußraummatte 356
Fußriemen 501
Fußrückenarterie 102
Fußschlaufe 519
Fußschutz 459
Fußstütze 205, 224, 369, 467, 473, 501
Fußtritt 305
Fußweg 436
Futter 240, 244, 245, 262, 274, 509
Futtergetreide 122

G

G 298
Gabel 8, 167, 396, 525, 531
Gabelarm 396
Gabelbaum 519
Gabeln, Beispiele 168
Gabelstapler 396
Gabun 451
Galaxie 6
Galerie 285, 292, 412, 447
Galerie, Große 278
Gallenblase 106
Galopp 83
Gambia 451
Gammastrahlen 418
Ganasche 83
Gang 28, 120, 278
Gang, absteigender 278
Gang, aufsteigender 278
Gangarten 83
Ganglion, symphatisches 109
Gans 81, 155
Gänseei 155
Ganymed 2
ganze Note 299
ganze Pause 299
Ganzjahresreifen 358
ganzrandig 55
Garage 182
Garam Masala 139
Garderobe 188, 293, 443
Garderobier 290
Gamball 477
Garnele 158
Garnierspritze 172
Garten 280
Garten-Sauerampfer 127
Gartenarbeit 216, 230
Gartenhandschuhe 232
Gartenkresse 127
Gartenkreuzspinne 70
Gartenkürbis 128
Gartenschlauch 236
Gartenspritze 236
Gartenteich 230
Gartenweg 182, 230
Gas 405, 414
Gasbehälter 529
Gasflasche, medizinische 464
Gashebel 235, 368
Gasherd 210
Gasleitung 434
Gasmaske 459
Gasöl 405
Gaspedal 354
Gasse 433, 490, 495
Gasstromregulierung 529
Gästeeingang 438
Gästegarderobe 438
Gästetoiletten 438
Gaststätte 436
Gaszug 237
Gaumen, harter 116, 117
Gaumen, weicher 116, 117
Gaumenbogen, vorderer 116
Gaumenmandel 118
Gebälk 185, 279
Gebärmutter 112, 113
Gebärmutterhals 112
Gebäude, öffentliches 25
Gebetshalle 447
Gebirge, Transantarktisches 15
Gebirgsbach 29
Gebirgskette 24, 26
Gebirgsmassiv 24
Gebiss, menschliches 101
Gebläse 213
geboren 426
gebräuchliche Bezeichnungen 57, 58, 59
gebrauchte Spritzen, Behälter 457
gebrauchtes Material, Lagerraum 462, 464
gebuchtet 55
gedeckter Wehrgang 282
Gedenktafel 447
Gedränge 483, 484, 485
Gedrängehalbspieler 482
gedruckte Schaltung 417
Gefahrenbereich 499
Geflügel 155
Geflügelschere 173
Gefrierbeutel 162
gefrierender Regen 41
Gefrierfach 211
Gefrierschrank 120, 164, 438
Gefriertruhe 211
Gegenausleger 397
Gegenauslegerballast 397
Gegengewicht 8, 287, 345, 397, 400, 401
Gegengewichtsführung 287
Gegenleiste 115
Gegenlichtblende 314
Gegensprechanlage 380
gegenwärtige Wetterlage 39

Gehäuse 72, 180, 199, 208, 212, 213, 218, 225, 228, 229, 237, 271, 304, 318, 424
Gehäuse, hinteres 7
Gehäusedach 286
Gehäuselüfter 329
Gehfalte 253
Gehgestell 466
Gehhilfen 466
Gehirn 71
Gehirn-Rückenmark-Flüssigkeit 110
Gehkrücke 466
Gehörgang 115, 116
Gehörgang, äußerer 100
Gehörknöchelchen 116
Gehörschutz 458
Gehrmaß 226
Gehrungssäge 226
Gehrungsschneidlade 226
Gehweg 183
Geier 80
Geigenfamilie 295
gekerbt 55
gekerbtes Scherenblatt 270
gekochter Schinken 156
Gekröse 154
gekrümmte Greifbacke 222
Geländefahrzeug 524
Geländemotorrad 369
Geländemotorrad, 4x4 369
Geländer 188, 189, 191, 344, 526
Geländerstab 191
Geländewagen 347
Gelatinekapsel 467
Gelb 418
gelbe Zucchini 129
gelber Ball 503
gelber Fleck 119
gelber Paprika 128
gelbes Licht 434
Geld 441
Geldausgabeautomat 437, 442
Geldbeutel 275
Geldbeutel für Münzen 275
Geldscheinausgabe 442
Geldscheinfach 274
Gelenk 240, 355, 363, 400, 511
Gelenkbus 363
Gelenkhöcker 99
Gelenkschäkel 521
gemahlener Pfeffer 139
gemäßigter Wald 44
gemeine Erdkröte 75
gemeiner Tüpfelfarn 52
gemeines Widertonmoos 51
gemeinsame Hüftarterie 102, 107
gemeinsame Hüftvene 107
gemeinsamer Fingerstrecker 97
gemeinsamer Wadenbeinnerv 108
Gemüse 120, 124
Gemüsebürste 173
Gemüsegarten 122, 182
Gemüseterrine 166
Gemüsezwiebel 124
Generator 402, 408, 413
Generator, Elektrizitätserzeugung 408
Generatoreinheit 407
Genicklasche 458
Geographie 14
Geologie 26
Geometrie 428
geometrische Formen 428
Georgien 452
geothermische Energie, Elektrizitätserzeugung 402
geothermisches Feld 402
Gepäck 276
Gepäckanhänger 277
Gepäckaufbewahrung 374
Gepäckausgabe 390
Gepäckcontainer 383
Gepäckraum 362, 376, 395
Gepäckroller 277
Gepäckschließfächer 374
Gepäckschnur 277
Gepäckträger 361, 369, 370, 523
Gepard 89
gepolsterte Korbstütze 489
gepolsterter Sockel 489
gerade Greifbacke 222
gerader Bauchmuskel 96
gerader Rock 253
gerader Schenkelmuskel 96
gerades Rippenbündchen 247
Geradseite 385
Geräte 472
Geräte zur Erdbewegung 233
Geräte, verschiedene 231
Geräteanschluss 271
Gerätefach 376
Geräteraum 444
Geräteschuppen 122
Geräteturnanlage 496
Geräteturnen 496
geräumige Tasche 276
Gericht 440
Gerichtsgebäude 432
Gerichtskanzlei 440
Gerichtssaal 440
Gerichtsschreiber, Tisch 440
geröstete Kaffeebohnen 148
Gerste 61, 143
Geruchssinn 116
Geruchsverschluss 194, 196, 197
gesägt 55
Gesamtansicht 186
Gesamtergebnis, Anzeigetafel 496
Gesäß 93, 95, 111, 112
Gesäßmuskel, großer 97
Gesäßnerv 108
Gesäßspalte 95
Gesäßtasche 246
Geschäft 432
Geschäftsbeleg 443
Geschäftsviertel 430, 432
geschaltete Steckdose 322
Geschenkwarenladen 436
Geschirr 166
Geschirrspüler 164
Geschirrspülmaschine 214
Geschirrtuch 215
Geschlechtsorgane, männliche 111
Geschlechtsorgane, weibliche 112
geschlossene Traube 57
geschlossener Gesichtsschutz 454
geschlossenes Atemschutzsystem 454
Geschmacksknospe 118
Geschmacksrezeptoren 118
Geschmackssinn 116
geschnittener Nagel 220
geschütztes Leerzeichen 330
Geschwindigkeitsregelung 176, 177
Geschwindigkeitsregler 237, 287
Geschwindigkeitswähler 176
Geschworenenbank 440
Geschworenenraum 440
geschwungener Fuß 200
Gesellschaft 430
Gesicht 91, 92
Gesichtsmaske 478, 486
Gesichtsschutz 506
Gesichtsschutz, geschlossener 454
Gesichtsschutzmaske 507
Gesichtsstück 459
Gesims 183, 185
gespaltene Erbsen 130
gespaltene Zunge 76
gespreizter Kragen 245
Gestänge 528
gestanztes Loch 240, 246, 263
Gestein, undurchlässiges 403
Gestell 205, 219, 273, 460
gestorben 426
Gesundheit 460
Gesundheitsorganisation 335
Getränke 120
Getränkeautomat 346, 463
Getränkedose 163
Getränkekarton 163
Getränkekarton, kleiner 163
Getreide 61, 143
Getreideprodukte 144
Getreidesilo 381
getrennte Sammlung 49
Getriebe 212, 350
getrocknete Chilis 139
gewachsener Boden 342
Gewände 285
Gewebe-Einstellskala 208
Gewehr (gezogener Lauf) 534
Gewerbegebiet 431
Gewicht 422, 423, 500
Gewichte 501
Gewichtheben 500
Gewichthebergürtel 500
Gewichtheberschuh 500
gewimpert 55
Gewinde 221, 503
Gewindegang 228
Gewindeschaft 223
Gewitterwolken 43
gewöhnlicher Nagel 220
gewöhnlicher Würfel 468
Gewölbe 284
Gewölbekörper 109
gewölbter Zentralbereich 6
Gewürz, Fünf-Kräuter 139
Gewürze 138
Gewürzmischung, Cajun 139
Gewürznelke 138
Geysir 28
gezahnte Greifbacke 222
Ghana 451
Ghee 150
Gibbon 91
Gibraltar, Straße 18
Giebel 163, 182
Giebeldach 189
Giebeldecke 189
Giebeldreieck 279
Giebelständer 187
Gierbewegung 395
Gießbrause 236
Gießgeräte 236
Gießkanne 236
Gießpistole 236
Gift-Leitfurche 76
Giftdrüse 76
Giftkanal 76
Giftklaue 70
Giftpilz 52
Giftschlange, äußere Merkmale 76
Giftzahn 76
Ginkgonuss 133
Gipfel 29, 512
Gipfel, Hütte 512
Gipfelhütte 512
Gipsbinden 461
Gipsraum 463
Giraffe 85
Gitarre, akustische 302
Gitarre, elektrische 303
Gitter 279, 296, 318
Gitterbett 205
Gittereinsatz 174
Glanzschicht 114
Glas 273, 529
Glas, Sortierung 49
Glasabdeckung 410, 411
Glasdach 188, 435
Gläser 165
Glasflasche 163
Glasgehäuse 423
Glaskolben, oberer 181
Glaskolben, unterer 181
Glaskörper 119
Glasmalerei 285
Glasnudeln 147
Glasplatte 211
Glasscheibe 421
Glasüberdachung 374
gleich 427
gleich oder größer als 427
gleich oder kleiner als 427
Gleichgewichtslage 418
Gleichstrom-Netzkabel 336
Gleichtaste 337
Gleis 374, 378, 432
Gleiskette 398
Gleiskettenschlepper 398
Gleiskreuzung 375
Gleisnummer 374
Gleitfuge 222
Gleitphase 514
Gleitschuh 227
Gleitschutz 511
Gletscher 30, 32, 44
Gletschersee 32
Gletscherspalte 30
Gletscherzunge 30
Gliedmaßen, obere 103
Gliedmaßen, untere 103
Glimmlampe 217
globale Erwärmung 46
Globus 444
Glockenband 309
Glockendichtung 196
Glockenstube 284, 285
Glockenturm 285, 446
Glottis 76
Glühbirne 217
Glühfaden 199
Glühlampe 199, 416
Glukose 54
Gnocchi 146
Gnomon 424
Go 470
Goldbrasse 159
Golf 24
Golf von Aden 19, 20
Golf von Alaska 16
Golf von Bengalen 19
Golf von Guinea 20
Golf von Kalifornien 16
Golf von Mexiko 16
Golf von Oman 19
Golf von Panama 17
Golf, Persischer 19
Golfball 505
Golfhandschuh 505
Golfplatz 430, 504
Golfschuhe 505
Golfspiel 504
Golftasche 505
Golfwagen 505
Golgi-Apparat 50, 66
Gonade 73
Gong 295, 309
Gorgonzola 151
Gorilla 91
Gorilla, äußere Merkmale 91
gotischer Dom 284
Gottesanbeterin 69
Graben, Kermadec-Tonga 34
Graben, Peru-Chile 34
Graben, Puerto-Rico 34
Grabgabel 233
Grabkammer der Königin 278
Grabkammer des Königs 278
Grabschaufel 233
Grad 428
Grad Celsius 424, 426
Grad Fahrenheit 424
Gradeinteilung 533
Gradnetz 22
Granatapfel 136
Grand Canyon 16
Grand-Prix-Rennmaschine 525
Granitschicht 26
Granne 61
Granulation 4
Grapefruit 134
Grapefruitmesser 169
Graphitstift 312
Grasfang 237
grasgrüner Täubling 123
Grasland 44
Grat 29
graue Substanz 109, 110
Greif- und Spannwerkzeuge 222
Greifbacke, gekrümmte 222
Greifbacke, gerade 222
Greiffinger 91
Grenada 449
Griechenland 450
griechischer Tempel 279
griechischer Tempel, Grundriss 279
griechisches Brot 144
griechisches Theater 278
Grieß 144
Griff 167, 170, 176, 177, 178, 179, 180, 192, 204, 208, 210, 211, 215, 216, 217, 219, 222, 223, 225, 226, 227, 229, 231, 235, 236, 237, 269, 270, 271, 272, 273, 274, 275, 276, 277, 301, 341, 466, 477, 478, 492, 493, 494, 500, 505, 510, 515, 531, 535, 536
Griff, ausziehbarer 274
Griff, isolierter 217
Griff, wärmeisolierter 179
Griff, zusätzlicher 228
Griff- und Wurfbeispiele 499
Griffband 526

Griffbrett 296, 301, 303
Griffel 56, 57, 58, 60
Griffelfortsatz 100
Griffhebel für S-Bogen 306
Griffkamm 268
Grifftechniken 493
Griffteil 503
Grill, Raclette 179
Grillfläche 179
Grillplatte 179
Grillrost 210
Gripzange 222
grobe Salami 156
Grobeinstellung 421
grobes Salz 141
Grobregler für Dateneingabe 310
Grobtrieb 421
Grönland 16
Grönlandsee 14
groß gefleckter Katzenhai 158
große Armdecken 78
Große Australische Bucht 15
Große Außensichel 499
große Einkaufstasche 276
Große Galerie 278
große Handdecken 78
Große Innensichel 499
große Klinge 531
große Nackenrolle 204
große Rosenvene 102
Große Sandwüste 15
große Schamlippe 112, 113
Große Seen 16
Große Victoriawüste 15
größer als 427
großer Brustmuskel 96
großer Gesäßmuskel 97
großer Nasenflügelknorpel 117
großer Oberschenkelanzieher 97
großer Rundmuskel 97
Großes Barrierriff 15
großes Kettenblatt 372
Großformatkamera 315
Großhirn 109
Großrad 467
Großraumwagen 376
Großschot 520
Großschriftfeststellung 330
Großschriftfeststellungstaste 330
Großschriftumschaltung 330
Großsegel 520
Grubenorgan 76
Grün 418, 504
Grünalge 51
Grünanlage 435
Grundgestein 27
Grundierung, flüssige 266
Grundlinie 491
Grundlinienrichter 491
Grundmoräne 30
Grundplatte 511
Grundriss 279, 285
Grundstücksgrenze 182
Grundwasser, eingeschlossenes 402
Grundwasserspiegel 31, 48
grüne Bohne 131
grüne Erbsen 130
grüne Tagliatelle 146
grüner Ball 503
grüner Paprika 128
grüner Pfeffer 138
grüner Tee 148
grünes Licht 434
Grünkohl 126
Grünstrahl 318
Gruppenwahl 330
Gruyèrekäse 151
Guatemala 448
Guave 137
Guinea 451
Guinea, Golf 20
Guinea-Bissau 451
Gummiband 204, 246
Gummihöschen 260
Gummikappe 466
Gummipfropfen 460
Gummiring 197
Gummischlauch 460
Gummispannring 528, 529
Gummistiefel 454
Gummistöpsel 219
Gurke 128
Gurt 205
Gurtbefestigung 303
Gurtbogen 284
Gürtel 246, 248, 499
Gürtelband 246
Gürtelschlaufe 246, 248, 531
Gürtelschnalle 246
Gürtelspitze 246
Gurtschließe 353
Gusserker 282
Gutenberg-Diskontinuität 26
Güterbahnhof 375, 430
Güterwagen 375
Güterwagen, Beispiele 377
Guyana 448
Guyot 33
gynäkologischer Untersuchungsraum 463

H

H 298
Haar 93, 95, 114, 301
Haaraufrichter 114
Haarbalg 114
Haarbürsten 268
Haarclip 268
Haarfärbemittel 267
Haarglätter 269
Haarklemme 268
Haarliftkamm 268
Haarpflege 268
Haarschaft 114
Haarschneidekamm 268
Haarschneider 269
Haarschneideschere 270
Haarspange 268
Haarspülung 267
Haarstecker 268
Haarzwiebel 114
Hachse 152, 153
Hack 515
Hafen 381, 431
Hafenbahn 381
Hafenfähre 381
Hafenzollamt 381
Hafer 61, 143
Hafermehl 144
Haferwurz 129
Haftgurtband 260
Haftnotiz 338
Haftorgan 51
Haftscheibe 75
Hagelschnur 79
Hahn 81, 534
Hai, äußere Merkmale 74
Haiti 448
Haken 217, 225, 364, 397, 423, 460, 502
Hakenbogen 538
Hakenbogentiefe 538
Hakenhalteöse 536
Hakeninnenweite 538
Hakenspitze 538
Hakenverriegelung 186
Hakler 482
Halbbrille 273
halbe Note 299
halbe Pause 299
halbes Heft 169
Halbinsel 24
Halbinsel, Antarktische 15
Halbinsel, Arabische 19
Halbinsel, Iberische 18
Halbinsel, Kamtschatka 19
Halbinsel, Kola 18
Halbinsel, Skandinavische 18
Halbinsel, Yucatan 16
Halbkreis 428, 488
Halbkugel 429
Halbmond (erstes Viertel) 5
Halbmond (letztes Viertel) 5
Halbmumienschlafsack 530
Halbsäule, dorische 281
Halbsäule, ionische 281
Halbsäule, korinthische 281
Halbschale 259
Halbschatten 4, 5
Halbsehnenmuskel 97
Halbspieler 474
Halbstiefel 240
Halbvolleyball 490
Halfter 456
Halm 270
Halo 6
Halogen-Tischleuchte 206
Hals 53, 76, 83, 93, 94, 95, 101, 111, 167, 297, 301, 302, 303, 318, 492, 519
Halsausschnitt 247
Halskette in Matineelänge 264
Halskette in Opernlänge 264
Halskette, mehrreihige 264
Halsketten 264
halsnaher Ausschnitt 260
Halsschlagader 102
Halsschutz 476
Halstalje 520
Halsumklammerung 499
Halswirbel 99
Haltebügel 467
Haltegriff 361, 363, 455
Haltegriffe 499
Haltemutter 536, 537
Halteplatte 514
Halter 199
Halterung 9, 371, 423
Haltestange 364
Hammer 116, 220, 236, 304, 472
Hammer mit runder Bahn 220
Hammerhalter 225
Hammerleiste 304
Hamster 82
Hand 91, 93, 95, 115
Hand-Funksprechgerät 456
Hand-Gehrungssäge 226
Handauflage 332
Handballenauflage, abnehmbare 330
Handbeuger der Ellenseite 96, 97
Handblasebalg 461
Handbrause 195
Handbremse 350
Handbremshebel 354
Handdecken, große 78
Handdecken, mittlere 78
Handelsunternehmen 335
Handfeuerlöscher 454
Handfläche 115, 477
handförmig 55
Handgabel 232
Handgelenk 93, 95, 115
Handgelenkpolster 486
Handgelenksbandage 500
Handgelenkschützer 527
Handgriff 229, 286, 297
Handhabung 396
Handheld-Computer 337
Handkreissäge 227
Handkultivator 233
Handkurbel 225
Handlampe 217
Handlauf 191, 287
Handlöser 511
Handmuskeltrainer 500
Handrücken 115
Handrührgerät 176
Handschellentasche 456
Handschlaufe 510, 514
Handschuh 10, 477, 478, 506, 508, 513, 514, 522, 525
Handschuh-Außenseite 243
Handschuh-Innenseite 243
Handschuhe 243
Handschuhfach 354
Handschuhspender 464
Handschutz 235, 525
Handschwingen 78
Handstand 518
Handstange 380
Handstaubsauger 209
Handstrecker der Ellenseite 97
Handstrecker, kurzer 97
Handstrecker, langer 97
Handtaschen 275
Handtuch 267
Handtuchhalter 195
Handwaage 422
Handwerkzeuge 232
Handwurzel 477
Handy 327
Hängebrücke 344
Hängegletscher 30
Hängeleuchte 206
Hängemappe 340
Hänger 344
Hantel 500, 501
Hantelstange 501
Hardboots 513
Harfe 302
Harfen 295
Harissasoße 141
Harmonikatür 286
Harnapparat 107
Harnblase 107, 111, 112
Harnleiter 107
Harnröhre 107, 111, 112
Harnröhrengang 111
harte Kontaktlinse 272
harte Rückenmarkshaut 109, 110
harter Gaumen 116, 117
Hartkäse 151
Hartplatz (Zement) 492
Hase 82, 154
Haselnuss 133
Haselnuss, Längsschnitt 60
Hasentiere 82
Hasentiere, Beispiele 82
Hat-Switch 332
Haube 209
Hauptanschluss 198
Hauptapsis 285
Hauptbronchus 105
Hauptdeck 385
Haupteingang 188, 435, 445, 465
Hauptentlüftungssteigrohr 194
Hauptfahrwerk 393
Hauptfeld 522
Hauptgleis 375
Hauptlautsprecher 321
Hauptlinienrichter 485
Hauptmaßstab 425
Hauptträume 188
Hauptschalter 198, 315, 320
Hauptschiedsrichter 475
Hauptschlot 28
Hauptschwert 519
Hauptschwerteinzug 519
Hauptspiegel 7, 9
Hauptspielzüge 470
Hauptspuren 343
Hauptstadt 23
Hauptständer 367
Hauptstiel 62
Haupttransformator 376
Haupttriebwerk 13
Hauptunterkunft 512
Hauptvorhang 292, 293
Hauptwarteraum 465
Hauptwurzel 53
Hauptzeitnehmer 516
Hauptzylinder 357
Haus 182, 515
Haus, einstöckiges 289
Haus, Teile 185
Haus, zweistöckiges 289
Hausanschluss 198
Hausantenne 316
Hausboot 385
Hauseinrichtung 200
Häuserformen in der Stadt 289
Hausflur, äußerer 280
Haushaltsartikel 120
Haushaltsgegenstände 215
Haushaltsgeräte 176, 208
Haushaltsgeräte, verschiedene 180
Haushaltsmehl 144
Hauskleid 252
Hausmeisterraum 443
Hausmüll 47, 48
Haustür 185
Hauszelt 529
Haut 57, 59, 110, 114
Hautnerv, seitlicher 108
Hautoberfläche 114
Hebel 178, 197, 222, 265, 368
Hebel für den Klemmbügel 269
Hebel-Korkenzieher 170
Hebeleisen 220
Hebeleiste der unteren Schutzhaube 227
Heber 400
Hebestück 403
Hebewerk 403
Hecht 160
Hechtsprungstellung 518
Heck 176, 386, 393, 519
Hecke 183, 230
Heckenschere 234
Heckleuchten 352
Heckpropeller 384
Heckrotor 395

Hecksporn 395
Heft 221
Heft, halbes 169
Hefter 339, 341
heftige Regenfälle 43
Heftklammern 341
Heftpflaster 461
Heidelbeere 132
Heilbutt 161
Heimkino 321
Heimtierbedarf 121
Heimtrainer 501
Heimwerken 216
Heimwerkerladen 436
Heißluftaustritt 192
Heißluftpistole 219
heißversiegelte Folie 163
Heizelement 213, 214, 218
Heizöl 405
Heizspirale 210
Heizstrahler 529
Heizung 192, 386
Heizungsgitter 380
Helix 429
Helixende 115
Helligkeitsregelung 10
Helligkeitsregler 329
Helm 10, 476, 478, 508, 513, 522, 524, 525, 526, 527
Helmbohne 130
Hemd 245, 473
Hemdblusenkleid 252
Hemdchen 260
Hemdhose 247
Hemisphäre, nördliche 21
Hemisphäre, östliche 21
Hemisphäre, südliche 21
Hemisphäre, westliche 21
Hemisphären 21
Henkel 215
heranwachsende Nahrungsvakuole 66
herausklappbare Schreibplatte 203
herausnehmbare Festplatte 333
Herbizid 47
Herbst 38
Herbstäquinoktium 38
Herd 27
Herdkante 210
Herdtiefe 27
Hering 159, 528, 529
Heringskönig 161
Heringsschlaufe 528, 529
Herrenhalbschuh 240
Herrenhandschuhe 243
Herrenkleidung 244
Herrenkopfbedeckungen 238
Herrenring 264
Herrenschuhe 240
Herrentasche 276
Herrentoilette 294, 439
Hertz 426
Heruntertransformation der Spannung 402, 413
Herz 71, 73, 104, 105, 154, 468, 492
Herzbeutel 105
herzförmig 55
Herzkammer, linke 103, 104
Herzkammer, rechte 103, 104
Herzmuschel 157
Herzmuskel 104
Herzwandschicht 104
heterotrophe Organismen 45
Heuboden 122
HiFi-System 325
Hijiki 123
Hilfe 121
Hilfslinie 298
Hilfsschwert 519
Himalaja 19
Himbeere 132
Himbeere im Querschnitt 59
Himmel, stürmischer 41
Himmelsbedeckung 39
Himmelskörper 2
Hinterbein 67, 68, 75, 201
Hinterbühne 293
hintere Aufschlaglinie für das Doppelspiel 494
hintere Augenkammer 119
hintere Felgenbremse 370
hintere Fontanelle 100
hintere Klappe 13
hintere Nervenwurzel 109, 110
hintere Schaufel 399
hintere Seitenfontanelle 100
hinterer Balken 422
hinterer knöcherner Bogengang 116
hinterer Kotflügel 369
hinterer Schließmuskel 73
hinterer Stoßdämpfer 367
hinterer Streben 370
hinterer Tragflügel 387
hinterer Umwerfer 370, 372
hinteres Auspuffrohr 351
hinteres Ende 73, 226, 229
hinteres Gehäuse 7
hinteres Trittbrett 455
Hinterflügel 67
Hintergrundbeleuchtung 337
Hinterhauptbein 100
Hinterhauptmuskel 97
Hinterhauptsbein 99, 100
Hinterhorn 109
Hinterkappe 262
Hinterleib 67, 68, 70, 71
Hinterleibssegment 67
Hinterpartie 536
Hinterzehe 78, 79
Hippe 234
Hirn 154
Hirnanhangdrüse 109
Hirnnerven 108
Hirse 61, 143
Hitzeschild 12
HNO(Hals-Nasen-Ohren)-Behandlungsraum 463
Hobel 229
Hobeleisen 229
Hobeleisen-Stellschraube 229
Hobelschar 401
Hobelzahn 235
Hochaltar 446
Hochdruckgebiet 39, 43
Hochebene 29
Hochgebirge 40
Hochgeschwindigkeitszug 376
Hochland 5
Hochlandklimate 40
Hochschrank 164
Hochsilo 122
Hochspannungsleitung 402, 413
Hochsprung 473
höchste Karte 468
Hochstuhl 205
Hochtöner 324
Hochtransformation der Spannung 402, 408
Hochwasserentlastungswehr 406
Hochwasserentlastungswehr, Verschluss 406
Hocker 164, 201
Hockey 471
Hockeyskate 527
Hoden 71, 111
Hodensack 92, 111
Hof 122
Hogline 515
hohe Rippe 152
hohe Wolken 42
Höhen-Tonabnehmer 303
Höheneinstellung 420
Höhenfeineinstellung 8, 9
Höhenfeststeller 8, 9
Höhenflosse 393, 395
Höhenlagen, Vegetationsbild 44
Höhenregler 303, 322, 325
Höhenruder 393
Höhenskala 37
Höhenverstellskala 227
Höhenverstellung 209, 501
Höhle 31, 35
Höhlenraum, trocken liegender 31
Hohlhandmuskel, kurzer 96
Hohlhandmuskel, langer 96
Hohlvene, obere 102, 103, 104
Hohlvene, untere 102, 103, 104, 107
Hoisinsoße 140
Hollandrad 373
Holm 219, 392, 466
Hologramm, metallisiertes 441
Holzbeheizung 192
Holzblasinstrumente 295
Holzhammer 220
Holzkiste 162
Holzleibung 186
Holzohr 123
Holzschläger 505
Holzträger 193
Holzunterbau 190
homogenisierte Milch 150
Honduras 448
Honig 149
Honigbiene 68
Honigbiene, äußere Merkmale 68
Honigmelone 135
Höraufsatz 460
Hörer 327
horizontale Bodenbewegung 27
horizontale Einstellung 329
horizontaler Zug 470
horizontales Schiebefenster 287
Horizontalseismograph 27
Hörmuschel 327
Horn 455, 519
Hörnchennudeln 146
Hörnerv 116
Hornhaut 119, 419
Hornisse 69
Hornschicht 114
Hornschnabel 76
Hornschuppe 79
Hors-d'Oeuvre-Schale 166
Hose 83, 246, 263, 476, 480, 486, 499, 500, 506, 525
Hose, kurze 261, 483, 488
Hosen, Beispiele 254
Hosenbluse 255
Hosenbund 246
Hosenrock 253
Hosenschlitz 246
Hosenträger 246
Hotel 432, 439, 512
Hotelreservierungsschalter 390
Hotelzimmer 439
Hubarm 399
Hubarmzylinder 399
Hubble-Weltraumteleskop 7, 37
Hubbrücke 345
Hubgebläse 383
Hubkette 396
Hubschrauber 395
Hubwinde 397
Hubzahlvorwahl 227
Hubzylinder 364, 397, 455
Hudson Bay 16
Huf 83
Hufeisenmontierung 7
Hüft-Becken-Nerv 108
Hüft-Leisten-Nerv 108
Hüftarterie, gemeinsame 102, 107
Hüftarterie, innere 102, 103, 107
Hüfte 93, 95
Hüftgurt 532
Huftiere 83
Huftiere, Beispiele 84
Hüftlochnerv 108
Hüftpolster 486
Hüftvene, gemeinsame 107
Hüftvene, innere 103
Hüftwurf 499
Hügel 29
Huhn 81, 155
Hühnerei 155
Hühnerstall 122
Huitzilopochtli-Tempel 283
Hülle 60, 505, 531
Hüllen, Wan-tan 147
Hülse 61, 534
Hülse, Schnitt 60
Hülsenfrüchte 130
Humeruskopf 99
Hummel 69
Hummer 71, 158
Hummer, Anatomie 71
Hummer, äußere Merkmale 71
Hummus 140
Hund 86
Hund, äußere Merkmale 86
Hunderassen 86
Hundert 427
Hundshai 158
Hupe 354, 368
Hürdenlauf 472
Hurrikan 43
Hustensirup 467
Hut 52
Hutband 238
Hutmutter 223
Hüttenkäse 150
Hyäne 88
Hydrant 434
Hydrantenanschluss 455
Hydraulik 396
Hydraulik-Heber 361
Hydraulik-Hochlöffelbagger 400
hydraulische Scheibenbremse 522
hydraulischer Widerstand 501
Hydrosphäre 44
Hyperlinks 334

I

Iapetus 3
Iberische Halbinsel 18
identisch 427
Identitätsband 264
Idiotenhügel 512
Iglu 288
Igluzelt 529
Ileum 106
Imbusschrauben 221
Impluvium 280
Impressum 313
Impulslaser, Rubin 420
Impulsregner 236
Inbound-Linie 484
Incisura intertragica 115
Indexanzeigeregler 315
Indien 453
Indisch-Antarktischer Rücken 34
Indisch-Australische Platte 27
Indischer Ozean 14, 15, 19, 20
indisches Fladenbrot 145
indisches Naanbrot 145
Indonesien 19, 453
Industrie 335
Industrie, petrochemische 405
Industrieabfälle 47, 48
Industriegebiet 431
industrielle Telekommunikation 317
industrielle Verschmutzung 47
Infiltration 45, 47
Informationsschalter 390, 442, 463, 512
Informationsstand 437
Informationsverbreitung 335
Infrarotschnittstelle 336, 337
Infrarotstrahlung 46, 418
Infusionsständer 464
Ingwer 139
Inhaber, Name 441
Inhaber, Unterschrift 441
Inhalt 313
Injektionsbohrung 402
Inlineskating 527
Innenbeleuchtung 380
Innenbrett 469
Innenfeld 474
Innenfläche 243
Innengewinde 537
innengezahnte Fächerscheibe 222
Innenhof 447
Innenkreis 515
Innenlippe 73
Innenohr 116
Innenohrvorhof 116
Innenstadt 431, 432
Innensteckhülse 536
Innenstiefel 511, 527
Innentasche 277
Innentür 211
Innenverteidiger 481
Innenzelt 528, 529
innere Drosselvene 102
innere Hüftarterie 102, 103, 107
innere Hüftvene 103
innere Kuppelhülle 7
innere Oberschenkelkondyle 99
innere Planeten 3
Innereien 154
innerer Kern 26
innerer Oberarmgelenkhöcker 99

innerer Schenkelmuskel 96
Insekten 67
Insekten, Beispiele 69
Insektenfresser 79
Insel 24, 343
Inselkette 33
Instrumentalgruppierungen, Beispiele 300
Instrumente 7, 523
Instrumente, elektronische 310
Instrumente, wissenschaftliche 13
Instrumententafel 355, 366, 368
Integral 427
Integralhelm 525
integrierte Schaltung 417
integrierte Schaltung mit Gehäuse 417
Intelsat 317
intensive Kultur 46, 47
intensive Landwirtschaft 46, 48
Intensivstation 464
Interlobärspalt, schräger 105
internationale Raumstation 11
internationales Einheitensystem 426
interne Modemschnittstelle 329, 336
Internet 334
Internet-Nutzer 334
Internet-Nutzungen 335
Internet-Provider 335
Internet-Tasten 330
Intervalle 298
Interview 313
Intrusivgesteine 26
Io 2
Ionenschweif, Plasmaschweif 6
ionische Halbsäule 281
Irak 452
Iran 452
Iris 119
Irisch Moos 123
Irische See 18
irisches Brot 145
Irland 449
Isba 288
Ischiasnerv 108
Ischiasnerv, kleiner 108
Island 18, 450
Isobare 39
Isolator 359
Isoliermaterial 214
Isolierraum 462
Isolierstoff 190
isolierte Klinge 217
isolierter Griff 217
Isolierung 410
Isoseiste 27
Israel 452
ist annähernd gleich 427
ist äquivalent mit 427
ist gleich 427
ist gleich oder größer als 427
ist gleich oder kleiner als 427
ist größer als 427
ist identisch mit 427
ist kleiner als 427
ist nicht identisch mit 427
ist nicht parallel zu 428
ist parallel zu 428
ist senkrecht zu 428
ist ungleich 427
Italien 450

J

Jaboticaba 137
Jacke 251, 499
Jacke, dreiviertellange 248
Jacken 248, 251, 254
Jackett 244
Jackfrucht 136
Jagdkappe 238
Jagen 534
Jaguar 89
Jahresring 63
Jahreszahl 441
Jahreszeiten 38
Jakobsmuschel 157
Jalapeño-Chili 139
Jalousie 186
Jalousiefenster 287
Jalousieschweller 305
Jamaika 448
Jamaikapfeffer 138
Japan 19, 453
Japangraben 34
japanischer Rettich 129
japanisches Experimentiermodul 11
Japanisches Meer 19
Jarlsberg 151
Javagraben 34
Jazzband 300
Jazzbesen 309
Jeans 254
Jemen 452
Jetski 523
Jicama 124
Jocharm 297
Jochbein 98, 100
Jochweite 344
Joggingschuh 262
Joghurt 150
Johannisbeere 132
Johannisbeere, schwarze 132
Joker 468
Jolle 521
Jordanien 452
Joule 426
Joystick 332
Joysticks 471
jüdisches Weißbrot 145
Judo 499
Judogi 499
Judokämpfer Wettkampfteilnehmer 499
Jupiter 2
Jurte 288
Justierring 271
Justiz 440
Juweliergeschäft 436

K

Kabel 209, 217, 228, 235, 237, 326, 332, 356, 364, 535
Kabel der Schnittstelle für digitale Musikinstrumente (MIDI) 311
Kabel, Anschluss 227
Kabeljau, atlantischer 161
Kabelleitung 335
Kabelmantel 218, 229
Kabelmodem 335
Kabelmuffe 228
Kabelschutz 535
Kabeltülle 217
Kabelversteifung 208
Kabelverteiler 316
Kabine 386, 443
Kabriolett 347
Kachel 12
Kaffee 148
Kaffee-Filterkanne 181
Kaffeebohnen, geröstete 148
Kaffeekanne 531
Kaffeelöffel 168
Kaffeemaschine 181
Kaffeemaschinen 181
Kaffeemühle 180
Kaffeepresser 181
Käfig 281
Kai 381
Kaianlage 430
Kaiman 77
Kairampe 381
Kaiserling 123
Kakao 148
Kaki 137
Kaktusfeige 137
Kalahari 20
Kalb 84
Kalbfleisch 152
Kalbfleischwürfel 152
Kalbshackfleisch 152
Kaldaune 154
Kalifornien, Golf 16
Kalmar 157
kalte Luft 41
kaltes Kühlmittel 408
kaltgemäßigte Klimate 40
Kaltwasserkreislauf 194
Kaltwassersteigleitung 194
Kaltwasserzulauf 196, 197
Kambium 63
Kambodscha 453
Kamel 85
Kamera 525
Kamera-Assistent, erster 290
Kamera-Assistent, zweiter 290
Kameragehäuse 314
Kameramann 290
Kamerun 451
Kamille 148
Kamin 188, 192, 193
Kaminabdeckung 193
Kaminabdichtung 193
Kaminanschluss 192
Kaminaufsatz 183
Kaminbesteck 193
Kamineinfassung 192, 193
Kamingitter 193
Kaminsims 192
Kamm 29
Kämme 268
Kammer, unterirdische 278
Kammerseptum 104
Kammerwasser 119
Kammmuschel 157
Kampfbereich 499
Kampfrichter 496, 497, 498, 499, 509
Kampfsportarten 498
Kamtschatka-Halbinsel 19
Kanada 448
kanadischer Bacon 156
Kanal, linker 324
Kanal, rechter 324
Kanalauswahl 319
Kanaleinstiegsschacht 434
Kanalisation 194
Kanalschleuse 381
Kanalsuchtasten 319
Kanalwahltasten für Lautsprecher 322
Kanapee 200
kanarische Melone 135
Kandiszucker 149
Kaninchen 82, 154
Kanne 181
Kante 533
Kantenschiene 526
Kantenstecher 233
Kanüle 460
Kanülenansatz 460
Kanzel 446, 447
Kap 24
Kap der Guten Hoffnung 20
Kap Horn 17
Kap Verde 451
Kapaun 155
Kapelle 282
Kapillargefäß 114
Kapillarröhrchen 424
Kapitelsuche/Schnellvorlauf 319
Käppchen 238
Kappe 198, 312, 494
Kappe, äußere 240
Kapsel 51, 467
Kapsel, Schnitt 60
Kapuze 249, 260, 508
Kapuze mit Zugband 261
Kapuzenmuskel 96, 97
Kapuzenmütze 239
Kar 5, 30
Karabiner 538
Karabinerhaken 521
Karaffe 165
Karaffe, kleine 165
Karambolagebillard 502
Kardamom 138
Kardinal 80
Kardone 125
Karibik 14, 16
Karibische Inseln 448
Karibische Platte 27
Karikatur 313
Karo 468
Karosserie 348, 361
Karosserien, Beispiele 347
Karotte 129
Karpaten 18
Karpfen 160
Karte, politische 23
Karteiregister 340
Kartendarstellungen 22
Kartenkontrolleur 294
Kartenlesegerät 442, 443
Kartenleser 321
Kartenleserschlitz 346
Kartennummer 441, 443
Kartenraum 382
Kartenschacht, PC 336
Kartenspiele 468
Kartoffel 124
Kartoffelstampfer 173
Kartographie 21
Karton 163
Kartusche 216, 459
Kartuschenpistole 216
Kasachstan 452
Käsemesser 168
Käsereibe 170
Käseschachtel 163
Käsetheke 121
Kaspisches Meer 14, 19
Kasse 121, 294, 346
Kassen 121
Kassette 326, 333
Kassettendeck 323, 325
Kassettendecktasten 326
Kassettenfach 323
Kassettenlaufwerk 333
Kassettenrekorder-Wahltaste 322
Kassettenschacht 321
Kassettenteil 326
Kassiererin 121
Kastagnetten 295, 309
Kasten 68
Katalysator 351
katalytische Umwandlungsanlage 405
Katamaran 521
Katar 452
Kategoriewahltasten 326
Kathode 417
Katze 87
Katze, Kopf 87
Katzenhai, groß gefleckter 158
Katzenrassen 87
Kaufhaus 437
Kaumuskel 96
Kegel 177, 429
Kegelprojektion 22
Kehldeckel 105, 118
Kehle 78, 305
Kehlkopf 105
Kehrschaufel 215
Keil 243, 274, 276, 305
Keilbein 100
Keilbeinhöhle 117
Keilhebel 229
Keilriemen 212, 350, 360
Keim 61
Keimblatt, verwelkendes 53
Keimscheibe 79
Keimung 53
Keimwurzel 53
Kelch 59, 60, 446
Kelchblatt 56, 59
Keller 182
Kellerfalte 253
Kellerfenster 183
Kellnerbesteck 170
Kelvin 426
Kenia 451
Kennzeichnung 358
Keramikkondensator 417
Kerbe 422, 503
Kerbel 142
Kermadec-Tonga-Graben 34
Kern 6, 57, 58, 59, 61, 305, 534
Kern, äußerer 26
Kern, innerer 26
Kern, spaltbarer 415
Kernenergie 408
Kernenergie, Elektrizitätserzeugung 408
Kerngehäuse 58
Kerngehäuseausstecher 173
Kernholz 63
Kernkörperchen 50, 112
kernlose Salatgurke 128
Kernmembran 50, 66
Kernreaktor 409
Kernschatten 4, 5
Kernspalte 305
Kernspaltung 415
Kernspaltung des Uranbrennstoffs 408
Kerosin 405
Kerze 446
Kessel 29, 308
Kesselpauke 308
Kesselwagen 377

Ketchup 141
Kette 196, 370, 372, 523
Kettenblatt, großes 372
Kettenblatt, kleines 372
Kettenblattumwerfer 370, 372
Kettenbremse 235
Kettenführung 372
Kettenlaufwerkrahmen 398
Kettenrad 522
Kettenreaktion 415
Kettensäge 235
Kettenstrebe 370
Keule 86
Kibla 447
Kichererbsen 130
Kidneybohne, rote 131
Kiefernnadeln 65
Kieferschutz 486
Kiefertaster 70
Kielbasa-Wurst 156
Kielboot 521
Kiemen 73
Kiemendeckel 74
Kiemenspalten 74
Kiesbett 524
Kilogramm 426
Kilometerzähler 355
Kimme 534
Kimono 256
Kinderbekleidung 261
Kinderbetreuung 437
Kindermöbel 205
Kindersessel 205
Kindersitz 356, 372
Kinn 78, 94
Kinnriemen 486
Kinnschutz 367, 522
Kinnstütze 301
Kino 294, 386, 432, 436
Kinoleinwand 294
Kinosaal 294
Kiosk 346, 379
Kippermulde 401
Kipphebel 467
Kirche 433, 446
Kirchenbank 446
Kirchenfenster 446
Kirgisistan 452
Kiribati 453
Kirsche 132
Kirschtomate 128
Kissen, kleines 204
Kiste 162
Kittelbluse 255
Kiwano 136
Kiwi 136
Klaffmuschel 157
Klampe 520, 521
Klangfarbenregler 303
Klangfell 297
Klangwahlanzeige 322
Klangwahlschalter 322
klappbare Laderampe 386
klappbare Nagelfeile 265
Klappbrücke, einteilige 345
Klappe 73, 202, 229, 244, 291, 306
Klappe, hintere 13
Klappendrücker 306
Klappenschutz 306
Klappenstiel 306
Klappentasche 244, 248
Klapperschlange 77
Klappschlittschuh 508
Klappspaten 532
Klappstufe 361
Klappstuhl 201
Klapptisch 202
Klarinette 306
Klarinetten 295
Klarsichtfenster 274
Klarsichthüllen 274
Klarsichtscheibe 523
Klarspülmittelbehälter 214
Klassenzimmer 444, 445
Klassenzimmer für Schüler mit Lernschwierigkeiten 444
klassische Bluse 255
Klaue 71, 82, 220
Klaviaturboden 304
Klavier 304
Klebeband 190
Klebebandabroller 341
Klebefilmspender 341
Klebestift 341
Klebfaden 70
Klebstoff 190
Kleeblatt 342, 343
Kleid in Trapez-Form 252
Kleid mit angesetztem Schoß 252
Kleid, mit angesetztem Schoß 252
Kleider, Beispiele 252
Kleidersack 277
Kleiderschrank 189, 202, 203, 439
Kleiderschutz 467
Kleidung 238, 538
Kleidung, feuer- und wasserfeste 454
Kleinanzeigen 313
Kleinbus 363
kleine Armdecken 78
kleine Beuteltasche 276
kleine Chirurgie 462
kleine Karaffe 165
kleine Klinge 531
kleine Schamlippe 112, 113
kleine Trommel 295, 308
kleiner als 427
kleiner Finger 115
Kleiner Getränkekarton 163
kleiner Ischiasnerv 108
kleiner Lehnstuhl 200
kleiner Rundmuskel 97
kleiner Teller 166
kleiner Tentakel 72
kleines Kettenblatt 372
kleines Kissen 204
Kleinfingerhaken 307
Kleinhirn 109
Kleinwagen 347
Klemmbacke 265
Klemmbrett 340
Klemmbügel 269
Klemmbügel, Hebel 269
Klemme, rote 356
Klemme, schwarze 356
Klemme, verstellbare 206
Klemmhefter 339
Klemmspot 206
Klemmverschraubung 197
Klemmvorrichtung 425
Klempnerwerkzeuge 216
Klettenwurzel 129
Kletterpflanze 230
Klickpedal 522
Kliff, Klippe 35
Klimaanlage 46, 361, 386
Klimate der Welt 40
Klimate, kaltgemäßigte 40
Klimate, tropische 40
Klimate, warmgemäßigte 40
Klinge 167, 169, 177, 221, 271
Klinge, isolierte 217
Klinge, zweischneidige 271
Klingenarten 221
Klingendose 271
Klingenstopper 270
Klinke 326
Klips 246, 264
Klistierspritze 460
Klitoris 112
Klosettbecken 196
Klosettdeckel 196
Klubhaus 504
Knarre 223, 536
Knauf 201, 202, 477, 492, 506
Knebel 224
Knebelbolzen 221
Knebelverschluss 249
Kneten 176
Knethaken 176
Knickschutztülle 269
Knie 83, 86, 92, 94
Kniebandage 500
Kniebundhose 254
Kniepolster 486
Kniescheibe 83, 98
Knieschützer 476, 525, 526, 527
Kniestrumpf 247, 257
Knoblauch 124
Knoblauchpresse 170
Knöchel 92, 94
knöchelhohe Stiefelette 241
Knöchelschutz 476
Knöchelsocke 247
Knochenfisch 74
Knochenfische 159
Knolle 125
Knollenblätterpilz 52
Knollengemüse 124
Knollensellerie 129
Knollenziest 124
Knopf 199, 227, 245, 250, 296
Knopflasche 246
Knopfleiste 245, 250
Knopfleiste, verdeckte 251, 261
Knopfloch 248
Knorpelfisch 74
Knorpelfische 158
Knorrenmuskel 97
Knospe 54
Knoten 416
Knurrhahn 159
Kobra 77
Kochen 178
Kochfeld 179
Kochgeräte 174
Kochgeschirr 531
Kochmesser 169
Kochmulde 164, 210
Kochplatte 210
Kochtopf 531
Koffer 277
Kofferradio 325
Kofferraum 349
Kognakschwenker 165
Kohl 126
Kohle-Zink-Zelle 417
Kohlekraftwerk 402
Kohlendioxid, Aufnahme 54
Kohlenhalde 402
Kohlenschaufel 193
Kohlestab (Kathode) 417
Kohlrabi 125
Kohlrübe 129
Kokosnuss 133
Kola-Halbinsel 18
Kolanuss 133
Kolben 57, 61, 199, 357, 360
Kolbenhals 534
Kolbenring 360
Kolbenschaft 360
Kolibri 80
Kolk 31
Kollaterale 110
Kollegmappe 274
Kollegmappe mit Griff 274
Koller 248
Kolumbien 448
Koma 6
Kombi 347
Kombi-Pflegelösung 272
Kombihacke 233
Kombilimousine, dreitürige 347
Kombipumpe 530
Kombizange 217, 222
Kombu 123
Komet 6
Kommandobrücke 383
Kommataste 337
Kommode 203
Kommunikation 312
Kommunikationsmodul 316
Kommunikationsprotokoll 334
Kommunionbank 446
Komoren 452
Kompaktkamera 315
Kompaktpuder 266
Kompaktspeisesystem 321
Kompassrose 533
komplexe Düne 36
Kompositbogen 535
Kompostkiste 231
Kompressionsgurt, seitlicher 532
Kompressor für Klimaanlage 360
Kondensation 45
Kondensationskammer 402
Kondensieren 414
Kondensmilch 150
Kondensor 402, 421
Kondensoreinstellung 421
Kondensorhöhenverstellung 421
Konditorei 437
Kondor 80
Konferenzraum 442, 445
Kongo 20, 451
Kongresszentrum 433
König 468, 470
König, Grabkammer 278
Königin 68
Königin, Grabkammer 278
Königin-Maud-Land 15
königliche Vene 102
Königsbaum 412
Königsflanke 470
konkave Linse 419
konkavkonvexe Linse 419
Konserven 121
Konservendose 163
Konsole 283
Konstruktion 186
Konstruktion eines Hauses 188
Konsument 317
Kontaktelemente 198
Kontaktlinse, harte 272
Kontaktlinse, weiche 272
Kontaktlinsen 272
Kontaktlinsenbehälter 272
Kontermutter 197
Kontinent 33
kontinentale Kruste 26
Kontinentalfuß 33
Kontinentalhang 33
Kontinentalrand 33
Kontinentalschelf 33
Kontinente, Lage 14
Kontoidentifikation 443
Kontrabass 301
Kontrabasse 295
Kontrafagotte 295
Kontrastregler 329
Kontrolllampe 269
Kontrollleuchte 178, 179, 180, 181, 208, 210, 214, 443, 454
Kontrollleuchte Netzspannung 443
Kontrollleuchte Papiereinzug 333
Kontrollleuchte, Tintenpatrone 333
Kontrollleuchten 331
Kontrollleuchten für Tonsignalquellen 322
Kontrollmonitore, Regie 290
Kontrollraum 388
Kontrolltower 388
Konvektion 415
Konvektionsströmung 415
Konvektionszelle 43
Konvektionszone 4
konvergierende Plattengrenzen 27
konvexe Linse 419
konvexkonkave Linse 419
Koordinatensystem der Erdkugel 21
Kopf 6, 67, 72, 78, 93, 95, 103, 111, 220, 221, 223, 229, 271, 272, 301, 303, 492, 494, 505, 536
Kopf der Katze 87
Kopfarten 221
Kopfband 458, 459
Kopfbedeckungen 238, 239
Kopfbruststück 71
Kopfende 204
Kopfganglion 73
Kopfhörer 324, 325, 326
Kopfhöreranschluss 323
Kopfhöreranschlussbuchse 310, 311, 329
Kopfhörerbuchse 322, 326
Kopfkissen 204
Kopfkissenbezug 204
Kopfkissenschonbezug 204
Kopfnicker 96
Kopfregal 121
Kopfriegel 185
Kopfriemen 459
Kopfsalat 126
Kopfschutz 458, 498
Kopfstütze 353
Kopfteil 191, 205, 238, 239
Kopfwurf 499
Koppel-Kipptaste 305
Koppelungsmodul 11
Koppen 207
Kora 297
Korallenmeer 15
Korallennatter 77
Korb 211, 214, 489
Korbanlage 489

Korbbrett 489
Korbbretthalter 489
Körbchen 57
Korbring 489
Korbstütze, gepolsterte 489
Kordilleren, Australische 15
Korea 19
Koriander 142
korinthische Halbsäule 281
korinthischer Pilaster 281
Kork 514
Korkball 477
Korkenzieher 531
Korkspitze 495
Korn 534
Körner 220
Körnerfresser 79
Körnerschicht 114
Kornett 295, 307
Korona 4
Körper 118, 305, 429, 536
Körper, menschlicher 92
Körperchen, Ruffinisches 114
Körperchen, Vater-Pacinisches 114
Körperpflege 121, 267
Körpertemperaturregelung 10
Korpus 303, 306
Korpus, birnenförmiger 297
Korpus, dreieckiger 297
Korpus, massiver 303
Korpus, runder 296
Korrespondenz 338
Korselett 258
Korsett 259
Kosakenmütze 238
Kosmetikeinsatz 277
Kosmetikkoffer 277
Kostüm 251, 290
Köte 83
Kotelett 152, 153
Kötengelenk 83
Kotflügel 348, 364
Kotflügel, hinterer 369
Krabbe 158
Krabbenspinne 70
Kraft, Maßeinheit 426
Kraftfahrzeuganlagen 351
Kraftfahrzeuge: Hauptbauteile 350
Kraftsport 500
Kraftstoffanlage 351
Kraftstoffanzeige 355
Kraftstoffleitung 351
Kraftstoffreserveanzeige 355
Kraftstofftank 235, 351, 364, 366, 369, 377
Kraftübertragung 372
Kragen 244, 245, 248, 302, 303
Kragen, gespreizter 245
Kragenspitze 245
Kragenstäbchen 245
Kragstein 192, 282
Kragträger 344
Krake 157
Kralle 76, 78, 79, 232
Kranbahn 397
Kräne 397
Kranführerkabine 397
Krankenakten 465
Krankenhaus 433, 462
Krankenhausbett 464
Krankenschwester 464
Krankentisch 464
Krankentrage 460
Krankenzimmer 464
Kranzgesims 279
Kranznaht 100
Kranzprofil 202
Krater 5, 28
Kraterstrahlen 5
Kraterwall 5
Kraulen 517
krause Endivie 127
Kräuselfalte 255
Kräuselrock 253
Kräuter 142
Kräutertees 148
Krawatte 245
Krawattenschal 245
Krebs, Wendekreis 20, 21, 22
Krebse 71
Krebstiere 158
Kreditabteilung 442
Kreditkarte 441
Kreditkartenetui 274
Kreditkartenfach 274
Kreide 503
Kreis, Teile 428
Kreisregner 236
Kreissägeblatt 227
Kreisverkehr 25
Krempe 238, 239
Kreolen 264
Krepis 279
Kreuz 299, 468
Kreuzaussteifung 187
Kreuzbein 98, 99
Kreuzgeflecht 108
Kreuzhacke 233
Kreuzkopf 396
Kreuzkümmel 138
Kreuzmuster-Teppichmuschel 157
Kreuzrippe 284
Kreuzschlitzschrauben 221
Kreuzschlitzschraubenzieher 531
Kreuzschlüssel 356
Kreuztisch 421
Kreuztischeinstellung 421
Kriechstrombarriere 359
Kringel 144
Kristallisation 414
Kristalltropfen 207
Kristallzucker 149
Kroatien 450
Krokodil 77
Krokus 56
Krone 63, 83, 101, 167, 169, 283, 302, 424
Kronenabschnitt der Pulpahöhle 101
Kronleuchter 207
Krummhalskürbis 129
Krümmling 191
Kruppe 83
Kruste, kontinentale 26
Kruste, ozeanische 26
Krustenflechte 50
Kruzifix 446
Kuba 448
Kübel 230
Küche 120, 162, 164, 188, 280, 439, 445
Küchenbeil 169
Kuchenform 172
Kuchenform, flache 172
Kücheninsel 164
Küchenmaschine 177
Küchenmesser 169
Küchenmesser, Beispiele 169
Kuchenpinsel 172
Kuchenrad 172
Küchenreibe 170
Küchenschere 173
Küchenset 173
Küchenuhr 171
Küchenutensilien 169
Kuchenwaage 171
Kufe 395, 506, 509, 523
Kugel 312, 332, 429, 472, 534
Kugel-Sternhaufen 6
Kugelhalterung 332
Kugellager 413
Kugelmaus 332
Kugelschreiber 312
Kugelstoßen 472
Kuh 84
Kühlabteilung 120, 121
Kühlaggregat 365
Kühlbox 532
Kühler 350, 358
Kühleranlage 351
Kühleranschluss, unterer 358
Kühlerblock 358
Kühlergrill 348, 364
Kühlerhaube 364
Kühlerverschlussdeckel 358
Kühlfach 211
Kühlhaus 381
Kühlmittel 408
Kühlmittel, erwärmtes 408
Kühlmittel, kaltes 408
Kühlmittelauslass 410
Kühlmitteleinlass 410
Kühlraum 121
Kühlsattelschlepper 365
Kühlschrank 164, 211, 438
Kühlschränke 438
Kühlturm 402
Kühlung 405
Kühlvitrine 438
Kühlwagen 377
Kühlwassertank 408
Kühlzylinder 420
Kuhstall 122
Kuiper-Gürtel 2
Kulissen 292
Kultbild, Standort 279
Kultur, intensive 46, 47
Kulturbeutel 276
Kulturorganisation 335
Kümmel 138
Kumquat 134
Kumulonimbus 42
Kumulus 42
Kundenbetreuung 443
Kunst 278
Künste, darstellende 294
Kunstfliege 536
künstlerischer Leiter 290
künstlicher Erdsatellit 37
künstlicher See 32
Kunstraum 444
Kunstschwamm 266
Kunstspringen 518
Kunststoff, Sortierung 49
Kunststoff-Federball 495
Kunststoffboden 492
Kunststoffkondensator 417
kunststoffummantelter Stoßfänger 348
Kunstturnen 496
Kuppe 503
Kuppel 394
Kuppel des Mihrab 447
Kuppelhülle, äußere 7
Kuppelhülle, innere 7
Kuppelspaltabdeckung 7
Kuppelzelt 529
Kuppenring 503
Kupplung 350
Kupplungsbügel 377
Kupplungsgehäuse 368
Kupplungshebel 366, 368
Kupplungspedal 354
Kurbel 170, 224, 236, 356, 372, 537
Kurbel der Stützvorrichtung 365
Kurbelwelle 360
Kürbis 129
Kurilengraben 34
Kurkuma 138
Kurs 524
Kursbuchtafeln 374
Kurtine 282
kurze Hose 261, 483, 488, 522
Kürzel der Ausgabebank 441
kurzer Hohlhandmuskel 96
kurzer Wadenbeinmuskel 97
kurzer Zehenstrecker 96
Kurzhandschuh 243
Kurzmeldungen 313
Kurzsichtigkeit 419
Kurzsocke 257
Kurzstrecke 508
Kurzstreckenschlittschuh 508
Küste 33
Küstenformen 35
Küstenformen, typische 35
Kuttelwurst 156
Kuwait 452

L

Labor 7
Labor, amerikanisches 11
Labor, pathologisches 465
Lachs, atlantischer 161
Lachs, pazifischer 161
Lackieren 219
Lade-Anschlussbuchse 208
Ladeanzeige 271
Ladebagger 402
Ladebaum 384, 385
Ladegerät 228
Ladekontrolllampe 271
Lademast 385
Laden 280
Ladenpassage 435
Laderampe 435
Laderampe, klappbare 386
Ladevorrichtung 364
Ladogasee 18
Ladung 534
Laffe 167
Lage der Kontinente 14
Lageplan 183
Lagergang 28
Lagerhaus 430
Lagerholz 187
Lagerraster 409
Lagerraum 438
Lagerraum für gebrauchtes Material 462, 464
Lagerraum für medizinische Geräte 465
Lagerraum für Sterilgut 462, 464
Lagertank 405
Lagune 35
Lakkolith 28
Lama 84
Lambdanaht 100
Lamelle 52
Lammfelljacke 249
Lammfleisch 153
Lammfleischwürfel 153
Lammhackfleisch 153
Lampe 320, 421, 529
Lampen 206
Lampenfassung 199
Lampenreihe 207
Land 23, 431
Landebereich 472
Landefenster 395
Landeklappe 392
Landenge 24
Landenge von Panama 16
Landescheinwerfer 395
Landkarte 444
landschaftlich schöne Strecke 25
Landspitze 35
Landwirtschaft, intensive 46, 48
landwirtschaftliche Verschmutzung 47
Landzunge 35
lange Unterhose 247
Länge, Maßeinheit 426
Längengrade 22
Längenmessung 425
Längenverstellung 466
langer Abendhandschuh 243
langer Hohlhandmuskel 96
langer Oberschenkelanzieher 96
langer Wadenbeinmuskel 96
langer Zehenstrecker 96
Langhaarschneider 271
Langhandschuh 243
Langlauf-Rattenfallbindung 514
Langläufer 514
Langlaufloipe 512
Langlaufski 514
langsam drehende Welle 413
Längsdünen 36
Längslenkerachse 351
Längsschnitt durch ein Weizenkorn 61
Längsschnitt durch eine Haselnuss 60
Längsschnitt durch eine Walnuss 60
Längsschnitt, Backenzahn 101
Längsschott 384
Langstrecke 508
Langstrecken-Düsenflugzeug 392
Languste 158
Langustine 158
lanzettförmig 55
Laos 453
Lappen 79
Lappen, oberer seitlicher 62
Lappen, unterer seitlicher 62
Lappenbronchus 105
Laptop 336
Laptop: Rückansicht 336
Laptop: Vorderansicht 336
Lärche 65
Lasagne 146
Lasche 249, 274
Lasche, selbstklebende 339
Laserstrahl 420
Lastenfortbewegung 396
Lastkraftfahrzeuge 364
Lastkraftwagen, Beispiele 364
Laterne 230
Latexhandschuh 460

Latissimuszug 501
Latrinen 280
Latte 519
Lattentasche 520
Lattenzaun 230
Lätzchen 260, 261
Latzhose 254
Latzhose mit gekreuzten Rückenträgern 261
Latzhose mit hohem Rückenteil 260
Laub 63
Laubblatt 54
Laubblätter, erste 53
Laubflechte 50
Laubfrosch 75
Laubheuschrecke 69
Laubhölzer, Beispiele 64
Laubsäge 226
Laubwald 44
Laubwerk 200
Lauch 124
Lauf 78
Laufbein 67, 70
Laufbrett 377
Laufbrücke 385
Läufer 469, 470
Laufgewicht 422
Laufkatze 397
Laufkatzenrolle 397
Laufkran 407
Laufrad, pneubereiftes 380
Laufrolle 205, 332
Laufschiene 534
Laufschuh 473
Laufsohle 240, 263, 510
Laugenbottich 212
Laus 69
Lautsprecher 294, 320, 321, 325, 326, 327, 328, 336, 455
Lautsprecher, Kanalwahltasten 322
Lautsprecherbox 324
Lautsprecherbuchsen 322
Lautstärke 328
Lautstärkeregler 10, 303, 310, 311, 319, 322, 325, 329
Lautstärkeregler für den Hörer 327
Lautstärkeregler für den Rufton 327
Lavaschicht 28
Lavastrom 28
LCD-Anzeige 424
LCD-Display 326, 327
LCD-Fernseher (Liquid-Crystal-Display-Fernseher) 318
Lead 515
Lebenserhaltungssystem 10
Lebenserhaltungssystem, Steuerung 10
Leber 103, 106, 154
Lebervene 103
LED-Pegelanzeige 323
Lederhaut 114, 119, 478
Lederschutz 533
Lederstrippe 246
Lederwaren 274
Lederwarengeschäft 436
Leerdarm 106
leere Menge 427
Leerlaufanzeige 368
Leertaste 330
Leerzeichen 330
Leerzeichen, geschütztes 330
Left-Wing 482
Lefzen 86
Leggins 263
Leguan 77
Legwarmer 263
Lehmhütte 288
Lehnstuhl, kleiner 200
Lehrer/Lehrerin 444
Lehrerpult 444
Lehrerzimmer 445
Leichtathletik 472
leichte Atemschutzmaske 459
leichtes Sonnenkleid 252
Leichtflugzeug 394
Leinwand 439
Leiste 92, 94
Leistentasche 244
Leistung, Maßeinheit 426
Leiter 184, 288, 361, 401, 404, 469
Leiter, künstlerischer 290
Leiterbaum, ausfahrbarer 455
Leitern 219
Leiterplatte 417
Leiterspiel 469
Leiterstrahlrohr 455
Leitöse 521
Leitrad, pneubereiftes 380
Leitspruch 441
Leitungsnetz, Einspeisung 413
Leitwerk 393, 406
Leitwerksträger 395
Lemure 91
Lende 83, 93, 95
Lendengeflecht 108
Lendenpolster 486
Lendenwirbel 99, 110
Lenkanlage 351
Lenker 523
Lenkerbügel, angehobener 522
Lenkergriff 366, 369
Lenkkopf 371
Lenkrad 350, 354, 385, 525
Lenkrolle 209
Lenksäule 350
Lenkstange 501
Lenkzylinder 400
Leopard 89
Leopardfrosch 75
Leselampe 457, 464
Leseleuchte 206
Leserbriefe 313
Lesotho 452
Lettland 450
Leuchtanzeige 329
Leuchtrakete 457
Leuchtstoffröhre 199
Leuchtturm 381
Leukoplast 50
Leukozyt 104
Libanon 452
Libanonzeder 65
Libelle 69
Liberia 451
Libero 487
Libyen 451
Licht 7, 8, 9
Licht, Ewiges 447
Licht, gelbes 434
Licht, grünes 434
Licht, rotes 434
Licht, sichtbares 418
Lichtleiste 457
Lichtleistensteuerung 457
Lichtmaschine 350, 360
Lichtrezeptoren 119
Lichtschutzschirm 7
Lichtstärke, Maßeinheit 426
Lichtstrahl 419
Lichttechniker 291
Lidschatten 266
Liebstöckel 142
Liechtenstein 450
Lieferanteneinfahrt 435
Liegestuhl 201
Likörglas 165
Lilie 56
Limabohne 131
Limette 134
Limonadenlöffel 168
Limousine, viertürige 347
Linde 148
Lineal 425, 531
linealisch 55
Linie, durchgehende 342
Linie, neutrale 416
Linie, unterbrochene 342, 343
Linienanzeige 362, 363
Linienbus 362
Linienrichter 481, 485, 487, 490, 494, 496, 507
Liniensystem 298
linke Herzkammer 103, 104
linke Lunge 103, 105
linke Lungenvene 104
linke Niere 107
linke Seite 272
linker Abwehrspieler 487
linker Angriffsspieler 489
linker Aufbauspieler 489
linker Außenangreifer 487
linker Außenfeldspieler 474
linker Centre 482
linker Corner Back 484
linker Defensive End 484
linker Defensive Tackle 484
linker Guard 485
linker Kanal 324
linker Mittelfeldspieler 481
linker Safety 484
linker Stürmer 507
linker Tackle 485
linker Verteidiger 481, 506
linker Vorhof 103, 104
linkes Aufschlagfeld 491
linkes Feld 475
links 293
Linse 119, 419
Linse, bikonkave 419
Linse, bikonvexe 419
Linse, konkave 419
Linse, konkavkonvexe 419
Linse, konvexe 419
Linse, konvexkonkave 419
Linse, plankonkave 419
Linse, plankonvexe 419
Linsen 130, 419
Linsenfernrohr 8
Linsenfernrohr im Querschnitt 8
Linsenkopf mit Schlitz 221
Linsensystem 420
Lippe 83, 87, 521
Lippen-Make-up 266
Lippenkonturenstift 266
Lippenpfeife 305
Lippenpinsel 266
Lippenstift 266
Lippentaster 67, 73
Litauen 450
Litchi 137
Literaturbeilage 313
Lithosphäre 26, 44
Litze 273
Lob 491
Loch 504
Loch, gestanztes 240, 246
Loch, Par-5 504
Lochbillard 503
Locher 340
Lockennadel 268
Lockenstab 269
Lockente 535
Lockenwickler 268
Löffel 167, 400, 531, 538
Löffel, Beispiele 168
Löffelstiel 399
Löffelstielzylinder 399
Loge 293
Lokale Station 316
Lokomotive 376
Lokomotive, dieselelektrische 377
Lokschuppen 375
Longanfrucht 136
Longdrinkglas 165
Lorbeer 142
Löschen 328, 331
löschender Rückschritt 331
Löschfahrzeuge 455
Löschflugzeug 394
Löschmittelbehälter 454
Löschtaste 315, 331, 337
loser Puder 266
Löshebel 222
Lötkolben 218
Lötlampe 218
Lötpistole 218
Lötspitze 218
Lötwerkzeuge 218
Lötzinn 218
Lounge 386
Löwe 89
Löwenzahn 127
Luchs 88
Luer-Lock-Spitze 460
Luffaschwamm 267
Luft, absinkende kalte 43
Luft, aufsteigende warme 43
Luft, kalte 41
Luft, warme 41
Luftansaugrohr 383
Luftaustrittsöffnung 270
Luftaustrittsschlitz 209
Luftdruck 39
Luftdruck in Meereshöhe 39
Luftdruckänderung 39
Luftdüse 354
Lufteinlass 361, 362, 367, 383, 523
Lufteinlauf 395
Lüfter 322, 336, 350, 358, 360
Luftfahrt 317
Luftfilter 235, 350, 398
Luftkammer 79
Luftkissenfahrzeug 383
Luftklappe 365
Luftkompressor 376
Luftloch 312
Luftmasse 39
Luftmatratze 530
Luftmatratze, selbstaufblasbare 530
Luftpolster 262, 339
Luftpolsterumschlag 339
Luftpropeller 383
Luftpumpe 370
Luftröhre 105
Luftschacht 278
Luftschadstoffe 47
Luftschleuse 13
Luftstromrichtdüse 270
Luftstromschalter 270
Lufttemperatur 39
Lüftung 380
Luftverkehr 388
Luftverschmutzung 47
Luftwege 105
Luftzufuhr 525
Luftzufuhrregler 192
Lunge, linke 103, 105
Lunge, rechte 103, 105
Lungen 105
Lungenarterie 102, 105
Lungenarterienstamm 104
Lungenfell 105
Lungenmittellappen 105
Lungenoberlappen 105
Lungenunterlappen 105
Lungenvene 102
Lungenvene, linke 104
Lungenvene, rechte 104
Lunula 73
Lupe 421, 531
Lupine 130
Lutz 509
Luxemburg 449
Luzerne, blaue 130
Lyra 297
Lysosom 66

M

Mäander 32
Macadamianuss 133
Macchie 44
Mackenzie 16
Madagaskar 20, 452
Magen 73, 103, 106
Magenmund 71
Magenpförtner 71
Magenstütze 259
Magenta 418
Magma 28, 33
Magmakammer 28, 402
Magnesia 497
Magnet 341, 416
Magnetband 319
magnetische Dämpfung 422
magnetische Dichtung 211
magnetische Trennung 49
magnetischer Deckelhalter 180
magnetisches Feld 318, 416
Magnetismus 416
Magnetkompass 533
Magnetnadel 533
Magnetstreifen 441
Mähne 83
Maiglöckchen 56
Maikäfer 69
Maine Coon 87
Mais 61, 143
Maismehl 144
Maisöl 149
Maissirup 149
Makak 91
Make-up 266
Makrele 159
Makronukleus 66
Makroobjektiv 314
Mal 479
Mal, drittes 474
Mal, zweites 474
Malawi 452
Malawisee 20
Malaysia 453

Malediven 453
Malerpinsel 219
Mali 451
Malspieler, dritter 474
Malspieler, erster 474
Malspieler, zweiter 474
Malta 450
Malzessig 141
Mandarine 134
Mandel 116, 133
Mandoline 297
Manganmischung (Kathode) 417
Mango 137
Mangochutney 141
Mangold 125
Mangostane 136
Maniküre 265
Maniok 124
Mann 92
männlich 426
männliche Blütenstände 65
männliche Geschlechtsorgane 111
Mannschaftsabzeichen 506
Mannschaftstrikot 476, 480, 486
Mannschaftszelt 528
Manövriereinheit, bemannte 10
Mansardenfenster 182
Manschette 245, 501
Manschette, aufblasbare 461
Mantel 72, 73, 248, 251, 417, 534
Mäntel 248, 251
Mantel, oberer 26
Mantel, unterer 26
Mantelblech 404
Mantelkleid 252
Mantelmauer 282
Manual für das Hauptwerk 305
Manual für das Oberwerk 305
Manual für das Rückpositiv 305
Manuale 305
manuelle Aussteuerung 323
Manxkatze 87
Marcato-Zeichen 299
Marder 88
Margarine 149
Marginalschild 76
Marianengraben 34
Marie-Byrd-Land 15
Marienkäfer 69
Marine-Dieselkraftstoff 405
Mariniergewürze 139
maritim 40
Mark 63, 107, 140, 154
Mark, verlängertes 109
Marker 312
Markierschnur 225
Markierungslinie 533
Markscheide 110
Markstrahlen 63
Marokko 451
Mars 2, 3
Marshallinseln 453
Mascara, flüssiges 266
Mascarabürstchen 266
Mascarastein 266
Maschen 493
Maschinenhalle 406, 407
Maschinenraum 384, 386
Maschinist 290
Maske 476
Maskenbildner 290
Maskendichtung 459
Massagebürste 267
Massagehandschuh 267
Massagespitze 272
Masse 27
Masse, Maßeinheit 426
Masseelektrode 359
Massekontakt 322
Massengut-Terminal 381
massiver Korpus 303
Mast 519, 520
Mastdarm 106, 111, 112
Masthalterung 321
Mastlager 519
Mastspitze 519
Maststeuerhebel 396
Masttasche 519
Maß 171
Maßband 225
Maßeinheit der Celsius-Temperatur 426
Maßeinheit der elektrischen Ladung 426
Maßeinheit der elektrischen Spannung 426
Maßeinheit der elektrischen Stromstärke 426
Maßeinheit der Energie 426
Maßeinheit der Frequenz 426
Maßeinheit der Kraft 426
Maßeinheit der Länge 426
Maßeinheit der Leistung 426
Maßeinheit der Lichtstärke 426
Maßeinheit der Masse 426
Maßeinheit der Radioaktivität 426
Maßeinheit der Stoffmenge 426
Maßeinheit der thermodynamischen Temperatur 426
Maßeinheit des Drucks 426
Maßeinheit des elektrischen Widerstands 426
Maßwerk 285
Matchbeutel 276
Materialraum 444
Materie 414
Mathematik 427
Matratze 204, 205
Matratzenauflage 204
Matrosenbluse 255
Matte 498, 499
Matten 496
Mauernagel 220
Mauersegler 80
Mauerturm 282
Mauertürmchen 282
Maul 74, 83, 90
Maul-Ringschlüssel 223
Maultier 84
Maultrommel 297
Maurerhammer 216
Maurerkelle 216
Maurerwerkzeuge 216
Mauretanien 451
Mauritius 452
Maus, mechanische 332
Maus, optische 332
Mauspad 332
Mausschnittstelle 329
Mazedonien 450
mechanische Maus 332
Medaillon 264
mediane Zungenfurche 118
Medikamentenraum 462, 465
mediterrane Subtropen 40
medizinische Gasflasche 464
medizinische Geräte, Lagerraum 465
Meer 24
Meer, Arabisches 19
Meer, Japanisches 19
Meer, Kaspisches 19
Meer, Mare 5
Meer, Ostchinesisches 19
Meer, Rotes 19, 20
Meer, Schwarzes 18, 19
Meer, Südchinesisches 19
Meeräsche 160
Meerbarbe, rote 159
Meerbusen, Bottnischer 18
Meerenge 24
Meeresalgen 123
Meeresboden 33
Meeressäugetiere 90
Meeressäugetiere, Beispiele 90
Meeresspiegel 26, 33, 37
Meerkohl 126
Meerneunauge 159
Meerohr 157
Meerrettich 129
Meersalat 123
Meersalz 141
Meerschweinchen 82
Mehl 144
Mehl, ungebleichtes 144
Mehlsieb 171, 172
Mehrkornbrot 145
mehrreihige Halskette 264
Mehrrumpfboote 521
Mehrzweckzange 217
Meissnersches Tast-Körperchen 114
Melanesien 15
Melasse 149
Melodiepfeife 296
Melodiesaiten 296
Melone 238
Melone, kanarische 135
Melonen 135
Melonenlöffel 173
Membran 324
Mengenschnitt 427
Mengenvereinigung 427
Menora 447
Mensch 92
menschlicher Körper 92
menschliches Gebiss 101
Menügabel 168
Menümesser 168
Menütaste 315, 320, 326, 327
Merguez-Wurst 156
Meridian, östlicher 22
Meridian, westlicher 22
Meridianlinie 533
Merkur 2, 3
Mesenterialarterie, obere 102, 107
Mesenterialarterie, untere 107
Mesenterialvene, obere 102
Mesokarp 57, 58, 59
Mesopause 37
Mesosphäre 37
Mess- und Markierinstrumente 225
Messband 225
Messbecher 171
Messbügel 425
Messen 171
Messer 167, 180, 235, 341, 531, 533
Messer, Beispiele 168
Messermuschel 157
Messerschutz 176
Messezentrum 430
Messingkörper 197
Messinstrumente 424
Messlöffel 171
Messschnabel, feststehender 425
Messschnabel, verschiebbarer 425
Messspindel 425
Messtrommel 425
Metall, Sortierung 49
Metallaufsatz 529
Metallfeder, römische 312
metallische Tinte 441
metallisiertes Hologramm 441
Metallkontaktgitter 410
Metallrahmen 304
Metallspannreifen 308
Metallwinkel 225
metamorphe Gesteine 26
Meteorologie 37
Meter 426
Mexikanische Rotknievogelspinne 70
Mexiko 448
Mexiko, Golf 16
Middle Linebacker 484
MIDI (Schnittstelle für digitale Musikinstrumente), Kabel 311
MIDI-Schnittstelle 329
Mieder 259
Miederhose 259
Miesmuschel 157
Mihrab 447
Mikrofilament 66
Mikrofon 320, 327, 328, 332, 337, 456, 457
Mikrometerschraube 425
Mikronesien 453
Mikronukleus 66
Mikroskop 421
Mikroskope 421
Mikrotubulus 66
Mikrowellen 418
Mikrowellen-Relaisstation 334
Mikrowellengerät 178
Mikrowellenherd 164
Milch 150
Milch, homogenisierte 150
Milchbecher 163
Milchgang 113
Milchkammer 122
Milchkännchen 166
Milchprodukte 120, 150
Milchprodukte, Wareneingang 120
Milchpulver 150
Milchschokolade 148
Milchstraße 6
Milchstraße (Ansicht von oben) 6
Milchstraße (Seitenansicht) 6
militärische Telekommunikation 317
Milz 103
Mimas 3
Minarett 447
Minbar 447
Mine 312
Mini-DV-Camcorder: Rückansicht 320
Mini-DV-Camcorder: Vorderansicht 320
Mini-HiFi-System 325
Minibus 347
Minislip 247
Minusbereich 410
Minusglas 419
Minuskontakt 410, 411
Minusplatte 359
Minuspol 359, 417
Minuspolbrücke 359
Minutenzeiger 424
Minze 142
Miranda 3
Mischwald 44
Mischwasserkanal 434
Mispel 133
Mississippi 16
Mitarbeiter der Rechtsanwälte 440
Mitnehmerrippe 213
Mitnehmerstange 403
Mitochondrium 50, 66
Mitralklappe 104
Mitte 293
Mittelamerika 14, 16
Mittelangreifer 487
Mittelarmnerv 108
Mittelatlantischer Rücken 34
Mittelbein 67, 68
Mitteldarmdrüse 71, 73
Mittelelektrode 359
Mittelfahne 480
Mittelfeld 475
Mittelfeldspieler, linker 481
Mittelfeldspieler, rechter 481
Mittelfeldspieler, zentraler 481
Mittelfinger 115
Mittelformatkamera SLR (6 x 6) 315
Mittelfuß 83
mittelhohe Wolken 42
Mittelkielschwein 385
Mittelkonsole 354
Mittelkreis 481, 488
Mittellage-Tonabnehmer 303
Mittellinie 481, 483, 484, 488, 493, 494, 507, 515
Mittelmeer 14, 18, 20
Mittelmoräne 30
Mittelohr 116
Mittelpaneele 185
Mittelpunkt 428, 470, 502
Mittelrippe 51, 55, 60
Mittelsäule 207, 349, 412
Mittelschiff 285, 447
mittelschwere Piste 512
Mittelspannungsleitung 198
Mittelspur 343
Mittelsteg 259
Mittelstreifen 343, 434, 491
Mittelstück 111
Mitteltasche 502
Mitteltöner 324
Mittelwagen 376, 380
Mittelzeichen 490
mittlere Armdecken 78
mittlere Aufschlaglinie 491
mittlere Handdecken 78
mittlere Nasenmuschel 117
mittlerer Abwehrspieler 487
mittlerer Angriffsspieler 489
mittlerer Anspielpunkt 507
mittlerer Außenfeldspieler 474
mittlerer Linebacker 484
mittlerer Schneidezahn 101
Mixen 176
Mixer 176
mobile Einheit 316
Modem 334
Modemschnittstelle, interne 329, 336
Moderator 408
Moderatorfilz 304
Moderatorpedal 304
Modul, russisches 11
Modulationsrad 310
Mofa 369
Mohn 56, 60

Mohnsamen 139
Mohorovicic-Diskontinuität 26
Mohrenhirse 61
Mokassin 242
Mokkatasse 166
Mol 426
Molch 75
Moldawien 450
Molekül 414
Mollusken 157
Monaco 450
Mond 2, 4, 5
Mond, Oberflächenformationen 5
Mondbahn 4, 5
Monde 2
Mondfinsternis 5
Mondphasen 5
Mondsichel (abnehmender Mond) 5
Mondsichel (zunehmender Mond) 5
Mongolei 453
Monitor 471
Montenegro 450
Moos 51
Moos, Aufbau 51
Moose, Beispiele 51
Mop 215
Morchel 123
Mordent 299
Mörser 170
Mortadella 156
Mosaik 280
Mosaikparkett 190
Mosambik 452
Moschee 447
Moskito 69
Motocross-Motorrad 525
Motor 212, 213, 214, 227, 229, 237, 366, 403
Motorblock 176, 177, 180, 208, 272, 360
Motorboot 385
Motorgehäuse 235
Motorhaube 348
motorische Endplatte 110
motorisches Neuron 110
Motorjacht 385
Motorkühlung 525
Motorlufteinlass 362
Motorrad 366
Motorrad, Touring 369
Motorrad: Draufsicht 368
Motorräder, Beispiele 369
Motorradfahrer 525
Motorradkamera 522
Motorradsport 525
Motorrasenmäher 237
Motorraum 362, 396, 400, 401
Motorroller 369
Motorsport 524
Mount Everest 37
Mountain Bike 373
Mountainbike 522
Mozambique, Straße 20
Mozzarella 150
MP3-Spieler 326
Muffe 395
Muffinform 172
Mufflon 84
Mufftasche 249, 251, 276
Mulde 231
Muldenkipper 401
Müllabfuhrwagen 364
Mülldeponie 47, 431
Müllschichten 47
Müllschlucker 197
Mülltrennung 49
Mullverband 461
Multipack 163
Multiplikation 427
Multiplikationstaste 337
Multirolle 537
Multitrainer 501
Mumienschlafsack 530
Mund 71, 72, 75, 94, 116
Munddusche 272
Mundharmonika 296
Mundhöhle 105, 106
Mundöffnung 73
Mundrohr 307
Mundschutz 498
Mundspeicheldrüse 106
Mundstück 306, 307, 311, 467
Mundstückaufnahme 307
Mündung 73, 534
Mundwasser 272
Mundwerkzeuge 68
Mundwinkel 116
Mungo 88
Mungobohne 131
Mungobohne, schwarze 131
Munster 151
Münze: Rückseite 441
Münze: Vorderseite 441
Münzfernsprecher 294, 437, 438, 463
Muschel 200
Muschel, einschalige 73
Muschel, zweischalige 73
Museum 433
Musik 296
Musikinstrumente, traditionelle 296
Musiknotation 298
Musikraum 444
Muskatnuss 138
Muskatnussreibe 170
Muskel, oberer gerader 119
Muskelfaser 110
Muskeln 96
Musselin 171
Mutter 222, 223
Mutterband, breites 113
Muttergestein 54
Muttern 223
Mütze 456
Mützenschirm 238, 239
Myanmar 453
Myzel 52

N

Nabe 70, 341, 371, 413, 467
Nabel 92, 94
Nabelschwein 84
Nabelstrang 59, 60
Nachfüllmine 312
Nachfüllrohr 196
Nachläufer, steifer 363
Nachrichten 313
Nachrichtensatellit 317
Nachsortierung von Hand 49
Nächste Nachricht 328
nächste Seite 331
Nachthemd 256
Nachtigall 80
Nachtigall-Grashüpfer 69
Nachtschalter 443
Nachttisch 439, 464
Nachttischlampe 439
Nachtwäsche 256
Nacken 78, 93, 95
Nackenfeder 536
Nackenrolle 204
Nackenrolle, große 204
Nackenschutz 486
Nadel 36
Nadelbaum 65
Nadelblätter, Beispiele 65
Nadelhölzer, Beispiele 65
Nadelwald 44
Nagel 220
Nägel, Beispiele 220
Nagel, geschnittener 220
Nagel, gewöhnlicher 220
Nagelbett 114
Nagelbettepitel 114
Nagelfeile 265
Nagelfeile, klappbare 265
Nagelhalbmond 114, 115
Nagelhautentferner 265
Nagelhautschaber 265
Nagelhautschere 265
Nagelhautschieber 265
Nagelknipser 265
Nagelkörper 114
Nagellack 265
Nagelnecessaire 265
Nagelrand, freier 114
Nagelreiniger 265
Nagelschere 265
Nagelweißstift 265
Nagelwerkzeuge 220
Nagelwurzel 114
Nagelzange 265
Nagelzieher 531
Nagetier 82
Nagetiere 82
Nagetiere, Beispiele 82
Nahrungskette 45
Nahrungsmittel 120
Nahrungsmittelquelle, primäre 45
Nahrungsvakuole 66
Nahrungsvakuole, heranwachsende 66
Naht 60, 73, 240, 243, 262
Nähte 477
Nahttasche 251
Nahverkehrszug 375
Name der Station 378
Name des Inhabers 441
Name des Turners/der Turnerin 497
Namensschild 456
Namib 20
Namibia 452
Naos 279
Napfschnecke 157
Narbe 56, 60
Narzisse 56
Nase 74, 82, 83, 94, 526
Nase, abgesenkte 394
Nase, äußere 117
Nasen-Bartschere 265
Nasenbein 100, 117
Nasenflügel 117
Nasenflügelknorpel, großer 117
Nasenhöhle 105, 117
Nasenloch 75, 76, 78, 117
Nasenmuschel, mittlere 117
Nasenmuschel, obere 117
Nasenmuschel, untere 117
Nasenöffnung 74
Nasenrachenraum 117
Nasenrücken 117
Nasenspiegel 87
Nasenspitze 117
Nasenstachel 100
Nasenwurzel 117
Nashorn 85
Nationalität 497
Nationalpark 25
Natur, Freizeit 528
naturbelassene Umgebung 504
natürlicher Treibhauseffekt 46
Naturschwamm 267
Nauru 453
Navigationstaste 327
Nazca-Platte 27
Neapolitanische Tropfkanne 181
Nebel 41
Nebelleuchte 352
Nebelscheinwerfer 364
Nebenaltar 446
Nebengleis 375
Nebenhoden 111
Nebenniere 107
Nebenschluss 416
Nebenstraße 25
negativer Pol 416
Negligé 256
Nehrung 35
Nektarine 132
Nelke 56
Nepal 453
Nephridium 71
Neptun 2, 3
Nerv 114
Nervenendung 114
Nervenfaser 114
Nervengeflecht 101
Nervenimpuls 110
Nervenstrang, ventraler 71
Nervensystem 108
Nervensystem, peripheres 108
Nervensystem, zentrales 109
Nervenwurzel, hintere 109, 110
Nervenwurzel, vordere 109, 110
Nerz 88
Nessel 127
Nestfarn 52
Netz 162, 205, 477, 487, 489, 491, 493, 495
Netzanschluss 326
Netzanschlussbuchse 329
Netzband 491
Netzhalter 493
Netzhaut 119, 419
Netzhautgrube 119
Netzkabel 177, 208, 229, 269, 270, 271, 322
Netzkabel, Gleichstrom 336
Netzkabel, Wechselstrom 336
Netzkante 487
Netzkontrollleuchte 333
Netzplan 378
Netzrichter 491
Netzschalter 311, 318, 321, 322, 323, 329
Netzstecker 337
Netzstrumpf 257
Netzteillüfter 329
Netzwerkschnittstelle 329
neuer Schekel 440
Neufundland 16
Neukaledonien 15
Neumond 5
Neuneck, regelmäßiges 429
Neuron, motorisches 110
Neuron, peripher-sensorisches 110
Neuron, sensibles 110
Neuronenkette 110
Neuseeland 15, 453
neutrale Linie 416
neutrale Zone 484, 507
Neutron 414
Neutron, einfallendes 415
Newton 426
Nicaragua 448
nicht Element von 427
nicht identisch 427
nicht wärmeleitende Spitze 269
nicht wieder verwertbarer Restmüll 49
Nickbewegung 395
Nickhaut 87
Niederlande 449
Niederschlag 45
Niederschläge 41
Niederschlagsgebiet 39
Niederspannungsleitung 198
Niere 73, 103, 154
Niere, linke 107
Niere, rechte 107
Nierenarterie 102, 107
Nierenbecken 107
nierenförmig 55
Nierenhilus 107
Nierenkelch 107
Nierenpapille 107
Nierenvene 102, 107
Niete 169, 222
Niger 20, 451
Nigeria 451
Nil 20
Nilpferd 85
Nimbostratus 42
Nivellierfuß 212, 213, 214
Nockenwelle 360
Nockpunkt 535
Nonius 425
Nord 23
Nord-Korea 453
Nord-Nordost 23
Nord-Nordwest 23
Nordamerika 14, 16, 34
Nordamerikanische Platte 27
nördliche Halbkugel 21
nördliche Hemisphäre 21
nördlicher Polarkreis 21, 22
Nordmeer 18
Nordost 23
Nordpol 21, 416
Nordpolarmeer 14
Nordsee 14, 18
Nordwest 23
Nori 123
normale Pokerblätter 468
Normalsichtigkeit 419
Norwegen 450
Notation 470
Notbremse 380
Note 497
Note, ganze 299
Note, halbe 299
Notenablage 305, 311
Notenlinie 298
Notenschlüssel 298
Notenwerte 299
Notfallausrüstung 460
Notizblock 338
Notrufnische 345

Notschalter 368
Nudelholz 172
Nudelmaschine 170
Nukleolus 66
Nullleiter 198
Nullmeridian 22
numerische Tastatur 338
numerischer Block 331
numerisches Tastenfeld 331, 423
Nummer-8-Forward 482
Nummerierstempel 338
Nummernschildbeleuchtung 352
Nummerntasten 328
Nussknacker 170
Nüster 83
Nut 191
Nutzer, Internet 334
Nutzer, privater 335
Nutzlastraum 12
Nutzlastraum, Tür 13
Nylonschnur 237

O

Oase 32, 36
oben liegender Rahmen 401
Oberarmarterie 102
Oberarmgelenkhöcker, innerer 99
Oberarmknochen 98
Oberarmspeichenmuskel 96, 97
Oberbeleuchter 291
Oberboden 54
Oberdeck 363, 392, 404
obere Abschlusskappe 417
obere Gliedmaßen 103
obere Hohlvene 102, 103, 104
obere Manschette 511
obere Mesenterialarterie 102, 107
obere Mesenterialvene 102
obere Nasenmuschel 117
obere Querleiste 202
obere Schale 511
obere Schutzhaube 227
obere Sohlschicht 402
obere Sprosse 201
obere Tasche 502
obere Tragschicht 342
obere Vertäfelung 396
obere Zahnreihe 116
oberer Abschluss 205
oberer gerader Muskel 119
oberer Glaskolben 181
oberer knöcherner Bogengang 116
oberer Mantel 26
oberer seitlicher Einschnitt 62
oberer seitlicher Lappen 62
oberes Augenlid 75, 87
oberes Becken 308
oberes Verschlussband 511
Oberfläche 493
Oberflächenerkundung 403
Oberflächenformationen des Mondes 5
Oberflächenisolierung 12
oberflächlicher Wadenbeinnerv 108
Oberfräse 229
Oberhaut 114
oberirdischer Abfluss 45
Oberkante 493
Oberkellner 438
Oberkiefer 74, 98, 117
Oberkiefer, beweglicher 76
Oberkiefer, vorderer 74
Oberkieferknochen 100, 101
Oberleiter 455
Oberleitung 376
Oberlicht, Badezimmer 189
Oberlicht, Treppenhaus 189
Oberlid 119
Oberlippe 116, 305
Oberlippenrinne 117
Obermaschinerie 292
Oberon 3
Oberpartie 536
Oberrohr 370
Oberschale 367, 527
Oberschenkel 93, 95, 186
Oberschenkelanzieher, großer 97
Oberschenkelanzieher, langer 96
Oberschenkelarterie 102
Oberschenkelbereich 112
Oberschenkelknochen 98
Oberschenkelkopf 99
Oberschenkelnerv 108
Oberschenkelpolster 486
Oberschenkelregion 111
Oberschenkelvene 102
Oberschiedsrichter 509
Oberschnabel 78
Oberschrank 164
Oberschwanzdecken 78
Oberschwester, Büro 463
Oberwasser 406
Objekt 419
Objektiv 8, 314, 327, 332, 420, 421
Objektivauswurf 314
Objektive 314
Objektivrevolver 421
Objektivschutzdeckel 314
Objektivzubehör 314
Objektklammer 421
Objekttisch 421
Oboe 306
Oboen 295
Obst 120, 132
Obst- und Gemüseschale 211
Obstbaum 122
Obstgarten 122
Ochse 85
Ofen 192
offene Spinnrolle 537
offener Doppelringschlüssel 223
öffentliches Gebäude 25
öffentliches Übertragungsnetz 316
Offiziellenbank 507
Offizierskabine 387
Öffnen 170
Öffner, Dosen 163
Öffnung 243
Ogenmelone 135
Ohm 426
Ohr 92
Ohr, Aufbau 116
Ohr, äußeres 116
Ohrdecken 78
Ohrenschützer 238, 458
Ohrgehänge 264
Ohrläppchen 115
Ohrmuschel 82, 115, 116, 324
Ohrmuschelhöcker 115
Ohrmuschelhöhlung 115
Ohrmuschelrand, äußerer 115
Ohrmuschelwindung 115
Ohrringe 264
Ohrringe mit Schraubverschluss 264
Ohrstecker 264
Ohrstöpsel 458, 460
Ohrtrompete 116, 117
Okapi 84
Okraschote 128
Oktaeder, regelmäßiges 429
Oktave 298
Oktavmechanik 306
Okular 8, 9, 420, 421
Okularhalterung 8
Okulartubus 421
Ölablassschraube 360
Ölausfluss 48
Öldruckkontrollleuchte 368
Öldruckwarnleuchte 355
Öle 149
Olive 128
Olivenöl 149
Öllöschbrücke 381
Ölsumpf 235
Ölverschmutzung 48
Ölwanne 360
Ölwannendichtung 360
Oman 452
Oman, Golf 19
On-Deck-Circle 474
Online-Spiel 335
Oolong-Tee 148
Oortsche Wolke 2
Operationsabteilung 464
Operationssaal 464, 465
Operationstisch 464
Operngias 273
Opernhaus 432
Opferstein 283
Opisthodomos 279
opponierbarer Daumen 91
Optik 418
Optiker 437
optische Maus 332
optische Sortierung 49
optischer Sensor 332
Orang-Utan 91
Orange 134
Orange im Querschnitt 58
Orbiter 12
Orchester 278
Orchestergraben 292
Orchidee 56
Ordner, Verzeichnis 334
Organismen, autotrophe 45
Organismen, heterotrophe 45
Organizer 338
Orgel 305
Orgelspieltisch 305
Orientierungseinlage 302, 303
Origano 142
Originaleinzug 328
Originalrückführung 328
Orinoko 17
orthopädischer Stock 466
Öse 263, 275, 535, 538
Öse für Tragriemen 315
Ost 23
Ost-Nordost 23
Ost-Südost 23
Ostchinesisches Meer 19
Österreich 450
östliche Hemisphäre 21
Östlicher Indischer Rücken 34
östlicher Meridian 22
Ostpazifischer Rücken 34
Ostsee 18
Ottomotor 360
Outfieldzaun 475
Overall 254, 261
Overknee-Strumpf 257
Ozean 5, 24, 45
Ozean, Atlantischer 15, 18, 20
Ozean, Indischer 15, 19, 20
Ozean, Pazifischer 15, 19
Ozeanien 14, 15, 453
ozeanische Gräben 34
ozeanische Kruste 26
ozeanische Rücken 34
ozeanischer Rücken 33
Ozonschicht 37

P

Paar 509
paarig gefiedert 55
Packlage 342
Packriemen 277
Packung 163
Pagode 283
Pak-Choi 126
Paketannahme 374
Pakistan 452
Palau 453
Palette 173
Palettenhubwagen 396
Palisade 282
Palme 64
Palmenhain 36
Palmette 200
Pampelmuse 134
Panama 448
Panama, Golf 17
Panama, Landenge 16
Panamahut 238
Panflöte 297
Panoramafenster 435
Pantoffel 242
Pantolette 242
Panty-Korselett 258
Papaya 137
Papier/Pappe, Sortierung 49
Papierausgabe 333
Papiereinzug, Kontrollleuchte 333
Papiereinzugstaste 443
Papiereinzugtaste 333
Papierführung 328
Papierkassette 333
Papierkorb 341
Papillarmuskel 104
Papille 114
Papille, fadenförmige 118
Pappel 64
Paprika 139
Paprika, gelber 128
Paprika, grüner 128
Paprika, roter 128
Papua-Neuguinea 15, 453
Par-5-Loch 504
Parabeldüne 36
Parabolantenne 316, 321
Paraffine 405
Paraguay 448
parallel 428
Parallelanschlag 227
Parallelepiped 429
Parallelogramm 429
Parallelschaltung 416
Parallelschnittstelle 329
Paramecium 66
Paraná 17
Paranuss 133
Parboiled Reis 147
Parfümerie 436
Park 25, 433
Parka 249
Parkdeck 435
Parkettboden 190
Parkettmuster 190
Parkplatz 375, 381, 390, 430, 445, 504, 512
Parmesan 151
Parterre 293
partielle Finsternis 4, 5
Partlow-Schreiber 365
Pascal 426
Pasch 468
Paspel 260
Paspeltasche 250
Pass 29
Passagierdampfer 386
Passagierkabine 383, 386, 387
Passagierraum 393, 395
Passagierraum 1. Klasse 392
Passagierterminal 389, 390
Passagiertransferfahrzeug 391
Passbildautomat 437
Passiergerät 170
Passiersieb 171
Passierte Tomaten 140
Passionsfrucht 136
Passkontrolle 391
Paste 141
Pastinake 129
Paßgang 83
Patagonien 17
Patent-Strickbündchen 250
Patera 200
pathologisches Labor 465
Patient 464
Patientenstuhl 464
Patisson 129
Patisson-Kürbis 129
Patrone (Gewehr) 534
Patrone (Schrotflinte) 534
Patronentasche 456
Patte 244
Pattentasche, schräge 248, 251
Pauken 295
Pause 299, 331
Pause, ganze 299
Pause, halbe 299
Pause-Taste 323
Pausenraum 445
Pausenzeichen 299
Pausetaste 319, 323
Pavian 91
Pavillon 432
Pazifik 14
Pazifische Platte 27
pazifischer Lachs 161
Pazifischer Ozean 15, 19
PC 329
PC-Kartenschacht 336
Pecannuss 133
Pechnase 282
Pecorino Romano 151
Pedal 302, 308, 370, 372, 501, 522
Pedalhaken 370, 372
Pedalklaviatur 305
Pedalstange 304
Pedaltaste 305
Peildeck 382, 386, 387
Peilstableuchte 364, 365
Pelerine 251
Pelikan 80
Pendelaufhängung 27
Pendelhub-Einstellung 227

Pendelzug 390
Penholdergriff 493
Penis 92, 111
Penne 146
Pepperoniwurst 156
perforierte Vorderkappe 240
Perforierung 243
Pergola 230
peripher-sensorisches Neuron 110
peripheres Nervensystem 108
Peristom 66
Peristyl 279, 280
Perlhuhn 81, 154
Perlzwiebel 124
Peroxyd 461
Peroxysom 66
Perserkatze 87
Persischer Golf 19
Personalcomputer 329
Personaleingang 438
Personalgarderobe 438
Personalraum 443, 463
Personalumkleideraum 465
Personenbahnhof 375
Personenwaage 423
Personenzüge 376
Persönliche Artikel 271
persönliche Ausstattung 264
persönliche Identifikationsnummer (PIN), Eingabegerät 443
Peru 448
Peru-Chile-Graben 34
Peso 440
Pestizid 47, 48
Petersilie 142
Petrochemikalien 405
petrochemische Industrie 405
Petroleum 405
Pfahlbau 288
Pfahlwurzel 63
Pfännchen 179
Pfanne 175
Pfannenwender 173
Pfau 81
Pfeffer, gemahlener 139
Pfeffer, grüner 138
Pfeffer, rosa 138
Pfeffer, schwarzer 138
Pfeffer, weißer 138
Pfefferschote 128
Pfefferspray 456
Pfefferstreuer 166
Pfeife 180
Pfeifhase 82
Pfeilanlagepunkt 535
Pfeiler 281, 283, 284, 285, 344, 375
Pfeilerfundament 344
pfeilförmig 55
Pferd 83, 85
Pferd, äußere Merkmale 83
Pfifferling 123
Pfirsich 132
Pfirsich im Querschnitt 57
Pflanze 53
Pflanze, Aufbau 53
Pflanzenfresser 45
Pflanzenreich 50
Pflanzenzelle 50
Pflanzholz 231
Pflanzkelle 232
Pflanzlochstecher 231
Pflanzschnur 231
Pflanzwerkzeuge 231
Pflasterstein 230
Pflaume 132
Pflaumensoße 141
Pflegelösung 272
Pfortader 103
Pfosten 187, 487, 490, 495
Pfropf 534
Pfund 440
Phase 198
Philippinen 19, 453
Philippinen-Platte 27
Philippinengraben 34
Phobos 2
Phosphorschicht 199
Photon 420
Photosphäre 4
Photosynthese 54
Physalis 132
Physik 416, 418
Physiotherapeut 489
physische Karte 24
Pi 428
Pia Mater 109
Piano, elektronisches 311
Pianopedal 304, 311
Pickup 347
Pik 468
Pikkoloflöte 295, 306
Piktogramme 330
Pilaster, korinthischer 281
Pillbox 239
Pilz 52
Pilz, Aufbau 52
Pilz, tödlich giftiger 52
Pilze 123
Pilzfaden 52
Pilzpapille 118
Pinguin 80
Pinie 65
Pinienkern 65, 133
Pinne 520, 533
Pinnwand 341
Pinseläffchen 91
Pintobohne 131
Pinzette 461
Pipeline 404
Pipeline, überirdische 404
Pistazie 133
Piste, Anfänger 512
Piste, Experte 512
Piste, mittelschwere 512
Piste, schwere 512
Pisten-Mittelliniemarkierungen 390
Pistenbezeichnungsmarkierung 390
Pistenrandmarkierungen 390
Pistenraupe 512
Pistole 216, 456
Pistolengriff 218, 228, 534
Pitot-Rohr 525
Pittabrot 145
Plakat 294
Planeten 2
Planeten, äußere 2
Planeten, innere 3
Planierraupe 398
Planierschaufel 398
Planierschild 398
plankonkave Linse 419
plankonvexe Linse 419
Plantainbanane 136
Planum 342
Plasmabrücke 50
Plasmafernseher 318
Plasmamembran 66
Plastikhülse 534
Plateau, Hochebene 24
Platte 178, 269, 309, 333
Platte, Afrikanische 27
Platte, Antarktische 27
Platte, Cocos 27
Platte, Eurasiatische 27
Platte, Indisch-Australische 27
Platte, Karibische 27
Platte, Nazca 27
Platte, Nordamerikanische 27
Platte, Pazifische 27
Platte, Philippinen 27
Platte, Scotia 27
Platte, Südamerikanische 27
Platten, tektonische 27
Plattengitter 359
Plattengrenzen, divergierende 27
Plattengrenzen, konvergierende 27
Plattenstift 304
Plattform 219, 363, 516, 526
Plattformpedal 522
Plattsehnenmuskel 97
Platzierungsrichter 516
Play-Taste 319, 323, 328
Play-Taste/Pausetaste 326
Plektron 297
Pleuelstange 360
Pleurahöhle 105
plus oder minus 427
Plusbereich 410
Plusglas 419
Pluskontakt 410, 411
Plusplatte 359
Pluspol 359, 417
Pluspolbrücke 359
Pluto 3
PN-Übergang 410
pneubereiftes Laufrad 380
pneubereiftes Leitrad 380
Podcasting 335
Podest 7, 191, 195, 219
Podium 283, 444
Pokerwürfel 468
Pol, negativer 416
Pol, positiver 416
Polachse 7
Polarisationsfilter 314
Polarklimate 40
Polarkreis, nördlicher 22
Polarkreis, südlicher 15, 22
Polarlicht 37
Polartundra 40
Polen 450
Poleposition 524
Poliklinik 465
Politik 448
politische Karte 23
Polizeibeamter 456
Polizeifahrzeug 457
Polizeirevier 433
Pollenkörbchen 68
Poller 385
Polohemd 255, 492
Polokleid 252
Poloshirt 250
Polster 478
Polsterauflage 460
Polsterdüse 209
Polynesien 453
Poncho 251
Pont-l'Évêque 151
Pool 502
Pore 50, 60, 114
Porro-Prisma 420
Portal 285, 447
Portalkuppel 447
Portierszimmer 439
Porträt 441
Portugal 449
Portulak 127
Portweinglas 165
Posaune 307
Posaunen 295
Positionsleuchte 376
Positionslicht 383, 393, 395
positiver Pol 416
Post, elektronische 335
Postamt 433, 437
Poterne 282
Pottwal 90
Präger 340
Prärie 24
Präzisionssport 502
Präzisionswaage 423
Preis pro Einheit 423
Preis pro Liter/Gallone 346
Preiselbeere 132
Prellbock 375
Pressfilterkanne 181
Presshebel 170, 216
primäre Nahrungsmittelquelle 45
Primärfokus 7
Primärfokuskabine 7
Primärkonsumenten 45
Primärspiegel 7
Primärwurzel 53
Primaten 91
Primaten, Beispiele 91
Prime 298
Prinzesskleid 252
Prinzessnaht 258
Prismenfernglas 420
pritschen 487
private Telekommunikation 317
privater Ankleideraum 290
privater Nutzer 335
privates Rundfunknetz 316
Privatflugzeug 394
Probierlöffel 173
Produktionsbohrung 402
Produzent 291
Profil 358
programmierbare Funktionstasten 443
programmierbare Tasten 332
Programmiertasten 319
Programmwähler 212, 213, 214
Programmwahlschalter 310
Programmwählscheibe 314
Programmwahltasten 319
Projektor 294
Promenadendeck 386
Pronaos 279
Propan- oder Butangas-Geräte 529
Propanflasche 361
Propeller, dreiflügeliger 394
Propeller, zweiflügeliger 394
Propellerummantelung 383
Prospektständer 442
Prospektzug 292
Prostata 111
Proton 414
Protuberanz 4
Provider, Internet 335
Provinz 23
Provinzgrenze 23
Prozent 427
Prozenttaste 337
Prüflampe 217
Pseudopodium 66
psychiatrischer Beobachtungsraum 462
psychiatrischer Untersuchungsraum 462
Publikumseingang 278
Puck 507
Pudel 86
Pudelmütze 239
Puder, loser 266
Puderdose 266
Puderkissen 266
Puderpinsel 266
Puderrouge 266
Puderzucker 149
Puerto-Rico-Graben 34
Puff 201
Puffer 287
Puffertank 404
Pullman Limousine 347
Pullover 250, 255
Pullunder 250
Pulmonalklappe 104
Pulpa 101
Pulpahöhle, Kronenabschnitt 101
pulsierende Vakuole 66
Pult 446
Pulver 140
Puma 88
Pumpe 184, 212, 214, 529
Pumpenraum 384
Pumplöschfahrzeug 455
Pumps 241
Pumpstation 404
Pumpstation, zentrale 404
Punchingball 498
Punktauge 67
Punktbrenner 218
Punkte 492
Punktetabelle 471
Pupille 87, 119
Pupille, senkrechte 76
Puppe 67
Pushup-Griff 501
Puter 155
Putter 505
Putzkelle 216
Putzschwamm 215
Pygalschild 76
Pylon 344
Pylon zur Aufhängung des Triebwerks 393
Pyramide 278, 429
Pyrenäen 18
Python 77

Q

Quadrant 428
Quadrat 429
Quadratwurzel 427
Quadratwurzel aus 427
Quadratwurzeltaste 337
Quark 414
Quarte 298
Quarterback 485
Quarterdeck 386
Quartett 300
Quartier 240, 262
Quecksilberkolben 424
Quecksilbersäule 424
Quecksilberthermometer 461
Quelle 32
Quellenangabe 313
Quellwolken 42
quer verlaufender Dickdarm 106
Querdünen 36
Querfeldeinrad 522
Querflöte 306
Querflöten 295
Querfortsatz 110
Querholz 201, 479
Querjoch 297
Querleiste 202
Querleiste, obere 202
Querleiste, untere 202
Querriegel 185

Querrippe 152
Querruder 13, 392
Querschiff 285
Querschnitt durch eine Sternwarte 7
Querschnitt, Apfel 58
Querschnitt, Baseball 477
Querschnitt, Baumstamm 63
Querschnitt, Erdbeere 59
Querschnitt, Erdkruste 26
Querschnitt, Himbeere 59
Querschnitt, Linsenfernrohr 8
Querschnitt, Orange 58
Querschnitt, Pfirsich 57
Querschnitt, Rotorgondel 413
Querschnitt, Spiegelteleskop 9
Querschnitt, Straße 342, 434
Querschnitt, Wasserkraftwerk 407
Querschnitt, Weintraube 59
Querschnitt, Zwiebel 54
Querschott 384
Querstraße, Allee 433
Querstrebe 467
Querstück 202, 466
Quetschfuß 199
Quetschverschraubung 197
Quicheform 172
Quinte 298
Quintett 300
Quitte 133
Quittungsausgabe 442

R

Rabatte 182
Rabe 80
Rachen 105, 106
Rachenenge 116
Raclette 151
Raclette-Grill 179
Rad 231, 364, 522, 525
Rad-Schneeschläger 172
Radar 382, 383, 386, 387
Radaranlage 457
Radaranlagendisplay 457
Radarmast 384
Radbefestigungsbolzen 357
Rädelung 223
Räder-Drehgeschwindigkeitssensor 357
Radgabel 522
radiale Einsteigestation 389
Radialkapelle 284, 285
Radiator 11
Radiatoren 13
Radicchio 126
Radiergummi 341
Radieschen 129
Radio-/Kassettengerät 354
Radio-Wellen 316
radioaktive Kerne 415
radioaktiver Abfall 48
Radioaktivität, Maßeinheit 426
Radiorecorder mit CD-Spieler 326
Radiowellen 418
Radius 428
Radkappe 349
Radlader 399
Radsport 522
Radtraktor 399
Raffinerie 404, 431
Raffinerieerzeugnisse 405
Raglanärmel 248, 251, 261
Raglanmantel 251
Rahmen 187, 192, 202, 204, 224, 240, 274, 277, 297, 309, 367, 396, 400, 401, 410, 411, 412, 492, 494, 502, 522
Rahmen, oben liegender 401
Rahmenleiste 202
Rahmenspant 385
Rambutan 137
Rampe 279, 281, 343, 526
Rampenlicht 293
Rand 273, 441
Rändelbolzen 219
Rang, erster 293
Ränge 278, 281
Ranviersche Schnürringe 110
Ras-El-Hanout 139
Rasen 183, 230, 492
Rasenbesen 237
Rasenpflege 237
Rasentrimmer 237
Rasierer, zweischneidiger 271
Rasiermesser 271
Rasierpinsel 271
Rasierschaum 271
Rasierwasser 271
Raste 473
Rasterleiste 211
Rasthebel 235
Rastplatz 25
Raststätte 25
Raststütze 369
Rasur 271
Rathaus 432
Ratsche 221
Ratschenringschlüssel 223
Ratte 82
Ratte, äußere Merkmale 82
Rau 504
Raubtiere 86
Raubtiere, Beispiele 88
Raubvogel 79
Räucherschinken 153
Rauchklappe 192
Rauchmantel 192
Rauchmelder 454
Rauke 127
Raum, Douglasscher 112
Raum, Douglasscher, vorderer 112
Raumanzug 10
Raumfähre 12, 13, 37
Raumfähre beim Start 12
Raumfahrt 10
Raumlaboratorium 13
Raumsonde 37
Raumstation, internationale 11
Raumteiler 528
Raupe 67
Raupenschere mit Teleskopstiel 234
Raureif 41
Raute 342
Rautenspitze 202
Ravioli 146
Reaktor 408
Reaktorgebäude 409
Reaktorkessel 409
Reanimationsraum 462
Rebe 62
Rebhuhn 80
Rebstock 62
Receiver 321, 325
Receiver: Vorderansicht 322
Rechen 233, 407
rechte Herzkammer 103, 104
rechte Lunge 103, 105
rechte Lungenvene 104
rechte Niere 107
rechte Seite 272
rechte Spur 343
Rechteck 429
Rechteckschlafsack 530
rechter Abwehrspieler 487
rechter Angriffsspieler 489
rechter Aufbauspieler 489
rechter Außenangreifer 487
rechter Außenfeldspieler 474
rechter Centre 482
rechter Corner Back 484
rechter Defensive End 484
rechter Defensive Tackle 484
rechter Guard 485
rechter Kanal 324
rechter Mittelfeldspieler 481
rechter Safety 484
rechter Stürmer 507
rechter Tackle 485
rechter Verteidiger 481, 506
rechter Vorhof 103, 104
rechter Winkel 428
rechtes Aufschlagfeld 491
rechtes Feld 475
rechts 293
Rechtsanwälte, Mitarbeiter 440
Reck 496, 497
Recycling 49
redaktioneller Beitrag 313
Redaktionsteil 313
Redingote 251
reflektierte Sonneneinstrahlung 46
Reflektor 217, 321
Regal 121
regelbarer Thermostat 179
regelmäßiges Achteck 429
regelmäßiges Elfeck 429
regelmäßiges Fünfeck 429
regelmäßiges Neuneck 429
regelmäßiges Oktaeder 429
regelmäßiges Sechseck 429
regelmäßiges Siebeneck 429
regelmäßiges Zehneck 429
regelmäßiges Zwölfeck 429
Regelschalter 210
Regen 41
Regen, gefrierender 41
Regen, saurer 47, 48
Regenbogen 41
Regenfälle, heftige 43
Regenhut 239
Regenleiste 349
Regenmantel 248
Regenrohr 182
Regenwald, tropischer 40, 44
Regenwasserabfluss 434
Regie-Kontrollmonitore 290
Regieassistent 291
Regieraum 293
Regierungsorganisation 335
Regiestuhl 200, 291
Regisseur 291
Register 539
Registerzug 305
Registratoren 499
Registriereinlagen 339
Registrierkasse 121
Registriertrommel 27
Regler 178
Reglerspanngewicht 287
Reglerventil 529
Regnerschlauch 236
Reh 84
Reibe 170
Reibefläche 218
Reif 41
Reife, Stufen 62
Reifen 349, 358, 364, 371, 522, 525
Reifenarten 358
Reifenflanke 358
Reifenstapel 524
Reifeprozess 62
Reihe 272, 293
Reihe, dritte 482
Reihe, erste 482
Reihe, zweite 482
Reihenhaus 289
Reiher 80
Reinigung, chemische 437
Reinigungsbürste 271
Reinigungsmittelbehälter 214
Reinigungsöffnung 194, 197
Reinigungswelle 216
Reis 61, 143, 147
Reis, weißer 147
Reisebett mit Wickelauflage 205
Reisebüro 436
Reisebus 362
Reisessig 141
Reisetasche 276
Reisezug 374
Reisfadennudeln 147
Reisfeld 47
Reismelde 143
Reisnudeln 147
Reispapier 147
Reißen 500
Reißnägel 341
Reißschenkelschutz 398
Reißverschluss 249, 261, 265, 277, 528
Reiter 340
Reiter, durchsichtiger 340
Rektaszensionsachse 8, 9
Relaisstation 316
Relaisstation, Mikrowellen 334
Relaisstelle 317
Religion 446
Reling 384, 385
Rennanzug 508, 525
Rennanzug, feuerfester 524
Rennbügel 371
Rennfahrer 524
Rennleiter 522
Rennrad 373
Rentier 84
Reparaturwerkstatt 346
Reportage 313
Reptilien 76
Reptilien, Beispiele 77
Republik Kongo 451
Requisiteur 291
Requisiteurassistent 291
Reserverad 361
Resettaste 329, 471
Resonanzboden 304
Resonanzdecke 296, 297, 301, 302
Resonanzfell 308
Resonanzkasten 302
Resonanzkörper 297, 302
Resonanzröhren 309
Ressourcenzugriff, vereinheitlichter 334
Restaurant 386, 432, 435, 436, 438
Restaurantkritik 313
Restmüll, nicht wieder verwertbarer 49
Retikulum, endoplasmatisches 50, 66
Rettich 129
Rettich, japanischer 129
Rettungsboot 382, 386
Rettungsfloß 383
Rettungsring 387, 457
Rettungsschacht 345
Rettungsstation 345
Rettungswagen 345, 460, 462
Revers 244
Revers, abfallendes 248
Revers, steigendes 244
Revisionsöffnung 193
Rezeptakel 51
Rezeptor, sensorischer 110
Rhabarber 125
Rhea 3
Rhesusfaktor negativ 426
Rhesusfaktor positiv 426
Rhizoid 51
Rhizom 52
Rhombus 429
Rhythmuswahlschalter 311
Riasküste 35
Ribosom 50, 66
Richter, Büro 440
Richtertisch 440
Richtung Mekka 447
Richtungstasten 331, 471
Ricotta 150
Riechbahn 117
Riechkolben 117
Riechnerv 117
Riechschleimhaut 117
Riegel 30, 178, 186, 214, 248, 277
Riemen 225, 477, 500
Riemenantrieb 383
Riemenmuskel 97
Riemenscheibe 360
Riemenschlaufe 532
Riesenkohl 126
Riesenslalom 511
Riesenslalomski 510
Riffküste 35
Rigatoni 146
Right-Wing 482
Rillettes 156
Rinde 107
Rinderfilet 152
Rinderhackfleisch 152
Rindfleisch 152
Rindfleischwürfel 152
Ring 52, 271, 307, 424, 498
Ringablage 340
Ringbuch 339
Ringbuchkalender 338
Ringe 264, 496, 497
Ringelnatter 77
Ringfinger 115
ringförmige Finsternis 4
Ringpfosten 498
Ringstufe 498
Ringumgebung 498
Ringumrandung 498
Ringverschluss 10
Rippe 125
Rippe, frei endende 98
Rippe, freie 99
Rippe, hohe 152
Rippen 98
Rippenbündchen 261
Rippenbündchen, gerades 247
Rippenfell 105
Rippenpolster 486
Rispe 61
Roberval-Waage 422
Roboterarm 11, 12
Robotersystem 11
Rochen 158
Rock 251, 492

Rock, gerader 253
Röcke, Beispiele 253
Rocky Mountains 16
Rodehacke 233
Roggen 61, 143
Roggenknäckebrot 145
roher Schinken 156
Rohkaffee 148
Rohöl 405
Rohölpipeline 404
Rohr 224, 534
Rohrabschnitt 193
Rohrblatt 306
Röhre 181, 424
Röhrenfassung 199
Röhrenglocken 295, 309
Röhrenkessel 405
Rohrfeder 312
Rohrschraubstock 224
Rohrstück 460
Rohrzangen 216
Rollbahn 388
Rollbahnmarkierung 389
Rollbewegung 395
Rollbraten 152
Rolle 277, 308, 526, 527, 535
Rollenfuß 536, 537
Rollenhaltepartie 537
Rollenhalterung 536, 537
Rollgabelschlüssel 223
Rollkragen 514
Rollkragenpullover 250
Rollring 196
Rollschuh 527
Rollschweller 305
Rollsport 526
Rollstuhl 467
Rollstuhllift 363
Rolltreppe 378, 435
Romagna-Salat 126
Römerpantolette 242
Römertopf 175
römische Bohne 131
römische Metallfeder 312
römische Ziffern 427
römisches Amphitheater 281
römisches Wohnhaus 280
Röntgengerät, fahrbares 462
Röntgenstrahlen 418
Roquefort 151
rosa Ball 503
rosa Pfeffer 138
Rose 56
Rosenkohl 126
Rosennerv 108
Rosenvene, große 102
Rosette 186, 285
Rosmarin 142
Ross-Schelfeis 15
Rösselsprung 470
Rost 210
Rot 418, 469
Rotalge 51
Rotbarsch 161
rote Bälle 503
rote Beete 129
rote Heidelbeere 132
rote Kidneybohne 131
rote Klemme 356
rote Meerbarbe 159
rote Zwiebel 124
roter Ball 503
roter Paprika 128
roter Stoßball 502
rotes Licht 434
Rotes Meer 14, 19, 20
Rotini 146
Rotkehlchen 80
Rotknievogelspinne, Mexikanische 70
Rotkohl 126
Rotor 412, 537
Rotorblatt 395, 412, 413
Rotorgondel im Querschnitt 413
Rotorkopf 395
Rotornabe 395
Rotstrahl 318
Rotunde 435
Rotweinglas 165
Rougepinsel 266
Router 334
Royal Flush 468
Ruanda 451
Rübe 129
Rübenhacke 233
Rübenspross 127
Rubin-Impulslaser 420
Rubinzylinder 420
Rückansicht 97, 99, 113
Rückbank 353
Rücken 78, 83, 86, 93, 95, 167, 169, 226, 228, 244
Rücken, Indisch-Antarktischer 34
Rücken, Mittelatlantischer 34
Rücken, Östlicher Indischer 34
Rücken, Ostpazifischer 34
Rücken, ozeanischer 33
Rücken, Westlicher Indischer 34
Rücken, Zentralindischer 34
Rückenansicht 93, 95
Rückenflosse 90
Rückenflosse, erste 74
Rückenflosse, zweite 74
Rückenlehne 200, 201, 205, 353, 369, 467, 523
Rückenlehne, Basis 200
Rückenmark 109, 110
Rückenmark, Aufbau 109
Rückenmarkshaut 109
Rückenmarkshaut, harte 109, 110
Rückenmarksnerv 109, 110
Rückenmittelschlitz 244
Rückenmuskel, breiter 97
Rückenpanzer 76
Rückenschlitz, seitlicher 244
Rückenschutz 525
Rückenschwimmen 517
Rückenschwimmen, Startgriffe 516
Rückenspange 244
Rückenteil 260
Rückenteil, verstellbares 460
Rückenträger, gekreuzt 261
Rückenverstärkung 509
Rückfahrscheinwerfer 352
Rückfeld 491
Rückfeldschiedsrichter 485
Rückgrat 536
Rückhaltesystem, Airbag 354
Rückholfeder 357
Rücklagenstütze 511
Rücklauf-Taste 323
Rücklicht 370
Rucksack 532
Rückschläger 490, 495
Rückschlaghinderer 534
Rückschritt, löschender 331
Rückspiegel 354, 366, 523
Rücksprungpalette 396
Rückspultaste 319, 326
Rückstellknopf 424
Rückstelltaste 323, 328
Rückstoßtriebwerk, vorderes 12
Rückstrahler 365, 370, 523
rückwärtige Begrenzungslinie 494
rückwärts 518
Rückwurflinie 479
Ruder 13, 383, 384, 386, 501, 520
Ruderblatt 384
Rudergerät 501
Ruderhaus 384
Ruffinisches Körperchen 114
Rufnummernregister 327
Rufnummernregister für automatische Wahl 327
Ruftaste 287, 327
Rugby 482
Rugbyball 483
Rugbyschuhe 483
Rugbyspieler 483
Rührbesen 176
Rührschüssel 176
Rührschüsseln 172
Rumänien 450
Rumpf 75, 93, 95, 393, 471, 520, 523
rund 55
Rundbürste 268
runde Bahn 220
runder Einwärtsdreher 96
runder Korpus 296
Rundfunknetz, privates 316
Rundkopf mit Schlitz 221
Rundmuskel, großer 97
Rundmuskel, kleiner 97
Rupie 440
Rüschen 260
Rüschenhöschen 260
Rüschenstrumpfhose 260
Rüssel 67
russischer Pumpernickel 145
russisches Modul 11
Russland 450
Rutengriff 537
Rutenschwellkörper 111
rutschfester Fuß 219
Ryukyugraben 34

S

S-Bahn-Strecke 375
S-Bogen 306
S-Bogen, Griffhebel 306
S-Video-Ausgang 336
Saal 386
Sackkarren 396
Safarijacke 255
Safran 138
Saftrinne 169
Sägeblatt 226, 227
Sägekette 235
Sägewerkzeuge 226
Sagittalschnitt 111, 112
Sahara 20
Sahne 150
Sahne, saure 150
Sahnebecher 163
Saint Kitts und Nevis 449
Saint Vincent und die Grenadinen 449
Saite 301, 302
Saiten 297
Saitenaufhängung 303
Saitenbezug 304
Saitenhalter 301
Saitenhalterung 297
Saiteninstrumente 301
Säkelle 231
Sakristei 446
Salamander 75
Salami, feine 156
Salami, grobe 156
Salatgabel 168
Salatgurke, kernlose 128
Salatschale 166
Salatschleuder 171
Salatschüssel 166
Salatteller 166
Salbei 142
Salchow 509
Saling 520
Salomoninseln 453
Salpetersäure, Emission 48
Saltostellung 518
Salz, grobes 141
Salzsee 36
Salzstreuer 166
Sambal Oelek 141
Sambia 452
Samen 53, 57, 58, 59, 60
Samenanlage 56
Samenbläschen 111
Samenleiter 111
Samenmantel 57
Samenschale 61
Sammelbehälter 365
Sammellinsen 419
Sammelschiene 407
Sammlung, getrennte 49
Samoa 453
Sampler 310
Samtkropfband 264
San Marino 450
Sand 492
Sandale 242
Sandale mit Zehenriemchen 242
Sandalette 241
Sandbank 33
Sandblattfeilen 265
Sandinsel 35
Sandkasten 377
Sandsack 498
Sandwüste 36
Sandwüste, Große 15
Sanitärinstallation 194, 195, 197
Sanitärinstallationssystem 194
Sankt-Lorenz-Strom 16
São Tomé und Príncipe 451
Sardelle 159
Sardine 159
Sarong 253
Satellit 316
Satelliten-Direktempfang 316
Satellitenradioempfänger 326
Satellitenübertragungstechnik 316
Sattel 245, 249, 255, 301, 302, 303, 370
Sattelkupplung 364
Sattelrock 253
Sattelschlepper 364
Sattelstütze 370
Satteltasche 372
Saturn 2, 3
Satz 492
Sätze, vorherige 492
Satztische 202
Sauciere 166
Saudi-Arabien 452
Sauerstoff, Abgabe 54
Sauerstoffanschluss 464
sauerstoffarmes Blut 104
Sauerstoffdruck-Stelleinrichtung 10
sauerstoffreiches Blut 104
Saugarm 400
Saugbürste 209
Saugnapf 72
Saugrohr 209, 360, 400, 407, 455
Saugzubehör 209
Säule 31, 279
Saum 478
Saumlatte 412
saure Sahne 150
saurer Regen 47, 48
saurer Schnee 48
Savanne 40, 44
Säwerkzeuge 231
Saxhorn 307
Saxophon 306
Scanner 121
Schaber 219
Schach 470
Schachbrett 470
Schachfiguren 470
Schachtel, Käse 163
Schädel 92, 100
Schädel eines Kleinkindes 100
Schädel, Seitenansicht 100
schädliche Gase, Emission 47
Schadstoffe, biologisch nicht abbaubare 47
Schaf 84
Schäferhund, Deutscher 86
Schafstall 122
Schaft 220, 221, 228, 471, 492, 494, 503, 505, 506
Schaftstiefel 241
Schäftung 534
Schäkel 521
Schale 58, 60, 73, 79, 162, 277
Schalenhaut 79
Schalenschuh 527
Schalensitz: Seitenansicht 353
Schalensitz: Vorderansicht 353
Schäler 169
Schallbecher 305
Schallbecherstütze 306
Schallbrett 285
Schalldämpfer 351
Schalloch 301
Schallplattenladen 436
Schallrose 302
Schälmesser 169
Schalotte 124
Schalter 198, 210, 211, 219, 227, 229, 269, 270, 271, 272, 416, 443
Schalter für Belüftung 354
Schalter für Heizung 354
Schalterabdeckplatte 198
Schalthebel 350, 354, 369, 371, 372, 522
Schaltpedal 367, 368
Schaltuhr 210
Schaltung, gedruckte 417
Schaltung, integrierte 417
Schaltzug 372
Scham 94, 113
Schambein 92, 94
Schamhügel 112
Schamlippe, große 112, 113
Schamlippe, kleine 112, 113
Schamotteplatte 192
Schamottestein 192
Schardrehkranz 401

Schardrehzylinder 401
Scharfeinstellung 8, 9
Schärfentiefenknopf 314
Scharfstellrad, zentrales 420
Scharfstellring 420
Scharhubzylinder 401
Scharnier 178, 185, 186, 202, 214, 274, 277, 352, 367, 420
Scharverstellvorrichtung 401
Scharwachturm 282
Schatten 424
Schaufel 399, 510, 514
Schaufel, hintere 399
Schaufelarm 399
Schaufelbolzengelenk 399
Schaufellader 399
Schaufelzahn 400
Schaufelzylinder 399, 400
Schaukelstuhl 200, 201
Schaum 33
Schaumanzeiger 385
Schaumbad 267
Schaumgummimatratze 530
Schaumgummipolsterung 458
Schauspieler 290
Schauspielereingang 278
Schauspielerin 291
Schauspielerstühle 290
Scheckheft 274
Scheckhülle 275
Scheckkarte 443
Schecks 441
Scheibe 6, 186, 501
Scheiben 177
Scheibenbremse 350, 357, 366, 525
Scheibenbremse, hydraulische 522
Scheibenhantel 500
Scheibenwaschdüse 348
Scheibenwischer 348, 355
Scheibenwischerhebel 354
Scheide 52, 112, 113, 533
Scheide, Schwannsche 110
Scheider 359
Scheidewand 58, 60, 117
Scheidewandknorpel 117
Scheinwerfer 290, 293, 348, 364, 366, 368, 371, 376, 377, 455, 523
Scheitel 78
Scheitelbein 99, 100
Scheitelrippe 284
Schekel, neuer 440
Schelfeis, Filchner 15
Schelfeis, Ross 15
Schelle 309
Schellen 309
Schellfisch 161
Schema des Blutkreislaufs 103
Schenkel 78, 83, 538
Schenkelbein 99
Schenkelbindenspanner 96
Schenkelhals 99
Schenkelmuskel, äußerer 96, 97
Schenkelmuskel, gerader 96
Schenkelmuskel, innerer 96
Schenkelmuskel, zweiköpfiger 97
Schere 71, 461, 531
Scherenblatt, gekerbtes 270
Scherenleuchte 207
Scherenstromabnehmer 376
Scherkopf 271
Scherkopfhalter 271
Scheuerleiste 358
Scheune 122
Schiebedach 349
Schiebefenster, horizontales 287
Schiebefenster, vertikales 287
Schiebegriff 467
Schiebeleiter 455
Schiebeöffnung 423
Schieber 273, 425
Schieberad 467
Schiebetür 195, 286
Schiebetür, automatische 286
Schiebetür, elektrische 363
Schieblehre, Messschieber 425
Schiedsrichter 479, 481, 483, 488, 490, 495, 498, 499, 507, 515, 516, 518
Schienbein 98
Schienbeinarterie, vordere 102
Schienbeinmuskel, vorderer 96
Schienbeinnerv 108
Schienbeinschützer 480, 513
Schiene 207, 214, 473, 527
Schienen 461
Schienenräumer 376, 377
Schienenverkehr 374
Schifffahrt 381
Schiffsbodenverband 190
Schiffsschraube 384
Schiitakepilz 123
Schikane 524
Schild 169, 458
Schildbogen 284
Schildchen 73
schildförmig 55
Schildhubzylinder 398
Schildkröte 76
Schildkröte, äußere Merkmale 76
Schildwanze 69
Schimpanse 91
Schinken, gekochter 156
Schinken, roher 156
Schinkenmesser 169
Schirm 206, 273, 479
Schirmfeder 78
Schirmmütze 238
Schirmständer 273
Schlafanzug 256, 261
Schlafanzug in Schlupfform 261
Schlafanzug, zweiteilig 260
Schlafcouch 204
Schläfe 92
Schläfenbein 98, 100
Schlafkabine 364
Schlafraum 528
Schlafsäcke, Beispiele 530
Schlafwagen 376
Schlafzimmer 189
Schlafzimmer, großes 189
Schlagbereich 477
Schläge 490
Schläger 476, 477
Schlägerabdeckung 505
Schlagfläche 505
Schlaghandschuh 476
Schlagholz 478
Schlaghose 254
Schlaginstrumente 295, 308
Schlagmal 475
Schlagmallinie 479
Schlagmann 475, 476, 478, 479
Schlagpolster, elektronisches 311
Schlagsahne 150
Schlagschutz 303
Schlagstockhalter 456
Schlagzeile 313
Schlammfluss 31
Schlammgrube 403
Schlammpumpe 403
Schlammpumpenschlauch 403
Schlange 76, 469
Schlangenbohrer mit doppeltem Gewindegang 228
Schlankmuskel 97
Schlauch 209, 454, 461
Schlauch, flexibler 209
Schlauchdüse 236
Schlauchkleid 252
Schlauchkupplung 236
Schlauchleitung 454
Schlauchwagen 236
Schlaufe 245, 265, 343
Schlegel 308, 309
Schleier 536
Schleifblatt 229
Schleife 238
Schleifpapier 229
Schleifteller 229
Schlepper 384
Schlepplift 512
Schleppvorrichtung 364
Schleuder 365
Schließe 532
Schließfach 443
Schließfrucht 60
Schließmuskel, hinterer 73
Schließmuskel, vorderer 73
Schlinge 535
Schlitten 521
Schlittschuh 506
Schlittschuhe, Eisschnelllauf 508
Schlittschuhschritt 514
Schlittschuhschritt, diagonaler 514
Schlitz 167, 178, 221, 247, 260
Schlitzschrauben 221
Schloss 186, 202, 211, 275, 277, 372
Schlossbrett 185
Schloßband 73
Schlucht 31, 32
Schluckloch 31
Schlupfform 261
Schlüssel 223
Schlüsselbein 98
Schlüsselbeinarterie 102
Schlüsselbeinvene 102
Schlüsseldienst 437
Schlüsseletui 275
Schlüsselschild 186
Schlüsselschloss 274
Schlussleuchte 352, 367, 368
Schlussstein 284
Schmelz 101
Schmelzen 414
Schmelzwasser 30
Schmetterball 491
Schmetterling 67
Schmetterling, äußere Merkmale 67
Schmetterlingsstil 517
Schmiermittelraffinerie 405
Schmieröle 405
Schmorpfanne 175
Schmuck 264
Schmuck und Schönheitspflege 264
Schmutzfänger 349, 364, 365
Schnabel 78
Schnalle 248, 276
Schnappmechanismus 537
Schnappschloss 274
Schnappverschluss 275
Schnarrsaite 308
Schnarrsaitenspanner 308
Schnauze 75, 86, 87
Schnauzer 86
Schnecke 72, 116, 157, 301, 365
Schnecke, äußere Merkmale 72
Schneckenbohrer 228
Schneckenpfännchen 173
Schneckenzange 173
Schnee 41
Schnee, ewiger 29
Schnee, saurer 48
Schneeanzug 261
Schneebesen 172
Schneefeger 356
Schneefräse 365
Schneemobil 523
Schneeregen 41
Schneesack 260
Schneidbrett 169
Schneide 167, 169, 221, 270, 509
Schneiden 177
Schneiderkragen 251
Schneidermuskel 96
Schneidezahn, äußerer 101
Schneidezahn, mittlerer 101
Schneidezähne 101
Schneidkante 398, 399, 400
Schneidklinge 180
Schneidkopf 341
Schneidlade, Gehrung 226
Schneidmesser 176, 177
Schneidwerkzeuge 234
schnell drehende Welle 413
Schnellabrollbahn 388
Schnellhefter 339
Schnellkocher, elektrischer 179
Schnellkochtopf 174
Schnellspannbohrfutter 228
Schnellstraße 343
Schnellvorlauf-Taste 323
Schnittfläche 235
Schnittlauch 124
Schnittstelle, Ethernet 336
Schnittstelle, FireWire 336
Schnittstelle, serielle 329
Schnittstelle, USB 329, 336
Schnittstellen, Controller 471
Schnitzel 152
Schnur 225, 327
Schnürband 477
Schnurfangbügel 537
Schnürhaken 509
Schnurlaufröllchen 537
Schnürloch 240
Schnürlochteil 240
Schnüröse 509
Schnurrhaare 87
Schnürringe, Ranviersche 110
Schnürschuh 240
Schnürsenkel 240, 262, 498, 509
Schnürsenkelende 240, 262
Schokolade 148
Schokolade, weiße 148
Scholle 161
Schollenmuskel 96
Schöpflöffel 173
Schöpfteil 167
Schornstein 183, 382, 386, 402
Schössling 53, 63
Schoß 245, 255
Schote 60
Schote, Schnitt 60
Schottenrock 253
Schotterfläche 30
Schräge 460
schräge Pattentasche 248, 251
schräger Interlobärspalt 105
Schräggeison 279
Schrägmaß 225
Schrägstellungsvorrichtung 227
Schrankteil 203
Schrapper 400
Schratten 31
Schraube 221, 301, 384, 386, 387
Schrauben 223
Schraubenbolzen 223
Schraubenbolzen mit Ansatz 223
Schraubendreher 221
Schraubenfeder 351
Schraubenwelle 383, 387
Schraubenzieher 221, 531
Schrauberbit 228
Schraubfassung 199
Schraubstock 224
Schraubstollen 480
Schraubverschluss 163
Schraubwerkzeuge 221
Schreib-/Lesekopf 333
Schreiber 27
Schreibgeräte 312
Schreibmappe 275
Schreibpinsel 312
Schreibplatte, herausklappbare 203
Schreibschutz 333
Schreibspitze 27
Schreibtisch 439
Schreibtischleuchte 206
Schreibwaren 337
Schritt 83, 247, 255
Schrot 534
Schrotflinte (glatter Lauf) 534
Schubdüse 10
Schubkarre 231
Schubkasten 205
Schubkontrolle 332
Schublade 164, 202, 203
Schubphase 514
Schubrahmen 398
Schuh 240, 488, 522, 524
Schuh mit Stoßplatten 486
Schuhe 240
Schuhgeschäft 437
Schukosteckdose 198
Schukostecker 198
Schulaufsicht, Büro 445
Schulbank 444
Schulbus 362
Schule 444
Schüler mit Lernschwierigkeiten, Klassenzimmer 444
Schüler/Schülerin 444
Schülerspinde 445
Schulhof 445
Schulleiter, Büro 445
Schulter 83, 86, 92, 94, 302, 536
Schulterblatt 93, 95, 98, 99
Schulterblattgräte 99

Schulterfeder 78
Schultergurt 353, 505, 532
Schulterklappe 248, 456
Schulterpolster 486
Schulterriemen 276, 320
Schultertasche 276
Schuppe 74, 76
Schuppen 182, 230
Schuppenblatt 54
Schuppennaht 100
Schürfkübel 400
Schürhaken 193
Schürze, elastische 383
Schürzenfinger 383
Schüssel 177
Schüttelsieb 403
Schutz 227
Schutzanzug 525
Schutzausrüstung 486
Schutzbezug 204
Schutzblech 370, 523
Schutzblech, vorderes 366
Schutzbrille 218, 458, 522, 525
Schutzdach 396
Schutzdeckel 329
Schützer, Schienbein 513
Schutzgehäuse 237
Schutzgeländer 377
Schutzgitter 205, 217, 442
Schutzglas 318
Schutzhaube, obere 227
Schutzhaube, untere 227
Schutzhelm 367, 458, 486, 506
Schutzkäfig 473
Schutzkante 277
Schutzkappe 420, 460, 467
Schutzkontaktbügel 198
Schutzmaske 458
Schutzplatte 525
Schutzraum 345
Schutzring 210
Schutzschicht 10
Schutzumrandung 471
Schutzwand 506
schwacher Punkt 470
Schwadenblech 237
Schwalbe 80
Schwamm 215
Schwammstäbchen 266
Schwanenhals 400
Schwannsche Scheide 110
Schwanz 71, 76, 82, 83, 86, 90, 111, 536
Schwanzfächer 71
Schwanzfeder 78
Schwanzflosse 74, 90
Schwarz 418, 470
schwarzäugige Bohne 130
Schwarzbär 89
schwarze Bohne 131
schwarze Johannisbeere 132
schwarze Klemme 356
schwarze Mungobohne 131
schwarze Senfkörner 138
schwarzer Ball 503
schwarzer Pfeffer 138
schwarzer Stein 470
schwarzer Tee 148
schwarzes Brett 444
schwarzes Feld 470
Schwarzes Meer 14, 18, 19
Schwarzrettich 129
Schwarzwurzel 129
Schwebebalken 496, 497
Schweden 450
Schwefeldioxid, Emission 48
Schwefelsäure, Emission 48
Schwein 84
Schweinefleisch 153
Schweinehackfleisch 153
Schweinespeck 149
Schweinestall 122
Schweißband 492
Schweißdrüse, apokrine 114
Schweißdrüse, Ausführungsgang 114
Schweißdrüse, ekkrine 114
Schweißwerkzeuge 218
Schweiz 450
schweizer Offiziersmesser 531
Schwelle 185
Schwellenmarkierungen 391
Schwenkarm 176
Schwenkbrückenstand 400
Schwenkkopf 224
Schwenksockel 224
Schwenkverschluss 224
schwere Piste 512
Schwerfahrzeugen, Transport 377
Schwerkraftmodul 11
Schwermaschinen 398
Schweröl 405
Schwert 235, 520
Schwertfisch 159
Schwertwal 90
Schwesternstation 462, 463
Schwesternzimmer 465
Schwimmbecken 184, 517
Schwimmbecken, eingebautes 184
Schwimmbrille 516
Schwimmdach 404
Schwimmdachtank 404
Schwimmen 516
Schwimmer 196, 538
Schwimmerventil 196
Schwimmfuß 75
Schwimmhaut 75, 79
Schwimmhautzeh 79
Schwimmkörper 394
Schwimmkran 381
Schwimmlappenzeh 79
Schwingflügel 287
Schwinggaragentor 286
Schwinghebel 360
schwingungsdämpfender Bügelgriff 235
Schwingungsdämpfer 212
Schwungrad 360, 501
Scotia-Platte 27
Scrimmage-Linie 485
Scriptgirl 291
Scrollen 331
Scrollen-Feststelltaste 331
Scrollrad 332
Sechseck, regelmäßiges 429
Sechserpasch 468
Sechskantmutter 223, 359
Sechzehntelnote 299
Sechzehntelpause 299
Second 515
Sedimentgesteine 26
See 5, 24, 29, 32
See, Irische 18
See, künstlicher 32
See, tektonischer 32
See, vulkanischer 32
Seebarsch 160
Seehund 90
Seelachs 161
Seelöwe 90
Seen 32
Seen, Große 16
Seenversauerung 48
Seeotter 88
Seeteufel 160
Segel 519
Segelboot 520
Segelkleid 520
Segellatte 519, 520
Segelsport 520
Segelstange 412
Segeltasche 519
Segeltuchbespannung 412
Segmentpunktzahl 471
Sehen 419
Sehenswürdigkeit 25
Sehfehler 419
Sehne 535
Sehnerv 119
Sehnervenkreuzung 109
Seifenbecher 271
Seifenschale 195
Seiher 171
Seil 219, 498
Seilbahn 512
Seilbahnabfahrt 512
Seilverspannung 498
Seilzug 219
seismische Welle 27
Seismogramm 27
Seismographen 27
seismologische Aufzeichnung 403
Seite 167, 293
Seite, linke 272
Seite, nächste 331
Seite, rechte 272
Seite, vorherige 331
Seitenansicht 478
Seitenansicht eines Schädels 100
Seitenauslinie 481
Seitenband, vertikales 487
Seitenfach 352
Seitenfenster 349
Seitenflosse 393, 395
Seitenfontanelle, hintere 100
Seitenfontanelle, vordere 100
Seitengriff 352
Seitenkapelle 284
Seitenkästen 525
Seitenkoffer 369
Seitenlinie 74, 483, 484, 487, 488, 493, 515
Seitenlinie für das Doppelspiel 490, 495
Seitenlinie für das Einzelspiel 491, 495
Seitenluke 12
Seitenmoräne 30
Seitenöffnung 344
Seitenrad 412
Seitenrichter 483
Seitenruder 393
Seitenschiff 285
Seitenschlot 28
Seitenspiegel 269, 348, 364, 368
Seitenspiegelverstellhebel 352
Seitenspur 343
Seitenständer 367
Seitensteg 273
Seitenstück 201
Seitentasche 505
Seitenteil 248
Seitenverkleidung 349
Seitenverstellhebel 229
Seitenwand 365, 517
Seitenwurzel 53
seitliche Einfassung 192
seitlicher Hautnerv des Oberschenkels 108
seitlicher knöcherner Bogengang 116
seitlicher Kompressionsgurt 532
seitlicher Rückenschlitz 244
Seitpferd 496
Sekretär 203
Sekretariat 443, 445
Sektionalgaragentor 286
Sektkelch 165
Sektor 428
Sektschale 165
Sekundant 498
Sekundärkonsumenten 45
Sekundärspiegel 7, 9
Sekunde 298
Sekundenzeiger 424
selbstaufblasbare Luftmatratze 530
Selbstauslöser 314
Selbstauslöser-Lichtsignal 314
Selbstbedienungstheke 120
Selbstklebeetiketten 340
selbstklebende Lasche 339
Sendeantenne 316
Sendereinstellung 326
Sendersuchlauftasten 322
Sendervorwahltaste 326
Senderwahl 326
Sendung mit Radio-Wellen 316
Senegal 20, 451
Senf 60, 140
Senf, amerikanischer 140
Senf, deutscher 140
Senf, englischer 140
Senfkörner 140
Senfkörner, schwarze 138
Senfkörner, weiße 138
Senfpulver 140
Senkkopf mit Imbus 221
Senkkopf mit Kreuzschlitz 221
Senkkopf mit Schlitz 221
senkrechte Pupille 76
sensibles Neuron 110
Sensor 178
Sensor für Fernbedienung 318
Sensor, optischer 332
Sensorhülse 178
sensorischer Rezeptor 110
Sensorkreis 357
Sepalum 58
Separator 417
Septime 298
Septum pellucidum 109
Sequencer 310
Sequenzerregler 310
Serac 30
Serbien 450
serielle Schnittstelle 329
Seriennummer 441
Server 334, 335
Service-Bereich 346
Servicemodul, ferngesteuertes 11
Servierplatte 166
Serviertisch 438
Servierwagen 202
Sesamöl 149
Sessellift 512
Sesselliftabfahrt 512
Setzholz 202
Setzstufe 191
Sexte 298
Sextett 300
Seychellen 452
Shake-Hands-Griff 493
Shampoo 267
Shorts 254, 263
Siamkatze 87
Sichel 234
Sicheldüne 36
Sicherheit 454
Sicherheitsbereich 499
Sicherheitsbindung 510, 511
Sicherheitsdienst 463
Sicherheitsfaden 441
Sicherheitsgriff 237
Sicherheitsgurt 353
Sicherheitshinweisschild 228
Sicherheitsholm 219
Sicherheitshülle 408, 409
Sicherheitskette 361
Sicherheitskontrolle 391
Sicherheitsleiste 211
Sicherheitsleuchte 457
Sicherheitsraum 440
Sicherheitsriemen 10
Sicherheitsschuh 459
Sicherheitssensor 354
Sicherheitsspiegel 362
Sicherheitsstreifen 379
Sicherheitsthermostat 213
Sicherheitsventil 174, 408
Sicherung 198, 411
Sicherungsautomat 407
Sicherungsknopf 352
Sicherungskopf 221
Sicherungsstift 454
sichtbares Licht 418
Sichtfenster 13, 178, 179, 210
Sichtlinie 533
Sieb 177, 180
Siebbeinplatte 117
Sieben 171
Siebeneck, regelmäßiges 429
Sierra Leone 451
Sigmoid 106
Signal 375
Signalbrücke 375
Signalhorn 377
Signalleiste 455
Silberbesteck 167
Silos 381
Simbabwe 452
Sinfonieorchester 295
Singapur 453
Sinkblei 538
Sinnesorgane 114, 115, 119
Sinushaar 82
Siphonalkanal 73
Sistrum 309
Sitz 195, 196, 200, 201, 205, 353, 369, 467, 501, 523
Sitzbank 201, 353, 367, 379, 523
Sitzbein 99
Sitzmöbel 201
Sitzplatz 294
Sitzplätze 293
Sitzrohr 370
Sitzsack 201
Sitzungsraum 442
Sitzungssaal 439
Sitzverstellung 353

Skala 225, 422, 424, 425, 460, 533
Skandinavische Halbinsel 18
skandinavisches Knäckebrot 145
Skateboard 526
Skateboarder 526
Skateboarding 526
Skaterin 527
Skelett 98
Skelettbürste 268
Ski 510
Skianzug 510, 513, 514
Skibremse 511
Skibrille 510, 513
Skier, Beispiele 510
Skigebiet 512
Skihandschuhe 510
Skihütte 512
Skilanglauf 514
Skiliftankunft 512
Skimmer 184
Skimütze 514
Skip 515
Skipiste 512
Skipisten 512
Skischule 512
Skispitze 514
Skispringen 513
Skispringer 513
Skisprunganzug 513
Skisprungschuh 513
Skistiefel 510, 511, 514
Skistock 510, 514
Skiträger 356
Skorpion 70
Slalomski 510
Slingpumps 241
Slip 247, 259
Slipper 242
Slowakische Republik 450
Slowenien 450
SLR-Kamera 314
Smog 47
Snackbar 294
Snooker 503
Snowboard 513
Snowboarden 513
Snowboarder 513
Sobanudeln 147
Söckchen 257
Socke 257, 486, 492
Sockel 192, 199, 206, 269, 283, 302, 412, 422
Sockel, fester 224
Sockel, gepolsterter 489
Sockelgeschoß 412
Sockelleiste 191
Sockelprofil 202
Socken 247
Sofa 200
Sofa, zweisitziges 439
Soffitte 293
Soffitten 292
Sofortbildkamera 315
Softball 477
Softballhandschuh 477
Softballschläger 477
Softboots 513
Softkey-Taste 327
Software, E-Mail 334
Sohle 229, 247, 509, 511
Sohlenspanner 97
Sohlschicht, obere 402
Sohlschicht, untere 402
Sojabohnen 131
Sojasoße 140
Sojasprossen 131
Solarreflektoren 316
Solarzelle 337, 410, 411
Solarzellengenerator 11
Solarzellensystem 411
Solitärring 264
Solvent-Extraktionsanlage 405
Somalia 451
Somennudeln 147
Sommer 38
Sommersonnenwende 38
Sonne 2, 4, 5, 38
Sonne, Aufbau 4
Sonnenblende 8, 354, 361
Sonnenblume 56
Sonnenblumenöl 149
Sonnenbrille 273
Sonnendeck 385, 387
Sonneneinstrahlung 46
Sonneneinstrahlung, absorbierte 46
Sonneneinstrahlung, reflektierte 46
Sonnenenergie 54, 410
Sonnenfinsternis 4
Sonnenfleck 4
Sonnenkleid, leichtes 252
Sonnenrollo 356
Sonnenschutz, Windschutzscheiben 356
Sonnenschutzschicht 10
Sonnensegel 7
Sonnenstrahlen 45
Sonnenstrahlung 410, 411
Sonnensystem 2
Sonnenuhr 424
Sonnenzellenausleger 316
Sonnenzellenkollektor 411
Sortieranlage 49
Sortierung von Glas 49
Sortierung von Kunststoff 49
Sortierung von Metall 49
Sortierung von Papier/Pappe 49
Sortierung, optische 49
Sorus 52
Souffléform 172
Sozialarbeiterbüro 463
Sozialdiensträume 465
Soziussitz 369
Spaghetti 146
Spaghettikürbis 129
Spaghettini 146
Spaghettizange 173
Spalier 230
Spalierbogen 230
Spalt 58
spaltbarer Kern 415
Spalte 313
Spaltprodukte (radioaktive Kerne) 415
Späneschutz 227
Spangang 228
Spange 248
Spanien 449
Spann 92
Spannbetttuch 204
Spanner 528
Spanner, Werkstück 226
Spannfeder 500
Spanngriff 224
Spannkabel 412
Spannpratze 224
Spannrad 398
Spannschnur 297
Spannschraube 224, 229, 308
Spannungserhöhung, erste 413
Spannungserhöhung, zweite 413
Spannungsprüfer 217
Spannungsstift 198
Spannweite 224
Spannweite, eingehängte 344
Sparbuchnachtrag 442
Spareribs/Schälrippchen 153
Spargel 125
Spargelbohne 130
Spargelsalat 126
Sparren 187
sparriges Torfmoos 51
spatelförmig 55
Spaten 233
Spazierstock 273, 466
Specht 80
Speedskate 527
Speer 472
Speerwurf 473
Speiche 70, 98, 371
Speicheldrüse 118
Speichennerv 108
Speichenseite, Handstrecker 97
Speicheradditionstaste 337
Speicheranzeigetaste 337
Speichergeräte 333
Speicherkarte 315
Speicherkartenlesegerät 333
Speicherkartenschächte 471
Speicherkraftwerk 406
Speicherlöschtaste 337
Speichersubtraktionstaste 337
Speichertaste 322, 326, 327
Speisekammer 188
Speiseröhre 105, 106
Speisesaal 386, 438, 439
Speisewagen 376
Spektrum, elektromagnetisches 418
Spenzer 254
Sperling 80
Spermium 111
Sperrdrehknopf 425
Sperre 434
Sperrengeschoss 378
Spezialflachwagen 377
Spezialitäten 156
Spezialslalom 511
Spicknadel 173
Spiegel 10, 195, 277, 354, 369, 421, 439, 533
Spiegel, beleuchteter 269
Spiegel, ebener 7
Spiegel, teilreflektierender 420
Spiegel, vollreflektierender 420
Spiegelreflexkamera, digitale 315
Spiegelreflexkamera, einäugige 314
Spiegelteleskop 9
Spiegelteleskop im Querschnitt 9
Spiegelzylinder 420
Spiel 492
Spielanzug 261
Spielball 502, 503
Spielbereich 471
Spielbrett 469, 470
Spiele 468
Spiele mit Schlägern 493
Spielekonsole 471
Spieler 492
Spielerbank 474, 485, 487, 506
Spielerinnen 492
Spielernummer 486, 488, 506
Spielerpositionen 474, 481, 482, 489
Spieleschnittstelle 329
Spielfeld 469, 474, 479, 480, 482, 487, 488
Spielfeld für American Football 484
Spielfeldbeläge 492
Spielfigur 469
Spielfläche 493
Spielstein 470
Spielwarengeschäft 436
Spike 473
Spikereifen 358
Spikulen 4
Spinalganglion 109, 110
Spinat 127
Spindel 73
Spindelfalte 73
Spinne 70
Spinne, äußere Merkmale 70
Spinnennetz 70
Spinnentiere 67
Spinnentiere, Beispiele 70
Spinnerschachtel 538
Spinnrute 537
Spinnwarze 70
Spiralarm 6
Spiralbindung 536
Spiralbohrer 228
Spirale 228
spiralförmiges Wolkenband 43
Spiralheftung 340
Spiralkneter 176
Spiralnagel 220
Spiralringbuch 340
Spiralskulptur 73
Spiralspindel 221
Spirulina 123
Spitze 29, 55, 101, 125, 167, 169, 208, 216, 220, 221, 226, 247, 273, 301, 312, 471, 510, 534, 536
Spitze, nicht wärmeleitend 269
Spitzenhandschuh, fingerloser 243
spitzer Winkel 428
Spitzsieb 171
Spitzzange 217
Splintholz 63
Spoiler 366
Sporen 52
Sport 468
Sportanlagen 431
Sportartikelgeschäft 437
Sportfischerei 536
Sporthalle 386
Sporthose 473
Sportkleidung 262, 263
Sportplatz 386
Sportreifen 358
Sportset 261
Sportwagen 347
Spot 207
Sprachaufnahmetaste 337
Sprecher 518
Sprechmuschel 327
Sprechtrommel 297
Spreite 51, 52, 55
Spreizdübel 221
Sprengring 538
Springeinrichtungen 518
Springer 470
Springform 172
Springseil 500
Sprinkler 408
Spritzbeutel 172
Spritze 460
Spritzenkolben 460
Spritzenkörper 460
Spritzloch 90
Spross 54
Sprosse 185, 186, 205, 219
Sprosse, obere 201
Sprossenarretierung 219
Sprossengemüse 125
sproßbürtige Wurzeln 52
Sprüharm 214
Sprühflasche 236
Sprühknopf 208
Sprungbein 99
Sprungbrett 184, 496
Sprünge, Beispiele 509
Sprungfederrahmen 204
Sprungfiguren 518
Sprunggelenk 83, 86
Sprungpferd 496, 497
Sprungrichter 518
Sprungski 513
Sprungturm 518
Spülarm 196
Spule 319, 536, 537
Spüle 164, 197
Spulenachse 537
Spülhebel 196
Spülkasten 195
Spülkastendeckel 196
Spülkopf 403
Spur, rechte 343
Sri Lanka 453
St. Lucia 449
Staatsanwaltschaft, Tisch 440
Staatsgrenze 23
Stab 199, 230, 259, 479
Stäbchen 119
Stabhochsprung 472
Stabilisator 523
Stabilisierungsflosse 386
Stabkranz 112
Stablampe 456
Stabmixer 176
Stabparkett 190
Stachel 68
Stachelbeere 132
Stachelschwein 82
Stachelzellenschicht 114
Stadion 431, 472
Stadt 23, 430
Stadtplan 25
Stadtrad 373
Stadtteil 25
Staffelstab 472
Staffelübergabebereich 472
Stahldraht 535
Stahlkante 510
Stahlkappe 459
Stahlmantel 417
Stahlschreibfeder 312
Stahlstab 309
Stalagmit 31
Stalaktit 31
Stamm 52, 62, 63
Stämmchen 51
Ständer 174, 176, 269, 277, 308
Standfotograf 291
Standhahn-Mutternschlüssel 216
Standleitung 334
Standleuchte 206

Standort des Kultbildes 279
Standortanzeiger 287
Standsockel 27
Standtom 308
Stange 125, 273, 301, 501
Stangensellerie 125
Stapelstühle 201
Star 80
Stärke 61
Stärkekörnchen 50
starre Brücken 344
Start 469
Start 100-m- und 100-m-Hürdenlauf 472
Start 10000-m- und 4-x-400-m-Lauf 473
Start 110-m-Hürdenlauf 472
Start 1500-m-Lauf 473
Start 200-m-Lauf 472
Start 400-m-, 400-m-Hürden-, 4-x-100-m-Lauf 473
Start 5000-m-Lauf 472
Start 800-m-Lauf 473
Start- und Landebahn 390
Startaufstellung 524
Startblock 473, 516
Starter 516
Startergriff 235
Startgriffe (Rückenschwimmen) 516
Starthilfekabel 356
Startknopf 424
Startlinie 473, 524
Startmenütaste 330
Startnummer 473, 525
Startpistole 472
Startpositionen 518
Starttaste 328
Stationskreis 39
Stationsmodell 39
Stativ 8, 421
Stativablage 8
Statue 446
Staub, aufgewirbelter 43
Staubbehälter 208, 229
Staubbeutel 56
Staubblatt 56, 58
Staubfaden 56
Staubschweif 6
Staufach 455
Staumoräne 30
Stauraum 361, 364
Stausee 406, 407
Steak 152
Steakmesser 168
Steckbuchse 198
Steckdose 361
Steckdose, dreipolige 198
Steckdose, geschaltete 322
Steckdosenprüfer 217
Stecker 228, 324
Stecker, dreipoliger, amerikanischer 198
Steckplatz für Speicherkarte 320
Steckschlüsselsatz 223
Steg 201, 254, 273, 282, 297, 301, 302, 303, 503
Steghose 254
Stegplättchen 273
Stegspangenschuh 241
Stegstütze 273
Stehleiter 219
Stehleitern 219
steifer Nachläufer 363
steifes Vorderteil 363
Steigbügel 116
steigendes Revers 244
Steigleitung 194
Steigung 191
Steigungseinstellung 395
Steilhang 29
Steilküste 35
Steilwandzelt 528
Stein 57
Steinbock, Wendekreis 20, 21, 22
Steinbohrer 228
Steinbutt 161
Steine 469
steinerner Ehrensessel 447
Steinfrucht, fleischige 57
Steinfrüchtchen 59
Steinfrüchte 132
Steingarten 230
Steinmarder 88
Steinpilz 123
Steinschlag 31
Steinwüste 36
Steißbein 98
Stellmutter 535
Stellring 236
Stellschraube 224, 308
Stellwerk 375
Stemmeisen 229
Stempel 56, 338
Stempelkissen 338
Stengel 53
Stengelgemüse 125
Stengelglied 53
Steppe 40
Stereotaste 326
sterile Wundauflage 461
Sterilgut, Lagerraum 462, 464
Sterilisationsraum 464, 465
Sternalarterie 71
Sternanis 60
Sternfrucht 137
Sternschnuppe 37
Sternwarte 7
Sternwarte, Querschnitt 7
Stert 412
Stethoskop 460
Steuerbordseite 387
Steuereinheit, elektrische 357
Steuerfeder 471
Steuerhaus 385
Steuerknüppel 395
Steuertaste 332
Steuertriebwerk 13
Steuerung 330
Steuerung des Lebenserhaltungssystems 10
Steuerungstaste 330
Steuerzentrale 406
Stichsäge 226
Stichsäge, elektrische 227
Stickoxiden, Emission 48
Stiefel 241, 305, 509, 525, 527
Stiefelette, knöchelhohe 241
Stiel 51, 52, 54, 57, 58, 59, 125, 167, 215, 220, 503
Stielgrund 125
Stielkamm 268
Stielkasserolle 175
Stift 198, 199, 337
Stifthalter 274
Stiftsockel 199
Stigma 67
Stillwasserspiegel 33
Stilton 151
Stilus 312
Stimmanzeiger 308
Stimmband 105
Stimmeinrichtung 308
Stimmenwahlschalter 310, 311
Stimmkrücke 305
Stimmnagel 304
Stimmring 297
Stimmstock 304
Stimmwirbel 302, 303
Stimmzug 307
Stinktier 88
Stint 159
Stirn 78, 92, 96, 229
Stirnbalken 187
Stirnbande 502
Stirnbein 98, 100
Stirnfontanelle 100
Stirnhöhle 117
Stirnschopf 83
Stirnwand 365, 401
Stirnziegel 279
Stock 219, 273
Stock, orthopädischer 466
Stock, vierfüßiger 466
Stöcke 309
Stockgriff 514
Stockschaft 514
Stockteller 510
Stoffmenge, Maßeinheit 426
Stollen 263, 478
Stollenreifen 369, 525
Stollenschuh 476
Stop 86
Stopfen 267
Stopfer 177, 180
Stopfleber 156
Stoppball 491
Stoppknopf 424
Stopptaste 319, 323, 328
Stoppuhr 424
Stör 158
Storch 80
Störklappe 392
Stoßdämpfer 351, 523
Stoßdämpfer hinten 522
Stoßdämpfer, hinterer 367
Stößel 170
Stoßen 500
Stoßfänger 364, 369
Stoßfänger, kunststoffummantelter 348
Stoßleiste 209
Stoßstange 523
Strafbank 507
Strafbankbetreuer 507
Straffergurt, vorderer 532
Strafraum 480
Strafraumbogen 480
Strafraumlinie 480
Strahlenkörper 119
Strahler 184
Strahlstörer 236
Strahlung 415
Strahlung, ultraviolette 418
Strahlungszone 4
Strähnenkamm 268
Straight Flush 468
Strampelhöschen 260
Strand 35
Strandschnecke 157
Strang 519
Straße 25, 430, 433, 435, 468
Straße im Querschnitt 342, 434
Straße von Gibraltar 18
Straße von Mozambique 20
Straße, Bass 15
Straßenbau 342
Straßengüterverkehr 381
Straßenhobel 401
Straßenkarte 25
Straßenkehrmaschine 365
Straßenlaterne 207, 434
Straßennummer 25
Straßenradrennen 522
Straßenradsport 522
Straßenrennrad 522
Straßenschuh 241
Straßentunnel 345
Straßenverkehr 317, 342
Stratokumulus 42
Stratopause 37
Stratosphäre 37
Stratus 42
Strauch 230
Strauchflechte 50
Strauß 81
Straußenei 155
Strebe 187, 308
Strebebogen 284, 285
Streben, hinterer 370
Strebepfeiler 284
Strecke 524
Strecke, landschaftlich schöne 25
Streichkäse 150
Streifen 286
Streifenvorhang 286
Streuer 172
Streuscheibe 290
Strickjacke 250
Strickjacke mit V-Ausschnitt 250
Strohhalm 163
Strohhut 238
Strohhütte 288
Stromanschluss 365
Stromanschlusskabel 361
Stromanschlusspunkt 198
Stromfortleitung 408
Stromleitung an die Verbraucher 413
Stromleitung zu den Verbrauchern 402
Stromquelle 416
Stromversorgungskabel 434
Stromzähler 198
Strumpf 257, 259
Strümpfe 257
Strumpfhalter 259
Strumpfhaltergürtel 259
Strumpfhose 257
Stufe 191, 219
Stufen 184, 283
Stufen der Reife 62
Stufenbarren 496, 497
Stufenrock 253
Stuhl 201, 444
Stühle, Beispiele 201
Stulp 186
Stulpe 243
Stulpen 480, 483
Stulpenhandschuh 243
Stummaufnahme-Taste 323
Stummel 536
Stumpf 63
stumpfer Winkel 428
Stundenwinkelantrieb 7
Stuntskate 527
Stürmer 481
stürmischer Himmel 41
Sturmlampe 532
Sturmspitze 507
Sturz 185, 187, 192
Sturzhelm 510, 513
Stützarm 397
Stützausleger 455
Stütze 184, 231, 361, 387
Stutzen 476, 506
Stützfuß 361, 365
Stützpunkt 518
Stützvorrichtung, ausklappbare 365
Stützvorrichtung, Kurbel 365
Stylobat 279
Stylus 59
subarktisch 40
Subduktionszone 27
Sublimation 414
Substanz, graue 109, 110
Substanz, weiße 109, 110
Substanzen, anorganische 45
Subtraktion 427
Subtraktionstaste 337
subtraktive Farbmischung 418
Subtropen, feuchte 40
Subtropen, mediterrane 40
Subwoofer 321
Sucharm 333
Suche 335
Sucher 320
Sucher, elektronischer 320
Sucherokular 315
Suchfernrohr 8, 9
Süd 23
Süd-Korea 453
Süd-Südost 23
Süd-Südwest 23
Südafrika 452
Südamerika 14, 17, 34
Südamerikanische Platte 27
Sudan 451
Südchinesisches Meer 14, 19
Südfrüchte 136
südliche Halbkugel 21
südliche Hemisphäre 21
südlicher Polarkreis 15, 21, 22
Südost 23
Südpol 15, 21, 416
Südwest 23
Südwester 239
Sulcus terminalis 118
Sumach 139
Summe 423, 427
Super-G 511
Supercross-Motorrad 525
Supermarkt 120, 433, 437
Superriesenslalom 511
Superriesenslalom-Ski 510
Suppenlöffel 168
Suppenschale 166
Suppenteller 166
Suppenterrine 166
Suppentopf 175
Surfbrett 519
Surinam 448
Surround-Lautsprecher 321
Suspensorium 486, 507
Süßkartoffel 124
Swasiland 452
Sweatshirt 262
Sweatshirt mit Kapuze 262
Swimmingpool 386
Symbole, wissenschaftliche 426
symphatisches Ganglion 109
Symphyse 111, 112
Synagoge 447
Synapse 110
Synchronisationskabel 337
Synthesizer 310
Syrien 452
Systemschalter 310

T

T-Shirt Kleid 261
Tabakwarengeschäft 436
Tabasco™-Soße 140
Tabernakel 446
Tablette 467
Tablinum 280
Tabulator nach links 330
Tabulator nach rechts 330
Tabulatortaste 330
Tachometer 355, 368, 501
Tadschikistan 452
Tafel 444
Tafelberg 36
Tafelsalz 141
Tageskilometerzähler 355
Tagliatelle, grüne 146
Tahinisoße 140
Taifun 43
Tailback 485
Taille 93, 95
Taillenabnäher 248
Tajine 174
Taktarten 298
Taktstrich 298
Tal 29, 32
Talgdrüse 114
Tamarin 91
Tamarindenmark 140
Tamburin 309
Tandem 373
Tanganjikasee 20
Tank 13, 364, 385
Tankanlage 404
Tankdeckel 349, 364
Tanker 381, 384
Tanklukendeckel 385
Tankstelle 346, 433
Tankwagen 364
Tanne 65
Tannennadeln 65
Tansania 451
Tanzsaal 387
Taro 124
Tasche 225, 274, 502
Tasche für Latexhandschuhe 456
Tasche, aufgesetzte 244, 249, 260
Tasche, blinde 251
Tasche, geräumige 276
Taschenrechner 274, 337
Taschenrechner, wissenschaftlicher 337
Taschenträger 505
Tasmanien 15
Tasmansee 15
Tasse 166, 531
Tast-Körperchen, Meissnersches 114
Tastatur 304, 310, 330, 336
Tastatur, alphabetische 338
Tastatur, alphanumerische 327, 330, 346, 442, 443
Tastatur, numerische 338
Tastaturschnittstelle 329
Taste 296, 304
Taste Cursor an Zeilenanfang 331
Taste Druck 331
Taste Ende 331
Taste für Breitbildfunktion/Datumsoptio n 320
Taste für Nachtaufnahme-Modus 320
Taste löschender Rückschritt 331
Taste nächste Seite 331
Taste numerischer Block 331
Taste Pause 331
Taste Systemabfrage 331
Taste Unterbrechung 331
Taste vorherige Seite 331
Tasten 311, 327
Tasten, programmierbare 332
Tastenfeld, numerisches 331, 423
Tasteninstrumente 304
Tau 41
Taube 81, 154
Täubling, grasgrüner 123
Taufbecken 446
Taupunkttemperatur 39
Tausend 427
Tauwasserablauf 211
Techniken 487
technische Delegierte 509
technischer Kontrolleur 509
technischer Spezialist 509
Teddy 258
Tee 148, 505, 515
Tee, grüner 148
Tee, Oolong 148
Tee, schwarzer 148
Tee-Ei 173
Teebeutel 148
Teekanne 166
Teeline 515
Teelöffel 168
Teflonband 216
Teich 504
Teigmischer 172
Teigwaren 146
Teigwaren, asiatische 147
Teile 200, 201, 204
Teile der Brille 273
Teile des Schuhs 240
Teile eines Fahrrads 370
Teile eines Hauses 185
Teile eines Kreises 428
teilgetauchter Tragflügel 387
Teilmenge, echte 427
teilreflektierender Spiegel 420
Teilungsnaht 244
tektonische Platten 27
tektonischer See 32
Telefaxgerät 328
Telefon 439
Telefonapparat 327
Telefonieren 327
Telefonkabel 434
Telefonleitung 334
Telefonnetz 317
Telefonnummernverzeichnis 338
Telekommunikation 317
Telekommunikation für die Schifffahrt 317
Telekommunikation, industrielle 317
Telekommunikation, militärische 317
Telekommunikation, private 317
Telekommunikation, Schifffahrt 317
Telekommunikationsantenne 387
Telekommunikationssatellit 335
Teleobjektiv 314
Teleport 317
Teleskop 7
Teleskopantenne 325
Teleskopgabel 366, 369
Teleskopschlagstock 456
Teleskoptragebein 460
Teller 207, 531, 535
Teller, flacher 166
Teller, kleiner 166
Tellerbürste 365
Tellereisen 535
Telson 71
Tempel, aztekischer 283
Tempel, griechischer 279
Tempel, Huitzilopochtli 283
Tempel, Tlaloc 283
Temperaturanzeige 355
Temperaturfühler 358
Temperaturmessung 424
Temperaturregler 178, 208, 211
Temperaturregler, abziehbarer 179
Temperaturschalter 270
Temperaturskala 37
Temperaturwähler 178, 212, 213
Tempomat 354
Temporegler 311
Tennis 490
Tennisball 492
Tennisplatz 490
Tennisschläger 492
Tennisschuh 242, 492
Tennisspielerin 492
Tentakel 72
Tentakel, kleiner 72
Teppich 190
Teppichboden 190
Teppichmuschel, Kreuzmuster 157
Terminalbronchiole 105
Terminkalender 338
Terminplanung 338
Termite 69
Terrasse 182, 230
Terrassentür 188
Terrine 174
Tertiärkonsumenten 45
Terz 298
Testknopf 454
Teufelsdreck 139
textile Bodenbeläge 190
Thailand 453
Thallus 50, 51
Theater 292, 432, 433
Theater, griechisches 278
Theke 438
thermodynamische Temperatur, Maßeinheit 426
Thermometer 404, 424
Thermopause 37
Thermoschutzhaube 524
Thermosflasche 532
Thermosphäre 37
Thermostat 178
Thermostat, regelbarer 179
Thetys 3
Third 515
Thorarollen 447
Thoraschrein 447
Thorax 67, 68
Thrombozyt 104
Thunfisch 160
Thymian 142
Ticketschalter 390
Tiefdruckgebiet 39, 43
tiefe Wolken 42
Tiefeneinstellung 229
Tiefenregler 303
tiefer Wadenbeinnerv 108
Tiefkühlprodukte 121
Tieflöffel 399
Tieflöffelsteuerung 399
Tiefsee-Ebene 33
Tiefseeberg 33
Tiefseeboden 26
Tiefseegraben 33
Tiefseehügel 33
Tiefseekabel 334
Tiefseekabel, Verteilung 317
Tieftöner 324
Tierceron 284
Tierhandlung 436
tierische Zelle 66
Tierreich 66
Tiger 89
Tight End 485
Timer 501
Tinte, metallische 441
Tintenfisch 72, 157
Tintenfisch, äußere Merkmale 72
Tintenpatronen-Kontrollleuchte 333
Tintenraum 312
Tintenstrahldrucker 333
Tipi 288
Tisch 202, 438
Tisch der Staatsanwaltschaft 440
Tisch der Verteidigung 440
Tisch des Gerichtsschreibers 440
Tischcomputer 334
Tische, Beispiele 202
Tischklammer 421
Tischleuchte 206
Tischleuchte, Halogen 206
Tischplatte 202
Tischrechner mit Druckerteil 337
Tischrührgerät 176
Tischtennis 493
Tischtennisball 493
Tischtennisplatte 493
Tischtennisschläger 493
Titan 3
Titania 3
Titelfoto 313
Titelseite 313
Titelsuche/Schnellvorlauf 323
Titelzeile 313
Titicacasee 17
TL-Triebwerk 393
Tlaloc-Tempel 283
Toaster 178
Todesanzeigen 313
tödlich giftiger Pilz 52
Toeloop 509
Togo 451
Toilette 194, 195, 196, 445
Toiletten 437, 440, 443, 463, 465
Toilettenpapierhalter 195
Toilettenseife 267
Tomate 128
Tomatenmark 140
Tomatillo 128
Tomtom 308
Tonabnehmer 303
Tonabnehmer-Wahlschalter 303
Tonabnehmerregler 303
Tonartvorzeichen 299
Tonassistent 291
Tonaufnahmegeräte 291
Tonga 453
Tonhöhenrad 310
Tonleiter 298
Tonmeister 291
Tonnengewölbe 281
Tonsignalquellen, Kontrollleuchten 322
Tonsignalquellen-Wahltaster 322
Tonwiedergabesystem 322
Tonwiedergabesysteme, tragbare 325
Topcase 369
Topfhut 239
Topinambur 124
Toplevel-Domain 334
Topplicht 383
Toprückstand 405
Toque 239
Tor 381, 480, 482, 485, 507
Torbereich 483
Torfmoos, sparriges 51
Torhüter 479
Torlampen 507
Torlinie 482, 484, 506
Tornado 43
Torpfosten 485
Torraum 480, 507
Torresstraße 15
Torrichter 506
Torselett 259
Tortellini 146
Tortilla 145
Torus 429
Torwart 481, 506, 507
Torwarthandschuhe 480
Torwartschläger 507
Torwartschlittschuh 507
totale Finsternis 4, 5
Touchpad 336
Touchpad-Taste 336
Touchscreen 337
Toulouser Wurst 156
Toupierkamm 268
Tourenrad 373
Touring-Motorrad 369
Touringreifen 358
Towergehäuse: Rückansicht 329
Towergehäuse: Vorderansicht 329
Trab 83
traditionelle Musikinstrumente 296
traditionelle Wohnhäuser 288
tragbare Tonwiedergabesysteme 325
tragbarer CD-Spieler 325
Trageband 458
Tragebügel 325, 326
Tragegriff 209
Tragen-Abstellraum 462
Träger 187, 259, 396, 509
Träger mit Knopf 261
Träger, verstellbarer 260
Trägerhemd 247, 263
Trägerhemdchen 261
trägerloser Büstenhalter 259
Trägerrock 252
Trägerstruktur 11

Tragfaden 70
Tragflügel 13, 393, 394
Tragflügel, hinterer 387
Tragflügel, teilgetauchter 387
Tragflügel, vorderer 387
Tragflügelschiff 387
Tragkabel 344
Tragriemen, Öse 315
Tragschicht, obere 342
Tragschicht, untere 342
Tragseil 287
Tragus 115
Trainer 489, 498, 507, 509
Trainerassistent 489
Trainingsanzug 262
Trainingshose 262
Tranchiergabel 169
Tranchiermesser 169
Tränendrüse 119
Tränengang 119
Tränenwarze 119
Transantarktisches Gebirge 15
Transformator 207, 407
Transformstörungen 27
Transitlagerschuppen 381
Transpiration 45
Transport 342
Transporter 365
Transportmischer 365
Traube, geschlossene 57
Traubenhenkel 62
Trauerweide 64
Traveller 520, 521
Travellerscheck 441
Traverse 202
Trawler 384
Treble 471
Treibhaus 122
Treibhauseffekt 46
Treibhauseffekt, anthropogener 46
Treibhauseffekt, natürlicher 46
Treibhausgas 46
Treibhausgaskonzentration 46
Treibladung 534
Treibscheibe 287
Treibstoffart 346
Treibstofftank 395
Trenchcoat 248
Trennklappe 277
Trennlinie 313
Trennvorhang 464
Trennwand 457
Treppe 188, 189, 191, 283, 293, 294, 345, 378, 412, 439
Treppenabsatz 189
Treppenaufgang 404
Treppenhaus 189
Treppenhaus-Oberlicht 189
Treppenlauf 191
Treppenstufe 191
Treppenvorbau 183
Tresor 443
Tresorraum 443
Tretlager 372
Triageraum 463
Triangel 295, 309
Tribünen, bewegliche 444
Trichter 72, 171, 306, 307, 318
Trieb 62
Triebdrehgestell 376
Triebwagen 380
Triebwerk 393
Trift 406
Triklinium 280
Trikot 263, 483, 488, 522
Trikuspidalklappe 104
Triller 299
Trimaran 521
Trinidad und Tobago 449
Trinkflasche 371
Trinkpackung 163
Trinkwasserleitung 434
Trio 300
Triticale 143
Triton 3
Tritt 219
Trittbrett 523
Trittbrett, hinteres 455
Tritthocker 201, 219
Trittleiter 219
Trittplatte 535
Trittstufe 191, 364
Trizepszug 501
trocken liegender Höhlenraum 31
Trockendock 381
Trockenelemente 417
Trockenfrüchte 60, 133
Trockenklimate 40
Trog 39
Trommel 170, 212, 213, 236
Trommel, kleine 295, 308
Trommelbremse 357
Trommelfell 75, 116, 297, 308
Trommeln 308
Trommelschlegel 297
Trompete 307, 342
Trompeten 295
Tropenwald 44
Tropfen für trockene Augen 272
tropisch feucht und trocken 40
tropische Klimate 40
tropische Wirbelstürme, Bezeichnungen 43
tropischer Regenwald 40, 44
tropischer Wirbelsturm 43
Tropopause 37, 46
Troposphäre 37
Trüffel 123
Trugdolde, eingliedrige 57
Trugdolde, zweigliedrige 57
Truhe 203
Truhenkörper 211
Truncus coeliacus 103, 107
Truthahn 81
Tschad 451
Tschadsee 20
Tschechische Republik 450
Tsetsefliege 69
Tuba 295, 307
Tube 163
Tubus 8, 9, 420, 421
Tubusträger 421
Tuch, Geschirr 215
Tukan 80
Tülle 180, 181
Tüllen 172
Tulpe 56
Tundra 44
Tunesien 451
Tunika 255
Tunikakleid 252
Tunnel 378
Tüpfelfarn, gemeiner 52
Tür 178, 202, 211, 213, 287, 349, 361, 392, 439
Tür zum Nutzlastraum 13
Tür, automatische 390
Turban 239
Turbine 402, 408
Turbinengenerator 402
Turbinenwelle 408
Türen, Beispiele 286
Türfach 211
Türfüllung 202
Türgriff 186, 349
Türinnenverschalung 352
Türkei 452
Turkmenistan 452
Türknopf 185
Turm 284, 412, 413, 470
Turmkran 397
Turmmast 397
Turmrollen 403
Turmspitze 285
Turmwindmühle 412
Turners/Turnerin, Name 497
Turnhalle 444
Turnhallenbüro 444
Türöffnungshebel 352
Türpfosten 185
Türschloss 185, 213, 349, 352
Türstopper 211
Türsturz 285
Türverkleidung 352
Türzapfen 185
Tuvalu 453
TV-Einstellung 319
TV-Netzschalter 319
TV/Video-Taste 319
Twinset 255
Tympanon 279
Typenschild 228
typische Küstenformen 35

U

U-Bahn 378, 435
U-Bahn-Netzplan 379, 380
U-Bahn-Schild 378
U-Bahn-Station 378, 432
U-Bahn-Zug 378, 380
Überbau 345
Überdach 528, 529
Überdruckventil 174
Überfallrinne 406
Überfallschloss 277
Überflurhydrant 454
Überführung 343, 344
Überholrollbahn 388
Überholspur 343
überirdische Pipeline 404
Überlauf 184, 194, 195, 196
Überlaufkrone 406
Überlaufschutz 214
Überrollschutz 525
Überschallflugzeug 37, 394
Überschlag 275
Überschwemmungsebene 32
Überseekoffer 277
Übersetzungsgehäuse 537
Übersetzungsgetriebe 413
Überstand 191
überstumpfer Winkel 428
Übertragungsnetz, öffentliches 316
Überwachungsraum 345
Überwurfmutter 197
Überziehschuh 240
Übungsgrün 504
Udonnudeln 147
Uganda 451
Uhr 444
Uhrband 424
Uhrenmeister 488
Uhrenradio 325
Uhu 81
Ukraine 450
UKW-Wahltaste 322
Ultrakompaktkamera 315
ultraviolette Strahlung 418
Umbriel 3
Umfang 428
Umgebung, naturbelassene 504
Umgehungsstraße 25, 431
Umhängetasche mit Dehnfalte 276
Umhängetasche mit Reißverschluss 276
Umkehrlinsen 420
Umkleideraum 444
Umladeabschnitt 385
Umlaufkammer 407
Umleitungskanal 406
Umlenkstern 235
Umschalter 221, 228
Umschalttasten 330
umsetzbare Flagge 504
Umwandlungsanlage, katalytische 405
Umwelt 44
Umwerfer 522
Umwerfer, hinterer 370, 372
undurchlässiges Gestein 403
unendlich 427
Unfallstation 462
Ungarn 450
ungebleichtes Mehl 144
ungesäuertes Brot 145
ungleich 427
Uniform 456
Unisex-Kopfbedeckungen 239
Unisex-Schuhe 242
Universität 432
Unkrautstecher 232
unpaarig gefiedert 55
unregelmäßiges Trapez 429
Unterarm 86, 93, 95
Unterarmmappe 275
Unterarmstütze 466
Unterbau 403
Unterblock des Flaschenzuges 403
Unterboden 54, 187, 190
Unterbrechung 331
unterbrochene Linie 342, 343
Unterbruststäbchen 259
Unterbühne 292
Unterdeck 404
untere Abschlusskappe 417
untere Gliedmaßen 103
untere Hohlvene 102, 103, 104, 107
untere Mesenterialarterie 107
untere Nasenmuschel 117
untere Querleiste 202
untere Schale 511
untere Schutzhaube 227
untere Sohlschicht 402
untere Tasche 502
untere Tragschicht 342
untere Vertäfelung 396
untere Zahnreihe 116
unterer gerader Augenmuskel 119
unterer Glaskolben 181
unterer Kühleranschluss 358
unterer Mantel 26
unterer seitlicher Einschnitt 62
unterer seitlicher Lappen 62
unteres Augenlid 75, 87
unteres Becken 308
Unterfach 274
Unterfangkescher 538
Unterführung 344, 375
Untergeschoss 435
Untergrätenmuskel 97
Untergrund 342
Unterhautbindegewebe 114
Unterhemd 476
Unterhose, lange 247
unterirdische Anlagen 281
unterirdische Kammer 278
unterirdischer Abfluss 45
unterirdisches Gerinne 31
unterirdisches Kabelnetz, Verteilung 317
Unterkante 506
Unterkiefer 67, 74, 98
Unterkieferknochen 100
Unterkleid 258
Unterkühlen 414
Unterkunft 512
Unterkünfte 512
Unterlage 190
Unterlegscheibe 222
Unterlegscheiben 222
Unterlid 119
Unterlippe 116, 305
Unternehmen 335
Unterrock 258
Unterrohr 371
Untersattel 301
unterschiedliche Vogeltypen 80
Unterschnabel 78
Unterschrank 164
Unterschrift des Inhabers 441
Unterschrift, amtliche 441
Unterschwanzdecken 78
unterseeischer Cañon 33
Unterstock 273
Untersuchungsraum 463, 465
Untersuchungsraum, Audiometrie 465
Untersuchungsraum, gynäkologischer 463
Untersuchungsraum, psychiatrischer 462
Unterteil 179, 356, 454
Untertitel 313
Unterwäsche 247, 258, 524
Unterwäschegeschäft 436
Unterwasser-Strahler 184
Unterwasserbohrung 404
Unterwasserpipeline 404
Up-Quark 414
Ural 18
Uranbrennstoff, Kernspaltung 408
Uranus 2, 3
URL-Adresse 334
Ursprungskegel 110
Uruguay 448
USB-Schnittstelle 329, 336
USB-Stecker 333
USB-Stick 333
Usbekistan 452
Utensilien, verschiedene 173

V

V-Ausschnitt 244, 250
Vakuole 50, 66
Vakuole, pulsierende 66
Vakuum-Kaffeemaschine 181
Vakuumdestillation 405
Vanille-Extrakt 140
Vanuatu 453
Vater-Pacinisches Körperchen 114
Vatikanstaat 450
VCR-Einstellung 319
VCR-Netzschalter 319
VCR-Tasten 319
Vegetation 44
Vegetationsbild nach Höhenlagen 44
Vegetationspunkt 53
Vegetationszonen 44
Veilchen 56
Velarium 281
Velours 190
Vene, königliche 102
Venen 102
Venezuela 448
Ventil 196, 307, 371
Ventilbüchse 307
Ventilfeder 360
Ventilsitz 196
Ventilzug, dritter 307
Ventilzug, erster 307
Ventilzug, zweiter 307
ventraler Nervenstrang 71
Venus 2, 3
Venusmuschel 157
Verandatür 164
Verankerung 344
Verankerungspunkt 70
Verbene 148
Verbindung 312, 470
Verbindungsast 110
Verbindungsclip 460
Verbindungsgang 345
Verbindungskabel 332
Verbindungspunkt 198
Verbindungsstutzen 455
Verbindungstunnel 13
Verbraucher, Stromleitung 402, 413
Verbrechensbekämpfung, vorbeugende 456
Verbrennen 49
Verbrennungsraum 360
Verdampfen 414
Verdauungsapparat 106
verdeckte Knopfleiste 251
Verdichter 364
Verdichtung 49
Verdunstung 45
Vereinigte Arabische Emirate 452
Vereinigte Staaten von Amerika 448
Vereinigtes Königreich von Großbritannien und Nordirland 449
Verengung 424
Verfallsdatum 441
Verfolgerauto 522
Vergaser 366
Verhol-Winde 385
Verkehrsampel 434
Verkehrsflugzeug 37
Verkleidung 187, 366
Verklicker 520
verlängertes Mark 109
Verlobungsring 264
Verpackung 49
Verpackungen 162
Verpackungsmaterial 120
Verpackungsraum 120
Versailles-Parkett 190
verschiebbarer Messschnabel 425
verschiedene Geräte 231
verschiedene Haushaltsgeräte 180
verschiedene Schwimmstile 517
verschiedene Utensilien 173
Verschiedenes 341
verschiedenes Zubehör 225
Verschlagwagen 377
Verschluss 163, 209, 226, 261, 333, 511, 532, 535
Verschluss des Hochwasserentlastungswehrs 406
Verschlussdeckel 417
Verschlussmaterial 417
Verschlussstopfen 417
Verschlussstück 534
Verschmutzung 47
Verschmutzung durch Autoabgase 47
Verschmutzung durch Haushalte 47
Verschmutzung, industrielle 47
Verschmutzung, landwirtschaftliche 47
Versenknagel 220
Versenkpodium 292
Versetzungszeichen 299
Versicherungsabteilung 442
Versorgungsbereich 389
Versorgungsmodul 316
Versorgungsstraße 388
Verstärkungsrippe 401
Verstärkungsschwelle 458
Versteifungsrippe 392
verstellbare Klemme 206
verstellbarer Bügel 226
verstellbarer Träger 260
verstellbares Rückenteil 460
Verstelldüse 394
Versteller 246
Verstellnut 222
Verstellung 222
Verstrebung 412
Vertäfelung, obere 396
Vertäfelung, untere 396
Vertebralschild 76
Verteidiger, rechter 481
Verteidigung 484
Verteidigungszone 487
Verteiler 342
Verteilerkasten 198
Verteilerschleife 198
Verteilung über Freileitungen 316
Verteilung über Tiefseekabel 317
Verteilung über unterirdisches Kabelnetz 317
Vertikale 526
vertikale Bodenbewegung 27
vertikale Einstellung 329
vertikaler Zug 470
vertikales Schiebefenster 287
vertikales Seitenband 487
Vertikalseismograph 27
Vertikutierer 237
Verwaltung 445
verwelkendes Keimblatt 53
Verwerfung 27
Verziehnaht 245
Verzierungen 299
Vestibularnerv 116
Vibratohebel 303
Victoriasee 20
Victoriawüste, Große 15
Video- und Digitalübertragung, Anschlussbuchsen 315
Video-Ausgänge 322
Video-Eingänge 322
Videobandsteuerungen 320
Videokassette 319
Videokassettenadapter 320
Videokassettenschacht 320
Videorecorder 321
Videoschnittstelle 329, 336
Videospielsystem 471
Vielecke 429
Viereck 429
Viereckregner 236
vierfüßiger Stock 466
Vierling 468
vierte Zehe 78
Viertelnote 299
Viertelpause 299
viertürige Limousine 347
Vierundsechzigstelnote 299
Vierundsechzigstelpause 299
Vierung 284, 285
Vierungsturm 284
Viervierteltakt 298
Vierwegeregler 315
Vietnam 453
Vinyl-Laufsohle 261
Violine 301
Violinen, erste 295
Violinen, zweite 295
Violinfamilie 301
Violinschlüssel 298
Viper 77
Visier 367, 459, 525, 533, 535
Visiergestell 476
Vitrine 203
Vitrinenschrank 203
Vizeskip 515
Vogel 78
Vögel 78
Vogel, äußere Merkmale 78
Vogelaugenchili 139
Vogelfüße, Beispiele 79
Vogelschnäbel, Beispiele 79
Vogeltypen, unterschiedliche 80
Volant 204
Vollachsel-Unterkleid 258
Volleyball 487, 490
Volleyballspiel 487
Vollkornbrot 145
Vollkornmehl 144
Vollmond 5
vollreflektierender Spiegel 420
Vollreife 62
Volt 426
Volute 200
Vorbau 183, 371
vorbeugende Verbrechensbekämpfung 456
Vorbühne 292
Vordach 361, 528
Vordachrille 361
Vorderachse 401
Vorderansicht 92, 94, 96, 98, 478
Vorderbein 67, 68, 75, 201
Vorderblatt 240, 263
Vorderbremse 368
vordere Aufschlaglinie 495
vordere Augenkammer 119
vordere Backenzähne 101
vordere Druckknopfleiste 261
vordere Einbuchtung 115
vordere Felgenbremse 371
vordere Fußraste 367, 368
vordere Nervenwurzel 109, 110
vordere Schienbeinarterie 102
vordere Seitenfontanelle 100
vorderer Balken 422
vorderer Douglasscher Raum 112
vorderer Gaumenbogen 116
vorderer Oberkiefer 74
vorderer Schienbeinmuskel 96
vorderer Schließmuskel 73
vorderer Straffergurt 532
vorderer Tragflügel 387
vorderes Auspuffrohr 350
vorderes Ende 73
vorderes Rückstoßtriebwerk 12
vorderes Schutzblech 366
Vorderfeld 491
Vorderflügel 67
Vordergabel 371
Vorderhorn 109
Vorderkappe, perforierte 240
Vordermast 385
Vorderrad 401, 467
Vorderschaft 534
Vorderseite 244, 245
Vorderteil 240, 245, 262
Vorderteil, steifes 363
Vorfach 538
Vorfeld 388
Vorflügel 393
Vorführraum 294
Vorführzeiten 294
Vorfußbindung 514
Vorhalle 439, 440, 442
Vorhang, eiserner 292
Vorhaut 111
Vorherige Nachricht 328
vorherige Sätze 492
vorherige Seite 331
vorherrschender Wind 43
Vorhof 346
Vorhof, linker 103, 104
Vorhof, rechter 103, 104
Vorkommen 403
vorkragender Dachkranz 283
Vorliek 519
Vororte 25
Vorratsdosen 162
Vorratsschrank 439
Vorschaltgerät, elektronisches 199
Vorschlag 299
Vorschneider 228
Vorschot 520
Vorsprung 29
Vorspultaste 319, 326
Vorstadt 431
Vorstag 520
Vortasche 275
Vortitel 313
Vorwahlsender-Wahltaste 322
vorwärts 518
Vorzeichentaste 337
Vulkan 26, 28
Vulkan mit Ausbruchstätigkeit 28
Vulkan, effusiver 28
Vulkan, explosiver 28
vulkanische Asche 28
vulkanische Bombe 28
vulkanische Insel 33
vulkanischer See 32
Vulkantypen 28

W

Waage, elektronische 423
Waagschale 422, 423
Waagschalenhaken 422
Wache 282
Wacholderbeere 138
Wachs 514
Wachsausrüstung 514
Wachsbohne 131
Wachskürbis 128
Wachspapier 162
Wachtel 81, 154
Wachtelei 155
Wade 93, 95
Wadenbein 98
Wadenbeinmuskel, kurzer 97
Wadenbeinmuskel, langer 96
Wadenbeinnerv, gemeinsamer 108
Wadenbeinnerv, oberflächlicher 108
Wadenbeinnerv, tiefer 108
Wadennerv 108
Wadenstrumpf 247
Wadi 36
Waffeleisen 178
Wagen 121, 521, 527
Wagenanzug 261
Wagendeck 386
Wagenheber 356
Wagenradhut 239
Wagentür 352
Wagentypen 376
Wahlrad 337
Währungsangabe 441
Wakame 123
Wal 90
Wald 25, 29
Wald, borealer 44
Wald, gemäßigter 44
Waldbrand 47
Waldfrosch 75
Waldhorn 307
Waldhörner 295
Waldmurmeltier 82
Walkman® mit Radioteil 325
Wallpapille 118
Wallpapillen 118
Walnuss 64, 133
Walnuss, Längsschnitt 60
Walze 219
Walzenbefestigung 219
Walzenbürste 365
Wan-tan-Teigblätter 147
Wand 184
Wand-Untergurt 365
Wanderschuh 242
Wandlaterne 207
Wandleuchte 207
Wandwange 191
Wange 94, 220, 536
Wanne 219
Wannengarnitur 194
Want 520
Wantenspanner 521
Wantenverklicker 520
Wapitihirsch 84
Wappen 477
Waran 77
Warencode 423
Wareneingang 120
Wareneingang für Milchprodukte 120
Warengeschäfte 335
warme Luft 41

Wärmeabgabe an Wasser 408
Wärmedeflektorscheibe 199
Wärmeenergie 46, 402
Wärmeenergie, Elektrizitätserzeugung 402
Wärmeerzeugung 408
wärmeisolierter Griff 179
Wärmeleitung 415
Wärmeübertragung 415
Wärmeverlust 46
warmgemäßigte Klimate 40
Warmhalteplatte 181
Warmluftklappe 192
Warmluftzufuhr 213
Warmwasserbereiter 194
Warmwasserkreislauf 194
Warmwassersteigleitung 194
Warmwasserzulauf 197
Warnblinklicht 392
Warnleuchte "Tür offen" 355
Warnleuchten 355
Wartebereich 442
Wartebereich für den Entnahmeraum 465
Wartebereichmarkierung 390
Wartehäuschen 434
Warteraum 463
Warteraum für Angehörige 462
Warteraum, zweiter 465
Warteschlange 443
Wartungskasten 198
Warzenfortsatz 100
Warzenhof 113
Wasabipaste 141
Waschbär 88
Waschbecken 194, 195, 464
Wäschekammer 439
Wascherarm 214
Wäscherei 439
Wäschetrockner 213
Waschhandschuh 267
Waschküche 188
Waschlappen 267
Waschmaschine 194, 212
Waschraum 464
Waschtisch 439
Wasser 402, 408
Wasser verdampft 408
Wasser, Wärmeabgabe 408
Wasser-Dampf-Gemisch 402
Wasserbadtopf 175
Wasserbehälter 181, 272
Wasserdruckanzeiger 455
Wassereinlass 407
Wasserfall 31, 32
Wasserflugzeug 394
Wasserfrosch 75
Wasserglas 165
Wasserhahn 195, 455
Wasserhindernis 504
Wasserhose 43
Wasserkanister 532
Wasserkanone 455
Wasserkessel 180
Wasserklappe 307
Wasserkraftwerk 406
Wasserkraftwerk im Querschnitt 407
Wasserkreislauf 45
Wasserkrug 166
Wasserlauf 48
Wasserläufer 69
Wassermelone 135
Wassernuss 124
Wasseroberfläche 518
Wasserpumpen-Zange 222
Wasserschlauch 214
Wasserspinne 70
Wassersport 516
Wassersprühdüse 365
Wasserstand 181
Wasserstandsanzeige 208
Wasserstandsanzeiger 179
Wasserstandsregler 212
Wasserstrahl 518
Wassertank 181, 394
Wasserverschmutzung 48
Wasservogel 79
Wasserwaage 225
Wasserzähler 194
Wasserzeichen 441
Wassily-Stuhl 200
Watstiefel 538
Watt 426
Wattestäbchen 461
Wattetupfer 461
Watvogel 79
WC 188, 189, 439, 464
Webcam 332
Wechselanzeige für die Rückenlage 517
Wechselstrom-Netzkabel 336
Weddellmeer 15
Wedel 52
Wedel, eingerollter junger 52
Weg 504
Wehrgang 282
Wehrgang, gedeckter 282
Wehrmauer 282
weiblich 426
weibliche Blütenstände 65
weibliche Geschlechtsorgane 112
Weiche 375
weiche Kontaktlinse 272
weicher Gaumen 116, 117
Weichkäse 151
Weichsel 18
Weichstrahl 74
Weichtiere 72
Weideland 122
Weidenholz 478
Weihgabe 446
Weihrauchkessel 446
Weihwasserbecken 446
Wein 120
Weinblatt 62, 126
Weinessig 141
Weinkeller 438
Weinkellner, Sommelier 438
Weinranke 62
Weintraube 62, 132
Weintraube im Querschnitt 59
Weisheitszahn 101
Weiß 418, 469, 470
Weißbrot 145
weiße Schokolade 148
weiße Senfkörner 138
weiße Substanz 109, 110
weiße Zwiebel 124
weißer Pfeffer 138
weißer Punktball 502, 503
weißer Reis 147
weißer Spielball 503
weißer Stein 470
weißes Band 493, 495
weißes Feld 470
Weißfisch 161
Weißkohl 126
Weißrussland 450
Weißweinglas 165
Weitsichtigkeit 419
Weitsprung 472
Weitwinkelobjektiv 314
Weitwinkelspiegel 362, 363
Weizen 61, 143
Weizenkorn, Längsschnitt 61
Welle 33, 412, 418
Welle, langsam drehende 413
Welle, schnell drehende 413
Wellenbasis 33
Wellenberg 418
Wellenhöhe 33
Wellenkamm 33
Wellenlänge 33, 418
Wellental 33, 418
Wellhornschnecke 157
Weltraum, Beobachtung 7
Weltraumteleskop, Hubble 37
Wendeflügel 287
Wendekampfrichter 517
Wendekragen 248
Wendekreis des Krebses 20, 21, 22
Wendekreis des Steinbocks 20, 21, 22
Wendewand 517
Werbetafel 378, 380
Werfer 474, 475, 479
Werftkran 381
Werkbank 224
Werkstückspanner 226
Werkzeugfutter 229
Werkzeuggürtel 225
Werkzeughalter 10
Werkzeugkasten 225
Werkzeugsatz 372
Wertangabe 441
Wertstoff-Sammelbehälter 49
Wespe 69
West 23
West-Nordwest 23
West-Südwest 23
Weste 244, 255
Westen 254
Westindien 16
westliche Hemisphäre 21
Westlicher Indischer Rücken 34
westlicher Meridian 22
Wetterboje 38
Wetterflugzeug 38
Wetterkarte 38, 39
Wetterlage, gegenwärtige 39
Wetterradar 38, 392
Wettersatellit 38
Wetterschenkel 185, 186
Wetterschiff 38
Wetterstation 38
Wettervorhersage 38
Wettkampfbecken 517
Wetzstahl 169
Wetzstein 169
Whiskyglas 165
Wickelauflage 205
Wickelbluse 255
Wickelkleid 252
Wickelkommode 205
Wickelrock 253
Wickler 268
Wicklung 536
Wide Receiver 485
Widerhaken 538
Widerlager 284, 344
Widerrist 83, 86
Widerstände 417
Widerstandseinstellung 501
Widertonmoos, gemeines 51
Wiederaustritt 31
Wiedergabetaste 319
Wiederholungstaste 323
Wiederholungszeichen 298
Wiege 8, 9
Wiegeetikett 423
Wiegefläche 423
Wiegen 422
Wiese 122
Wiesel 88
Wigwam 288
Wild 154
Wildleder 265
Wildreis 143
Wildschwein 84
Wilkesland 15
Wimper 66, 119
Wimperg 285
Wimpern 87
Wimpernkämmchen 266
Wimpernzange 266
Wind 47, 48
Wind, vorherrschender 43
Wind, Wirkung 45
Windabweiser 364
Winde 364
Windel 260
Windelhöschen, dichtes 260
Windenergie 412
Windenergie, Elektrizitätserzeugung 413
Windensteuerung 364
Windfahne 413
Windgeschwindigkeit 39
Windjacke 249
Windkraftwerk mit horizontaler Achse 413
Windkraftwerk mit vertikaler Achse 412
Windkraftwerke 412
Windlaufquerteil 348
Windmühle 412
Windmühlenhaube 412
Windrichtung 39
Windrose 23
Windrute 412
Windsack 296
Windschutzscheibe 348, 364, 366, 369, 385, 392
Windschutzscheiben-Sonnenschutz 356
Windung 72, 73
Winglet 393
Winkel, Beispiele 428
Winkel, rechter 428
Winkel, spitzer 428
Winkel, stumpfer 428
Winkel, überstumpfer 428
Winsch 521
Winter 38
Winterniederschläge 41
Winterreifen 358
Wintersonnenwende 38
Wintersport 515
Wipfel 63
Wirbel 73, 301, 302, 538
Wirbelkasten 301
Wirbelkörper 110
Wirbelsäule 98, 109
Wirbelschäkel 535
Wirbelschraube 303
Wirbelsturm 43
Wirbelsturm, tropischer 43
Wirkung des Windes 45
Wirsing 126
Wirtschaft 441
Wischblatt 355
Wischerachse 355
Wischerarm 355
Wischgummi 355
Wissenschaft 414
wissenschaftliche Bezeichnungen 57, 58, 59
wissenschaftliche Instrumente 13
wissenschaftliche Symbole 426
wissenschaftlicher Taschenrechner 337
Wissenschaftsraum 444
Wochenendkoffer 277
Wohnblock 289, 433
Wohngebiet 431
Wohnhaus 122
Wohnhaus, römisches 280
Wohnhäuser, traditionelle 288
Wohnküche 188
Wohnmobil 361
Wohnmodul, amerikanisches 11
Wohnraum 528
Wohnwagen 361
Wohnzimmer 188
Wok 174
Wok-Set 174
Wolf 88
Wolfram-Halogenlampe 199
Wolga 18
Wolke 37, 41
Wolke, Oortsche 2
Wolken 42
Wolken, hohe 39, 42
Wolken, mittelhohe 39, 42
Wolken, tiefe 39, 42
Wolkenabsorption 46
Wolkenband, spiralförmiges 43
Wolkentrichter 43
Wolkenwasser 48
Worcestershire-Soße 140
Wulst 358
Wundauflage, sterile 461
Wurf 475, 479
Würfel 429, 468, 469
Würfelbecher 469
Würfelmusterparkett 190
Wurfhügel 475
Wurfkreis 472, 473
Wurflinie 479
Wurfmal 475
Wurfpfeil 471
Wurmfortsatz 106
Wurst, Chorizo 156
Wurst, Kielbasa 156
Wurst, Merguez 156
Wurst, Toulouser 156
Würstchen, Frankfurter 156
Wurzel 54, 101, 167
Wurzelgemüse 129
Wurzelhaare 53
Wurzelhaarzone 63
Wurzelhaube 53
Wurzelhaut 101
Wurzelkanal 101
Wurzeln, sproßbürtige 52
Wurzelspitzenöffnung 101
Wurzelsystem 53, 62
Würzen 140
Wüste 36, 40, 44
Wüste Gobi 19
Wüste, Atacama 17
Wüstenfuchs 88
Wüstenspringmaus 82

X

Xylophon 295, 309

Y

Y-Schlauch 460
Yak 85
Yardlinie 484
Yen 440
Ysop 142
Yucatan-Halbinsel 16

Z

Zahlenschloss 274
Zahlungsbetragsanzeige 346
Zahlungsmodalitäten 441
Zahlungsterminal, elektronisches 121, 443
Zählwerk 323
Zahn 74, 76, 226, 227, 270, 398
Zahnbein 101
Zahnbürste 272
Zahnbürste, elektrische 272
Zähne 101
Zahnfach 101
Zahnfleisch 101, 116
Zahnpasta 272
Zahnpflege 272
Zahnreihe, obere 116
Zahnreihe, untere 116
Zahnseide 272
Zahnseidenhalter 272
Zander 160
Zange 173
Zangen 222
Zäpfchen 116, 117
Zapfen 65, 119, 202
Zapfhahn 346
Zapfsäule 346
Zapfsäulennummer 346
Zapfschlauch 346
Zarge 200, 201, 202, 301, 302
Zaun 122, 182
Zebra 84
Zecke 70
Zeh 86, 92, 94
Zehe 79
Zehe, dritte 78
Zehe, vierte 78
Zehe, zweite 78
Zehenriemchen 242
Zehenschützer 459, 476
Zehenstrecker, kurzer 96
Zehenstrecker, langer 96
Zehn 427
Zehn Gebote 447
Zehneck, regelmäßiges 429
Zehntelsekundenzeiger 424
Zeichen 299
Zeigefinger 115
Zeiger 422, 423
Zeitlupe 319
Zeitmesser, automatischer 517
Zeitmessung 424
Zeitnehmer 488, 498, 499, 509
Zeitschalter 178
Zeitschaltuhr 179
Zeitschrift 313
Zeitschriftenladen 437
Zeituhr 178
Zeitung 313
Zeitungskopf 313
Zeitungsname 313
Zellafter 66
Zelle 67, 281, 286, 413
Zelle, tierische 66
Zellen 416, 440
Zellkern 50, 66, 110, 112
Zellkörper 110
Zellwand 50
Zelte, Beispiele 528
Zeltspannleine 528
Zeltstange 529
Zeltwagen 361
Zeltwand 528
Zement 101
Zement, Hartplatz 492
Zementestrich 190
Zenitprisma 8
Zentralafrikanische Republik 451
Zentralbereich 4
Zentralbereich, gewölbter 6
zentrale Pumpstation 404
zentraler Mittelfeldspieler 481
zentrales Scharfstellrad 420
Zentralindischer Rücken 34
Zentralnervensystem 109
Zentriereinstellung 329
Zentrierspitze 228
Zentriol 66
Zerkleinerer 49
Zerkleinern 170
Zerkleinerung 49
Zerkleinerungswerk 402
zerlappte Projektion 22
Zerreiben 170
zersetzende Organismen 45
Zerstäuberstift 236
zerstoßene Chilis 139
Zerstreuungslinsen 419
Zeugenberg 36
Zeugenstand 440
Ziege 84
Ziegel 279, 280
Ziegenfrischkäse 150
Ziegenkäse 150
Ziegenmilch 150
Ziehbügel 460
Ziehhacke 233
Ziehharmonikafach 274
Ziel 516
Zielbahnhof 374
Zielbälle 502
Zielfernrohr 420, 534
Ziellinie 473
Zier-Steppnaht 246, 260
Zierbaum 122, 182, 230
Zierborte 260
Ziergarten 230
Zierkohl 126
Ziernaht 243
Zifferblatt 424
Ziffern, römische 427
Zifferntaste 337
Zikade 69
Zimmermannshammer 220
Zimmernummer 439
Zimtstangen 138
Zink-Elektrolytmischung (Anode) 417
Zink-Mangan-Zelle, alkalische 417
Zinke 167
Zinkzylinder (Anode) 417
Zinnenkranz 282
Zirbeldrüse 109
Zirrokumulus 42
Zirrostratus 42
Zirrus 42
Zither 296
Zitronatzitrone 134
Zitrone 134
Zitronenmelisse 142
Zitronenpresse 170
Zitronenschaber 169
Zitrusfrucht 58
Zitrusfrüchte 134
Zitruspresse 177
Zollkontrolle 391
Zona pellucida 112
Zoomobjektiv 314, 320
Zoomregler 315
Zoomtaste 320
Zubehör 209, 356, 372, 538
Zubehörfach 209
Zubehörschuh 314
Zubringer 431
Zucchini 128
Zucchini, gelbe 129
Zuchtchampignon 123
Zucker 149
Zucker, brauner 149
Zuckerdose 166
Zuckererbsen 130
Zuckermelone 135
Zufahrtsstraße 388
Zufahrtsweg 183
Zufallswiedergabe 323
Zufluss 32
Zugang 407
Zugang zum Gleis 374
Zugangsserver 335
Zugarten 470
Zugbrücke 282
Zügel 78
Zugentlastungsklemme 198
Zugfeder 355
Zugrichter 516
Zugriemen 277
Zugriffsöffnung 333
Zugsattelzapfen 365
Zugschnur 275
Zugsystem 537
Zulauf 197
Zuleitungsdraht 199
Zuluftleitung 345
Zündhütchen 534
Zündkabel 360
Zündkabel, Anschluss 359
Zündkerze 237, 359, 360
Zündkerzendichtring 359
Zündkerzengehäuse 359
Zündkerzenkabel 350
Zündschalter 368
Zündschloss 354
Zündschlüssel 237
Zündversteller 360
Zündverteiler 350, 360
zunehmender Mond 5
Zunge 106, 116, 117, 154, 240, 262, 297, 305, 509, 511
Zunge, gespaltene 76
Zungenmandel 118
Zungenpfeife 305
Zungenrücken 118
Zungenscheide 76
Zungenspitze 118
Zungenwurzel 118
Zusammenfassung 313
Zusammenfluss 32
zusammengesetzte Blätter 55
zusätzlicher Griff 228
Zusatzsteckdose 217
Zusatzstecker 210
Zusatztank 365
Zuschauer 440
Zuschauergrenze 475
Zuschauerraum 293
Zuwachsstreifen 72, 73
Zwecke 220
zwei Pärchen 468
zweiflammiger Gasbrenner 529
zweiflügelige Ausgangstür 362
zweiflügeliger Propeller 394
Zweig 53, 63
zweigliedrige Trugdolde 57
Zweihalbetakt 298
zweiköpfiger Armstrecker 96
zweiköpfiger Schenkelmuskel 97
Zweipersonenzelt 528
Zweireiher 244
zweireihig 248
zweischalige Muschel 73
zweischalige Muschel, Anatomie 73
zweischalige Muschel, äußere Merkmale 73
zweischneidige Klinge 271
zweischneidiger Rasierer 271
zweiseitig gezahnte Effilierschere 270
Zweisitzer 200
zweisitziges Sofa 439
zweistöckiges Haus 289
Zweitbelegung 330
zweite Reihe 482
zweite Rückenflosse 74
zweite Spannungserhöhung 413
zweite Violinen 295
zweite Zehe 78
Zweite-Reihe-Stürmer links 482
Zweite-Reihe-Stürmer rechts 482
zweiteiliger Schlafanzug 260
zweiter Backenzahn 101
zweiter Halswirbel 99
zweiter Kamera-Assistent 290
zweiter Malspieler 474
zweiter Raum 489
zweiter Schiedsrichter 485, 487
zweiter Ventilzug 307
zweiter vorderer Backenzahn 101
zweiter Warteraum 465
zweites Mal 474
Zweiunddreißigstelnote 299
Zweiunddreißigstelpause 299
Zwerchfell 105
Zwiebel im Querschnitt 54
Zwiebel, rote 124
Zwiebel, weiße 124
Zwiebelgemüse 124
Zwillingswadenmuskel 96, 97
Zwinge 224
Zwinger 282
Zwischengeschoß 182, 189
Zwischenknochenmuskel 96
Zwischenrad 523
Zwischenraum 298
Zwischenrippennerv 108
Zwischensohle 262
Zwischentitel 313
Zwölfeck, regelmäßiges 429
Zwölffingerdarm 106
Zyan 418
Zylinder 238, 269, 270, 429
Zylinderglas 419
Zylinderkopfabdeckung 350
Zylinderkopfdeckel 360
Zylinderprojektion 22
Zypern 450
Zypressennadeln 65
Zytopharynx 66
Zytoplasma 50, 66, 112
Zytoplasmamembran 50, 66
Zytostom 66

Index français

A

abaissement de la tension 402, 413
abat-jour 206
abat-son 285
abats 154
abattant 195, 196, 202, 203
abdomen 67, 68, 70, 71, 78
abeille 68
abeille : ouvrière, morphologie 68
abri 345, 375
abri des joueurs 474
abribus 434
abricot 132
abside 285
absidiole 284, 285
absorption d'eau 54
absorption de dioxyde de carbone 54
absorption de sels minéraux 54
absorption par le sol 46
absorption par les nuages 46
abyssin 87
accastillage 521
accent 299
accès au réservoir à essence 349
accès aux quais 374
accessoires 209, 356, 372
accessoires au butane 529
accessoires au propane 529
accessoires de foyer 193
accessoires de l'objectif 314
accessoires, automobile 356
accessoires, pêche 538
accessoiriste 291
accord 299
accordéon 296
accotement 342
accotoir 200
accoudoir 205, 467
accouplement électrique 365
accroche-mouche 536
accueil 442
accumulateur 357
acidification des lacs 48
acromion 99
acrotère 279
acteur 290
action du vent 45
actrice 291
adaptateur de cassette vidéo compacte 320
adaptateur de courant 336
adaptateur de fiche 198, 271
addition 337, 427
addition en mémoire 337
administration 445
adresse URL 334
adresse URL (localisateur universel de ressources) 334
aérateur à gazon 237
aérateur de toit 361
aérateur latéral 361
aérocyste 51
aérofrein 412
aérogare 390
aérogare de passagers 389
aérogare satellite 389
aéroglisseur 383
aéroport 25, 388, 430
affichage 337
affichage de l'heure de départ 374
affichage des fonctions 310
affichage des stations 325
affichage numérique 423, 461
affichage radar 457
affiche 294
affiche publicitaire 380
afficheur 319, 321, 322, 323, 325, 327, 328, 423
afficheur prix 346
afficheur totaliseur 346
afficheur volume 346
affluent 32
Afghanistan 452
Afrique 14, 20, 34, 451
Afrique du Sud 452
agar-agar 123
agence de voyages 436
agenda 338
agent de police 456
agglomération 430
agitateur 212
agneau haché 153
agrafe 312
agrafes 341
agrafeuse 341
agriculture intensive 46, 48
agrumes 134
aide de caisse 121
aide-arbitre 488
aide-mémoire des procédures 10
aides à la marche 466
aigle 81
aiguillage 375
aiguille 35, 36, 422, 460
aiguille à brider 173
aiguille à piquer 173
aiguille aimantée 533
aiguille des dixièmes de seconde 424
aiguille des minutes 424
aiguilles de nettoyage 218
aiguilles de pin 65
aiguilles de sapin 65
aiguillon 68
ail 124
aile 13, 68, 78, 348, 364, 393, 412, 536
aile antérieure 67
aile arrière 387
aile avant 387
aile Dame 470
aile de quartier 240, 262
aile droite 482
aile du nez 117
aile gauche 482
aile haute 394
aile postérieure 67
aile Roi 470
aile, oiseau 78
aileron 392, 519, 525
ailes en V 387
ailette 213, 393, 394
ailette à ressort 221
ailier défensif droit 484
ailier défensif gauche 484
ailier droit 482, 489, 507
ailier gauche 482, 489, 507
ailier rapproché 485
aimant 341, 416
aimant de retenue 180
aine 92, 94
air chaud 41
air chaud ascendant 43
air froid 41
air froid subsident 43
aire d'accueil 462, 465
aire d'attente 442
aire de jeu 471
aire de jeux 386
aire de manœuvre 388
aire de préparation de l'étalage 120
aire de ravitaillement 346
aire de réception 120
aire de réception des produits laitiers 120
aire de repos 25
aire de service 25, 389
aire de stationnement 389
aire de trafic 388
airelle 132
aisselle 92, 94
ajowan 139
akène 59, 60
Albanie 450
albatros 80
albumen 79
albumen farineux 61
alcool à 90° 461
Algérie 451
algue 51
algue brune 51
algue rouge 51
algue verte 51
algue, structure 51
algues 123
alimentation 120
alimentation solaire 337
alimentation sur secteur 326
aliments congelés 121
aliments prêts-à-servir 121
alkékenge 132
allée 120, 230, 504
allée de jardin 182
Allemagne 450
alliance 264
alligator 77
allumeur 350, 360
allures, cheval 83
alluvions 32
alose 160
Alpes 18
altérations 299
alternateur 350, 360, 402, 413
alternative 330
alternative : sélection du niveau 3 330
alto 301
alto-cumulus 42
alto-stratus 42
altos 295
alule 78
alvéole 198, 505
alvéole de plaque 359
alvéole dentaire 101
amande 57, 133
amanite vireuse 52
amarante 143
amas globulaire 6
Amazone 17
amble 83
ambulance 460, 462
Amérique centrale 14, 16
Amérique du Nord 14, 16, 34
Amérique du Sud 14, 17, 34
Amériques 448
ameublement de la maison 200
amibe 66
amidon, grain 50
amorce 534
amorti 491
amortisseur 270, 287, 351, 523
amortisseur arrière 367
amortisseur avant 369
amortisseur magnétique 422
ampère 426
amphibiens 75
amphithéâtre romain 281
ampli-syntoniseur 325
ampli-syntoniseur : vue arrière 322
ampli-syntoniseur : vue avant 322
amplitude 418
ampoule 199, 416, 467
ampoule de la trompe utérine 113
amygdale 116
amygdale linguale 118
amygdale palatine 118
ananas 136
anatomie 96

anatomie du coquillage bivalve 73
anatomie du homard 71
anche 305, 306
anche double 306
anche simple 306
anchois 159
anconé 97
Andorre 449
andouillette 156
âne 84
anémomètre 413
aneth 142
angle aigu 428
angle droit 428
angle obtus 428
angle rentrant 428
Angola 452
anguille 159
Anik 317
animalerie 436
anis 142
anneau 52, 210, 270, 271, 423, 424, 489, 536
anneau brisé 538
anneau d'étanchéité en cire 196
anneau de départ 537
anneau de retenue 460
anneau de suspension 270
anneau de tête 537
anneau de traction 460
anneau oculaire 78
anneaux 264, 496, 497
annonce publicitaire 313
annonceur 518
annulaire 115
anode 417
anorak 263
anse 215, 236, 537
Antarctique 14, 15
antéfixe 279
antenne 7, 67, 68, 71, 326, 327, 349, 369, 392, 395, 457, 487
antenne d'émission 316
antenne d'émission/réception 316
antenne de télécommunication 386, 387
antenne domestique 316
antenne parabolique 321
antenne parabolique d'émission/réception 316
antenne radio 382, 384, 386, 387, 525
antenne télescopique 325
antennule 71
anthélix 115
anthère 56
anticlinal 403
anticyclone 39
Antigua-et-Barbuda 449
Antilles 16, 448
antilope 84
antiseptique 461
antitragus 115
anus 71, 73, 106, 111, 112
aorte 104, 105
aorte abdominale 102, 107
aorte ascendante 103
aorte descendante 103
apex 72, 73, 101, 118
apophyse épineuse 110
apophyse mastoïde 100
apophyse styloïde 100
apophyse transverse 110
apothécie 50
Appalaches 16
appareil à visée reflex mono-objectif : vue avant 314
appareil à visée reflex numérique : dos 315
appareil compact 315
appareil de forage 403
appareil de Golgi 50, 66
appareil de prise de son et d'enregistrement 291
appareil de protection respiratoire 454
appareil de radiographie mobile 462
appareil digestif 106
appareil jetable 315
appareil photographique 35 mm 10
appareil reflex 6 X 6 mono-objectif 315
appareil respiratoire 105
appareil ultracompact 315
appareil urinaire 107
appareils de conditionnement physique 500
appareils de mesure 424
appareils de son portatifs 325
appareils électroménagers 176, 208
appareils électroménagers divers 180
appareils photographiques 315
appareils scientifiques 7
appartement du commandant 387
appartements en copropriété 289
appartenance 427
appeau 535
appendice vermiculaire 106
applicateur-mousse 266
applique 207
applique du robinet 197
applique orientable 207
appoggiature 299
approvisionnement en numéraire 443
appui de fenêtre 187
appui-bras 352, 353
appui-flèche 535
appui-pied 515
appui-pieds 224
appui-tête 353
après-rasage 271
aquifère captif 402
ara 80
Arabie saoudite 452
arachide 130
arachnides 67
arachnoïde 109
araignée 70
araignée, morphologie 70
araignée-crabe 70
aramé 123
arbitre 479, 481, 483, 485, 488, 490, 495, 498, 499, 507, 509, 515
arbitre adjoint 509
arbitre en chef 475, 485
arborisation terminale 110
arbre 63, 177, 412
arbre à cames 360
arbre cannelé 355
arbre d'ornement 122, 230
arbre d'ornement 182
arbre de l'hélice 387
arbre de Noël 404
arbre de roue 351
arbre de transmission 383
arbre de transmission longitudinal 351
arbre fruitier 122
arbre lent 413
arbre moteur 395
arbre rapide 413
arbre, structure 63
arbres 504
arbres feuillus, exemples 64
arbuste 230
arc 428
arc à poulies 535
arc de cercle 480
arc de l'aorte 102, 103, 104
arc diagonal 284
arc insulaire 33
arc-boutant 284, 285
arc-doubleau 284
arc-en-ciel 41
arc-formeret 284
arcade 281, 284
arcade dentaire inférieure 116
arcade dentaire supérieure 116
arceau 230, 519
arche 447
arche naturelle 35
archet 301
archipel 24
architecture 278
architrave 279
archives médicales 465
Arctique 14
ardillon 246, 538
arène 281
aréole 113
arête 29, 526
arête supérieure 493
Argentine 448
argyronète 70
Ariel 3
armature 219, 259, 277, 528
armature de la clé 299
Arménie 452
armoire 202
armoire inférieure 164
armoire réfrigérée 120
armoire supérieure 164
armoire-penderie 203
arpège 299
arraché 500
arrache-clou 220
arrangements des parquets 190
arrêt 319, 323, 328
arrêt d'autobus 434
arrêt-court 474
arrière 482, 489, 518
arrière centre 487
arrière court 491
arrière droit 481, 487
arrière gauche 481, 487
arrivée des remontées mécaniques 512
arrondie 55
arrondissement 25
arroseur canon 236
arroseur oscillant 236
arroseur rotatif 236
arrosoir 236
arsenal stérile 464
artère abdominale dorsale 71
artère arquée 102
artère axillaire 102
artère brachiale 102
artère carotide primitive 102
artère dorsale du pied 102
artère fémorale 102
artère iliaque 103
artère iliaque commune 102, 107
artère iliaque interne 102, 107
artère mésentérique inférieure 107
artère mésentérique supérieure 102, 107
artère pulmonaire 102, 104, 105
artère rénale 102, 107
artère sous-clavière 102
artère sternale 71
artère tibiale antérieure 102
artère ventrale 71
artères 102
artichaut 127
article 313
articles de bureau 337
articles de maroquinerie 274
articles divers, bureau 341
articles ménagers 215
articulation 355, 536
articulation de la pelleteuse 399
arts 278
arts de la scène 294
As 468
asa-fœtida 139
ascenseur 281, 287, 435, 439
ascot 245
Asie 14, 19, 34, 452
asperge 125
asphalte 405
aspirateur 407
aspirateur à main 208
aspirateur-balai 209
aspirateur-traîneau 209
aspirine 461
assaisonnement au chili 139
assiette à dessert 166
assiette à salade 166
assiette creuse 166
assiette plate 166, 531
assistance 440
assistant-accessoiriste 291
assistant-réalisateur 291
assistants des avocats 440
astéroïdes, ceinture 3
asthénosphère 26
astigmatisme 419
astragale 99
astronautique 10
astronomie 2
atelier de mécanique 346
atelier diesel 375
athlète : bloc de départ 473
athlétisme 472
Atlas 20
atlas 69, 99
atmosphère 44, 48
atmosphère terrestre, coupe 37
atoll 35
atome 414
atomes 414
âtre 192
atrium 280
attache 273, 308, 535
attache d'accordage 297
attache de pavillon 306
attache de sécurité 10
attache du tube 199
attache pour outils 10
attaches parisiennes 341
attaquant central 487
attaquant de pointe 481
attaquant de soutien 481
attaquant droit 487
attaquant gauche 487
attaque 485
attelles 461
attraction 416
aubergine 128
aubier 63
augmentation de l'effet de serre 46
auriculaire 115
aurore polaire 37
Australie 14, 34, 453
autel secondaire 446
auto-caravane 361
autobus 362, 435
autobus à impériale 363
autobus articulé 363
autobus scolaire 362
autocar 362
autoclave 464
autocuiseur 174
automne 38
automobile 347
automobile, organes des systèmes 350
autoroute 25, 343, 431
autoroute de ceinture 25
autotrophes 45
autres signes 299
Autriche 450
autruche 81
auvent 348, 361, 401, 528
auvent de fenêtre 528
avance rapide 319, 323
avançon 538
avant 518
avant court 491
avant droit 482
avant gauche 482
avant-bras 86, 93, 95
avant-champ 474
avant-scène 292
avant-toit 283
aven 31
avenue 25, 433
avertisseur 354, 368, 377
avertisseur de détresse 454
avertisseur pneumatique 364
avion d'affaires 394
avion de ligne 37
avion de ligne supersonique 394
avion léger 394
avion long-courrier 392
avion supersonique 37
avion, mouvements 395
avion-cargo 394
avion-citerne amphibie 394
avions, exemples 394
avocat 128
avoine 61, 143
avoine : panicule 61
axe central 412
axe de tambour 537
axe du pédalier 372
axe horaire 7
axel 509
axis 99
axone 110
Azerbaïdjan 452
azimut 9

B

babeurre 150
babines 86
bâbord 387
babouin 91
bac 219
bac à boue 403
bac à compost 231
bac à glaçons 211
bac à gravier 524
bac à légumes 211
bac à plante 230
bac à viande 211
bac d'alimentation 333
bac de ramassage 237
bac de recyclage 49
bac de sortie 333
bac ramasse-jus 179
bâche spirale 407
bacon américain 156
bacon canadien 156
badminton 494
bagage à main 276
bagages 276
bagel 144
bague 307
bague de blocage 221, 425
bague de correction dioptrique 420
bague de fiançailles 264
bague de réglage 236
bague de réglage du couple de serrage 228
bague de serrage 306
bague solitaire 264
bagues 264
baguette 243, 301
baguette de flanc 349
baguette épi 144
baguette parisienne 144
baguettes 309
Bahamas 448
Bahreïn 452
baie 5, 24, 59
baie d'Hudson 16
baie de genièvre 138
baies 132
baignoire 189, 194, 195, 439
bain moussant 267
bain-marie 175
baladeur 325
baladeur numérique 326
baladeur pour disque compact 325
baladeuse 217
baladodiffusion 335
balai 193, 215
balai à feuilles 237
balai à franges 215
balai à neige à grattoir 356
balai d'essuie-glace 355
balai métallique 309
balalaïka 297
balance à fléau 422
balance de cuisine 171
balance de précision 423
balance de Roberval 422
balance électronique 423
balance romaine 422
balancier 236
balancier d'extension 501
balancier de traction 501
balayeuse 365
balcon 189, 293, 447
balconnet 211
baleine 90, 259, 273
baleine de col 245
ballast électronique 199
balle 534
balle de baseball 476
balle de baseball, coupe 477
balle de cricket 478
balle de fil 477
balle de golf 505
balle de liège 477
balle de softball 477
balle de tennis 492
balle de tennis de table 493
ballerine 241
ballon 181
ballon de basket 488
ballon de boxe 498
ballon de football 480, 486
ballon de rugby 483
ballon de volleyball 487
ballon-sonde 38
balluchon 276
balustrade 283
banane 136
banane plantain 136
banc 201, 379, 437, 446
banc de musculation 501
banc de sable 33
banc des accusés 440
banc des avocats de l'accusation 440
banc des avocats de la défense 440
banc des joueurs 485, 487, 506
banc des juges 440
banc des officiels 507
banc des pénalités 507
banc des remplaçants 481
banc du jury 440
bandage triangulaire 461
bande 502, 506
bande antidérapante 526
bande blanche 487
bande d'ancrage 190
bande de filet 491
bande de gaze 461
bande de tissu élastique 461
bande élastique 246
bande magnétique 319, 441
bande métallisée holographique 441
bande nuageuse spirale 43
bande transporteuse 49
bande ventilée 534
bande verticale de côté 487
bandoulière 276, 320
Bangladesh 453
banjo 296
banlieue 25, 431
banque 432, 437, 442
banque de données 335
banquette 195, 201, 353
banquette arrière 353
banquise d'Amery 15
banquise de Filchner 15
banquise de Ross 15
bar 203, 293, 386, 432, 436, 438
bar commun 160
bar-salon 439
barbacane 282
Barbade 449
barbe 61
barboteuse 261
barbotin 398
bardane 129
barmaid 438
barquette 162
barrage 406
barre 273, 500, 501, 520
barre à dorsaux 501
barre à pectoraux 501
barre à triceps 501
barre blindée 407
barre d'écoute 520, 521
barre d'espacement 330, 467
barre de flèche 520
barre de maintien 363
barre de mesure 298
barre de poussée 286
barre de pression 304
barre de repos des marteaux 304
barre de reprise 298
barre de retenue 211
barre des témoins 440
barre fixe 496, 497
barreau 191, 201, 205, 479
barres asymétriques 496, 497
barres parallèles 496, 497
barrette 268
barrette négative 359
barrette positive 359
barrière 205, 434
barrière de pneus 524
bas 257, 259, 506
bas de ligne 538
bas résille 257
bas-cuissarde 257
base 7, 118, 269, 370, 454, 533
base de dormant 186
base de la vague 33
baseball 474
baseball, lancer 475
baseball, position des joueurs 474
basilaire 435
basilic 142
basketball 488
basque 259
bassin 230, 381, 517
bassin de compétition 517
bassin de radoub 381
bassinet 107
basson 306
bassons 295
bateaux et embarcations, exemples 382
bâti 202
bâti du brûleur 529
bâtiment administratif 381
bâtiment du réacteur 409
bâton 476, 477, 514
bâton de ski 510
bâton de softball 477
bâtonnet 119
bâtonnet de colle 341
bâtons de golf, types 505
battant 186, 309
batte 478
batterie 221, 228, 308, 416
batterie d'accumulateurs 359, 411
batterie d'accumulateurs 350
batterie de cuisine 174
batteur 478, 479
batteur à main 176
batteur à œufs 172
batteur sur socle 176
baudrier 353
baudroie 160
bavette 260, 261
bavette garde-boue 349, 364, 365
bavette garde-neige 523
bavoir 260
bavolet 248
bec 78, 167, 197, 216, 306, 311
bec corné 76
bec de bord d'attaque 393
bec fixe 425
bec mobile 425
bec verseur 180, 181, 215
bec-de-cane 186
bécarre 299
bêche 233
becquerel 426
becs, exemples 79
bégonia 56
Bélarus 450
belette 88
Belgique 449
Belize 448
bémol 299
Bénin 451
bénitier 446
benne 400
benne à ordures 364
benne basculante 401
benne tasseuse 364
béquet 366
béquille 277, 365, 387, 395
béquille centrale 367
béquille commune 466
béquille d'appoint 361
béquille d'appui 361
béquille d'avant-bras 466
béquille latérale 367, 369
berceuse 200
béret 239
bergamote 134
berge 342
berger allemand 86
bergère 200
bergerie 122
berline 347
berlingot 163
bermuda 254
bette à carde 125
betterave 129
beurre 150
beurrier 166
Bhoutan 453
biais 260
bibliothèque 433, 444
biceps brachial 96
biceps crural 97
bicyclette 370
bicyclette de course 373
bicyclette de tourisme 373
bicyclette de ville 373
bicyclette hollandaise 373
bicyclette tout-terrain 373
bicyclette, accessoires 372
bicyclettes, exemples 373
bidet 195
bidon 371
bief d'amont 406
bief d'aval 406, 407
bielle 360
bière 120
bifteck 152
bigorneau 157
bigoudi 268
bijouterie 264, 436
billard 502
billard anglais 503
billard français 502
billard pool 502
bille 312, 332
bille blanche 503
bille blanche mouchetée 503
bille bleue 503
bille brune 503
bille de choc 502, 503
bille de visée blanche 502
bille jaune 503
bille noire 503
bille rose 503
bille rouge 502, 503
bille verte 503
billes numérotées 502
billes rouges 503
billet de banque 441
billetterie 294, 390
billetterie express 294
bimah 447
binette 233
biologie 426
biosphère 44
biosphère, structure 44
biseau 305, 460
bison 84
bitte 385
blaireau 88, 271
blanc 418, 468
blanche 299
Blancs 469, 470
blazer 254
blé 61, 143
blé : épi 61
bleu 418
bleu danois 151
bleuet 132
bloc 473
bloc convertisseur 321
bloc d'arrêt 229
bloc de culasse 534
bloc de départ 473
bloc de pression 425
bloc opératoire 464
bloc pneumatique 376
bloc-cylindres 360
bloc-éphéméride 338
bloc-essieu 526, 527
bloc-moteur 176, 177, 180, 208, 272, 376
bloc-notes 338
blocage de l'inclinaison 227
blocage de l'interrupteur 228
blocage du pivot 224
blogue 335
bloqueur droit 485
bloqueur gauche 485
blouson court 249
blouson d'entrainement 262
blouson long 249
blousons 248
boa 77
bob 239
bobine 319
bocal 306
body 258
bogie moteur 376
bogie porteur 376
bois 25, 505
bois de cœur 63
bois, famille 295
boisseau d'embouchure 307
boissons 120
boîte à courrier 338

boîte à fromage 163
boîte à gants 354
boîte à leurres 538
boîte à onglets 226
boîte à outils 225
boîte à œufs 162
boîte à poussière 229
boîte d'encastrement 198
boîte d'engrenage multiplicateur 413
boîte de conserve 163
boîte de vitesses 350
boîte électrique 411
boîte en zinc (anode) 417
boîte pour seringues usagées 457
boîte-classeur 340
boîtes alimentaires 162
boîtier 199, 218, 225, 228, 229, 271, 314, 424
boîtier à double rangée de connexions 417
boîtier de batterie 359, 365
boîtier du moteur 235
boîtier du ventilateur 270
boîtier tour : vue arrière 329
boîtier tour : vue avant 329
bol 166, 176, 177
bol à raser 271
bol à salade 166
bol verseur 177
boléro 254
Bolivie 448
bols à mélanger 172
bols de cuisson 179
bombe volcanique 28
bôme 520
bonbout 240
bonde 197
bonde de fond 184
bongo 309
bonnet 259, 514, 516
bonnet pompon 239
bord 55, 238, 239
bord antérieur 73
bord d'attaque 393
bord d'une feuille 55
bord de fuite 392
bord externe 73
bord interne 73
bord libre 114
bord postérieur 73
bord tranchant 398
bord-côte 247, 250, 261
bordure 182, 205, 519, 524
bordure d'allée 230
bordure de quai 374, 379
bordure de trottoir 434
borne 198, 210, 359
borne d'incendie 434
borne d'incendie 454
borne de gonflage 346
borne de mise à la terre 322
borne négative 359, 416, 417
borne positive 359, 416, 417
bornes de raccordement des antennes 322
bornes de raccordement des enceintes 322
Bosnie-Herzégovine 450
Botswana 452
botte 125, 241, 525
botte de caoutchouc 454
botte rigide 513
botte souple 513
bottillon 240
bottine 241
bouche 71, 72, 73, 75, 90, 94, 116, 305, 534
bouche d'air 354
boucherie 120
bouchon 176, 267, 409, 460, 532
bouchon antifuite 529
bouchon de dégorgement 197
bouchon de remplissage 237, 358
bouchon de scellement 417
bouchon de vidange 194, 211
bouchon de vidange d'huile 360
bouchon du réservoir 364, 368
boucle 246, 276, 343, 353, 511
boucle de ceinture 248
boucle de piquet 528, 529
boucle de réglage 527, 532
boucle piquée 509
boucles d'oreille 264
boucles d'oreille à pince 264
boucles d'oreille à tige 264
boucles d'oreille à vis 264
bouclier 235, 507
bouclier arrière 7
bouclier thermique 12
boudin 156
bouée de sauvetage 387, 457
bougie 237
bougie d'allumage 359, 360
bouilloire 180
boulangerie 121
boulangerie-pâtisserie 437
boule à thé 173
boule d'attelage 356
bouleau 64
bouledogue 86
boulet 83
boulevard 25, 433
boulevard périphérique 25
boulon 222, 223, 224
boulon à ailettes 221
boulon à épaulement 223
boulon à gaine d'expansion 221
boulons 223
bourdalou 238
bourdon 69, 296
bourgeon 54
bourgeon axillaire 53
bourgeon gustatif 118
bourgeon terminal 53
bourrache 142
bourre 534
bourrelet 358
bourse à monnaie 275
boussole magnétique 533
bout 167, 536
bout du nez 83
bout fleuri 240
bouteille 532
bouteille à gaz médical 464
bouteille d'air comprimé 454
bouteille en verre 163
bouteille isolante 532
bouteur 398
boutique 280
boutique hors taxe 391
bouton 199, 202, 245, 250, 296, 301
bouton à friction 425
bouton alimentation papier 333
bouton champignon 332
bouton d'alimentation papier 443
bouton d'appel 287
bouton d'appel pour piétons 434
bouton d'arrêt 235
bouton d'éjection 323
bouton d'éjection 315
bouton d'éjection de la disquette 329
bouton d'éjection du CD/DVD-ROM 329
bouton d'enregistreur vocal 337
bouton d'essai 454
bouton de blocage 225, 229
bouton de clé 306
bouton de combinaisons 305
bouton de commande 210
bouton de contrôle 332
bouton de démarrage 329, 336
bouton de démarrage et de rétroéclairage 337
bouton de démarreur 368
bouton de déverrouillage de l'écran 336
bouton de mise au point 8, 9
bouton de piston 307
bouton de registre 305
bouton de réinitialisation 329, 471
bouton de remise à zéro 323
bouton de sortie 337
bouton de vaporisation 208
bouton de verrouillage 352
bouton de verrouillage de l'interrupteur 227
bouton du pavé tactile 336
bouton fixe-courroie 303
bouton floral 53
bouton marche/arrêt 180, 333
bouton moleté 219
bouton-guide 227
bouton-poussoir 176, 214, 312
bouton-pression 243, 249
boutonnage sous patte 251
boutonnière 246, 248
boutons de lancement d'applications 337
boutons de réglage 318
boutons programmables 332
box 438
boxe 498
boxeur 498
bœuf 85
bœuf haché 152
bracelet 424, 486
bracelet lesté 500
bracelet tubulaire 264
bracelets 264
brachial antérieur 96
bractée 60
braguette 246, 247, 260
brancard 231, 400, 460
branche 125, 222, 270, 273, 416, 460, 535
branche à fruits 62
branche d'embouchure 307
branche maîtresse 63
branchement au réseau 198
branchement de l'abonné 198
branchement du distributeur 198
branchement pluvial 434
branchement, exemples 197
branchies 73
brandebourg 249
bras 83, 91, 93, 95, 206, 236, 399, 400, 412, 467
bras d'éloignement 362
bras d'essuie-glace 355
bras de delta 32
bras de fourche 396
bras de levage 399
bras de plaquette 273
bras de suspension 212, 351
bras du longeron 398
bras gicleur 214
bras mort 32
bras spiral 6
brasero 283
brassard 486
brassard pneumatique 461
brasse 517
brassière 260
break 347
brelan 468
Brésil 448
bretèche 282
bretelle 259, 343, 375, 388, 532
bretelle boutonnée 261
bretelle de raccordement 343
bretelle réglable 260
bretelles 246
brèves 313
bricolage 216
bride 265
bride de fixation 8, 9
bride de suspension 250
brie 151
brique 163
brique réfractaire 192
briquet 218
briquette 163
brise-glace 384
brise-jet 236
broche 198, 199
broche de connexion 417
brochet 160
brocoli 127
brocoli italien 127
brodequin de randonnée 242
brodequin de sécurité 459
brodequin de travail 240
bronche lobaire 105
bronche principale 105
bronchiole terminale 105
brosse 61, 209, 215, 272
brosse à dents 272
brosse à épousseter 209
brosse à légumes 173
brosse à mascara 266
brosse à planchers 209
brosse anglaise 268
brosse centrale 365
brosse de curling 515
brosse de nettoyage 271
brosse latérale 365
brosse pneumatique 268
brosse pour le bain 267
brosse pour le dos 267
brosse ronde 268
brosse-araignée 268
brosse-peigne pour cils et sourcils 266
brosses à cheveux 268
brou 60
brouette 231
brouillard 41
broyeur 49, 197, 402
brûleur 210, 529
brûleur bec plat 218
brûleur flamme crayon 218
brume 41
Brunéi Darussalam 453
buanderie 188, 439
buccin 157
bûcher 192
bûchette 249
buffet 203, 438
buffet-vaisselier 203
buffle 84
buisson 43
bulbe 6, 114, 125
bulbe d'étrave 385, 387
bulbe olfactif 117
bulbe rachidien 109
bulbe, coupe 54
Bulgarie 450
bulles d'air 339
bureau 189, 346, 438, 439
bureau d'élève 444
bureau de formation professionnelle 442
bureau de l'enseignant 444
bureau de l'infirmière en chef 463
bureau de l'urgentiste 462
bureau de poste 433, 437
bureau de réservation de chambres d'hôtel 390
bureau des douanes 381
bureau des greffiers 440
bureau des surveillants 445
bureau du directeur 443, 445
bureau du gymnase 444
bureau du travailleur social 463
bureautique 329
Burkina Faso 451
Burundi 451
buse 216, 219, 236, 270, 272
buse de refoulement 184
buse vapeur 181
bustier 259
but 480, 482, 485, 489, 507
butée 226, 511, 514, 521
butée de porte 211
butée talonnière 467
butoir 375
butte 36

C

caban 251
cabas 276
cabine 386, 395, 398, 399, 400, 401
cabine d'ascenseur 287
cabine de commande 397
cabine de conduite 376, 377
cabine de déshabillage 465
cabine de douche 195
cabine de pilotage 383, 385
cabine de première classe 392
cabine de projection 294
cabine des passagers 383, 386, 387
cabine photographique 437
cabine touriste 393
cabinet des juges 440
câble 228, 332, 356, 364, 501, 535
câble d'accélération 237
câble d'acier 535
câble de bougie 350, 360
câble de commande 372
câble de frein 371
câble de l'antenne haute fréquence 394
câble de levage 287, 397

INDEX FRANÇAIS

câble de raccordement 324
câble de synchronisation 337
câble électrique 354, 434
câble porteur 344
câble pour interface numérique d'instruments de musique (MIDI) 311
câble téléphonique 434
câbles de démarrage 356
câblodistributeur 316
cabriolet 200, 347
cacao 148
cachalot 90
cache-cœur 255
cache-oreilles abattant 238
cæcum 106
cadenas 372
cadran 422, 424, 533
cadran solaire 424
cadre 204, 274, 277, 297, 367, 412, 460, 492, 494, 502, 522
cadre métallique 304
cadreur 290
café 148, 432, 437
café et infusions 148
café torréfié, grains 148
café verts, grains 148
cafétéria 445
cafetière 531
cafetière à infusion 181
cafetière à piston 181
cafetière espresso 181
cafetière filtre 181
cafetière napolitaine 181
cafetières 181
cage 281, 473
cage d'escalier 189
cage de scène 292
cage vitrée 423
cageot 162
cagoule 239, 524, 530
cahier 313
caïeu 54
caille 81, 154
caïman 77
caisse 121, 231, 303, 304
caisse bombée 297
caisse circulaire 296
caisse claire 295, 308
caisse de batterie électronique 311
caisse de résonance 296, 297, 302
caisse enregistreuse 121
caisse roulante 308
caisse triangulaire 297
caisses 121
caissette 162
caissière 121
caisson 192
caisson de portière 352
calame 312
calandre 348, 364, 409
calcanéum 99
calculatrice à imprimante 337
calculatrice scientifique 337
calculette 274, 337
cale 224
cale à conteneurs 383
cale-pied 370, 372, 501
caleçon 247
caleçon long 247
calendrier-mémorandum 338
calice 56, 59, 60, 107, 446
calicule 59
Callisto 2
calmar 157
caloporteur 408
caloporteur chaud 408
caloporteur refroidi 408
calot 238
calotte 78, 238, 239, 412
calotte glaciaire 40
cambium 63
Cambodge 453
cambre 273
cambrure 240
caméléon 77
camembert 151
caméra 290, 525
caméra de télévision couleur 10
Cameroun 451
caméscope mini-DV : vue arrière 320
caméscope mini-DV : vue avant 320
camion porteur fourgon 365
camion-benne 401
camion-citerne 364
camion-toupie 365
camionnage 364
camionnette 347
camions d'incendie 455
camions, exemples 364
camomille 148
campagne 431
camping 528
Canada 448
canadienne 249
canal à venin 76
canal de fuite 407
canal de projection 365
canal déférent 111
canal droit 324
canal du Mozambique 20
canal éjaculateur 111
canal gauche 324
canal lacrymal 119
canal radiculaire 101
canal semi-circulaire antérieur 116
canal semi-circulaire externe 116
canal semi-circulaire postérieur 116
canal siphonal 73
canal sudoripare 114
canalisation 357
canalisation d'arrosage 365
canalisation de branchement 194
canapé 200
canapé capitonné 200
canapé convertible 204
canard 81, 155
candela 426
caniche 86
canine 101
canne 273
canne à lancer 537
canne à mouche 536
canne avec poignée orthopédique 466
canne avec quadripode 466
canne en C 466
canne en T 466
canneberge 132
cannelle 138
cannelloni 146
cannelure 359
cannette 163
canon 83, 534
canon à électrons 318
canon à mousse 385
canot pneumatique de sauvetage 383
canotier 238
cantaloup 135
cantonnière 277
canyon sous-marin 33
cap 24
cap de Bonne-Espérance 20
cap Horn 17
Cap-Vert 451
cape 251
cape de bain 260
capeline 239
capitaine 515
capitale 23
capitule 57
capot 208, 209, 333, 348, 364, 417, 523
capsule 51, 467
capsule à membrane 360
capsule à vis 163
capsule, coupe 60
capteur de télécommande 318
capteur de vitesse de roue 357
capteur optique 332
capteur solaire plan 410
capture 470
capuche 260
capuchon 249, 312, 467, 505, 508
capuchon coulissé 261
capuchon d'objectif 314
capuchon de connexion 217
capuchon de protection 420
caquelon 174
car de reportage 316
carabine (canon rayé) 534
caraco 258
carafe 165
carafon 165
carambole 137
carapace 71
caravane 361
caravane flottante 385
caravane tractée 361
carburant diesel 405
carburateur 366
carburéacteur 405
cardamome 138
carde 125
cardigan 250, 255
cardinal 80
cardon 125
carénage 366
carénage avant 348
carène 74
caricature 313
carillon tubulaire 295, 309
carlingue centrale 385
carnivores 45
caroncule lacrymale 119
carotte 129
Carpates 18
carpe 160
carre 509, 510
carré 429, 468
carreau 186, 468
carrefour giratoire 342
carrosserie 212, 213, 348
carrosseries, exemples 347
carte de circuit imprimé 417
carte de crédit 441
carte de débit 443
carte de ligne 378
carte de mémoire 315
carte de réseau 379, 380
carte géographique 444
carte isolée 468
carte météorologique 38, 39
carte physique 24
carte politique 23
carte routière 25
carter 237, 360, 537
carter d'embrayage 368
carter de sécurité 237
cartes 468
cartes, symboles 468
cartilage de l'aile du nez 117
cartilage de la cloison 117
cartographie 21
carton 163
cartouche 216, 312, 459
cartouche (carabine) 534
cartouche (fusil) 534
cartouche jetable 218
carvi 138
casaque 255
case 288, 469
case blanche 470
case noire 470
caserne de pompiers 433
casier 203
casier à beurre 211
casier laitier 211
casiers des élèves 445
casque 10, 454, 478, 486, 498, 506, 508, 510, 513, 522, 524, 525, 526, 527
casque d'écoute 324
casque de frappeur 476
casque de protection 367, 372
casque de sécurité 458
casque intégral 525
casquette 238, 456
casquette norvégienne 238
casse-noix 170
Cassegrain, foyer 7
casserole 175
cassette 326, 333
cassette vidéo 319
cassette vidéo compacte, adaptateur 320
cassis 132
cassonade 149
castagnettes 295, 309
castes 68
castor 82
catadioptre 370, 523
catamaran 521
caténaire 376
cathédrale 284
cathédrale gothique 284
cathédrale, plan 285
cathode 417
causeuse 200, 439
Cavalier 470
cave à vins 438
cavité abdominale 111, 112
cavité buccale 105, 106
cavité nasale 105
cavité pleurale 105
cédrat 134
cèdre du Liban 65
ceinture 200, 201, 202, 225, 246, 248, 499, 532
ceinture d'astéroïdes 3
ceinture d'haltérophilie 500
ceinture de Kuiper 2
ceinture de sécurité 353
ceinture élastique 247, 249
ceinture montée 246, 249
ceinture porte-outils 225
ceinture ventrale 205
ceinturon de service 456
céleri 125
céleri-rave 129
cellule 67, 281
cellule animale 66
cellule convective 43
cellule végétale 50
cellules 440
cément 101
cent 427, 440
centrale 406
centrale hydroélectrique, coupe 407
centrale thermique au charbon 402
centre 293, 428, 470, 481, 482, 485, 507, 515
centre arrière 485
centre commercial 431, 436
centre de tri 49
centre droit 482
centre gauche 482
centre-ville 431, 432
centrifugeuse 11, 180
centriole 66
cep de vigne 62
cèpe 123
céphalothorax 70, 71
cercle 273
cercle central 481, 488, 507
cercle d'ascension droite 8, 9
cercle d'attente 474
cercle de déclinaison 8, 9
cercle de la station 39
cercle de lancer 472, 473
cercle de mise au jeu 506
cercle de serrage 308
cercle extérieur 515
cercle intérieur 515
cercle polaire antarctique 15, 21, 22
cercle polaire arctique 21, 22
cercle porte-lame 401
cercle restrictif 488
céréales 61, 143
Cérès 2
cerf de Virginie 84
cerf du Canada 84
cerfeuil 142
cerise 132
cerne annuel 63
cerneau 60
cerques 536
cerveau 71, 109
cervelet 109
cervelle 154
Chac-Mool 283
chaîne 370, 372
chaîne alimentaire 45
chaîne coupante 235
chaîne de levage 396
chaîne de montagnes 5, 24, 26
chaîne de neurones 110
chaîne de sûreté 361
chaîne nerveuse ventrale 71
chaîne stéréo 322
chaînette de levage 196
chaire 446
chaise 201, 444
chaise berçante 201
chaise haute 205
chaise longue 201

chaise pliante 201
chaise-escabeau 201
chaises empilables 201
chaises, exemples 201
chalaze 79
chalet de montagne 512
chalet du sommet 512
chalet principal 512
chaloupe de sauvetage 382, 386
chalumeau 296
chalutier 384
chambranle 185, 186
chambre 189, 528
chambre à air 79
chambre antérieure 119
chambre d'expansion 424
chambre d'hôpital 464
chambre d'isolement 462
chambre d'observation 462, 465
chambre d'observation psychiatrique 462
chambre de combustion 192, 360
chambre de décharge 278
chambre de la reine 278
chambre des pompes 384
chambre double 439
chambre du roi 278
chambre forte 443
chambre froide 120, 121
chambre photographique 315
chambre postérieure 119
chambre principale, plafond cathédrale 189
chambre principale, toit cathédrale 189
chambre pulpaire 101
chambre simple 439
chambre souterraine 278
chambres d'hôtel 439
chameau 85
champ centre 475
champ droit 475
champ gauche 475
champ géothermique 402
champ magnétique 318, 416
champignon 52
champignon de couche 123
champignon mortel 52
champignon vénéneux 52
champignon, structure 52
champignons 123
chanfrein 83
changement de disque 323
changement de piste/lecture rapide 319, 323
chanterelle commune 123
chape 190
chapeau 52, 313
chapeau de feutre 238, 239
chapeau de ventilation 194
chapelle 282
chapelle axiale 284, 285
chapelle latérale 284
chapiteau 302
chapon 155
chapska 238
charcuterie 156
charge électrique, mesure 426
chargeur 228
chargeuse frontale 399
chargeuse-pelleteuse 399
chariot 290, 397, 421, 505, 521
chariot à bagages 374
chariot élévateur 396
chariots 121
Charles IX 241
charnière 178, 214, 274, 277, 352, 420, 511
charnière de la visière 367
Charon 3
charpente 187, 279, 280
chasse 534
chasse-clou 220
chasse-neige à soufflerie 365
chasse-pierres 376, 377
châssis 308, 309, 396, 400, 401
chasuble 252
chat 87
chat de l'île de Man 87
chat, tête 87
châtaigne d'eau 124
château fort 282
chats, races 87
chauffage 192
chauffage au bois 192
chauffe-eau 194
chaufferette 529
chaumard 521
chaussée 342, 345, 434
chaussette 247, 257, 480, 486, 492
chaussette-étrier 476
chaussettes 247
chaussettes hautes 483
chausson intérieur 511, 527
chaussure 478, 488, 509, 514, 522, 524, 527
chaussure à crampons 476, 483, 486
chaussure d'haltérophilie 500
chaussure de football 480
chaussure de piste 473
chaussure de saut à ski 513
chaussure de ski 510, 511
chaussure de sport 262
chaussure de tennis 492
chaussure, parties 240
chaussures 240
chaussures d'homme 240
chaussures de femme 241
chaussures de golf 505
chaussures unisexes 242
chayote 129
chef décorateur 290
chef électricien 291
chef machiniste 290
chef opérateur du son 291
chemin 504
chemin d'évacuation 345
chemin de fer 25
chemin de fer métropolitain 378
chemin de ronde 282
chemin de ronde couvert 282
chemin de roulement 397
cheminée 28, 183, 188, 193, 382, 402
cheminée à foyer ouvert 192
cheminée antisuie 386
cheminée d'échappement 364, 401
chemise 245, 340, 534
chemise de nuit 256
chemise du donjon 282
chemise en acier 417
chemisier classique 255
chêne 64
chenets 193
chenille 67, 398, 523
chèque de voyage 441
chèques 441
chéquier 274
chercheur 8, 9
chérimole 136
cheval 83, 85
cheval d'arçons 496
cheval d'arçons 496
cheval sautoir 496, 497
cheval, morphologie 83
chevalet 297, 301, 302, 303
chevalet des aigus 304
chevalet des basses 304
chevalière 264
chevelu 63
chevet 285
cheveux 93, 95
cheville 92, 94, 202, 301, 302
cheville d'accord 304
chevillier 301
chèvre 84
chèvre frais 150
chevron 187
chiasma optique 109
chicane 524
chicorée de Trévise 126
chicorée frisée 127
chien 86, 534, 535
chien, morphologie 86
chiens, races 86
chiffonnier 203
chiffres romains 427
Chili 448
chimie 414
chimpanzé 91
Chine 453
chinois 171
chipolata 156
chirurgie mineure 462
chloroplaste 50
chocolat 148
chocolat au lait 148
chocolat blanc 148
chocolat noir 148
chope à bière 165
chope à café 166
chorizo 156
choroïde 119
chou cavalier 126
chou de Milan 126
chou frisé 126
chou laitue 126
chou marin 126
chou pommé blanc 126
chou pommé rouge 126
chou pommé vert 126
chou-fleur 127
chou-rave 125
choux de Bruxelles 126
chœur 284, 285
chromatine 66
chromosphère 4
chronique 313
chronomètre 424
chronomètre électronique automatique 517
chronométreur 488, 498, 509
chronométreur de couloir 516
chronométreur des trente secondes 488
chronométreur en chef 516
chronométreurs 499
chrysalide 67
chukka 240
chute 31, 519
chute d'eau 32
chutney à la mangue 141
Chypre 450
cible 471
ciboule 124
ciboulette 124
ciel d'orage 41
cierge 446
cigale 69
cigogne 80
cil 66, 119
cilié 55
cils 87
cime 63
cimetière 25, 433
cimier mobile 7
cinéma 294, 386, 432, 436
cinéma maison 321
cinq 427
cinq cents 427
cinq-épices chinois 139
cinquante 427
cintres 292
circonférence 428
circuit capteurs 357
circuit d'eau chaude 194
circuit d'eau froide 194
circuit d'évacuation 194
circuit de freinage 350, 357
circuit de photopiles 411
circuit de plomberie 194
circuit de ventilation 194
circuit électrique en parallèle 416
circuit imprimé 417
circuit intégré 417
circuit intégré en boîtier 417
circuit, course automobile 524
circulation sanguine 102
circulation sanguine, schéma 103
cirque 5
cirque glaciaire 30
cirro-cumulus 42
cirro-stratus 42
cirrus 42
cisaille à haies 234
cisaille à volaille 173
ciseau à bois 229
ciseaux 461, 531
ciseaux à cuticules 265
ciseaux à effiler 270
ciseaux à ongles 265
ciseaux de coiffeur 270
ciseaux de cuisine 173
ciseaux de pédicure 265
ciseaux de sûreté 265
ciseaux sculpteurs 270
citerne 364, 385
cithare 296
citron 134
citrouille 129
civière 460
clairon 307
clapet 196
claque 240, 263
claquette 291
clarinette 306
clarinette basse 295
clarinettes 295
classeur 339
classeur à soufflets 274
clavardage 335
clavicule 98
clavier 304, 310, 327, 330, 336
clavier accompagnement 296
clavier alphanumérique 327, 346, 442, 443
clavier chant 296
clavier d'identification personnelle 443
clavier de grand orgue 305
clavier de positif 305
clavier de récit 305
clavier numérique 423
claviers manuels 305
clayette 211
clé 306
clé à douille à cliquet 223
clé à fourches 223
clé à molette 223
clé à tuyau 216
clé coudée à tuyau 216
clé d'ut 298
clé de bocal 306
clé de bras 499
clé de contact 237
clé de fa 298
clé de mandrin 228
clé de sol 298
clé de voûte 284
clé en croix 356
clé mixte 223
clé polygonale 223
clé polygonale à cliquet 223
clé polygonale à têtes fendues 223
clé USB 333
clés 216, 223, 298, 311
client 317
climatiseur 361
climats arides 40
climats de montagne 40
climats du monde 40
climats polaires 40
climats tempérés chauds 40
climats tempérés froids 40
climats tropicaux 40
cliquet 221
clitoris 112
cloche 239
clocher 285, 446
clocheton 282, 284, 285
clochettes 309
cloison 58, 117, 457, 469, 528
cloison longitudinale 384
cloison transversale 384
clôture 122, 182
clôture du champ extérieur 475
clôture en lattis 230
clou 220
clou à maçonnerie 220
clou à tête homme 220
clou à tige spiralée 220
clou commun 220
clou coupé 220
clou de girofle 138
clous, exemples 220
cobra 77
coccinelle 69
coccyx 98
cochlée 116
cochon d'Inde 82
cockpit 520
code des produits 423
code temporel 291
coffre 203, 349, 369, 410, 411
coffre à bagages 361
coffre d'appareillage 376
coffre de rangement 364, 455
coffre-fort 443
coffret 318
coffret de branchement 198
coffret de sûreté 443
coiffe 53, 536
coiffeur 290

coiffeuse 195
coiffure 238, 268
coiffures d'homme 238
coiffures de femme 239
coiffures unisexes 239
coin 305, 498
coin de patinoire 506
coin-repas 164, 188
coing 133
col 29, 244, 245, 248, 262, 318
col de l'utérus 112
col du fémur 99
col italien 245
col pointes boutonnées 245
col roulé 250, 514
col tailleur 251
col transformable 248
col-de-cygne 191, 400
colibri 80
collant 257
collant fantaisie 260
collant sans pieds 263
collatéral 285
collatérale 110
colle 190
collecte sélective 49
collecteur d'appareil 194
collecteur d'échappement 350, 360
collecteur d'électrons 417
collecteur d'évacuation 194
collecteur de graisse 179
collecteur principal 194
collet 53, 101, 167, 193, 535
collet de l'axone 110
colley 86
collier 174, 511
collier coupe-feu 193
collier de perles, longueur matinée 264
collier de serrage 501
collier de serrage du casque 10
collier de soirée 264
collier-de-chien 264
colliers 264
colline 29
colline abyssale 33
collybie à pied velouté 123
Colombie 448
côlon ascendant 106
côlon descendant 106
côlon pelvien 106
côlon transverse 106
colonne 31, 279, 302, 313, 380
colonne corinthienne engagée 281
colonne d'alcool 424
colonne de collecte du papier 49
colonne de collecte du verre 49
colonne de direction 350
colonne de mercure 424
colonne de ventilation 194
colonne de ventilation principale 194
colonne dorique engagée 281
colonne ionique engagée 281
colonne montante d'eau chaude 194
colonne montante d'eau froide 194
colonne vertébrale 98, 109
colorant capillaire 267
columelle 73
coma 6
combattant 499
combinaison 247, 261, 513, 525
combinaison de course 508
combinaison de nuit 261
combinaison de protection 525
combinaison de saut à ski 513
combinaison de ski 510, 514
combinaison résistante au feu 524
combinaison-jupon 258
combinaison-pantalon 254
combinaisons au poker 468
combiné 258, 327
combiné 2 dans 1 268
combiné bucco-dentaire 272
combiné-culotte 258
combustible 408
combustible fossile 46, 48
comète 6
commande amovible 179
commande d'accélération 235
commande d'essuie-glace 354
commande de chauffage 354
commande de dossier 353
commande de température 211
commande de vitesse 176
commande de volume de la sonnerie 327
commande de volume du récepteur 327
commande du chariot 421
commande du rétroviseur 352
commande du zoom 320
commande mémoire 327
commandes de la bande vidéo 320
commandes de préréglage 319
commandes du magnétoscope 319
commandes du treuil 364
commerce électronique 335
commissure labiale 116
commode 203
communication par téléphone 327
communications 312
communications aériennes 317
communications individuelles 317
communications industrielles 317
communications maritimes 317
communications militaires 317
communications routières 317
commutateur alimentation/fonctions 320
commutateur d'alimentation 315
commutateur d'allumage 354, 368
commutateur marche/arrêt 314
Comores 452
compactage 49
compartiment 286
compartiment bagages 376
compartiment d'accessoires 209
compartiment de réservoirs d'eau 394
compartiment de sac 209
compartiment des voitures 386
compartiment moteur 362
compartiment voyageurs 376
compartiment-couchette 364
compétition de cyclisme sur route 522
complexe hydroélectrique 406
complexe sportif 431
compluvium 280
composition du sang 104
compresse stérilisée 461
compresseur du climatiseur 360
comprimé 467
compte-tours 355
compteur 194, 323
compteur d'électricité 198
compteur kilométrique 355
comptoir d'enregistrement 390
comptoir de renseignements 390, 442, 463
comptoir de vente de friandises 294
comptoir des fromages 121
comptoir des viandes libre-service 120
comptoir du bar 438
concentration des gaz à effet de serre 46
concentré de tomate 140
concessionnaire d'automobiles 433
conchiglie 146
concombre 128
concombre sans pépins 128
condensateur à film plastique 417
condensateur céramique 417
condensateurs électrolytiques 417
condensation 45, 414
condensation de la vapeur 408
condenseur 402, 421
condiments 140
conditionnement d'air 386
condor 80
conducteur d'alimentation 198
conducteur de mise à la terre 198
conducteur dérivé 416
conducteur neutre 198
conduction 415
conduit auditif 116
conduit auditif externe 100
conduit d'aération 278
conduit d'essence 351
conduit de chauffage 213
conduit de la glande 76
conduit de raccordement 192
conduit lactifère 113
conduite à la terre 404
conduite d'alimentation 194
conduite d'eau 214
conduite d'eau chaude 197
conduite d'eau froide 197
conduite d'eau potable 434
conduite de gaz 434
conduite forcée 406, 407
conduite principale 196
condyle externe 99
condyle interne 99
cône 65, 119, 318, 429
cône adventif 28
cône d'ombre 4, 5
cône de pénombre 4, 5
cône femelle 65
cône mâle 65
confessionnal 446
configuration des continents 14
configuration du littoral 35
confluent 32
congélateur 164, 211, 438
congélateur coffre 211
Congo 20, 451
conifère 65
conifères, exemples 65
conjonctive 119
connecteur USB 333
connexion 470
conque 115
conserves 121
consigne automatique 374
console 283, 302
console centrale 354
console d'accotoir 200
console d'orgue 305
console de jeu 471
consommateurs primaires 45
consommateurs secondaires 45
consommateurs tertiaires 45
contact 470
contact de terre 198
contact électrique 314
contact négatif 410, 411
contact positif 410, 411
conteneur 383
conteneur à boîtes métalliques 49
conteneur à papier 49
conteneur à verre 49
conteneurs de collecte sélective 49
continent 5, 33
continental humide, à été chaud 40
continental humide, à été frais 40
continents, configuration 14
contre-fer 229
contre-flèche 397
contrebasse 301
contrebasses 295
contrebassons 295
contrefort 29, 262, 284
contremarche 191
contrepoids 8, 287, 345, 397, 400, 401
contrevent 186
contrôle 330
contrôle : sélection de groupe 330
contrôle de la stéréophonie 326
contrôle de la température du corps 10
contrôle de la vapeur 208
contrôle de sécurité 391
contrôle de tonalité des aigus 303, 322, 325
contrôle de tonalité des graves 303, 322, 325
contrôle des passeports 391
contrôle douanier 391
contrôle du champ sonore 322
contrôle du plateau 319, 323
contrôle du séquenceur 310
contrôle du volume 310
contrôles de l'équipement de survie 10
contrôles du lecteur de cassette 326
contrôles du lecteur de disque compact 326
contrôleur 374
contrôleur à vent de synthétiseur 311
contrôleur technique 509
convection 415
convertisseur catalytique 351
convertisseur de couple 212
convoyeur 402
coordonnées terrestres 21
copropriété 512
coq 81
coque 60, 157, 277, 361, 367, 520, 523
coque inférieure 511
coque supérieure 511, 527
coquelicot 56
coquillage bivalve 73
coquillage bivalve, anatomie 73
coquillage bivalve, morphologie 73
coquillage univalve 73
coquillage univalve, morphologie 73
coquille 72, 73, 79, 200, 486, 507
coquille Saint-Jacques 157
coquilleur à beurre 169
cor anglais 306
cor d'harmonie 307
corbeau 80, 192, 282
corbeille 293
corbeille à papier 341
corbeille à pollen 68
corbeille suspendue 230
corde 301, 302, 498, 535
corde à sauter 500
corde de couloir 517
corde de faux départ 516
corde de tension 297
corde de tirage 219
corde vocale 105
cordeau 225, 231
cordeau à tracer 225
cordée 55
cordes 297, 304
cordes d'accompagnement 296
cordes de mélodie 296
cordes de timbre 308
cordier 297, 301
Cordillère australienne 15
cordillère des Andes 17
cordon 208, 209, 217, 235, 237, 326
cordon coulissant 249
cordon d'alimentation 270, 271
cordon d'alimentation 177, 227, 229, 269, 322
cordon d'alimentation en courant continu 336
cordon d'alimentation pivotant 269
cordon d'alimentation secteur 336
cordon de combiné 327
cordon de dunes 36
cordon littoral 35
coriandre 142
corne antérieure 109
corne de feu 455
corne de guidage de l'attelage 376
corne postérieure 109
cornée 119, 419
cornemuse 296
cornet à dés 469
cornet à pistons 295, 307
cornet inférieur 117
cornet moyen 117
cornet supérieur 117
corniche 183, 185, 202, 279
cornichon 128
corolle 56
corona radiata 112
corps 118, 180, 228, 270, 305, 306, 312, 421, 425, 471, 536
corps calleux 109
corps caverneux 111
corps célestes 2
corps cellulaire 110
corps ciliaire 119

corps de garde 282
corps de l'ongle 114
corps de piston 307
corps de pompe 460
corps du fornix 109
corps humain 92
corps vertébral 110
corps vitré 119
corpuscule de Meissner 114
corpuscule de Pacini 114
corpuscule de Ruffini 114
correction d'exposition 314
cors anglais 295
cors d'harmonie 295
corsage-culotte 255
corsaire 254
corset 259
corymbe 57
cosse 60
Costa Rica 448
costume 290
côte 33, 152, 153, 536
côté 293
côte axiale 73
côté cour 293
Côte d'Ivoire 451
côte flottante (2) 98
côté jardin 293
côte spiralée 73
côtelette 153
côtes 98
côtes levées de dos 152
côtes, exemples 35
coton hydrophile 461
coton-tige 461
cotret 412
cottage 150
cotylédon 53
cou 76, 93, 94, 95, 111
cou-de-pied 92
couche 260
couche antireflet 410
couche arable 54
couche basale 114
couche claire 114
couche cornée 114
couche d'ozone 37
couche de cendres 28
couche de laves 28
couche de Malpighi 114
couche de surface 342
couche fluorescente 199
couche granuleuse 114
couche imperméable 403
couche-culotte 260
couches de déchets 47
coude 83, 86, 93, 95, 273
coudes 146
coudière 486, 527
coulant 273
coulée de boue 31
coulée de lave 28
couleur 468
couleurs, synthèse 418
couleuvre rayée 77
coulis de tomate 140
coulisse 246
coulisse d'accord 307
coulisse du deuxième piston 307
coulisse du premier piston 307
coulisse du troisième piston 307
coulisses 292
couloir 472, 490, 495, 516
couloir ascendant 278
couloir de sécurité 440
couloir descendant 278
coulomb 426
coulommiers 151
coup de patin 514
coupé 347
coupe à mousseux 165
coupe d'un bulbe 54
coupe d'un follicule : anis étoilé 60
coupe d'un grain de blé 61
coupe d'un observatoire astronomique 7
coupe d'un raisin 59
coupe d'un télescope 9
coupe d'une capsule : pavot 60
coupe d'une centrale hydroélectrique 407
coupe d'une fraise 59
coupe d'une framboise 59
coupe d'une gousse : pois 60
coupe d'une lunette astronomique 8
coupe d'une molaire 101
coupe d'une noisette 60
coupe d'une noix 60
coupe d'une orange 58
coupe d'une pêche 57
coupe d'une pomme 58
coupe d'une route 342
coupe d'une rue 434
coupe d'une silique : moutarde 60
coupe de l'atmosphère terrestre 37
coupe de la croûte terrestre 26
coupe de la nacelle 413
coupe sagittale 111, 112
coupe transversale du tronc 63
coupe-bordures 233
coupe-circuit d'urgence 368
coupe-cuticules 265
coupe-fil 217
coupe-ongles 265
coupe-œuf 173
coupe-papier 339
coupelle 207
coupelle d'étanchéité 459
couperet 169
couple 509
coupole du mihrab 447
coupole du porche 447
coupole rotative 7
coups 490
cour 122, 282, 447
cour de récréation 445
courant de convection 415
courant électrique, mesure 426
courant, adaptateur 336
courbure 538
courge 128
courge à cou droit 129
courge à cou tors 129
courge spaghetti 129
courgeron 129
courgette 128
couronne 4, 83, 101, 286, 308, 424, 441
couronne d'orientation 400
couronnement 191
courrier des lecteurs 313
courrier électronique 335
courroie d'entraînement 212
courroie de distribution 360
courroie de tige 511
courroie de transmission 383
courroie de ventilateur 350, 360
cours d'eau 32, 48
course automobile 524
coursier d'évacuateur 406
court 490
court de service droit 491
court de service gauche 491
court péronier latéral 97
courte piste 508
courtine 282
couscous 144
couscoussier 175
coussin arrière 502
coussin carré 204
coussin d'air 262
coussin de rembourrage 498
coussin de tête 502
coussinet en mousse 458
couteau 157, 167, 176, 177, 180, 531, 533
couteau à beurre 168
couteau à bifteck 168
couteau à découper 169
couteau à désosser 169
couteau à dessert 168
couteau à filets de sole 169
couteau à fromage 168
couteau à huîtres 169
couteau à jambon 169
couteau à pain 169
couteau à pamplemousse 169
couteau à poisson 168
couteau à zester 169
couteau d'office 169
couteau de chef 169
couteau de cuisine 169
couteau de table 168
couteau électrique 177
couteau suisse 531
couteaux de cuisine, exemples 169
couteaux, exemples 168
couture 477, 478
couture d'assemblage 243
couture médiane 245
couturier 96
couvercle 174, 177, 178, 179, 180, 181, 196, 198, 211, 212, 215, 225, 315, 454, 533
couvercle de batterie 359
couvercle de culasse 350, 360
couvercle de propreté 210
couvercle de réservoir 196
couvercle inférieur 417
couvercle supérieur 417
couvert 167
couverture 204
couvre-filtre 459
couvre-oreiller 204
couvre-prises 320
Cowper, glande 111
cœur 58, 71, 73, 104, 105, 154, 192, 468, 492
crabe 158
cracker de seigle 145
cracker scandinave 145
craie 503
crampon 263, 478
crampon de fermeture 277
crampons interchangeables 480
cran 244, 246, 422, 473, 536
cran de réglage 222, 511
crâne 92
crâne d'enfant 100
crâne, vue latérale 100
crapaud commun 75
cratère 5, 28
cravate 245
crawl 517
crayon 312, 409
crayon à sourcils 266
crayon blanchisseur d'ongles 265
crayon contour des lèvres 266
crayon en plomb 312
crédit photographique 313
crémaillère 178, 211, 473
crème 150
crème aigre 150
crème épaisse 150
crémier 166
crénelé 55
crépis 279
cresson alénois 127
cresson de fontaine 127
crête 29, 33, 406, 418
creux 33, 167, 418
creux barométrique 39
crevasse 30
crevette 158
cric 356
cricket 478
crinière 83
criquet mélodieux 69
cristallin 119, 419
cristallisation 414
cristaux liquides 424
critique gastronomique 313
Croatie 450
croche 299
crochet 70, 73, 186, 217, 225, 364, 397, 423, 460, 502, 509
crochet à venin 76
crochet de levage 403
crochet de petit doigt 307
crochet de pouce 307
crochet du plateau 422
crochet pétrisseur 176
crocodile 77
crocus 56
croisée 284
croisée du transept 285
croisillon 467
croissant 5, 144
croix d'autel 446
croix de Saint-André 187
crosne 124
crosse 52, 302, 466, 534
crosse de fougère 125
crosse de gardien de but 507
crosse de joueur 506
crottin de Chavignol 150
croupe 83
croupion 78
croûte basaltique 26
croûte continentale 26
croûte de cuir 246
croûte granitique 26
croûte océanique 26
croûte terrestre 26, 27
croûte terrestre, coupe 26
cruche 532
crucifix 446
crustacés 71, 158
Cuba 448
cube 429
cubes d'agneau 153
cubes de bœuf 152
cubes de veau 152
cubiculum 280
cubital antérieur 96, 97
cubital postérieur 97
cubitus 98
cuiller 167, 531, 538
cuiller à café 168
cuiller à dessert 168
cuiller à égoutter 173
cuiller à glace 173
cuiller à goûter 173
cuiller à soda 168
cuiller à soupe 168
cuiller à thé 168
cuiller de table 168
cuiller parisienne 173
cuilleron 167
cuillers doseuses 171
cuillers, exemples 168
cuisine 120, 162, 164, 188, 280, 439, 445
cuisinière à gaz 210
cuisinière électrique 210
cuissard 486, 522
cuissarde 241
cuissardes 538
cuisse 83, 86, 93, 95, 111, 112
cuit-vapeur 175
cuit-vapeur électrique 179
cuivres, famille 295
cul-de-sac de Douglas 112
cul-de-sac dural 109
cul-de-sac vésico-utérin 112
culasse 306
culbuteur 360
culée 284, 344
culot 199, 318, 359, 534
culot à baïonnette 199
culot à broches 199
culot à vis 199
culotte 259, 500, 506
culotte à ruchés 260
cumin 138
cumulo-nimbus 42
cumulus 42
cupule 60
curcuma 138
cure-ongles 265
curiosité 25
curleuse 515
curling 515
curry 138
curseur 422
curseur vers la droite 331
curseur vers la gauche 331
curseur vers le bas 331
curseur vers le haut 331
cuve 211, 212, 214
cuvette 196, 210, 302
cuvette ramasse-gouttes 181
cyan 418
cycle de l'eau 45
cycle des saisons 38
cyclisme 522
cyclisme sur route 522
cyclomoteur 369
cyclone 43
cyclone tropical 43
cylindre 429
cylindre de roue 357
cylindre de rubis 420
cylindre enregistreur 27
cylindre réflecteur 420
cymbale charleston 308
cymbale inférieure 308
cymbale supérieure 308
cymbale suspendue 308
cymbales 295, 309
cymbalette 309
cyme bipare 57
cyme unipare 57
cytopharynx 66
cytoplasme 50, 66, 112
cytoprocte 66
cytostome 66

D

dalle 230
dalmatien 86
Dame 468, 470
dames 469
dameuse 512
damier 470
Danemark 450
danois 86
Danube 18
date d'expiration 441
datte 132
dauphin 90
dauphin, morphologie 90
dé 469
dé à poker 468
dé doubleur 469
dé régulier 468
déambulateur 466
déambulatoire 285
débarbouillette 267
débardeur 250, 261, 263
débit de tabac 436
début 331
décagone régulier 429
décapeur thermique 219
décapeuse 400
décapsuleur 170, 531
décharge 431
déchets industriels 47
déchets nucléaires 48
déchiquetage 49
déclencheur 314
déclivité du terrain 182
décomposeurs 45
décor 291
décorateur 291
découpe 244
découpe princesse 258
découpes d'agneau 153
découpes de bœuf 152
découpes de porc 153
découpes de veau 152
défauts de la vision 419
défense 484
défenseur droit 506
défenseur gauche 506
défilement 331
déflecteur 236, 237, 364
déflecteur d'air chaud 192
déflecteur de chaleur 199
déflecteur de copeaux 227
déflecteur de fumée 192
défonceuse 229, 398
déforestation 47
dégagement d'air des citernes 385
dégagement du piston 216
dégrafeuse 341
degré 428
degré Celsius 426
Deimos 2
déjections animales 48
délégués techniques 509
delta 32, 35
deltoïde 96
démarreur manuel 237
démêloir 268
demeure seigneuriale 282
demi d'ouverture 482
demi de coin droit 484
demi de coin gauche 484
demi de mêlée 482
demi de sûreté droit 484
demi de sûreté gauche 484
demi offensif 485
demi-cercle 428, 488
demi-court de service en double 495
demi-court de service en simple 495
demi-lune 273
demi-manche 169
demi-membraneux 97
demi-pause 299
demi-soupir 299
demi-tendineux 97
demi-volée 490
dendrite 110
dénominations des cyclones tropicaux 43
dénoyauteur 173
dent 74, 76, 167, 226, 227, 235, 270, 398, 400, 503, 509
dent de défonceuse 398
dent de godet 399
dent de sagesse 101
denté 55
dentifrice 272
dents 101
denture humaine 101
dénude-fil 217
déodorant 267
dépanneuse 364
départ 469
départ des 400 m (course, haies, relais) 473
départ des télécabines 512
départ des télésièges 512
départ du 10 000 m et du relais 4 x 400 m 473
départ du 100 m (course et haies) 472
départ du 110 m haies 472
départ du 1500 m 473
départ du 200 m 472
départ du 5000 m 472
départ du 800 m 473
déplacement 418
déplacement des électrons, sens 416, 417
déplacement diagonal 470
déplacement en équerre 470
déplacement horizontal 470
déplacement vertical 470
déplacements, échecs 470
déporteur 392
dépression 39
dérailleur 522
dérailleur arrière 370, 372
dérailleur avant 370, 372
derby 240
dérive 393, 395, 519, 520
dérive aérienne 383
dériveur 520, 521
derme 114
dernier croissant 5
dernier quartier 5
dés 468
descente 511
descente de gouttière 182
désert 36, 40, 44
désert d'Atacama 17
désert de Gobi 19
désert de pierres 36
désert de sable 36
désert du Kalahari 20
désert du Namib 20
désert du Sahara 20
déshabillé 256
desserte 202
dessous 292
destination 374
destructeur de documents 341
détecteur d'impact primaire 354
détecteur de fumée 454
détecteur de mouvement 286
détecteur de sécurité 354
détente 534
détroit 24
détroit de Bass 15
détroit de Béring 16
détroit de Cook 15
détroit de Drake 15, 17
détroit de Gibraltar 18
détroit de Torres 15
deuxième but 474
deuxième espace 489
deuxième joueuse 515
deuxième ligne 482
deuxième molaire 101
deuxième prémolaire 101
deuxième radial externe 97
deuxième-but 474
devant 244, 245
devant d'autel 446
déverrouillage de l'objectif 314
déversement d'hydrocarbures 48
dévidoir 236
dévidoir de ruban adhésif 341
dévidoir pistolet 341
dévidoir sur roues 236
devise 441
diable 175, 396
diamètre 428
diaphragme 105
dièse 299
diesel-navire 405
différence de potentiel électrique, mesure 426
différentiel 351
diffuseur 290
diffusion d'information 335
dinde 155
dindon 81
diode 411
Dioné 3
directeur artistique 290
directeur de course 522
directeur de la photographie 291
direction de La Mecque 447
direction du vent 39
direction et force du vent 39
discontinuité de Gutenberg 26
discontinuité de Mohorovicic 26
disjoncteur 407
dispositif anti-bascule 467
dispositif antidébordement 214
dispositif de blocage 219
dispositif de fermeture 535
dispositif de poussée 312
dispositif de remorquage 364
dispositifs de contact 198
disposition des informations d'une station 39
disquaire 436
disque 6, 333, 357, 472, 501
disque abrasif 229
disque compact 326
disque de papier-diagramme 365
disque dur amovible 333
disque numérique polyvalent (DVD) 319
disques 177
disquette 333
distillation sous vide 405
distributeur d'essence 346
distributeur de billets 437, 442
distributeur de boissons 346, 463
distributeur de correspondances 379
distributeur de détergent 214
distributeur de glaçons 164, 346
distributeur de lames 271
distributeur de produit de rinçage 214
distributeur de trombones 341
distribution de la végétation 44
ditali 146
division 337, 427
division du noyau 415
division territoriale 23
divisions cartographiques 22
dix 427
Dix commandements 447
djembé 297
Djibouti 451
Dniepr 18
do 298
dodécagone régulier 429
doigt 75, 79, 82, 114, 243, 477
doigt de jupe 383
doigt externe 78
doigt interne 78
doigt lobé 79
doigt médian 78
doigt palmé 75, 79
doigt postérieur 78
doigt préhensile 91
doigtier 339
doline 31
dolique à œil noir 130
dolique asperge 130
dolique d'Égypte 130
doliques 130
dollar 440
domaine de premier niveau 334
domaine de second niveau 334
domaine skiable 512
Dominique 449
domino d'accouplement 305
dominos 468
donjon 282
dorade 159
dormant 186, 202
dormeuse de croissance 260
dormeuse-couverture 261
dorsale du Pacifique Est 34
dorsale médio-atlantique 34
dorsale médio-indienne 34
dorsale médio-océanique 33
dorsale Pacifique-Antarctique 34
dorsale Sud-Est-indienne 34
dorsale Sud-Ouest-indienne 34
dorsales océaniques 34
dos 78, 83, 86, 93, 95, 115, 167, 169, 226, 244
dos d'un gant 243
dos de la langue 118
dos du nez 117
dossard 473
dosseret 210, 212, 213
dossier 201, 205, 353, 369, 467, 523
dossier inclinable 460
dossier suspendu 340
dossière 76
double 468
double barre oblique 334
double bémol 299
double boutonnage 248
double croche 299
double dièse 299
double paire 468
double platine cassette 325
double toit 528, 529
double-blanc 468
double-six 468
doublement denté 55
doublure 240, 244, 245, 262, 274, 509
douche 189, 439, 464
douchette 195, 197
Douglas, cul-de-sac 112
douille 534
douille de lampe 199
douille de plastique 534
douilles, jeu 223
douve 282
dragonne 277, 510, 514
drap 204
drap de bain 267
drap-housse 204
drapeau 482
drapeau amovible 504
drapeau de centre 480
drapeau de coin 481
drapeau de l'Union européenne 441
drapeaux 448
droit antérieur de la cuisse 96
droit interne 97
dromadaire 85
drumlin 29
drupéole 59
duffle-coat 249
dune 35
dune complexe 36
dune en croissant 36
dune parabolique 36
dunes longitudinales 36
dunes transversales 36
dunes, exemples 36
duo 300
duodénum 106
dure-mère 109, 110
durian 137
durite de radiateur 358
dyke 28
dynamo 370

E

eau 402
eau de fonte 30
eau de parfum 267
eau de toilette 267
eau dentifrice 272
eau des nuages 48
eau oxygénée 461
eaux usées 48
éboulement 31
ébrancheur 234
ébrasement 285
écaille 54, 74, 76, 79
écailles de cyprès 65
écailleur 531
écartement des électrodes 359
échalote 124
échancrure 301
échancrure de la conque 115
échangeur 431

échangeur en losange 342
échangeur en trèfle 342, 343
échangeur en trompette 342
échangeurs, exemples 342
échantillonneur 310
échappement 330
écharpe 187
échauguette 282
échecs 470
échecs, mouvements 470
échelle 184, 288, 361, 401, 404, 469, 533
échelle Celsius 424
échelle coulissante 219
échelle d'onglet 226
échelle de profondeur 227
échelle de tête 455
échelle des altitudes 37
échelle des températures 37
échelle Fahrenheit 424
échelle graduée 422, 423
échelles 219
échelon 219
échenilloir-élagueur 234
échinodermes 66
échiquier 470
éclair 41
éclairage 199, 269, 380
éclairage de sécurité 457
éclairage/clignotant 354
éclipse annulaire 4
éclipse de Lune 5
éclipse de Soleil 4
éclipse partielle 4, 5
éclipse totale 4, 5
éclipses de Lune, types 5
éclipses de Soleil, types 4
éclisse 301, 302
écluse 381
école 444
école de ski 512
économie 441
écorce 58, 63
écoulement souterrain 45
écoute de foc 520
écoute de grand-voile 520
écouteur 324
écouteurs 325, 326
écoutille 13
écoutille d'accès 12
écran 318, 326, 329, 336, 338, 346, 439, 442, 443, 471, 479
écran à cristaux liquides 315, 320, 326, 327
écran d'affichage 328
écran de contrôle 314
écran de l'ordinateur 10
écran de projection 294
écran de protection 474
écran protecteur 7
écran tactile 337
écrevisse 158
écritoire 275
écriture, instruments 312
écrou 222, 223
écrou à collet 197
écrou à oreilles 223
écrou borgne 223
écrou de blocage 536, 537
écrou de bonde 197
écrou de fixation 197
écrou de la lame 227
écrou de montage 535
écrou du porte-outil 229
écrou hexagonal 223, 359
écrous 223
écubier 383, 387
écueil 35
écume 33
écumoire 173
écureuil 82
écusson 73, 186, 477
édicule 378
édifice à bureaux 432, 435
édifice public 25
éditorial 313
édredon 204
éducation 444
effacement arrière : effacement 331
effacement de mémoire 337
effacement partiel 337
effacement total 337
effet de serre 46
effet de serre naturel 46
effigie 441
effluent 32
égal ou plus grand que 427
égal ou plus petit que 427
égale 427
égale à peu près 427
églefin 161
église 433, 446
égout 434
égout collecteur 434
Égypte 451
éjecteur de fouets 176
El Salvador 448
élan 85
élastique 204
électricien 291
électricité 198
électricité : outils 217
électrode centrale 359
électrode de masse 359
électron 414
électronique 417
élément chauffant 213, 214, 218
élément tubulaire 210
éléments d'architecture 286
éléments de la maison 185
éléphant 85
élevage intensif 46, 47
élévateur 400
élévateur pour fauteuils roulants 363
élévation 182
élévation de la tension 402, 408, 413
élève 444
élevon 13
email 101
emballage 162
embase 473, 511
embase de plat de dos 200
emblème d'équipe 506
embouchure 307
embout 219, 221, 506, 536
embout auriculaire 460
embout buccal 467
embout de baleine 273
embout de caoutchouc 466
embout de protection 459
embout de vissage 228
embout isolant 269
embout Luer Lock 460
embrasse 466
embrayage 350
émerillon 535, 538
émetteur-récepteur radar 457
Émirats arabes unis 452
émission d'acide nitrique 48
émission d'acide sulfurique 48
émission d'oxyde d'azote 48
émission de dioxyde de soufre 48
émission de gaz polluants 47
émissole 158
emmanchure 247
emmarchement 191
emmenthal 151
empennage 393, 471, 495
empiècement 245, 249, 255
emplacement 182
emplacement de la statue 279
emporte-pièces 172
en équilibre 518
en-but 483
encadrement 192
enceinte acoustique 324, 325
enceinte ambiophonique 321
enceinte centrale 321
enceinte de confinement 408, 409
enceinte principale 321
enceintes d'extrêmes graves 321
encensoir 446
enclos 122
enclume 116
encoignure 203
encolure 83, 247
encolure en V 244, 250
encolure ras-de-cou 260
encre 312
encre à couleur changeante 441
endive 127
endocarde 104
endocarpe 57, 58
énergie calorifique 46
énergie éolienne 412, 413
énergie fossile 402
énergie géothermique 402
énergie nucléaire 408
énergie solaire 54, 410
énergie thermique 402
énergie, mesure 426
énergies 402
enfouissement 49
engrenage horaire 7
enjoliveur 349
ennéagone régulier 429
enregistrement 319, 323
enregistrement des bagages 374
enregistrement sismographique 403
enregistreur de DVD vidéo 319
enseignant 444
enseigne directionnelle 379
enseigne extérieure 378
ensemble du chevalet 303
ensemble oreillette/microphone 327
ensemble vide 427
entablement 185, 279
entier 55
entonnoir 72, 171, 177, 180
entrainement de la turbine par la vapeur 408
entraînement du rotor de l'alternateur 408
entraineur 489, 498, 507
entraineur adjoint 489, 507
entraineurs 509
entre-nœud 53
entredent 167
entrée 343, 396
entrée d'air 395
entrée d'air du ventilateur 383
entrée de courant 199
entrée de garage 183
entrée de la pyramide 278
entrée des clients 438
entrée des marchandises 435
entrée des originaux 328
entrée du caloporteur 410
entrée du personnel 438, 445
entrée du public 278
entrée principale 188, 435, 445, 465
entrées des acteurs 278
entrejambe 202, 247
entrejambe pressionné 260, 261
entreposage des produits congelés 121
entrepôt 430
entrepôt frigorifique 381
entreprise 335
entreprise de distribution/vente 335
entretoise 219, 396, 412
enveloppe 477, 478, 505
enveloppe extérieure 7
enveloppe intérieure 7
enveloppe matelassée 339
environnement 44
environnement naturel 504
éolienne à axe horizontal 413
éolienne à axe vertical 412
éoliennes et production d'électricité 412
épaisseur, mesure 425
épandage d'engrais 47
épaule 83, 86, 92, 94, 492, 536
épaulé-jeté 500
épaulement 169, 223
épaulière 486
épeautre 143
épeire 70
éperlan 159
éperon 308
épi 57, 61
épi, blé 61
épi, maïs 61
épi, millet 61
épi, orge 61
épi, seigle 61
épicarpe 57, 58, 59
épicéa 65
épicentre 27
épicerie fine 120
épices 138
épices à marinade 139
épicondyle 99
épiderme 114
épididyme 111
épiglotte 105, 118
épinard 127
épine de l'omoplate 99
épine nasale antérieure 100
épingle à bigoudi 268
épingle à cheveux 268
épiphyse 109
épitrochlée 99
éplucheur 169
éponge à récurer 215
éponge de mer 267
éponge synthétique 266
éponge végétale 267
épreuves, ski alpin 511
épuisette 538
Équateur 448
équateur 17, 20, 21, 22, 43
équerre 225
équilibrage des haut-parleurs 322
équinoxe d'automne 38
équinoxe de printemps 38
équipe au champ 479
équipe médicale 499
équipement 472
équipement de survie 10
équipement de survie, contrôles 10
équipement divers 231
équipement du tableau de bord 457
équivaut à 427
érable 64
Éris 3
éruption 4
Érythrée 451
escabeau 219
escabeaux 219
escalier 184, 188, 191, 283, 293, 294, 345, 378, 404, 412, 439, 498
escalier de la mezzanine 189
escalier mécanique 294, 378, 435
escaliers 283
escargot 72, 157
escargot, morphologie 72
escarpin 241
escarpin-sandale 241
espace 330
espace épidural 110
espace insécable 330
espaceur de câbles 535
espadon 159
espadrille 242
Espagne 449
esquimau 261
essence 405
essence lourde 405
essieu 527
essieu avant 401
essoreuse à salade 171
essuie-glace 348, 355
Est 23
est identique à 427
Est Nord-Est 23
Est Sud-Est 23
estomac 73, 103, 106
estomac cardiaque 71
estomac pylorique 71
Estonie 450
estrade 283, 444
estragon 142
estuaire 24, 35
esturgeon 158
étable 122
établi étau 224
établissement d'enseignement 335
établissement scolaire 433
étage 182, 189, 412
étai avant 520
étamine 56, 58
étang 504
étapes de maturation 62
État 23
État de la cité du Vatican 450
état présent du temps 39
états de la matière 414

États-Unis d'Amérique 448
étau 224
été 38
Éthiopie 451
étiquette 423
étiquettes autocollantes 340
étoile de David 447
étoile de freinage 537
étoile filante 37
étourneau 80
étranglement 424, 499
étrave 384, 520
être humain 92
étrésillon 187
étrier 116, 198, 357, 366
étui 265, 337, 531
étui à lentilles 272
étui à lunettes 275
étui à menottes 456
étui à munitions 456
étui à pistolet 456
étui de cuir 533
étui pour gants de latex 456
Eurasie 14
euro 440
Europe 2, 14, 18, 34, 449
Eutelsat 316
euthynterie 279
évacuateur 406
évaporation 45
évent 90, 312
évent de pignon 182
évier 164, 197
évier double 194
évier-broyeur 197
évolution de la pression 39
Ex-République yougoslave de Macédoine 450
ex-voto 446
examen psychiatrique 462
exemples d'algues 51
exemples d'amphibiens 75
exemples d'angles 428
exemples d'arachnides 70
exemples d'arbres feuillus 64
exemples d'avions 394
exemples d'échangeurs 342
exemples d'insectes 69
exemples d'oiseaux 80
exemples d'unités monétaires 440
exemples de bateaux et d'embarcations 382
exemples de becs 79
exemples de bicyclettes 373
exemples de branchement 197
exemples de camions 364
exemples de carrosseries 347
exemples de chaises 201
exemples de clous 220
exemples de conifères 65
exemples de corsages 255
exemples de côtes 35
exemples de couteaux 168
exemples de couteaux de cuisine 169
exemples de cuillers 168
exemples de dunes 36
exemples de fauteuils 200
exemples de fenêtres 287
exemples de feuilles 65
exemples de fleurs 56
exemples de fougères 52
exemples de fourchettes 168
exemples de groupes instrumentaux 300
exemples de jupes 253
exemples de lichens 50
exemples de lunettes 273
exemples de mammifères carnivores 88
exemples de mammifères lagomorphes 82
exemples de mammifères marins 90
exemples de mammifères ongulés 84
exemples de mammifères primates 91
exemples de mammifères rongeurs 82
exemples de mèches et de forets 228
exemples de motos 369
exemples de mousses 51
exemples de pantalons 254
exemples de pattes 79
exemples de plis 253
exemples de pneus 358
exemples de pointes 221
exemples de portes 286
exemples de prises 499
exemples de reptiles 77
exemples de robes 252
exemples de sacs de couchage 530
exemples de sauts 509
exemples de skis 510
exemples de tables 202
exemples de tentes 528
exemples de têtes 221
exemples de volcans 28
exemples de wagons 377
exosphère 37
expandeur 310
expédition du fret 391
extenseur 500
extenseur commun des doigts 97
extenseur commun des orteils 96
extérieur d'une maison 182
extincteur 454, 457
extrait de vanille 140
eye-liner liquide 266

F

fa 298
façade 285
face 91, 167, 493, 505
face antérieure 92, 94, 96
face postérieure 93, 95, 97
facteur rhésus négatif 426
facteur rhésus positif 426
factorielle 427
facule 4
faille 27
faîne 133
faisan 81, 154
faisceau bleu 318
faisceau d'électrons 318
faisceau laser 420
faisceau rouge 318
faisceau vert 318
faîtage 187
faîteau 283
faitout 175, 531
faits divers 313
falaise 5, 29, 35
falaise côtière 35
Fallope, trompe 112
famille des bois 295
famille des cuivres 295
famille du violon 295, 301
fanon 83
fard à joues en poudre 266
farine d'avoine 144
farine de blé complet 144
farine de maïs 144
farine et semoule 144
farine non blanchie 144
farine tout usage 144
fart 514
faucille 234
faucon 81
fausse côte (3) 99
fausse oronge 52
fausse poche 251
fausse-équerre 225
fauteuil 200, 293, 294, 444
fauteuil club 200
fauteuil de repos 464
fauteuil du réalisateur 291
fauteuil metteur en scène 200
fauteuil roulant 467
fauteuil Wassily 200
fauteuil-sac 201
fauteuils des acteurs 290
fauteuils, exemples 200
faux bourdon 68
Fédération de Russie 450
feijoa 137
femelle 426
femme 94
fémur 98
fenêtre 186, 189, 243, 361, 380, 519
fenêtre à guillotine 287
fenêtre à jalousies 287
fenêtre à l'anglaise 287
fenêtre à la française 287
fenêtre basculante 287
fenêtre coulissante 287
fenêtre de lecture 333
fenêtre de sous-sol 183
fenêtre en accordéon 287
fenêtre moustiquaire 528
fenêtre panoramique 435
fenêtre pivotante 287
fenêtres, exemples 287
fenil 122
fennec 88
fenouil 125
fente 178, 221, 274
fente de dépôt 442
fente de mise à jour du livret bancaire 442
fente de relevé d'opération 442
fente du lecteur de carte 346, 442, 443
fente latérale 244
fente médiane 244
fente pour carte PC 336
fentes branchiales 74
fentes d'aération 336
fenugrec 138
fer 229, 505
fer à friser 269
fer à souder 218
fer à vapeur 208
fer droit 505
ferme 122
fermeture à glissière 249, 261, 265, 277, 528
fermeture du soufflet 296
fermeture sous patte 261
fermeture Velcro® 260
fermoir 274, 275
ferret 240, 262, 273
ferrure 277
ferrure d'attelage 356
fertilisation des sols 47
fesse 93, 95, 111, 112
fettucine 146
feu antibrouillard 352, 364
feu anticollision 392
feu arrière 367, 368, 370
feu clignotant 352
feu clignotant arrière 367, 368
feu clignotant avant 366, 368
feu de circulation 434
feu de croisement 352
feu de freinage 352
feu de gabarit 364, 365
feu de navigation 383, 393
feu de plaque 352
feu de position 352, 376, 395
feu de recul 352
feu de route 352
feu de tête de mât 383
feu jaune 434
feu pour piétons 434
feu rouge 434
feu rouge arrière 352
feu vert 434
feuillage 63
feuille 51, 53, 54, 55, 61, 125
feuille d'acanthe 200
feuille de vigne 62, 126
feuille, bord 55
feuille, structure 55
feuilles composées 55
feuilles simples 55
feuilles, exemples 65
feuillet adhésif 338
feuillets 274
feuillets intercalaires 339
feutre d'étouffoir 304
feux arrière 352
feux avant 352
feux intermittents 362
fèves 130
fibre musculaire 110
fibre nerveuse 114
fibres 215
fiche 228, 326
fiche américaine 198
fiche d'alimentation 337
fiche européenne 198
fiche pour jack 324
fiche, adaptateur 198, 271
fichier 334
fichier rotatif 338
Fidji 453
figue 137
figue de Barbarie 137
fil 417
fil d'attache 70
fil de nylon 237
fil de sécurité 441
fil dentaire 272
filament 199
file d'attente 443
filet 56, 205, 221, 301, 302, 313, 487, 489, 491, 493, 495
filet de bœuf 152
filière 70
filigrane 441
filoir d'écoute 521
filtre 178, 184, 210
filtre à air 235, 350, 398
filtre à charpie 212, 213
filtre de polarisation 314
filum terminal 109
fin 331
finance 441
fines herbes 142
Finlande 450
fission de l'uranium 408
fission nucléaire 415
fixation 473, 513, 514
fixation à butée avant 514
fixation de sécurité 510, 511
fjords 35
flacon 267
flageolet 131
flamant 81
flamme 415
flanc 78, 83, 358
fléau 422
fléau arrière 422
fléau avant 422
flèche 285, 397, 399, 400, 469, 503
flèche de transept 284
flèche littorale 35
flèche télescopique 397, 455
fléchette 471
flétan 161
fleur 53, 56
fleur, structure 56
fleuriste 437
fleurs, exemples 56
fleuve 24, 25, 32
flexible 195, 197
flexible d'injection de boue 403
flexible de distribution 346
flip 509
floraison 62
flotteur 196, 394, 519, 538
flûte à champagne 165
flûte de Pan 297
flûte traversière 306
flûtes 295
foc 520
foie 103, 106, 154
foie gras 156
follicule 60, 114
follicule, coupe 60
fonctions système 310
fond 526
fond d'yeux 167
fond de l'océan 26
fond de l'océan 33
fond de protection 471
fond de robe 258
fond de teint liquide 266
fond de tour 405
fondation de pylône 344
fondation inférieure 342
fondation supérieure 342
fongicide 47
fontaine des ablutions 447
fontanelle antérieure 100
fontanelle mastoïdienne 100
fontanelle postérieure 100
fontanelle sphénoïdale 100
fonts baptismaux 446
football 480
football américain 484
football américain, protection 486
footballeur 480, 486
foramen apical 101
foramen cæcum 118

force du vent 39
force, mesure 426
forêt 29
forêt boréale 44
forêt de conifères 44
forêt de feuillus 44
foret de maçonnerie 228
foret hélicoïdal 228
forêt mixte 44
forêt tempérée 44
forêt tropicale 44
forêt tropicale humide 44
format du fichier 334
formation de jazz 300
formes géométriques 428
formes pharmaceutiques des médicaments 467
forte pluie 43
forum 335
fossé 342
fosse à plonger 184
fosse abyssale 33
fosse d'orchestre 292
fosse de Java 34
fosse de Porto Rico 34
fosse de sable 504
fosse des Aléoutiennes 34
fosse des Kouriles 34
fosse des Mariannes 34
fosse des Philippines 34
fosse des Ryukyu 34
fosse des Tonga-Kermadec 34
fosse du Japon 34
fosse Pérou-Chili 34
fosse septique 48
fosses nasales 117
fosses océaniques 34
fossette 76
fossette de l'anthélix 115
Fou 470
fouet 172, 176
fouet à fil 176
fouet en spirale 176
fouet quatre pales 176
fouets 176
fougère 52
fougère arborescente 52
fougère nid d'oiseau 52
fougère, structure 52
fouine 88
four 164, 210
four à micro-ondes 164, 178
four tubulaire 405
fourche 8, 371, 522, 525
fourche à bêcher 233
fourche à fleurs 232
fourche avant 522
fourche télescopique 369
fourche télescopique hydraulique 366
fourches 396
fourchette 167, 243, 531
fourchette à découper 169
fourchette à dessert 168
fourchette à fondue 168
fourchette à huîtres 168
fourchette à poisson 168
fourchette à salade 168
fourchette de table 168
fourchettes, exemples 168
fourgon-pompe 455
fourgonnette 347
fourmi 69
fournisseur de services Internet 335
fourreau 519
fourreau de la langue 76
fovéa 119
foyer 27, 419
foyer Cassegrain 7
foyer coudé 7
foyer des élèves 445
foyer primaire 7
foyer, accessoires 193
foyers 293
fraction 427
fraise 132
fraise, coupe 59
framboise 132
framboise, coupe 59
France 449
frappeur 475, 476
frein 501, 511, 522, 536
frein à disque 350, 357, 366, 525
frein à main 350
frein à tambour 357
frein arrière 370
frein avant 371
frein d'urgence 380
frein de chaine 235
frein de talon 527
frein hydraulique à disque 522
freins 357
frelon 69
fréquence, mesure 426
fresque 280
frette 302, 303
frise 185, 202, 279, 293
frises 292
friteuse 178
fromage à la crème 150
fromages à pâte molle 151
fromages à pâte persillée 151
fromages à pâte pressée 151
fromages de chèvre 150
fromages frais 150
fronce 255
fronde 51, 52
front 78, 92
frontal 96, 98, 100
frontière 23
fronton 279
frottoir 218
fruit charnu 59
fruit charnu : agrume 58
fruit charnu à noyau 57
fruit charnu à pépins 58
fruit de la Passion 136
fruits 57, 120, 132
fruits à noyau 132
fruits à pépins 133
fruits secs 60, 133
fruits tropicaux 136
fumerolle 28
funicule 59, 60
furet de dégorgement 216
fuseau 254
fusée à propergol solide 12
fusée éclairante 457
fuselage 393
fusible 198, 411
fusil 169
fusil (canon lisse) 534
fusilli 146
fusion 414
fût 63, 207, 221, 308, 471, 534
futon 204

G

gâble 285
Gabon 451
gâchette 235, 332, 454
gâchette de sécurité 235
gaffe 454
Gai lon 127
gaine 55, 259, 417, 533
gaine d'air frais 345
gaine d'air vicié 345
gaine de myéline 110
gaine de Schwann 110
gaine-culotte 259
galaxie 6
galerie 285, 412
galerie de dérivation 406
galerie de liaison 345
galerie de visite 407
galerie marchande 435
galerie sèche 31
galet 332
galets tendeurs 372
galettes de riz 147
galon 238
galon d'ornement 260
galop 83
Gambie 451
gamme 298
ganache 83
ganglion cérébropleural 73
ganglion du tronc sympathique 109
ganglion spinal 109, 110
ganglion viscéral 73
ganse 531
gant 10, 477, 478, 498, 506, 508, 513, 514, 522, 525
gant à crispin 243
gant court 243
gant de conduite 243
gant de crin 267
gant de frappeur 476
gant de golf 505
gant de receveur 476
gant de ski 510
gant de softball 477
gant de toilette 267
gant en latex 460
gant long 243
gant saxe 243
gants 243
gants d'homme 243
gants de boxe 498
gants de femme 243
gants de gardien de but 480
gants de jardinage 232
Ganymède 2
garage 182, 345
garam masala 139
garant 240
garde de clé 306
garde de culasse 306
garde droit 485
garde gauche 485
garde-boue 370
garde-boue arrière 369
garde-boue avant 366
garde-corps 219, 344, 377
garde-fou 189
garde-manger 164, 188
garde-robe 189
gardien de but 481, 506, 507
gardien de guichet 479
gare 25, 375, 430, 432
gare de marchandises 375
gare de triage 430
gare de voyageurs 374, 375
gare maritime 381
gare routière 432
garniture 277
garniture de frein 357
garrot 83, 86
gaufrier-gril 178
gaz 403, 405, 414
gaz à effet de serre 46
gaz inerte 199
gazole 405
gazon 230, 492
geai 80
gélule 467
gencive 101, 116
générateur de vapeur 402
genou 83, 86, 92, 94
genouillère 476, 486, 500, 526, 527
géographie 14
géologie 26
géométrie 428
Géorgie 452
géothermie 402
gerboise 82
germe 61, 79
germes de soja 131
germination 53
geyser 28
Ghana 451
ghee 150
gibbeuse croissante 5
gibbeuse décroissante 5
gibbon 91
gibier 154
gicleur de lave-glace 348
gicleurs 408
gilet 244, 255
gilet de laine 250
gingembre 139
girafe 85
giron 191
girouette 413, 520
gisement de pétrole 403
givre 41
glace 45, 349, 352
glace de custode 349
glacier 30, 32, 44
glacier suspendu 30
glacière 532
glacis précontinental 33
gland 111
glande à venin 76
glande de Cowper 111
glande digestive 71, 73
glande lacrymale 119
glande mammaire 113
glande salivaire 118
glande sébacée 114
glande sudoripare apocrine 114
glande sudoripare eccrine 114
glande surrénale 107
glandes salivaires 106
glissement de terrain 31
glissière 214
glissière d'ajustement 324
glissière d'auvent 361
glissière de fixation 420
glissoir 240
globe 529
globe oculaire 75, 119
globe terrestre 444
globule blanc 104
globule rouge 104
glotte 76
glucose 54
gnocchi 146
go 470
godet 399
godet à poussière 208
godet de beurre 163
godet de lait/crème 163
godet rétro 399, 400
golf 504
golfe 24
golfe d'Aden 19, 20
golfe d'Alaska 16
golfe d'Oman 19
golfe de Botnie 18
golfe de Californie 16
golfe de Carpentarie 15
golfe de Guinée 20
golfe de Panama 17
golfe du Bengale 19
golfe du Mexique 16
golfe Persique 19
Golgi 50, 66
gombo 128
gomme 341
gonade 73
gond 185, 202
gondole 121
gonfleur 530
gonfleur-dégonfleur 530
gong 295, 309
gorge 31, 32, 78, 224, 538
gorgonzola 151
gorille 91
gorille, morphologie 91
gouffre 31
goujon 357
goujure 228
goulot de remplissage 351
goupille 454
gour 31
gourde 532
gourmand 62
gourmette 264
gourmette d'identité 264
gousse, coupe 60
gousset de latte 519, 520
goût 116
gouttelette lipidique 50
gouttes ophtalmiques lubrifiantes 272
gouttière 182, 207, 349
gouvernail 13, 384, 386, 412, 520
gouverne de direction 393
gouverne de profondeur 393
goyave 137
gradateur 198
gradins 278, 281
gradins mobiles 444
graduation 225, 424, 425, 460, 533
graduation de la règle 425
graduation du vernier 425
grain 61
grain d'amidon 50
grain de blé, coupe 61
graine 53, 57, 58, 59, 60
graine de soja 131
graines de pavot 139
grains de café torréfiés 148
grains de café verts 148
graisses 405
grand adducteur 97
Grand Canyon 16
grand complexus 97

Grand Désert de Sable 15
Grand Désert Victoria 15
grand dorsal 97
grand droit de l'abdomen 96
grand duc d'Amérique 81
grand fauchage extérieur 499
grand fauchage intérieur 499
grand fessier 97
grand oblique de l'abdomen 96, 97
grand palmaire 96
grand pectoral 96
grand rond 97
grand trochanter 99
grand-voile 520
Grande Baie australienne 15
grande échelle 455
grande galerie 278
grande lame 531
grande lèvre 112, 113
grande roussette 158
grande sauterelle verte 69
grande sus-alaire 78
grande ville 23
grandes lignes 375
Grands Lacs 16
grange 122
granulation 4
grappe 57
grappe de combustible 409
grappe de raisin 62
grappe, sarrasin 61
grasset 83
gratte-ongles 265
grattoir 219
graveur de disque compact 325
graveur de DVD 333
grébiche 274
Grèce 450
grelots 309
Grenade 449
grenade 136
grenouille 75
grenouille des bois 75
grenouille léopard 75
grenouille rousse 75
grenouille, morphologie 75
grenouillère 260
grésil 41
griffe 71, 76, 82
griffe à fleurs 232
griffe porte-accessoires 314
gril barbecue 179
gril électrique 179
gril pliant 533
grillage de protection 217
grille 174, 210, 271, 279, 296, 318, 358, 407, 476
grille d'aération 214, 380
grille d'aspiration 270
grille d'éclairage 291
grille d'entrée d'air 367
grille d'extrémité 409
grille de chauffage 380
grille de départ 524
grille de sécurité 442
grille de sortie d'air 270
grille de ventilation 209
grille des programmes de télévision 313
grille métallique conductrice 410
grille stabilisatrice 529
grille-pain 178
Groenland 16
grondin 159
gros intestin 106
gros sel 141
groseille à grappes 132
groseille à maquereau 132
grosse caisse 295, 308
grotte 31, 35
groupe électropompe 357
groupe frigorifique 365
groupe turbo-alternateur 402, 407
groupes instrumentaux, exemples 300
grue à flèche 381
grue à tour 397
grue sur ponton 381
grue sur porteur 397
grues 397
gruppetto 299
gruyère 151
Guatemala 448
guépard 89
guêpe 69
guêpière 259
guichet 443, 479
guichet automatique bancaire 442, 443
guichet commercial 443
guichet de nuit 443
guichet de vente des billets 378
guide 178, 226, 333
guide des températures 208
guide parallèle 227
guide-bande 341
guide-chaîne 235, 372
guide-ligne 537
guide-papier 328
guides de classement 340
guidon 237, 371, 501, 523, 534
guidon surélevé 522
guimbarde 297
guindant 519
guindeau 384
Guinée 451
Guinée équatoriale 451
Guinée-Bissau 451
guitare acoustique 302
guitare basse 303
guitare électrique 303
Gutenberg, discontinuité 26
Guyana 448
guyot 33
gymnase 386, 444
gymnastique 496
gyrophare 455

H

habilleur 290
habitacle 12, 525
habitation 122
hache 234, 454
hachette 533
hachoir 170
hackle 536
haie 183, 230
Haïti 448
halebas 520
hall 435, 439
hall d'entrée 188
hall public 390
halo 6
halte-garderie 437
haltère court 500
haltère long 500, 501
haltérophilie 500
hameçon 536, 538
hameçon monté 538
hameçon triple 538
hampe 538
hamster 82
hanche 93, 95
hanche ailée 499
hangar 122, 389
hangar de transit 381
hanneton 69
haptère 51
hareng 159
haricot adzuki 131
haricot d'Espagne 131
haricot de Lima 131
haricot jaune 131
haricot mungo 131
haricot mungo à grain noir 131
haricot noir 131
haricot pinto 131
haricot romain 131
haricot rouge 131
haricot vert 131
haricots 131
harissa 141
harmonica 296
harpe 302
harpes 295
hastée 55
hauban 370, 394, 412, 520, 528
hausse 301, 534
haut-de-forme 238
haut-parleur 294, 320, 326, 328, 336, 455
haut-parleur d'aigus 324
haut-parleur de graves 324
haut-parleur de médiums 324
hautbois 295, 306
hauteur de la vague 33
hauteur de marche 191
hébergement 512
hélice 384, 386, 387, 429
hélice arrière 384
hélice bipale 394
hélice d'étrave 384
hélice de propulsion 383
hélice tripale 394
hélicoptère 395
hélix 115
hémisphère 429
hémisphère austral 21
hémisphère boréal 21
hémisphère occidental 21
hémisphère oriental 21
hémisphères 21
hendécagone régulier 429
heptagone régulier 429
herbe longue 504
herbicide 47
herbivores 45
héron 80
herse 292
hertz 426
hétérotrophes 45
hêtre 64
hexagone régulier 429
hijiki 123
hile du rein 107
Himalaya 19
hippopotame 85
hirondelle 80
hiver 38
hockey sur glace 506
hockeyeur 506
homard 71, 158
homard, anatomie 71
homard, morphologie 71
homme 92
Honduras 448
Hongrie 450
hôpital 433, 462
horloge programmatrice 178, 210
hors-bord 385
hôtel 432, 439, 512
hôtel de ville 432
hotte 164, 192, 210
houe 233
hoummos 140
houppette 266
houppier 63
housse à vêtements 277
housse d'oreiller 204
housse pour automobile 356
Hubble, télescope spatial 7, 37
hublot 178, 179, 210, 386, 392
hublot d'atterrissage 395
hublot d'observation 13
huile d'arachide 149
huile d'olive 149
huile de maïs 149
huile de sésame 149
huile de tournesol 149
huiles 149
huiles lubrifiantes 405
huitième de soupir 299
huître creuse du Pacifique 157
huître plate 157
huméro-stylo-radial 96
humérus 98
humeur aqueuse 119
hutte 288
hydravion à flotteurs 394
hydroélectricité 406
hydromètre 359
hydroptère 387
hydrosphère 44
hyène 88
hygiène dentaire 272
hyperliens 334
hypermétropie 419
hyphe 52
hypoderme 114
hypophyse 109
hysope 142

I

identification du compte 443
igloo 288
igname 124
iguane 77
île 24
île de sable 35
île de Terre-Neuve 16
île volcanique 33
iléon 106
îles Aléoutiennes 16
îles Falkland 17
îles Fidji 15
Îles Marshall 453
Îles Salomon 453
îlot 164, 343
îlot rocheux 35
immeuble résidentiel 433
immobilisation 499
imparipennée 55
impériale 363
imperméable 248
impluvium 280
impression de l'écran 331
imprimante à jet d'encre 333
incendie de forêt 47
incinération 49
incisive centrale 101
incisive latérale 101
incisives 101
inclinaison de la semelle 227
inclusion 427
Inde 453
index 115, 423
index de composition automatique 327
indicateur de charge 271
indicateur de ligne 362, 363
indicateur de niveau 323
indicateur de niveau d'eau 179
indicateur de niveau de carburant 355
indicateur de position 287
indicateur de réglage 511
indicateur de température 355
indicateur de vitesse 355, 368, 501
Indonésie 19, 453
industrie 335
infiltration 45, 47
infini 427
infirmière 464
inflorescence, modes 57
influx nerveux 110
infrastructure 342
inhalateur doseur 467
initiales de la banque émettrice 441
injecteur 360
insectes 67
insectes, exemples 69
insertion 331
insigne 456
insigne d'identité 456
insigne de grade 456
instruments à clavier 304
instruments à cordes 301
instruments à percussion 295, 308
instruments à vent 306
instruments d'écriture 312
instruments de bord 355
instruments électroniques 310
instruments scientifiques 13
instruments traditionnels 296
intégrale 427
intégration de l'électricité au réseau de transport 413
Intelsat 317
intensité lumineuse, mesure 426
interligne 298
internaute 334
Internet 334
interosseux 96
interrupteur 177, 181, 198, 206, 208, 209, 211, 218, 219, 229, 269, 270, 271, 272, 329, 416
interrupteur à gâchette 227, 228, 229
interrupteur d'accord 323
interrupteur d'alimentation 311, 318, 321, 322, 323, 328

interrupteur d'alimentation 319
interrupteur d'éclairage 269
interrupteur de démarrage 213
interrupteur de fin de course 287
interrupteur de la porte 213
interrupteur du magnétoscope 319
interrupteur du téléviseur 319
interrupteur principal 198
interruption 331
intersection 427
intertitre 313
intervalles 298
interview 313
intestin 71, 73, 103
intestin grêle 106
inverseur de marche 221, 228
inverseur de signe 337
inverseur route-croisement 368
Io 2
Iran 452
Iraq 452
iris 119
Irlande 449
isba 288
ischion 99
Islande 18, 450
isobare 39
isolant 190, 214, 410
isolateur 359
isoloir 443
Israël 452
isthme 24
isthme de la trompe utérine 113
isthme de Panama 16
isthme du gosier 116
Italie 450
ivoire 101

J

jaboticaba 137
jachère 122
jack de sortie 303
jacquet 469
jaguar 89
Jamahiriya arabe libyenne 451
Jamaïque 448
jambage 192
jambe 83, 91, 93, 95, 247
jambe élastique 247
jambier antérieur 96
jambière 263, 476, 478
jambière de gardien de but 507
jambon cuit 156
jambon fumé 153
jan extérieur 469
jan intérieur 469
jante 366, 371
Japet 3
Japon 19, 453
jaque 136
jardin 280
jardin d'agrément 230
jardin potager 122, 182
jardin public 435
jardinage 216, 230
jarlsberg 151
jarret 83, 86, 152, 153
jarretelle 259
jaune 79, 418
javelot 472
jazz, formation 300
jean 254
jéjunum 106
jet d'eau 185, 186
jet dentaire 272
jets d'eau 518
jeu 492
jeu d'ustensiles 173
jeu de brides 459
jeu de dames 470
jeu de douilles 223
jeu de fléchettes 471
jeu de petits outils 232
jeux 468
jeux de plateau 469
jeux en ligne 335
jicama 124
joint 214, 312
joint à coulisse 222
joint d'étanchéité 197, 404
joint de bougie 359
joint de carter 360
joint magnétique 211
Joker 468
jonc 264
jonction positif/négatif 410
jonquille 56
Jordanie 452
joue 86, 94, 220, 536
joueur de basketball 488
joueur de cricket : batteur 478
joueurs 492
joueuse de tennis 492
joule 426
journal 313
judo 499
judogi 499
juge 498, 499
juge arbitre 516, 518
juge de but 506
juge de champ arrière 485
juge de classement 516
juge de départ 516
juge de faute de pied 491
juge de filet 491
juge de ligne 487, 490, 494, 496, 507
juge de ligne en chef 485
juge de ligne médiane 490
juge de mêlée 485
juge de nage 516
juge de service 490, 494
juge de touche 481, 483, 485
juges 496, 497, 509, 518
juges de virages 517
jugulaire 486
jujube 137
jumeau 96, 97
jumelles à prismes 420
jupe 251
jupe à empiècement 253
jupe à lés 253
jupe à volants étagés 253
jupe de masque 459
jupe de piston 360
jupe droite 253
jupe fourreau 253
jupe froncée 253
jupe portefeuille 253
jupe souple 383
jupe-culotte 253
jupes, exemples 253
jupette 492
Jupiter 2
jupon 258
justaucorps 263
justice 440

K

kaki 137
Kazakhstan 452
kelvin 426
Kenya 451
kérosène 405
ketchup 141
kettle 29
kilogramme 426
kilt 253
kimono 256
kiosque 346, 379
Kirghizistan 452
Kiribati 453
kiwi 136
knicker 254
kombu 123
kora 297
Koweït 452
Kuiper, ceinture 2
kumquat 134

L

la 298
laboratoire 7
laboratoire américain 11
laboratoire de pathologie 465
laboratoire européen 11
laboratoire japonais 11
laboratoire spatial 13
lac 5, 24, 29, 32
lac artificiel 32
lac Baïkal 19
lac d'origine glaciaire 32
lac d'origine tectonique 32
lac d'origine volcanique 32
lac en croissant 32
lac Eyre Nord 15
lac Ladoga 18
lac Malawi 20
lac salé 36
lac Tanganyika 20
lac Tchad 20
lac Titicaca 17
lac Victoria 20
laccolite 28
lacet 240, 262, 395, 477, 498, 509
lacet de serrage 275
lacs 32
lactaire délicieux 123
lagomorphes 82
lagon 35
lagune 35
lait 150
lait concentré 150
lait de chèvre 150
lait en poudre 150
lait homogénéisé 150
laiterie 122
laitue asperge 126
laitue de mer 123
laitue frisée 126
laitue iceberg 126
laitue pommée 126
laize 520
lama 84
lambourde 187
lame 167, 169, 177, 190, 198, 216, 219, 221, 226, 227, 235, 270, 271, 297, 309, 341, 355, 398, 401, 506, 509
lame à double tranchant 271
lame criblée de l'ethmoïde 117
lame de coupe 180
lame de danse sur glace 509
lame de scie circulaire 227
lame dentée 270
lame droite 270
lame isolée 217
lame porte-objet 421
lame pour programme libre 509
lame racleuse 400
lame-ressort 460
lamelle 52, 190
lampadaire 206
lampe 217, 320, 421
lampe à économie d'énergie 199, 411
lampe à halogène 199
lampe à incandescence 199
lampe à souder 218
lampe au néon 217
lampe d'architecte 206
lampe de bureau 206
lampe de bureau halogène 206
lampe de chevet 439, 464
lampe de lecture 457
lampe de sanctuaire 446
lampe de table 206
lampe liseuse 206
lampe-tempête 532
lampe-torche 456
lampes témoins 318, 355
lamproie 159
lance à eau 455
lance d'arrosage 236
lance-canon 455
lancéolée 55
lancer 475, 479
lancer disque 473
lancer du javelot 473
lancer du poids 472
lancer marteau 473
lanceur 474, 475, 479
langouste 158
langoustine 158
langue 106, 116, 117, 154
langue bifide 76
langue glaciaire 30
langue, dos 118
languette 240, 262, 305, 509, 511
lanière 286, 500
lanterne 230, 529
lanterne de pied 207
lanterne murale 207
lanterneau 183
lanterneau de la cage d'escalier 189
lanterneau de la salle de bains 189
lapiaz 31
lapin 82, 154
lard 149
larynx 105
lasagne 146
laser à rubis pulsé 420
latitude 8, 9, 22
latrines 280
latte 412, 519, 520
laurier 142
lavabo 194, 195, 439, 464
lavabo du chirurgien 465
lave-auto 346
lave-linge 194, 212
lave-vaisselle 164, 214
lèchefrite 174
lecteur CD/DVD 471
lecteur de carte 321
lecteur de carte mémoire 333
lecteur de cassette 326, 333
lecteur de CD/DVD-ROM 329, 336
lecteur de disque compact 323, 325, 326
lecteur de disque dur 333
lecteur de disque dur amovible 333
lecteur de disquette 310, 329
lecteur de disquette externe 333
lecteur optique 121
lecture 319, 323, 328
lecture aléatoire 323
légende 313
légumes 120, 124
légumes bulbes 124
légumes feuilles 126
légumes fleurs 127
légumes fruits 128
légumes racines 129
légumes tiges 125
légumes tubercules 124
légumier 166
légumineuses 130
lémurien 91
lentille biconcave 419
lentille biconvexe 419
lentille concave 419
lentille convexe 419
lentille cylindrique 419
lentille de champ 420
lentille jetable 272
lentille objectif 8, 420
lentille plan-concave 419
lentille plan-convexe 419
lentille rigide 272
lentille souple 272
lentilles 130, 419
lentilles convergentes 419
lentilles de contact 272
lentilles de redressement 420
lentilles divergentes 419
léopard 89
Lesotho 452
lessivage du sol 48
lest 397
Lettonie 450
leucoplaste 50
lève-fil 208
levier 197, 222, 265, 269, 534
levier coudé 399
levier d'embrayage 366, 368
levier de blocage 224
levier de clé 306
levier de déclenchement 196
levier de dégagement 222
levier de frein à main 354
levier de frein avant 368
levier de manœuvre du mât 396
levier de perçage 180
levier de réglage latéral 229
levier de serrage 224
levier de vibrato 303
levier de vitesse 354
levier de vitesses 350
levier du bloc 229
levier du piston 216
levier du protège-lame inférieur 227
levier plat 220
lèvre 83, 87, 228
lèvre inférieure 116, 305
lèvre supérieure 116, 305
lézard 77
liaison 299

INDEX FRANÇAIS

liaison chimique 414
Liban 452
libellule 69
liber 63
libération d'énergie 415
Liberia 451
libero 481, 487
librairie 436
lice 282
lichen 50
lichen crustacé 50
lichen foliacé 50
lichen fruticuleux 50
lichen, structure 50
lichens, exemples 50
Liechtenstein 450
liège 514
lierre 284
lieu noir 161
lièvre 82, 154
ligament 73
ligament alvéolo-dentaire 101
ligament large de l'utérus 113
ligament suspenseur 119
ligne 298
ligne arrière 515
ligne bleue 507
ligne câblée 335
ligne centrale 493, 507
ligne continue 342
ligne d'arrivée 473
ligne d'attaque 487
ligne de balayage 515
ligne de ballon mort 482
ligne de but 482, 484, 506
ligne de cadre 502
ligne de centre 484, 515
ligne de côté 487
ligne de couloir 473
ligne de croissance 72, 73
ligne de départ 473, 524
ligne de distribution à basse tension 198
ligne de distribution à moyenne tension 198
ligne de double 490, 495
ligne de fond 484, 487, 489, 491, 493, 494, 517
ligne de force 416
ligne de jeu 471, 474, 515
ligne de lancer franc 489
ligne de mêlée 485
ligne de retrait 479
ligne de sécurité 379
ligne de service 491
ligne de service court 495
ligne de service long 494
ligne de simple 491, 495
ligne de surface de réparation 480
ligne de suture 73
ligne de touche 481, 483, 484, 488
ligne de visée 533
ligne dédiée 334
ligne des 10 m 482
ligne des 15 m 483
ligne des 22 m 482
ligne des 5 m 483
ligne des verges 484
ligne discontinue 342, 343
ligne isosiste 27
ligne latérale 74, 493, 515
ligne médiane 481, 483, 488, 494
ligne médiane de service 491
ligne méridienne 533
ligne neutre 416
ligne sous-marine 334
ligne supplémentaire 298
ligne téléphonique 334
limbe 52, 55
lime 134, 229, 265, 531
lime à ongles 265
limes-émeri 265
limite de retour 479
limite du batteur 479
limite du terrain 182
limiteur de surchauffe 213
limon à crémaillère 191
limon à la française 191
limousine 347
linéaire 55
lingerie 439
linteau 185, 187, 192, 285
lion 89
liquette 255
liquide 414, 415
liquide céphalo-rachidien 110
lis 56
lisse d'assise 187
listel 228
lit 204, 361, 530
lit à barreaux 205
lit à deux places 439
lit à une place 439
lit d'hôpital 464
lit de camp pliant 530
lit de l'ongle 114
lit pliant 205
litchi 137
literie 204
lithosphère 26, 44
litière 54
littoral, configuration 35
Lituanie 450
livèche 142
livre 440
livrée 479
loafer 242
lob 491
lobe 79, 115
lobé 55
lobe du nez 117
lobe inférieur 105
lobe latéral inférieur 62
lobe latéral supérieur 62
lobe moyen 105
lobe supérieur 105
lobe terminal 62
local d'entreposage du matériel 444
local d'entretien 439, 443, 444
local technique 345
locaux administratifs 374
locaux de l'équipage 382
locaux de service 447
locomotive diesel-électrique 377
loge 58, 293
loge d'artiste 293
loge privée 290
logement de cassette 323
logement de la carte mémoire 320
logement de la cassette 320, 321
logement droit 272
logement du plateau 323
logement gauche 272
logiciel de courrier électronique 334
lointain 292, 293
loisirs de plein air 528
long péronier latéral 96
long supinateur 97
longane 136
longeron 365, 392
longeron de chenille 398
longitude 22
longue piste 508
longueur d'onde 418
longueur de la vague 33
longueur, mesure 425, 426
loquet 178, 214
lorgnette 273
lorum 78
losange 429
louche 173
loup 88
loupe 421, 531
loupe et microscopes 421
loutre de rivière 88
lucarne 182
Luer Lock, embout 460
luette 116, 117
lumière 7, 8, 9, 305
lumière perpétuelle 447
lumière visible 418
lumières de but 507
luminaires 206
Lune 2, 4, 5
Lune, éclipse 5
Lune, phases 5
Lune, relief 5
lunette astronomique 8
lunette astronomique, coupe 8
lunette de visée 420, 534
lunettes 218, 273, 513, 522
lunettes de nage 516
lunettes de protection 458, 522, 525
lunettes de sécurité 458
lunettes de ski 510
lunettes de soleil 273
lunettes, exemples 273
lunettes, parties 273
lunule 73, 114, 115
lupin 130
lustre 207
lutrin 446
lutz 509
Luxembourg 449
luzerne 130
lynx 88
lyre 297
lysosome 66

M

macaque 91
mâche 127
mâchicoulis 282
machine à affranchir 339
machine à espresso 181
machine à faire les pâtes 170
machinerie 342
machinerie lourde 398
machiniste 290
mâchoire 217, 224
mâchoire dentée 222
mâchoire droite 222
mâchoire fixe 223
mâchoire incurvée 222
mâchoire mobile 223
mâchoires 224, 535
Mackenzie 16
maçonnerie : outils 216
macronucleus 66
Madagascar 20, 452
magasin 432
magasin à rayons 437
magasin d'articles de sport 437
magasin d'électronique 436
magasin de bricolage 436
magasin de cadeaux 436
magasin de chaussures 437
magasin de décoration 437
magasin de jouets 436
magasin de lingerie 436
magasin de prêt-à-porter 436
magazine 313
magenta 418
magma 28, 33
magnésie 497
magnétisme 416
magnétoscope 321
mail 436
maille 493
maillet 220
mailloche 297, 308
mailloches 309
maillon-gouge 235
maillot 473, 483, 488, 522
maillot d'équipe 476, 486
maillot d'équipe 480
maillot de bain 263, 516
maillot de corps 247, 476, 500
main 91, 93, 95, 115
main courante 191, 287, 385, 467
main pleine 468
Maine coon 87
maïs 61, 143
maïs : épi 61
maïs fourrager 122
maison 182, 515
maison à étage 289
maison de plain-pied 289
maison en adobe 288
maison jumelée 289
maison romaine 280
maison sur pilotis 288
maison, ameublement 200
maison, charpente 187
maison, éléments 185
maison, extérieur 182
maison, principales pièces 188
maison, structure 188
maisons de ville 289
maisons en rangée 289
maisons traditionnelles 288
maître d'hôtel 438
maître-autel 446
maître-cylindre 357
majeur 115
majuscule : sélection du niveau 2 330
malaire 98, 100
Malaisie 453
malanga 129
Malawi 452
Maldives 453
mâle 426
Mali 451
malle 277
mallette de toilette 277
mallette porte-documents 274
Malpighi, couche 114
Malte 450
mamelon 92, 94, 113
mammifères carnivores 86
mammifères carnivores, exemples 88
mammifères lagomorphes, exemples 82
mammifères marins 90
mammifères marins, exemples 90
mammifères ongulés 83
mammifères ongulés, exemples 84
mammifères primates 91
mammifères primates, exemples 91
mammifères rongeurs 82
Manche 18
manche 167, 215, 216, 217, 219, 220, 221, 223, 244, 271, 272, 273, 297, 301, 302, 303, 477, 478, 492, 493, 494, 503, 505, 506
manche à balai 332, 395
manche isolant 217
manche isolé 217
manche montée 245
manche raglan 248, 251, 261
manche rotatif 332
manches à balai 471
manches précédentes 492
manchette 313, 487
manchon 219, 276, 395, 501
manchon de câble 228
manchon du cordon 218, 229
manchon refroidisseur 420
manchot 80
mandarine 134
mandibule 67, 74, 78
mandoline 170, 297
mandrin 221, 228
mandrin autoserrant 228
manette 178
manette d'admission d'air 192
manette de chasse d'eau 196
manette de contact 207
manette de dérailleur 371, 372, 522
manette de glissement 353
manette de jeu 471
manette des gaz 332
manette du frein 523
manette vapeur 181
mangoustan 136
mangouste 88
mangue 137
manille 521
manioc 124
manivelle 170, 224, 236, 356, 365, 372, 537
manivelle d'enroulement 225
manivelle de lève-glace 352
manomètre 455, 461
manomètre d'accord 308
manœuvre de la pelleteuse 399
mante religieuse 69
manteau 72, 73, 192, 251
manteau inférieur 26
manteau supérieur 26
manteaux 248, 251
manucure 265
manuel de premiers soins 461
manutention 396
maquereau 159
maquillage 266
maquillage des lèvres 266
maquillage des yeux 266
maquilleuse 290
maquis 44
marbre 475
marchand de journaux 437

marche 191, 219
marche de départ 191
marche/arrêt/volume 326
marchepied 219, 364, 395, 523
marchepied arrière 455
marchepied escamotable 361
marchepied latéral 377
margarine 149
marge continentale 33
margose 128
marinière 255
maritime, transport 381
marmite 175
marmotte 82
Maroc 451
maroquinerie 436
marque centrale 490
marque d'aire de prise de contact 391
marque d'axe de piste 390
marque de distance constante 391
marque de point d'attente 390
marques d'identification 390
marques de circulation 389
marques de seuil de piste 391
marques latérales de piste 390
marqueur 312, 487, 488
marqueurs 499
marron 133
Mars 2, 3
marteau 116, 304, 472
marteau à panne ronde 220
marteau de charpentier 220
marteau de maçon 216
marteau de menuisier 220
martin-pêcheur 80
martinet 80
martre 88
mascara en pain 266
mascara liquide 266
masque 476, 478, 486, 507
masque bucco-nasal 459
masque complet 454
masque de sélection des couleurs 318
masque respiratoire 459
masse 27
masse, mesure 422, 426
masse-tige 403
masséter 96
massif 183
massif d'ancrage des câbles 344
massif de fleurs 230
massif de fondation 403
massif montagneux 24
mât 281, 321, 396, 519, 520
mât avant 385
mât de charge 385
mât de toit 529
mât radar 384
matelas 204, 205, 460, 530
matelas autogonflant 530
matelas mousse 530
matelas pneumatique 530
mâtereau 385
matériau de scellement 417
matériel de camping 531
matériel de lutte contre les incendies 454
matériel de secours 460
mathématiques 427
matière 414
matière inorganique 45
matières grasses 149
matraque télescopique 456
matrice de l'ongle 114
maturation, vigne 62
maturité 62
Maurice 452
Mauritanie 451
maxillaire 74, 117
maxillaire basculant 76
maxillaire inférieur 98, 100
maxillaire supérieur 78, 98, 100
mazout domestique 405
mazout léger 405
mazout lourd 405
méandre 32
méat de l'urètre 111
mécanique d'accordage 303
mécanique d'accordage 303
mécanisme d'octave 306
mécanisme d'ouverture de l'anse 537
mécanisme de débrayage du tambour 537
mécanisme de déplacement de la lame 401
mécanisme de propulsion 372
mèche 301
mèche à centre plat 228
mèche hélicoïdale 228
mèche hélicoïdale à âme centrale 228
mèche hélicoïdale à double torsade 228
médaillon 264
médecin 464, 498
médiator 297
médicaments, formes 467
méditerranéen 40
Meissner, corpuscule 114
Mélanésie 15
mélange au manganèse (cathode) 417
mélange d'épices cajun 139
mélange de zinc et d'électrolyte (anode) 417
mélange dépolarisant 417
mélange eau-vapeur 402
mélangeur 176
mélangeur à main 176
mélangeur à pâtisserie 172
mélangeur bain-douche 194
mélasse 149
mêlée : attaque 485
mêlée : défense 484
mêlée spontanée 483
mélèze 65
mélisse 142
melon 238
melon à cornes 136
melon brésilien 135
melon brodé 135
melon Casaba 135
melon d'hiver chinois 128
melon d'Ogen 135
melon miel 135
melons 135
membrane 324
membrane cellulaire 66
membrane coquillière 79
membrane cytoplasmique 50
membrane du tympan 116
membrane médiane 60
membrane nucléaire 50, 66
membrane pellucide 112
membrane plasmique 66
membrane squelettique 50
membrane vitelline 79
membre inférieur 103
membre supérieur 103
meneur de jeu 489
méninges 109
ménisque convergent 419
ménisque divergent 419
menora 447
menthe 142
menton 78, 94
mentonnière 301, 367, 522
menuiserie : instruments de traçage et de mesure 225
menuiserie : matériel divers 225
menuiserie : outils pour clouer 220
menuiserie : outils pour façonner 229
menuiserie : outils pour percer 228
menuiserie : outils pour scier 226
menuiserie : outils pour serrer 222
menuiserie : outils pour visser 221
mer 5, 24, 32
mer Adriatique 18
mer Baltique 18
mer Caspienne 14, 19
mer d'Aral 19
mer d'Irlande 18
mer d'Oman 19
mer de Barents 18
mer de Beaufort 16
mer de Béring 14
mer de Chine méridionale 14, 19
mer de Chine orientale 19
mer de Corail 15
mer de Norvège 18
mer de Tasman 15
mer de Weddell 15
mer des Antilles 14, 16
mer du Groenland 14
mer du Japon 19
mer du Nord 14, 18
mer Égée 18
mer Méditerranée 14, 18, 20
mer Noire 14, 18, 19
mer Rouge 14, 19, 20
Mercure 2, 3
merguez 156
méridien de Greenwich 22
méridien est 22
méridien ouest 22
méridienne 200
merlan 161
mesa 36
mésocarpe 57, 58, 59
mésopause 37
mésosphère 37
message précédent 328
message suivant 328
mesure à deux temps 298
mesure à quatre temps 298
mesure à trois temps 298
mesure de l'énergie 426
mesure de l'épaisseur 425
mesure de l'intensité lumineuse 426
mesure de la charge électrique 426
mesure de la différence de potentiel électrique 426
mesure de la force 426
mesure de la fréquence 426
mesure de la longueur 425, 426
mesure de la masse 422, 426
mesure de la pression 426
mesure de la puissance 426
mesure de la quantité de matière 426
mesure de la radioactivité 426
mesure de la résistance électrique 426
mesure de la température 424
mesure de la température Celsius 426
mesure de la température thermodynamique 426
mesure du courant électrique 426
mesure du temps 424
mesure, appareils 424
mesures 171, 298
météorologie 37
mètre 426
mètre à ruban 225
métro 435
meubles d'enfants 205
meubles de rangement 202
Mexique 448
mezzanine 182, 189, 378
mi 298
mi-bas 247, 257
mi-chaussette 247, 257
micro 303
micro de fréquences aiguës 303
micro de fréquences graves 303
micro de fréquences moyennes 303
micro-ondes 418
micro-ordinateur 329
microfilament 66
micromètre palmer 425
Micronésie 453
micronucleus 66
microphone 320, 327, 328, 332, 337, 456
microphones 457
microscope 421
microscope binoculaire 421
microtubule 66
miel 149
mihrab 447
milieu défensif 481
milieu offensif droit 481
milieu offensif gauche 481
mille 427
millésime 441
millet 61, 143
millet : épi 61
Mimas 3
minaret 447
minbar 447
minibus 363
minichaîne stéréo 325
minislip 247
minute 428
minuterie 178, 179
minuteur 171, 501
Miranda 3
mire 533, 535
miroir 195, 277, 421, 439, 533
miroir à réflexion partielle 420
miroir à réflexion totale 420
miroir de courtoisie 354
miroir de lecture 10
miroir de traversée avant 362
miroir double pivotant 269
miroir latéral 269
miroir lumineux 269
miroir plan rétractable 7
miroir primaire 7
miroir primaire concave 7, 9
miroir secondaire 7, 9
mise en balles 49
mise en marche 328
Mississippi 16
mitaine 243, 507
mitigeur d'évier 197
mitochondrie 50, 66
mitre 167, 169, 193
mitron 183
mocassin 242
mode d'acquisition 314
mode d'emploi 346
mode d'enregistrement 320
mode d'exposition 314
mode de mise au point 314
mode magnétoscope 319
mode télévision 319
modem 334
modem-câble 335
modérateur 408
modes d'inflorescence 57
modification fine des variables 310
modification rapide des variables 310
modulateur de pression de freinage 357
modulation de la hauteur du son 310
modulation du timbre du son 310
module d'habitation américain 11
module de commande électronique 357
module de communication 316
module de photopiles 411
module de propulsion 316
module de service 316
module russe 11
moelle 63, 154
moelle épinière 109, 110
moelle épinière, structure 109
Mohorovicic, discontinuité 26
moineau 80
molaire, coupe 101
molaires 101
mole 426
molécule 414
molette 223
molette d'ajustage 425
molette d'entraînement 180
molette de mise au point 420
molette de réglage de la saillie 229
mollet 93, 95
mollusques 72, 157
Monaco 450
Mongolie 453
moniteurs de contrôle du réalisateur 290
monnaie et modes de paiement 441
monocoques 521
mont de Vénus 112
montagne 29
montagnes Rocheuses 16

montant 184, 187, 201, 219, 297, 466, 509
montant de bâti 202
montant de ferrage 185, 202
montant de la serrure 185
montant de rive 186
montant embrevé 186
montant latéral 349
montant mouton 186
montant rembourré 489
Monténégro 450
monticule 475
montre à affichage analogique 424
montre à affichage numérique 424
monts Oural 18
monts Transantarctiques 15
monture 215, 224, 226, 296
monture en fer à cheval 7
monture réglable 226
monument 25
moquette 190
moraillon 277
moraine de fond 30
moraine frontale 30
moraine latérale 30
moraine médiane 30
moraine terminale 30
mordant 299
morille 123
morphologie de l'abeille : ouvrière 68
morphologie de l'araignée 70
morphologie de l'escargot 72
morphologie de l'oiseau 78
morphologie de la grenouille 75
morphologie de la perche 74
morphologie de la pieuvre 72
morphologie de la tortue 76
morphologie du cheval 83
morphologie du chien 86
morphologie du coquillage bivalve 73
morphologie du coquillage univalve 73
morphologie du dauphin 90
morphologie du gorille 91
morphologie du homard 71
morphologie du papillon 67
morphologie du rat 82
morphologie du requin 74
morphologie du serpent venimeux : tête 76
mors 221, 228, 265
mors fixe 224
mors mobile 224
mort 426
mortadelle 156
mortier 170
morue de l'Atlantique 161
mosaïque 280
mosquée 447
moteur 212, 213, 214, 227, 229, 237, 366, 396, 401, 403
moteur à essence 351, 360
moteur de manœuvre 13
moteur diesel 398, 399, 400, 401
moteur diesel de propulsion 383
moteur diesel de sustentation 383
moteur électrique 235, 237, 358
moteur hors-bord 385
moteur principal 13
motif 260, 261
moto 366
moto : vue en plongée 368
moto de Grand Prix et pilote 525
moto de motocross et supercross 525
moto de tête 522
moto de tourisme 369
moto tout-terrain 369
moto-caméra 522
motocyclisme 525
motoneige 523
motrice 376, 380
mouche 69, 502
mouche artificielle 536
mouche centrale 502
mouche de ligne de cadre 502
mouche supérieure 502
mouche tsé-tsé 69
moufette 88
moufle 243
moufle fixe 403
moufle mobile 403
mouflon 84
mouilleur 339
moule 157
moule à charlotte 172
moule à fond amovible 172
moule à gâteau 172
moule à muffins 172
moule à pain 179
moule à quiche 172
moule à soufflé 172
moule à tarte 172
moulin à café 180
moulin à légumes 170
moulin à vent 412
moulin pivot 412
moulin tour 412
moulinet à mouche 536
moulinet à tambour fixe 537
moulinet à tambour tournant 537
moulure de pare-chocs 348
mousqueton 521, 538
mousqueton à ressort 521
mousse 51
mousse à raser 271
mousse d'Irlande 123
mousse, structure 51
mousseline 171
moustaches 87
moustique 69
moutarde à l'ancienne 140
moutarde allemande 140
moutarde américaine 140
moutarde anglaise 140
moutarde blanche 138
moutarde de Dijon 140
moutarde en poudre 140
moutarde noire 138
mouton 84
mouvement horizontal du sol 27
mouvement vertical du sol 27
mouvements de l'avion 395
mouvements de terrain 31
moyen adducteur 96
moyenne sus-alaire 78
moyenne tectrice primaire 78
moyeu 341, 371, 413, 467
moyeu rotor 395
Mozambique 452
mozzarella 150
Mt Everest 37
muguet 56
mule 242
mulet 84, 160
mulot 82
multicoques 521
multiplication 337, 427
munster 151
muqueuse olfactive 117
mur 184, 528
mur bajoyer 406
mur d'arrivée 516
mur de fondation 187
mur de l'œil 43
mur de la qibla 447
mur de nuages 43
mur de virage 517
mur fortifié 447
mur latéral 517
muraille 385
mûre 132
muscle adducteur antérieur 73
muscle adducteur postérieur 73
muscle arrecteur 114
muscle bulbo-caverneux 111
muscle droit inférieur 119
muscle droit supérieur 119
muscle papillaire 104
muscles 96
museau 74, 75, 86, 87
musée 433
musique 296
Myanmar 453
mycélium 52
mye 157
mygale du Mexique 70
myocarde 104
myopie 419
myrtille 132

N

n'égale pas 427
n'est pas identique à 427
nacelle 413
nacelle d'observation 7
nacelle, coupe 413
nage sur le dos 517
nageoire anale 74
nageoire caudale 71, 74, 90
nageoire dorsale 74, 90
nageoire pectorale 74, 90
nageoire pelvienne 74
nages, types 517
naissance 426
Namibie 452
naos 279
nappe phréatique 31, 48
narine 74, 75, 76, 78, 117
nasal 100
naseau 83
natation 516
nationalité 497
Nauru 453
navet 129
navette ferroviaire 390
navette spatiale 12, 37
navette spatiale au décollage 12
navigateur 334
navire de forage 382
navire porte-conteneurs 381, 382
nébulosité 39
nécrologie 313
nectarine 132
nef 285
nef centrale 447
nèfle du Japon 133
neige 41
neiges acides 48
neiges éternelles 29
Népal 453
néphridie 71
Neptune 2, 3
nerf 114
nerf circonflexe 108
nerf cochléaire 116
nerf crural 108
nerf cubital 108
nerf digital 108
nerf fémoro-cutané 108
nerf fessier 108
nerf grand abdomino-génital 108
nerf grand sciatique 108
nerf intercostal 108
nerf médian 108
nerf musculo-cutané 108
nerf obturateur 108
nerf olfactif 117
nerf optique 119
nerf petit abdomino-génital 108
nerf petit sciatique 108
nerf rachidien 109, 110
nerf radial 108
nerf saphène externe 108
nerf saphène interne 108
nerf sciatique poplité externe 108
nerf sciatique poplité interne 108
nerf tibial antérieur 108
nerf vestibulaire 116
nerfs crâniens 108
nervure 67, 401, 458
nervure d'aile 392
nervure d'emplanture 392
nervure médiane 51
nervure principale 55, 60
nervure secondaire 55
neurone moteur 110
neurone sensoriel 110
neurones 110
neutron 414
neutron incident 415
névé 30
newton 426
nez 82, 94, 229, 392, 526
nez basculant 394
nez du guide 235
nez, parties externes 117
nez-de-marche 191
Nicaragua 448
niche de sécurité 345
nid d'ange 260
Niger 20, 451
Nigeria 451
Nil 20
nimbo-stratus 42
niveau à bulle 225
niveau d'eau 181
niveau d'équilibre 33
niveau de la mer 26, 33, 37
niveau de la réception 439
niveleuse 401
noir 418
noire 299
Noirs 470
noisette 133
noisette, coupe 60
noix 133
noix de cajou 133
noix de coco 133
noix de cola 133
noix de ginkgo 133
noix de macadamia 133
noix de muscade 138
noix de pacane 133
noix du Brésil 133
noix, coupe 60
nom de domaine 334
nom de la monnaie 441
nom de la station 378
nom du gymnaste 497
nom du titulaire 441
nombril 92, 94
non-appartenance 427
non-parallèle 428
Nord 23
Nord Est 23
Nord Nord-Est 23
Nord Nord-Ouest 23
Nord Ouest 23
nori 123
Norvège 450
notation algébrique 470
notation musicale 298
note 497
nouaison 62
nouilles asiatiques 147
nouilles aux œufs 147
nouilles de haricots mungo 147
nouilles de riz 147
nouilles soba 147
nouilles somen 147
nouilles udon 147
nouvelle Lune 5
Nouvelle-Calédonie 15
Nouvelle-Zélande 15, 453
noyau 4, 6, 50, 57, 66, 110, 112, 305, 414, 534
noyau externe 26
noyau fissile 415
noyau galactique 6
noyau interne 26
noyer 64
nœud 53, 416
nœud d'arrimage de l'orbiteur 11
nœud de Ranvier 110
nœud papillon 245
nœud plat 238
nu-pied 242
nuage 37, 41
nuage de cendres 28
nuage de Oort 2
nuage en entonnoir 43
nuages 42
nuages à développement vertical 42
nuages de basse altitude 42
nuages de haute altitude 42
nuages de moyenne altitude 42
nucléole 50, 66, 112
nuisette 256
numéro d'autoroute 25
numéro de carte 441, 443
numéro de chambre 439
numéro de la pompe 346
numéro de quai 374
numéro de route 25
numéro de série 441
numéro du joueur 486, 488, 506
numéroteur 338
nuque 78, 93, 95

O

oasis 32, 36
Obéron 3
objectif 314, 327, 332, 421
objectif grand-angulaire 314
objectif macro 314
objectif zoom 314, 320
objectif, accessoires 314
objectifs 314
objet 419
objets personnels 264, 271
observation astronomique 7
observatoire 7
observatoire astronomique 7
observatoire astronomique, coupe 7
obstacle d'eau 504
obstacle d'eau 504
obturateur de baie 329
occipital 97, 99, 100
océan 5, 24, 45
océan Arctique 14
océan Atlantique 14, 15, 18, 20
océan Indien 14, 15, 19, 20
océan Pacifique 14, 15, 19
océan, dorsale 33
Océanie 14, 15, 453
océanique 40
octaèdre régulier 429
octave 298
octogone régulier 429
oculaire 8, 9, 320, 420, 421, 459
oculaire coudé 8
odorat 116
œil 43, 70, 71, 72, 76, 90, 94, 119, 220
œil composé 67, 68
œil simple 67
œillet 56, 240, 263, 275, 509, 538
œillet d'attache 315
œsophage 105, 106
œuf 79
œuf d'autruche 155
œuf d'oie 155
œuf de caille 155
œuf de cane 155
œuf de faisane 155
œuf de poule 155
œufrier 211
œufs 155
office 392
ohm 426
oie 81, 155
oignon à mariner 124
oignon blanc 124
oignon jaune 124
oignon rouge 124
oignon vert 124
oiseau 78
oiseau aquatique 79
oiseau de proie 79
oiseau échassier 79
oiseau granivore 79
oiseau insectivore 79
oiseau percheur 79
oiseau, morphologie 78
oiseaux 78
oiseaux, exemples 80
okapi 84
olécrane 99
oléoduc 404
oléoduc sous-marin 404
oléoduc surélevé 404
olive 128
Oman 452
ombelle 57
ombilic 30
omble de fontaine 161
ombre 424
ombre à paupières 266
omoplate 93, 95, 98, 99
onde 418
onde de choc 403
onde sismique 27
ondes radio 418
ongle 78, 115
onglet 163, 340, 531
onglet à fenêtre 340
Oort, nuage 2
opéra 432
opercule 74
opercule thermoscellé 163
opisthodome 279
opticien 437
optique 418
orang-outan 91
orange 134
orange, coupe 58
orbiculaire des paupières 96
orbite lunaire 4, 5
orbite terrestre 4, 5
orbiteur 12, 13
orchestre 278
orchestre symphonique 295
orchidée 56
ordinateur 444
ordinateur de bord 354, 457
ordinateur de bureau 334
ordinateur de poche 337
ordinateur portable 336
ordinateur portable : vue arrière 336
ordinateur portable : vue avant 336
ordures ménagères 47, 48
oreille 92, 201
oreille externe 116
oreille interne 116
oreille moyenne 116
oreille, pavillon 115
oreille, structure 116
oreille-de-Judas 123
oreiller 204
oreillette droite 103, 104
oreillette gauche 103, 104
Orénoque 17
organes des sens 114
organes génitaux féminins 112
organes génitaux masculins 111
organisation gouvernementale 335
organiseur 338
organisme culturel 335
organisme de santé 335
organismes simples 66
orge 61, 143
orge : épi 61
orgue 305
orifice d'alimentation 455
orifice de remplissage 208
orifice du conduit auditif 115
orifice du pied 305
origan 142
ormeau 157
ornements 299
oronge vraie 123
orque 90
orteil 86, 92, 94
ortie 127
os alvéolaire 101
os iliaque 98
os maxillaire 101
os propre du nez 117
oseille 127
osselets 116
otarie 90
oued 36
Ouest 23
Ouest Nord-Ouest 23
Ouest Sud-Ouest 23
Ouganda 451
ouïe 115, 301
ouïe, protection 458
ouistiti 91
ouragan 43
ours 313
ours noir 89
ours polaire 89
outils pour arroser 236
outils pour couper 234
outils pour remuer la terre 233
outils pour scier 226
outils pour semer et planter 231
outils pour serrer 222
outils pour visser 221
outils, électricité 217
outils, plomberie 216
outils, soudage 218
ouverture 73, 538
ouvre-boîtes 170, 180, 531
ouvrière 68
ouvrière, abeille 68
Ouzbékistan 452
ovaire 56, 112, 113
ovoïde 55
ovule 56, 112

P

Pacini, corpuscule 114
pack 163
page précédente 331
page suivante 331
pagode 283
paiement électronique, terminal 443
paille 163
pain 144
pain azyme 145
pain blanc 145
pain chapati indien 145
pain complet 145
pain de campagne 145
pain de maïs américain 145
pain de mie 145
pain de seigle allemand 145
pain de seigle danois 145
pain de seigle noir 144
pain grec 144
pain irlandais 145
pain multicéréales 145
pain naan indien 145
pain noir russe 145
pain parisien 144
pain pita 145
pain tchallah juif 145
paire 468
pak-choï 126
Pakistan 452
palais de justice 432
palais des congrès 433
Palaos 453
pale 412, 413
pale de rotor 395
palet 507
paletot 248, 251
palette 493, 535, 538
palette à ailes 396
palier 189, 191
palissade 282
palmée 55
palmeraie 36
palmette 200
palmier 64
palmure 75, 79
palonnier 400
palourde 157
palpe 73
palpe labial 67
pampille 207
pamplemousse 134
pan 245, 248, 255
pan arrière 245
pan avant 245
panais 129
Panama 448
panama 238
pancetta 156
pancréas 106
panicule, avoine 61
panicule, sorgho 61
panier 178, 181, 211, 214, 477, 489, 538
panier à couverts 214
panier à friture 171
panier cuit-vapeur 175
panier de lavage 212
panne 218
panne ronde 220
panneau 185, 489
panneau de citerne 385
panneau de commande 328, 455
panneau de distribution 198
panneau de fonctions 328
panneau de garniture 352
panneau de protection latéral 467
panneau de refroidissement 13
panneau de séparation 277
panneau de vantail 202
panneau indicateur 374
panneau publicitaire 378
panneau solaire 7, 316
panneaux solaires 11
pansement adhésif 461
pantalon 246, 263, 476, 486, 499, 525
pantalon molleton 262
pantalon pattes d'éléphant 254
pantalons, exemples 254
pantographe 376
paon 81
papaye 137
papier aluminium 162
papier de verre 229
papier paraffiné 162
papier sulfurisé 162
papille 114, 119
papille caliciforme 118
papille filiforme 118
papille foliée 118
papille fongiforme 118
papille rénale 107
papillon 67, 517
papillon, morphologie 67
Papouasie-Nouvelle-Guinée 15, 453
paprika 139
paquebot 386
paquet 163
parachute 12
parachute de cabine 287
paraffines 405
parafoudre 407
Paraguay 448
parallèle 22, 428
parallélépipède 429
parallélogramme 429
paramécie 66
Paraná 17
parapet 282
parapharmacie et cosmétiques 121
parapluie 273
parasoleil 314
paratonnerre 183, 413
parc 25, 433
parc à charbon 402
parc à échelles 455
parc à vélos 445
parc de stationnement 390, 430, 445, 512
parc de stockage 404
parc de stockage terminal 404
parc des expositions 430
parc national 25
parcours 504
parcours pittoresque 25
pardessus 248
pare-brise 348, 364, 366, 369, 385, 392, 523
pare-chocs 209, 364, 369
pare-chocs arrière 523
pare-feu 193
pare-soleil 8, 354, 356, 361
paréo 253
parfumerie 436
pariétal 99, 100
paripennée 55
parka 249
parking 375, 381
parmesan 151
paroi avant 365
paroi latérale 365
parquet 190
parquet à bâtons rompus 190
parquet à coupe de pierre 190
parquet à coupe perdue 190
parquet Chantilly 190
parquet d'Arenberg 190
parquet en chevrons 190
parquet en vannerie 190
parquet mosaïque 190
parquet sur chape de ciment 190
parquet sur ossature de bois 190
parquet Versailles 190
parquets, arrangements 190
parterre 293
parties 200, 201, 204
parties d'un cercle 428
parties d'une bicyclette 370
parties d'une chaussure 240
parties des lunettes 273
parties externes du nez 117
parure 264
pas 83
pas alternatif 514
pas de patineur 514
pascal 426
passage à niveau 375
passage inférieur 344
passage pour piétons 434
passage souterrain 375
passage supérieur 343, 344

passant 245, 246, 248
passavant 385
passe à billes 406
passe-bras 251
passe-sangle 532
passerelle 282, 292, 375, 379
passerelle de navigation 382, 386, 387
passerelle télescopique 389
passoire 171, 177, 180
passoire fine 171
pastèque 135
pastille de combustible 409
Patagonie 17
patate 124
pâte de tamarin 140
pâte phyllo 145
patelle 157
patère 200
pâtes alimentaires 146
pâtes won-ton 147
patient 464
patin 395, 506
patin à roues alignées 527
patin acrobatique 527
patin antidérapant 219
patin clap 508
patin d'appui 409
patin d'espacement 409
patin de courte piste 508
patin de figure 509
patin de gardien de but 507
patin de hockey 527
patin de vitesse 527
patinage artistique 509
patinage de vitesse 508
patineur : courte piste 508
patineur : longue piste 508
patineur d'eau 69
patineuse 527
patinoire 506, 509, 512
patins de course 508
pâtisson 129
patte 76, 244, 246, 248, 274, 477
patte à boutons-pression 249
patte ambulatoire 67
patte anale 67
patte antérieure 67, 68, 75
patte autocollante 339
patte boutonnée 246
patte capucin 245
patte d'entrejambe 255
patte d'épaule 248
patte d'épaule 456
patte de boutonnage 245
patte de serrage 248
patte locomotrice 70
patte médiane 67, 68
patte polo 250
patte postérieure 67, 68, 75
patte ventouse 67
pattes thoraciques 71
pattes, exemples 79
pâturage 122
paturon 83
paume 115, 243, 477
paume d'un gant 243
paumelle 186
paupière 76
paupière inférieure 75, 87, 119
paupière interne 87
paupière supérieure 75, 87, 119
pause 299, 323, 331
pause/arrêt sur l'image 319
pavé alphabétique 338
pavé alphanumérique 330
pavé numérique 331, 338
pavé tactile 336
pavillon 82, 116, 305, 306, 307, 349, 432, 460, 504
pavillon de la trompe utérine 113
pavillon des skieurs 512
pavillon, oreille 115
pavot, graines 139
pays 23
Pays-Bas 449
paysage végétal selon l'altitude 44
pe-tsaï 126
peau 57, 58, 59, 110, 114, 309
peau de batterie 297, 308
peau de chamois 265
peau de timbre 297, 308
pécari 84
pêche 132, 536
pêche à la mouche 536
pêche au lancer 537
pêche, coupe 57
pédale 302, 308, 370, 372, 501, 522
pédale automatique 522
pédale avec cale élargie 522
pédale crescendo 305
pédale d'accélérateur 354
pédale de chaussage 511
pédale de combinaisons 305
pédale de débrayage 354
pédale de déchaussage 511
pédale de frein 350, 354, 357
pédale de frein arrière 368
pédale de sourdine 304
pédale douce 304, 311
pédale forte 304, 311
pédales d'expression 305
pédalier 305
pédicelle 51, 59, 62
pédieux 96
pédipalpe 70
pédoncule 56, 57, 58, 59, 62
peigne à crêper 268
peigne à tige 268
peigne afro 268
peigne de coiffeur 268
peignes 268
peignoir 256
peinture d'entretien 219
pelage 82, 91
pèlerine 251
pélican 80
pelle 173, 193, 233
pelle à poussière 215
pelle hydraulique 400
pelle-pioche pliante 532
pelleteuse 399
pellicule plastique 162
peloton 522
peloton de tête 522
pelouse 183
peltée 55
pendants d'oreille 264
pendeloque 207
pendentif 264
penderie 189, 203, 439
pendule 444
pêne demi-tour 186
pêne dormant 186
péninsule 24
péninsule Antarctique 15
péninsule d'Arabie 19
péninsule des Balkans 18
péninsule du Yucatan 16
péninsule Ibérique 18
péninsule Scandinave 18
pénis 92
penne 146
pennée 55
pennon 520
pentagone régulier 429
pente difficile 512
pente expert 512
pente facile 512
pente intermédiaire 512
pépin 58, 59
pepino 137
pepperoni 156
perceuse électrique 228
perceuse-visseuse sans fil 228
perche 160
perche truitée 160
perchiste 291
percolateur 181
perdrix 80
perforation 240, 243, 263
perforatrice 340
pergola 230
péricarde 105
péricarpe 60
périphérique 431
périphériques d'entrée 330
périphériques de sortie 333
périphériques de stockage 333
péristome 66
péristyle 279, 280
péritoine 111, 112
péroné 98
Pérou 448
peroxysome 66
perpendiculaire 428
perron 183, 188
persan 87
persienne 186
persil 142
perte de chaleur 46
pèse-lettres 339
pèse-personne 423
peso 440
peson 423
pesticide 47, 48
pétale 56
pétiole 52, 55
petit bois 186
petit montant 185
petit palmaire 96
petit rond 97
petite lame 531
petite lèvre 112, 113
petite sus-alaire 78
petites annonces 313
petits outils, jeu 232
petits pois 130
pétoncle 157
pétrole 403
pétrole brut 405
pétrolier 381, 384
peuplier 64
phalange distale 114
phalange médiane 114
phare 348, 364, 366, 368, 377, 381, 523
phare central 376
phare d'atterrissage 395
pharmacie 436, 462, 465
pharynx 105, 106
phase de glisse 514
phase de poussée 514
phases de la Lune 5
Philippines 19, 453
Phobos 2
phoque 90
photographe 436
photographe de plateau 291
photographie 314
photographie à la une 313
photon 420
photopile 410, 411
photorécepteurs 119
photosphère 4
photosynthèse 54
physique : électricité 416
physique : magnétisme 416
physique : optique 418
pi 428
piano 295
piano droit 304
piano électronique 311
pic 29, 80
piccolo 295, 306
pichet 166, 180
pictogrammes 330
pie-mère 109
pièce : avers 441
pièce : revers 441
pièce de jonction 455
pièce intermédiaire 111
pièce terminale 111
pièces 470
pièces buccales 68
pied 52, 72, 73, 91, 92, 93, 94, 95, 125, 199, 202, 204, 205, 206, 231, 247, 260, 302, 305, 308, 421, 493, 536, 537
pied à coulisse à vernier 425
pied à perfusion 464
pied arrière 201
pied avant 201
pied cambré 200
pied de lit 204
pied de mât 519
pied de nivellement 212, 213, 214
pied télescopique 460
pied-mélangeur 176
piédroit 285
pieds, protection 459
piège à patte à mâchoires 535
pierre 218
pierre à affûter 169
pierre blanche 470
pierre de Coyolxauhqui 283
pierre de curling 515
pierre noire 470
pierre sacrificielle 283
piètement 201, 219
pieuvre 72, 157
pieuvre, morphologie 72
pigeon 81, 154
pignon 65, 133, 163, 182
pika 82
pilastre 191
pilastre corinthien 281
pile 344
pile alcaline manganèse-zinc 417
pile carbone-zinc 417
pile rechargeable 320
piles 416
piles sèches 417
pilier 27, 283, 284
pilier droit 482
pilier du voile 116
pilier gauche 482
pilon 170, 173
pilote 524
piment 128
piment de Cayenne 139
piment de la Jamaïque 138
piment Jalapeño 139
piment oiseau 139
piments broyés 139
piments séchés 139
pin parasol 65
pinacle 284
pince 71, 173, 193, 246, 269
pince à boucles de cheveux 268
pince à cheveux 268
pince à cuticules 265
pince à défriser 269
pince à échardes 461
pince à épiler 265
pince à escargots 173
pince à étiqueter 340
pince à joint coulissant 222
pince à long bec 217
pince à spaghettis 173
pince d'électricien 217
pince de mise en plis 268
pince de taille 248
pince multiprise 222
pince noire 356
pince rouge 356
pince universelle 217
pince-étau 222
pinceau 219, 312
pinceau à lèvres 266
pinceau à pâtisserie 172
pinceau éventail 266
pinceau pour fard à joues 266
pinceau pour poudre libre 266
pincement 199
pinces 222
pinnule 52
pinson 80
pintade 81, 154
pioche 233
Pion 470
pion 469
pique 468
pique-notes 341
piquet 479, 528, 529
piscine 184, 386
piscine de stockage du combustible irradié 409
piscine enterrée 184
piscine hors sol 184
pissenlit 127
pistache 133
piste 390, 472, 515, 524
piste d'avertissement 475
piste d'élan 473
piste de ski alpin 512
piste de ski de fond 512
pistes d'élan 496
pistil 56
pistolet 216, 456
pistolet à calfeutrer 216
pistolet à souder 218
pistolet arrosoir 236
pistolet d'arrosage 236
pistolet de départ 472
pistolet de distribution 346
piston 307, 357, 360, 460
piston à décorer 172
piton sous-marin 33
pivot 217, 270, 271, 412, 489, 518, 533

pivot d'attelage 365
plafond 193
plafond acoustique 293
plafond cathédrale 189
plafond de cabine 287
plafonnier 206
plage 35
plage arrière 386
plage avant 383, 387
plaine 24, 32
plaine abyssale 33
plaine d'inondation 32
plaine fluvio-glaciaire 30
plan 279, 285
plan à langer 205
plan de travail 164
plan du terrain 183
plan urbain 25
plan, élévation 182
planche 501
planche à découper 169
planche à roulettes 526
planche à voile 519
plancher 193, 369
plancher de cabine 287
plancher inférieur 396
plancher supérieur 396
planchette à arches 340
planchette à pince 340
planchiste 526
planètes 2
planètes externes 2
planètes internes 3
planisphère 14
plantaire grêle 97
plante 53
plante grimpante 230
plante, structure 53
plantoir 231
plantoir à bulbes 231
plaque 178, 269
plaque à pâtisserie 172
plaque absorbante 410
plaque africaine 27
plaque antarctique 27
plaque antifriction 511
plaque chauffante 181
plaque costale 76
plaque d'instructions 228
plaque de commutateur 198
plaque de couche 534
plaque de montage 199
plaque de protection 303, 525
plaque des Caraïbes 27
plaque des îles Cocos 27
plaque du lanceur 475
plaque eurasiatique 27
plaque indo-australienne 27
plaque marginale 76
plaque motrice 110
plaque Nazca 27
plaque négative 359
plaque nord-américaine 27
plaque pacifique 27
plaque philippine 27
plaque positive 359
plaque Scotia 27
plaque signalétique 228
plaque sud-américaine 27
plaque supra-caudale 76
plaque tournante 344
plaque vertébrale 76
plaque-numéro 525
plaques convergentes 27
plaques divergentes 27
plaques tectoniques 27
plaques transformantes 27
plaquette 104, 273, 357
plaqueur droit 484
plaqueur gauche 484
plasma 104
plasmodesme 50
plastron 76, 259, 476, 486
plat 478
plat à escargots 173
plat à poisson 166
plat de dos 200
plat ovale 166
plate-bande 230
plate-forme 219, 363, 423, 516, 526
plate-forme de 10 m 518
plate-forme de 3 m 518
plate-forme de 5 m 518
plate-forme de 7,5 m 518
plate-forme de production 404
plateau 24, 29, 54, 202, 205, 219, 224, 225, 277, 278, 422, 423, 470, 522
plateau A 372
plateau B 372
plateau continental 33
plateau de chargement 319
plateau de clavier 304
plateau de frein 357
plateau de jeu 469
plateau de ponçage 229
plateau de tournage 290
plateau pour accessoires 8
plateau tournant 176
platine 421, 527
platine cassette 323
plats à rôtir 174
pleine Lune 5
pleurote en forme d'huître 123
plèvre pariétale 105
plèvre viscérale 105
plexus brachial 108
plexus lombaire 108
plexus sacré 108
pli 246
pli creux 253
pli d'aisance 253
pli de la columelle 73
pli plat 246, 253
pli surpiqué 253
plie commune 161
plinthe 191
plis, exemples 253
plissé accordéon 253
plomb 538
plomberie 194
plomberie : outils 216
plomberie, circuit 194
plombs 534
plongeoir 518
plongeon 518
plot de départ 516
pluie 41
pluie verglaçante 41
pluies acides 47, 48
plume 27, 312
plume creuse de roseau 312
plume d'oie 312
plume métallique 312
plume métallique romaine 312
plus grand que 427
plus ou moins 427
plus petit que 427
Pluton 3
pneu 349, 358, 364, 371, 522, 525
pneu à crampons 358, 369, 525
pneu autoroutier 358
pneu d'hiver 358
pneu de performance 358
pneu toutes saisons 358
pneumatique de guidage 380
pneumatique porteur 380
pneus, exemples 358
poche 225, 502, 505
poche à douilles 172
poche à rabat 248
poche américaine 274
poche cavalière 246
poche centrale 502
poche extérieure 274, 276
poche frontale 275
poche gilet 244
poche inférieure 502
poche intérieure 277
poche intérieure isolante 260
poche passepoilée 250
poche plaquée 244, 249, 260
poche poitrine 245, 248
poche prise dans une couture 251
poche raglan 248, 251
poche repose-bras 249, 251
poche secrète 274
poche soufflet 255
poche supérieure 502
poche tiroir 244
poche-revolver 246
poche-ticket 244
pochette 244, 274
pochette d'homme 276
pochette d'information 339
pochette de classement 340
pocheuse 175
podium des épreuves 496
poêle à combustion lente 192
poêle à crêpes 175
poêle à frire 175, 531
poêlon 175, 179
poids 422, 423, 472, 500, 501
poignée 170, 176, 177, 178, 179, 180, 192, 204, 208, 209, 210, 211, 215, 219, 221, 225, 226, 227, 229, 235, 269, 270, 273, 274, 275, 276, 277, 301, 325, 326, 341, 349, 366, 369, 380, 466, 492, 494, 500, 505, 510, 514, 515, 534, 535, 536, 537
poignée antivibrations 235
poignée arrière 537
poignée auxiliaire 228
poignée d'appui 501
poignée de conduite 467
poignée de départ (dos) 516
poignée de frein 371, 467, 522
poignée de guidage 229
poignée de maintien 352
poignée de porte 185
poignée de sécurité 237
poignée des gaz 368
poignée du démarreur 235
poignée intérieure 352
poignée isolante 179
poignée montoir 361, 364, 455
poignée profilée 269
poignée rentrante 274
poignée-pistolet 218, 228
poignées à ressort 500
poignet 86, 93, 95, 115, 245
poignet de force 500
poil 114, 272
poils absorbants 53
poinçon 531
point 468
point d'alimentation 198
point d'amure 519
point d'articulation 400
point d'attache 55
point d'attache 70
point d'écoute 519
point d'encochage 535
point d'information 437
point d'orgue 299
point de handicap 470
point de mise au jeu 506
point de raccordement 198
point de réparation 480
point fixe 357
point indicateur de température 269
pointage de l'épreuve en cours 497
pointe 35, 55, 125, 167, 169, 220, 221, 226, 227, 246, 247, 301, 312, 471, 473, 510, 534, 538
pointe avant 208
pointe carrée 221
pointe cruciforme 221
pointe d'attache 304
pointe de centrage 228
pointe de col 245
pointe de dent 398
pointe de diamant 202
pointe de ski 514
pointe plate 221
pointes, exemples 221
pointeur 533
points 492
poire 133
poire à jus 173
poire de gonflage 461
poireau 124
pois 60, 130
pois cassés 130
pois chiches 130
pois mange-tout 130
poisson cartilagineux 74
poisson osseux 74
poissonnerie 121
poissonnière 174
poissons 74
poissons cartilagineux 158
poissons osseux 159
poitrail 83
poitrine 78
poivre blanc 138
poivre moulu 139
poivre noir 138
poivre rose 138
poivre vert 138
poivrière 166
poivron jaune 128
poivron rouge 128
poivron vert 128
Polaroid® 315
pôle Nord 21, 416
pole position 524
pôle Sud 15, 21, 416
polissoir d'ongles 265
politique 448
polluants atmosphériques 47
polluants non biodégradables 47
pollution agricole 47
pollution automobile 47
pollution de l'air 47
pollution de l'eau 48
pollution domestique 47
pollution du sol 47
pollution industrielle 47
pollution par le pétrole 48
polo 250, 255, 492
polochon 204
Pologne 450
polojama 261
polygones 429
Polynésie 453
polypode commun 52
polytric commun 51
pomelo 134
pomme 133, 236
pomme d'Adam 92
pomme de douche 195
pomme de terre 124
pomme poire 137
pomme, coupe 58
pommeau 229, 477
pompe 184, 212, 214, 370, 529
pompe à boue 403
pompier 454
ponceuse excentrique 229
poncho 251
pont 25, 273, 420
pont à poutre 344
pont bain de soleil 387
pont basculant à double volée 345
pont basculant à simple volée 345
pont cantilever 344
pont de Varole 109
pont inférieur 404
pont levant 345
pont principal 385
pont roulant 407
pont supérieur 392, 404
pont suspendu à câble porteur 344
pont tournant 344
pont-l'évêque 151
pont-levis 282
pont-promenade 386
pontet 534
ponton 525
ponts fixes 344
ponts mobiles 344
popote 531
porc 84
porc haché 153
porc-épic 82
porche 183, 285, 447
porcherie 122
pore 50, 60
pore sudoripare 114
porque 385
Porro, prisme 420
port 431
port clavier 329
port Ethernet 336
port FireWire 336
port infrarouge 336, 337
port jeux/MIDI 329
port maritime 381
port modem interne 329, 336
port parallèle 329
port pour adaptateur de courant 336
port réseau 329
port série 329

port souris 329
port USB 329, 336
port vidéo 329, 336
portail 285
porte 178, 210, 211, 213, 287, 361, 381, 392, 423, 439, 447, 528, 529
porte à deux vantaux 362
porte à lanières 286
porte à tambour manuelle 286
porte accordéon 286
porte automatique 390
porte avant 383, 386
porte classique 286
porte coulissante 195, 286
porte coulissante automatique 286
porte coupe-feu 286
porte d'entrée 362, 363
porte de garage basculante 286
porte de garage sectionnelle 286
porte de l'élévateur 363
porte de la soute 13
porte étagère 211
porte extérieure 185
porte latérale 380
porte moustiquaire 361
porte pliante 286
porte-adresse 277
porte-bagages 277, 361, 369, 370
porte-bagages arrière 369
porte-bidon 371
porte-bûches 193
porte-cartes 274
porte-chéquier 275
porte-clés 275
porte-coupures 275
porte-documents à soufflet 274
porte-documents plat 275
porte-fenêtre 164, 188, 189
porte-fil dentaire 272
porte-filtre 181
porte-foyer 192
porte-jarretelles 259
porte-marteau 225
porte-matraque 456
porte-mine 312
porte-monnaie 275
porte-moulinet 536, 537
porte-outil 229
porte-parapluies 273
porte-passeport 275
porte-rouleau 195
porte-sac 505
porte-savon 195
porte-serviettes 195
porte-skis 356
porte-stylo 274
porte-tube 421
porte-vélos 356
portée 298
portefeuille 275
portefeuille chéquier 274
portes d'entrée 294
portes, exemples 286
portière 349, 352
portique 381, 397, 406, 407, 447
portique de chargement de conteneurs 381
portique de signalisation 375
ports pour carte mémoire 471
ports pour manette 471
Portugal 449
position carpée 518
position d'équilibre 418
position des joueurs 474, 481, 482, 489
position droite 518
position groupée 518
positions de départ, plongeon 518
poste d'aiguillage 375
poste d'observation 7
poste de communication 380
poste de l'agent de sécurité 463
poste de patrouille 512
poste de pilotage 392, 395
poste de police 433
poste de secours 345, 512
poste des infirmières (urgence ambulatoire) 463
poste des infirmières (urgence majeure) 462
poste téléphonique 327
postillon 469
pot 163
pot d'échappement 351, 367, 368
pot d'échappement 369
poteau 187, 487, 490, 495
poteau cornier 187
poteau de but 485
poteau de ligne de jeu 475
poteau du ring 498
potence 371, 421, 467
poterne 282
potiron 129
pou 69
poubelle 215
pouce 79, 115, 243, 477
pouce opposable 91
poudre 534
poudre libre 266
poudre pressée 266
poudrier 266
pouf 201
poulailler 122
poule 81
poulet 155
poulie 219, 360, 535
poulie de chariot 397
poulie de tension du régulateur 287
poumon droit 103, 105
poumon gauche 103, 105
poumons 105
poupe 386, 519
pour broyer et râper 170
pour couper 177
pour cuire 178
pour l'emploi du temps 338
pour la correspondance 338
pour la pâtisserie 172
pour le classement 339
pour mélanger et battre 176
pour mesurer 171
pour ouvrir 170
pour passer et égoutter 171
pour presser 177
pourcentage 337, 427
pourpier 127
pousse 53
pousse de bambou 125
poussoir 170, 177, 180, 460
poussoir d'arrêt 424
poussoir de mise en marche 424
poussoir de remise à zéro 424
poutre 187, 283, 288, 496
poutre cantilever 344
poutre continue 344
poutre d'équilibre 497
poutre de levage 364
poutre de queue 395
poutre suspendue 344
poutre-châssis 401
praire 157
prairie 24, 122
prairie tempérée 44
praticable pour exercices au sol 496
précipitation 45
précipitations 41
précipitations hivernales 41
prémaxillaire 74
premier arbitre 487
premier assistant-cadreur 290
premier but 474
premier croissant 5
premier espace 489
premier quartier 5
premier radial externe 97
premier-but 474
première joueuse 515
première ligne 482
première molaire 101
première prémolaire 101
premières feuilles 53
premiers violons 295
prémolaires 101
préposé au banc des pénalités 507
préposé au contrôle des billets 294
prépuce 111
près du ring 498
présentoir de brochures 442
présentoir réfrigéré 438
presqu'île de Corée 19
presqu'île de Kola 18
presqu'île du Kamtchatka 19
presse à pectoraux 501
presse-agrumes 170, 177
presse-ail 170
presse-café 181
pressing 437
pression à la taille 260
pression au niveau de la mer 39
pression barométrique 39
pression devant 261
pression, mesure 426
prétoire 440
prévention de la criminalité 456
prévention des incendies 454
prévision météorologique 38
principales pièces d'une maison 188
principaux organes des systèmes automobiles 350
printemps 38
prise audio 329
prise casque 310, 311, 322, 323, 326
prise chronométrée 210
prise classique 493
prise d'air 383, 523
prise d'air 362
prise d'air de refroidissement du moteur 525
prise d'air du moteur 362
prise d'alimentation 329
prise d'eau 407
prise d'entrée/sortie audio 337
prise d'oxygène 464
prise de charge 271
prise de courant 198, 217
prise de courant commutée 322
prise de courant européenne 198
prise de la sonde thermique 178
prise de télécommande 314, 315
prise électrique 361
prise porte-plume 493
prise pour écouteurs 329
prises d'entrée/de sortie audio/vidéo 322
prises vidéo et numérique 315
prises, exemples 499
prisme de Porro 420
prix à l'unité 423
prix à payer 423
procédé 503
producteur 291
production d'électricité par énergie éolienne 413
production d'électricité par énergie géothermique 402
production d'électricité par énergie nucléaire 408
production d'électricité par énergie thermique 402
production d'électricité par l'alternateur 408
production de chaleur 408
produits céréaliers 144
produits d'emballage 120
produits d'entretien 120
produits de fission (noyaux radioactifs) 415
produits de la raffinerie 405
produits de traiteur 121
produits laitiers 120, 150
produits pétrochimiques 405
produits pour animaux familiers 121
profil du sol 54
profondeur du foyer 27
programmateur 212, 213, 214
programmation des voix 310
programmes informatiques 457
projecteur 290, 294, 371, 376
projecteur orientable 455
projecteur sous-marin 184
projecteurs 293
projection conique 22
projection cylindrique 22
projection d'épaule par un côté 499
projection en cercle 499
projection horizontale 22
projection interrompue 22
projections cartographiques 22
pronaos 279
propagation 418
propulseur 10
propulseur d'étrave 387
propulseurs de commande d'orientation 12
prosciutto 156
prospection terrestre 403
prostate 111
protecteur d'avant-bras 486
protecteur d'embout 460
protecteur lombaire 486
protection d'usure 525
protection de l'ouïe 458
protection de la tête 458
protection des pieds 459
protection des voies respiratoires 459
protection des yeux 458
protège-cheville 476
protège-côtes 486
protège-cou 486
protège-coude 526
protège-dents 486, 498
protege-gorge 476
protège-hanche 486
protège-lame inférieur 227
protège-lame supérieur 227
protège-main 525
protège-matelas 204
protège-orteils 459, 476
protège-poignet 527
protège-tibia 480, 513
protège-tympan 458
protocole de communication 334
proton 414
protoneurone sensitif 110
protubérance 4
proue 387, 519
province 23
prune 132
pseudopode 66
pubis 92, 94
puce 69
puisard 194
puissance, mesure 426
puits 278
puits d'injection 402
puits de dérive 519
puits de production 402
puits sous-marin 404
pull d'entrainement 262
pulls 254
pulpe 57, 58, 59, 101, 114
pulvérisateur 236, 402
puma 88
punaise rayée 69
punaises 341
pupille 87, 119
pupille verticale 76
pupitre 305, 311
pupitre du chef d'orchestre 295
pyjama 256
pylône 344, 375
pylône du moteur 393
pyramide 278, 429
Pyrénées 18
python 77

Q

Qatar 452
quad 369
quadrant 428
quadrilatère 429
quadruple croche 299
quai 375, 379, 381, 390, 430
quai d'embarquement 389
quai de chargement 435
quai de déchargement 437, 439
quai de gare 374
quantité de matière, mesure 426
quark d 414
quark u 414
quart de soupir 299
quart-arrière 485
quarte 298
quartier 5, 58, 240, 262
quartier des affaires 430, 432
quatuor 300

queue 57, 58, 59, 76, 82, 83, 86, 90, 111, 228, 393, 412, 526, 531
queue de billard 503
queue de l'hélix 115
queue de poussières 6
queue ionique 6
queusot 199
quillard 521
quinoa 143
quinte 298, 468
quinte royale 468
quintette 300

R

rabat 244, 275, 532
rabot 229
raccord à compression 197
raccord de robinet 236
raccord de signalisation 361
raccord de tuyau 236
races de chats 87
races de chiens 86
racine 54, 101
racine antérieure 110
racine carrée 337
racine carrée de 427
racine de l'hélix 115
racine de l'ongle 114
racine du nez 117
racine motrice 109, 110
racine pivotante 63
racine postérieure 110
racine principale 53
racine secondaire 53
racine sensitive 109, 110
racine traçante 63
racines adventives 52
raclette 151
raclette-gril 179
racloir 514
radar 382, 383, 386, 387
radar météorologique 38, 392
radiateur 350, 358
radiateurs 11
radicelle 53, 63
radicule 53
radio 326, 457
radio portable 325
radio-réveil 325
radioactivité, mesure 426
radiocassette laser 326
radis 129
radis noir 129
radis oriental 129
radius 98
raffinerie 404, 431
raglan 251
raie 158
raie des fesses 93, 95
raie sourcilière 78
raifort 129
rail d'éclairage 207
rail de glissement 353, 521
rail-guide de contrepoids 287
rail-guide de la cabine 287
rails de travelling 290
rainette 75
rainure 169, 510
raisin 62, 132
raisin, coupe 59
ralenti 319
rallonge 202, 209
ramasseur 490
rambarde 384, 526
ramboutan 137
rame 501
rame de métro 378, 380
rameau 53, 62, 63, 65
rameau communicant 110
ramequin 166
rameur 501
ramille 63
rampant 279
rampe 188, 189, 191, 279, 281, 293
rampe d'accès 344, 386
rampe d'éclairage 207
rampe de quai 381
rampe de signalisation 455, 457
rampe, planche à roulettes 526
ramure 63
rang 272
rangée 293
rangement pour les gants 464
râpe 170
râpe à fromage cylindrique 170
râpe à muscade 170
rappel de mémoire 337
raquette de badminton 494
raquette de tennis 492
raquette de tennis de table 493
ras-de-cou 250, 255, 264
ras-el-hanout 139
rasage 271
rasette 305
rasoir à double tranchant 271
rasoir à manche 271
rasoir effileur 269
rasoir électrique 271
rasoir jetable 271
rat 82
rat, morphologie 82
rate 103
râteau 233, 503
ratissoire 233
raton laveur 88
ravier 166
ravioli 146
rayon 70, 273, 371, 428
rayon épineux 74
rayon lumineux 419
rayon médullaire 63
rayon mou 74
rayonnement 415
rayonnement infrarouge 46, 418
rayonnement solaire 45, 46, 410, 411
rayonnement solaire absorbé 46
rayonnement solaire réfléchi 46
rayonnement ultraviolet 418
rayons gamma 418
rayons X 418
ré 298
réacteur 408
réacteur nucléaire 409
réaction en chaîne 415
réalisateur 291
rebobinage 319, 323
rebord 210
rebord de cuve 212
rebras 243
récamier 200
réceptacle 51, 56, 59
réceptacle à déchets 365
réceptacle de brosses 272
récepteur 327
récepteur de radio par satellite 326
récepteur de son 460
récepteur sensoriel 110
récepteurs du goût 118
réception 439
réception des messages 328
réception directe 316
réception du fret 391
receveur 474, 475, 476, 490, 495
receveur éloigné 485
recharge 312
réchaud 174
réchaud à deux feux 529
réchaud à un feu 529
réchauffement global 46
recherche 335
recherche des canaux 319
récif de la Grande Barrière 15
récipient 176
recourbe-cils 266
rectangle 429
rectangle des instructeurs 474
rectangulaire 530
rectrice 78
rectum 106, 111, 112
recyclage 49
redingote 251
réflecteur 217, 321, 365
réflecteurs solaires 316
réformeur catalytique 405
réfrigérateur 164, 211, 438
réfrigérateurs 438
refroidissement 405
refroidissement de la vapeur par l'eau 408
regard de visite 434
régie 293
région auriculaire 78
région malaire 78
région négative 410
région positive 410
registre des aigus 296
registre des basses 296
réglage 466
réglage de centrage 329
réglage de hausse 420
réglage de l'afficheur 327
réglage de l'angle 229
réglage de la balance 303
réglage de la hauteur 501
réglage de la luminosité 329
réglage de la pression 272
réglage de la pression d'oxygène 10
réglage de la résistance 501
réglage de la tension 537
réglage de la tonalité 303
réglage de niveau d'enregistrement 323
réglage de profondeur 229
réglage de tempo 311
réglage des températures 208
réglage du contraste 329
réglage du diaphragme 421
réglage du four 210
réglage du volume 303, 311, 319, 322, 325, 329
réglage du volume des communications 10
réglage en hauteur du condenseur 421
réglage horizontal 329
réglage latéral 420
réglage micrométrique (azimut) 8, 9
réglage micrométrique (latitude) 8, 9
réglage vertical 329
réglages 328
règle 425
règle graduée 425, 531
règne animal 66
règne végétal 50
régulateur de pression 174, 529
régulateur de vitesse 287, 354
rehausseur 205
rein 73, 103
rein droit 107
rein gauche 107
reine 68
reine, abeille 68
reins 83, 93, 95
rejet 63
rejet d'oxygène 54
rejets industriels 47, 48
relevé de transaction 443
relief lunaire 5
religion 446
reliure à anneaux plastiques 340
reliure à glissière 339
reliure à pince 339
reliure à ressort 339
reliure à vis 339
reliure spirale 340
rémige primaire 78
rémige secondaire 78
rémige tertiaire 78
remise 182, 230
remorque 380
remorqueur 384
rempart 5, 282
remplage 285
remplissage 404
renard 88
renfort de nuque 525
réniforme 55
renne 84
renseignements 512
renversé 518
repère de ligne de marche 533
repère de niveau d'eau 208
repère de touche 302, 303
repère de virage de dos 517
répertoire 334
répertoire téléphonique 327, 338
répéteur 317
répondeur numérique 328
repose-main 332
repose-pied 467
repose-pied du passager 367, 368
repose-pied du pilote 367, 368
repose-pieds 205
repose-poignets détachable 330
repousse-chair 265
reproduction de clés 437
reprographie 442
reptation 31
reptiles 76
République arabe syrienne 452
République centrafricaine 451
République de Corée 453
République de Moldova 450
République démocratique du Congo 451
République démocratique populaire lao 453
République dominicaine 449
République populaire démocratique de Corée 453
République tchèque 450
République-Unie de Tanzanie 451
répulsion 416
requin, morphologie 74
réseau d'oléoducs 404
réseau national 316
réseau nerveux 101
réseau privé 316
réseau téléphonique 317
réserve d'eau 272
réserves alimentaires 439
réservoir 13, 181, 406, 407, 454, 529
réservoir à carburant 364, 377, 395
réservoir à essence 351, 366, 369
réservoir à toit flottant 404
réservoir auxiliaire 365
réservoir d'alcool 424
réservoir d'arrosage 408
réservoir d'eau 181
réservoir d'essence 235
réservoir d'huile 235
réservoir de brut 405
réservoir de chasse d'eau 195
réservoir de liquide de frein 357
réservoir de mercure 424
réservoir externe 12
réservoir magmatique 28, 402
réservoir propane 361
réservoir tampon 404
résidente 464
résidus non recyclables 49
résistance électrique, mesure 426
résistance hydraulique 501
résistances 417
résonateur 324
ressort 27, 206, 222, 312, 535
ressort athlétique 500
ressort de rappel 357
ressort de soupape 360
ressort de suspension 212
ressort de tension 355, 500
ressort hélicoïdal 351
restaurant 386, 432, 435, 436, 438
restaurants-minute 437
résurgence 31
retable 446
réticule 420
réticulum endoplasmique 50, 66
rétine 119, 419
retour 331
retour de l'eau au générateur de vapeur 408
retourné 518
rétroviseur 354, 363, 364, 366, 368, 369, 523
rétroviseur extérieur 348, 362
rétroviseur grand-angle 362, 363
réunion 427
réverbère 434
revers 240, 244, 246
revers à cran aigu 244
revers cranté 248
revêtement 187, 493
revêtement de sécurité 10
revêtement synthétique 492
revêtement thermique 12
revêtements de sol textiles 190
revitalisant capillaire 267
rez-de-chaussée 182, 188

Rhéa 3
rhino-pharynx 117
rhinocéros 85
rhizoïde 51
rhizome 52
rhodyménie palmé 123
rhubarbe 125
riac 35
ribosome 50, 66
richelieu 240
ricotta 150
rideau de fer 292
rideau de scène 292, 293
rideau séparateur 464
ridoir 521
rigatoni 146
rillettes 156
rimaye 30
rinceau 200
ring 498
ris 154
rivet 169, 222
rivière 24, 32
rivière souterraine 31
riz 61, 143, 147
riz : panicule 61
riz basmati 147
riz blanc 147
riz complet 147
riz étuvé 147
riz sauvage 143
rizière 47
robe 404
robe bain-de-soleil 252
robe chemisier 252
robe de maison 252
robe enveloppe 252
robe fourreau 252
robe princesse 252
robe taille basse 252
robe tee-shirt 261
robe trapèze 252
robe tunique 252
robe-manteau 252
robe-polo 252
Roberval, balance 422
robes, exemples 252
robinet 195
robinet d'arrêt 196, 197
robinet d'arrêt général 194
robinet de réglage de débit 454
robinet de vidange 404
robinet flotteur à clapet 196
robinet relais 529
robinets 210
robot boulanger 179
robot de cuisine 177
roc 27
rocaille 230
roche mère 54
roches d'intrusion 26
roches ignées 26
roches métamorphiques 26
roches sédimentaires 26
rognons 154
Roi 468, 470
romaine 126
romano 151
romarin 142
rond pronateur 96
rond-point 25
ronde 299
rondelle 417, 510
rondelle à denture extérieure 222
rondelle à denture intérieure 222
rondelle à ressort 222
rondelle conique 196
rondelle plate 222
rondelles 222
rongeur 82
roquefort 151
roquette 127
rorqual 90
rosace 302
rose 56, 285
rose des vents 23
rosée 41
rosette 186
rossignol 80
rôti 152, 153
rôti de côtes 152
rotini 146
rotonde 435
rotor 412, 537
rotor anticouple 395
rotule 98, 224
roue 231, 364, 467, 522, 525, 527
roue avant 401
roue de secours 361
roue de support 523
roue dentée 523
roue folle 398
roue libre 372
roue pivotante 467
roues motrices 401
rouge 418
rouge à lèvres 266
rouge-gorge 80
Rouges 469
rouget barbet 159
rouleau 219, 268
rouleau à pâtisserie 172
rouleaux de la Torah 447
roulement à billes 413
roulette 205, 209, 277, 308, 526
roulette de commande 337
roulette de défilement 332
roulette de pâtissier 172
roulis 395
Roumanie 450
roupie 440
route 25, 343, 430
route d'accès 388
route secondaire 25
route, coupe 342
routeur 334
Royaume-Uni de Grande-Bretagne et d'Irlande du Nord 449
ruban 225
ruban blanc 493, 495
ruban de bouclage 457
ruban de Téflon 216
ruban de tissu adhésif 461
ruche 122
ruché 260
rue 25, 433, 435
rue commerçante 432
rue, coupe 434
ruelle 433
Ruffini, corpuscule 114
rugby 482
rugbyman 483
ruisseau 32
ruissellement 45
russule verdoyante 123
rutabaga 129
Rwanda 451

S

sablier 171
sablière 377
sablière double 187
sabot 83, 224, 365, 473
sabot de protection 398
sac 290
sac à bandoulière 276
sac à dos 532
sac à provisions 276
sac accordéon 276
sac besace 276
sac boîte 276
sac cartable 275
sac de congélation 162
sac de golf 505
sac de sable 498
sac fourre-tout 276
sac gonflable 354
sac marin 276
sac polochon 276
sac seau 275
sac-filet 162
sachet 162
sacoche 369, 372
sacristie 446
sacrum 98, 99
sacs à main 275
sacs à provisions 121
sacs de couchage, exemples 530
safran 138, 384
saharienne 255
saindoux 149
saint-bernard 86
Saint-Kitts-et-Nevis 449
Saint-Laurent 16
Saint-Marin 450
saint-pierre 161
Saint-Vincent-et-les Grenadines 449
Sainte-Lucie 449
saisons, cycle 38
saladier 166
salamandre 75
salami allemand 156
salami de Gênes 156
salchow 509
salière 166
salle 293
salle à manger 188, 386, 438, 439
salle d'anesthésie 464
salle d'arts plastiques 444
salle d'attente 463
salle d'attente des familles 462
salle d'attente du centre de prélèvements 465
salle d'attente principale 465
salle d'attente secondaire 465
salle d'embarquement 391
salle d'entreposage 438
salle d'examen 465
salle d'examen audiométrique 465
salle d'examen et de soins 463
salle d'examen gynécologique 463
salle d'habillage 290
salle d'informatique 444
salle d'opération 464, 465
salle d'ophtalmologie et d'oto-rhino-laryngologie 463
salle de bains 189, 195, 439, 464
salle de bal 387
salle de classe 444, 445
salle de classe pour élèves en difficultés d'apprentissage 444
salle de commande 406
salle de conférences 442
salle de contrôle des machines 384
salle de musique 444
salle de plâtre 463
salle de prélèvements 465
salle de préparation chirurgicale 464
salle de prière 447
salle de projection 294
salle de quilles 436
salle de rangement du matériel médical 465
salle de réanimation 462
salle de réception 447
salle de repos des infirmières 465
salle de réunion 439, 442, 445
salle de réveil 464
salle de sciences 444
salle de séjour 188
salle de soins 465
salle de spectacle 292, 432
salle de stérilisation 464, 465
salle de stockage du matériel souillé 462, 464
salle de stockage du matériel stérile 462
salle de triage 463
salle des cartes 382
salle des enseignants 445
salle des jurés 440
salle des machines 386, 406, 407
salle des pas perdus 374
salles d'entrevue 440
salomé 241
salon 188, 386
salon d'attente 439
salon de coiffure 436
salon des employés 443
salon du personnel 463
salopette 254
salopette à bretelles croisées 261
salopette à dos montant 260
salsifis 129
sambal oelek 141
Samoa 453
sandale 241
sandalette 242
Sandow® 528, 529
sandre 160
sang désoxygéné 104
sang oxygéné 104
sang, composition 104
sangle 353, 491, 501, 505
sangle d'amortissement 458
sangle de compression 532
sangle de fermeture 532
sangle de nuque 458
sangle élastique 277
sangle serre-vêtements 277
sanglier 84
santé 460
São Tomé-et-Principe 451
sapin 65
sapotille 137
sarcloir 233
sardine 159
sarment 62
sarrasin 61, 143
sarrasin : grappe 61
sarriette 142
sas 286
sas du laboratoire 13
sas pressurisé 345
satellite 316
satellite artificiel 37
satellite de télécommunications 335
satellite météorologique 38
satellites 2
satellites de télécommunications 316
Saturne 2, 3
sauce aux prunes 141
sauce hoisin 140
sauce soja 140
sauce Tabasco® 140
sauce Worcestershire 140
saucière 166
saucisse de Francfort 156
saucisse de Toulouse 156
saucisson kielbasa 156
sauge 142
saule pleureur 64
saumon de l'Atlantique 161
saumon du Pacifique 161
saupoudreuse 172
saut à la perche 472
saut à ski 513
saut en hauteur 473
saut en longueur 472
sauterelle 402
sauteur 513
sauteuse 175
sautoir 264
sautoir, longueur opéra 264
sauts, exemples 509
savane 40, 44
savon de toilette 267
saxhorn 307
saxophone 306
scaphandre spatial 10
scapulaire 78
scarole 126
scellement, matériau 417
scène 278, 292, 293
schéma de la circulation 103
schnauzer 86
Schwann, gaine 110
scie à chantourner 226
scie à guichet 226
scie à métaux 226
scie à onglet manuelle 226
scie circulaire 227
scie d'élagage 234
scie de camping 533
scie égoïne 226
scie sauteuse 227
science 414
scion 536
scissure oblique 105
sclérotique 119
scooter 369
scooter de mer 523
score doublé 471
score triplé 471
scorpion 70
scorsonère 129
scripte 291
scrotum 92, 111
sculptures 358
seau 215
seau isotherme 180

sébaste 161
sécateur 234
sèche-cheveux 270
sèche-linge électrique 213
second arbitre 487
second assistant-cadreur 290
seconde 298, 428
secondeur extérieur droit 484
secondeur extérieur gauche 484
secondeur intérieur 484
seconds violons 295
secrétaire 203
secrétariat 443, 445
secteur 428
secteur des civières 462
section articulée 363
section de conduit 193
sécurité 454
segment 357, 360
segment abdominal 67
seiche 157
seigle 61, 143
seigle : épi 61
sein 92, 94, 113
séisme 27
seizième de soupir 299
séjour 528
sel fin 141
sel marin 141
sélecteur d'entrée 322
sélecteur d'inclinaison de la lame 227
sélecteur de bandes 323
sélecteur de coupe 271
sélecteur de fonctions 314
sélecteur de hauteur 209
sélecteur de micro 303
sélecteur de mode 326
sélecteur de mode sonore 322
sélecteur de niveau d'eau 212
sélecteur de programme 310
sélecteur de régime 237
sélecteur de rythme 311
sélecteur de stations 325, 326
sélecteur de température 178, 212, 213, 270
sélecteur de vitesse 176, 177, 227, 270
sélecteur de vitesse de rotation 228
sélecteur de vitesses 367, 368, 369
sélecteur de voix 311
sélecteur quadridirectionnel 315
sélecteur télé/vidéo 319
sélecteurs de fonctions 327
sélection des canaux 319
selle 369, 370, 501, 523
selle biplace 367
selle conducteur 369
selle passager 369
sellette d'attelage 364
semelle 187, 208, 227, 229, 247, 509, 510, 511
semelle antidérapante 261
semelle d'usure 240, 263
semelle intercalaire 262
semelle pivotante 224
semence 220
semi-rectangulaire 530
semi-remorque frigorifique 365
semoir à main 231
semoule 144
Sénégal 20, 451
sens de déplacement des électrons 416, 417
sensibilité 314
sépale 56, 58, 59
séparateur 359, 384, 402, 417
séparateur électrolytique 417
séparateur liquide/gaz 359
séparation magnétique 49
séparation papier/carton 49
séparation-classeur 274
septième 298
septum interventriculaire 104
septum lucidum 109
séquence 468
séquenceur 310
sérac 30
Serbie 450
serfouette 233
seringue 460
seringue pour lavage de cavités 460
serpe 234
serpent 76, 469
serpent à sonnette 77
serpent corail 77
serpent venimeux, morphologie 76
serpentin 210
serpents et échelles 469
serre 79, 122
serre-joint 224, 226
serre-joint à tuyau 224
serre-livres 341
serre-poignet 492
serre-tête 324, 458, 459
serre-tête antibruit 458
serrure 185, 186, 202, 211, 275, 277, 349, 352
serrure à clé 274
serrure à combinaison 274
sertissage 534
serveur 334, 335, 491, 494
serveur d'accès 335
service 487, 490
service à fondue 174
service à la clientèle 443
service d'entretien 346
service de colis 374
services d'assurance 442
services de crédit 442
services financiers 442
services sociaux 465
serviette 274
serviette de toilette 267
servofrein 350, 357
seuil 185
seuil de l'évacuateur 406
sextuor 300
Seychelles 452
shampooing 267
shekel 440
shiitake 123
short 254, 261, 473, 480, 483, 488
short boxeur 263
short de boxe 498
si 298
siamois 87
siège 196, 200, 201, 205, 353, 467
siège coulissant 501
siège de sécurité pour enfant 356
siège de vélo pour enfant 372
siège double 380
siège du rabbin 447
siège simple 380
siège-baquet : vue de face 353
siège-baquet : vue de profil 353
sièges 201
Sierra Leone 451
sifflet 180
signal de voie 375
signature du titulaire 441
signature officielle 441
silique, coupe 60
sill 28
sillet 301, 302, 303
sillon 118
sillon antérieur 115
sillon médian 118
sillon naso-labial 117
sillon terminal 118
silo-couloir 122
silo-tour 122
silos 381
simulateur d'escalier 501
Singapour 453
sinus frontal 117
sinus latéral inférieur 62
sinus latéral supérieur 62
sinus pétiolaire 62
sinus sphénoïdal 117
siphon 194, 196, 197
sirop antitussif 467
sirop d'érable 149
sirop de maïs 149
sismogramme 27
sismographe horizontal 27
sismographe vertical 27
sismographes 27
sistre 309
site d'enfouissement 47
sixte 298
ski 510, 523
ski alpin 510
ski de descente/super-G 510
ski de fond 514
ski de grand slalom 510
ski de saut 513
ski de slalom 510
skieur alpin 510
skieur de fond 514
skimmer 184
skis, exemples 510
slalom géant 511
slalom spécial 511
slip 247, 259
slip de bain 263
Slovaquie 450
Slovénie 450
smash 491
smog 47
snooker 503
société 430
socle 27, 176, 179, 180, 192, 206, 332, 412, 422
socle fixe 224
socle rembourré 489
socle-chargeur 208
socque 242
socquette 257
softball 477
soie 167, 169, 216, 271, 536
soies 219
soigneur 489, 498
soins de la pelouse 237
soins du corps 267
soja, germes 131
soja, graine 131
sol 48, 298
sol naturel 342
solarium 385
sole 161
soléaire 96
Soleil 2, 4, 5, 38
Soleil, éclipse 4
Soleil, structure 4
solide 414, 415
solide amorphe 414
solidification 414
solin 193
solive 190
solive de plafond 187
solive de plancher 187
solive de rive 187
solstice d'été 38
solstice d'hiver 38
solution multifonctions 272
Somalie 451
sommaire 313
sommation 427
sommelier 438
sommet 29, 512
sommier 304
sommier tapissier 204
sonde spatiale 37
sonde thermique 178
sorbetière 180
sore 52
sorgho 61
sorgho : panicule 61
sortie 343
sortie d'air chaud 192
sortie de piste 391
sortie de piste à grande vitesse 388
sortie des billets 442
sortie des originaux 328
sortie des tickets 346
sortie du caloporteur 410
sortie S-Video 336
soubassement 202, 283
souche 63
soudage : outils 218
Soudan 451
soudure 218
soufflet 274, 276, 296
soupape 174
soupape d'admission 360
soupape d'échappement 360
soupape d'évacuation 307, 461
soupape de sûreté 408
soupape expiratoire 459
soupape inspiratoire 459
soupière 166
soupir 299
source 32
source alimentaire fondamentale 45
source de courant 416
sourcils 87
sourdine 307
souris à roulette 332
souris mécanique 332
souris optique 332
souris sans fil 332
sous-couche 190
sous-épineux 97
sous-fondation 342
sous-pied 254
sous-plancher 187, 190
sous-sol 54, 182, 281, 435
sous-titre 313
sous-vêtement 524
sous-vêtements 247, 258
soustraction 337, 427
soustraction en mémoire 337
soute 12, 393
soute à bagages 362, 383, 395
soutien-gorge 259
soutien-gorge balconnet 259
soutien-gorge corbeille 259
spadice 57
spaghetti 146
spaghettini 146
spatule 173, 510, 514
spatulée 55
spécialiste technique 509
spécifications techniques 358
spectre électromagnétique 418
spencer 254
spermatozoïde 111
sphaigne squarreuse 51
sphénoïde 100
sphère 429
sphincter anal 106
spicule 4
spirale 70, 221
spirale centrale 70
spiruline 123
splénius de la tête 97
spores 52
sports 468
sports à roulettes 526
sports aquatiques 516
sports d'hiver 515
sports de balle 474
sports de ballon 474
sports de combat 498
sports de force 500
sports de précision 502
sports de raquette 493
sports gymniques 496
sports motorisés 524
sports nautiques 516
spot 207
spot à pince 206
squelette 98
Sri Lanka 453
stabilisateur 393, 395, 397, 400, 455, 523
stabilisateur de roulis 386
stade 431, 472
stalactite 31
stalagmite 31
stands 524
station d'accueil 337
station de métro 378, 432
station de pompage 404
station de pompage intermédiaire 404
station de pompage principale 404
station de ski 512
station locale 316
station météorologique d'aéronef 38
station météorologique océanique 38
station météorologique sur bouée 38
station météorologique, disposition des informations 39
station spatiale internationale 11
station terrestre 38
station terrestre de télécommunications 335
station-relais 316
station-relais à micro-ondes 334
station-service 346, 433
stationnement 435, 504
statue 446
steeple 472
steppe 40
sterno-cléido-mastoïdien 96
sternum 98
stéthoscope 460
stigmate 56, 60, 67

INDEX FRANÇAIS

stilton 151
stimulateur de gencives 272
stipule 55
stop 86
stoppeur 481
store à enroulement automatique 356
strato-cumulus 42
stratopause 37
stratosphère 37
stratus 42
structure 186, 342
structure antitonneau 525
structure d'un arbre 63
structure d'un champignon 52
structure d'un lichen 50
structure d'une algue 51
structure d'une feuille 55
structure d'une fleur 56
structure d'une fougère 52
structure d'une maison 188
structure d'une mousse 51
structure d'une plante 53
structure de l'oreille 116
structure de la biosphère 44
structure de la moelle épinière 109
structure de la Terre 26
structure du Soleil 4
structure en treillis 11
structure métallique 374
style 56, 57, 58, 59, 60, 424
stylet 312, 337
stylo-bille 312
stylo-plume 312
stylobate 279
subarctique 40
subduction 27
sublimation 414
substance blanche 109, 110
substance corticale 107
substance grise 109, 110
substance médullaire 107
substratum imperméable 402
subtropical humide 40
suceur à tapis et planchers 209
suceur plat 209
suceur triangulaire à tissus 209
sucre 149
sucre candi 149
sucre glace 149
sucre granulé 149
sucrier 166
Sud 23
Sud Est 23
Sud Ouest 23
Sud Sud-Est 23
Sud Sud-Ouest 23
Suède 450
Suisse 450
sumac 139
super-géant 511
supermarché 120, 433, 437
supplément en couleurs 313
supplément littéraire 313
support 174, 199, 269, 308, 493
support à bagages 523
support de fixation 9, 206
support de main 297
support de panneau 489
support de plaquette 273
support de pouce 306
supports d'enregistrement 319
suppression 328, 331
surf acrobatique 513
surf alpin 513
surf des neiges 513
surface d'affichage 341
surface de but 480
surface de coin 481
surface de combat 499
surface de cuisson 179, 210
surface de frappe 477
surface de jeu 493
surface de l'eau 518
surface de la glace 515
surface de la peau 114
surface de réparation 480
surface de sécurité 499
surface dure (ciment) 492
surface verticale 526
surfaces 428
surfaces de jeu 492
surfeur 513
surfusion 414
surimpression 314
Suriname 448
suroît 239
surpiqûre 240, 246, 260, 262
surtitre 313
survêtement 262
suspension 206, 380
suspension arrière 522
suspente 344
suture 60
suture coronale 100
suture lambdoïde 100
suture squameuse 100
Swaziland 452
symboles scientifiques usuels 426
symboles, cartes 468
symphyse pubienne 111, 112
synagogue 447
synapse 110
synthèse additive 418
synthèse des couleurs 418
synthèse soustractive 418
synthétiseur 310
système audio 354
système d'alimentation en essence 351
système d'échappement 351
système de climatisation 46
système de contrôle de la rampe de signalisation 457
système de direction 351
système de freinage 351
système de freinage antiblocage 357
système de jeux vidéo 471
système de lentilles 420
système de pointage fin 7
système de refroidissement 351
système de retenue à sacs gonflables 354
système de suspension 351
système de transmission 351
système de verrouillage 209
système électrique 351
système hydraulique 396
système international d'unités 426
système nerveux 108
système nerveux central 109
système nerveux périphérique 108
système racinaire 53, 62
système rotary 403
système routier 342
système solaire 2
systèmes automobiles 351

T

T.G.V. 376
tabernacle 446
table 202, 493, 502
table à abattants 202
table à langer 205
table à rallonges 202
table d'harmonie 301, 302, 304
table d'opération 464
table de chevet 439, 464
table de communion 446
table de cuisson 164
table de lecture 447
table de lit 464
table de rotation 403
table de service 438
table de travail 210
table des greffiers 440
table des résultats 518
tableau 444
tableau d'affichage 341, 444, 492, 499
tableau d'affichage des vols 391
tableau de bord 354, 366, 368
tableau de classement général 496
tableau de commande 178, 179, 210, 212, 213, 214
tableau de manœuvre 287
tableau de pointage 497
tableau des scores 471
tableau du souvenir 447
tableau horaire 374
tableau indicateur 472
tables gigognes 202
tables, exemples 202
tablette 192, 203, 219
tablette de verre 211
tablette porte-outil 219
tablier 344, 369, 396, 498
tablier-blouse 255
tablinum 280
tabloïd 313
tabouret 164, 201, 498
tabouret de bar 438
tabouret-bar 201
tabouret-escabeau 219
tabulation à droite 330
tabulation à gauche 330
tache 4
tache jaune 119
tachymètre 368
Tadjikistan 452
tagliatelle aux épinards 146
tahini 140
taie d'oreiller 204
taille 93, 95
taille-bordures 237
taille-crayon 341
taille-haies 235
tailleur 251
tajine 174
talkie-walkie 456
taloche 216
talon 93, 95, 169, 226, 229, 240, 247, 262, 273, 301, 302, 358, 477, 492, 494, 503, 506, 509, 510, 514, 536, 537
talon d'appui 176, 208
talonnette de dessus 240
talonneur 482
talonnière 511, 514
talus 342
talus continental 33
tam-tam 308
tamarillo 136
tamarin 91
tambour 170, 213, 357, 425, 536, 537
tambour d'aisselle 297
tambour de basque 309
tambourin 239
tamia 82
tamis 171, 492, 494
tamis à farine 172
tamis vibrant 403
tampon encreur 338
tandem 255, 373
tangage 395
taon 69
tapis 190, 498, 499, 502
tapis de plancher 356
tapis de réception 496
tapis de sol cousu 528, 529
tapis de souris 332
tapis roulant 390
taquet 520, 521
taquet coinceur 521
taquet de verrouillage 333
taro 124
tarse 78
Tasmanie 15
tasse 531, 532
tasse à café 166
tasse à mesurer 171
tasse à thé 166
tassergal 160
Tchad 451
té 505
té de base 193
techniques 487
tectrice primaire 78
tectrice sous-caudale 78
tectrice sus-alaire 78
tectrice sus-caudale 78
teddy 258
tégument 61
tégument de la graine 57
télécabine 512
télécommande 319, 321
télécommunications par satellite 317
télécopieur 328
télédiffusion par satellite 316
télémanipulateur 11, 12
téléobjectif 314
téléphone 439
téléphone portable 327
téléphone public 294, 437, 438, 463
téléport 317
télescope 7, 9
télescope spatial Hubble 7, 37
télescope, coupe 9
télésiège 512
téléski biplace 512
téléviseur 439, 444
téléviseur à cristaux liquides 318
téléviseur à écran cathodique 318
téléviseur à plasma 318
téléviseur grand écran 321
télévision 318
telson 71
témoin 472
témoin d'alimentation 329
témoin d'ouverture de porte 355
témoin de bas niveau de carburant 355
témoin de ceinture de sécurité 355
témoin de charge 355
témoin de clignotants 355, 368
témoin de niveau d'huile 355
témoin de phare 368
témoin de position neutre 368
témoin de pression d'huile 368
témoin des feux de route 355
témoin du retardateur 314
témoin lumineux 454
tempe 92
température Celsius, mesure 426
température de l'air 39
température du point de rosée 39
température thermodynamique, mesure 426
température, mesure 424
temple aztèque 283
temple de Huitzilopochtli 283
temple de Tlaloc 283
temple grec 279
temple grec, plan 279
temporal 98, 100
temps, mesure 424
tendance barométrique 39
tendeur 528
tendeur de timbre 308
tennis 242, 490
tennis de table 493
tenon 273
tenseur du fascia lata 96
tensiomètre 461
tentacule 72
tentacule oculaire 72
tentacule tactile 72
tente canadienne 529
tente deux places 528
tente dôme 529
tente familiale 528
tente grange 528
tente igloo 529
tente individuelle 529
tente intérieure 528, 529
tente rectangulaire 528
tente-caravane 361
tentes, exemples 528
tenue d'exercice 261, 262
tenue d'intervention 454
termes familiers 57, 58, 59
termes techniques 57, 58, 59
terminaison nerveuse 114
terminal à céréales 381
terminal à conteneurs 381, 430
terminal de paiement électronique 121, 443
terminal de vrac 381
terminal numérique 321
terminal pétrolier 381
termite 69
terrain 474, 479, 480, 482, 487, 488, 494
terrain de football américain 484
terrain de golf 430
terrasse 182, 230, 391
terrasse extérieure 387
terrassement 342

Terre 2, 3, 4, 5, 14
terre battue 492
Terre de Baffin 16
Terre de Feu 17
Terre de la Reine-Maud 15
Terre de Wilkes 15
Terre Marie-Byrd 15
Terre, structure 26
terre-plein 434
terre-plein central 343
terrine 174
tertre de départ 504
testicule 111
testicules 71
tête 6, 67, 72, 78, 87, 93, 95, 103, 111, 220, 221, 223, 229, 271, 272, 301, 302, 303, 492, 494, 503, 505, 536
tête à sens unique 221
tête basculante 176
tête bombée 221
tête creuse 221
tête cruciforme 221
tête d'attelage 361, 377
tête d'injection 403
tête de coupe 341
tête de dormant 186
tête de frappe 220
tête de gondole 121
tête de l'humérus 99
tête de lecture/écriture 333
tête de lit 204, 205
tête de mât 519
tête de rotor 395
tête de scion 536
tête du fémur 99
tête du vérin de levage 396
tête en liège 495
tête flottante 271
tête plate 221
tête ronde 221
tête, oiseau 78
tête, protection 458
têtes, exemples 221
Téthys 3
têtière 186
Thaïlande 453
thalle 50, 51
thé 148
thé en sachet 148
thé noir 148
thé oolong 148
thé vert 148
théâtre 433
théâtre grec 278
théière 166
thermocontact 358
thermomètre 404, 424
thermomètre à mercure 461
thermomètre à mesure instantanée 171
thermomètre à sucre 171
thermomètre à viande 171
thermomètre de four 171
thermomètre médical 424
thermomètre numérique 461
thermomètres médicaux 461
thermopause 37
thermosphère 37
thermostat 178, 211
thermostat réglable 179
thon 160
thorax 67, 68, 92, 94
thym 142
tibia 78, 98
tierce 298
tierceron 284
tige 51, 53, 54, 125, 181, 220, 221, 272, 424, 509, 511, 514
tige carrée d'entraînement 403
tige de carbone (cathode) 417
tige de forage 403
tige de selle 370
tige du poil 114
tige filetée 223
tigre 89
tilleul 148
timbale 308
timbales 295
timbre caoutchouc 338
timbre dateur 338
timon 361
timonerie 384
tipi 288
tique 70
tirant 308, 397
tirant de réglage 244
tirant des cordes 498
tire-bouchon 531
tire-bouchon à levier 170
tire-bouchon de sommelier 170
tire-joint 216
tire-racine 232
tire-veille 519
tiroir 164, 202, 203, 205, 210
tisanes 148
tisonnier 193
tissu adipeux 113, 114
tissu conjonctif 114
Titan 3
Titania 3
titre 313
titre du journal 313
titres et horaires des films 294
Togo 451
toile 273
toile d'araignée 70
toile de fond 292
toilettes femmes 294
toilettes hommes 294
toit 183, 193, 283, 361
toit cathédrale 189
toit de protection 396
toit flottant 404
toit imperméable 402
toit ouvrant 349
tomate 128
tomate en grappe 128
tomatille 128
tombolo 35
tondeuse 269, 271
tondeuse à moteur 237
tong 242
Tonga 453
topinambour 124
toque 239
torchon 215
tore 429
tornade 43
tornade marine 43
torrent 29
torsade 228
tortellini 146
tortilla 145
tortue 76
tortue, morphologie 76
totalisateur journalier 355
toucan 80
touche 296, 301, 303, 304, 487
touche alternative 330
touche appareil photo 327
touche d'affichage 326
touche d'affichage des réglages 315
touche d'annulation 333
touche d'appel 327
touche d'arrêt 319
touche d'arrêt du défilement 331
touche d'échappement 330
touche d'effacement 331
touche d'effacement 315
touche d'éjection 471
touche d'enregistrement 319
touche d'enregistrement 320
touche d'impression de l'écran/d'appel système 331
touche d'index/agrandissement 315
touche d'insertion 331
touche de composition automatique 328
touche de confirmation 443
touche de contrôle 330
touche de correction 328
touche de courriel 330
touche de décimale 337
touche de démarrage 330
touche de fin d'appel/interrupteur 327
touche de lecture 319
touche de menu 320, 326, 327
touche de mise au point 320
touche de modulation 322
touche de navigation 327
touche de pause/d'interruption 331
touche de pédalier 305
touche de préréglage 326
touche de présélection 322
touche de prise de vues nocturne 320
touche de répétition 323
touche de résultat 337
touche de retour 331
touche de rétroéclairage 320
touche de saut d'images 315
touche de sélection 326
touche de sélection d'entrée 322
touche de sélection des menus 315
touche de sélection du magnétophone 322
touche de sélection du mode FM 322
touche de suppression 331
touche de tabulation 330
touche de verrouillage des majuscules 330
touche de verrouillage numérique 331
touche de visualisation des images 315
touche début 331
touche écran large/code de données 320
touche fin 331
touche fixe 425
touche lecture/pause 326
touche majuscule 330
touche mémoire 322, 326
touche menu 326
touche mobile 425
touche numérique 337
touche page précédente 331
touche page suivante 331
touche photo 320
touche précédent/retour rapide 326
touche programmable 327
touche suivant/avance rapide 326
toucher 114
touches d'action 471
touches d'opérations 442, 443
touches de catégories 326
touches de déplacement du curseur 331
touches de fonction 330
touches de fonctions 423
touches de fonctions programmables 443
touches de sélection des enceintes 322
touches de sélection des stations 322
touches directionnelles 471
touches Internet 330
touches numériques 323, 326
toundra 40, 44
toupet 83
toupie 177
Tour 470
tour 284, 397, 412, 413
tour à bureaux 435
tour d'angle 282
tour d'émission 316
tour d'habitation 289
tour de contrôle 388
tour de coquille 72
tour de cou 245
tour de flanquement 282
tour de forage 382, 403, 404
tour de fractionnement 405
tour de guidage 345
tour de refroidissement 402
tour de spire 73
tour de tête 458
tour du plongeoir 518
tour embryonnaire 73
tourelle 214, 282, 400, 455
tourelle porte-objectif 421
tourillon 503
tournesol 56
tournevis 221, 531
tournevis à spirale 221
tournevis cruciforme 531
tournevis sans fil 221
tourniquet d'accès 378
tourniquet de sortie 378
trachée 105
traçoir 228
tracteur 399
tracteur à chenilles 398
tracteur routier 364
tracteur-remorqueur 400
tractus olfactif 117
tragus 115
train 374
train à grande vitesse 376
train d'atterrissage avant 392
train d'atterrissage principal 393
train de banlieue 375
traîneau 236
traînée lumineuse 5
trait de mise au jeu 484
traitement chimique 405
traitement des données 38
tranchant 167, 169, 270
tranche 441
transactions financières 335
transbordeur 381, 386, 391
transept 285
transfert de la chaleur 415
transformateur 207, 407
transformateur principal 376
transformation de l'eau en vapeur 408
transmission 212
transmission de la chaleur à l'eau 408
transmission hertzienne 316
transmission par câble aérien 316
transmission par câble sous-marin 317
transmission par câble souterrain 317
transpalette manuelle 396
transpiration 45
transplantoir 232
transport 342
transport aérien 388
transport de l'électricité 408
transport de l'électricité à haute tension 402, 413
transport ferroviaire 374
transport maritime 381
transport routier 342, 381
transport vers les usagers 402, 413
trapèze 96, 97, 429
trappe 281, 292
travée centrale 344
travée latérale 344
travée levante 345
travers 153
traverse 202, 297, 466
traverse de chargement 385
traverse inférieure 185, 202
traverse intermédiaire 185
traverse médiane 201
traverse supérieure 185, 201, 202
traverse supérieure d'ouvrant 186
traversée de transformateur 406, 407
traversin 204
trèfle 285, 468
treillis 230, 324
trémie de chargement 364
tremplin 184, 496
tremplin de 1 m 518
tremplin de 3 m 518
trench 248
trépan 403
trépied 8, 308
trépointe 240
tréteau 202
treuil 287, 364
treuil d'amarrage 385
treuil de forage 403
treuil de levage 397
tri des métaux 49
tri du papier/carton 49

tri du plastique 49
tri du verre 49
tri manuel 49
tri optique 49
tri sélectif des déchets 49
triangle 295, 309, 429, 503
tribord 387
tribunal 440
tribune 313
triceps brachial 97
triclinium 280
tricots 250
tricycle d'enfant 373
trifoliée 55
trille 299
trimaran 521
tringle de pédale 304
tringle de tension 308
Trinité-et-Tobago 449
trio 300
tripes 154
triple croche 299
triple saut 472
triticale 143
Triton 3
triton 75
trois-portes 347
troisième but 474
troisième ligne 482
troisième-but 474
trombe marine 43
trombone 307
trombones 295, 341
trompe 67
trompe d'Eustache 116, 117
trompe de Fallope 112
trompe utérine, ampoule 113
trompes de Fallope 113
trompette 307
trompettes 295
tronc 52, 62, 63, 75, 93, 95
tronc cœliaque 103, 107
tronc, coupe transversale 63
tronçon rigide arrière 363
tronçon rigide avant 363
tronçonneuse 235
trop-plein 194, 195, 196
tropical humide 40
tropical humide et sec (savane) 40
tropique du Cancer 20, 21, 22
tropique du Capricorne 20, 21, 22
tropopause 37, 46
troposphère 37
trot 83
trotteur 241
trotteuse 424
trottoir 183, 434
trou 504
trou d'homme 404
trou de normale 5 504
trousse de dépannage 372
trousse de fartage 514
trousse de manucure 265
trousse de secours 457, 461
trousse de toilette 276
truelle de maçon 216
truelle de plâtrier 216
truffe 87, 123
truite 161
trumeau 285
tuba 295, 307
tube 8, 9, 163, 199, 269, 420, 461
tube à éclairs 420
tube capillaire 424
tube d'alimentation 197
tube d'alimentation en air 454
tube de circulation 410
tube de direction 371
tube de force 409
tube de Pitot 525
tube de poussée 312
tube de remplissage de la cuvette 196
tube de remplissage du réservoir 196
tube de résonance 309
tube de selle 370
tube droit 209
tube en Y 460
tube flexible 460
tube fluorescent 199
tube horizontal 370
tube oblique 371
tube porte-oculaire 8, 421
tube-image 318
tubulure d'admission 360
tuile 12, 279, 280, 283
tulipe 56, 181
tunique 54, 255
Tunisie 451
tunnel 378
tunnel de communication 13
tunnel routier 345
turban 239
turbine 402
turboréacteur 393
turbot 161
turion 125
Turkménistan 452
Turquie 452
tuteur 230, 231
Tuvalu 453
tuyau 224, 454
tuyau à anche 305
tuyau à bouche 305
tuyau arrière 351
tuyau d'arrosage 236
tuyau d'aspiration 455
tuyau d'échappement 350, 351, 398
tuyau d'évacuation 194, 197, 212
tuyau d'insufflation 296
tuyau de chute 194, 196
tuyau de refoulement 454
tuyau de vidange 212, 214
tuyau flexible 209
tuyau perforé 236
tuyère 12, 383, 395
tuyère à section variable 394
tympan 75, 279, 285
type de carburant 346
type de la masse d'air 39
type de nuage bas 39
type de nuage élevé 39
type de nuage moyen 39
types d'éclipses 4, 5
types de bâtons de golf 505
types de déplacements 470
types de nages 517
types de prises 493
types de voitures 376
typhon 43

U

Ukraine 450
Umbriel 3
un 427
une 313
unicellulaires 66
uniforme 456
unisson 298
unité astronomique 2, 3
unité d'extraction par solvant 405
unité de soins ambulatoires 465
unité de soins intensifs 464
unité mobile d'entretien télécommandée 11
unités monétaires, exemples 440
université 432
Uranus 2, 3
uretère 107
urètre 107, 112
urètre pénien 111
urgence ambulatoire 463
urgence majeure 462
urgences 462
uropode 71
Uruguay 448
usager domestique 335
usine 430
usine à asphalte 405
usine des lubrifiants 405
usine pétrochimique 405
ustensiles de campeur 531
ustensiles de cuisine 169
ustensiles divers 173
ustensiles, jeu 173
utérus 112, 113
utilisations d'Internet 335

V

vache 84
vacuole 50, 66
vacuole contractile 66
vacuole digestive 66
vacuole digestive en formation 66
vagin 112, 113
vague 33
vague déferlante 33
vaisseau capillaire 114
vaisseau sanguin 104, 114
vaisselle 166
Valet 468
valet 421
valeur 441
valeur des notes 299
valeur des segments 471
valeur des silences 299
valise fin de semaine 277
valise pullman 277
vallée 29, 32
valve 60, 73, 371
valvule aortique 104
valvule mitrale 104
valvule pulmonaire 104
valvule tricuspide 104
vanne 406, 407
vantail 202, 286
Vanuatu 453
vapeur 402, 415
vaporisateur 208, 236
vaporisateur de poivre 456
vaporisation 414
varan 77
Varole, pont 109
vaste externe du membre inférieur 96, 97
vaste interne du membre inférieur 96
vautour 80
veau 84
veau haché 152
végétation 44
végétation, distribution 44
véhicule de sauvetage 11
véhicule de secours 345
véhicule spatial autonome 10
véhicule tout-terrain 347
veine axillaire 102
veine basilique 102
veine cave inférieure 102, 103, 104, 107
veine cave supérieure 102, 103, 104
veine céphalique 102
veine fémorale 102
veine iliaque 103
veine iliaque commune 107
veine jugulaire externe 102
veine jugulaire interne 102
veine mésentérique supérieure 102
veine porte 103
veine pulmonaire 102
veine pulmonaire droite 104
veine pulmonaire gauche 104
veine rénale 102, 107
veine saphène interne 102
veine sous-clavière 102
veine sus-hépatique 103
veines 102
velarium 281
vélo cross 373
vélo d'exercice 501
vélo de course et cycliste 522
vélo de cross-country et cycliste 522
vélo de descente et cycliste 522
vélo de montagne 522
velours 190
Venezuela 448
vent 47, 48
vent dominant 43
ventilateur 213, 322, 350, 358, 360
ventilateur de sustentation 383
ventilateur du bloc d'alimentation 329
ventilateur du boîtier 329
ventouse 72, 75, 216
ventre 83, 92, 94
ventricule droit 103, 104
ventricule gauche 103, 104
Vénus 2, 3
véraison 62
verge 111
verger 122
verglas 41
vérificateur de circuit 217
vérificateur de prise de courant 217
vérificateur de tension 217
vérification de la profondeur de champ 314
vérin 364
vérin d'orientation de la lame 401
vérin de défonceuse 398
vérin de direction 400
vérin de dressage 397, 455
vérin de la flèche 399, 400
vérin de levage de la lame 398, 401
vérin du bras 399, 400
vérin du bras de levage 399
vérin du godet 399, 400
vérin du godet rétro 399
vérin hydraulique 361
vermicelles de riz 147
vernier 422, 425
vernis à ongles 265
verre 273
verre à bordeaux 165
verre à bourgogne 165
verre à cocktail 165
verre à cognac 165
verre à eau 165
verre à gin 165
verre à liqueur 165
verre à mesurer 171
verre à porto 165
verre à vin blanc 165
verre à vin d'Alsace 165
verre à whisky 165
verres 165
verrière 188, 374, 394, 435
verrou 30, 332
verrou d'onglet 226
verrouillage 208
verrouillage des majuscules 330
verrouillage numérique 331
versant 29
verseuse 181
vert 418, 504
vert d'entraînement 504
vertèbre cervicale (7) 99
vertèbre dorsale (12) 99
vertèbre lombaire 110
vertèbre lombaire (5) 99
verveine 148
vésicule biliaire 106
vésicule séminale 111
vessie 107, 111, 112
veste 251, 499
veste de pêche 538
veste droite 244
vestes 254
vestiaire 188, 443, 444
vestiaire des clients 438
vestiaire du personnel 438, 465
vestibule 116, 188, 280, 439, 440, 442
veston croisé 244
veston et veste 244
vêtements 238
vêtements d'enfant 261
vêtements d'exercice 263
vêtements d'homme 244
vêtements de femme 251
vêtements de nouveau-né 260
vêtements de nuit 256
vêtements, pêche 538
viande 152
vibrisse 82
vice-capitaine 515
vide-poches 352
vide-pomme 173
Viet Nam 453
vigie 388
vigne 62
vilebrequin 360
village 430, 512
ville 430
vin 120
vinaigre balsamique 141
vinaigre de cidre 141
vinaigre de malt 141

vinaigre de riz 141
vinaigre de vin 141
violette 56
violon 301
violon, famille 295, 301
violoncelle 301
violoncelles 295
vipère 77
virole 219, 503
virole femelle 536, 537
virole mâle 536, 537
vis 221, 301
vis calante 423
vis de blocage 425
vis de blocage (azimut) 8, 9
vis de blocage (latitude) 8, 9
vis de réglage 222
vis de réglage de tension 341
vis de réglage du condenseur 421
vis de serrage 224
vis de tension 308
vis macrométrique 421
vis micrométrique 421, 425
vis sans fin 365
visage 92
viseur 315
viseur électronique 320
visière 238, 239, 367, 458, 506, 525
visière antisolaire 10
vision 419
vision normale 419
vision, défauts 419
vison 88
Vistule 18
vitrage 410
vitrail 285, 446
vitre 411
vitre de protection 506
vitre protectrice 318
vitrine 203
voie 378
voie d'accélération 343
voie de banlieue 375
voie de circulation 343, 388
voie de décélération 343
voie de dépassement 343
voie de service 375, 388
voie des stands 524
voie ferrée 374, 431, 432
voie ferrée bord à quai 381
Voie lactée 6
voie latérale 343
voie pour véhicules lents 343
voies de circulation 343
voies respiratoires, protection 459
voile 412, 519, 520, 536
voile du palais 116, 117
voilure delta 394
voiture 380
voiture classique 376
voiture de formule 1 525
voiture de formule 3000 524
voiture de formule Indy 524
voiture de police 457
voiture de rallye 524
voiture micro-compacte 347
voiture restaurant 376
voiture sport 347
voiture suiveuse 522
voiture-lit 376
voitures, types 376
voiturette de golf électrique 505
volaille 155
volant 204, 350, 354, 360, 385, 525
volant d'inertie 501
volant de manœuvre 455
volant de plumes 495
volant synthétique 495
volcan 26, 28
volcan effusif 28
volcan en éruption 28
volcan explosif 28
volcans, exemples 28
volée 191, 490
volet 13, 333
volet d'air 365
volet de bord de fuite 392
volet mobile 7
volet transparent 274
Volga 18
volleyball 487
vols, plongeon 518
volt 426
voltigeur de centre 474
voltigeur droit 474
voltigeur gauche 474
volume 328
volumes 429
volute 200, 301
volve 52
voussure 285
voûte 284
voûte du palais 116, 117
voûte en berceau 281
voyant cartouche d'impression 333
voyant chargement du papier 333
voyant d'alarme/de mise en charge 337
voyant d'alimentation 333
voyant de charge 271
voyant de mise en circuit 327
voyant de mise sous tension/détection du papier 443
voyant lumineux 178, 179, 180, 181, 208, 210, 214, 269
voyants 331
voyants d'entrée 322
voyants d'indication du mode sonore 322
vraquier 382
vrille 62
vue 119
vue antérieure 98
vue d'ensemble 186
vue de face 478
vue de profil 478
vue postérieure 99, 113
vulve 94, 113

W

w.-c. 188, 189, 194, 195, 196, 437, 438, 439, 440, 443, 445, 463, 464, 465
w.-c. femmes 439
w.-c. hommes 439
wagon 375
wagon à bestiaux 377
wagon de queue 377
wagon intermodal 377
wagon plat 377
wagon porte-automobiles 377
wagon porte-conteneurs 377
wagon réfrigérant 377
wagon-citerne 377
wagons, exemples 377
wakamé 123
wasabi 141
watt 426
webcaméra 332
wigwam 288
winch 521
wishbone 519
wok 174

X

xylophone 295, 309

Y

yacht à moteur 385
yack 85
yaourt 150
Yémen 452
yen 440
yeux, protection 458
yourte 288

Z

Zambie 452
zèbre 84
zeste 58, 60
Zimbabwe 452
zone commerciale 431
zone d'attaque 487
zone de basse pression 43
zone de but 484, 507
zone de chute 472
zone de convection 4
zone de danger 499
zone de défense 487
zone de garde protégée 515
zone de haute pression 43
zone de passage du témoin 472
zone de précipitation 39
zone de radiation 4
zone de retrait des bagages 390
zone industrielle 431
zone libre 487
zone neutre 484, 507
zone réservée 489
zone résidentielle 431
zones de service 495